U0934937

忠诚党的教育事业

靳 诺／著

ZHONGCHENG DANG DE JIAOYU SHIYE

中国人民大学出版社
· 北京 ·

目录

以党的创新理论滋养初心、引领使命

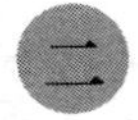

立德树人与一流大学建设

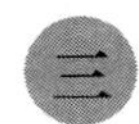

马克思主义理论学科与高校思政课建设

全面从严治党，提高党建工作水平

一

以党的创新理论滋养初心、引领使命

坚守初心使命必须坚定制度自信*

建立先进的社会主义制度，是中国共产党人坚守初心使命的题中应有之义；坚持和完善中国特色社会主义制度，是中国共产党人坚守初心使命的重要体现。新时代，我们要坚定制度自信，将初心使命转化为坚持和完善中国特色社会主义制度、推进国家治理体系和治理能力现代化的生动实践。

习近平同志指出："不忘初心，方得始终。中国共产党人的初心和使命，就是为中国人民谋幸福，为中华民族谋复兴。"在全党深入开展"不忘初心、牢记使命"主题教育之际，我们党召开了具有里程碑意义的十九届四中全会。全会对坚持和完善中国特色社会主义制度、推进国家治理体系和治理能力现代化做出战略部署，全面回答了在我国国家制度和国家治理体系上应该"坚持和巩固什么，完善和发展什么"这个重大政治问题，强调建立不忘初心、牢记使命的制度，这对于推进和深化主题教育具有重要指导意义。

建立先进的社会主义制度是中国共产党人坚守初心使命的题中应有之义

中国共产党是在近代以后中华民族陷入内忧外患的危难情况下、在中国人民反抗封建统治和外来侵略的激烈斗争中应运而生并走上历史舞台的。在历史悠久、饱经磨难的中华大地建立起先进的社会主义制度，带领中国人民创造美好新生活，是中国共产党人坚守初心使命的题中应有之义。

习近平同志指出："理想信念是共产党人的政治灵魂，是共产党人初心的本质要求。"中国共产党是马克思主义同中国工人运动相结合的产物。中国共产党人的初心和使命，是在马克思主义指导下形成和确立的。马克思主义坚持人民主体地位、追求共产主义理想，中国共产党人的初心和使命是这一基本立场和价值取向的生动体现。为中国人民谋幸福、为中华民族谋复兴，集中体现

---

* 原文发表于《人民日报》2020年1月8日9版。

了马克思主义的人民主体思想，因为中国人民和中华民族是中国社会发展的主体；集中体现了共产主义理想追求，因为中国人民的幸福生活和中华民族伟大复兴是社会主义和共产主义理想在中国的具体体现。

在革命战争的艰难岁月中，社会主义和共产主义理想始终是中国共产党人的强大精神支柱。我们党之所以能在艰苦卓绝的严峻形势和考验下坚持下来、不断发展壮大，战胜千难万险，取得革命的胜利，就是因为中国共产党人有坚定的社会主义和共产主义理想。这一崇高理想激励着中国共产党人和中国人民经过 28 年的浴血奋战，取得了新民主主义革命伟大胜利，建立了中华人民共和国，并创造性地完成社会主义改造，确立起社会主义基本制度，从而完成了中华民族有史以来最为广泛而深刻的社会变革，为当代中国一切发展进步奠定了根本政治前提和制度基础。

坚定制度自信是中国共产党人
坚守初心使命的必然要求

习近平同志指出："制度优势是一个国家的最大优势，制度竞争是国家间最根本的竞争。制度稳则国家稳。"社会主义制度的建立，为中国共产党人践行初心使命提供了基础和前提。先进的社会主义制度使古老的中国焕发出旺盛生机活力，人民群众的生活日益改善、幸福感不断增强；中华民族伟大复兴进入快车道，展现出光明前景。

改革开放是我们党在新的历史时期进行的新的伟大革命。改革开放 40 多年的历史表明，我们不仅找到了正确的中国特色社会主义道路，而且形成了具有显著优势的中国特色社会主义制度。中国特色社会主义制度，既坚持了科学社会主义基本原则，又具有鲜明的中国特色和时代特征。其中许多内容，马克思主义经典作家没有论述过，以往社会主义国家没有实践过，是中国共产党人探索形成的原创性制度成果。这些制度成果为显著提高我国综合国力和人民生活水平提供了根本制度保障，是中国共产党人在改革开放中践行初心使命的伟大创造。新时代坚守初心使命，必须进一步坚定制度自信，坚信我国国家制度和国家治理体系具有强大生命力和巨大优越性，坚信我国国家制度和国家治理体系是以马克思主义为指导、植根中国大地、具有深厚中华文化根基、深得人民拥护的制度和治理体系，是能够持续推动拥有近十四亿人口大国进步和发展、确保拥有五千多年文明史的中华民族实现"两个一百年"奋斗目标进而实现伟大复兴的制度和治理体系。

在坚定制度自信的同时，我们也要清醒地认识到：一个国家建立起一套成熟定型的制度，不可能一蹴而就，要在实践中不断探索完善。1992 年，邓小平同志指出："恐怕再有三十年的时间，我们才会在各方面形成一整套更加成熟、更加定型的制度。"改革开放以来，我们不仅形成和发展了党的领导和经济、政治、文化、社会、生态文明、军事、外事等各方面制度，还不断加强和完善国家治理，取得历史性成就。同时也要看到，我国国家制度和国家治理体系与不断发展的党和国家事业相比、与人民对美好生活的新期待相比、与实现中华民族伟大复兴的目标相比，仍有一些亟须破除的体制机制弊端。这就要求我们把坚定制度自信与推进改革创新统一起来，在坚持和完善中国特色社会主义制度、推进国家治理体系和治理能力现代化上下更大功夫。

坚持和完善中国特色社会主义制度是新时代中国共产党人坚守初心使命的重要体现

当前，我们党站在中国特色社会主义新时代的历史方位上，处在实现"两个一百年"奋斗目标的历史交汇期。习近平同志强调："当今世界正经历百年未有之大变局，国内外形势正在发生深刻复杂变化，来自各方面的风险挑战明显增多，迫切需要我们在加强国家制度建设和治理能力建设上下更大功夫，使我们的制度优势充分发挥出来，更好转化为治理效能。"新时代，中国共产党人必须坚守初心使命，带领全体人民攻坚克难，大踏步走向光明未来。

党的十八大以来，以习近平同志为核心的党中央秉持我们党的初心和使命，把制度建设摆在更加突出的位置，以巨大的政治勇气和政治智慧全面深化改革。党的十八届三中全会把"完善和发展中国特色社会主义制度、推进国家治理体系和治理能力现代化"确定为全面深化改革的总目标，推出一系列重大改革举措。为了让这些改革举措落实落地，我们党带领全国人民迎难而上、开拓进取。党的十九大做出中国特色社会主义进入新时代的重要判断，系统阐述了习近平新时代中国特色社会主义思想，实现了党的指导思想与时俱进，为坚持和完善中国特色社会主义制度提供了科学理论指导。党的十九届二中、三中全会分别就修改宪法与深化党和国家机构改革做出部署，推进了国家治理体系和治理能力现代化。

所有这些改革和成就，是新时代中国共产党人坚守初心使命的重要体现，凝结为一系列制度成果。比如：坚定维护党中央权威和集中统一领导的各项制度、党的全面领导制度、全面从严治党制度进一步健全；社会主义协商民主制度日趋完善；中国特色社会主义法治体系日臻完善，保证宪法全面实施的体制机制进一步健全，国家司法体制改革成效显著；基本经济制度进一步完善，充分发挥市场在资源配置中的决定性作用，更好发挥政府作用；国家基层治理体系日趋完善；生态文明制度体系建设显著加强；人民军队组织架构和力量体系实现革命性重塑；党和国家监督体系显著完善；等等。上述制度成果的形成，是因为党的十八大以来我们紧密团结在以习近平同志为核心的党中央周围，将坚持和完善中国特色社会主义制度、推进国家治理体系和治理能力现代化作为坚守初心使命的关键途径。

新时代坚持和完善中国特色社会主义制度，必须坚持以习近平新时代中国特色社会主义思想为指导。习近平新时代中国特色社会主义思想是马克思主义中国化最新成果，是当代中国马克思主义、21 世纪马克思主义。为人民谋幸福、为民族谋复兴、为世界谋大同，是深刻理解和全面把握习近平新时代中国特色社会主义思想的金钥匙。坚持以习近平新时代中国特色社会主义思想为指导，是新时代坚持和完善中国特色社会主义制度的必然要求，也是新时代中国共产党人坚守初心使命的必然要求。我们要把习近平新时代中国特色社会主义思想作为新时代坚守初心使命的强大思想武器，用以武装头脑、指导实践、推动工作，着眼于为人民谋幸福、为民族谋复兴、为世界谋大同，进一步坚持和完善中国特色社会主义制度、推进国家治理体系和治理能力现代化。

新时代坚持和完善中国特色社会主义制度，必须深入贯彻落实党的十九届四中全会精神。党的十九届四中全会系统总结了我国国家制度和国家治理体系的显著优势，明确了坚持和完善中国特色社会主义制度、推进国家治理体系和治理能力现代化的总体目标：到我们党成立一百年时，在各方面制度更加成熟更加定型上取得明显成效；到二〇三五年，各方面制度更加完善，基本实现国家治理体系和治理能力现代化；到新中国成立一百年时，全面实现国家治理体系和治理能力现代化，使中国特色社会主义制度更加巩固、优越性充分展现。这明确了新时代坚持和完善中国特色社会主义制度、推进国家治理体系和治理能力现代化的时间表和路线图，为新时代中国共产党人坚守初心使命进一步指明了方向。我们要围绕这一总体目标践行初心使命，把我国制度优势更好转化为国家治理效能，为满足人民对美好生活的新期待、为实现中华民族伟大复兴提供根本制度保障。

建立不忘初心、牢记使命的制度 推进政党治理制度化、国家治理现代化*

党的十九届四中全会审议通过的《中共中央关于坚持和完善中国特色社会主义制度　推进国家治理体系和治理能力现代化若干重大问题的决定》（下文简称《决定》），明确了坚持和完善中国特色社会主义制度、推进国家治理体系和治理能力现代化的总体目标、重大任务，做出了一系列关于我国国家制度和国家治理体系建设的新论断、新部署。

《决定》在部署“坚持和完善党的领导制度体系，提高党科学执政、民主执政、依法执政水平”工作时，第一条就是“建立不忘初心、牢记使命的制度”。将建立不忘初心、牢记使命的制度作为政党治理制度化的首要选择，就是要充分发挥制度的规范和引领作用，推动全党尊崇党章，恪守党的性质和宗旨，确保我们党的政党治理制度化、现代化，确保党在新时代始终充满生机和旺盛活力，确保党和国家的一切工作顺应时代潮流、符合发展规律、体现人民愿望，确保党始终走在时代前列、永远得到人民的拥护和支持。

使命引领的制度化机制确保奋斗目标的统一

使命是一个组织的总的功能，是组织存在的理由，是组织成员行为选择和路径选择的方向。事业发展顺利时，使命促使人们关注现实与使命目标的差距，告诫人们不要陶醉于眼前的短期成就，必须目光远大，用历史的眼光理性看待当前的成就；事业发展遭遇挫折时，使命提醒人们从历史的角度看待问题，眼前的困难放在长河中，不过是一个小的暗礁，只要坚持下来，必会柳暗花明。使命确保人们方向正确，道路正确，自信奋进。忘记肩负的使命，人们就会在成绩面前飘然，在失败面前颓废，组织的发展也将摇摇欲坠。“不忘初心、牢记使命”主题教育通过“守初心、担使命，找差距、抓落实”，促使广

---

* 原文发表于《人民论坛》2020 年第 16 期。

大党员干部铭记共产党人的初心和使命。初心使命的学习常态化、制度化，使命的引领作用也将随之制度化。在统一的使命的引领下，可以更好地用核心价值观对党员干部的思维和行为方式进行价值方向的引导，对党员干部的行为准则和尺度、个人修养的高度进行明确合理的规范，从而确保党的事业长治久安的基石愈加坚实牢固。

锤炼政治品格的制度化机制设定能力素质的标准

不忘初心、牢记使命的制度的核心目标就是锤炼党员干部的政治品格。首先是思想政治的锤炼。通过“不忘初心、牢记使命”主题教育，使领导干部坚定对马克思主义的信仰、对中国特色社会主义制度的信念，增强“四个意识”，坚定“四个自信”，做到“两个维护”，自觉在思想上政治上行动上同以习近平同志为核心的党中央保持高度一致。其次是为民服务素养的锤炼。“为民服务解难题”是“不忘初心、牢记使命”的重要内容，党员干部只有把尊重民意、汇集民智、凝聚民力、改善民生贯穿全部工作始终，才能保持党同人民群众的血肉联系，厚植党执政的群众基础。再次是廉洁自律的锤炼。党的十八大以来，全面从严治党，铁腕反腐，为每一名党员干部敲响了警钟。“不忘初心、牢记使命”主题教育促使党员干部知敬畏、存戒惧、守底线，公私分明，“亲”“清”分开，廉洁自律。将“不忘初心、牢记使命”主题教育常态化、制度化，使之成为全体党员干部的终身课题，是锻炼队伍、化解风险的现代治理选择，也是培养训练有素干部队伍的关键之策。

成就激励的制度化机制提升干事创业的动力

激励是为了有效地实现组织的目标，通过设计适当的外部奖酬形式和工作环境，激发、引导、保持和规范组织成员的行为。金钱、名誉、权力、地位等因素与激励相关，但其激励作用时间偏短、力度不大。工作事业的成就感、社会认可、职业发展等因素的激励作用时间较长、力度较大。这种作用时间长、力度大的激励，就是成就激励。成就激励是超越利益的追求，是基业长青最强大的驱动力。只有充分发挥事业成就激励的作用，才能使党员干部迸发出强而有力的干劲。“不忘初心、牢记使命”主题教育，引导党员干部投入到实现中华民族伟大复兴的实践中，引导党员干部投身到国家治理体系和治理能力现代化的宏伟战略中。通过“不忘初心、牢记使命”的制度化，形塑党员干部的个人价值追求，形成党的事业优先、个人利益靠后的价值偏好，就能不断增强党员干部的公共服务动机。动机强，干劲大，才能实现事业兴。

训练有素的制度化机制树立起依规行事的约束

制度是硬规范，文化是软约束。文化的作用类似过滤器，影响着人们对世界的认知。同样一件事情，不同文化下的观点可能差异很大，甚至完全相反。通过文化路径达成治理的目标是高级阶段的治理模式。训练有素的文化恰恰可以确保组织成员在遵守制度的基础上具备事业责任感，按规则行事。训练有素的文化有两大特征：一是“造钟而非报时”，即党员干部自我管理能力强，对自己应该做什么、什么时间做，心中有谱，不待扬鞭自奋蹄，这类自觉自律的文化属于“造钟型的文化”。假如任何事情都等着组织安排、领导布置，领导的作用是“报时”，如此便是“报时型的文化”。“不忘初心、牢记使命”主题教育重在通过“照镜子、正衣冠、洗洗澡、治治病”等制度化训练，使党员干部的责任意识、自觉意识内化成文化基因，为组织治理制度化的实现提供源源不断的能量。二是坚持核心与刺激进步并重，即坚持党的核心理念与不断完善治理的方式方法并重。党的十九届四中全会提出了十三个方面的“坚持与完善”，正是训练有素文化的实践部署。既要坚持我们党传承近百年的核心思想、优良传统，又要不断创新、持续学习、追求至善。“不忘初心、牢记使命”的制度化，以问题导向开展主题教育，通过学习与反思，使广大党员干部更加清晰为何坚持、如何完善，使训练有素的文化不断成熟完善。

教育管理的制度化机制夯实党的建设的基础

党是国家治理现代化的领导者，党自身治理的现代化引领着国家治理的现代化。建立不忘初心、牢记使命的制度是政党治理现代化的重要标志。一方面，能够促进主题教育成果的转化，规范党的政治思想教育。党的十八大以来，党中央出台了一系列党员干部和党组织管理制度，在制度建设层面取得长足进步。2019 年 5 月颁布的《中国共产党党员教育管理工作条例》是党员干部教育管理的制度范本，为党员教育提供了规范蓝本。但是，还有一些管理措施是以“办法”和“意见”的形式发布执行的，制度化的程度仍需提升。此外，党员管理中的最佳实践、成熟做法，适合转化为制度的应及时转化。另一方面，能够促使政党治理尽快跳出“运动式”治理的窠臼。战争年代的“运动式”治理具有力量集中、声势浩大、快速见效的特征，一直有其存在和应用的基础，传承至今。但是，“运动式”治理具有随意性大、不可预期、不能根治等问题。现代国家治理追求依法依规、可预期、可持续。将“不忘初心、牢记使命”主题教育制度化，使之成为加强党的建设的永恒课题和全体党员、干部的终身课题，就是治理的长效机制的完善。

习近平总书记说，“无论我们走得多远，都不能忘记来时的路”。今天，将不忘初心、牢记使命建立成为党内制度，是时代的呼唤，是党心使命的昭告。贯彻落实《决定》提出的要求，就必须不断巩固和拓展“不忘初心、牢记使命”主题教育成果。要持之以恒地强化理论武装，完善党员干部自学、党委（党组）理论学习中心组学习、干部教育培训、基层党组织集中学习、理论宣讲等制度；要健全查改问题的长效机制，完善推动习近平总书记指示批示和党中央重大决策落实机制，完善调动全党积极性主动性创造性的制度，严格落实“三会一课”、党内组织生活等制度；要健全激励干部担当作为机制，推动党员干部恪守党的性质宗旨，用初心使命锤炼忠诚干净担当的政治品格。

疫情防控成效彰显党的领导显著优势*

党的十九届四中全会指出："中国共产党领导是中国特色社会主义最本质的特征，是中国特色社会主义制度的最大优势。"深刻理解党的领导显著优势，是科学认识我国国家制度和国家治理体系显著优势的"金钥匙"。党的领导显著优势不是抽象的，而是具体地、现实地体现在国家社会生活的方方面面。中国共产党领导全国各族人民正在进行的疫情防控人民战争、总体战、阻击战，为我们认识和理解这一显著优势打开了"观察窗口"。面对新中国成立以来在我国发生的传播速度最快、感染范围最广、防控难度最大的一次重大突发公共卫生事件，以习近平同志为核心的党中央高度重视、迅速部署，全面加强对疫情防控的集中统一领导，带领全国各族人民，用一个多月的时间初步遏制了疫情蔓延势头，用两个月左右的时间将本土每日新增病例控制在个位数以内，用三个月左右的时间取得了武汉保卫战、湖北保卫战的决定性成果。这些来之不易的成绩，从价值理念、制度体系、执政能力、组织路线等全方位展现了党的领导的显著优势。

价值优势：以人民为中心的执政理念

党的领导在价值理念层面的显著优势，集中表现为以人民为中心的执政理念。人民性是马克思主义的鲜明特征，是马克思主义政党与生俱来的先进品格。唯物史观将人民群众视为历史的创造者，认为人民群众是真正的英雄，是决定党和国家前途命运的根本力量。人民立场是中国共产党的根本政治立场，中国人民和中华民族的先锋队性质和全心全意为人民服务的宗旨，决定了中国共产党是"以人民为中心"价值理念最坚定的推崇者和践行者。中国共产党在任何时候都把群众利益放在第一位，以最广大人民根本利益为一切工作的根本出发点和落脚点，坚持把人民拥护不拥护、赞成不赞成、高兴不高兴作为制定

* 原文发表于《中国高等教育》2020 年第 12 期。

政策的依据，同群众同甘共苦，保持最密切的联系，坚持权为民所用、情为民所系、利为民所谋。

以人民为中心，首先体现为一切为了人民，始终把实现好发展好维护好最广大人民的根本利益作为一切工作的出发点和落脚点。新冠肺炎疫情暴发之后，我们党秉承“要始终把人民群众生命安全和身体健康放在第一位”的人民立场，坚持“生命重于泰山、疫情就是命令、防控就是责任”的原则，调集全国最优秀的医生、最先进的设备、最急需的资源，全力以赴投入疫病救治，救治费用全部由国家承担，最大限度提高了检测率、治愈率，最大程度降低了感染率、病亡率。与此同时，积极调动物资解决疫情期间人民群众在衣食住行方面的困难，做好基本生活必需品的保障供应，纾民忧、解民怨，生动地诠释了立党为公、执政为民的价值追求。习近平总书记曾深刻指出：“人民对美好生活的向往，就是我们的奋斗目标。”我们党之所以如此不遗余力地推进疫情防控，其根本目的就是为了维护最广大人民的根本利益，保障人民群众的生命安全与身体健康，践行为中国人民谋幸福的初心和使命。

以人民为中心，还体现为紧紧依靠人民。习近平总书记指出：“人民是我们执政的最大底气。党和国家事业发展的一切成就，归功于人民。只要我们紧紧依靠人民，就没有战胜不了的艰难险阻，就没有成就不了的宏图大业。”在疫情防控过程中，我们党坚持群众路线，全国动员、全民参与，联防联控、群防群治，构筑起最严密的防控体系，全国各族人民都以不同方式积极参与了这场疫情防控斗争，凝聚起坚不可摧的强大力量。我们党始终保持同人民群众的血肉联系，把尊重民意、汇集民智、凝聚民力、改善民生贯彻到疫情防控的全部工作之中，不断巩固党执政的阶级基础，厚植党执政的群众基础。

制度优势：总揽全局、协调各方的领导制度体系

党的十九届四中全会提出：“必须坚持党政军民学、东西南北中，党是领导一切的，坚决维护党中央权威，健全总揽全局、协调各方的党的领导制度体系，把党的领导落实到国家治理各领域各方面各环节。”总揽全局、协调各方的党的领导制度体系是确保党的领导全覆盖、确保党的领导更加坚强有力的制度保障，也是打赢疫情防控人民战争、总体战、阻击战的“制度密码”。

首先，党中央对重大工作的领导体制机制，是推动各方面协调行动、增强合力，做到“全国一盘棋”的关键。事在四方，要在中央。党中央对重大工作的领导体制机制，在党的全面领导制度安排中具有纲举目张的统领作用。新冠肺炎疫情发生后，以习近平同志为核心的党中央高度重视，全面加强对疫情防控工作的集中统一领导。习近平总书记亲自指挥、亲自部署，多次听取汇报、

做出重要指示，多次主持召开重要会议、及时制定疫情防控战略策略，多次深入一线调研、考察指导疫情防控工作。党中央决策议事协调机构，在中央政治局及其常委会领导下开展工作，负有对重大工作进行顶层设计、总体布局、统筹协调、整体推进的重要职责。党中央成立中央应对疫情工作领导小组，向湖北等疫情严重地区派出中央指导组，把全国疫情防控工作置于党中央的集中统一领导之下。在党中央的坚强领导下，国务院建立联防联控机制，加强协调调度。中央有关部门各司其职，迅速响应，军队积极行动，支援地方疫情防控，全国上下各党政军群机关和企事业单位紧急行动、全力奋战，广大医务人员无私奉献、英勇奋战，生动体现了党的集中统一领导的强大制度优势。

其次，党的集中统一的组织制度，是形成党的中央组织、地方组织、基层组织上下贯通、执行有力的严密体系的关键。在疫情防控中，各级党委把做到“两个维护”作为最根本的政治纪律挺在前面，坚决服从党中央统一指挥、统一协调、统一调度，做到令行禁止，从制度上维护党中央权威和集中统一领导，切实保证党中央政令畅通和工作高效。党的中央、地方、基层三级组织在疫情防控工作中思想统一、行动一致，在切实统筹做好本地区本领域疫情防控工作、确保党中央各项决策部署落实的同时，又坚决响应党中央号召，大力支援重点地区的疫情防控工作。各地 346 支医疗救援队、4 万多名医务人员驰援湖北，19 个省份对口支援湖北各地市，武汉火神山医院、雷神山医院仅用十多天时间就“神速”完工，平均每天建成一座方舱医院，城市乡村、工厂企业、机关学校全部参战，展现出党的领导制度下强大的组织动员力、执行力、战斗力。

能力优势：与时俱进的领导能力和执政本领

行动有力必须靠本领支撑，党的领导是否坚强有力，在很大程度上取决于党的领导能力和领导水平，取决于党的执政本领。在疫情防控过程中，我们党与时俱进的学习本领、政治领导本领、改革创新本领、科学发展本领、依法执政本领、群众工作本领、狠抓落实本领、驾驭风险本领得到了充分体现。

面对疫情，各级党员干部认真学习领会习近平总书记重要讲话精神以及党中央的各项决策部署，并努力钻研防疫抗疫的有关知识，丰富拓宽自己的知识面，为科学应对疫情储备知识和能力，彰显了党的学习本领。各级党组织在应对疫情时坚持战略思维、创新思维、辩证思维、法治思维、底线思维，科学制定和坚决执行党中央的路线方针政策，培育各种良好的思维品质与分析问题、策划问题、解决问题的能力，把党在疫情防控中总揽全局、协调各方的政治领导作用落到实处，彰显了党的政治领导本领。

结合疫情发展的实际，我们党创造性推动疫情防控工作，特别注重运用互联网技术和信息化手段，如网络、微博、微信公众号等新媒体及时发布疫情防控最新进展及相关信息，使用大数据实时跟进更新确诊病例人数的动态变化，对疫情防控工作起了极大的推动作用，彰显了党的改革创新本领。随着国内抗击疫情的态势不断向好，我们党在继续推进疫情防控的同时积极组织复工复产，专门召开会议研究统筹推进疫情防控和经济社会协调发展的工作，彰显了党的科学发展本领。我们坚持依法防控，在法治轨道上统筹推进各项防控工作，全面提高依法防控、依法治理能力，彰显了党的依法执政本领。

党坚持群众路线这条生命线，积极发挥工会、共青团、妇联等群团组织联系群众的桥梁纽带作用，组织动员广大人民群众坚定不移听党话跟党走，使得每一位群众都能被积极动员起来响应党的号召，在全民战“疫”的特殊时期进一步增强党群之间的血肉联系，彰显了党的群众工作本领。在党中央的统一部署下，广大地方和基层党组织坚持说实话、谋实事、出实招、求实效，彰显了党的狠抓落实本领。在疫情防控最吃劲的时候，我们都基本上保持了社会大局稳定、保障人民群众的基本正常生活，这体现了我们党不断提高防范化解重大风险的能力，彰显了党的驾驭风险本领。

打铁还需自身硬，在疫情防控的关键时期，我们党毫不松懈地加强自身建设，坚定不移推进全面从严治党，大力纠治形式主义、官僚主义等问题，不断增强党自我净化、自我完善、自我革新、自我提高的能力，以自我革新的坚决行动使得党在战“疫”过程中更好地发挥领导作用。党要管党、从严治党的能力，是党的领导显著优势的重要体现。

组织优势：党组织战斗堡垒作用与党员先锋模范作用

习近平总书记强调：“党的力量来自组织，组织能使力量倍增。”发挥着坚强战斗堡垒作用的基层党组织和忠诚干净担当的党员干部队伍，锻造了中国共产党强大的组织动员力、行动力、战斗力，为坚持和加强党的全面领导、坚持和发展中国特色社会主义提供坚强组织保证。

党的基层组织是党的战斗堡垒，是确保党的路线方针政策和决策部署落实的基础。战“疫”期间各地基层党组织进一步明确了责任，充分发挥了战斗堡垒作用。在政治引领层面，基层党组织作为抗击疫情一线的组织者、领导者，做到把方向、定大局，把各方力量统一起来，调动各方积极参与防疫抗疫工作，形成应对疫情的团结合力。在宣传教育层面，积极向民众宣传党中央、上级组织和本组织关于疫情防控的决议、部署、路线、方针、政策，做好思想引领，加大舆论工作宣传力度，统一抗疫的正确思想。在力量动员层面，充分利用各种社会资源，凝聚人心，团结带动基层的广大民众，整合社会，动员一切力量参与到疫情防控阻击战当中来，形成抗击疫情的强大合力。在上下联通层面，充分发挥联系群众、宣传群众、组织群众、凝聚群众、团结群众、服务群众的桥梁纽带作用，深入了解群众的需求，拓宽群众反映情况的渠道，及时反映群众呼声，将基层民众的利益诉求反馈至上级党组织，为上级领导做出正确决策提供民情民意方面的依据。在矛盾化解层面，基层党组织整合各方利益，加强沟通联系，融洽社会关系，最大限度减少显在的和潜在的社会矛盾，解决基层纠纷，切断社会矛盾源头，维护基层社会的稳定团结。

在疫情防控的严峻斗争当中，广大党员干部冲锋在前、顽强拼搏，坚决抗击疫情扩散的势头，充分发挥了共产党员的先锋模范作用。各级党组织领导班子和领导干部特别是主要负责同志坚守岗位、靠前指挥，广大党员特别是医疗领域的党员，不忘初心、牢记使命，勇当先锋，积极发挥先锋模范作用，奋战在工作一线。战“疫”期间涌现出了无数关键时刻冲得上去、危难关头豁得出来的共产党员和无数可歌可泣的先进模范事迹，优秀党员的无私奉献，激励着广大民众的斗志与决心，谱写了新时代党员的光辉形象，鲜红的党旗始终在疫情防控斗争的第一线高高飘扬。

“艰难困苦，玉汝于成”。疫情防控成效充分彰显了党的领导的显著优势，更加坚定了我们对中国共产党的领导和中国特色社会主义的制度自信。疫情对党的领导能力而言既是一次检验，更是一次淬炼。让我们继续坚持和完善党的领导制度体系，提高党科学执政、民主执政、依法执政水平，为进一步发挥出党的领导显著优势提供更加坚实的保障。

学深悟透《习近平谈治国理政》第三卷*

《习近平谈治国理政》第三卷是充分反映党的十九大以来习近平总书记领导全党全国各族人民攻坚克难、砥砺前行伟大实践的最新教材，是用习近平新时代中国特色社会主义思想武装全党、教育人民、推动工作的最新教材，是我们党不忘初心、牢记使命、团结带领人民创造更加幸福美好生活的最新教材，是为世界谋大同、推动构建人类命运共同体的最新教材。学习《习近平谈治国理政》第三卷，重在把握党的十九大以来习近平总书记在领导推进新时代治国理政的实践中提出的具有原创性、时代性、指导性的重大思想观点。中华民族伟大复兴的战略全局是《习近平谈治国理政》第三卷的着眼点，是贯穿于全部 19 个专题的红线。对于中国特色社会主义道路、中国共产党领导、制度建设、防范风险等战略全局中最基本、最紧要的问题，我们尤其要认真学习和深刻把握。

深刻把握中国特色社会主义是实现中华民族伟大复兴的必由之路

实现中华民族伟大复兴必须坚定不移走中国特色社会主义道路。道路问题至关重要，没有正确的道路，再伟大的梦想都不能实现。我们党带领人民，在长期实践探索中，坚持独立自主走自己的路，取得革命、建设、改革伟大胜利，开创和发展了中国特色社会主义，使久经磨难的中华民族迎来了从站起来、富起来到强起来的伟大飞跃。历史和现实充分证明，只有社会主义才能救中国，只有坚持和发展中国特色社会主义才能实现中华民族伟大复兴。

党的十九大以来，习近平总书记强调，新时代坚持和发展中国特色社会主义要一以贯之。中国特色社会主义是改革开放以来我们党的全部理论和实践的主题，新时代中国特色社会主义是我们党领导人民进行伟大社会革命的成果，也是我们党领导人民进行伟大社会革命的继续。中国特色社会主义不是从天上

---

* 原文发表于《学习时报》2020 年 8 月 24 日 1 版。

掉下来的，而是在改革开放 40 多年的伟大实践中得来的，是在新中国成立 70 多年的持续探索中得来的，是在我们党领导人民进行伟大社会革命 90 多年的实践中得来的，是在近代以来中华民族由衰到盛 170 多年的历史进程中得来的，是在对中华文明 5 000 多年的传承发展中得来的，是党和人民历经千辛万苦、付出各种代价取得的宝贵成果。新时代要完成中华民族伟大复兴的历史使命，最根本的就是要高举中国特色社会主义伟大旗帜，坚定中国特色社会主义道路自信、理论自信、制度自信和文化自信。坚持好、发展好中国特色社会主义，是无比崇高的事业，需要一代又一代中国共产党人带领人民接续奋斗。我们这一代共产党人的任务，就是要把新时代坚持和发展中国特色社会主义这场伟大社会革命进行好，在实践中奋勇开拓、深化发展，不断丰富中国特色社会主义的实践特色、理论特色、民族特色、时代特色，在新的历史条件下把党和国家各项事业继续推向前进。

深刻把握中国共产党是实现
中华民族伟大复兴的领导力量

实现中华民族伟大复兴必须毫不动摇坚持中国共产党的领导。近代以来，中华民族最伟大的梦想是实现中华民族伟大复兴。中国共产党一经成立，就把实现共产主义作为党的最高理想和最终目标，义无反顾肩负起实现中华民族伟大复兴的历史使命，团结带领人民进行了艰苦卓绝的斗争，谱写了气吞山河的壮丽史诗。通过近百年的接续奋斗，我们建立了中华人民共和国，实现了中国从几千年封建专制政治向人民民主的伟大飞跃；确立社会主义基本制度，实现了中华民族由近代不断衰落到根本扭转命运、持续走向繁荣富强的伟大飞跃；进行了改革开放新的伟大革命，开辟了中国特色社会主义道路，使中国大踏步赶上时代。今天，我们比历史上任何时期都更接近、更有信心和能力实现中华民族伟大复兴的目标。

中国特色社会主义最本质的特征是中国共产党领导，中国特色社会主义制度的最大优势是中国共产党领导。没有中国共产党的领导，民族复兴必然是空想。坚持党的领导，首先是坚持党中央权威和集中统一领导，这是党的领导的最高原则，任何时候任何情况下都不能含糊、不能动摇。全党都要尊崇党章，增强政治意识、大局意识、核心意识、看齐意识，完善坚持党的领导的体制机制，提高党把方向、谋大局、定政策、促改革的能力和定力，确保全党在思想上政治上行动上同以习近平同志为核心的党中央保持高度一致。坚持党的领导，必须不断改善党的领导，勇于自我革命，从严管党治党，以加强党的长期执政能力建设、先进性和纯洁性建设为主线，以党的政治建设为统领，以坚定理想信念宗旨为根基，以调动全党积极性、主动性、创造性为着力点，全面推进党的政治建设、思想建设、组织建设、作风建设、纪律建设，把制度建设贯穿其中，深入推进反腐败斗争，不断提高党的建设质量，把党建设成为始终走在时代前列、人民衷心拥护、勇于自我革命、经得起各种风浪考验、朝气蓬勃的马克思主义执政党。

深刻把握制度建设是实现
中华民族伟大复兴的重大任务

实现中华民族伟大复兴必须持之以恒推进制度建设。制度是关系党和国家事业发展的根本性、全局性、稳定性、长期性问题。历史经验表明，经过长期剧烈的社会变革之后，一个政权要稳定下来，一个社会要稳定下来，必须加强制度建设。形成比较完备的一套制度往往需要较长甚至很长的时间，今天摆在我们党面前的一项重大历史任务，就是推动中国特色社会主义制度更加成熟更加定型。坚持和完善中国特色社会主义制度、推进国家治理体系和治理能力现代化，是实现"两个一百年"奋斗目标、实现中华民族伟大复兴的重大任务。党的十八届三中全会首次提出"推进国家治理体系和治理能力现代化"这个重大命题，并把"完善和发展中国特色社会主义制度、推进国家治理体系和治理能力现代化"确定为全面深化改革的总目标。党的十九大以来，以习近平同志为核心的党中央把制度建设摆到更加突出的位置。从形成更加成熟更加定型的制度看，我国社会主义实践前半程的主要历史任务是建立社会主义基本制度，并在这个基础上进行改革，现在已经有了很好的基础。我国社会主义实践后半程的主要历史任务是完善和发展中国特色社会主义制度，为党和国家事业发展、人民幸福安康、社会和谐稳定、国家长治久安提供一整套更完备、更稳定、更管用的制度体系。党的十九届三中全会通过了《中共中央关于深化党和国家机构改革的决定》，开启了推进国家治理体系和治理能力现代化的一场深刻变革。党的十九届四中全会审议通过了《中共中央关于坚持和完善中国特色社会主义制度　推进国家治理体系和治理能力现代化若干重大问题的决定》，总结了我国国家制度和国家治理体系的多方面的显著优势，提出了制度建设的总体目标和各个方面制度建设的蓝图。制度建设与建设社会主义现代化强国、实现中华民族伟大复兴相向而行：到我们党成立一百年时，在各方面制度更加成熟更加定型上取得明显成效；到二〇三五年，各方面制度更加完善，基本实现国家治理体系和治理能力现代化；到新中国成立一百年时，全面实现国家治理体系和治理能力现代化，使中国特色社会主义制度更加巩固、优越性充分展现。

深刻把握防范风险是实现中华民族伟大复兴的基本底线

实现中华民族伟大复兴必须时刻警惕防范风险。中华民族伟大复兴的历程，从来就不是轻轻松松而是艰难困苦的，不是鲜花满地而是披荆斩棘的。越是接近民族复兴，越不会一帆风顺，越充满风险挑战乃至惊涛骇浪。实现伟大梦想必须进行伟大斗争。要更加自觉地坚持党的领导和我国社会主义制度，坚决反对一切削弱、歪曲、否定党的领导和我国社会主义制度的言行；更加自觉地维护我国主权、安全、发展利益，坚决反对一切分裂祖国、破坏民族团结和社会和谐稳定的行为；更加自觉地防范各种风险，坚决战胜一切在政治、经济、文化、社会等领域和自然界出现的困难和挑战。

“领导干部要胸怀两个大局，一个是中华民族伟大复兴的战略全局，一个是世界百年未有之大变局，这是我们谋划工作的基本出发点。”在大变局中谋划民族复兴，更要增强忧患意识，以底线思维防范风险挑战。面对波谲云诡的国际形势、复杂敏感的周边环境、艰巨繁重的改革发展稳定任务，我们必须始终保持高度警惕，既要高度警惕“黑天鹅”事件，也要防范“灰犀牛”事件；既要有防范风险的先手，也要有应对和化解风险挑战的高招；既要打好防范和抵御风险的有准备之战，也要打好化险为夷、转危为机的战略主动战。各种风险我们都要防控，但重点要防控那些可能迟滞或中断中华民族伟大复兴进程的全局性风险，这是坚持底线思维的根本含义。天降大任于斯人，在中华民族伟大复兴爬坡过坎的关键时刻，凡是危害中国共产党领导和我国社会主义制度的各种风险挑战，凡是危害我国主权、安全、发展利益的各种风险挑战，凡是危害我国核心利益和重大原则的各种风险挑战，凡是危害我国人民根本利益的各种风险挑战，凡是危害我国实现“两个一百年”奋斗目标、实现中华民族伟大复兴的各种风险挑战，只要来了，我们就必须进行坚决斗争，而且必须取得斗争胜利。

实现中华民族伟大复兴必须跨越"发展陷阱"*

面对世界百年未有之大变局，我们要清醒地意识到当前党和国家面临着更加艰巨的任务，只有头脑清醒，把稳航船，避开险滩陷阱，增强忧患意识、防范风险挑战，把改革开放继续推向前进，才能夺取新时代中国特色社会主义伟大胜利，实现中华民族伟大复兴的中国梦。

坚定奋斗目标，深刻认识变局

党的十八大以来，中国共产党团结带领人民推动党和国家事业发生历史性变革，取得了历史性成就，中华民族迎来了从站起来、富起来到强起来的伟大飞跃，中国特色社会主义进入新时代。党的十九大在对决胜全面建成小康社会做出部署的同时，明确了从 2020 年到本世纪中叶分两步走全面建设社会主义现代化国家的新目标。这一目标描绘了建成富强民主文明和谐美丽的社会主义现代化强国的宏伟蓝图，对新时代中国特色社会主义发展做出战略安排，彰显了中国共产党的战略谋划和使命担当。

当今世界，国际体系和国际秩序加速调整，大国战略博弈全面加剧，世界地缘战略格局深度演变，世界正在经历百年未有之大变局。2020 年 9 月，习近平总书记在全国抗击新冠肺炎疫情表彰大会上强调，"我们要辩证认识和把握国内外大势，加强战略性、系统性、前瞻性研究谋划，做好较长时间应对外部环境变化的思想准备和工作准备，善于在危机中育新机、于变局中开新局。要发扬斗争精神，敢于斗争、善于斗争，根据形势变化及时调整斗争策略，团结一切可以团结的力量，调动一切积极因素，不断夺取具有许多新的历史特点的伟大斗争新胜利"。

现在，我国正处于一个大有可为的历史机遇期，深刻认识我们面临的风险

* 原文发表于《中国党政干部论坛》2020 年第 10 期。

与可能存在的陷阱，牢牢把握变局和新局给中华民族伟大复兴带来的重大机遇，是实现“两个一百年”奋斗目标的必然要求。

面对困难、障碍、险滩和陷阱，要有充分的思想准备、科学分析和理性应对。通过准确把握矛盾要素和规律，认真分析自身状态、历史方位、发展趋势、外部环境，以“壮士断腕”的勇气改革自新，全面提升生存和发展能力，掌握战略主动，以变化应对变化，以发展推动发展，有效防范“灰犀牛”事件，及时抵御“黑天鹅”事件，不断从胜利走向胜利。这就是所谓的“安而不忘危，存而不忘亡，治而不忘乱”。

增强忧患意识，跨越发展陷阱

最近一段时间以来，新冠肺炎疫情在全球蔓延，不确定因素显著上升。世界经济陷入停摆和衰退状态，经济下行风险加剧。在乱云飞渡的当下，理性分析重大风险和发展陷阱具有强烈的现实意义，有助于我们增强战略定力、判断力、决断力和执行力，化危为机，行稳致远。

（一）经济转型，跨越“中等收入陷阱”

2019 年，中国人均国民总收入（GNI）为 10 410 美元，首次突破 1 万美元大关，达到中等偏上收入国家标准，正在向高收入国家迈进。

中国改革开放 40 多年来，顺应和利用了经济全球化规律和机遇，以要素低成本、出口导向型战略实现了经济高速发展，用几十年的时间走过了发达国家上百年的工业化进程。但随着中国自身经济要素的同期演进变化和全球经济格局的变化，面对与发达国家相比的创新能力和水平短板以及后发国家的追赶，过去“两头在外、大进大出”的发展模式已愈来愈不可持续，需要坚定地自我革新和开拓，才能实现向高收入国家的跨越。

面对国内外对中国谨慎规避“中等收入陷阱”的警告，习近平总书记在 2014 年出席亚太经合组织领导人同工商咨询理事会代表对话会时明确指出，中国肯定要迈过“中等收入陷阱”，并强调只有在稳增长、调结构、惠民生、促改革之间找到平衡点，才能推动中国经济行稳致远。

凡事预则立，不预则废。面对中华民族伟大复兴战略全局和世界百年未有之大变局，我们要着眼长远、把握大势，开门问策、集思广益，研究新情况、做出新规划。必须借鉴其他国家成功跨越“中等收入陷阱”的经验或者失败教训，理性分析我国经济自身存在的问题，坚持面向世界科技前沿、面向经济主战场、面向国家重大需求、面向人民生命健康，增强机遇意识和风险意识，以供给侧结构性改革实现经济转型升级，开拓经济发展新范式，坚持发展高质量的实体经济，不断向科学技术广度和深度进军，重视高端制造业的核心引擎作用，准确识变、科学应变、主动求变，努力实现更高质量、更有效率、更加公平、更可持续、更为安全的发展。

（二）执政为民，化解“塔西佗陷阱”

中国特色社会主义事业取得的发展成就离不开中国共产党的领导，更离不开人民群众的团结奋斗。党的十八大以来，以习近平同志为核心的党中央一直十分重视执政公信力建设。2014 年 3 月，习近平总书记在河南省兰考县委常委扩大会议上，意味深长地提到“塔西佗陷阱”，他指出，如果群众观点丢掉了，群众立场站歪了，群众路线走偏了，群众眼里就没有你。古罗马历史学家塔西佗提出了一个理论，说当公权力失去公信力时，无论发表什么言论、无论做什么事，社会都会给以负面评价。因此，党员干部要从严要求自己，要始终保持党和人民群众的血肉联系，才能保持好在群众中的形象和公信力。在具有许多新的历史特点的伟大斗争面前，我们更需要时刻保持居安思危、安不忘危的忧患意识，绝不能犯战略性、颠覆性错误。在这方面，苏共亡党和苏联解体的历史教训十分深刻。苏共解散前，苏联科学院曾进行过一次民意调查，在被调查者中，认为苏共仍然能够代表工人的占 4%，代表全体人民的占 7%，代表全体党员的占 11%，而认为代表党的官僚、干部和机关工作人员的比例竟高达 85%，可见当时苏共脱离群众的严重程度，人心向背，不言自明。

党和政府各项工作的出发点来自群众，在群众中发现问题、找到解决方法，最后还要服务于群众。通过在菜篮子、米袋子、交通出行、升学就业、看病养老等与每个老百姓的生活息息相关的小事中，把握关系国计民生的大事，推动共同富裕，维护社会公平正义，扎扎实实地提升人民群众的获得感、幸福感、安全感，才能获得人民的信任和爱戴。要以忧民之心制定政策，了解群众所盼、所想、所急，使决策更加顺民心、合民意；以为民之心开展工作，不玩花拳绣腿，不要繁文缛节，不做表面文章，不搞形式主义；以惠民之心评估工作成效，始终把群众利益放在首位；以爱民之心回应群众质疑，不推诿、不逃避、不扯皮，厘清责任，勇于改正。

（三）文明交融，超越“修昔底德陷阱”

所谓“修昔底德陷阱”意在表达守成大国与崛起大国之间必有一战的现象，是以“零和博弈”思维为出发点研究历史发展规律的结果，无视人类文明的多元化和发展中国家的发展权，不符合全人类共同发展进步的价值追求。随着我国综合国力和国际影响力的不断提升，一些西方发达国家固守“西方中心论”的立场，基于其发展历史，炒作中美关系将陷入“修昔底德陷阱”，这既反映了西方国家僵化的二元对立观和机械论的历史观，也是对中国外交理念的一种错误解读。

事实上，“修昔底德陷阱”引发的危机往往是大国之间主观相互战略误判引起的。2015 年，习近平总书记访美时指出，中国是现行国际体系的参与者、建设者、贡献者，同时也是受益者。改革和完善现行国际体系，不意味着另起炉灶，而是要推动它朝着更加公正合理的方向发展。

大国关系既有合作又有竞争，但共同合作担负起全世界的和平和发展才是应有的主旋律。全球各国都应共同努力、管控分歧，将冲突点转化为合作点，才能实现互利共赢，造福世界，由此，“修昔底德陷阱”将成为一个并不存在的伪命题。

把握时代脉搏，走好强国之路

防范和化解重大风险，跨越发展陷阱，是一个长期的、持续的、动态的实践和斗争过程，要牢记初心，坚定信心，保持恒心，采取科学有效的应对之策，实现长久发展。在世界百年未有之大变局的历史大势下，结合当前我国的经济、社会特点和问题，党中央高度重视防范和化解重大风险，做出了多项战略部署予以及时应对。

（一）贯彻新发展理念，建设现代化经济体系

逆水行舟，不进则退。只有全面深化改革，才能解决前进中的问题。党的十九大报告指出，我国经济已由高速增长阶段转向高质量发展阶段，正处在转变发展方式、优化经济结构、转换增长动力的攻关期，建设现代化经济体系是跨越关口的迫切要求和我国发展的战略目标。

建设现代化经济体系的关键在于深入贯彻新发展理念，通过创新发展来解决发展动力问题，这也是跨越中等收入陷阱的重要举措。目前，我国已经成为全球第二大研发投入大国和知识产出大国，SCI 国际科技论文数位居世界第 2 位，进入全球研发投入 2 500 强企业数达到 438 家，位居世界第 3 位。科技创新驱动着我国产业向中高端迈进，尤其是新兴信息技术为制造业升级注入了新动能，产品更加高端，高铁成套技术、5G 移动通信、无人机、移动支付等成为新的中国名片。

同时，我国以供给侧结构性改革为主线，优化资源配置，调整生产结构，提高供给体系的质量和效率，提升经济增长的持续性和长期稳定性。首先，强调实体经济的重要性和质量追求，明确要求把发展经济的着力点放在实体经济上；把关注高速增长调整为高质量增长，提高供给体系质量，增强我国经济质量优势。其次，强调制造业要迈向价值链中高端，从而在结构上避免制造业在低端徘徊不前。我国现代经济体系建设的制度优势、创新技术优势、供给侧结构性改革成果、区域协同优势，将为跨越“中等收入陷阱”提供坚实的支撑。

（二）走好新时代党的群众路线，推进党的建设新的伟大工程

一切为了人民、一切依靠人民，始终保持与人民群众的血肉联系。群众路线这个传家宝体现出中国共产党既源自人民，又领导人民；我们的宏观战略决策和微观任务部署，都来源于人民群众的关心关切、意见建议，又要回归人民、服务人民，并且争取把党的正确主张变为群众的自觉行动，不断加以检验和优化完善。这既是我们党在近百年奋斗征程中的价值坚守，更是我们党的生命线和根本工作路线。

习近平总书记在党的十九大报告中指出，“伟大斗争，伟大工程，伟大事业，伟大梦想，紧密联系、相互贯通、相互作用，其中起决定性作用的是党的建设新的伟大工程”，并将脱离群众的危险作为新时代坚定不移全面从严治党必须着力解决的重大问题。

党的十八大以来，全党开展了党的群众路线教育实践活动和“三严三实”专题教育，推进了“两学一做”学习教育常态化制度化，进一步密切了党和人民群众的血肉联系。通过纠正“四风”，简政放权，解决群众和企业办事难的问题；通过脱贫攻坚，带领全体人民实现共同富裕，解决贫富分化问题；通过加强党纪党规，把纪律挺在前面，打虎拍蝇，反腐倡廉，使政治更加清朗，政府的公信力进一步提高。

（三）坚持和平发展道路，推动构建人类命运共同体

中国坚持走和平发展道路，其自身发展需要和平的世界环境，也谋求与各国的互利共赢，维护世界和平、促进共同发展。党的十八大报告明确提出“要倡导人类命运共同体意识，在追求本国利益时兼顾他国合理关切”。

人类社会的发展进步中，正在也将会面对很多共同的新旧问题，例如当前的世界经济增长动能不足、贫富分化、恐怖主义、网络安全、重大传染性疾病、气候变化等，全球性的问题需要全球合作才能解决。“发展才是硬道理”，通过团结合作、共同发展才能给全世界的和平发展提供答案，弱肉强食的丛林法则、你输我赢的零和游戏不再符合时代逻辑。

作为现行国际体系的参与者、建设者、贡献者，中国始终以开放、包容、多元的世界观，积极发展全球伙伴关系，在国际合作中不断努力寻找各国发展的最大公约数和利益交汇点，共同构建人类命运共同体。中国适时提出“一带一路”倡议和设立亚投行与丝路基金，将自己在现代化发展中获得的宝贵资金、发展成果、先进技术和脱贫经验，分享给更多的发展中国家，用中国智慧破解现代化发展的世界难题。2020 年，在中国自身全力抗击新冠肺炎疫情的同时，中国政府向近百个国家以及世卫组织、非盟等国际和地区组织提供了大批的物资和技术援助，更显示出一个负责任大国的国际责任担当，是人类命运共同体理念的具体体现。

面对世界百年未有之大变局，稳健前行的中国不仅以自身发展直接为世界做出巨大贡献，更始终秉持共商共建共享的全球治理观，高举和平、发展、合作、共赢的旗帜，为全人类共同的美好未来指明了方向，为推动人类社会共同进步贡献出中国智慧。

多维度理解首都发展的内涵及外延*

党的十九届五中全会审议通过了《中共中央关于制定国民经济和社会发展第十四个五年规划和二〇三五年远景目标的建议》（以下简称《建议》）。《建议》指出“十四五”时期是中国开启全面建设社会主义现代化国家新征程、向第二个百年目标进军的第一个五年，需要贯彻新发展理念，建构新发展格局，迈向新发展阶段，《建议》还提出了一系列具有前瞻性、系统性、战略性的发展目标和重点任务。

北京作为首都，具有义不容辞的使命和责任按照新发展理念、新发展格局和新发展阶段的要求来推动首都发展，加快实现建设国际一流的和谐宜居之都的战略目标。为此，我们需要重新对首都发展的内涵与外延进行研究，厘清首都发展的内在逻辑，谋划布局“十四五”时期首都发展的重点任务和关键要素，推动首都高质量发展。

对于首都发展的内涵与外延的理解，可以从政治和功能、空间和城市、制度和秩序、要素和系统、历史和演化等五种路径出发，这样可以实现对首都发展的立体式、系统性和全面性的理解。政治和功能的路径是认识首都发展的第一个路径，其核心是回答首都发展为了谁。空间和城市的路径是认识首都发展的第二个路径，其核心是回答首都发展在什么样的地域展开，以什么样的形式呈现。制度和秩序的路径是认识首都发展的第三个路径，其核心是回答人类集体行动通过什么方式来展开，最终呈现什么样的状态。要素和系统的路径是认识首都发展的第四个路径，其核心是回答发展意味着什么，发展由哪些因素驱动。历史和演化的路径是认识首都发展的第五个路径，其核心是回答首都发展的过去和历史前提是什么，未来会朝着什么方向发展。从这五个路径出发，可形成认识首都发展内涵与外延的十个维度。

---

* 原文发表于《北京日报》2020 年 12 月 7 日 13 版。

人民维度

习近平总书记指出，人民城市人民建设，人民城市为人民。首都发展需要提升人民的获得感、安全感和幸福感。在做好“七有”和“五性”工作的同时，要让人民成为首都发展的主体，通过激发人民的主体性、参与性和创造性，为首都发展提供持久动力。“四个服务”中就包含为市民服务，要让市民是否满意成为首都发展的根本性标准。这要求首都要进一步把“接诉即办”中的“响应率”、“满意率”和“问题解决率”等作为重点。

从人民维度理解首都发展，需要统筹好安全与发展，安全既是发展的底线，也是人民最关注的问题。首都发展的安全观要将总体国家安全观与城市风险治理相结合，迈向具有安全、韧性和弹性的首都发展新阶段。其中，除了传统的城市安全之外，尤其是要重视城市中的公共卫生风险，要以疫情防控为基础，推动首都公共卫生体系建构。

功能维度

首都是一个政治概念，因此对于首都发展首先需要从功能性考虑，尤其是政治功能上考虑。首都的政治性，使得首都发展与其他地方发展既有共性，又有其独特性，而处理好“都与城”之间的关系是首都发展首先需要面对的问题。首都发展是一个涵盖北京发展，但又不仅仅是北京发展的概念体系，做好首都发展需要将国家战略和要素与北京实际有机结合。

因此，从功能维度上看，首都发展重点是推进“四个中心”建设，疏解非首都功能，做好“四个服务”。无论是“四个中心”，还是“四个服务”，其内在逻辑是一致的，首都发展的评判标准要看其功能实现程度，是否通过首都发展实现“四个中心”的定位和建设目标。“十四五”时期的首都发展要紧紧围绕“四个中心”战略定位来谋划发展，使发展与功能定位有机契合，在实现功能定位中促进发展，通过发展来谋划和推动功能定位落地。

空间维度

首都发展需要在一定的空间中展开，这使得首都发展最终需要通过国土空间布局来实现。从空间维度来理解首都发展，至少存在三个尺度，即全球、区域、市域。

从全球尺度理解，首都发展无论是在国际交往中心建设，还是全球科创中心的推进，以及双循环新发展格局中，都具有重要意义。首都发展只有放在全球空间尺度之下，才能够实现首都功能定位，才能够展示大国首都形象，才能够率先实现高水平发展。

从区域尺度理解，首都发展要在国家整体区域发展格局中谋求，重点是要实现京津冀协同发展，要为京津冀协同发展和现代化都市圈做出贡献。首都发展要在区域协同发展中考虑和实现，无论是非首都功能疏解，还是世界级城市群建立，都需要处理好自身发展与协同发展的关系。

从市域尺度理解，首都发展需要在自身内部空间实现平衡协同发展。首都发展的多样性要求在内部空间中得到有效布局，这也是首都发展面临的又一个空间尺度问题。当前，对于首都发展而言，需要重点处理好一核与两翼之间的关系、中心城区与郊区之间的关系。

城市维度

首都发展是城市发展，更是超大城市发展，这意味着需要遵循城市发展自身的规律。因此，需要从城市维度理解首都发展，从推进城市高质量发展的角度来推进首都发展。对于城市而言，可以有很多视角去理解，对于中国特色的城市发展而言，至少需要做好城市的规划、建设和管理工作。因此，“十四五”时期，首都发展需要按照习近平总书记对北京重要讲话精神，做好首都的规划、建设和管理工作，从而为首都发展奠定良好的基础。

首都规划是中央事权，需要保障规划的严肃性和权威性，按照北京城市总体规划做好“十四五”时期的首都发展工作。事实上，北京城市总体规划时间到 2035 年，与党中央关于未来发展的部署内在一致。为此，北京需要以贯彻规划为基础做好首都发展工作。与此同时，首都建设也是首都发展的重要内容，它需要按照高品质和高标准的要求推进首都各项建设。而首都管理更是首都发展的应有之义，管理好首都才能够为首都发展提供较好的环境。

制度维度

制度为发展提供了激励和约束，高质量发展需要高质量制度体系。制度更是一个国家和地区长期可持续发展的社会基础设施，良好的发展需要高水平制度支撑。

首都发展在“十四五”时期需要围绕首都高质量发展的制度基础，推进首都制度体系建设。在首都发展的制度体系建构中，可以围绕基础性制度、根本性制度和重要性制度展开，使首都发展与首都制度共生演化。为此，需要针对首都发展面临的制度短板和障碍，有针对性地开展制度创新，弥补首都发展的制度缺陷，为首都可持续发展奠定基础。

秩序维度

从秩序维度理解首都发展，就是从动态和互动的角度理解首都发展，要求首都发展建立在良好的秩序基础之上，要维护好市场秩序、创新秩序、社会秩序、生态秩序、文化秩序、治理秩序等。首都发展有了良好秩序，才能够实现自我循环，并建立强大的内生力量。

秩序与一定的历史和文化联系在一起，不同秩序之间具有互嵌性，发展也是在秩序中才能够可持续。“十四五”时期，首都发展需要着眼于基础性秩序建构，形成有利于高质量发展的秩序体系。针对首都发展的基础性秩序问题，需要进行体制性、结构性和制度性变革，避免短期化思维给发展带来的挑战和阻碍。

要素维度

首都发展是一系列要素相互作用的产物，主要包括人力、技术、资本、土地、信息、数据等不同要素。高质量的首都发展需要有高标准、高水平的生产要素，没有要素，发展就成为无源之水。传统上，经济增长和发展主要是资本驱动，随着新一代信息技术发展，技术和人力资本在发展中的作用越来越突出，如何让各种要素有序发展和自然涌现，成为首都发展的重点。

人才应该成为首都发展的第一要素，如何吸引人才、培育人才、关爱人才、留住人才和激发人才潜力是首都发展的主要内容。技术应该成为首都发展的第二要素，如何实现关键技术突破，如何将技术应用到首都发展的各个方面，是首都发展需要考虑的内容。土地应该成为首都发展的第三要素，其核心和关键是如何实现土地减量发展和集约发展，将更多土地用于高质量发展。资本、信息、数据、管理等其他要素，在“十四五”时期的首都发展中也需要考虑，如何真正将这些要素最优使用，是未来面临的难题。

系统维度

首都发展是一个系统，是包含政治、经济、社会、文化、生态等各个子系统的一个大系统。首都发展既是整个系统的全面发展，又是各个子系统独立发展和相互协调发展的过程，在“十四五”时期要围绕这些子系统的发展做文章，同时要推动子系统之间协同，实现首都发展的系统性变革。

比如，在经济子系统中，首都发展要在创新驱动发展中下功夫，围绕“三城一区”做文章，让创新在经济发展中发挥更大作用。在实现创新驱动发展的同时，首都也需要在高精尖产业上下功夫，实现基础创新、原创性成果与产业发展有机协同。

再如，在社会子系统中，首都发展应在公共服务均等化、社会治理方面迈出新步伐。其中公共服务要围绕着“七有”和“五性”来做文章，社会治理方面要围绕着“吹哨报到”和“接诉即办”等做文章，实现法治、德治、自治有机结合，推动首都城市社会治理现代化。民生和社会应该是首都发展的重点，只有创造宜居的环境，才能够激发人才的创造力。

历史维度

北京的建都史有800多年，作为新中国首都有70多年，更是历史文化名城，有着丰富的历史文化传统。如何让首都发展与北京历史、文化传统等有机结合，让首都发展有历史和文化味道，是首都发展的重大问题。任何伟大城市无不是历史与现代、传统与创新的完美融合，在历史传承中创造新的文明和辉煌。因此，“十四五”时期，首都发展需要在大历史和大视野中推进，要有大格局和大气魄。

我们要系统评估首都发展的遗产和优势，分析首都发展的短板和弱项，在过去首都发展的脉络中寻找未来突破的方向。因此，“十四五”时期首都发展首先需要对过去五年，尤其是习近平总书记对北京重要讲话精神之后的首都发展变革进行梳理，从中寻找优势和不足，在坚持中发展，处理好守正和创新的关系。

演化维度

首都发展不仅处在中国历史的演进中，而且处在世界历史的演进中，它会受到世界政治经济格局、技术创新、新一代信息革命等因素影响，更会受到人类认知、观念、组织和制度革命等因素影响。在当前世界新一代信息技术革命浪潮中，首都如何能够实现可持续发展，是从演化维度理解首都发展的关键。

要让首都发展在世界潮流中保持领先地位，就需要在开放的首都发展系统中下功夫，形成一个开放、创新、自主的发展生态。在这样的发展生态中，新的发展观念能够自然涌现，新的技术创新，尤其是突破性技术创新能够不断实现。要实现面向未来的首都发展，“十四五”时期是关键，北京仍然需要在多方面进行努力。

不断提升战略思维能力*

战略思维本质上是一种世界观和方法论，辩证唯物主义关于联系、发展、矛盾的观点强调立足根本、全局和长远把握各种关系并制定战略策略，构成了战略思维的哲学基础。

习近平新时代中国特色社会主义思想的战略思维从战略的高度深化了对共产党执政规律、社会主义建设规律、人类社会发展规律的认识，开辟了马克思主义中国化的新境界。

在中华文明源远流长的发展进程中形成的独具特色的战略思维，是中华民族政治智慧的鲜明标识，也是我们党历来重视的思维方法。党的十八大以来，习近平总书记把战略思维提到“中国共产党人应该树立的思维方式”的高度，深刻地指出“战略问题是一个政党、一个国家的根本性问题。战略上判断得准确，战略上谋划得科学，战略上赢得主动，党和人民事业就大有希望”，反复强调领导干部要学会用战略的眼光分析问题、谋划事业、推进工作，不断提升战略思维的能力。在以习近平同志为核心的党中央治国理政的丰富实践中，高瞻远瞩的战略思维是贯穿始终的一条重要思想线索。事实充分证明，战略思维是党和国家事业取得伟大历史性成就和历史性变革、迈上新台阶重要的思想武器和精神动力。

明确笃定的战略目标

战略活动的首要任务就是确定战略目标，即带有方向性、全局性的总体目标和带有长期性、根本性的长远目标。对于治国理政而言，战略目标构成了战略思想得以有效施展的认识前提。我们党的战略目标十分明确和笃定，即在坚持和发展中国特色社会主义的前提下，实现中华民族伟大复兴这一近代以来中华民族的夙愿和最伟大的梦想。

---

* 原文发表于《学习时报》2019 年 2 月 18 日 1 版。

之所以说这一战略目标明确，是因为它包含伟大梦想和伟大事业两个基本维度。其中，民族复兴的“中国梦”规定了治国理政的美好愿景和根本目的，中国特色社会主义伟大事业规定了通往目标的路径和方法。围绕中国梦这个总目标，我们党进一步明确提出了“两个一百年”的奋斗目标。在中国共产党成立一百年时全面建成小康社会、在中华人民共和国成立一百年时建成富强民主文明和谐美丽的社会主义现代化强国，这本身既是宏伟的战略目标，同时又构成了中国梦的两个阶段性目标，是对长远目标条理清晰的细化和分解。党的十九大在综合分析国际国内形势和我国发展条件的基础上，又对2020年到本世纪中叶做出了“两个阶段”的战略安排，使得战略目标的实现有了更加具体的时间表和清晰的路线图。

之所以说这一战略目标笃定，是因为它着眼于中华民族的长远利益和整体利益，以国家富强、民族复兴、人民幸福为目标内核，以社会主义现代化为战略方向，从根本上规定了治国理政的战略定位、战略使命、战略愿景。

统筹协调的战略部署

明确了战略目标，就要筹划战略部署。战略部署是围绕战略目标制定的总体性战略安排，它既包括对战略实施领域的规定，也包括对战略推进方式的谋划，是关于战略重点、优先顺序、主攻方向的整体方案。在战略部署上，我们党提出了“五位一体”总体布局和“四个全面”战略布局，成为推进新时代中国特色社会主义事业的顶层设计。

“五位一体”总体布局是对战略实施领域的规定。习近平总书记明确指出，“强调总布局，是因为中国特色社会主义是全面发展的社会主义”，只有统筹推进经济建设、政治建设、文化建设、社会建设和生态文明建设，才能产生综合效应，促进现代化建设各方面相协调。尤其是在改革涉入深水区的今天，任何重大改革都是牵一发而动全身的，仅仅依靠单个领域、单个层次的改革难以奏效，必须加强顶层设计、整体谋划、全面考量、协调推进，增强各项改革的关联性、系统性、协同性，使改革形成合力，而不能畸轻畸重、单刀突进。

“四个全面”战略布局是对战略推进方式的谋划。全面建成小康社会、全面深化改革、全面依法治国、全面从严治党作为实现战略目标的四个有力抓手，聚焦重点领域，既重视发挥经济基础的决定性作用，以经济体制改革为主轴牵引和带动其他领域改革，同时重视政治、法律等上层建筑的反作用，以法治建设为经济社会健康发展保驾护航，以党的自我革命引领伟大社会革命。

由此可见，无论“五位一体”总体布局还是“四个全面”战略布局，都贯穿着整体观、系统观和全局观，既注重整体推进又强调重点突破，典型地体现了统筹兼顾、综合协调的战略思维。

与时俱进的战略理念

战略理念是战略活动的指导思想，也是贯穿于战略活动之中的信念、价值观和行为准则。任何战略活动的背后一定是以深层次的价值理念为支撑，战略目标的实现、战略部署的落实，必须以相应的战略理念配合。对于治国理政而言，最重要的战略理念就是发展理念。对此，习近平总书记曾引用清初思想家王夫之的名言“理者，物之固然，事之所以然也”来深刻阐述，强调“发展理念是发展行动的先导，是管全局、管根本、管方向、管长远的东西，是发展思路、发展方向、发展着力点的集中体现。发展理念搞对了，目标任务就好定了，政策举措也就跟着好定了”。

为了破解发展难题、厚植发展优势，我们党明确提出“创新、协调、绿色、开放、共享”的发展理念，并围绕这五个关键词进行了一系列政策部署。例如，党的十八届五中全会就从“崇尚创新、注重协调、倡导绿色、厚植开放、推进共享”等五个方面提出了几十大类、上百条政策举措。针对发展质量较低和动力不足问题，创新发展理念强调通过创新引领和驱动发展；针对区域、城乡、产业、物质文明和精神文明发展不平衡问题，协调发展理念强调下好全国“一盘棋”；针对以牺牲生态环境为代价换取短期和局部利益的问题，绿色发展理念强调牢固树立将环境视为民生、绿水青山视为“金山银山”的长远观和整体观，促进人与自然和谐共生；针对开放格局不全面和开放水平不高的问题，开放发展理念强调以开放促改革，以开放促发展，为全球发展贡献中国力量、为全球问题的解决贡献中国智慧和中国方案；针对改革发展的成果普惠性仍有待提高的问题，共享发展理念强调坚持人民的主体地位，推动改革成果共享，让人民群众有更多获得感。

由此可见，新发展理念是针对改革开放以来我国发展实践中出现的一系列问题提出的，具有明显的“问题导向”特征，其核心要义就是推动发展模式的转型升级，这一与时俱进的战略理念为新时代中国特色社会主义事业指明了发展方向。

抓铁有痕的战略执行

“一分部署，九分落实”。战略执行就是将战略规划落实转化为实际的行动并确保其实现的过程。治国理政不是纸上谈兵，再美好的蓝图愿景、再周密的战略规划，都需要高效的执行能力才能落为现实。习近平总书记特别重视战略的执行和战略规划的落实，在一系列重要讲话中反复出现“真抓实干”“一抓到底”“层层抓落实”“一项一项抓落实”“聚焦、聚神、聚力抓落实，做到紧之又紧、细之又细、实之又实”“以抓铁有痕、踏石留印的劲头，坚持不懈抓下去”等提法。

我们党对于战略执行能力的提升是从制度和人事两方面着手的。在制度方面，采取了深化党和国家机构改革、科学配置权力、推进行政执法体制改革、开展专项督查等各种形式的过程性监管、严格绩效管理和行政问责、建立健全奖优惩劣的制度等举措。在人事方面，提出了新时代党的组织路线，着力培养忠诚干净担当的高素质干部，着力集聚爱国奉献的各方面优秀人才，坚持德才兼备、以德为先、任人唯贤，为坚持和加强党的全面领导、坚持和发展中国特色社会主义提供坚强组织保证。

坚如磐石的战略定力

战略定力是对战略目标的自信、意志和毅力，是战略实施的动力源泉。面对国际局势风云变幻、国内改革发展稳定任务十分繁重等错综复杂形势，只有始终保持强大战略定力，才能头脑清醒、判断准确、谋划科学、赢得主动，否则就容易一叶障目、患得患失、犹豫不决、摇摆不定，甚至随波逐流、进退失据。

坚如磐石的战略定力是习近平新时代中国特色社会主义思想鲜明的思维特征，集中体现在习近平总书记系列重要讲话反复出现的三个高频词——信仰、信念和信心之中。首先，对马克思主义的坚定信仰是保持战略定力的思想前提和理论基础，因为只有有了理论上的清醒，才会有政治上的坚定和行动上的自觉。其次，对共产主义和中国特色社会主义的坚定信念是战略定力的精神支柱和政治灵魂。理想信念是共产党人安身立命的根本，远大理想和共同理想作为凝聚共识的旗帜已经渗透进战略定力之中，并成为保持战略定力的重要力量源泉。最后，对实现中华民族伟大复兴的坚定信心是战略定力的核心内容和直接表达，它集中表现在中国特色社会主义道路自信、理论自信、制度自信和文化自信之中。

在新时代伟大征程中推动构建人类命运共同体*

习近平总书记在十九大报告中指出，中国特色社会主义进入新时代，在人类社会发展史上具有重大意义。这种意义，不仅体现在中国的发展有力推动了世界的发展，造福于各国人民，而且体现在为人类解决全球性问题贡献了中国智慧和中国方案。构建人类命运共同体，就是中国向世界贡献智慧与方案的集中表现，它深刻回答了“建设一个什么样的世界、如何建设这个世界”这一世界之问、时代之问，集中体现了新时代中国共产党人对世界和人类前途命运的深邃思考和博大胸怀。

第一，构建人类命运共同体是唯物史观和新时代中国特色社会主义的应有之义。唯物史观揭示的是人类历史和社会发展的客观规律，回答的是社会主义取代资本主义、人类最终走向共产主义的条件、途径等一系列重大理论与实践问题。这一科学理论是创立在“人类历史成为世界历史”这一重大认识基础之上的。1845 年到 1846 年，马克思恩格斯在《德意志意识形态》中科学地预见：“各民族的原始封闭状态由于日益完善的生产方式、交往以及因交往而自然形成的不同民族之间的分工消灭得越是彻底，历史也就越是成为世界历史。”1848 年，马克思恩格斯在《共产党宣言》中，基于人类历史成为世界历史这一时代发展大势，提出“自由人联合体”的伟大社会构想。马克思认为，每个人都得到自由而全面发展的“自由人联合体”社会，是以世界范围内人类文明的普遍交往为前提的，只有在各种文明的交往中结成的共同体里，“个人才能获得全面发展其才能的手段”，才“可能有个人自由”。

170 多年后的今天，人类交往的世界性比过去任何时候都更深入、更广泛，各国相互联系和彼此依存比过去任何时候都更频繁、更紧密，人类前所未有地结成一个你中有我、我中有你、一荣俱荣、一损俱损的休戚与共的命运共同体。这是人类社会生产力和世界文明发展的必然产物，是任何力量都抗拒不了、破坏不了的时代潮流。任何一个民族和国家，只有顺应世界发展大势，跟

---

* 原文发表于《中国社会科学报》2019 年 4 月 4 日 1 版。

上时代潮流，才能抓住历史机遇，推动自身又好又快发展，既造福国家和民族，又造福世界和人类。中国共产党正是从顺应历史潮流、增进人类福祉出发，提出构建人类命运共同体的理念和倡议。

构建人类命运共同体是新时代坚持和发展中国特色社会主义、实现中华民族伟大复兴中国梦的必然要求和迫切需要。当前，中国已经进入了实现中华民族伟大复兴的关键阶段。中国的发展与世界的发展、中国人民的福祉同各国人民的共同利益日益融合，中国的快速发展引起国际上一些人的担心和焦虑，而不合理不公正的国际规则、关乎人类前途命运的全球性问题也需要中国发出自己的声音，回应国际社会的关切与期待，体现中国的大国责任与担当。正是在此背景下，党的十八大以来，以习近平同志为核心的党中央，以构建人类命运共同体为导向，推动我国对外工作理论和实践创新取得一系列重大成果。党的十九大全面系统深刻阐述了习近平新时代中国特色社会主义思想，推动构建人类命运共同体成为习近平新时代中国特色社会主义思想的重要组成部分，是习近平新时代中国特色社会主义外交思想的核心和精髓。

第二，构建人类命运共同体与中国共产党人的社会理想和奋斗目标是紧密联系在一起的。纵观中国共产党近百年的奋斗历程，我们党从成立之日起，就自觉把中国人民的前途命运同世界各国人民的前途命运紧密联系起来，在推动中国革命、建设和改革的同时，同各国人民一道，不断把人类的和平与发展的崇高事业推向前进。

我国新民主主义革命的胜利，极大增强了世界和平、民主和社会主义的力量，深刻改变着国际格局和世界政治力量的对比，极大鼓舞了世界人民和革命力量反抗黑暗、追求光明的信心和决心。新中国成立后，中国共产党制定的独立自主和平外交方针，以及倡导的和平共处五项原则，得到国际社会的高度认同和普遍赞赏，极大影响并改变着世界的政治格局和国际关系准则。改革开放以来，中国共产党准确把握时代脉搏，主动顺应世界潮流，始终坚持以经济建设为中心，努力争取和平的国际环境，以自身的发展促进世界的发展，推动国际关系民主化，支持维护亚非拉广大发展中国家的正当权益。1956 年，毛泽东同志指出：“中国应当对于人类有较大的贡献。而这种贡献，在过去一个长时期内，则是太少了。这使我们感到惭愧。”1985 年，邓小平同志强调，“到下世纪中叶，能够接近世界发达国家的水平，那才是大变化。到那时，社会主义中国的分量和作用就不同了，我们就可以对人类有较大的贡献”。1987 年，邓小平同志又指出，“这不但是给占世界总人口四分之三的第三世界走出了一条路，更重要的是向人类表明，社会主义是必由之路，社会主义优于资本主义”。

进入中国特色社会主义新时代，中国继续始终不渝走和平发展道路，继续始终不渝奉行互利共赢的开放战略，继续加强同世界各国的友好往来，不断拓展同世界各国的密切合作，积极参与全球治理，在更多领域、更高层面上实现合作共赢、共同发展，努力构建人类命运共同体，把世界建设得更加美好。习近平总书记在党的十九大报告中指出，中国特色社会主义进入新时代，“意味着中国特色社会主义道路、理论、制度、文化不断发展，拓展了发展中国家走向现代化的途径，给世界上那些既希望加快发展又希望保持自身独立性的国家和民族提供了全新选择，为解决人类问题贡献了中国智慧和中国方案”。这个重大论断是掷地有声的，是有着充分事实依据的，透露出一个大党大国的高度自信与责任担当，必将在中华民族伟大复兴的征程中变为现实。

第三，构建人类命运共同体是应对全球性问题的中国智慧和中国方案，必将在世界发展和人类文明史上写下浓墨重彩的辉煌篇章。当前，世界多极化、经济全球化、社会信息化、文化多元化深入发展，世界处在大发展大变革大调整时期，人类处于百年未有之大变局。一方面，新一轮世界科技革命和产业变革孕育兴起、蓬勃发展，经济全球化浪潮方兴未艾，不仅深刻改变着人类的生产方式、生活方式和思维方式，而且深度重塑着世界的经济政治格局与国际关系准则，既为全球经济增长注入了强劲动力，又为解决人类面临的共同问题提供了难得机遇。另一方面，当今世界并不太平。保守主义、单边主义、技术壁垒与贸易保护主义势力抬头，逆经济全球化成风，霸权主义、强权政治、冷战思维、零和博弈观念大行其道，给经济全球化、世界多极化、国际关系民主化等世界潮流带来严重威胁和挑战。开放还是封闭，前进还是后退，需要各国人民做出正确抉择，人类又一次站在十字路口。

面对风云变幻的国际形势，面对中国与世界关系发生的新变化，面对经济全球化出现的波折，面对世界之问、时代之问，习近平总书记全面系统深刻阐述了中国共产党关于构建人类命运共同体的理念及其丰富内涵。习近平总书记指出，人类命运共同体，顾名思义，就是每个民族、每个国家的前途命运都紧紧联系在一起，应该风雨同舟，荣辱与共，努力把我们生于斯、长于斯的这个星球建成一个和睦的大家庭，把世界各国人民对美好生活的向往变成现实。在党的十九大报告中，习近平总书记主张建设一个持久和平、普遍安全、共同繁荣、开放包容、清洁美丽的世界。这是构建人类命运共同体的核心内涵。

中国既是构建人类命运共同体的倡导者，也是这一理念的积极实践者。随着中国同世界各国的友好合作不断拓展，“一带一路”建设的扎实推进，人类命运共同体由理念转化为实实在在的行动，世界上有越来越多的人支持和赞同中国共产党的倡议，并给予很高的评价。

总之，习近平总书记关于推动构建人类命运共同体的理念与实践，立意高远，内涵丰富，思想深刻，成果丰硕，具有广泛的世界影响和深远的历史意义。当前，我国处于近代以来最好的发展时期，既面临难得机遇，也充满严峻挑战。我们需要深入学习领会习近平总书记关于推动构建人类命运共同体的重要论述，认真研究探讨构建人类命运共同体与中国特色社会主义道路的关系，增强“四个意识”，坚定“四个自信”，自觉把思想和行动统一到党中央的各项决策和部署上来，为全面建成小康社会、全面建设社会主义现代化强国而努力奋斗。

以改革实践回答时代之问*

实现中华民族伟大复兴，是近代以来中华民族最伟大的梦想。中国共产党从成立之日起，就把实现民族独立、人民解放作为自己的奋斗目标，自觉肩负起实现国家富强、民族振兴、人民幸福的历史使命。90 多年来，我们党团结带领人民进行了千辛万苦的探索和不屈不挠的斗争，最终取得了革命、建设、改革的伟大胜利，开创和发展了中国特色社会主义，从根本上改变了中国人民和中华民族的前途命运。中国共产党之所以能做出如此大的历史贡献，就在于我们党在不同历史时期，始终坚持以人民为中心，根据不同时期的特点和历史任务，提出一系列具有开创性意义的理论成果和战略方针，坚定不移地带领人民朝着既定目标持续迈进，并得到了人民群众的衷心拥护。

只有敢于直面现实的理论才有生命力

问题是时代的声音，理论是解决问题的武器。近代以来，中华民族面临实现民族独立和国家富强的历史任务，无数仁人志士为此前赴后继、不懈探索，但都抱憾而终。在中华民族内忧外患、社会危机空前深重的背景下，在马克思列宁主义同中国工人运动相结合的过程中，中国共产党应运而生。中国共产党成立后，始终坚持以马克思主义为指导思想，不断把马克思主义理论运用到解决中国问题的过程中。历史告诉我们，世界上没有任何一个国家、任何一个民族可以完全照搬别人的模式，解决自己的问题，也没有一条一成不变的道路，可以指引所有民族实现发展振兴。只有敢于直面现实的理论才有生命力，只有扎根现实的思想才有解释力和说服力。

自成立之日起，中国共产党紧紧依靠人民、带领人民跨过一道又一道沟坎，取得了一个又一个胜利，走出了一条具有中国特色的革命、建设和改革之路，其重要原因就在于我们党始终坚持马克思主义的思想方法和工作方法，在

---

* 原文发表于《光明日报》2019 年 8 月 12 日 16 版。

寻找解决问题的思路上，不因循守旧，不刻板教条。从实践出发，根据不同历史时期的任务要求，我们党先后提出了农村包围城市、武装夺取政权、抗日民族统一战线、新民主主义论、过渡时期总路线、正确处理人民内部矛盾、社会主义本质、社会主义初级阶段、社会主义市场经济体制、依法治国、科学发展等推进中国革命、建设、改革的可行方案，先后形成了毛泽东思想和包括邓小平理论、“三个代表”重要思想、科学发展观、习近平新时代中国特色社会主义思想在内的中国特色社会主义理论体系，体现了中国共产党高度的理论自觉、理论自信。

理论上清醒，政治上才能坚定。党的十八大以来，在中国特色社会主义新时代的伟大实践中，我们党又总结概括、提炼升华出“五位一体”总体布局、“四个全面”战略布局、供给侧结构性改革、总体国家安全观、人类命运共同体、全面从严治党等治国理政新理念新思想新战略，形成了习近平新时代中国特色社会主义思想，构筑理论指导实践、实践反哺理论的双向发展体系。这些新理念新思想新战略，既源于中国特色社会主义建设的生动实践，回答了许多重大实践问题，也是中国话语体系的创新发展，为人类发展贡献了中国智慧。

党的坚强领导是行稳致远的根本保证

方向决定道路，道路决定命运。近代以后，我们面临外敌入侵，迫切需要有强大的政治领导力推进救亡图存的严峻斗争。新中国成立后特别是改革开放时期，面对复杂多变的国际形势和艰巨繁重的改革发展任务，我们需要强大的政治领导力来防范化解政治、意识形态、经济、科技、社会、外部环境等领域的重大风险。中国共产党发挥领导核心作用，通过科学规范、运行有效的制度体系，带领全国人民谱写出社会主义现代化建设的壮丽篇章。

新中国成立之初，面对一穷二白的困难局面，我们党以坚如磐石的精神意志迅速恢复国民经济，成功地进行了社会主义改造，确立了社会主义制度，并在建设社会主义、探索中国式的工业化道路上，取得了巨大成就。改革开放新时期，我们党坚持解放思想、实事求是，坚决排除各种思想禁锢，依靠卓越的执政能力、非凡的感召力和果断的行动力对内改革、对外开放，极大增强了我国综合国力、国际竞争力和世界影响力。进入新时代，在以习近平同志为核心的党中央坚强领导下，我们开启了全面深化改革的新征程，国家整体面貌发生了新的历史性变化，中华民族迎来了从站起来、富起来到强起来的伟大飞跃。

事实证明，中国共产党的坚强领导，为中国革命、建设、改革的持续顺利推进提供了源源不断的制度动力，是创造中国奇迹的根本保证。新中国成立70年来，中国共产党依靠自身严密的组织体系、科学的理论指引和高效的行动能力，使中国发生了翻天覆地的变化，其推进力度之大、落实速度之快、获得成效之显著，证明了中国共产党相较于国外其他政党的独特优势。

始终坚持以人民为中心，带领人民创造美好生活

党的根基在人民、力量在人民，人民立场是中国共产党的根本政治立场，是马克思主义政党区别于其他政党的显著标志。纵观中国共产党近百年历史，党领导人民干革命、搞建设、抓改革，都是为人民谋利益，让人民过上好日子。中国共产党从成立之日起，就心怀人民，从解决群众最关注、最迫切的利益诉求入手，切实保障并不断改善民生，这是中国共产党始终得到人民支持和拥护的关键所在。

党的十八大以来，以习近平同志为核心的党中央采取的一系列治国理政新举措，都有着鲜明的民心指向，人民群众获得感、幸福感、安全感显著增强，生活条件极大改善，党的凝聚力、向心力不断增强。事实正如习近平总书记在党的十九大报告中所指出的，“中国共产党人的初心和使命，就是为中国人民谋幸福，为中华民族谋复兴”，“永远把人民对美好生活的向往作为奋斗目标”。

伟大的时代召唤伟大的事业，伟大的事业激发伟大的力量。今天，我们比过去任何时候都更接近实现中华民族伟大复兴中国梦，中国人民对未来生活充满美好期望和坚定信心。我们相信，始终保持初心、牢记使命的中国共产党，一定会在新时代更好地团结和凝聚中国人民，开创属于中华民族的更加光明灿烂的未来。

深入学习贯彻四中全会精神 为国家治理现代化提供强大的智力支持*

立治有体，施治有序。党的十九届四中全会是中国特色社会主义制度建设史上具有里程碑意义的重要会议，也是“中国之治”迈向更高境界的崭新起点。全会以研究坚持和完善中国特色社会主义制度、推进国家治理体系和治理能力现代化若干重大问题为鲜明主题，审议通过了《中共中央关于坚持和完善中国特色社会主义制度　推进国家治理体系和治理能力现代化若干重大问题的决定》（以下简称《决定》），明确了坚持和完善中国特色社会主义制度、推进国家治理体系和治理能力现代化的总体目标、重大任务，做出了一系列关于我国国家制度和国家治理体系的新论断、新部署。这充分体现了以习近平同志为核心的党中央高瞻远瞩的战略眼光和强烈的历史担当，充分反映了新时代党和国家事业发展的新要求和人民群众的新期待，对于坚定“四个自信”，战胜各种风险挑战，确保党和国家兴旺发达、长治久安，具有重大现实意义和深远历史意义。

党的十九届四中全会是一次具有开创性、里程碑意义的会议

党的十九届四中全会是在庆祝新中国成立70周年的重要节点，向全面建成小康社会、实现第一个百年奋斗目标迈进的关键之年召开的一次重要会议。充分认识全会的重大意义和深远影响，要将其放在党和国家事业发展全局和长远发展中来把握。

一是这次会议的主题非常重要。全会以研究坚持和完善中国特色社会主义制度、推进国家治理体系和治理能力现代化若干重大问题为主题，这是关系党和国家事业兴旺发达、国家长治久安、人民幸福安康的重大问题。全会主题延

* 原文发表于《中国高等教育》2019年第22期。

续了党的十八届三中、四中全会关于全面深化改革、全面依法治国的战略部署，并结合新时代的要求，用中央全会的形式专门研究坚持和完善中国特色社会主义制度、实现国家治理体系和治理能力现代化问题并做出决定。

二是这次会议的时机非常关键。今年是新中国成立 70 周年的大庆之年，明年是全面建成小康社会的收官之年，后年是建党 100 周年。在 2019 年 10 月底这个时间点召开党的十九届四中全会，就“国家治理体系和治理能力现代化”进行专门研讨部署，更好地总结过去、谋划未来，凸显这次会议的意义重大，也凸显了会议的特殊性和战略性。

三是这次会议的任务非常明确。全会审议通过的《决定》对国家治理体系和治理能力现代化进行了全面部署，进一步明确了三步走的战略：到我们党成立 100 年时，在各方面制度更加成熟更加定型上取得明显成效；到 2035 年，各方面制度更加完善，基本实现国家治理体系和治理能力现代化；到新中国成立 100 年时，全面实现国家治理体系和治理能力现代化，使中国特色社会主义制度更加巩固、优越性充分展现。《决定》全面回答了在我国国家制度和国家治理上，应该“坚持和巩固什么、完善和发展什么”这个重大政治问题，是坚持和完善中国特色社会主义制度、推进国家治理体系和治理能力现代化的政治宣言和行动纲领。

党的十九届四中全会开启“中国之治”新境界

党的十九届四中全会系统总结我国国家制度和国家治理体系多方面的显著优势，明确了坚持和完善中国特色社会主义制度、推进国家治理体系和治理能力现代化的指导思想、总体要求、总体目标和重点任务，为把我国制度优势更好转化为国家治理效能指明了方向、谋划了蓝图，破除了当前不适应时代发展的藩篱，回答了新时代国家治理之问。

1. 深刻领会新中国 70 年的成功实践证明了中国治理制度与体系的优越性

衡量一个社会制度是否科学、是否先进，主要看是否符合国情、是否有效管用、是否得到人民拥护。实践证明，中国特色社会主义制度和国家治理体系是以马克思主义为指导、植根中国大地、具有深厚中华文化根基、深得人民拥护的制度和治理体系，是具有强大生命力和巨大优越性的制度和治理体系，是能够持续推动拥有近 14 亿人口大国进步和发展、确保拥有 5 000 多年文明史的中华民族实现“两个一百年”奋斗目标进而实现伟大复兴的制度和治理体系。全会指出，中国特色社会主义制度是党和人民在长期实践探索中形成的科学制度体系，我国国家治理一切工作和活动都依照中国特色社会主义制度展开，我国国家治理体系和治理能力是中国特色社会主义制度及其执行能力的集中体现。

在实践中，我国国家制度和国家治理体系展示出13个方面的显著优势。这些显著优势，是我们党领导人民创造经济快速发展和社会长期稳定“两大奇迹”的根本保障所在，是“中国之治”的制度密码所在，是我们坚定中国特色社会主义道路自信、理论自信、制度自信、文化自信的基本依据所在。长期保持并不断增强这些优势，是我们在新时代坚持和完善中国特色社会主义制度、推进国家治理体系和治理能力现代化的努力方向。

2. 深刻领会国家治理体系和治理能力的现代化是国家长治久安的重要目标和保障

国家治理体系和治理能力，是一个国家的制度和制度执行力的集中体现，是一个相辅相成的有机整体。有了好的国家治理体系才能提高治理能力，提高国家治理能力才能充分发挥国家治理体系的效能。健全的治理体系、高超的治理能力，是国家有序运行、健康发展的基本条件，也是人民安居乐业、社会安定有序、国家长治久安的重要保障。当前，我国改革已经进入攻坚期和深水区。以习近平同志为核心的党中央根据不同领域不同层面的问题，对症下药、把脉开方，把建设长效制度和解决突出问题结合起来，把整体协同推进和重点难点突破结合起来，把顶层对标和试点探索结合起来，把破除顽疾和改革创新结合起来。全会深刻指出了坚持和完善中国特色社会主义制度、推进国家治理体系和治理能力现代化的重大意义和总体要求，系统描绘了中国特色社会主义制度的图谱，包括党的领导制度体系、人民当家作主制度体系、中国特色社会主义法治体系、中国特色社会主义行政体制、社会主义基本经济制度、繁荣发展社会主义先进文化的制度、统筹城乡的民生保障制度、共建共治共享的社会治理制度、生态文明制度体系、党对人民军队的绝对领导制度、“一国两制”制度体系、独立自主的和平外交政策以及党和国家监督体系等13个领域的制度体系。其中，党的领导制度是国家的根本领导制度，统领和贯穿其他12个方面的制度。这些领域的具体制度体系相互衔接并有机结合，共同构成了一个完整、有层次和行之有效的国家治理体系。这次全会为这些领域的制度建设和完善明确了目标、方向和路径，有利于各方面制度的体系化和现代化。

3. 深刻领会坚持党的领导是中国特色国家治理体系的核心

国家治理现代化离不开党的领导。习近平总书记在全会上强调指出，要坚持和完善党的领导制度体系，提高党科学执政、民主执政、依法执政水平，把党的领导落实到国家治理各领域各方面各环节。我们党是执政党，党的领导制度体系、党的执政能力和执政水平，是实现国家治理现代化的关键。很大程度上，党的执政水平决定了国家治理现代化水平。全会围绕如何完善党的领导制度体系，提高党科学执政、民主执政、依法执政水平这一根本问题做出了一系列明确回答，进行全方位部署。完善和发展中国特色社会主义制度、推进国家治理体系和治理能力现代化，是党确立的全面深化改革的总目标。这就要求党要加强自身建设，完善党的领导，充分发挥党总揽全局、协调各方的领导核心作用，不断提高党的执政能力和领导水平，为国家治理现代化提供坚强的政治保证。这次全会展现出我们党先进的执政理念、高度的制度自信和强大的改革勇气，必将为新时代中国共产党领导人民治国理政提供根本遵循、指引前进方向，为实现中华民族伟大复兴凝聚磅礴力量。

国家治理现代化急需一流大学的智力支持

认真学习、大力宣传、全面贯彻落实党的十九届四中全会精神，是当前和今后一个时期的重要政治任务。对于高校而言，贯彻落实全会精神的核心要义是深入开展理论研究，努力为国家治理现代化提供强大的智力支持。

1. 国家治理现代化需要哲学社会科学界的理论创新

党的十八大以来，习近平总书记把发展哲学社会科学摆在突出重要位置，多次就哲学社会科学工作发表重要讲话，做出了一系列重大决策部署。习近平总书记曾明确指出："我国哲学社会科学应该以我们正在做的事情为中心，从我国改革发展的实践中挖掘新材料、发现新问题、提出新观点、构建新理论"。因此，为党和人民的事业发挥思想库、智囊团作用，为党和政府的科学决策、民主决策提供正确的思路和建议，为推进国家治理体系和治理能力现代化提供学理支撑，是我国哲学社会科学的重要任务，是实现哲学社会科学价值的必然途径。坚持和完善中国特色社会主义制度、推进国家治理体系和治理能力现代化，面临着许多重大议题，问题需要研究、答案需要探求、人民需要解释。这也正是哲学社会科学研究者出思想、出理论的关键当口。对此，迫切需要包括马克思主义理论、政治学、公共管理等在内的整个哲学社会科学界提供思想理论支持。高校应主动服务于国家改革重大战略的召唤，为国家治理现代化提供智力支持。这要求我们在实践的基础上不断提出创新的理论，用发展的理论指导丰富的实践，围绕国家治理现代化中的重大理论和现实问题，进行深入研究和透彻阐释。

2. 国家治理现代化需要一流大学提供的智库建议

智库是国家治理体系的重要组成部分。中国特色的大学智库应以国家现实需求为导向，以国家重大战略需求为重点，以服务党和国家决策为宗旨，以政策研究咨询为主攻方向，深入研究坚持和完善中国特色社会主义制度、推进国家治理体系和治理能力现代化过程中面临的一系列亟待回答与解决的重大理论和现实问题，就"中国之治"的全局性、战略性、综合性问题，开展前瞻性、针对性、储备性政策研究，推出一批有影响力的研究成果和具有建设性、可操作性的对策建议。

3. 国家治理现代化需要扎根中国大地的实践研究

新中国成立70年特别是改革开放40多年的中国特色社会主义制度建设的伟大实践，为我们提供了珍贵的研究素材和广阔的研究空间。我们要抓住这难得的时代机遇，积极开展理论研究和宣传阐释，加强对国家治理体系和治理能力现代化建设实践经验的系统梳理，提炼出更多有学理性的新理论，总结出更多有规律性的新实践，推出更多有分量的研究成果。

要坚持创新理论引领。我国的国家治理体系是马克思主义国家治理理论同中国具体实际相结合的产物，是当代中国共产党人既立足中国国情、又借鉴国外先进治理经验的结果。开展国家治理现代化研究，要以习近平新时代中国特色社会主义思想为指导，充分吸收马克思主义中国化的理论创新成果，把有关经济、政治、法律、社会、生态、外交、国防、党建等方面的重要理论创新，都作为国家治理现代化研究的学理支撑。

要聚焦新的时代特征。中国特色社会主义进入新时代，我国社会主要矛盾发生的新变化，人民群众在民主、法治、公平、正义、安全、环境等方面的新需求，都是国家治理现代化的理论研究需要关注的新问题。开展国家治理现代化研究，应结合新时代的特征，从我国改革发展的实践中挖掘新材料、发现新问题、提出新观点，推动研究走深走实。

要突出治理研究重点。在推进国家治理体系和治理能力现代化中，党的建设起着决定性和根本性作用。开展国家治理现代化研究，要着力加强党的建设的战略性和对策性研究，特别是要把如何发挥党在国家治理现代化中总揽全局、协调各方的领导核心作用，如何实现各领域治理的制度化、规范化、程序化作为研究重点，对加强党的全面领导与国家治理现代化有机结合的实践给予理论回应，进一步推动我国政治制度优势转化为治理效能。

加快构建中国特色哲学社会科学话语体系*

中国特色社会主义进入新时代，我们比历史上任何时期都更接近、更有信心和能力实现中华民族伟大复兴。新中国成立 70 年，社会主义中国巍然屹立在世界东方，没有任何力量能够撼动我们伟大祖国的地位，没有任何力量能够阻挡中国人民和中华民族的前进步伐。在中华民族迎来了从站起来、富起来到强起来的伟大飞跃，迎来了实现中华民族伟大复兴光明前景的新阶段，话语权问题成为一个突出的亟待解决的短板。我们必须加快构建中国特色社会主义哲学社会科学话语体系，以中国国际话语权的提升，助推中华民族伟大复兴。

构建中国特色哲学社会科学话语体系的重大担当

实现中华民族伟大复兴是一个波澜壮阔的历史过程，必须前赴后继完成站起来、富起来、强起来的历史任务。2015 年 12 月 11 日，习近平总书记在全国党校工作会议上指出："落后就要挨打，贫穷就要挨饿，失语就要挨骂。形象地讲，长期以来，我们党带领人民就是要不断解决'挨打'、'挨饿'、'挨骂'这三大问题。"经过几代人不懈奋斗，站起来解决了"挨打"问题，富起来解决了"挨饿"问题，但"挨骂"问题还没有得到根本解决。一些西方大国凭借其历史形成的话语权，用西方的制度模式和价值标准，对中国特色社会主义理论和实践进行曲解和非议，企图遏制中国的发展，歪曲中国的形象，甚至改变中国的方向。话语权成了中国发展的短板和掣肘，提升国际话语权是我们亟待解决的一个重大问题。

话语权涉及方方面面的工作，其中哲学社会科学是重要的方面。改革开放以来，我国哲学社会科学取得了有目共睹的成就，但话语体系在世界上的影响力还不够强大，在学术命题、学术思想、学术观点、学术标准、学术话语上的能力和水平同我国综合国力和国际地位还不太相称，一定程度和范围还存在着

* 原文发表于《红旗文稿》2019 年第 23 期。

“言必称西方”“言必称美国”的现象。如同2016年5月17日习近平总书记在哲学社会科学工作座谈会上所指出的：“在解读中国实践、构建中国理论上，我们应该最有发言权，但实际上我国哲学社会科学在国际上的声音还比较小，还处于有理说不出、说了传不开的境地。”

哲学社会科学在提升国际话语权上要有重大担当。国际话语权涉及综合国力、历史文化、社会制度等，而哲学社会科学是其中关系紧密的因素。一方面，繁荣的哲学社会科学是一个国家强起来的标志。国际话语权与国家的地位是相向而行的，话语权是国家实力的一种体现和有机组成部分，强化话语质量对提高国际话语权和国家软实力至关重要。实现中华民族伟大复兴，哲学社会科学必须强起来。哲学社会科学是人们认识世界、改造世界的重要工具，是推动历史发展和社会进步的重要力量，其发展水平反映了一个民族的思维能力、精神品格、文明素质，体现了一个国家的综合国力和国际竞争力。一个国家的发展水平，既取决于自然科学发展水平，也取决于哲学社会科学发展水平。在2016年5月17日召开的哲学社会科学工作座谈会上，习近平总书记指出：“一个没有发达的自然科学的国家不可能走在世界前列，一个没有繁荣的哲学社会科学的国家也不可能走在世界前列。”坚持和发展中国特色社会主义，统筹推进“五位一体”总体布局和协调推进“四个全面”战略布局，实现“两个一百年”奋斗目标、实现中华民族伟大复兴的中国梦，我国哲学社会科学可以也应该大有作为。另一方面，哲学社会科学是国际话语权的重要载体。话语权的基础是话语，哲学社会科学的重要功能就是运用系统的话语，对内聚焦民心、对外展示形象。哲学社会科学的特色、风格、气派，是发展到一定阶段的产物，是成熟的标志，是实力的象征，也是自信的体现。中国的哲学社会科学话语体系，是主流意识形态建设的重要方面，是国家文化软实力的重要组成部分。新时代要更好进行具有许多新的历史特点的伟大斗争、推进中国特色社会主义伟大事业，需要充分发挥哲学社会科学的作用，需要哲学社会科学工作者立时代潮头、发思想先声，积极为党和人民述学立论、建言献策。我们要繁荣中国哲学社会科学，不仅要让世界知道“舌尖上的中国”，还要让世界知道“学术中的中国”“理论中的中国”“哲学社会科学中的中国”。

中国人民大学是我们党创办的第一所新型正规大学，在我国人文社会科学领域独树一帜。在1950年中国人民大学开学典礼上，刘少奇同志指出：“中国将来的许多大学都要学习我们中国人民大学的经验，按照中国人民大学的样子来办”。所以说，中国人民大学甫一成立，就担负着为中国共产党探索高等教育发展规律、引领中国高等教育前进方向的重要使命。中国人民大学成立以来，其初心和使命始终与党的初心和使命紧密相连，始终与党和国家同呼吸、共命运，始终奋进在时代前列。正是一代代人大人不忘初心、牢记使命，才铺就了中国人民大学82载光辉之路，锻造了“人大红”鲜亮的精神底色。如今，中国人民大学正以昂扬进取的姿态，向着“人民满意、世界一流”的目标奋斗。“不忘初心、牢记使命”，对中国人民大学提出的不仅是政治上的要求，更是办学育人的实践要求。我们必须从思想上、行动上认真回答好“培养什么人、怎样培养人、为谁培养人”这一根本性问题，积极探索有中国特色的高校哲学社会科学繁荣发展之路，以哲学社会科学教学研究的成就支撑人才培养质量的提升，着力培养能在各行各业发挥引领作用的“人民共和国建设者”，从而确保我们这所红色基因融入血脉、深入骨髓的大学，更好地为人民服务、为中国共产党治国理政服务、为巩固和发展中国特色社会主义制度服务、为改革开放和社会主义现代化建设服务。

构建中国特色哲学社会科学话语体系的基本遵循

以马克思主义为指导。哲学社会科学既是一种科学的知识体系，也是一种具有意识形态属性的价值体系；哲学社会科学既要解决“是什么”“为什么”的科学问题，也要解决“为谁主张”“为谁服务”的价值追问。中国共产党从诞生之日起，就把马克思主义鲜明地写在自己的旗帜上。我们党是用马克思主义武装起来的政党，马克思主义是指导我们改造客观世界和主观世界的锐利思想武器。坚持以马克思主义为指导，是当代中国哲学社会科学区别于其他哲学社会科学的根本标志。习近平总书记在哲学社会科学工作座谈会上指出，“当代中国哲学社会科学是以马克思主义进入我国为起点的，是在马克思主义指导下逐步发展起来的”；“我国哲学社会科学坚持以马克思主义为指导，是近代以来我国发展历程赋予的规定性和必然性。在我国，不坚持以马克思主义为指导，哲学社会科学就会失去灵魂、迷失方向，最终也不能发挥应有作用”。马克思主义是不断发展的理论，习近平新时代中国特色社会主义思想是马克思主义中国化的最新成果，是当代中国马克思主义、21 世纪马克思主义。我们要以习近平总书记关于构建中国特色哲学社会科学的重要论述为基本遵循，自觉将之转化为清醒的理论自觉、坚定的政治信念、科学的思维方法，贯穿到构建中国特色哲学社会科学学科体系、学术体系、话语体系之中，落实到学科建设、人才培养、科学研究、课程设置、教材编写、学术评价之中。

以“四个自信”为基础。“不忘初心、牢记使命”，就是要坚定对马克思主义的信仰、对中国特色社会主义的信念，增强“四个意识”、坚定“四个自信”、做到“两个维护”。“四个自信”是中国昂扬走近世界舞台中央的精神支柱，也是我们构建中国特色哲学社会科学话语体系的精神支柱。构建中国特色哲学社会科学是文化自信的重要体现。没有自信，凡事跟着别人后面做、跟着别人后面说，何以能自主自立地构建中国自己的哲学社会科学话语体系！如果自己都不信，何以能用自己的话语体系影响他人、引领他人！从国家发展大势上，今天之中国，同新中国成立以前之中国相比，何止有天壤之别。当今世界，要说哪个政党、哪个国家、哪个民族能够自信的话，那中国共产党、中华人民共和国、中华民族是最有理由自信的。中国特色社会主义的辉煌成就，是“四个自信”的基础，也是我们学术上自信的基础。习近平总书记指出：“我们有本事做好中国的事情，还没有本事讲好中国的故事？我们应该有这个信心！”就历史而言，绵延几千年的中华文化，是中国特色哲学社会科学成长发展的深厚基础。中华民族有着深厚文化传统，形成了富有特色的思想体系，体现了中国人几千年来积累的知识智慧和理性思辨，这是我们构建中国特色哲学社会科学话语体系的独特优势。就现实而言，当代中国正经历着我国历史上最为广泛而深刻的社会变革，也正在进行着人类历史上最为宏大而独特的实践创新。这种前无古人的伟大实践，必将给理论创造、学术繁荣提供强大动力和广阔空间。

以学术研究为支撑。真正的话语权，不是靠嗓门大，而是在学问深。支撑话语体系的基础是哲学社会科学体系，没有自己的哲学社会科学体系，就没有话语权。目前我国哲学社会科学学科体系已基本确立，但还存在一些亟待解决的问题，主要是一些学科设置同社会发展联系不够紧密，学科体系不够健全，新兴学科、交叉学科建设比较薄弱。下一步，要突出优势、拓展领域、补齐短板、完善体系。我们首先要加强马克思主义理论学科建设，以之统领和带动整个哲学社会科学建设。我们还要加快完善对哲学社会科学具有支撑作用的学科，如哲学、历史学、经济学、政治学、法学、社会学、民族学、新闻学、人口学、宗教学、心理学等，打造具有中国特色和普遍意义的学科体系。我们还要注重发展优势重点学科，加快发展具有重要现实意义的新兴学科和交叉学科，重视发展具有重要文化价值和传承意义的“绝学”、冷门学科等。总之，要坚持以马克思主义为指导，在研究上多下功夫，多搞“集成”和“总装”，多搞“自主创新”和“综合创新”，努力建设具有中国特色、中国风格、中国气派的，涵盖全方位、全领域、全要素的哲学社会科学体系。

中国人民大学始终坚持“一马当先”办学方向，勇当人文社会科学领域排头兵，在马克思主义研究、哲学社会科学研究上具有突出的优势，一直发挥着先导和示范作用，进行了奠基性和开拓性的工作。我国现有的马克思主义理论、哲学、经济学、法学、史学、新闻学等学科，大多肇始于这里。革命战争时期，中国人民大学既是马克思主义中国化的“孵化器”，也是马克思主义理论教学与研究的重要“发源地”；社会主义建设与探索时期，中国人民大学是马克思主义理论人才培养的“工作母机”；改革开放后，中国人民大学成为“马克思主义教学与研究的高地”，为推进马克思主义中国化时代化大众化做出了突出贡献。82 年来，从建校初期的“八大系”到孕育孵化一大批与我国经济社会发展紧密相关的现代专业；从新中国法学、新闻学的第一位博士和第一位外籍文科博士，到包括“第一本政治经济学教材”“第一部马克思主义思想通史”“第一套哲学专业教材”等在内的众多“第一”；从连续16年举办我国人文社会科学界年度盛事“中国人文社会科学论坛”，到设立人文社会科学领域崇高奖项“吴玉章人文社会科学终身成就奖”……作为“我国人文社会科学领域的一面旗帜”，中国人民大学始终为发展繁荣哲学社会科学而不懈探索。阔步新时代，奋进“双一流”。我们要以习近平新时代中国特色社会主义思想为指导，全面提升学科建设水平，努力为构建中国特色哲学社会科学学科体系、学术体系和话语体系做出表率。

构建中国特色哲学社会科学话语体系的创新突破

立足中国实践。构建中国特色哲学社会科学话语体系要有问题导向，理论创新只能从问题开始。目前主要问题是用西方话语不能解读中国的实践，那么我们就必须从中国的实践中提炼中国话语。新中国成立70年特别是改革开放40多年的伟大实践，为哲学社会科学提供了珍贵的研究素材和广阔的发展空间。我们要加强对改革开放和社会主义现代化建设实践经验的系统总结，提炼出更多有学理性的新理论，概括出更多有规律性的新实践，推出更多有分量的研究成果。尤其是要注重将我们党创造的马克思主义中国化的理论创新成果转化为学术话语体系。有关中国特色社会主义道路、理论体系、制度、文化，有关经济、政治、法律、社会、生态、外交、国防、党建等重要的理论创新，这些都是中国特色哲学社会科学的主体内容，也是中国特色哲学社会科学发展的最大增量。我们还要面向未来，聚焦战略性、全局性、综合性重大问题，聚焦经济社会发展中的重大实践问题，聚焦新时代人民群众普遍关心的热点难点焦点问题，深入开展理论政策研究，从我国改革发展的实践中挖掘新材料、发现新问题、提出新观点、构建新理论。当代中国与世界紧密联系在一起，我们还要有更宽广的胸怀和眼界，既向内看、深入研究关系国计民生的重大课题，又向外看、积极探索关系人类前途命运的重大问题；既向前看、准确判断中国特色社会主义发展趋势，又向后看、善于继承和弘扬中华优秀传统文化精华。

致力话语原创。理论的生命力在于创新。创新是哲学社会科学发展的永恒主题，也是社会发展、实践深化、历史前进对哲学社会科学的必然要求。习近平总书记指出：“我们的哲学社会科学有没有中国特色，归根到底要看有没有主体性、原创性。跟在别人后面亦步亦趋，不仅难以形成中国特色哲学社会科学，而且解决不了我国的实际问题。”只有以我国实际为研究起点，提出具有主体性、原创性的理论观点，才能形成自己的特色和优势。当今世界处于百年未有之大变局，我国正处于近代以来最好的发展时期，这是一个需要理论而且一定能够产生理论的时代，这是一个需要思想而且一定能够产生思想的时代。改革开放以来，我们坚持理论创新，正确回答了什么是社会主义、怎样建设社会主义，建设什么样的党、怎样建设党，实现什么样的发展、怎样发展等重大课题，不断根据新的实践推出新的理论、新的话语。新时代要把研究阐释马克思主义作为主攻方向，始终坚持马克思主义基本原理和贯穿其中的立场、观点、方法，把坚持马克思主义和发展马克思主义统一起来，同时结合新的实践不断做出新的理论创造。我们要以正在做的事情为中心，从我国改革发展的实践中挖掘新材料、发现新问题、提出新观点、构建新理论，加强对改革开放和社会主义现代化建设实践经验的系统总结，加强对发展社会主义市场经济、民主政治、先进文化、和谐社会、生态文明以及党的执政能力建设等领域的分析研究，加强对党中央治国理政新理念新思想新战略的研究阐释，提炼出有学理性的新理论。

中国人民大学有着实事求是、理论联系实际的优良传统。在 82 年的发展历程中，这所大学始终立足中国国情、根植实践沃土，从改革开放和社会主义现代化建设的伟大实践中获取理论创新的深厚源泉和强大动力，从人民群众鲜活的创造中发掘思想智慧、提出真知灼见，与时代同步伐，发时代之先声，服务中国社会发展。改革伊始，人大人率先发声、引领时代。胡福明撰写的理论文章《实践是检验真理的唯一标准》、陈锡添撰写的长篇通讯《东方风来满眼春》，就是秉承人民大学“实事求是”的校训精神，紧贴时代脉搏、顺应时代召唤，铸就党和国家历史性发展的思想先导。今天，实现中华民族伟大复兴，需要我们在实践的基础上不断提出创新的理论，用发展着的理论指导丰富的实践。我们所面对的百年未有之大变局，也正是哲学社会科学研究者出思想、出理论的关键当口。中国特色社会主义事业的发展面临许多重大议题，问题需要研究、答案需要探求、人民需要解释、党和国家需要发声。对此，哲学社会科学具有不可替代的重要作用，拥有齐全的马克思主义学科和强大的人文社科学科的中国人民大学更是责无旁贷。我们必须围绕重大理论和时代问题，进行深入透彻的理论阐释，认真研究和总结提炼我国改革发展、社会主义建设及党的建设的成功经验，研究治国理政的客观规律，增强人民群众走中国特色社会主义道路的坚定性和自觉性。我们的一批高端智库及众多顶尖学者必须持续不断地积极发声、产出成果，用中国理论解读中国实践，用中国实践升华中国理论，为世界发展提供创新的中国方案，为构建中国特色哲学社会科学话语体系做出新的更大的贡献。

社会主义在中国的历史实践与世界意义*

社会主义作为资本主义的对立物，从空想到科学，从理论变成现实，至今走过了五百年的历程，而中国对于社会主义的探索实践也已百年有余。回顾社会主义在中国的发展史，我们走过了不平凡的道路，产生了翻天覆地的变化，创造了举世瞩目的成就，赢得了全世界人民的礼赞。这是推动社会主义从理论到实践、从理想到现实、从世界到中国的奋斗史，有其内在孕育发展、落地生根、创造转化的历史逻辑和理论逻辑；这是五百年世界社会主义思想与五千年中华文明之间相互塑造、相互建构、相互激荡的结合史，有其实践探索、完善发展、不断向前的深厚根基和强大动力。

社会主义在中国的历史实践

社会主义在中国，成功探索出一条适合自己的社会主义的发展道路。道路指引方向，道路关乎命运。1840 年之后，“中国向何处去”成为当时中国人最关切、最根本的时代之问，一批又一批志士仁人筚路蓝缕、不懈求索。十月革命一声炮响，给我们送来了马克思列宁主义。中国共产党在诞生、发展壮大的过程中推进社会革命和自我革命，团结带领中国人民胜利完成新民主主义革命和社会主义改造，成功开创改革开放伟大事业和中国特色社会主义道路，特别是推动中国特色社会主义进入新时代，使近代以来久经磨难的中华民族迎来了从站起来、富起来到强起来的伟大飞跃，迎来了实现中华民族伟大复兴的光明前景。坚持走中国特色社会主义道路，科学回答了在中国这样一个人口多、底子薄的东方大国建设什么样的社会主义，不可逆转地改写并规定了中国人民的历史命运和道路选择，成功书写了中华民族走向复兴的伟大篇章。我们就这样坚定不移地一路走来，更要毫不动摇地继续走下去，并骄傲地向全世界宣示走好这条道路的信心和决心。

---

* 原文发表于《人民论坛》2019 年第 35 期。

社会主义在中国，成功发展出指引全体人民团结奋进的科学理论。马克思有句名言：“批判的武器当然不能代替武器的批判，物质力量只能用物质力量来摧毁；但是理论一经掌握群众，也会变成物质力量。理论只要说服人，就能掌握群众；而理论只要彻底，就能说服人。”恩格斯也曾说过：“一个民族要想站在科学的最高峰，就一刻也不能没有理论思维。”在领导中国革命、建设、改革的长期实践中，中国共产党从来都是一个勇于并善于在实践基础上进行理论创造的党，从来都是一个能够紧密结合新的时代条件和实践要求推动马克思主义不断中国化的党。思想建党一直是中国共产党的优良传统，理论指导是中国共产党的政治优势，使其能够继承五千年中华优秀传统文化精华和五百年世界社会主义思想结晶，总结中国共产党人 90 多年奋斗和新中国 70 年建设的成功经验，以宽广的历史视野、前瞻的战略眼光、进取的时代精神、创新的理论勇气，不断推进在实践基础上的理论创新，不断推进马克思主义中国化时代化大众化，形成了毛泽东思想、邓小平理论、“三个代表”重要思想、科学发展观和习近平新时代中国特色社会主义思想，确立了全党全国人民共同奋斗的思想基础，将 9 000 多万共产党员和近 14 亿中国人的意志和力量凝聚起来，形成中华民族理想信念的高度一致、价值观念的高度一致、道德观念的高度一致，展现了马克思主义强大的思想生命力和实践创造力。

社会主义在中国，构建出具有强大生命力和巨大治理优势的国家治理体系。当今世界正面临百年未有的大变局。在某些国家之“乱”和中国之“治”的鲜明对比中，国际上很多人都在探询中国治理之道。最近胜利闭幕的中国共产党十九届四中全会，围绕坚持和完善中国特色社会主义制度、推进国家治理体系和治理能力现代化这一主题进行研究和部署。事实证明，社会主义在中国已经找到了实现其自身的一整套行之有效的制度机制和治理体系，而且在这一制度性安排中形成了帕累托改善的内生动力。这也决定了，中国特色社会主义制度和国家治理体系具有强大的生命力和巨大的治理优势。比如，同饱受选举政治困扰的很多国家相比，中国独特的政党制度确保国家治理更加具有战略思维和长远眼光，有助于保持政策目标的长期稳定和可持续发展，并为政策实施提供方向导引和动力支撑，以避免因政党频繁轮替而带来的无序和混乱。又如，同西方国家经常在决策中受到利益集团操控不同，中国独特的制度着眼的是维护国家与社会的整体利益，而坚决防止受任何资本力量或利益集团的干扰，中央一旦形成决议，即迅速成为全社会的行动指南。再如，同西方国家分立制衡的权力框架相比，无论是在横向还是纵向，中国治理都显示出对于国家治理能力的高度自信，以及在此基础上富有弹性的治理空间和卓有成效的应变机制。与此同时，还鼓励地方积极从事改革试验，并善于将局部经验推广到全国，这种模式能够极大提升国家治理的实际效用，减少大范围失措的成本，而这在西方国家几乎是不可能实现的。

社会主义在中国，创造出具有强大精神感召力和道德引领力的精神文化。人民有信仰，民族有希望，国家有力量。社会主义在中国成为一个具有普遍性、积极性、能动性的概念，不仅体现于政治实践、政策制定和文化建设之中，也能够广为人知、深入人心，成为广大民众的理想信念和道德信条。同标榜追求自由民主人权、主张个人本位的西方社会相比，中国在历史传统上更加注重平等、公平、正义，更加注重集体价值，更加注重将个人放在社会关系之中，而这恰合于社会主义的题中应有之义，为中国传统文化与社会主义思想的结合融通提供了可能。中国共产党在以自我革命推动社会革命的进程中，实现了自下而上、广泛而彻底的社会动员，革命性地重塑了经济基础与上层建筑的关系、国家与社会的关系，全新地塑造了全体人民的精神世界和道德认同，使社会主义在人民群众的精神文化生活中扎下根，并和实现人民美好生活向往的伟大事业一齐进步、共同生长，产生了强大的精神感召力和道德引领力。如今，在中国共产党的坚强领导下，中国人民的文化创新创造活力不断激发，高度的文化自信和文明自觉普遍形成，中国特色社会主义文化发展道路越走越宽广。

社会主义在中国的世界意义

每当我们回望历史，都能够从中汲取宝贵的经验；每当我们前瞻未来，都能够从中激发前行的力量。当前，我们建设中国特色社会主义的伟大事业已然形成了许多成熟的理论成果、实践成果、制度成果和文化成果。这些成果在中国特色社会主义进入新时代的今天，不仅具有独特的民族性，而且具有世界性、开放性、包容性的内在品质，愈加展示出光明前景和美好未来，愈加彰显出其全球影响和世界意义。

第一，中国特色社会主义的成功实践为世界社会主义事业注入了中国力量。纵观国际共产主义运动和世界社会主义发展的历史，社会主义制度在中国的建立和发展，彻底改变了社会主义和资本主义的力量对比，重塑了世界社会主义的版图，特别是在苏联解体和东欧剧变之后，世界社会主义发展遭遇重大挫折，社会主义到底好不好、行不行、对不对一度成了疑问。中国特色社会主义实践的伟大成就无可辩驳地证明，中国共产党能，马克思主义好，社会主义行。一些西方国家的学者都感慨，中国特色社会主义的勃勃生机和发展前景，拯救了社会主义的全球声誉，改变了资本主义和社会主义的全球格局，用实践证明了马克思主义并没有过时，社会主义并没有失败。

第二，中国特色社会主义的成功实践为解决全球贫困问题提供了中国样本。贫困是中国数千年没有解决的历史性难题，也是很多国家至今没有解决的世界性难题。新中国成立之初，是当时世界上最贫穷的国家之一，老百姓普遍吃不饱、穿不暖。新中国成立 70 年来，中国共产党始终坚持以人民为中心的发展理念，创造了经济快速发展奇迹和社会长期稳定奇迹，不断提升和改善民众福祉，实现了人民生活由温饱不足向总体小康的历史性跨越，累计减少贫困人口 8 亿余人，对全球减贫贡献率超过 70%，特别是党的十八大以来，中国实施精准扶贫战略，2013 年至 2018 年，每年有 1 200 多万人稳定脱贫，贫困发生率从 10.2%下降到 1.7%，中国由此成为全球最早实现联合国千年发展目标的发展中国家，中国减贫、扶贫的巨大成就为其他国家树立了榜样，中国的精准扶贫方略为解决全球贫困问题提供了有效路径。联合国秘书长古特雷斯称赞“中国是为全球减贫做出最大贡献的国家”，美国著名未来学家、畅销书作家约翰·奈斯比特也表示，“从全球背景来看，中国减贫的努力对寻求摆脱贫困的新兴经济体具有巨大价值”。

第三，中国特色社会主义的成功实践为广大发展中国家实现现代化提供了中国方案。中国特色社会主义的发展进步，开辟了发展中国家走向现代化的崭新途径，给世界上那些既希望加快发展又希望保持自身独立性的国家和民族提供了全新选择。中国特色社会主义取得的巨大成就，彰显了人类文明发展的多样性，打破了世界对西方发展模式的盲目崇拜和路径依赖，为人类对更好社会制度的探索提供了中国方案。同既有的一些现代化模式相比，中国没有对外侵略扩张、没有建立殖民地、没有牺牲他国利益、没有掠夺海外资源、没有建立势力范围，完全是在坚持社会主义道路和原则的基础上，通过自身改革创新探索出的一种新型现代化模式。这条道路既对世界和平与发展做出了积极贡献，也为广大发展中国家提供了新的参考借鉴，推动世界从“向西取经”改向中国学习“东方宝典”。

第四，中国特色社会主义的成功实践为构建更加公平合理的全球治理体系提供了中国智慧。中国有着五千年的文明，有着自己独特的全球治理理念和智慧，新中国成立 70 年来，始终坚持走和平发展道路，推动世界和平与发展。当今世界正处于百年未有之大变局，在关键的十字路口，世界向何处去？一些国家奉行保护主义、单边主义甚至是霸权主义、强权政治，对世界和平与发展带来极大的消极影响。中国高举和平、发展、合作、共赢的旗帜，坚持走和平发展的道路，在国家间关系上，倡导构建不对抗不冲突、相互尊重、合作共赢的新型大国关系，坚持亲诚惠容理念和与邻为善、以邻为伴的周边外交方针，坚持大小国家平等相待，反对以强凌弱的大小国家关系模式。在全球治理上，积极参与全球治理体系改革，把自身利益与国际社会的共同利益结合起来，将自身国家治理体系建设同全球治理体系建设统筹起来，按照共商、共建、共享的理念推动全球治理体系民主化。在文明交往上，尊重文明多样性，以文明交流超越文明隔阂、文明互鉴超越文明冲突、文明共存超越文明优越，实现不同文明的并育不害、并行不悖、和谐共生，“构建人类命运共同体”思想载入联合国决议，“一带一路”倡议从愿景走向现实，越来越多的中国倡议上升为国际共识，越来越多的中国方案转化成国际行动。

第五，中国特色社会主义的成功实践为世界各国探索社会主义的发展道路提供了中国方向。法国学者皮凯蒂在《21世纪资本论》一书中指出，由于资本回报率总是倾向于高于经济增长率，所以贫富差距是资本主义的固有现象。马克思更是早在《资本论》中就详尽论述，资本主义的周期性经济危机是其生产方式所决定的，因而不可避免。那么，是否有一种资本主义秩序的可替代性方案呢？中国向世界诠释了一个新的路向，它不同于资本主义逻辑，更不是帝国主义扩张。它所昭示的道路是为生活在这个星球上的所有人民摆脱资本主义和帝国主义的桎梏，摆脱饥饿、贫困、战争，为全人类的可持续发展而非一小撮人的特权去共同探索发展战略。可以预见，中国特色社会主义的发展进步，仍然是宏大历史叙事中的鲜活实践，是近14亿中国人正在进行的共同奋斗，是向着未来无限敞开的伟大创造。

总之，社会主义作为一项伟大的人类事业，需要每一个有信仰的人在实践中去努力奋斗。这就需要我们从历史和现实中总结经验、发展理论、深化研究。对于推进这项神圣事业，中国人民大学有责任、有信心、有条件。我们有光荣的革命传统，有成熟的学科体系，有强大的研究力量，有良好的学术氛围。特别是中国人民大学世界社会主义研究所是全国最早成立的马列主义理论与实践的教学研究机构，是享誉国内外的科学社会主义研究重镇，国际共运史学科也在该领域长期占据国内优势地位。在未来，中国人民大学将一如既往深耕高等教育领域的国际合作，积极推动相关学术研究、人文往来和文化交流，为创造世界社会主义的美好未来提供更多的人大智慧，贡献更大的人大力量！

习近平新时代中国特色社会主义思想的精神特质和理论品格*

真理是朴素的，也是有气质的。任何一个理论被人所信服，既因为其能够回答时代课题、指导推动实践，也因为其独特的精神和理论品格所赋予的强大思想魅力。党的十九大最重大的理论贡献，就是把习近平新时代中国特色社会主义思想写在党的旗帜上，实现了党的指导思想又一次与时俱进。

习近平新时代中国特色社会主义思想，是闪耀着理性光辉和人格光芒的科学理论，集中体现了以习近平同志为主要代表的当代中国共产党人的政治品格、价值追求、精神风范。

坚定的理想信念。坚定的信仰信念，是中国共产党人的鲜明政治品格，是我们党的独特优势。习近平新时代中国特色社会主义思想，充满着对马克思主义的坚定信仰，充满着对共产主义、社会主义的坚定信念，充满着“革命理想高于天”的豪迈情怀。习近平总书记强调，理想信念是中国共产党人安身立命的根本，并多次对坚定共产主义理想、马克思主义信仰和中国特色社会主义信念做出重要论述。2012 年，在主持中共十八届中央政治局第一次集体学习时指出：“坚定理想信念，坚守共产党人精神追求，始终是共产党人安身立命的根本。”2014 年，在纪念邓小平同志诞辰 110 周年座谈会上强调：“我们共产党人锤炼党性，首要的就是坚定共产主义远大理想和中国特色社会主义共同理想。”2015 年，在主持中共十八届中央政治局第二十六次集体学习时又指出：“我们共产党人的根本，就是对马克思主义的信仰，对共产主义和社会主义的信念，对党和人民的忠诚。”可以说，党的十八大以来，习近平总书记强调最多的就是理想信念，“精神之钙”“四个自信”“不忘初心”“牢记使命”，是习近平新时代中国特色社会主义思想中最重要、最鲜明的关键词、高频词。坚定的理想信念，体现了这一思想的马克思主义理论底色，体现了共产党人的政治本色。

真挚的为民情怀。马克思主义是关于无产阶级解放条件的学说，其鲜明的政治立场就是维护人民群众的根本利益。习近平新时代中国特色社会主义思想

* 原文发表于《学习时报》2018 年 1 月 5 日 1 版。

始终强调的一个核心理念，就是始终坚持人民主体地位，坚持以人民为中心，坚持立党为公、执政为民，全心全意为人民服务，把党的群众路线贯彻到治国理政和改革发展的全部活动之中，把人民对美好生活的向往和人的全面发展作为奋斗目标，依靠人民创造历史伟业。2012 年 11 月 15 日，中共十八届中央政治局常委与中外记者见面时，习近平总书记郑重宣示，“人民对美好生活的向往，就是我们的奋斗目标”。2017 年 10 月 25 日，中共十九届中央政治局常委同中外记者见面时，习近平总书记再次强调，“我们要牢记人民对美好生活的向往就是我们的奋斗目标，坚持以人民为中心的发展思想，努力抓好保障和改善民生各项工作，不断增强人民的获得感、幸福感、安全感，不断推进全体人民共同富裕”。十九大报告的主题和通篇都贯穿和体现了以人民为中心的思想，报告开篇就明确提出，“中国共产党人的初心和使命，就是为中国人民谋幸福，为中华民族谋复兴”。全面建成小康社会、全面建设社会主义现代化国家、实现中华民族的伟大复兴，归根到底都是为了人民更加美好的生活、更加全面的发展。

鲜活的时代气息。一切划时代的体系的真正内容都是由于产生这个体系的那个时期的需要而形成起来的。习近平新时代中国特色社会主义思想一个鲜明的特点就是，这一思想是新时代的思想，不是对老祖宗的简单重复，而是立足新时代，着眼新问题，讲了许多老祖宗没有讲过的新话，是指导当代中国改革发展的鲜活理论，具有强烈的时代气息和现实针对性。党的十八大以来，剧烈变化的国内外形势和迅速发展的各项事业向我们党提出了一系列新的时代课题。习近平新时代中国特色社会主义思想是在分析和回答时代课题的基础上形成的系统完整、逻辑严密的科学理论体系，全面系统回答了新时代“坚持和发展什么样的中国特色社会主义”“怎样坚持和发展中国特色社会主义”的重大课题，以全新的视野深化对共产党执政规律、社会主义建设规律、人类社会发展规律的认识。这一思想洞察时代风云，把握时代大势，引领时代潮流，充分反映了以习近平同志为核心的党中央认真倾听时代声音，积极解决时代课题，不断推进理论创新的思想境界，开辟了马克思主义新境界、中国特色社会主义新境界、治国理政新境界、管党治党新境界。

深厚的历史底蕴。中国共产党是一个有 96 年历史的大党，中华民族是一个有五千年悠久历史的伟大民族，世界社会主义是一个有五百年沧桑历程的伟大运动。习近平新时代中国特色社会主义思想是在吸吮五千年中华民族漫长奋斗积累的文化养分、总结世界社会主义五百年和中国共产党 96 年艰辛探索的历史经验基础上形成和发展而来的，具有无比深厚的历史底蕴、文化底蕴和理论底蕴。“欲知大道，必先为史”。历史是一个民族、一个国家形成、发展及其盛衰兴亡的真实记录，是最好的老师。2011 年 9 月，习近平同志在中央党校开学典礼上专门就领导干部学习历史做了深刻阐述，强调领导干部不管处在哪个层次和岗位，都应该读点历史，最重要的是要具有历史意识和文化自觉，即想问题、做决策要有历史眼光，能够从以往的历史中汲取经验和智慧，自觉按照历史规律和历史发展的辩证法办事。正是在对中国五千年文明史、世界社会主义五百年历史和中国共产党96年的奋斗历史的系统回顾中，我们才能更全面地厘清社会主义作为人类文明进步的思潮、运动和制度，是怎样向前发展的；能更清晰地理解中国共产党和中国人民是怎样经过反复比较，历史地选择社会主义道路的；能更深刻地感悟中国共产党在把马克思主义基本原理同中国实际结合的过程中，是怎样历经千辛万苦，付出各种代价，开创和发展中国特色社会主义的，又是怎样站立在时代变化的新起点上，开创中国特色社会主义新境界的。

强烈的中国自信。党的十八大以来，习近平总书记在不同场合强调，今天，我们比历史上任何时期都更接近中华民族伟大复兴的目标，比历史上任何时期都更有信心、有能力实现这个目标。中国特色社会主义进入了新时代，意味着近代以来久经磨难的中华民族迎来了从站起来、富起来到强起来的伟大飞跃，迎来了实现中华民族伟大复兴的光明前景。当今中国已经到了一个需要自信也能够自信的时代。习近平总书记对我们的党、国家和民族充满自信。他特别注重使用“中国”二字，如中国梦、中国道路、中国理论、中国制度、中国精神、中国力量、中国声音和中国话语等概念，对中国特色社会主义的道路、理论、制度，对中华优秀传统文化充满自信，特别强调全党同志要坚定“四个自信”。

习近平总书记多次强调，要说哪个政党、哪个国家、哪个民族能够自信的话，那中国共产党、中华人民共和国、中华民族是最有理由自信的。在习近平新时代中国特色社会主义思想中，充满着对传承中华民族五千年文明的自信，对发扬党的优良传统的自信，对坚持和发展中国特色社会主义的自信，对我们正在做的事情的自信，对党和国家事业光明前景的自信。正是有了这种强烈的自信，这一思想才有了这样的大气魄、大视野、大格局，才有了这样的理论成熟、战略定力。正是用这一思想武装起来的当代中国共产党人，才能够以自信的气度、从容的姿态应对前进道路上的各种风险挑战，步伐坚定向着宏伟的目标迈进。

宽广的世界眼光。世界眼光体现了马克思主义的宽广胸怀，也是中国共产党的优秀品质。96年来，中国共产党之所以能够带领中国人民取得革命、建设和改革的成功，战胜一个又一个困难，夺取一个又一个胜利，其中一个重要原因就是中国共产党具有比其他政党和团体更宽广的世界眼光，善于从世界发展的大潮中不断校准中国革命和建设的航标，破浪前进，善于团结和动员世界上一切进步的力量，聚合起磅礴之力，为人类进步事业共同奋斗。中国共产党是为中国人民谋幸福的党，也是把为人类做出新的更大的贡献作为自己的使命的党。当今世界正处于大发展大变革大调整时期。面对百年不遇的世界大变局，习近平总书记以卓越政治家和战略家的恢宏视野、战略思维，鲜明提出一系列关乎人类前途命运的新理念新主张，占据了人类道义制高点，凸显了中国特有的大国风范、大国担当，构成了习近平新时代中国特色社会主义思想的重要组成部分。还应当看到，这一思想着力把当代中国在社会主义道路上建设现代化的积极探索和宝贵经验，加以理论化、系统化，构建了坚持马克思主义原则、体现独特文明特征，独立于西方模式和西方话语的思想体系、价值体系、制度体系、目标体系、战略体系和话语体系，深刻凝结着当代中国对人类更好未来的艰辛探索，拓展了发展中国家走向现代化的途径，给世界上那些既希望加快发展又希望保持自身独立性的国家和民族提供了全新选择，为解决人类问题贡献了中国智慧和中国方案。

自觉的担当精神。担当是一种责任、勇气，也是一种刚毅和胆量。只有充满责任担当的人，才敢于直面并破解各种问题。习近平总书记在一次接受外媒采访时说，“我的执政理念，概括起来说就是：为人民服务，担当起该担当的责任”。这体现着马克思主义政治家的精神风范，也是习近平新时代中国特色社会主义思想的崇高境界。党的十八大以来，习近平总书记积极推动的加强党的作风建设和反腐倡廉建设，积极推进的全面深化改革，积极倡导的适应经济发展新常态，多次强调的破除体制机制弊端和利益固化藩篱，着力建构的新型大国关系与外交新格局等，都显示出敢于担当的精神。习近平总书记既敢于直面并破解我国发展进程中积累起来的矛盾、问题和难题，也敢于直面我国发展起来以后面临的矛盾、问题和难题，还勇于应对许多复杂的世界性难题。他勇于担当起对党的责任、对国家的责任、对民族的责任和对人民的责任，勇于扛起一代人应当扛起的责任，体现了对历史负责、对民族负责、对人民负责、对党负责的无畏勇气、鲜明态度和坚毅决心。

扎实的实践基础。实践是理论之源。伟大的实践，催生伟大的理论；伟大的理论，指导伟大的实践。习近平新时代中国特色社会主义思想有着深厚的实践基础，是党和人民实践经验和集体智慧的结晶。党的十八大以来，在新中国成立特别是改革开放以来我国发展取得的重大成就基础上，以习近平同志为核心的党中央科学把握当今世界和当代中国的发展大势，顺应实践要求和人民愿望，推出一系列重大战略举措，出台一系列重大方针政策，推进一系列重大工作，解决了许多长期想解决而没有解决的难题，办成了许多过去想办而没有办成的大事，中国特色社会主义事业取得了全方位的、开创性的成就，推动党和国家事业发生深层次、根本性的历史性变革。可以说，党的十八大以来中国特色社会主义事业全方位的、开创性成就的取得，深层次的、根本性的历史性变革的发生，既为习近平新时代中国特色社会主义思想提供了坚实的实践基础，也充分体现了这一思想的巨大理论威力。

习近平新时代中国特色社会主义思想的理论特色*

党的十九大立足时代和全局的高度，着眼中国特色社会主义的长远发展，将习近平新时代中国特色社会主义思想确立为党的指导思想，实现了党的指导思想的又一次与时俱进。深入学习贯彻习近平新时代中国特色社会主义思想，是我们当前和今后一段时期的重大战略任务，对于凝聚全党全国各族人民的思想共识和智慧力量，决胜全面建成小康社会，夺取新时代中国特色社会主义伟大胜利，实现中华民族伟大复兴的中国梦，具有重大现实意义和深远历史意义。这里，我着重就学习领会习近平新时代中国特色社会主义思想的精神实质问题谈谈自己的体会。

习近平新时代中国特色社会主义思想紧紧围绕坚持和发展中国特色社会主义这一主题，在新时代系统深刻地回答了坚持和发展什么样的中国特色社会主义，怎样坚持和发展中国特色社会主义这一重大时代课题，它继承和发扬马克思主义与时俱进的理论品格，贯穿着强烈历史担当、求真务实作风、鲜明人民立场、勇于创新精神、坚定信仰信念和科学方法论，充分体现了中国共产党人的先进性品质和先锋队作用，展现出当代中国马克思主义的强大真理力量，得到了全党全国各族人民的高度认同，为新时代坚持和发展中国特色社会主义、推进党和国家事业长远健康发展提供了基本遵循。

习近平新时代中国特色社会主义思想深刻体现了继承性

习近平新时代中国特色社会主义思想是马克思主义中国化的最新理论成果，开辟了马克思主义中国化新境界，拓展了马克思主义在21世纪的新视野，把我们党对共产党执政规律、社会主义建设规律、人类社会发展规律的认识提

* 原文发表于《党建研究》2018年第2期。

到了一个新高度，高度体现了对世界社会主义五百年发展历程的深刻理解，鲜明体现了对中华文明五千年的历史传承的内在把握，集中体现了对人类文明成果的创造转化。

习近平新时代中国特色社会主义思想体现了马克思主义的一脉相承与接续发展。习近平同志反复强调要始终坚持科学社会主义的基本原则，多次重申："中国特色社会主义是社会主义而不是其他什么主义，科学社会主义基本原则不能丢，丢了就不是社会主义"。中国共产党是靠科学理论武装起来的马克思主义政党，在革命、建设、改革的各个历史时期，我们党坚持马克思主义基本原理同中国具体实际相结合，运用马克思主义立场、观点、方法研究解决了一系列重大理论和实践问题。习近平新时代中国特色社会主义思想，贯穿着马克思主义的世界观和方法论，集中体现了马克思主义的基本立场、观点和方法，因而是与马克思列宁主义、毛泽东思想、邓小平理论、"三个代表"重要思想、科学发展观既一脉相承又与时俱进的理论体系。

习近平新时代中国特色社会主义思想蕴含了中华优秀传统文化的智慧与精华。不忘本来才能开辟未来，善于继承才能更好创新，习近平新时代中国特色社会主义思想体现了对中华传统文化有鉴别的对待、有扬弃的继承。将马克思主义基本原理与中华优秀传统文化相结合是中国共产党人的一项重要创造，是马克思主义中国化的必然要求，也是中国共产党的文化自觉、文化自信的集中体现。党的十八大以来，以习近平同志为代表的中国共产党人深入挖掘中华优秀传统文化蕴含的思想观念、基本价值、人文精神、道德规范、政治智慧，结合时代要求实现了创造性转化与创新性发展，使中华文化展现出永久魅力和时代风采。

习近平新时代中国特色社会主义思想继承了人类优秀文明成果。中国特色社会主义事业是一项前无古人的伟大事业，中国特色社会主义道路自信、理论自信、制度自信、文化自信一个重要的根源就是继承了人类优秀文明成果。当今世界进入大变革大调整时期，面临千年未有之大变局，如何在乱局中保持定力、在变局中抓住机遇，对我们统筹国际国内两个大局提出了更高要求，我们不仅要吸取世界各国治国理政的经验，还要为世界性问题的解决贡献中国智慧，正如习近平总书记多次强调指出，汲取"解决当代人类面临的难题的重要启示"的文明基因。习近平新时代中国特色社会主义思想充分吸收人类文明有益成果，积极借鉴别国治国理政经验，展现出宽广视野和博大胸怀。真正体现出洞察时代风云，把握时代大势，站在人类发展前沿引领时代潮流，积极探索关系人类前途命运的重大问题，为应对当今世界面临的全球性挑战、解决人类面临的共性问题贡献了中国智慧和中国方案。

习近平新时代中国特色社会主义思想深刻体现了时代性

马克思指出：一切划时代思想体系的真正内容都是由于产生这些思想的那个时期的需要而形成起来的。习近平新时代中国特色社会主义思想是在建设中国特色社会主义理论与实践的历史发展中形成起来的。党的十八大以来，以习近平同志为核心的党中央举旗定向、运筹帷幄，以巨大政治勇气和强烈责任担当，提出了一系列新思想新理念新战略，推进一系列重大工作，解决了许多长期想解决而没有解决的难题，办成了许多过去想办而没有办成的大事，推动党和国家事业发生了历史性变革，中国特色社会主义进入了新时代。这个新的发展阶段既同改革开放近40年的发展历程一脉相承，又有新的突出特点，发展环境和发展条件发生深刻变化，发展水平和发展要求变得更高；我国社会主要矛盾发生了重大变化，已经转化为人民日益增长的美好生活需要和不平衡不充分的发展之间的矛盾。我国社会主要矛盾的变化是关系全局的历史性变化，对党和国家提出了许多新要求，如何在新时代更好坚持和发展中国特色社会主义，解决好人民在经济、政治、文化、社会、生态等方面日益增长的新需要，更好推动人的全面发展、社会全面进步，这是新时代对我们党提出的重大课题。

习近平新时代中国特色社会主义思想紧紧立足我国新时代新特征，以我们正在做的事情为中心，直面前进道路上的各种困难、风险和挑战，着力探索破解难题、推进事业发展的新理念新思想新战略，具有强烈的时代气息和现实针对性。习近平新时代中国特色社会主义思想用“八个明确”和“十四个坚持”，清晰阐明了新时代坚持和发展中国特色社会主义的总目标、总任务、总体布局、战略布局和发展方向、发展方式、发展动力、战略步骤、外部条件、政治保证等基本问题，深刻回答了新时代坚持和发展什么样的中国特色社会主义、怎样坚持和发展中国特色社会主义这一重大时代课题，为决胜全面建成小康社会，夺取新时代中国特色社会主义伟大胜利，实现中华民族伟大复兴的中国梦提供了理论指导和行动指南。不仅如此，这一思想顺应世界潮流，把握时代大势，站在中国和人类发展前沿引领时代潮流，积极探索关系人类前途命运的重大问题，为应对当今世界面临的全球性挑战、解决人类面临的共性问题贡献了中国智慧和中国方案。毫不夸张地说，习近平新时代中国特色社会主义思想解答时代课题，把握时代趋势，回应时代呼唤，是当之无愧的时代精神的精华，深刻体现了时代性。

习近平新时代中国特色社会主义思想
深刻体现了规律性

习近平总书记善于从哲学高度去探求中国特色社会主义发展的规律。他强调指出："马克思主义哲学深刻揭示了客观世界特别是人类社会发展一般规律，在当今时代依然有着强大生命力，依然是指导我们共产党人前进的强大思想武器。"他强调，实现"两个一百年"奋斗目标、实现中华民族伟大复兴的中国梦，必须不断接受马克思主义哲学智慧的滋养，更加自觉地坚持和运用辩证唯物主义世界观和方法论。他同时强调，要认真学习历史唯物主义，自觉坚持历史唯物主义："历史和现实都表明，只有坚持历史唯物主义，我们才能不断把对中国特色社会主义规律的认识提高到新的水平，不断开辟当代中国马克思主义发展新境界。"他要求领导干部要不断提高战略思维、历史思维、辩证思维、创新思维、底线思维能力，也就是强调要从哲学高度和深度去认识事物的规律，把握事物的规律，从而能够自觉运用事物的规律。

习近平新时代中国特色社会主义思想，立足中国改革开放和社会主义现代化建设的实践，准确把握我国发展的阶段性特征和我国社会主要矛盾的新变化，把马克思主义基本原理同当代中国具体实际和时代特点相结合，坚持一切从实际出发，勇于破除一切不合时宜的思想观念和体制机制弊端，积极探索规律、自觉遵循规律，按照客观规律要求谋划事业发展，正确处理尊重客观规律与发挥主观能动性的关系。比如：以全新视野深化对共产党执政规律的认识，对新时代坚持和加强党的领导进行了全面科学系统的部署；以全新视野深化对社会主义建设规律的认识，对我国改革开放和现代化建设的近期任务和远景目标进行了科学部署和规划；以全新视野深化对人类社会发展规律的认识，为经济文化落后国家走向现代化贡献了中国智慧和中国方案，深刻体现了当代中国马克思主义实事求是、把握规律的科学性。

习近平新时代中国特色社会主义思想
深刻体现了人民性

十九大报告明确指出："坚持以人民为中心。人民是历史的创造者，是决定党和国家前途命运的根本力量。必须坚持人民主体地位，坚持立党为公、执政为民，践行全心全意为人民服务的根本宗旨，把党的群众路线贯彻到治国理政全部活动之中，把人民对美好生活的向往作为奋斗目标，依靠人民创造历史伟业。”历史唯物主义认为，人民群众是社会历史的主体和创造者，既是社会物质财富和精神财富的创造者，也是社会变革的决定力量。中国共产党之所以有力量，就在于从成立之日起，就深深扎根于人民群众之中，密切保持与人民群众的血肉联系。党的群众路线的主要内容，就是一切为了群众，一切依靠群众，从群众中来，到群众中去。中国共产党的根本宗旨就是全心全意为人民服务。

习近平总书记指出：“人民是创造历史的动力，我们共产党人任何时候都不要忘记这个历史唯物主义最基本的道理。”习近平新时代中国特色社会主义思想坚持人民主体地位，尊重人民首创精神，注重从人民群众中汲取智慧和力量，时刻关注人民群众的喜怒哀乐，体现了亲民、爱民、忧民、为民的真挚情怀。第十八届中央领导集体上任伊始，习近平总书记就掷地有声地庄严承诺，“人民群众对美好生活的向往，就是我们的奋斗目标”，如何使人民群众有更好的教育、更稳定的工作、更满意的收入、更可靠的社会保障、更高水平的医疗卫生服务、更舒适的居住条件、更优美的环境、更丰富的精神文化生活，是我们党在新时代不断奋斗的方向和前进的动力。习近平新时代中国特色社会主义思想坚持把人民对美好生活的向往作为党的奋斗目标，把让老百姓过上好日子作为全部工作的出发点和落脚点，始终为人民代言、为人民立言，充分体现了立党为公、执政为民的执政理念，体现了为中国人民谋幸福、为中华民族谋复兴的使命担当，体现了人民至上的价值追求。习近平新时代中国特色社会主义思想坚持以人民为中心，坚持立党为公、执政为民，践行全心全意为人民服务的根本宗旨，体现了亲民、爱民、忧民、为民的真挚情怀。

习近平新时代中国特色社会主义思想
深刻体现了创新性

创新是一个民族进步的灵魂，是一个国家兴旺发达的不竭动力，也是一个科学理论永葆生命力的不竭源泉。纵观马克思主义诞生以来近 170 年的历史，就是在实践中不断继承又不断发展创新的历史。党的十八大以来，正是党中央带领全党同志登高望远、居安思危，勇于变革、勇于创新，永不僵化、永不停滞，才推动中国特色社会主义进入新时代，并以实践创新推动理论创新，形成了习近平新时代中国特色社会主义思想。

习近平新时代中国特色社会主义思想，是在中国特色社会主义进入新时代后对我国社会存在的科学反映，是马克思主义中国化的最新成果，体现了鲜明的创新性。这一思想，立足于新时代世情国情党情的新变化，做出了中国特色社会主义进入了新时代、我国社会主要矛盾已经转化为人民日益增长的美好生活需要和不平衡不充分的发展之间的矛盾等重大论断，深刻阐述了新时代中国共产党的历史使命，科学回答了新时代坚持和发展什么样的中国特色社会主义，怎样坚持和发展中国特色社会主义这一重大时代课题，确定了决胜全面小康社会、开启全面建设社会主义现代化国家新征程的战略目标和战略步骤，对新时代推进中国特色社会主义伟大事业和党的建设新的伟大工程进行了全面部署，做出了一系列富有时代特色、实践特色的重要创新论断，对新时代我国的改革发展稳定、内政外交国防、治党治国治军进行了系统科学的论述，形成了具有内在逻辑联系的科学理论体系，开辟了马克思主义新境界，开辟了中国特色社会主义新境界，开辟了治国理政新境界，开辟了管党治党新境界，使21世纪中国的马克思主义展现出更强大、更有说服力的真理力量。

总之，习近平新时代中国特色社会主义思想体现着历史与现实、理论与实践、真理性与价值性、远大理想与现实目标的辩证统一，在理论与实践的结合上凝聚了党和人民的实践经验与智慧结晶，深刻体现了继承性、时代性、规律性、人民性、创新性的理论特色。习近平新时代中国特色社会主义思想不仅具有理论价值，更具有实践价值；不仅具有民族意义，更具有世界意义；不仅具有鲜明当代特色，更具有深远历史魅力。

新时代首都发展的新使命*

首都发展的新使命

中国特色社会主义进入新时代，首都发展进入了新阶段。北京作为伟大社会主义祖国的首都，与党和国家的使命始终紧密地联系在一起。习近平总书记两次视察北京并发表重要讲话，主持召开中央政治局常委会专题听取北京城市总体规划编制情况汇报，对首都工作做出一系列重要指示。进入新时代，首都发展的新使命就是顺应实现“两个一百年”奋斗目标和中华民族伟大复兴中国梦的历史进程，建设伟大社会主义祖国的首都、迈向中华民族伟大复兴的大国首都、国际一流的和谐宜居之都。

“建设一个什么样的首都，怎样建设首都”，是各个时代、各个国家都面临的重大课题。从历史长河来看，中华民族五千年灿烂文明，历朝历代都为都城建设殚精竭虑。综观当今世界，无论是发达国家的城市，如英国首都伦敦等，还是发展中国家的城市，如印度首都新德里等，都经历或面临着人口过多、交通拥堵、房价高涨、生态环境恶化等城市治理难题。伴随着经济全球化，在信息时代，国家、区域之间的竞争越来越集中地表现为具有一定国际影响力的大城市、特大城市群之间的竞争，尤其以首都和以首都为核心的城市群的角力最为关键。

以习近平同志为核心的党中央高瞻远瞩、审时度势，准确把握国际国内两个大局，基于民族复兴的使命，放眼千年大计，明确了“四个中心”的首都城市战略定位。我们理解，政治中心是大国首都的根本和核心；文化中心是传承中华文明和体现国家软实力的空间载体，为政治中心提供支撑；国际交往中心是大国首都的基本功能，也是国际影响力的集中体现；创新中心是顺应时代潮流发展的必然要求，也是大国首都的经济支撑。“四个中心”的大国首都功能

* 原文发表于《北京日报》2018 年 4 月 23 日 13 版。

定位，不仅为我国新时代首都发展指明了方向，也为世界各国首都建设与发展提供了中国智慧和中国方案。

北京作为首都，各方面的工作具有指向性、代表性。因此，首都发展必须牢记重大政治责任，始终坚持“四个意识”，坚决维护习近平总书记的核心地位和党中央的集中统一领导；必须贯彻以人民为中心的发展思想，始终坚持首善标准，着力加强“四个中心”功能建设，提高“四个服务”水平；必须面向全国、放眼世界，发挥好引领、表率、示范作用。这是新时代首都发展的题中应有之义，也是党中央和全国人民的期望和要求。

首都发展的新方位

肩负首都发展的新使命，谋划建设中国特色大国首都，应当在实现“两个一百年”奋斗目标、中华民族伟大复兴中国梦的历史坐标系中认识和把握首都发展的新方位，应当统筹国际国内两个大局，既服从和服务于党和国家事业的需要，又满足人民群众对美好生活的新期盼。

经过新中国成立 60 多年特别是改革开放 40 年的快速发展，北京这座千年古都已经成为现代化国际大都市，但也出现了人口功能过度膨胀、环境恶化、交通拥堵等“大城市病”，传统的超级城市发展模式已经不能适应大国崛起、民族复兴的时代诉求，与中国特色大国首都的功能定位不相匹配，与国际一流的和谐宜居之都的长远目标不相匹配。这是新时代首都发展面临的主要问题。破解这一难题，必须妥善处理好“都”和“城”的关系。

作为大国首都，北京的城市发展必须服从和服务于“四个中心”的首都功能定位，必须围绕实现“都”的功能来布局和推进“城”的发展。必须紧紧围绕提升大国首都功能，做到服务保障能力同城市战略定位相适应，人口资源环境同城市战略定位相协调，城市布局同城市战略定位相一致，建设国际一流的和谐宜居之都。

作为大国首都，北京的各项工作必须将“四个服务”贯彻始终。要做好政治中心的服务保障，支撑国家政务活动，为民族复兴创造安全优良的政务环境。要以培育和践行社会主义核心价值观为引领，做好全国文化中心的大文章。北京是历史文化名城，应该在传承和弘扬中华民族优秀文化上发挥中枢作用。大国首都也必然是国际交往中心。伴随着全球治理体系的改革和建设，大国首都必将成为国际性政治中心。要前瞻性地谋划并加强国际交往中心设施和能力建设，建立常态化的国事活动服务保障机制，不断提高城市国际化程度，更好地服务党和国家的外交大局。创新是时代发展的潮流和趋势，是北京资源禀赋的优势所在，也是北京经济社会发展的必然要求。要建设具有全球影响力的科技创新中心，北京就必须在基础研究和战略高技术领域抢占全球科技制高点，在国家创新发展中发挥引领示范作用。

作为大国首都，北京的城市发展必须牢固树立新发展理念，推动高质量发展，优化产业结构，强化创新发展，建设现代化经济体系。要提升城市建设特别是基础设施建设质量，形成适度超前、相互衔接、满足未来需求的功能体系，打造绿色、舒适、便利的人居环境，推进超大城市治理体系和治理能力现代化。

首都发展的新征程

站在新的历史起点上，首都发展开启了新的征程。当前，首都发展应当加快转型：从单一城市发展转向京津冀协同发展；从“聚集资源求增长”转向“疏解功能谋发展”。这是破解“大城市病”难题，解决人民日益增长的美好生活需要和不平衡不充分的发展之间的矛盾，建设国际一流的和谐宜居之都的迫切要求。

京津冀协同发展开启了“一核两翼”协同互动的良好局面。“一核”是履行首都功能的主要空间载体，由于密度过大，功能过多，影响到首都功能的发挥，需要疏解非首都功能，解决由于“过密”导致的“大城市病”问题。城市副中心是北京市域内非首都功能疏解的集中承载地，雄安新区则是北京市域外非首都功能疏解的集中承载地。疏解非首都功能是京津冀协同发展的“牛鼻子”，要坚定不移地疏解非首都功能，全力支持雄安新区建设，高水平建设城市副中心，发挥北京的辐射带动作用，围绕交通一体化、生态环境保护、产业升级转移三个重点领域率先突破，确保京津冀协同发展不断取得新成效，努力打造以首都为核心的世界级城市群。

疏解功能谋发展，重点是疏解整治促提升。通过减量发展、腾笼换鸟、城市治理，推动高质量发展，优化提升首都功能。在减量发展上，扎实抓好北京城市总体规划的实施，严格人口规模和建设规模“双控”，严守人口总量上限、生态控制线、城市开发边界“三条红线”，确保城乡建设用地负增长、中心城区规划建筑规模动态零增长，在“瘦身健体”中有效解决“大城市病”难题。在腾笼换鸟方面，坚定推进疏解非首都功能，优化产业特别是工业项目选择，突出高端化、服务化、集聚化、融合化、低碳化，构建高精尖经济结构。在超大城市治理方面，加强环境治理，拆除违法建筑，消除城市安全隐患，营造良好人居环境，推进城市精细化治理，探索有效的超大城市治理体系。以共建共治共享的原则，推进社会治理的改革创新，实现首都城市治理体系和治理能力的现代化。

在减量发展的背景下抓经济社会发展，保持首都经济社会的活力，唯一出路在于创新发展。创新是北京的优势所在，必须把创新摆在全局的核心位置，以“三城一区”为主平台，推进全国科技创新中心建设。力争在国家重大战略产业的核心技术、核心设备上取得突破，培育一批具有全球影响力的创新型企业，着力打造具有全球影响力的科技成果转化承载区、技术创新示范区、深化改革先行区、高精尖产业主阵地，形成以创新为引领的现代化经济体系。

全面深化改革的根本指导思想*

伟大的改革催生伟大的思想，伟大的思想指引伟大的改革。总结改革开放40年的成功经验，一个根本原因就在于有科学的理论作为指导。随着中国特色社会主义进入新时代，我国改革事业也进入了深水区，迫切需要新的理论新的思想指引。习近平总书记顺应时代呼声和人民期望，以马克思主义政治家、思想家的深刻洞察力、敏锐判断力、理论创造力和战略定力推进理论创新，团结带领全党创立了新时代中国特色社会主义思想，实现了党的指导思想的与时俱进。作为国家政治生活和社会生活的根本指针，习近平新时代中国特色社会主义思想已经在深化改革的历史进程中展现出强大的真理力量、独特的思想魅力和巨大的实践伟力。面对新时代提出的新挑战、新起点、新任务、新问题，习近平新时代中国特色社会主义思想更是深刻阐释了全面深化改革的根本原因、根本方向、根本内容和根本方法，为开启新时代全面深化改革更为波澜壮阔的航程指明了方向。

直面新时代新挑战，深刻回答了为什么要全面深化改革的问题

我国40年来的快速发展靠的是改革开放，决胜全面建成小康社会、全面建设社会主义现代化国家也必须坚定不移地依靠改革开放。习近平总书记强调："改革开放是决定当代中国命运的关键一招，也是决定实现'两个一百年'奋斗目标、实现中华民族伟大复兴的关键一招。"党的十八大以来，以习近平同志为核心的党中央以前所未有的决心和力度推进全面深化改革，做出了一系列重大的战略部署，给党和国家的发展注入了新的强大活力，给中国特色社会主义事业前进增添了新的强大动力。

改革是由问题倒逼而产生的，改革进程中的矛盾只有用改革的办法才能解

* 原文发表于《中国教育报》2018年7月5日5版。

决。我国改革开放经历了40年的伟大实践，正所谓“四十不惑”，今天的改革已经走到了一个新的历史关头。随着改革不断向纵深推进，必将进一步触及深层次利益格局的调整和制度体系的变革。可以说，容易的、皆大欢喜的改革已经完成了，好吃的肉都已经吃掉了，剩下的都是难啃的硬骨头，很多问题已经到了不改就不足以治积弊、不改就无以至千里的地步。与此同时，随着改革在范围上的不断延展，各领域、各方面改革的协同性要求史无前例地复杂起来。改革再也不是一城一池的得失，而是关乎“一盘棋”的输赢。因此，改革必须义无反顾地深入下去，坚持全面统筹推进，用改革的办法来破解改革中产生的难题。所以，全面深化改革，根本在改革，关键在深化，重点在全面。

立足新时代新起点，深刻回答了全面深化改革举什么旗、走什么路的问题

旗帜决定方向，道路决定命运。在新的历史起点上，全面深化改革举什么旗、走什么路的根本方向问题是大是大非问题，是顺利推进改革的根本保证。习近平总书记一再强调：“推进改革的目的是要不断推进我国社会主义制度自我完善和发展，赋予社会主义新的生机活力。这里面最核心的是坚持和改善党的领导、坚持和完善中国特色社会主义制度，偏离了这一条，那就南辕北辙了。”我们应当清醒地认识到，全面深化改革，是在中国特色社会主义道路上的改革，只有坚持中国共产党对改革的集中统一领导，才能确保改革的社会主义性质，才能彰显改革的中国特色。

历史和事实告诉我们，在党的领导下走中国特色社会主义发展道路是近代以来久经磨难的中华民族从站起来、富起来到强起来的制胜法宝。不应忘记，我们已经享有的成果，皆来源于此，我们已经取得的成就，皆从此出。经过长时间的探索、总结和提炼，在坚持和发展什么样的中国特色社会主义、怎样坚持和发展中国特色社会主义这些根本问题上，我们的思路越来越清晰，我们的办法越来越明朗。我们已经探索并形成了一套涵盖道路、理论、制度、文化的社会治理体系，习近平新时代中国特色社会主义思想就是这个体系的时代表达和集中体现。因此，我们的改革既不能走封闭僵化的老路，也不能走改旗易帜的邪路，必须充分发挥党总揽全局、协调各方的领导核心作用，把准政治方向、政治立场、政治定位、政治大局，坚持走中国特色社会主义道路不动摇，坚持社会主义基本制度不动摇，坚持党的领导不动摇，确保改革开放始终沿着正确的道路前进。

聚焦新时代新任务，深刻回答了全面深化改革改哪里、改什么的问题

习近平总书记指出，全面深化改革的总目标是完善和发展中国特色社会主义制度、推进国家治理体系和治理能力的现代化。这两句话是一个统一整体，前一句规定了根本方向，后一句规定了在根本方向指引下完善和发展中国特色社会主义制度的鲜明指向，两句话都讲，才是完整的、全面的。国家治理体系和治理能力是一个国家的制度和制度执行能力的集中体现。推进国家治理体系和治理能力现代化，是完善和发展中国特色社会主义制度的必然要求，也是建设社会主义现代化强国的题中应有之义。

改革开放以来，我们党以全新的角度思考国家治理体系问题，强调领导制度、组织制度问题更带有根本性、全局性、稳定性和长期性。党的十八大以来，以习近平同志为核心的党中央统筹推进经济、政治、文化、社会、生态文明等各领域体制机制改革，根据不同领域不同层面的问题，把脉开方、对症下药，推动重大改革方案不断出台，重大举措有力展开。

党的十九大围绕党和国家事业发展新要求，站在更高起点上谋划和推进全面深化改革，部署了一大批力度更大、要求更高、举措更实的改革任务。我们深刻认识到，推动中国特色社会主义制度更加成熟、更加定型，这项工程极为宏大，必须是全面的系统的改革和改进，是各领域改革和改进的联动和集成，在国家治理体系和治理能力现代化上形成总体效应、取得总体效果。只有把长远制度建设同解决突出问题结合起来，把整体推进同重点突破结合起来，把顶层设计同试点探路结合起来，把改革创新同法律法规立改废释结合起来，把破除体制机制顽疾同解决新出现的矛盾问题结合起来，才能确立和稳固改革的主体框架，为构建系统完备、科学规范、运行有效的制度体系打下坚实的基础。

针对新时代新问题，深刻回答了全面深化改革如何改、怎么改的问题

改革是一场全面而深刻的社会变革，也是一项复杂的系统工程，必须坚持正确方法。以习近平同志为核心的党中央立足改革全局，深入把握改革规律和特点，系统谋划全面深化改革的科学路径和有效方法，形成改革开放以来最为丰富、全面、系统的改革方法论，为全面深化改革提供了科学指导和行动指南。

改革是由问题倒逼而产生，又在不断解决问题中得以深化。全面深化改革要以问题为导向，秉持强烈的问题意识，把解决现实问题放在首要位置。无论是制定方案，还是部署推动、督促落实，都把切实解决问题作为目标指向，确保改革落地见效。在整个改革过程中，要高度重视运用法治思维和法治方式，发挥法治的引领和推动作用，把经实践证明行之有效的改革成果及时上升为法律，还不成熟的，按照法定程序做出授权，及时修改，废止不适应改革要求的法律法规，确保改革在法治轨道上推进。

改革越深入，越要注意协同。坚持改革的系统性、整体性和协同性，既是全面深化改革的内在要求，也是推进改革的重要方法。既要抓改革方案协同，也要抓改革落实协同，更要抓改革效果协同，促进各项改革措施在政策取向上相互配合、在实施过程中相互促进、在改革成效上相得益彰。全面深化改革要坚持顶层设计与基层探索良性互动，既要加强宏观思考、顶层设计，也要重视改革试点对全局性改革的示范、突破和带动作用，发挥地方、基层、群众的首创精神，不断把改革推向深入。要坚持蹄疾步稳的节奏，胆子要大，但步子一定要稳，战略上勇于进取，战术上则稳扎稳打，分阶段、有步骤地推进，夯基垒台、立柱架梁，确保改革稳步有序推进。

习近平治国理政思想的鲜明特点*

党的十八大以来，以习近平同志为核心的党中央立足中国，面向世界，准确把握时代潮流，自觉顺应人民期待，及时回答实践要求，牢牢把握坚持和发展中国特色社会主义这一主题，紧紧围绕治国理政这一主线，以强烈的政治责任感和担当精神奋力推进中国特色社会主义伟大事业，在新的历史条件下形成了治国理政新理念新思想新战略，丰富和发展了中国特色社会主义理论体系，开辟了马克思主义发展的新境界，是实现中华民族伟大复兴中国梦的理论指导和行动指南。

习近平治国理政思想体现了科学社会主义理论逻辑和中国经济社会发展历史逻辑的统一

习近平治国理政思想不是凭空产生的，而是具有深厚的理论渊源和厚重的历史依据。

一方面，习近平总书记强调要始终坚持科学社会主义的基本原则。他指出："中国特色社会主义是社会主义而不是其他什么主义，科学社会主义基本原则不能丢，丢了就不是社会主义。"他的治国理政思想中贯穿科学社会主义的基本原则，如关于以人民为中心的发展思想，关于协调推进"四个全面"战略布局，关于创新、协调、绿色、开放、共享的发展理念，关于经济政治文化社会和生态文明建设"五位一体"总体布局，关于军队与国防建设，关于构建以合作共赢为核心的新型国际关系的论述，这些思想体现了科学社会主义关于人类解放、人的自由而全面发展、社会全面发展、人与自然和谐发展等方面的重要原则和精神。也正因为这样，我们党把中国特色社会主义当作科学社会主义基本原则与中国实际相结合的产物，也把中国特色社会主义称为科学社会主义的中国版。

---

* 原文发表于《党建》2017年第2期。

另一方面，习近平治国理政思想又特别强调中国社会发展的历史逻辑，并以此来增强中华民族的道路自信、理论自信、制度自信和文化自信。譬如，他在论述中国道路形成和发展的历史必然性时强调：“独特的文化传统，独特的历史命运，独特的基本国情，注定了我们必然要走适合自己特点的发展道路。”他认为，“这条道路来之不易，它是在改革开放30多年的伟大实践中走出来的，是在中华人民共和国成立60多年的持续探索中走出来的，是在对近代以来170多年中华民族发展历程的深刻总结中走出来的，是在对中华民族5 000多年悠久文明的传承中走出来的，具有深厚的历史渊源和广泛的现实基础”。

习近平总书记在这里第一次把中国特色社会主义上升到中华民族五千年文明的传承中去认识，充分展示了中国特色社会主义深厚的历史渊源。再譬如，他在讲马克思主义时，不仅讲马克思主义诞生160多年来的发展历史和内在逻辑，而且从社会主义五百年的历史演进中追溯马克思主义的理论渊源和发展规律；在回顾和总结中国共产党95年辉煌历程中，把历史、现实和未来贯通起来，把革命、建设和改革衔接起来，用三个“伟大历史贡献”证明了党95年奋斗的重大历史意义，用三个“蓬勃生机”赋予党95年奋斗崇高的历史地位，用三个“必须长期坚持、永不动摇”总结了党95年奋斗的历史结论。

习近平治国理政思想体现了理论继承和理论创新的统一

中国共产党是靠科学理论武装起来的马克思主义政党。在革命、建设、改革各个历史时期，我们党坚持马克思主义基本原理同中国具体实际相结合，运用马克思主义立场、观点、方法研究解决了一个又一个重大理论和实践问题，不断推进马克思主义中国化。改革开放以来，我们党始终坚持实践基础上的理论创新，科学回答了什么是马克思主义、如何对待马克思主义，什么是社会主义、怎样建设社会主义，建设什么样的党、怎样建设党，实现什么样的发展、怎样发展等重大课题，不断根据新的实践推出新的理论。这些理论成果成功解答了经济文化落后国家建设、巩固、发展社会主义的问题，实现了马克思主义中国化的第二次历史性飞跃，开辟了马克思主义在中国发展的新境界，为我们制定各项方针政策、推进各项工作提供了科学指导。

习近平治国理政思想，内涵丰富、博大精深，是一个系统完整的科学理论体系，深刻回答了新形势下党和国家事业发展的一系列重大理论和现实问题，既传承了中华优秀传统文化，同时又紧密结合当今世界形势和中国发展实际，提出了一系列新理念新思想新战略，进一步深化了我们党对共产党执政规律、社会主义建设规律、人类社会发展规律的认识，是对中国共产党90多年奋斗历程中形成的实践经验、理论成果、光荣传统、优良作风的坚持与传承。

在继承中发展，在发展中继承，这是我们党理论创新的一个显著特点。习近平治国理政思想贯穿着马克思主义的世界观和方法论，集中体现了马克思主义的基本立场、观点和方法，因而它是与马克思列宁主义、毛泽东思想、邓小平理论、“三个代表”重要思想、科学发展观既一脉相承又与时俱进的理论体系。这一理论体系升华了马克思主义发展新境界，是马克思主义中国化最新成果，是指导具有许多新的历史特点伟大斗争的鲜活的马克思主义。

习近平治国理政思想体现了时代特色和实践特色的统一

时代是思想之母，实践是理论之源。“一切划时代的体系的真正的内容都是由于产生这些体系的那个时期的需要而形成起来的。”实践发展永无止境，我们认识真理、进行理论创新就永无止境。今天，时代变化和我国发展的广度和深度远远超出了马克思主义经典作家当时的想象。同时，我国社会主义只有几十年实践、还处在初级阶段，事业越发展新情况新问题就越多，也就越需要我们在实践上大胆探索、在理论上不断突破。

问题是时代的声音。习近平总书记指出，坚持问题导向是马克思主义的鲜明特点。只有聆听时代的声音，回应时代的呼唤，认真研究解决重大而紧迫的问题，才能真正把握住历史脉络、找到发展规律、推动理论创新。习近平总书记还强调：“坚持以马克思主义为指导，必须落到研究我国发展和我们党执政面临的重大理论和实践问题上来，落到提出解决问题的正确思路和有效办法上来。”

可以说，习近平治国理政思想集中体现了这种问题意识，因而具有鲜明的时代特色和实践特色。当今时代究竟发生了什么变化，呈现出什么特征，如何适应时代变化的潮流制定当代中国的发展战略？如何坚持和发展中国特色社会主义？什么是国家治理体系现代化，如何实现国家治理体系现代化？什么是经济新常态，如何主动适应、把握、引领经济发展新常态？如何加强法治中国建设？如何加强社会主义民主政治建设？如何用社会主义核心价值观凝心聚力？这些都是时代和实践提出的新课题。习近平总书记顺应时代潮流，把握时代发展大势，既立足于中国亿万人民的伟大实践又面向世界学习世界各国的先进经验，既从中国优秀传统文化中汲取滋养又及时总结党领导人民创造的新鲜经验，用一系列新观点，创造性地回答了这些问题，从而开辟了马克思主义中国化新境界。

习近平治国理政思想体现了中国立场与世界胸怀的统一

习近平治国理政思想既鲜明地站在中国立场上，反映中国人民诉求，表达中国人民愿望，同时又胸怀世界，放眼全球，充分体现了中国立场与世界胸怀的统一。2013 年 3 月 19 日，习近平在接受俄罗斯俄通-塔斯社、俄罗斯全国广播电视公司、南非卫星电视五台、印度报业托拉斯、巴西《经济价值报》和中国新华社记者的联合采访时，就中国同世界的关系强调："中国人是讲爱国主义的，同时我们也是具有国际视野和国际胸怀的。随着国力不断增强，中国将在力所能及范围内承担更多国际责任和义务，为人类和平与发展作出更大贡献。"

一方面，实现中华民族伟大复兴的中国梦是习近平总书记最为关注的重大命题，也是贯穿习近平治国理政思想的一条主线。习近平治国理政思想紧紧围绕实现什么样的民族复兴与怎样实现民族复兴而展开，构成了一个严密的体系。坚持走中国特色社会主义道路，是实现中华民族伟大复兴的必由之路；协调推进"四个全面"战略布局，是实现中华民族伟大复兴的重要保障；牢固树立五大发展理念，统筹推进经济、政治、文化、社会、生态文明"五位一体"建设，为实现中华民族伟大复兴奠定坚实物质基础，凝聚强大精神力量。如此等等，为实现中华民族伟大复兴提供了科学的世界观和方法论指引。

另一方面，党的十八大以来，习近平总书记统筹国内国际两个大局，高瞻远瞩，积极创新外交理论和实践，提出构建"人类命运共同体"思想。2015 年 9 月 28 日，习近平在纽约出席第七十届联合国大会一般性辩论时，发表了题为《携手构建合作共赢新伙伴，同心打造人类命运共同体》的重要讲话。他提出，人类生活在同一个地球村，越来越成为你中有我、我中有你的命运共同体。他还强调，要建立平等相待、互商互谅的伙伴关系，奉行双赢、多赢、共赢的新理念，倡导以对话解争端、以协商化分歧。要在国际和区域层面建设全球伙伴关系，走出一条"对话而不对抗，结伴而不结盟"的国与国交往新路。大国之间相处，要不冲突、不对抗、相互尊重、合作共赢。大国与小国相处，要平等相待，践行正确义利观，义利相兼，义重于利。要营造公道正义、共建共享的安全格局，谋求开放创新、包容互惠的发展前景，促进和而不同、兼收并蓄的文明交流。

长风破浪会有时，直挂云帆济沧海。习近平治国理政新理念新思想新战略，对于在新的历史条件下指导全党全国各族人民凝心聚力、攻坚克难，如期实现“两个一百年”奋斗目标，进而在中国特色社会主义道路上实现中华民族伟大复兴的中国梦具有强烈现实意义和深远历史意义，我们必须好好学习，深刻领会。

法德并治　协同推进*

习近平总书记考察中国政法大学发表的重要讲话站在党和国家事业发展全局的战略高度，对深入推进全面依法治国战略、培养社会主义法治人才、进一步落实全国高校思想政治工作会议精神等提出了明确要求，充分体现了以习近平同志为核心的党中央对全面推进依法治国战略的高度重视。讲话中特别重申了在全面推进依法治国战略中，依法治国和以德治国相结合，法德并治、协同推进这一重要命题。习近平总书记强调指出，中国特色社会主义法治道路的一个鲜明特点，“就是坚持依法治国和以德治国相结合，强调法治和德治两手抓、两手都要硬”。这一鲜明论断，既是对历史经验的深刻总结，也是对治国理政规律的深刻把握，为建设法治中国、推进国家治理体系和治理能力现代化，指明了方向。高校作为法治人才培养的第一阵地，应该将深入贯彻总书记讲话落实到培养更多优秀法治人才，加强法治基础理论研究、发挥好智库作用上来，为完善中国特色社会主义法治体系、建设社会主义法治国家贡献更多的智慧和力量。

把法治和德治统一于全面依法治国战略是习近平同志法治思想的重要体现

习近平总书记重要论述深刻揭示了法治与德治的辩证关系，从方法论角度阐明了在新的历史条件下如何坚持依法治国和以德治国相结合的问题，特别是鲜明强调两者都统一于中国特色社会主义法治道路，这对于我们协调推进“四个全面”战略布局有着重大的现实意义和深远的历史意义。

首先，习近平总书记关于法治和德治统一于全面依法治国战略的重要论述，丰富和发展了中国特色社会主义法治理论。党的十一届三中全会后，邓小平同志高度重视社会主义法制化建设和社会主义精神文明建设。新世纪初，江

* 原文发表于《中国高等教育》2017 年第 10 期。

泽民同志首次提出了依法治国和以德治国相结合这一重要论断。党的十六大后，胡锦涛同志也多次强调了依法治国与以德治国相结合对于党和国家长治久安的重大意义。党的十八大以来，在推进全面依法治国战略过程中，以习近平同志为核心的党中央继往开来，创造性提出推进社会主义法治道路，必须坚持依法治国和以德治国有机结合。党的十八届四中全会《中共中央关于全面推进依法治国若干重大问题的决定》明确提出，要坚持依法治国和以德治国相结合，并把其作为实现全面推进依法治国总目标必须坚持的重要原则。习近平同志在中共十八届中央政治局第三十七次集体学习时发表的重要讲话中，又专题论述了依法治国和以德治国相结合对于党和国家长治久安所具有的重大意义。他指出："在新的历史条件下，我们要把依法治国基本方略、依法执政基本方式落实好，把法治中国建设好，必须坚持依法治国和以德治国相结合，使法治和德治在国家治理中相互补充、相互促进、相得益彰，推进国家治理体系和治理能力现代化。"这次在中国政法大学考察，再次强调和重申了这一重要观点。习近平总书记这些重要讲话在思想上层层深入、在逻辑上环环相扣、在价值上一脉相承，强调和重申了坚定不移走中国特色社会主义法治道路的决心，廓清了人们思想上的一些模糊认识，极大地丰富和拓展了中国特色社会主义法治理论。

其次，习近平总书记关于法治和德治统一于全面依法治国战略的重要论述，继承和弘扬了中华民族优秀的传统文化。在绵延近五千年的历史进程中，中华民族创造了灿烂的政治文明。德治、法治的思想和实践贯穿中国历朝历代，德法并治是中华政治文明的瑰宝，两者有机结合的程度也成为中国古代王朝兴衰更替的基因密码。从中国古代文明角度看，历代统治者更多地强调将法律和各种社会规范寓于道德教化之中，通过"内圣"达到"外王"，中国的先哲即已发现"敬天""祀神"不如"敬德"，从而完成了从宗教政治向世俗政治的转变。早在两千多年前，周公就提出"敬德保民""明德慎罚"。孔子提出"为政以德"，强调"道之以政，齐之以刑，民免而无耻；道之以德，齐之以礼，有耻且格"。荀子主张"化性起伪""隆礼重法"。汉代董仲舒提出"阳为德、阴为刑"，主张治国要"大德而小刑"。到了唐代，人们更是提出"制礼以崇敬，立刑以明威"，一方面推行德治，通过"贞观修礼"建立一整套道德体系，一方面推行法治，制定严密的法典——《唐律》。宋元明清时期基本延续了德法合治的传统。通观我国古代历史，正是由于强调德法合治，强调通过弘扬道德来加强人们内心的秩序意识、法律意识，才使得我国古代的政治文明创造出举世瞩目的文明成果。正如楼宇烈先生所指出："中国的文化不是靠一个外在的神或造物主，而是靠人自己道德的自觉和自律，强调人的主体性、独立性、能动性。"这也是中国早于西方产生以人为本的人文精神，但没有走向西方物质至上、人沦为物质的奴隶的极端发展主义的重要文化根源。党的十八大以来，习近平总书记高度重视从中华优秀传统文化中汲取治国理政的丰富养料，他强调："坚持依法治国和以德治国相结合，就要重视发挥道德的教化作用，提高全社会文明程度，为全面依法治国创造良好人文环境。要在道德体系中体现法治要求，发挥道德对法治的滋养作用，努力使道德体系同社会主义法律规范相衔接、相协调、相促进。"这一重要论述，既是对中华民族历史经验的深刻总结，也是立足现实得出的科学结论。

再次，习近平总书记关于法治和德治统一于全面依法治国战略的重要论述，吸收和借鉴了人类文明有益成果。数千年的人类文明史证明，法治是人类社会迄今为止最有效的治理方式。由于法治化的社会规范带有根本性、全局性、稳定性和长期性，因此法治道路已经成为全人类不同国家、不同民族、不同文化的共同价值追求。从世界范围看，凡是社会治理比较有效的国家，都坚持把法治作为治国的基本原则，同时注重用道德调节人们的行为。党的十八大以来，以习近平同志为核心的党中央在推进全面依法治国战略的过程中，对人类社会创造的法治文明成果始终给予高度重视。习近平总书记指出："法治是人类文明的重要成果之一，法治的精髓和要旨对于各国国家治理和社会治理都具有普遍意义。我们要学习借鉴世界上优秀的法治文明成果。"同时，习近平总书记也多次强调，我们有我们的历史文化，有我们的体制机制，有我们的国情，我们的国家治理有其他国家不可比拟的特殊性和复杂性。"对世界上的优秀法治文明成果，要积极吸收借鉴，也要加以甄别，有选择地吸收和转化，不能囫囵吞枣、照搬照抄。"总书记这些重要论述，是我们走好中国特色社会主义法治道路的根本指针，只要坚持以我为主、兼收并蓄、突出特色，发扬中国智慧、立足中国实践的原则，就一定能够为世界法治文明建设做出应有的贡献。

坚持法德并治的中国特色社会主义法治道路
是国家治理体系和治理能力现代化的必然要求

习近平总书记曾指出："法治是国家治理体系和治理能力的重要依托。"改革开放以来，党和国家深刻总结我国社会主义法治建设的成功经验和深刻教训，把依法治国确定为党领导人民治理国家的基本方略，坚持依法治国和以德治国相结合，走出了一条中国特色社会主义法治道路。习近平总书记多次强调："法治和德治不可分离、不可偏废，国家治理需要法律和道德协同发力。"强调法治和德治两手抓、两手都要硬。着眼当前、面向未来，要实现国家治理体系和治理能力现代化，就必须继续坚持依法治国和以德治国相结合，统筹推进以德治为基础的法治建设、以法治为保障的德治建设，抓住领导干部这个关键少数，使法治和德治在国家治理中相互补充、相互促进、相得益彰，推进国家治理体系和治理能力现代化。

首先，树立法治信仰必须加强道德支撑，以道德滋养法治，才能达到“法安天下”的效果。习近平总书记多次引用法国思想家卢梭的名言：“一切法律中最重要的法律，既不是刻在大理石上，也不是刻在铜表上，而是铭刻在公民的内心里。”这充分说明人们对法律的信仰，其根源在于认同法律所承载的道德追求。只有符合最广大人民道德意愿、与全社会主流价值观同心同向的法律，才具有坚实的社会基础和广阔的发展空间，才能真正被人们所认同、所遵守、所信仰。因此，发挥道德对法治的支撑作用，首要的是努力使社会主义道德体系同社会主义法律规范相衔接、相协调、相促进，用社会主义核心价值观指导和推进法律法规的立改废释，将正确的道德观作为衡量立法科学性的重要标准。推进社会主义法治，既需要良法，更呼唤善治。社会主义道德规范的要求不仅体现在立法中，也应当在法律的实施过程中予以贯彻。法律的有效实施有赖于道德支持，法律难以规范的领域，道德可以发挥作用。强化道德的支撑作用，能够有效弥补法律的滞后性所带来的法治盲区，使执法和司法主体按照社会主义核心价值观的要求行使自由裁量权，确保法律实施既于法有据又合乎情理，实现法律效果、社会效果、政治效果相统一。强化道德的支撑作用，还应当在道德教育中突出法治内涵，注重培养人们的法律信仰、法制观念、规则意识和契约精神，增强法治的道德底蕴，为中国特色社会主义法治道路培育丰厚的道德土壤，用法治的方式实现国家长治久安。

其次，弘扬道德精神必须加强法治支持，以法治保障道德，才能达到“德润人心”的效果。习近平总书记指出：“以法治承载道德理念，道德才有可靠制度支撑。”执法和司法既是对法律的执行，同时也是对社会主义核心价值观的昭示，要通过严格执法公正司法来弘扬惩恶扬善的道德观念。因此，要注重运用法治手段解决道德领域的突出问题，对那些伤风败俗的丑恶行为、激起公愤的失德现象，仅靠道德教育、“叩问良心”还远远不够，必须运用法治手段进行治理，从立法上明确惩戒措施，从执法上加大惩治力度，为道德建设“保驾护航”。对诚信缺失等生活中比较突出的社会问题，既要树立系统思维，抓紧建立覆盖全社会的征信系统，又要找准痛点，不断完善跨部门协同监管和联合惩戒机制，构建“一处失信、处处受限”的信用惩戒大格局，让失信者寸步难行，让守信者一路畅通。真正发挥中国特色社会主义法治道路的优势，用法律权威增强人们培育和践行社会主义核心价值观的自觉性，使道德真正内化为人们内心法律。

再次，发挥领导干部在依法治国和以德治国中的关键作用，才能达到“以上率下”的效果。为政之要，唯在得人；治国理政，关键在人。历史和现实告诉我们：解决中国的问题，关键在党；解决党自身的问题，关键在党的各级领导干部。习近平总书记多次强调："全面依法治国必须抓住领导干部这个'关键少数'。"关键少数要发挥关键作用，领导干部既应该做全面依法治国的重要组织者、推动者，也应该做道德建设的积极倡导者、示范者。"知之愈明，则行之愈笃；行之愈笃，则知之益明。"因此，要坚持以马克思主义法学思想和中国特色社会主义法治理论为指导，推动领导干部学法经常化、制度化，把领导干部带头学法、模范守法作为全面依法治国的关键，把法治建设成效作为衡量各级领导班子和领导干部工作实绩的重要考核指标。坚持德才兼备、以德为先用人标准，把以德修身、以德立威、以德服众作为干部成长成才的重要因素，要求领导干部努力成为全社会的道德楷模，带头践行社会主义核心价值观，讲党性、重品行、作表率，带头注重家庭、家教、家风，保持共产党人的高尚品格和廉洁操守，以实际行动"以上率下"，带动全社会崇德向善、尊法守法，为国家治理体系和治理能力现代化提供坚强的组织保证。

在推进法德并治的中国特色社会主义法治道路过程中践行高校的重要历史使命

习近平总书记的重要讲话是向全党全国发出的坚定不移走中国特色社会主义法治道路的进军令，是全面推进依法治国、建设法治中国的动员令，也是鼓舞当代青年勇于担当历史责任、投身实现中华民族伟大复兴中国梦的召集令，体现了对全面依法治国战略的坚定信念，对高校在建设社会主义法治国家进程中应当承担的职责与使命的殷切期望，以及对青年学子健康成长的殷殷嘱托。贯彻落实讲话精神，探索和推进中国特色社会主义法治道路，高校承担着义不容辞的历史责任，在这个伟大的历史进程中，我们应当努力从以下三方面提供好保障和支持。

首先，必须为探索和推进法德并治的中国特色社会主义法治道路提供强大智力支持。高校具有优秀人才汇聚、学科门类齐全、学术积累深厚的优势，在完善中国特色社会主义法治体系、建设社会主义法治国家方面要进一步发挥好重要智力支持作用。当前，一是要推动基础理论创新。高校要深入贯彻习近平总书记系列重要讲话精神和治国理政新理念新思想新战略，尤其是做好习近平总书记关于法治建设的重要论述的研究、传播和普及工作，总结党领导人民实行法治的成功经验，不断丰富和发展符合中国实际、具有中国特色、体现社会发展规律的社会主义法治理论。二是要研究重大现实问题。"问题就是时代的口号"。高校要聆听时代的声音，回应法治的呼唤，围绕社会主义法治建设重大理论和实践问题，综合运用法学、哲学、政治学、人类学等知识多维度、多学科地分析法治与德治、尊礼与守法的辩证关系，对复杂现实进行深入分析、做出科学总结，提炼规律性认识。三是要发挥高端智库作用。包括法学在内的人文社会科学具有很强的社会实践性，高校要带头践行社会主义核心价值观，在践行立德树人使命的基础上，走出“象牙塔”，打破高校与社会之间的界限，深入到尊法、信法、守法、用法、护法的实践中来，服务全面依法治国战略，为依法治国与以德治国各有侧重、协调推进建言献策，发挥好智库作用。

其次，必须为探索和推进法德并治的中国特色社会主义法治道路提供强大人才支持。探索和推进中国特色社会主义法治道路，一大批优秀的法治人才是关键。高校是人才培养的主阵地，是培育优秀法治人才的主要平台。我们必须进一步加强和改进高校思想政治工作，坚持立德树人，为广大知识青年扣好人生第一粒扣子。一方面，要加强青年学子在法律知识和法律意识方面的通识教育，把法律精神融入高校全员育人、全方位育人、全过程育人之中，让青年人养成良好的法治思维，成长为富有良好法学修养的各类专门人才。另一方面，要加强社会主义核心价值观教育，不断夯实和提升青年学子的思想水平、政治觉悟、道德品质、文化素养，使他们学会用正确的立场观点方法分析问题，善于把握历史和时代的发展方向，善于把握社会生活的主流和支流、现象和本质，成长为中国特色社会主义的合格建设者和可靠接班人。

再次，必须为探索和推进法德并治的中国特色社会主义法治道路提供强大文化支持。高校是创造、继承和传播社会主义文化的重要场所，在探索和推进中国特色社会主义法治道路的过程中，一是要弘扬好社会主义政治文化，发挥好广大知识分子的积极作用，用理论和事实充分说明中国特色社会主义道路的来之不易、中国特色社会主义制度的独特优势、中国特色社会主义理论的博大精深，增强广大师生的道路自信、理论自信、制度自信、文化自信。二是要弘扬好社会主义法律文化，使广大师生深刻认识到，中国有着有别于欧美的法治传统，绝不能生搬硬套西方模式，要在借鉴国外有益法治经验的同时，吸收中国传统文化的有益成分，坚定走中国特色社会主义法治道路，只有这样全面依法治国战略才能够在中国大地真正落地生根。三是要弘扬好社会主义道德文化，加强社会主义核心价值观的宣传，发挥好师德模范和先进典型的榜样引领作用，传播正能量，发出“好声音”。

总之，全面探索和推进中国特色社会主义法治道路，协调推进包括全面依法治国在内的“四个全面”战略布局，高校承担着重要的职责和任务。我们必须紧密团结在以习近平同志为核心的党中央周围，牢固树立“四个意识”，抓住党的建设和思想政治工作这个根本，落实好全国高校思想政治工作会议精神，不断创新思想政治工作的方式方法，把各种“软指标”变成“硬约束”，这样才能更好履行立德树人的职责和使命，办好中国特色社会主义高等教育，为实现国家治理体系和治理能力现代化，进而实现中华民族伟大复兴的中国梦贡献应有的智慧和力量。

全球治理的中国担当*

习近平总书记在2016年新年贺词中说："世界那么大，问题那么多，国际社会期待听到中国声音、看到中国方案，中国不能缺席。"

中国不能缺席，亮明了全球治理的中国自信。这种自信，源于改革开放所创造的发展奇迹，源于中国国内的治理成就，源于中国对推动世界脱贫致富、经济增长及人类和平与发展事业的巨大贡献。

全球治理的中国自信，源于我们的道路自信、理论自信、制度自信、文化自信。中国走出一条符合自身国情的发展道路，探索出一条既具有中国特色又具有普遍世界意义的工业化、城镇化及市场经济模式，客观上在鼓励越来越多的国家走符合自身国情的发展道路；中国提出实现中华民族伟大复兴的中国梦，正在激励越来越多国家的人民实现他们追求美好生活的梦想和人类文明共同复兴的愿望。

全球治理任重道远，为何中国不能缺席？

首先是中国与世界日益形成命运共同体。过去，我们强调，把中国的事情做好，就是对世界最大的贡献。今天，我们生活在中国与世界高度相互依存的世界，世界不扫，很难扫一屋。全球治理格局取决于国际力量对比，全球治理体系变革源于国际力量对比变化。实现国内治理体系和治理能力现代化，实现中华民族的伟大复兴，提升发展中国家权益，均离不开全球治理体系改革。要成为新的世界领导型国家，中国应更加积极参与全球治理，推动国际体系变革，增强制度性话语权。

其次是世界呼唤。古人云："不谋万世者，不足谋一时。不谋全局者，不足谋一域。"因此，全球治理要下好先手棋，着眼于世界大势，引领未来格局变迁。习近平总书记指出，随着时代发展，现行全球治理体系不适应的地方越来越多，国际社会对变革全球治理体系的呼声越来越高。推动全球治理体系变革是国际社会大家庭的事，要坚持共商共建共享原则，使关于全球治理体系变革的主张转化为各方共识，形成一致行动。要坚持为发展中国家发声，加强同

* 原文发表于《人民日报》2017年9月19日24版。

发展中国家团结合作。正如习近平总书记所指出的，不仅要看到我国发展对世界的要求，也要看到国际社会对我国的期待。从长远看，中国全面而深入地参与全球治理乃是世界的呼唤，体现了中国担当。

中国参与全球治理，不只是出于更好地确保自身权益，提升中国的制度性国际话语权的考虑，也是改变“有治无理”“有理无治”的世界治理局面的行动。所谓“有治无理”，就是当今全球治理的话语权由发达国家把持、发展中国家被边缘化的局面；所谓“有理无治”，就是我们有全球治理的理念但影响力不够的现状。中国参与全球治理，就是要实现“有治有理”。中国是最大的发展中国家、最大的新兴大国、最大的社会主义国家，又是世界第二大经济体、东方文明古国，多重身份的优势，使得中国在全球治理中能发挥好倡导者、协调者、推动者作用。

中国参与全球治理，源于全球经济治理又超越全球经济治理。

2016 年 10 月 13 至 15 日，“2016 中国共产党与世界对话会”在重庆召开。会议围绕“全球经济治理创新：政党的主张和作为”这一主题，就中国共产党与中国政府对于全球治理的理念与实践进行了深入讨论，系统总结和概括了中国共产党与中国政府关于全球经济治理的核心理念——“开放包容、合作共赢、循序渐进、标本兼治、务实有效”，得到了与会的世界 50 多个国家的 70 多个主要政党和政治组织领导人的高度赞赏。基于这些理念，全球治理的中国自信正在变成中国的自觉行动，即自觉地把中国国内改革开放与全球治理密切联系。

习近平总书记指出，党的十八大以来，我们提出践行正确义利观，推动构建以合作共赢为核心的新型国际关系，打造人类命运共同体，打造遍布全球的伙伴关系网络，倡导共同、综合、合作、可持续的安全观，等等。这些思想主张得到国际社会广泛欢迎。因此，要继续向国际社会阐释我们关于推动全球治理体系变革的理念，坚持要合作不要对抗，要双赢、多赢、共赢不要单赢，不断寻求最大公约数、扩大合作面，引导各方形成共识，加强协调合作，共同推动全球治理体系变革。

中国参与全球治理，顺应了时代需求，反映了国际公意。2016 年 7 月 1 日，习近平总书记在庆祝中国共产党成立 95 周年大会上指出：“中国共产党人和中国人民完全有信心为人类对更好社会制度的探索提供中国方案。”今后，全球治理的中国方案、中国主张、中国倡议、中国印记会越来越多。

推进实践基础上的理论创新*

习近平同志在"7·26"重要讲话中强调，要保持和发扬马克思主义政党与时俱进的理论品格，勇于推进实践基础上的理论创新。这一重要论述，体现继承与创新、理论与实践的辩证统一，彰显高度的理论自信和战略定力，为开辟马克思主义发展新境界注入强大思想动力。我们要深入学习贯彻习近平同志重要讲话精神，始终坚持马克思主义指导地位，牢牢把握改革开放以来党的全部理论和实践的主题、我国发展的阶段性特征，勇于推进实践基础上的理论创新，为我们党在新的历史起点上进行伟大斗争、建设伟大工程、推进伟大事业、实现伟大梦想贡献智慧和力量。

增强理论创新的强大定力

强大定力来自对中国特色社会主义的坚定自信。习近平同志指出，中国特色社会主义是改革开放以来党的全部理论和实践的主题。在理论层面，中国特色社会主义是科学社会主义理论逻辑和中国社会发展历史逻辑的辩证统一，是根植于中国大地、反映人民意愿、适应时代要求的科学社会主义。在实践层面，中国特色社会主义道路是在改革开放30多年的伟大实践中走出来的，是在中华人民共和国成立60多年的持续探索中走出来的，是在对近代以来170多年中华民族发展历程的深刻总结中走出来的，是在对中华民族5 000多年悠久文明的传承中走出来的，具有深厚的历史渊源和广泛的现实基础，是全面建成小康社会、加快推进社会主义现代化、实现中华民族伟大复兴的必由之路。中国特色社会主义是我们党带领人民奋斗、创造、积累的根本成就，必须倍加珍惜、始终坚持、不断发展。在新的历史起点上推进实践基础上的理论创新，必须坚定不移高举中国特色社会主义伟大旗帜，牢固树立"四个自信"，确保党和国家事业始终沿着正确方向胜利前进。

---

* 原文发表于《人民日报》2017年9月25日7版。

强大定力来自马克思主义政党与时俱进的理论品格。中国共产党历来高度重视理论建设和理论指导，运用马克思主义基本原理指导中国革命、建设、改革和发展是我们党的看家本领。在长期实践中，我们党始终坚持与时俱进的理论品格，及时回应和解决重大时代命题，不断推进马克思主义中国化。从马克思主义传入中国并成为我们党的指导思想，到马克思主义普遍真理与中国革命具体实际相结合产生毛泽东思想，再到马克思主义理论与改革开放实践相结合产生中国特色社会主义理论体系，我们党每一次重大理论创新，都是将马克思主义基本原理同中国实际紧密结合的成果。在新的历史起点上推进实践基础上的理论创新，必须始终不渝地坚持马克思主义指导地位，不断推进马克思主义中国化、时代化、大众化，发展21世纪马克思主义、当代中国马克思主义。

强大定力来自党的十八大以来党和国家事业发生的历史性变革。党的十八大以来，在新中国成立特别是改革开放以来我国发展取得的重大成就基础上，党中央科学把握当今世界和当代中国的发展大势，顺应实践要求和人民愿望，推出一系列重大战略举措，出台一系列重大方针政策，推进一系列重大工作，解决了许多长期想解决而没有解决的难题，办成了许多过去想办而没有办成的大事，推动党和国家事业发生历史性变革，中国特色社会主义进入新的发展阶段。站在新的历史起点上，我们要以习近平同志系列重要讲话精神和党中央治国理政新理念新思想新战略为遵循，不断增强理论自信和战略定力，以饱满昂扬的精神状态推进实践基础上的理论创新。

校准理论创新的时代坐标

坚持辩证唯物主义和历史唯物主义方法论。时代是思想之母，实践是理论之源。改革开放以来，我们党坚持理论创新，正确回答了什么是社会主义、怎样建设社会主义，建设什么样的党、怎样建设党，实现什么样的发展、怎样发展等重大课题。这些都是运用辩证唯物主义和历史唯物主义方法论、全面准确判断不断变化的世情国情党情所取得的成果。站在新的历史起点上，我们党要解决的不仅有发展的问题，还有发展起来以后的问题、如何实现社会主义现代化的问题。面对改革进入深水区、经济发展进入新常态、社会转型加快、利益格局分化、国际秩序深刻变革的新形势，我们必须坚持辩证唯物主义和历史唯物主义方法论，从历史和现实、理论和实践、国内和国际等的结合上进行思考，从我国社会发展的历史方位上来思考，从党和国家事业发展大局出发进行思考，不断深化对共产党执政规律、社会主义建设规律、人类社会发展规律的认识，努力推出经得起历史和实践检验的理论创新成果。

牢牢把握社会主义初级阶段这个最大国情。社会主义初级阶段是建设中国特色社会主义的总依据。我们在任何情况下都要牢牢把握这个最大国情，推进任何方面的改革发展都要牢牢立足这个最大实际。理论来源于实践又对实践具有指导作用，推进理论创新同样不能偏离这个最大国情和最大实际。牢牢立足社会主义初级阶段，勇于推进实践基础上的理论创新，关键是要坚持“一个中心、两个基本点”的基本路线不动摇，坚决抵制、自觉纠正脱离社会主义初级阶段的错误观念和主张，既不妄自菲薄，也不妄自尊大，以实事求是的态度推动理论创新向着更高水平迈进。

准确把握中国特色社会主义新的发展阶段。党的十八大以来，党和国家事业发生历史性变革，中国特色社会主义进入了新的发展阶段。中国特色社会主义不断取得的重大成就，意味着近代以来久经磨难的中华民族实现了从站起来、富起来到强起来的历史性飞跃，意味着社会主义在中国焕发出强大生机活力并不断开辟发展新境界，意味着中国特色社会主义拓展了发展中国家走向现代化的途径，为解决人类问题贡献了中国智慧、提供了中国方案。这“三个意味着”从历史与现实、理论与实践、国内与国际相结合的视角深刻阐明了党和国家事业发生的历史性变革，呈现历史的正确选择、道路的光明前景、世界发展的中国贡献三幅壮丽图景，表明一个国家、一个民族、一个政党达到发展进步的崭新高度，昭示中国特色社会主义道路、理论体系、制度、文化迎来前所未有的发展机遇。只有准确把握“三个意味着”的深刻内涵，明确我们必须瞄准的新目标、树立的新理念、面对的新问题，才能在新的历史起点上持续推进实践基础上的理论创新，在新的发展阶段推动中国特色社会主义事业不断前进。

拓展理论新视野、做出理论新概括

牢记“四个伟大”。习近平同志指出，在新的时代条件下，我们要进行伟大斗争、建设伟大工程、推进伟大事业、实现伟大梦想，仍然需要保持和发扬马克思主义政党与时俱进的理论品格，勇于推进实践基础上的理论创新。这为我们推进理论创新指明了方向、开阔了视野。党的十八大以来的实践表明，“四个伟大”已成为一个贯穿于党中央治国理政新理念新思想新战略的有机整体，深刻揭示了怎么干、谁来干、干什么和干成什么样的问题。在新的历史起点上推进实践基础上的理论创新，必须紧紧围绕进行伟大斗争、建设伟大工程、推进伟大事业、实现伟大梦想，不断强化“四个意识”，用更长远的眼光拓展理论新视野、做出理论新概括。

坚持问题导向。问题是创新的起点，也是创新的动力源。只有聆听时代声音、回应时代呼唤，认真研究解决重大而紧迫的问题，才能把握历史脉络、找到发展规律、推进理论创新。站在新的历史起点上，我们既要看到成绩和机遇，更要看到不足和挑战，不断强化问题意识，将理论研究的重心落到我国发展和我们党治国理政面临的重大理论和实践问题上。例如：如何巩固马克思主义在意识形态领域的指导地位，培育和践行社会主义核心价值观，巩固全党全国各族人民团结奋斗的共同思想基础；如何贯彻落实新发展理念，加快转变经济发展方式；如何更好保障和改善民生，促进社会公平正义；如何提高改革决策水平，推进国家治理体系和治理能力现代化；如何加快建设社会主义文化强国，增强我国文化软实力；如何不断提高党的领导水平和执政水平，增强拒腐防变和抵御风险能力，使党始终成为中国特色社会主义事业的坚强领导核心；等等。只有善于发现问题、提出问题、直面问题、研究问题、解决问题，理论创新才能成为推动社会发展的强大正能量。

与实践和制度相结合。理论创新不是孤立的，既以实践为基础，又对实践具有指导作用，还与实践一起构成制度建设的基石。习近平同志指出："中国特色社会主义是实践、理论、制度紧密结合的，既把成功的实践上升为理论，又以正确的理论指导新的实践，还把实践中已见成效的方针政策及时上升为党和国家的制度。"党的十八大以来，以习近平同志为核心的党中央大力推进中国特色社会主义伟大事业，在实践中形成了一套系统完整、逻辑严密的科学理论体系，为实现"两个一百年"奋斗目标和中华民族伟大复兴的中国梦提供了科学理论指导和行动指南。在新的历史起点上推进实践基础上的理论创新，必须深入学习贯彻习近平同志系列重要讲话精神，深刻领会贯穿其中的坚定信仰信念、鲜明人民立场、强烈历史担当、求真务实作风、勇于创新精神和科学方法论，用力用心用情做好党的理论创新成果的总结、提炼、概括和发展，为决胜全面建成小康社会、实现中华民族伟大复兴的宏大实践提供理论指导、打牢制度根基。

中国共产党创办和领导新型高等教育的历史经验*

教育是千秋基业，是万世伟业，始终承载着国家富强、民族振兴、人民幸福的历史重任。高等教育承担着培养高级专门人才、发展科学技术文化、促进社会主义现代化建设的重大任务，是实现中华民族伟大复兴中国梦的重要力量。中国共产党独立创办和坚强领导的新型高等教育，历经革命时期的探索前行、建设时期的初步繁荣和改革时期的跨越发展，目前已构建起了规模宏大、体系完备、功能先进、影响深远的人才培养、科学研究、社会服务和文化传承体系，为我们党团结带领全国各族人民不断取得革命、建设、改革的重大胜利做出了重要贡献。认真回顾和深入总结 80 年来中国共产党创办和领导新型高等教育的历程和经验，对于新的历史条件下更好发展中国特色社会主义高等教育事业具有重大意义。

高度重视高等教育事业，把创办和发展新型高等教育作为党和国家的一项战略任务

中华民族历来重视教育，始终把教育作为治国安邦的大事。这是中华民族繁衍发展、中华文明绵延不绝的一个重要原因。“育才造士，为国之本。”办好高等教育，事关国家发展、事关民族未来。在带领中国人民进行革命、建设、改革的长期历史实践中，中国共产党始终把高等教育事业摆在优先发展的战略地位。早在革命战争年代，我们党就探索创办了陕北公学、鲁迅艺术学院、中国女子大学、自然科学院、中国医科大学、延安大学、民族学院等一批高校，积累了兴办高等教育的宝贵经验，也培养了数万堪称“革命的先锋队”的优秀人才。新中国成立伊始，我们党召开了第一次全国高等教育会议，初步探索建立新的高等教育制度和模式，接管和改造旧大学，创办和兴建社会主义新型大学。中国人民大学、哈尔滨工业大学等一批新型正规大学应运而生，初步形成

---

* 原文 2017 年 9 月 28 日发表于理论网。

了服务于社会主义经济社会发展的高等教育体系。改革开放以来，我们党坚持把教育摆在优先发展的战略地位，全面进行高等教育体制改革和教学改革，实施科教兴国战略和人才强国战略，施行“211 工程”、“985 工程”以及“优势学科创新平台”和“特色重点学科项目”等重点建设，一批重点高校和重点学科建设取得重大进展，中国高等教育实现了跨越式发展，高等教育规模跃居世界第一，形成了适应国民经济建设和社会发展需要的多种层次、多种形式、学科门类基本齐全的高等教育体系。党的十八大以来，以习近平同志为核心的党中央高度重视高等教育事业的发展，提出高等教育发展水平是一个国家发展水平和发展潜力的重要标志，为实现我国从高等教育大国到高等教育强国的历史性跨越，做出了建设世界一流大学和一流学科等重大战略决策，努力使中国特色社会主义高等教育成为世界高等教育改革发展的参与者和推动者。

坚持党的领导和社会主义办学方向，走中国特色社会主义高等教育发展道路

高等教育事业是党和国家事业的重要组成部分，党的领导是办好中国特色社会主义事业的保证，也是办好高等教育的保证。社会主义是我国高等教育的最根本的性质。发展新型高等教育，创办中国特色社会主义大学，提高人民群众思想道德科学文化素质，一直是中国共产党孜孜以求的奋斗目标之一。早在革命时期，毛泽东为中国人民抗日军政大学制定的“坚定正确的政治方向，艰苦朴素的工作作风，灵活机动的战略战术”教育方针就为根据地高等教育事业发展提供了科学指南，陕北公学更是开创性地实行了党组领导下的校长负责制。新中国成立后，我们党在完成对旧式高等教育成功接管和改造后，实现了对高等教育工作的全面统一领导。1950 年创建的以马克思列宁主义为教学指导思想的中国人民大学为新中国的社会主义高等教育事业指明了方向。1961 年公布的“高校六十条”明确指出高校实行党委领导下的以校长为首的校务委员会负责制，党委是学校工作的领导核心，对学校实行统一领导。党的十一届三中全会后，我们党确定了普通高校全面实行党委领导下的校长负责制，提出按照社会主义政治家、教育家目标要求选好配强高等学校领导班子特别是党委书记和校长，加强和改进高校思想政治工作，这为新时期高校坚持社会主义办学方向提供了重要保证。党的十八大以来，习近平总书记多次强调，我国独特的历史、独特的文化、独特的国情，决定了我国必须走自己的高等教育发展道路，扎实办好中国特色社会主义高校。办好我国高等教育，必须坚持党的领导，牢牢掌握党对高校工作的领导权，使高校成为坚持党的领导的坚强阵地；办好我们的高校，必须坚持以马克思主义为指导，全面贯彻党的教育方针，保

证高校始终成为培养社会主义事业建设者和接班人的坚强阵地。

坚持高等教育事业与时代同发展、与人民齐奋进，为革命、建设、改革各个历史时期的中心工作服务

高等教育是推动国家富强、民族振兴、人民幸福的重要力量。强大的高等教育与强大的经济社会发展实力互生共长，一个现代化的国家必然有一个现代化的高等教育体系为其提供人力、智力和知识资源的支撑。中国共产党遵循教育规律、扎根中国大地创办和领导的高等教育是同我们民族和国家需要解决的时代问题相适应、同我们人民正在进行的奋斗相结合的新型高等教育，为救国、兴国、强国做出了重大贡献。在新民主主义革命时期，我们党制定了教育为革命战争服务、与生产劳动相结合、与劳动群众相联系的教育总方针。根据地和解放区的新型高等教育有力地配合了抗日战争和解放战争，积极地推动了新民主主义政治、经济和文化建设，充分显示了人民属性高等教育的巨大效应。新中国成立后，面对百废待兴、百业待举的困难局面，为适应国民经济大规模建设、人民生活水平大幅度改善的需要，我们党提出高等教育必须为无产阶级服务，必须同生产劳动相结合，必须密切地配合国家经济、政治、文化、国防建设的需要。新型高等教育为新中国建设培养和输送了一大批骨干力量，据统计，中国科学家和技术人员的数量从 1949 年的 5 万增加到 1966 年的 250 万。党的十一届三中全会后，我们党站在时代要求、国家发展、人民期待的高度，明确了高等教育在社会主义现代化建设全局中的战略地位和作用，提出了“教育要面向现代化，面向世界，面向未来”的方针，先后做出了办人民满意高等教育和建设人力资源强国、高等教育强国的重大部署，高等教育从精英阶段迈入了大众化阶段。党的十八大以来，习近平总书记明确提出，我国高等教育发展方向要同我国发展的现实目标和未来方向紧密联系在一起，高等教育要为人民服务、为中国共产党治国理政服务、为巩固和发展中国特色社会主义制度服务、为改革开放和社会主义现代化建设服务。

坚持把立德树人作为根本任务，培养德智体美全面发展的社会主义事业建设者和接班人

高等教育是培养人、塑造人、发展人的大事业，高校的立身之本在于立德树人，高校的中心工作在于人才培养。中国教育素有立德树人的传统，注重对人的思想、品德的教化。《礼记·大学》开宗明义就说：“大学之道，在明明

德，在亲民，在止于至善。”中国共产党在创办和领导高等教育的历程中，既认真汲取优秀传统文化中的德育思想，又着力加强思想政治工作，始终坚持把立德树人作为根本任务，把培养德智体美全面发展的社会主义事业建设者和接班人作为根本目标，为党和国家事业培养造就了数以千万计的高素质劳动者、专门人才和拔尖创新人才。早在革命战争年代，毛泽东就已将德育置于青年培养的首位。1937 年他为陕北公学的题词中指出：“要造就一大批人，这些人是革命的先锋队。这些人具有政治远见。这些人充满着斗争精神和牺牲精神。这些人是胸怀坦白的，忠诚的，积极的，与正直的。这些人不谋私利，唯一的为着民族和社会的解放。这些人不怕困难，在困难面前总是坚定的，勇敢向前的。这些人不是狂妄分子，也不是风头主义者，而是脚踏实地富于实际精神的人们。”在社会主义建设时期，毛泽东提出：“我们的教育方针，应该使受教育者在德育、智育、体育几方面都得到发展，成为有社会主义觉悟的有文化的劳动者。”改革开放后，我们党从培养社会主义一代“四有”新人的战略高度，重申了德育居首位的教育理念，坚持以理想信念教育为核心、以爱国主义教育为重点、以思想道德建设为基础、以大学生全面发展为目标，坚持专与红、德育与智育辩证统一。党的十八大以来，习近平总书记明确指出：“我国高等教育肩负着培养德智体美全面发展的社会主义事业建设者和接班人的重大任务，必须坚持正确政治方向。”“坚持把立德树人作为中心环节，把思想政治工作贯穿教育教学全过程，实现全程育人、全方位育人。”

坚持尊师重教，培养造就一支师德高尚、业务精湛、结构合理、充满活力的高素质专业化教师队伍

教育大计，教师为本。教师重要，就在于教师的工作是塑造灵魂、塑造生命、塑造人的工作。中华民族自古以来就有尊师重教、崇智尚学的优良传统。中国共产党在创办和领导高等教育的历程中，尊重教师，尊重人才，坚持把教师队伍建设作为最重要的基础工作来抓，充分信任、紧密依靠广大教师，大力培养造就了一支师德高尚、业务精湛、结构合理、充满活力的高素质专业化教师队伍。在早期探索创办高等教育时，我们党就高度重视教师对中国革命的重要意义。毛泽东在《大量吸收知识分子》《整顿党的作风》等文章中都强调了知识分子作为教育者对于中国革命和建设的重要性，指出：“我们尊重知识分子是完全应该的，没有革命知识分子，革命就不会胜利。”新中国成立后，我们党对教师的地位作用及其队伍建设非常重视，制定了正确的知识分子政策和周密的教师培养方略。既大力培养自己的教师队伍，同时团结、教育、改造旧知识分子为社会主义革命和建设服务，对于新型高等教育的发展起到了积极的

历史作用。改革开放后，我们党在科技教育战线拨乱反正，积极落实党的知识分子政策，加快建设高素质专业化教师队伍。邓小平曾说："一个学校能不能为社会主义建设培养合格的人才，培养德智体全面发展、有社会主义觉悟的有文化的劳动者，关键在教师。"他号召全社会尊重知识、尊重教师，努力增加教育经费，提高教师能力素养，解决教师待遇问题。党的十八大以来，习近平总书记多次谈及尊师重教问题，指出教师是人类灵魂的工程师，承担着神圣使命，要引导广大高校教师以德立身、以德立学、以德施教，争做有理想信念、道德情操、扎实学识和仁爱之心的好老师，坚持教书和育人、言传和身教、潜心问道和关注社会、学术自由和学术规范相统一，努力成为先进思想文化的传播者、党执政的坚定支持者，更好担起学生健康成长指导者和引路人的责任，努力成为能够肩负建设教育强国历史重任的高素质、专业化教师队伍。

坚持哲学社会科学和自然科学并重，发挥高校在构建中国特色哲学社会科学学科体系、教材体系、学术体系和话语体系中的重要作用

哲学社会科学和自然科学共同构成人类完整的知识体系，在认识和改造世界的过程中，哲学社会科学与自然科学同样重要。一个国家的发展水平，既取决于自然科学发展水平，也取决于哲学社会科学发展水平。高校是繁荣和发展哲学社会科学和自然科学的主力军。中国共产党在创办和领导新型高等教育的历程中，始终坚持哲学社会科学和自然科学并重发展的战略，特别重视高校在构建中国特色哲学社会科学学科体系、教材体系、学术体系和话语体系中的重要作用。毛泽东十分重视哲学社会科学，他认为马克思主义的哲学社会科学是教育人民，打击敌人，推动革命和建设事业的工具或武器。新中国成立之初，毛泽东就曾明确提出，要建立由马克思主义者领导的哲学社会科学研究机构。被誉为"我国人文社会科学高等教育领域的一面旗帜"的中国人民大学就是在此历史际遇中兴办的。邓小平在改革开放初期就敏锐地把握住了哲学社会科学的功能和价值，提出"科学当然包括社会科学""社会科学也很重要"，并通过对哲学社会科学高等教育领域工作的具体指导，使高校哲学社会科学迎来了繁荣发展的春天。党的十八大以来，以习近平同志为核心的党中央高度重视哲学社会科学的繁荣发展，指出在坚持和发展中国特色社会主义的过程中，哲学社会科学具有不可替代的重要地位。高校要发挥学科齐全、人才密集的优势，在构建体现中国特色、中国风格、中国气派的中国特色哲学社会科学学科体系、教材体系、学术体系、话语体系等方面当好生力军。

中国共产党探索中国特色高等教育道路的宝贵经验*

教育是千秋基业，是万世伟业，始终承载着国家富强、民族振兴、人民幸福的历史重任。高等教育承担着培养高级专门人才、发展科学技术文化、促进社会主义现代化建设的重大任务，是实现中华民族伟大复兴中国梦的重要力量。认真回顾和深入总结 80 年来中国共产党独立探索中国特色高等教育道路的宝贵经验，对于新的历史条件下发展具有中国特色世界水平的高等教育具有重大意义。

高度重视高等教育事业，把创办和发展新型高等教育作为党和国家的一项战略任务。“育才造士，为国之本。”办好高等教育，事关国家发展、事关民族未来。早在革命战争年代，我们党就探索创办了陕北公学、鲁迅艺术学院、中国女子大学、自然科学院、中国医科大学、延安大学、民族学院等一批高校，积累了兴办高等教育的宝贵经验，也培养了数万堪称“革命的先锋队”的优秀人才。新中国成立伊始，我们党初步探索建立了新的高等教育制度和模式，接管和改造旧大学，创办和兴建新大学。中国人民大学、哈尔滨工业大学等一批新型正规大学应运而生，基本形成了服务于社会主义经济社会发展的高等教育体系。改革开放以来，我们党坚持把教育摆在优先发展的战略地位，全面进行高等教育体制改革和教学改革，实施科教兴国战略和人才强国战略，一批重点高校和重点学科建设取得重大进展，中国高等教育实现了跨越式发展。党的十八大以来，以习近平同志为核心的党中央高度重视高等教育事业的发展，提出高等教育发展水平是一个国家发展水平和发展潜力的重要标志，为实现我国从高等教育大国到高等教育强国的历史性跨越，做出了建设世界一流大学和一流学科等重大战略决策。

坚持高等教育事业与时代同发展、与人民齐奋进，为革命、建设、改革各个历史时期的中心工作服务。人民性是社会主义高等教育最根本的价值属性。在新民主主义革命时期，我们党制定了教育为革命战争服务、与生产劳动相结

* 原文发表于《学习时报》2017 年 9 月 27 日 4 版。

合、与劳动群众相联系的教育总方针，积极地推动了新民主主义政治、经济和文化建设。新中国成立后，面对百废待兴、百业待举的困难局面，我们党提出高等教育必须为无产阶级服务、同生产劳动相结合，必须密切地配合国家经济、政治、文化、国防建设的需要，新型高等教育为社会主义建设培养和输送了一大批骨干力量和专业人才。党的十一届三中全会后，我们党站在时代要求、国家发展、人民期待的高度，明确了高等教育在社会主义现代化建设全局中的战略地位和作用，提出了“教育要面向现代化，面向世界，面向未来”的方针，先后做出了建设人力资源强国、高等教育强国的重大部署，高等教育从精英阶段迈入了大众化阶段。党的十八大以来，习近平总书记明确提出，我国高等教育发展方向要同我国发展的现实目标和未来方向紧密联系在一起，高等教育要为人民服务、为中国共产党治国理政服务、为巩固和发展中国特色社会主义制度服务、为改革开放和社会主义现代化建设服务。

坚持把立德树人作为根本任务，培养德智体美全面发展的社会主义事业建设者和接班人。高等教育是培养人、塑造人、发展人的大事业。中国共产党在创办和领导高等教育的历程中，始终坚持把立德树人作为根本任务，把培养德智体美全面发展的社会主义事业建设者和接班人作为根本目标。1937 年，毛泽东在为陕北公学的题词中指出：“要造就一大批人，这些人是革命的先锋队。这些人具有政治远见。这些人充满着斗争精神和牺牲精神。这些人是胸怀坦白的，忠诚的，积极的，与正直的。这些人不谋私利，唯一的为着民族和社会的解放。”在社会主义建设时期，毛泽东提出：“我们的教育方针，应该使受教育者在德育、智育、体育几方面都得到发展，成为有社会主义觉悟的有文化的劳动者。”改革开放后，我们党从培养社会主义一代“四有”新人的战略高度，重申了德育居首位的教育理念，坚持专与红、德育与智育辩证统一。党的十八大以来，习近平总书记明确指出：“我国高等教育肩负着培养德智体美全面发展的社会主义事业建设者和接班人的重大任务，必须坚持正确政治方向。”“坚持把立德树人作为中心环节，把思想政治工作贯穿教育教学全过程，实现全程育人、全方位育人。”

坚持党的领导和社会主义办学方向，走中国特色社会主义高等教育发展道路。党的领导是办好中国特色社会主义事业的保证，也是办好高等教育的保证。早在革命时期，陕北公学就开创性地实行了“党组领导下的校长负责制”的办学模式。1950 年创建的以马克思列宁主义为教学指导思想的中国人民大学为新中国的社会主义高等教育事业指明了方向。1961 年公布的“高校六十条”明确指出高校实行党委领导下的以校长为首的校务委员会负责制，党委是学校工作的领导核心，对学校实行统一领导。党的十一届三中全会后，我们党确定了普通高校全面实行党委领导下的校长负责制，加强和改进高校思想政治工作，为新时期高校坚持社会主义办学方向提供了重要保证。党的十八大以来，习近平总书记多次强调，办好我国高等教育，必须坚持党的领导，牢牢掌握党对高校工作的领导权，使高校成为坚持党的领导的坚强阵地；办好我们的高校，必须坚持以马克思主义为指导，全面贯彻党的教育方针，保证高校始终成为培养社会主义事业建设者和接班人的坚强阵地。

新时代中国特色社会主义的政治宣言和行动纲领*

习近平同志代表第十八届中央委员会做的十九大报告，坚持了马克思主义的基本原理，扎根中国大地、总结实践经验，开辟了马克思主义中国化的新境界，是新时代中国特色社会主义的政治宣言和行动纲领。我们要深入学习、认真贯彻，更加主动、更加坚定、更加自觉地把思想和行动统一到党的十九大精神上来。

旗帜鲜明讲政治，是我们党作为马克思主义政党的根本要求。长期以来，中国共产党始终将“举什么旗、走什么路”作为重要政治任务来抓，取得了辉煌的成就。

党的十九大报告围绕实现中华民族伟大复兴的宏伟目标，顺应时代潮流，回应人民向往，发出了新时代的政治宣言。一是明确宣示我们党要高举中国特色社会主义伟大旗帜，指出中国特色社会主义进入新时代，意味着科学社会主义在 21 世纪的中国焕发出强大生机活力，在世界上高高举起了中国特色社会主义伟大旗帜。这充分表明我们党对中国特色社会主义的认识上升到一个新高度，对高举中国特色社会主义伟大旗帜的信念更加坚定。二是阐明了我们“走什么路”的问题。报告强调要坚定道路自信、理论自信、制度自信、文化自信，决胜全面建成小康社会，夺取新时代中国特色社会主义伟大胜利，体现了我们党卓越的战略远见和坚定的政治定力。三是明确了我们党的历史使命。报告强调全党同志要永远与人民同呼吸、共命运、心连心，为中国人民谋幸福，为中华民族谋复兴，体现了党的使命担当。

党的十九大报告回答了新时代的重大时代课题。分析了当代中国波澜壮阔的发展实践，继承我党优良经验、汲取国内外政党执政成败的经验教训，总结一系列重大理论和现实问题，形成了新时代中国特色社会主义思想这一马克思主义中国化的最新成果。坚持了马克思主义基本原理，深化了我们党对共产党执政规律、社会主义建设规律、人类社会发展规律的认识。报告为坚持和发展

---

* 原文发表于《光明日报》2017 年 10 月 19 日 11 版。

中国特色社会主义指明了新方向，蕴含了辩证唯物主义和历史唯物主义的基本原理，分析说理实事求是，文风朴实无华，体现了党的本色。

党的十九大报告描绘了新时代发展蓝图。提出从 2020 年到本世纪中叶可以分两个阶段来安排。第一个阶段，基本实现社会主义现代化。第二个阶段，把我国建成富强民主文明和谐美丽的社会主义现代化强国，为党和人民的事业发展做了新规划。报告提出了新时代的重大发展战略。指出要坚定实施科教兴国战略、人才强国战略、创新驱动发展战略、乡村振兴战略、区域协调发展战略、可持续发展战略、军民融合发展战略，使全面建成小康社会得到人民认可、经得起历史检验。报告提出了新的发展路径。围绕改革发展稳定、内政外交国防、治党治国治军等各个方面，以及中国特色社会主义经济建设、政治建设、文化建设、社会建设、生态文明建设和党的建设等各个领域做出了系列、全面的论述，为我们在新时代、新的历史起点上实现新的奋斗目标提供了行动纲领。

习近平新时代中国特色社会主义思想的划时代意义*

习近平同志代表第十八届中央委员会做的十九大报告，坚持了马克思主义的基本原理，扎根中国大地、总结实践经验，开辟了马克思主义中国化的新境界，是新时代中国特色社会主义的政治宣言和行动纲领。报告最大的理论亮点和历史贡献就是提出了习近平新时代中国特色社会主义思想，体现了我们党高度的理论自觉、坚定的发展自信、深厚的求实态度、强烈的责任担当。我们要深刻认识习近平新时代中国特色社会主义思想的重大意义、丰富内涵、理论品格与实践要求，进一步坚定中国特色社会主义道路自信、理论自信、制度自信和文化自信，更加自觉地投身到决胜全面建成小康社会，夺取新时代中国特色社会主义胜利的伟大实践，为实现中华民族伟大复兴的中国梦而不懈奋斗。

习近平新时代中国特色社会主义思想的重大意义

习近平新时代中国特色社会主义思想，是我们党理论创新的最新成果，是马克思主义中国化的最新成果，具有重大的政治意义、理论意义、实践意义，是我们党在新的历史起点上进行伟大斗争、建设伟大工程、推进伟大事业、实现伟大梦想的政治宣言、理论纲领和行动指南。

1. 不忘初心、牢记使命、继续前进的政治宣言

习近平同志在十九大报告中深刻指出，中国共产党人的初心和使命，就是为中国人民谋幸福，为中华民族谋复兴。中国共产党自成立以来，义无反顾肩负起为中国人民谋幸福，为中华民族谋复兴的历史使命，团结带领人民进行了艰苦卓绝的斗争，谱写了气吞山河的壮丽史诗，久经磨难的中华民族迎来了从站起来、富起来到强起来的伟大飞跃，迎来了实现中华民族伟大复兴的光明前景。在中国特色社会主义新时代，我们还要带领人民进行具有许多新的历史特

* 原文发表于《中国高等教育》2017 年第 21 期。

点的伟大斗争，深入推进党的建设新的伟大工程，继续开创中国特色社会主义伟大事业，实现中华民族伟大复兴的中国梦这一伟大梦想，这是中国共产党站在新的历史起点上面向未来的“新使命”。党的十八大以来，我们党进行艰辛理论探索，取得重大理论创新成果，形成了习近平新时代中国特色社会主义思想，对实现“两个一百年”奋斗目标做出新阐述、提出新要求，赋予了实现“两个一百年”奋斗目标新的内涵，提出了从第一个百年奋斗目标向第二个百年奋斗目标迈进的战略谋划，凸显了当代中国共产党人的使命担当，集中揭示了我们党正在做的事情和将要做的事情，揭示了新的时代条件下我们党的崇高理想和目标追求。习近平新时代中国特色社会主义思想的形成与确立，回答了中国共产党人举什么旗，走什么路，从哪里来，到哪里去的重大政治课题，表达了中国共产党人不忘初心、牢记使命、继续前进的政治承诺，表明了中国共产党人实现伟大使命的决心与意志。

2. 实现历史性变革、开创中国特色社会主义新时代的理论纲领

中国共产党自建党以来就是一个高度重视理论建设和理论指导的党，勇于推进实践基础上的理论创新，是中国共产党作为马克思主义政党一向具有的理论品格和创新锐气。党的十八大以来，以习近平同志为核心的党中央，勇于推进实践基础上的理论创新，围绕坚持和发展中国特色社会主义，提出一系列紧密相连、相互贯通的新观点、新论断，形成了一系列治国理政新理念新思想新战略，有机构建了一个系统完整、逻辑严密的科学理论体系，深刻回答了新形势下党和国家事业发展的一系列重大理论和现实问题。十九大报告高度概括并明确提出了马克思主义中国化的最新理论成果、中国特色社会主义理论体系探索的最新理论成果——习近平新时代中国特色社会主义思想，开辟了马克思主义中国化新境界，拓展了马克思主义在21世纪的新视野，把我们党对共产党执政规律、社会主义建设规律、人类社会发展规律的认识提到了一个新高度。习近平新时代中国特色社会主义思想的形成及其指导下的伟大实践，不仅彻底改变了中国的前途命运，而且拓展了发展中国家走向现代化的途径，给世界上那些既希望加快发展又希望保持自身独立性的国家和民族提供了全新选择，为解决人类问题贡献了中国智慧和中国方案。

3. 开启全面建设社会主义现代化强国新征程、实现中华民族伟大复兴中国梦的行动指南

实现现代化，是近代以来无数仁人志士的不懈追求。我们党自建党之日起，就把实现现代化和中华民族伟大复兴作为自己的历史使命和奋斗目标。经过多年的接续努力，我们解决了温饱问题，总体上实现小康，不久将全面建成小康社会。习近平新时代中国特色社会主义思想科学地判断了我国社会主要矛盾的转化，把准了我国发展的阶段性要求，把准了人民的美好生活需要，用30年全面建设社会主义现代化国家、分两个“十五年”推进实施“两个一百

年”奋斗目标的战略部署，擘画了强国复兴的总蓝图和时间表，昭示了我国发展前所未有的光明前景；明确了新时代党的建设总要求，完善了党建工作总体布局，升华了全面从严治党的理论和实践，为我们党永葆青春、长期执政提供了根本遵循。“行百里者半九十”。中华民族伟大复兴，绝不是轻轻松松、敲锣打鼓就能实现的。我们要坚持以习近平新时代中国特色社会主义思想为指导，以永不懈怠的精神状态和一往无前的奋斗姿态，必须准备付出更为艰巨、更为艰苦的努力，继续朝着实现中华民族伟大复兴的宏伟目标奋勇前进。

习近平新时代中国特色社会主义思想的丰富内涵

习近平新时代中国特色社会主义思想是一个涵盖改革发展稳定、内政外交国防、治党治国治军各个方面，系统完整、逻辑严密的科学理论体系。十九大报告从坚持和发展中国特色社会主义的总目标、总任务、总体布局、战略布局和发展方向、发展方式、发展动力、战略步骤、外部条件、政治保证等方面阐述了这一思想的丰富内涵，并从 14 个方面阐述了新时代坚持和发展中国特色社会主义的基本方略，从理论和实践结合上系统和科学地回答了新时代坚持和发展什么样的中国特色社会主义、怎样坚持和发展中国特色社会主义这一重大时代课题。

1. 深刻学习领会中国特色社会主义进入新时代的新论断

改革开放近 40 年来，我们党团结带领全国各族人民不懈奋斗，推动我国经济实力、科技实力、国防实力、综合国力进入世界前列，推动我国国际地位实现前所未有的提升，党的面貌、国家的面貌、人民的面貌、军队的面貌、中华民族的面貌发生了前所未有的变化。正是在这个基础上，习近平同志指出，经过长期努力，中国特色社会主义进入了新时代，这是我国发展新的历史方位。他强调，这个新时代，是承前启后、继往开来、在新的历史条件下继续夺取中国特色社会主义伟大胜利的时代，是决胜全面建成小康社会、进而全面建设社会主义现代化强国的时代，是全国各族人民团结奋斗、不断创造美好生活、逐步实现全体人民共同富裕的时代，是全体中华儿女勠力同心、奋力实现中华民族伟大复兴中国梦的时代，是我国日益走近世界舞台中央、不断为人类做出更大贡献的时代。这一重要论断鲜明地回答了我们要“走什么样的道路、建设什么样的国家、实现什么样的发展、达到什么样的目标、为世界做出什么样的贡献”这五大时代课题。

2. 深入学习领会我国社会主要矛盾发生变化的新特点

经过不懈努力，我国成功解决了十几亿人的温饱问题，总体上实现小康。随着时代发展，人民美好生活需要日益广泛，不仅对物质文化生活提出了更高要求，而且在民主、法治、公平、正义、安全、环境等方面的要求日益增长。同时，我国社会生产力水平总体上显著提高，社会生产能力在很多方面进入世界前列，但发展不平衡不充分的问题更加突出，已经成为满足人民日益增长的美好生活需要的主要制约因素。基于对这一变化的准确把握，习近平同志做出了“我国社会主要矛盾已经转化为人民日益增长的美好生活需要和不平衡不充分的发展之间的矛盾”这一重大判断，为新时代谋划发展、推动发展指明了正确方向。我国社会主要矛盾发生了变化，但我国仍处于并将长期处于社会主义初级阶段的基本国情没有变，我国是世界最大发展中国家的国际地位没有变。我们既要深刻认识主要矛盾发生了新变化，又要深刻认识两个“没有变”，才能牢牢把握和立足社会主义初级阶段这个基本国情和最大实际，牢牢坚持党的基本路线这个党和国家的生命线、人民的幸福线，更好地为全面建成小康社会、建设富强民主文明和谐美丽的社会主义现代化强国而奋斗。

3. 深入学习领会分两步走全面建设社会主义现代化强国的新目标

习近平同志在党的十九大报告中向全党全国人民描绘了决胜全面建成小康社会，开启全面建设社会主义现代化国家新征程的一幅美好愿景，就是从现在到 2020 年我们全面建成小康社会决胜期和在全面建成小康社会之后的 30 年实现中国特色社会主义现代化国家新的“两步走”的宏伟蓝图。习近平同志指出，从党的十九大到二十大，是“两个一百年”奋斗目标的历史交汇期。我们既要全面建成小康社会、实现第一个百年奋斗目标，又要乘势而上开启全面建设社会主义现代化国家新征程，向第二个百年奋斗目标进军。第一个阶段，从 2020 年到 2035 年，在全面建成小康社会的基础上，再奋斗 15 年，基本实现社会主义现代化。第二个阶段，从 2035 年到本世纪中叶，在基本实现现代化的基础上，再奋斗 15 年，把我国建成富强民主文明和谐美丽的社会主义现代化强国。这是我们党综合分析国际国内形势和我国发展条件做出的部署，是我们有能力有信心实现的伟大目标，是新时代中国特色社会主义发展的战略安排。“两个时期”和新时代“两步走”目标符合实际、顺应民心、鼓舞士气，展示了中华民族更加美好的未来。

4. 深刻学习领会坚持和发展中国特色社会主义的新方略

习近平新时代中国特色社会主义思想，用“八个明确”清晰阐明了在新时代坚持和发展什么样的中国特色社会主义，用“十四个坚持”具体谋划了怎样坚持和发展中国特色社会主义这一重大时代课题。“八个明确”，从新时代坚持和发展中国特色社会主义的总目标、总任务、总体布局、战略布局和发展方向、发展方式、发展动力、战略步骤、外部条件、政治保证等基本问题破题，阐明了习近平新时代中国特色社会主义思想的深刻内涵，充分体现了理论创新在历史与现实、理论与实践方面的有机结合，把在新时代坚持和发展什么样的中国特色社会主义这一重大问题具体化了。“十四个坚持”则从“坚持党对一切工作的领导”开始布局，对经济、政治、法治、科技、文化、教育、民生、民族、宗教、社会、生态文明、国家安全、国防和军队、“一国两制”和祖国统一、统一战线、外交、党的建设等各方面进行谋划，直到以“坚持全面从严治党”压轴，形成了一个彼此依存、相互关联协调、不可分割的整体，构成了习近平新时代中国特色社会主义思想的基本方略。

习近平新时代中国特色社会主义思想的理论品格

习近平新时代中国特色社会主义思想是我们党成功应对当今时代世情、国情、党情深刻变化的理论结晶，具有鲜明的问题意识、严密的逻辑体系、创新的理论观点、广阔的思维视野以及全面的思路举措，贯穿着马克思主义立场观点方法，闪耀着辩证唯物主义和历史唯物主义的理论光芒，蕴含着鲜明的理论特质和理论品格，是全党全国人民必须长期坚持的指导思想。

1. 科学社会主义理论逻辑与中国经济社会发展历史逻辑相统一

党的十八大以来，习近平同志反复强调要始终坚持科学社会主义的基本原则。他多次重申：“中国特色社会主义是社会主义而不是其他什么主义，科学社会主义基本原则不能丢，丢了就不是社会主义。”习近平新时代中国特色社会主义思想贯穿着科学社会主义的基本原则，如关于以人民为中心的发展思想，关于协调推进“四个全面”战略布局，关于创新、协调、绿色、开放、共享的发展理念，关于经济政治文化社会和生态文明建设“五位一体”总体布局，关于推动构建人类命运共同体的论述，等等，这些思想体现了科学社会主义关于人类解放、人的自由而全面发展、社会全面发展、人与自然和谐发展等方面的重要原则和精神。同时，习近平新时代中国特色社会主义思想又特别强调中国社会发展的历史逻辑，并以此来增强我们的道路自信、理论自信、制度自信和文化自信，把中国特色社会主义上升到中华民族五千年文明的传承、近代以来 170 多年中华民族发展历程的深刻总结、中华人民共和国成立 60 多年的持续、改革开放 30 多年的伟大实践探索中去认识，充分体现了科学社会主义理论逻辑与中国经济社会发展历史逻辑相统一。

2. 理论继承与理论创新相统一

在继承中发展，在发展中继承，这是我们党理论创新的一个显著特点。中国共产党是靠科学理论武装起来的马克思主义政党，在革命、建设、改革各个历史时期，我们党坚持马克思主义基本原理同中国具体实际相结合，运用马克思主义立场、观点、方法研究解决了一个又一个重大理论和实践问题。习近平新时代中国特色社会主义思想，贯穿着马克思主义的世界观和方法论，集中体现了马克思主义的基本立场、观点和方法，因而是与马克思列宁主义、毛泽东思想、邓小平理论、“三个代表”重要思想、科学发展观既一脉相承又与时俱进的理论体系。同时又紧密结合当今世界形势和中国发展实际，提出了一系列新理念新思想新战略，深刻回答了新形势下党和国家事业发展的一系列重大理论和现实问题，是对中国共产党 96 年奋斗历程中形成的实践经验、理论成果、光荣传统、优良作风的坚持与传承，升华了马克思主义发展新境界，是马克思主义中国化最新成果，是指导具有许多新的历史特点的伟大斗争的鲜活的马克思主义。

3. 时代特色与实践特色相统一

时代是思想之母，实践是理论之源。实践发展永无止境，我们认识真理、进行理论创新就永无止境。党的十八大以来，世情、国情、党情呈现出新特征、新趋势。从世情来看，随着中国稳居世界第二大经济体、成为拉动世界经济增长的最大引擎，中国日益走近世界舞台中央，中国智慧、中国方案尤其是作为其思想理论结晶的中国理论更加为世界所瞩目；从国情来看，中国特色社会主义已经进入新时代，我国社会主要矛盾已经转化为人民日益增长的美好生活需要和不平衡不充分的发展之间的矛盾，对党的创新理论提出了新期待；从党情来看，党的领导是中国特色社会主义最本质的特征和最大优势，如何经受住“四大考验”，克服“四种危险”，迫切需要党的创新理论指导。这都必须要从理论和实践结合上系统回答新时代坚持和发展什么样的中国特色社会主义、怎样坚持和发展中国特色社会主义。以习近平同志为核心的党中央围绕这个重大时代课题，坚持辩证唯物主义和历史唯物主义，紧密结合新的时代条件和实践要求，进行艰辛理论探索，取得重大理论创新成果，形成了习近平新时代中国特色社会主义思想。

新时代催生新理论，新理论引领新实践。十八大以来砥砺奋进的五年，中国之所以发生历史性变革，取得历史性成就，最根本的就在于以习近平同志为核心的党中央的坚强领导，最关键在于习近平新时代中国特色社会主义思想的科学指引。面向未来，我们党要带领人民决胜全面建成小康社会、夺取新时代中国特色社会主义新胜利，必须始终不渝地坚持习近平新时代中国特色社会主义思想。我们要进一步增强“四个意识”，坚定“四个自信”，更加紧密地团结在以习近平同志为核心的党中央周围，更加自觉地用习近平新时代中国特色社会主义思想武装头脑、指导实践、推动工作。

当好构建中国特色哲学社会科学方面的生力军*

习近平总书记在全国高校思想政治工作会议上指出，“高校要发挥学科齐全、人才密集的优势，在构建中国特色哲学社会科学方面当好生力军”。这一重要论述深刻揭示了繁荣发展哲学社会科学在高校思想政治工作中的独特地位，为新时期构建中国特色哲学社会科学提供了指导思想和行动纲领，指明了努力方向。中国人民大学作为我国人文社会科学的学术重镇，要深入贯彻习近平总书记重要讲话精神，要旗帜鲜明、理直气壮地坚持马克思主义指导地位，结合中国实际，立足中国国情，为构建中国特色哲学社会科学做出积极贡献。

坚持正确方向，始终不渝地坚持马克思主义指导地位

哲学社会科学既是一种科学的知识体系，也是一种具有意识形态属性的价值体系；哲学社会科学既要解决“是什么”“为什么”的科学问题，也要解决“为谁主张”“为谁服务”的价值追问。我们要旗帜鲜明、理直气壮地坚持马克思主义指导地位，一以贯之地将马克思主义的立场观点方法贯穿到哲学社会科学的各个领域。

中国人民大学将积极探索有中国特色的高校哲学社会科学繁荣发展之路，努力整合古今中外的各种学术资源，融会贯通马克思主义、中华优秀传统文化、国外哲学社会科学三方面的资源，建设好马克思主义学院和相关学科，完善马克思主义理论学科发展新机制。积极参与马克思主义理论研究和建设工程，深化马克思主义基本观点和经典著作文本、马克思主义理论发展前沿问题和最新成果、中国特色社会主义理论体系的教学与研究，深化社会主义核心价值体系的教学与研究，加强马克思主义基础学科以及以马克思主义为指导的具体学科的建设，形成全面反映马克思主义中国化最新理论成果的学科体系和教

* 原文发表于《中国教育报》2017年3月1日2版。

材体系，推动中国特色社会主义理论体系“进教材、进课堂、进头脑”。

弘扬理论联系实际的优良学风，加强中国特色新型智库建设

哲学社会科学从来都是在对重大理论和现实问题的深入分析和探索中不断前进的。高校的哲学社会科学工作者要大力发扬理论联系实际的优良学风，把加强重大战略研究的任务提到一个突出的位置，围绕改革开放和现代化建设亟待解决、广大干部群众关心的重大理论和现实问题，深入调查研究，深入钻研探索，组织协同攻关，努力对全局性、战略性、前瞻性的重大课题做出科学的理论回答，为党和政府的决策服务，为改革开放和现代化建设服务，成为中央的重要思想库、智囊团。

我们要大力发扬实事求是、理论联系实际的优良传统，立足中国国情、根植实践沃土，从改革开放和社会主义现代化建设的伟大实践中获取理论创新的深厚源泉和强大动力，从人民群众鲜活的创造中发掘思想智慧、提出真知灼见。要围绕改革开放和现代化建设亟待解决、广大干部群众普遍关心的重大理论和现实问题，深入调查研究，深入钻研探索，组织协同攻关，努力对全局性、战略性、前瞻性重大课题做出科学的回答，为党和政府的决策服务，为改革开放和现代化建设服务。我们要引导广大教师坚持以人民为中心的研究导向，把自己的学术追求、科学研究同国家和民族的命运结合起来，为中国特色社会主义事业提供智力支持。

提炼标志性学术概念，打造具有中国特色和国际视野的学术话语体系

应当承认，相对于改革开放以来中国经济社会取得的巨大成就而言，我国哲学社会科学仍然存在着理论落后于实践、话语落后于理论的客观情况。理论的薄弱和话语的弱势导致国内哲学社会科学多个学科流行的概念、理论，有很大一部分来自西方，中国人自己原创的核心概念不多，部分学科甚至沦为西方话语的“跑马场”。学术界一些人自觉不自觉地运用西方舶来的理论来分析中国实践，习惯于套用西方话语来解释中国，在现实中常常是削中国之足、适西方之履。这种状况严重制约了中国哲学社会科学的繁荣发展，还造成一定程度的思想混乱和话语“失声”。

中国人民大学要加强理论创新，善于凝练、总结、提升、表达中国经验、中国实践和中国人特有的理论智慧，在学习借鉴人类文明成果的基础上，用中

国的理论研究和话语体系解读中国实践、中国道路，不断概括出理论联系实际的、科学的、言简意赅易于流行的新概念新范畴新表述，打造具有中国特色、中国风格、中国气派的学术话语体系。

明确主体责任，切实发挥学校党委在哲学社会科学工作中的领导作用

党委对高校的领导是中国特色现代大学制度的核心，繁荣发展高校哲学社会科学，高校党委必须明确主体责任，切实发挥领导作用。意识形态工作是党的一项极端重要的工作，哲学社会科学中的绝大多数学科都具有鲜明的意识形态属性，高校党委在对哲学社会科学工作进行政治领导和工作指导时，必须一手抓繁荣发展、一手抓引导管理，严格落实党委意识形态工作责任制，坚持和巩固马克思主义在哲学社会科学领域的指导地位，牢牢把握高校意识形态工作的领导权、主动权、管理权和话语权。

中国人民大学党委将在统筹意识形态工作、统筹思想理论建设、统筹社会主义核心价值观教育、统筹教师思想政治工作等方面，切实负起主体责任，发挥总揽全局、牵头抓总作用。要正确区分学术问题和政治问题，既提倡理论创新和知识创新，鼓励大胆探索，开展平等、健康、活泼和充分说理的学术争鸣，又要教育引导教师在课堂教学中严守政治底线、法律底线、道德底线，在科学研究、国内外学术交流中增强政治意识，自觉维护文化和意识形态安全。

“心有大我”方能贡献家国*

习近平总书记此次关于知识分子的重要讲话，体现了党中央对知识分子的充分肯定、高度信任和殷切期望，是对知识分子的极大鼓励和鞭策，也为高校智库建设指明了方向。

秉持家国情怀，勇于担当时代使命。习近平总书记指出：“我国知识分子历来有浓厚的家国情怀，有强烈的社会责任感。”国家发展不仅仅是经济的增长，更重要的是思想的先进性与影响力的增强。归根结底，是这个国家的思想力能否引领国家振兴、助力未来发展。中国特色新型高校智库应“坚持国家至上、民族至上、人民至上，始终胸怀大局、心有大我”，充分利用高校人才和研究优势，立足中国实践，进行具有中国特色的理论创新，产生中国思想、提供中国方案，肩负起时代的责任与使命，服务于中国特色社会主义伟大实践。

坚持问题导向，提供务实管用之策。问题是时代的声音。人类认识世界、改造世界的过程，就是发现问题、解决问题的过程。毛泽东同志指出：“问题就是事物的矛盾。哪里有没有解决的矛盾，哪里就有问题。”当前，我们党正在推进中华民族伟大复兴、推进中国特色社会主义伟大事业、进行具有许多新的历史特点的伟大斗争、推进党的建设新的伟大工程，迫切需要回答和解决一系列重大的理论和实践问题。高校智库应当想国家之所想、急国家之所急，围绕现实重大课题，提建议、出对策，服务党治国理政的伟大实践。

提升创新能力，推动思想理论创新。创新是一个民族进步的灵魂，是一个国家兴旺发达的不竭动力，也是高校智库生命力之所在。习近平总书记在讲话中强调，希望我国广大知识分子积极投身创新发展实践，紧紧围绕经济竞争力的核心关键、社会发展的瓶颈制约、国家安全的重大挑战，不断增加知识积累，不断强化创新意识，不断提升创新能力，不断攀登创新高峰。高校智库要提供务实管用之策，必须建立在思想创新、理论创新的基础上，否则人云亦云，照搬照抄国外的理论、方案，不仅对解决问题没有帮助，而且很可能对改革发展产生误导。

---

* 原文发表于《光明日报》2017 年 3 月 10 日 11 版。

健全体制机制，打造智库人才队伍。习近平总书记强调："要以识才的慧眼、爱才的诚意、用才的胆识、容才的雅量、聚才的良方，广开进贤之路，把各方面知识分子凝聚起来，聚天下英才而用之。"建设好中国特色新型高校智库，关键在于凝聚一流的人才、建设一流的团队。高校智库要探索完善体制机制，一方面加强与有关决策部门的联系，构建智库与政府的有效沟通渠道，为知识分子建言献策提供有效途径；另一方面，要搭建智库和决策部门的人才交流机制，让智库研究人员带着理论思想到实际决策部门挂职，将最前沿的理论与最现实的问题相结合，使知识分子既能"顶天"，又能"立地"。

坚持立德树人　培养优秀人才*

习近平总书记在全国高校思想政治工作会议上发表的重要讲话，深刻回答了高校培养什么样的人、如何培养人以及为谁培养人这个根本问题，具有很强的战略性、思想性和针对性，是指导做好新形势下高校思想政治工作的纲领性文献。当前，我们要进一步增强立德树人的紧迫感、责任感和使命感，坚持立德树人的核心地位不动摇，全面提升人才培养质量，为中国特色社会主义事业培养更多德才兼备、全面发展的建设者和接班人。

立德树人是高校的立身之本、办学之基

立德树人是大学的立身之本，是对人才培养的根本要求。“立德”就是确立培养崇高的思想品德，“树人”即培养高素质的人才。纵观世界高等教育史，大学的功能随着时代的发展变化而逐步拓展，但培养具有崇高道德水准和高素质的人才这一基本功能、中心任务始终没有变。《礼记·大学》的开篇之语，“大学之道，在明明德，在亲民，在止于至善”，就体现了中国古代对“立德树人”精神和理念的探索追求。离开立德树人，不能履行人才培养的任务，大学就不成其为大学，就失去存在的最根本基础。

立德树人是衡量一所高校办学水平的根本标准。一所大学办得好不好，不是看它的物质条件何等优越、办学规模如何庞大，最根本的标准是看它培养出什么样的人才，看它对所在国家、民族以及对全人类所做的贡献。中国现代史上有不少大学，办学条件非常简陋，却因其在人才培养方面的贡献而载入史册。例如在延安的“山沟沟”里创办的陕北公学等一批学校在新中国的高等教育史上留下了浓墨重彩的一笔，就是因为它们为党和人民培养了一大批优秀分子。1937 年 10 月，毛泽东同志曾专门为陕北公学题词：“要造就一大批人，这些人是革命的先锋队。这些人具有政治远见。这些人充满着斗争精神和牺牲

---

* 原文发表于《光明日报》2017 年 4 月 10 日 1 版。

精神。这些人是胸怀坦白的，忠诚的，积极的，与正直的。这些人不谋私利，唯一的为着民族与社会的解放。这些人不怕困难，在困难面前总是坚定的，勇敢向前的。这些人不是狂妄分子，也不是风头主义者，而是脚踏实地富于实际精神的人们。中国要有一大群这样的先锋分子，中国革命的任务就能够顺利的解决。”陕北公学培养的绝大部分学员成为革命、建设时期党和国家各方面的骨干，其中更有不少学员为民族和国家的利益义无反顾地抛头颅、洒热血，献出了自己宝贵的生命。当前，高校要肩负起“双一流”建设的历史使命，就必须在“立德树人”上做大文章，真正既“立德”，又“树人”，实现“立德”与“树人”的统一。

立德树人是中国高等教育改革发展的本质要求。当今时代，各种思想交相融合和冲突，青少年的成长环境发生了深刻变化，面临着复杂环境的挑战，一些高校存在着“重智育、轻德育”“重书本教育、轻实践教育”等问题。立德树人就是聚焦学生这个中心，围绕学生、关照学生、服务学生，引导他们正确认识世界和中国发展大势，正确认识中国特色和国际比较，正确认识时代责任和历史使命，正确认识远大抱负和脚踏实地，全面提高学生思想政治素质，为中国特色社会主义伟大事业培养德才兼备、全面发展的建设者和接班人。

立德树人的重点是以德为先、能力为重

“立德树人”体现了“立德”和“树人”的辩证关系。“立德”强调的是道德养成，“树人”强调的是能力培养；“立德”是“树人”的前提，“树人”是“立德”的目标。高校要坚持把立德树人作为中心环节，把思想政治工作贯穿教育教学全过程，实现全程育人、全方位育人，着力培养信念坚定、勇于担当、德才兼备的优秀人才。

德育为先，坚定青年的理想信念。坚定的理想信念、正确的价值观人生观是青年学子成长成才的基本支柱和精神底色。青年大学生应当是有朝气、最富有梦想的群体。但在现实中，拜金主义、享乐主义、极端个人主义等不良思潮给青年大学生带来了消极影响，造成一些青年大学生理想彷徨、信仰迷失，失去了追求梦想的信心，失去了为梦想而奋斗的动力。2014 年 5 月 4 日，习近平总书记在北京大学师生座谈会上指出，人生的扣子从一开始就要扣好。“凿井者，起于三寸之坎，以就万仞之深。”我们要将立德放在人才培养的首位，教育引导青年大学生树立远大理想，树立正确的世界观、人生观、价值观，敢于有梦、勇于追梦、勤于圆梦，把理想信念建立在对科学理论的理性认同上，建立在对历史规律的正确认识上，建立在对基本国情的准确把握上，以中国梦激励青春梦，勇敢地肩负起时代赋予的光荣使命。

责任为本，增强学生的担当意识。今天的中国正处于爬坡过坎、转型发展的关键战略机遇期，高度的责任感、强烈的使命感和勇于负责、敢于担当、善于开拓的品格是新时期对优秀人才的基本素质要求。优秀的青年人才要具有“身可危也，而志不可夺也”的情怀，“风声雨声读书声声声入耳，家事国事天下事事事关心”的责任感，更要有“苟利国家生死以，岂因祸福避趋之”的社会担当。我们要用中国特色社会主义理论体系武装学生，把社会主义核心价值观融入人才培养全过程，强化青年学生的时代责任和历史使命，激励青年学生自觉将个人奋斗纳入到建设中国特色社会主义的伟大事业中，自觉把个人的理想追求融入实现中华民族伟大复兴的中国梦中，使每一位学生都能够成为对国家、对社会、对人民有用的人才。

能力为重，着眼人才的全面成长。习近平总书记指出，青年大学生要练就过硬本领，勇于创新创造，锤炼高尚品格，才能肩负起时代赋予的重任。当前，高校要从全面提升大学生的综合能力入手：一要培养辩证思维能力，让他们学会“弹钢琴”，系统地处理好“树木”与“森林”的辩证关系，独自面对现实和未来，善于发现问题并找到解决问题的思路。二要培养学习能力，包括选择、汲取新知识，分析整理并融会贯通旧知识以及开展科学研究和探索的能力。三要培养社会实践能力，让他们能够将所学知识转化为推动社会进步的物质和精神力量，解决实践中的具体问题，完成岗位职责赋予的任务，服务经济社会发展。四要培养管理和沟通能力，让青年学子具备适应社会、应对挫折的心理承受力，能够顺利地融入社会，在与他人沟通、交往、合作中实现自身的社会价值。总之，我们要让青年大学生以问题为导向、以能力为核心、以社会为平台，全面推进理论创新、实践创新、制度创新、文化创新以及其他各方面创新。

立德树人要做到学校、教师、社会“三协同”

立德树人是一项复杂的系统工程，也是一项立体化的长期任务。学校是立德树人的主阵地，要坚持中国特色社会主义办学方向；教师是立德树人的引路人，要全面提升教师的思想政治素质和教育工作水平；社会是立德树人的软环境，要统筹协调、协同推进，营造良好的育人环境和教育氛围。完成立德树人的根本任务，需要整合学校、教师、社会各方面的力量，形成协同育人的机制，实现全员育人、全过程育人、全方位育人。

始终坚持高校的社会主义办学方向。办学方向是高校改革发展的指南针，办学方向走上大道坦途，才能培养出人才和精品；办学方向如果走上了歪路邪路，只能培养出废材和毒品。中国是社会主义国家，加强和改进高校思想政治工作必须始终坚持社会主义办学方向。高校要始终坚持党的领导，将以习近平同志为核心的党中央关于高等教育的决策部署深入贯彻落实到各项事业的改革发展中去，将党从革命时期创办陕北公学、抗日军政大学，新中国成立后改造旧式高等教育、创办以中国人民大学为代表的新型正规大学，到逐步创立、发展和完善中国特色社会主义高等教育体系的优良经验和光荣传统发扬光大。要坚持和巩固马克思主义的指导地位，研究传播普及马克思主义中国化的最新成果，让马克思主义成为高校的主流价值、主导观念、主体精神。要把社会主义核心价值观融入教育全过程，以国家层面的价值目标引领教书育人的总战略，以社会层面的价值取向规范治学理教的全过程，以个人层面的价值准则影响师生员工的言与行。

全面加强教师思想政治工作。立德先立师，树人先正己。《礼记·文王世子》指出："师也者，教之以事而喻诸德者也。"高校教师既是专业知识的传授者，又是道德言行的引导者，要把立德树人转化为内心信念，把崇高师德内化为自觉价值追求。新时期新形势，高校面临的社会环境和高校内部的治理结构发生了巨大变化，"70后""80后"居多的青年教师和"90后"为主的大学生群体的社会心理也体现出新的特征，这些都对高校思想政治工作队伍建设提出了新的更高要求。高校要加强和改进教师思想政治工作，健全师德师风评价体系，完善师德建设制度规范，实行"师德一票否决制"，引导教师坚持教书和育人相统一，坚持言传和身教相统一，坚持潜心问道和关注社会相统一，坚持学术自由和学术规范相统一，以德立身、以德立学、以德施教，不断提升教书育人的能力和水平，真正成为学生成长发展的指导者和引路人。

在全社会营造立德树人的良好氛围。"一年之计，莫如树谷；十年之计，莫如树木；终身之计，莫如树人。"教育对一个国家经济社会的发展和一个民族综合素质的提高具有基础性、先导性、决定性作用。践行立德树人的使命，培养德才兼备的杰出人才，不仅是高校和教育工作者的责任，也是全社会需要承担的共同责任。时代越是向前，知识和人才的重要性就越发突出，教育的地位和作用就越发凸显。各级党委、政府和全社会应该从实现中华民族伟大复兴的中国梦，培养社会主义事业建设者和接班人的高度提供立德树人的基本资源，保障高校立德树人所需的学科建设、人才培养、教学科研、校园建设等。同时，要融合协调家庭、学校、社会的育人合力，在全社会、全领域构建立德树人的良好氛围。另外，要弘扬大学精神、彰显大学文化，在变革的时代保持宁静的校园，维护大学的清醒和理性，自觉坚持和守护大学的精神和原则，激发和保护教师、学生对于学术的兴趣、热情和追求，让教育者和受教育者有时间、有能力、有条件关注自身、关注变革、关注世界，教学相长、携手进步，使高校以高质量的人才培养和科学研究引领社会进步，承担起自身的社会责任，最终实现"润物细无声"的教育效果。

落实讲话精神，推进依法治国*

5 月 3 日上午，在“五四”青年节即将到来之际，习近平总书记视察中国政法大学并发表了重要讲话。习近平总书记的重要讲话，站在党和国家全局的战略高度，对持续深入推进全面依法治国战略、培养社会主义法治人才、加强高校党建和思想政治工作等提出了明确要求，同时对当代青年的成长成才提出了殷切期望，深刻回答了事关全面依法治国战略和社会主义中国长治久安的重大理论问题和现实问题，高屋建瓴、思想深刻、内涵丰富、语重心长，充分体现了以习近平同志为核心的党中央统筹推进“四个全面”战略布局的坚定信念和坚强决心，为高等院校服务全面依法治国战略、培养中国特色社会主义法治人才提供了科学指南和根本遵循。

习近平总书记考察中国政法大学，是对党的十八大以来党和国家推进全面依法治国战略、建设社会主义法治国家成果的一次全面检验。作为高校代表，我有幸亲耳聆听了总书记的重要讲话，深刻感受到了总书记对全面依法治国战略的坚定信念，对高等院校在建设社会主义法治国家进程中应当承担的职责与使命的殷切期望，以及对青年学子健康成长的殷殷之情。中国人民大学作为党和国家亲手创办的第一所新型正规大学，承担着引领中国法学研究与教育，培养中国顶尖法学人才，推进社会主义法治建设的历史重任。贯彻落实讲话精神，全面推进依法治国战略，中国人民大学将同兄弟高校一道，努力从以下三个方面提供有力的保障和支持。

首先，必须为深入推进全面依法治国战略提供强大智力支持。高等院校是法学研究的重要阵地，是集聚法学人才的重要平台，在国家立法、司法等各个环节都发挥着重要的思想库和智囊团作用。高等院校必须发扬以往优良传统，紧紧服务于国家法治建设的需要，重点是全面支持和参与国家的立法进程，努力把法学研究的科研成果更多更好地转化为国家的立法实践。

其次，必须为深入推进全面依法治国战略提供强大人才支持。立德树人是高等院校的中心环节。使青年人才树立坚定的法律意识和法律信仰，是立德树

* 原文 2017 年 5 月 4 日发表于人民网。

人的题中应有之义。在法律精神的培养方面，高等院校承担着为广大知识青年扣好人生第一粒扣子的重任。我们必须把法律精神贯彻到高校全员育人、全方位育人、全过程育人之中，努力培养全面依法治国所需要的富有丰富法学知识和良好法学修养的拔尖人才。

再次，必须为深入推进全面依法治国战略提供强大文化支持。推进全面依法治国，必须立足中国大地，充分考虑中国国情，中国的法律文化和法律传统。文化是最深沉、最持久、最根本的力量。高等院校必须抓好中国特色的政治文化和法律文化的普及，使得广大师生深刻认识到，中国有着有别于欧美的法治传统，必须坚定走我们自己的道路，只有这样全面依法治国战略才能够在中国大地真正落地生根。

总之，全面推进依法治国战略，扎根中国大地办高等教育，要求我们必须紧紧抓住党的建设和思想政治工作这个根本，全面落实好高校思想政治工作会议精神，把各种软措施变成硬约束，为高等院校健康发展提供强大思想和组织保证。

办好中国特色社会主义大学任重而道远*

2016年全国高校思想政治工作会是高校改革发展、党的建设和思想政治工作的里程碑，是中国特色社会主义高等教育事业发展的里程碑。习近平总书记的重要讲话深刻阐明了社会主义办学方向，精辟阐述了加强和改进高校思想政治工作的重大意义，鲜明提出了高校思想政治工作的新要求，对于在新形势下全面贯彻党的教育方针，围绕立德树人的根本任务，深入推进高校思想政治工作创新发展具有重要指导意义，是加强和改进新形势下高校思想政治工作的纲领性文件，也是指导办好中国特色社会主义高校的纲领性文件。

坚持“党的领导”，坚定中国特色社会主义高校办学方向

加强党对高校的领导，改进高校党的建设，是办好中国特色社会主义大学的根本保证。习近平总书记在全国高校思想政治工作会上强调指出，“我们的高校是党领导下的高校，是中国特色社会主义高校”。

首先，应当牢固树立“四个意识”，坚持党管高校。办好我国高等教育，必须坚持中国共产党的领导，牢牢掌握党对高校思想政治工作的领导权和话语权，使高校成为坚持党的领导的坚强阵地。应当紧密团结在以习近平同志为核心的党中央周围，牢固树立政治意识、大局意识、核心意识、看齐意识，找准高校思想政治工作的方向，全面加强和提升思想政治工作能力和水平。高校肩负着学习、研究与宣传马克思主义，培养中国特色社会主义事业合格建设者和可靠接班人的双重历史任务，这一重任能否落实到位、落实情况怎么样，关键在于高校党委是否真正地承担起管党治党、办学治校主体责任，关键在于高校党委在思想政治工作方面把方向、管大局、做决策、保落实是否有效，关键在于高校领导班子和教师队伍能否形成合力。应当全面加强高校党委对学校工作

* 原文发表于《人民论坛》2017年第11期。

特别是思想政治工作的领导，将思想政治工作摆在重要位置，加快形成党委统一领导、各部门齐抓共管的一体化工作格局。应当着力加强高校党组织建设，增强基层党组织创新活力，加强党管高校的能力，提升党对高校的领导力，从而增强新形势下高校党组织的定力和战斗力，保持高校党组织的先进性纯洁性。应当深入贯彻落实党中央提出的高校思想政治工作新理念新思路，在党中央的坚强领导下服下“定心丸”，注入“强心剂”。

其次，应当巩固马克思主义指导地位，办好中国特色社会主义大学。办好中国特色社会主义大学，必须坚持马克思主义为指导，坚持中国特色社会主义的方向，以党的工作方针贯穿高校教育工作全局，将党和国家的工作重点和发展方向与高校的人才培养方向紧密相连，使高校的各项工作为人民服务，为中国共产党的治国理政服务，为改革开放的伟大事业和中国特色社会主义现代化建设服务。办好中国特色社会主义大学，必须不断巩固马克思主义在高校意识形态领域的指导地位，牢牢把握高校意识形态工作领导权、话语权，强化思想引领，保障高校思想政治工作行之有效地开展与深化。办好中国特色社会主义大学，必须坚定马克思主义理想信念，自觉把中国特色社会主义理论体系贯穿教书育人全过程。中国的高校，必然要有鲜明的社会主义属性，必然要坚持中国共产党的领导，这是我们中国大学的最大特色。

再次，应当积极践行“四个讲清楚”，扎根中国大地办大学。我国的历史与国情决定了高等教育的发展道路和指导思想具有鲜明特质，高校是中国共产党领导下的高校，是中国特色社会主义高校。必须坚定中国特色社会主义高校办学方向，以马克思主义为指导，高举中国特色社会主义旗帜，全面贯彻落实党的教育方针，确保高等教育的发展坚持正确的政治方向、政治立场。习近平总书记在 2014 年全国宣传思想工作会议中指出，在阐释中国特色时要做到“四个讲清楚”，应当阐明中国特色社会主义植根于中华文化沃土，独特的文化传统，独特的历史命运，独特的基本国情，注定了我们必然要走适合自己特点的发展道路。中国共产党创办高等教育的成功历史经验证明，中国共产党领导下的中国高等教育始终与国家的历史进程共命运，与实现中华民族伟大复兴的中国梦相联系；始终跟随时代的发展与时俱进，立时代之潮头，发思想之先声；始终与探索马克思主义中国化的理论与实践紧密相连，在革命历程中寻求真理，实现中华民族的伟大复兴。立足于优良的革命传统，扎根于红色的土壤，中国人民大学始终与国家的命运和民族的前途紧密相连，与中国革命史和中华奋斗史一脉相承。作为中国共产党在新中国创办的第一所新型正规大学，中国人民大学始终高举中国特色社会主义旗帜，坚守马克思主义信仰，立场鲜明地拥护中央各项决议，倾力打造马克思主义理论研究高地和舆论宣传重镇，在思想政治工作方面有着厚重的历史积淀、优良传统和宝贵经验。

围绕“立德树人”，加强和改进高校思想政治工作

高校“培养什么人”“如何培养人”“为谁培养人”是建设中国特色社会主义大学要解决的根本问题。做好新形势下高校思想政治工作，全面贯彻党的教育方针，是确保中国特色社会主义事业后继有人，确保先辈的“红色江山代代相传”的重要保证。

首先，以“立德树人”为中心环节，提升思想政治工作质量。习近平总书记从推进伟大事业、建设伟大工程、进行新的伟大斗争的高度，从培养中国特色社会主义合格建设者和可靠接班人的高度对高校思想政治工作提出新要求。高校的根本任务是坚持立德树人。立德，就是要立社会主义核心价值观的大德；树人，就是要为党和人民培养出德智体美全面发展的，可信、可亲、可用的合格建设者和可靠接班人。高校思想政治教育的根本目的在于，基于中国历史和现实特色，塑造一代代具有世界眼光、具有强烈使命感的青年，推动中国特色社会主义事业向前发展。落实习近平总书记重要讲话精神，关键在于坚持把立德树人作为中心环节，积极遵循思想政治教育教学规律，深刻把握新时期学生的思想特点，提升教学的科学性与艺术性，加强教育的针对性与有效性，提升高校思想政治工作的质量和水平。

其次，以社会主义核心价值观为引领，贯穿教育教学全过程。要毫不含糊地办好中国特色社会主义高校，要坚持不懈地用马克思主义理论武装头脑，要持之以恒地用社会主义核心价值观这一最大公约数凝魂聚气，不断增强广大青年学生对中国特色社会主义的道路自信、理论自信、制度自信、文化自信。“核心价值观是一个民族赖以维系的精神纽带，是一个国家共同的思想道德基础”。共同的核心价值观是一个民族、一个国家的灵魂和根基，是每一个中国人的精神给养。高校责无旁贷，应当大力弘扬和践行社会主义核心价值观，凝聚社会共识、引领社会思潮，构建时代精神，为国家强基固本。应当积极引导学校师生将社会主义核心价值观视为自己的基本遵循，扣好人生的一粒又一粒扣子，并身体力行大力将其推广到全社会。

再次，以良好校风校情为基础，坚持“四个不懈”不动摇。习近平总书记提出，高校应当坚持不懈传播马克思主义科学理论，坚持不懈培育和弘扬社会主义核心价值观，坚持不懈促进高校和谐稳定，坚持不懈培育优良校风和学风。建设中国特色社会主义大学，必须建设具有中国特色、体现时代要求的大学文化，培育和弘扬符合以爱国主义为核心的民族精神和以改革创新为核心的时代精神，继承和发扬中华优秀传统文化，实现以文化人、以文育人、以文润心。建设中国特色社会主义大学，必须着力发掘自身独特的校史校情，在学校

发展历史中探索与创新高校思想政治工作的思路与方法，以校风、校训、校史、校情为依托打造积极的校园文化，将思想政治工作覆盖校园生活全方位，贯穿教育教学全过程。中国人民大学的校训——“实事求是”即强调务实求真，坚持追寻真理。从陕北公学一路走来，实事求是的精神始终贯穿于中国人民大学的发展历程，成为中国人民大学一以贯之的精神品格。

实现“全程育人”，构建立体化高校思想政治工作

深入贯彻落实高校思想政治工作会议精神，关键在于强化执行、狠抓落实。态度上应当“绷紧弓弦”，深刻认识高校思想政治工作的主旋律；行动上应当“拧紧螺丝”，积极贯彻落实习近平总书记重要讲话精神；精神上应当“上足发条”，为持久性地加强与改进高校思想政治工作吹响号角。

首先，将学科发展与思政工作有机结合，实现学科育人。要充分发挥高校学科专业优势、人才资源优势和理论研究优势，并将其转化为人才培养优势。在这方面，中国人民大学有独到的经验与优势。中国人民大学拥有国内最齐全的马克思主义学科，形成了强大的马克思主义学科群优势，在打造思想政治理论课程体系上能够实现互学互鉴、共同发展，在推进思想政治工作育人功能上能够实现资源集成、同频共振。依托强大的师资力量和学科优势，围绕当今重大理论和实践问题，深入推进马克思主义基础理论研究，深入推进中国特色社会主义理论体系特别是习近平治国理政思想研究，深入推进马克思主义中国化、时代化、大众化研究，深入推进 21 世纪马克思主义研究，努力构建中国特色的马克思主义理论话语体系，打造马克思主义理论研究领域的“人大学派”，实现马克思主义理论教学研究的新高地，以透彻的理论培育学养深厚的青年马克思主义者，实现马克思主义学科群的育人功能。

其次，将课堂学习与课外实践有机结合，实现课程育人与实践育人。高校应当将社会主义核心价值观的教育切实融入到人才培养的全过程之中，教育引导学生正确认识世界和中国发展大势，正确认识中国特色和国际比较，正确认识时代责任和历史使命，正确认识远大抱负和脚踏实地，引领青年学生打牢马克思主义世界观和方法论的基本功底，坚守马克思主义的科学信仰和价值追求。中国人民大学全方位构建了充分体现社会主义核心价值观的思想政治理论课程体系和育人平台，在既有的思想政治理论必修课基础上，按照“必修课程与选修课程相结合、课程教学与自选讲座相结合、思政教育与专业教育相结合、课内学习与课外实践相结合”的思路，把社会主义核心价值观融入全校各院系各专业人才培养路线图之中。启动“读史读经典”项目定期举办马克思主义经典研习会，开展“社会主义核心价值观”主题阅读活动，设立“红船领

航”新生党员先进性熔铸计划，通过课内外结合、教师指导和朋辈互助结合等方式，把社会主义核心价值观嵌入学生的日常生活。

再次，加强思政工作与队伍建设有机结合，实现管理育人。习近平总书记在高校思想政治工作会议上的讲话从全局和战略的高度出发，高瞻远瞩，高屋建瓴，对思想政治理论工作者做出了新指示，提出了新要求，表达了新期待。中国正处在大变革和大转型的时代，位于中华民族伟大复兴的关键期，这需要思政理论工作者增强责任感使命感，坚守理论阵地，筑牢思想防线，把握思想政治教育的时代性，将教学内容与世情国情相结合，将理论传授与党情民情相呼应，引导学生正确认识时代潮流、自觉抵制错误思潮。要增强思想政治教育的创新性，内容上始终坚持以马克思主义理论为指导，做到亮点突出、特色鲜明，更新思想政治工作育人理念和思路，推动工作理念、方法和措施“从天上回到人间，从空中落到地上”，实现“把办中国特色社会主义高校”这面旗帜插到每一名师生心里。

最后，加强思政工作与治国理政思想的有机结合，实现全程育人。全国高校思想政治工作会议是深入学习贯彻党的十八届六中全会精神的一次十分重要的会议，习近平总书记发表的重要讲话是党中央治国理政新理念新思想新战略的重要组成部分，具有深远的指导意义。应当从总体把握高校思想政治工作会议精神与习近平总书记系列重要讲话精神和治国理政新理念新思想新战略之间的理论脉络，深刻领会一以贯之的科学内涵和精神实质。统筹协调、整体谋划高校思想政治工作，与高校宣传思想工作、意识形态工作、培育和践行社会主义核心价值观、思想政治理论课建设体系创新、大学生理想信念教育、学习和研读马克思主义经典著作等工作内容联系起来，深刻把握思想脉络，深入贯通理论内涵，贯彻落实精神实质。

走具有中国特色的高等教育发展道路，扎实办好中国特色社会主义高校，是时代为我们提出的重大任务。要解决和回应这一重大课题，必须加强党对高校的领导，坚定中国特色社会主义办学方向，巩固马克思主义指导地位。必须将立德树人作为中心环节，不断加强和改进高校思想政治工作，把社会主义核心价值观贯穿教育教学全过程。必须构建高校思想政治工作立体化模式，实现学科发展、课程建设、队伍建设的有机结合，实现全方位育人，努力开创我国高等教育事业发展新局面。

促进哲学社会科学优秀人才不断成长*

坚持和发展中国特色社会主义，是当代中国的时代主题。在催人奋进的伟大时代进行前无古人的伟大事业，决定了我们更加需要建设一支种类齐全、梯队衔接的哲学社会科学人才队伍，更加需要培养一批堪当大任、能做大事的哲学社会科学优秀人才，为国家富强、民族振兴、人民幸福多做贡献。习近平总书记在哲学社会科学工作座谈会上的重要讲话和中央近日印发的《关于加快构建中国特色哲学社会科学的意见》，为促进哲学社会科学优秀人才不断成长提供了根本遵循和行动指南。

深刻认识培养哲学社会科学优秀人才的重要意义

哲学社会科学人才是人类社会跃进、人类文明发展的知识变革者和思想先导者，是推动国家发展、民族振兴、社会进步的先锋力量，其思想水平往往代表着一个民族的思维能力、精神品格和文明素养，体现着一个国家的综合国力和国际竞争力。无论是回首西方历史进程，还是徜徉中华文明长河，我们总会从中看到一大批具有卓越才华和超凡智慧的文化和思想大家做出的重大贡献。人才资源是第一资源，人才优势是最大优势。当今世界国家综合国力之竞争说到底是人才之竞争，哲学社会科学发展水平之较量说到底是哲学社会科学人才之较量。

中国共产党历来高度重视哲学社会科学人才的培养和使用，新中国成立以来特别是改革开放以来，提出并实施了一系列促进人才成长的政策措施，培养造就了一大批优秀的哲学社会科学人才。广大的哲学社会科学优秀人才是社会的精英、国家的栋梁、人民的骄傲，为我们的事业提供了十分重要的人才支撑、智力支撑、创新支撑。面对新形势新要求，构建中国特色哲学社会科学，优秀哲学社会科学人才是保障，也是关键。但是，当前我国哲学社会科学人才

* 原文发表于《人民日报》2017 年 5 月 23 日 9 版。

队伍建设还存在一些亟待解决的问题。习近平总书记在讲话中一针见血地指出："总的看，我国哲学社会科学还处于有数量缺质量、有专家缺大师的状况"。这一判断很准确，一方面我们哲学社会科学领域人才济济，但另一方面，"耐得住寂寞，经得起诱惑，守得住底线，立志做大学问、做真学问"的优秀人才相对匮乏。创新正当其时、圆梦适得其势，这正是哲学社会科学工作者可以大有作为的黄金时代。关心好、培养好、使用好哲学社会科学优秀人才，意义重大。

全面把握哲学社会科学优秀人才的素养要求

繁荣发展我国哲学社会科学，构建中国特色哲学社会科学，要从人抓起，久久为功。哲学社会科学优秀人才作为先进思想的倡导者、学术研究的开拓者、社会风尚的引领者、党执政的坚定支持者，应该具备以下的核心素养：

一是要有厚实的政治素养，真学、真懂、真信、真用马克思主义。哲学社会科学优秀人才首先必须坚持马克思主义，把好政治方向。坚持以马克思主义为指导，是当代中国哲学社会科学区别于其他哲学社会科学的根本标志。习近平总书记强调，"不坚持以马克思主义为指导，哲学社会科学就会失去灵魂、迷失方向，最终也不能发挥应有作用"。坚持以马克思主义为指导，关键在于真学、真懂、真信、真用马克思主义基本原理和贯穿其中的立场、观点、方法，并用其观察和解释自然界、人类社会、人类思维的各种现象，以清醒的理论自觉、坚定的政治信念、科学的思维方法揭示蕴含在其中的规律，结合实践不断做出新的理论创新。

二是要有强烈的创新精神，致力研究并推动解决重大的时代问题。问题是时代的口号，是创新的源泉。理论创新的过程就是发现问题、筛选问题、研究问题、解决问题的过程。当代中国正处于爬坡过坎的紧要关口，进入发展关键期、改革攻坚期、矛盾凸显期，许多问题互相交织、叠加呈现。慷慨激昂的时代精神需要凝练，气象万千的社会变革需要研究，党中央治国理政新理念新思想新战略需要阐释，一系列重大而紧迫的问题需要破解。哲学社会科学工作者要有所作为，就必须坚持以人民为中心的研究导向，围绕我国和世界发展面临的重大而紧迫的时代问题，提炼出有学理性的新理论，概括出有规律性的新实践，着力提出能够体现中国立场、中国智慧、中国价值的理念、主张、方案。

三是要有扎实的研究功底，力求推出体现继承性、民族性、原创性、时代性、系统性、专业性的哲学社会科学思想成果。哲学社会科学的思想成果应该有特色、有风格、有气派，它既是哲学社会科学工作者成熟的标志、实力的象征，也是自信的体现。继承性、民族性、原创性、时代性、系统性、专业性是中国特色哲学社会科学的特色和优势所在。哲学社会科学工作者在观照世界难题、回应中国问题、解读中国实践、构建中国理论时，应不断提出具有这六方面特性的新概念、新范畴、新方法和新表述，形成中国特色哲学社会科学无可替代的新境界、新优势、新能量。

四是要有严谨的学术品格，确立崇尚精品、潜心治学、注重诚信、担当责任的学风。学风既是治学研究外显的“风气”，又是内蕴的“思想方法”，良好的学风是繁荣发展哲学社会科学的“肥沃土壤”。哲学社会科学优秀人才应该坚决抵制和杜绝学术浮夸、学术不端、学术腐败现象；应该树立良好学术道德，自觉遵守学术规范，讲究博学、审问、慎思、明辨、笃行，真正把做人、做事、做学问统一起来，立志做大学问、做真学问；应该自觉践行社会主义核心价值观，做真善美的追求者和传播者，以深厚的学识修养赢得尊重，以高尚的人格魅力引领风气，不仅是著作等身，更要著作等“心”。

大力促进哲学社会科学优秀人才的成长发展

邦之兴，由得人。人才蔚，国运兴。高校哲学社会科学工作者是我国哲学社会科学队伍的主力军。中国人民大学自创办以来，一直高度重视哲学社会科学优秀人才的培养和使用，在 80 年的办学历程中，涌现出一大批立学为民、治学报国的优秀人才。乘着加快构建中国特色哲学社会科学的春风，我们将秉持初心、继续前进，大力促进优秀人才成长发展，为中国特色哲学社会科学的繁荣发展做出新的更大贡献。

一是要“铸魂”，加强哲学社会科学人才的政治领导和思想引领。党的领导是繁荣发展哲学社会科学事业的根本保证。各级党委要重视和加强哲学社会科学工作，自觉将其纳入重要议事日程，既要加强政治领导，又要加强思想引领，既要做制度设计的“硬治理”，又要做铸魂育人的“软治理”。特别是要引导广大哲学社会科学工作者自觉坚持以马克思主义为指导，自觉把中国特色社会主义理论体系贯穿学术活动全过程，自觉接受优良校风学风、学统道统的滋养。中国人民大学高度重视马克思主义在哲学社会科学领域的指导地位，提升马克思主义理论学科的引领作用，实施马克思主义理论学科领航计划，努力使广大哲学社会科学工作者把“实事求是”的校训内化为精神底色，把“严谨治学”的学风奉行为学术规约。

二是要“扎根”，引导哲学社会科学工作者聚焦重大问题做研究。树苗成材必须要扎根大地，人才成长也必须要扎根沃土。要引导哲学社会科学工作者找准大势、抓好大事，了解中国、研究中国，发挥优势、全面发展。当前重点是引导哲学社会科学工作者，紧紧抓住当前我国改革开放和现代化建设面临的实际问题展开深入研究，提出解决问题的思路办法；着眼于实现“两个一百年”奋斗目标和中华民族伟大复兴中国梦开展前瞻性研究，发挥理论对实践的指引作用；着眼于人类社会发展面临的共同问题进行独创性研究，为推动世界发展提供中国理论、中国学术、中国智慧。中国人民大学一直以来积极引导哲学社会科学工作者立足中国大地，关注大势大事，关心社情民生，先后组织实施了“教授学者社会考察团”“海归教师本土化培养战略”等项目，选派教师到基层挂职锻炼、实践调研，充分接上地气，在研究中国问题、讲好中国故事上取得良好成绩。

三是要“搭台”，建设高水平哲学社会科学学科体系和智库平台。哲学社会科学优秀人才的产生有其内生动因和客观规律，也需要外部支持和正确引导。一方面要大力建设高水平的哲学社会科学学科体系，切实加强马克思主义理论在哲学社会科学学科体系建设中的指导地位，以力争产出更多科研精品、传世之作为核心，全面提升科研质量，全力提升科研国际性，努力增强哲学社会科学学科的科研核心竞争力。另一方面要加强中国特色新型智库建设，深化对重大理论问题、重大现实问题和重大实践经验的研究，加强战略问题和公共政策前瞻性、针对性、科学性研究，强化实践标准和应用导向，把“书斋里的学问”“书架上的摆设”变成决策中的参考、实践中的指南。中国人民大学重视学科和智库对哲学社会科学优秀人才的支撑和带动作用，在学科体系建设上，巩固和拓展传统优势学科在国内的绝对领先地位，实施人文学科振兴支持计划，着力增强国际影响力；在智库平台建设上，全力打造多元化、各层级的智库，大力建设国家发展与战略研究院、重阳金融研究院，努力发挥咨政作用，力争成为国内高校智库的领军者，使人大学者、人大智库在中国和全球事务的治理中发挥越来越重要的影响。

四是要“善治”，健全哲学社会科学人才选拔培养管理体制机制。认真落实党的知识分子政策，要充分尊重专家学者、尊重脑力劳动、尊重创新创造，对广大哲学社会科学工作者做到政治上充分信任、思想上主动引导、工作上创造条件、生活上关心照顾，主动同专家学者打交道、交朋友，帮他们办实事、解难事。要深化哲学社会科学管理体制改革，形成既能把握正确方向又能激发科研活力的体制机制。积极研究出台加大投入保障、帮扶困难哲学社会科学工作者等方面的政策措施，使优秀人才能够潜心研究，解除后顾之忧。中国人民大学高度重视哲学社会科学人才的选拔培养管理体制机制改革问题，优先支持哲学社会科学关键学科梯队建设和领军人才培育，先后实施了“杰出人文学者聘任计划”“杰出学者支持计划”等重大人才战略项目。健全和保障学术自由和学术诚信，提高服务水平，努力为哲学社会科学工作者创造能干事、想干事、干成事的环境和条件。国以才立，政以才治，业以才兴。中华民族复兴的伟大时代召唤哲学社会科学优秀人才的成长，哲学社会科学优秀人才的健康成长助推中华民族复兴伟大事业的成功。有理想有抱负的哲学社会科学工作者将不负时代重托，勇于立时代之潮头、通古今之变化、发思想之先声，积极为党和人民述学立论、建言献策，担负起历史赋予的光荣使命。

建设人民满意的世界一流大学*

2016年底，习近平总书记在全国高校思想政治工作会议上指出，“我国有独特的历史、独特的文化、独特的国情，决定了我国必须走自己的高等教育发展道路，扎实办好中国特色社会主义高校”，为我国高校指明了发展方向。作为我们党亲手创办的新中国第一所新型正规大学，党的十八大以来，中国人民大学深入贯彻落实习近平总书记系列重要讲话精神和治国理政新理念新思想新战略，弘扬自陕北公学创办以来80年的办学经验，牢牢把握国家“双一流”建设的历史契机，扎根中国大地办学，坚持为人民服务、为中国共产党治国理政服务、为巩固和发展中国特色社会主义制度服务、为改革开放和社会主义现代化建设服务，办学治校水平不断提升、各项事业迈上新台阶，为建设“有特色、高水平、国际性”的“中国特色、世界一流”大学奠定了坚实基础。

弘扬“与党和国家同呼吸、共命运”的光荣传统，加强学校党的领导，始终坚持中国特色社会主义办学方向。中国人民大学是一所有着红色基因的著名高等学府，始终坚定地跟党走是学校的优良传统。党的十八大以来，中国人民大学高举中国特色社会主义伟大旗帜，认真贯彻落实全面从严治党各项要求，全面加强和改进学校党的领导。我们把深入学习贯彻习近平总书记系列重要讲话精神作为加强党的领导的政治保障，通过举办各种学习活动强化理论武装，不断增强党员领导干部的政治意识、大局意识、核心意识、看齐意识，坚定广大师生投身“中国特色、世界一流”大学建设的理想信念。我们把坚持和完善党委领导下的校长负责制作为加强党的领导的制度保障，发挥党委的领导核心作用，坚持集体领导和个人分工负责相结合，坚持科学决策、民主决策、依法决策，建立健全党委统一领导，党政分工合作、协调运行的工作机制，不断完善具有中国特色的现代大学治理体系。我们把推进“两学一做”学习教育常态化制度化作为加强党的领导的组织保障，严肃党内政治生活，强化责任落实，坚持把基层党建工作和中心工作一起谋划、一起部署、一起考核，不断增强各级党组织的凝聚力战斗力，坚决防止出现党的领导弱化的倾向。我们把加强意

---

* 原文发表于《光明日报》2017年9月7日6版，作者为靳诺、刘伟。

识形态工作作为加强党的领导的思想保障，以意识形态阵地管理为抓手，确保马克思主义的指导，决不给错误的思想言论提供传播平台；以师德师风建设为重点，严格落实师德一票否决制度，引导广大教师做到坚持教书和育人相统一、言传和身教相统一、潜心问道和关注社会相统一、学术自由和学术规范相统一，维护校园的和谐稳定。

围绕“立德树人”的根本任务，加强人才培养体系建设，努力造就更多优秀的“人民共和国建设者”。高校立身之本在于立德树人。只有培养出一流人才的高校，才能够成为世界一流大学。党的十八大以来，中国人民大学坚持立德树人，突出人才培养核心地位，深刻把握培养什么样的人、如何培养人以及为谁培养人这个根本问题。夯实课程育人“主渠道”，深化思想政治理论课改革，打造具有全国示范意义的思想政治理论课教学模式，增强思想政治理论课的吸引力感染力说服力，进一步完善“一体两翼”的教学模式，促进思想政治理论教育与专业教育紧密结合，培养德才兼备、又红又专的优秀人才。发挥科研育人突出优势，鼓励学生参与到重大理论课题、实践课题的研究探索中，加强对学生创新意识和实践能力的培养，坚定勇攀高峰、努力开拓的科研信念。构建实践育人完整体系，丰富和完善以“红船领航”、“党员先锋营”和“千人百村”暑期社会实践为代表的党政团学联动社会实践体系，引导学生深入基层受教育、长才干、做贡献。营造文化育人良好氛围，弘扬中华优秀传统文化、革命文化和社会主义先进文化，学习宣传吴玉章、成仿吾、郭影秋、张腾霄等老一辈革命家、教育家的革命精神和高尚品格，引导青年学子树立爱党、爱国、爱校的自尊、自信和自豪。

牢记“始终奋进在时代前列”的使命担当，着力加强学科建设，不断夯实世界一流大学建设的学科基础。学科建设水平是衡量一所大学核心竞争力的重要指标，是建设世界一流大学的重要支撑。党的十八大以来，中国人民大学认真贯彻“双一流”建设各项要求，进一步完善“主干的文科、精干的理工科”的学科体系，凝练学科发展方向，做强优势学科，扶持特色学科，全面提升学校的学科整体实力和水平。一是打造学科“珠峰”，集中优势资源，加大支持力度，促进马克思主义理论、理论经济学、应用经济学、法学、政治学、社会学、新闻传播学、统计学、工商管理、公共管理等优势学科继续保持国内领先地位，力争 2020 年进入世界一流行列。二是建设学科“高峰”，凝练学术方向，突出学科特色，全面提升哲学、农林经济管理、图书情报与档案管理、中国史等的学科建设水平和学术创新能力，使其具备冲击世界一流的基础和实力。三是构筑学科“高原”，推动具有人大特色的学科群建设，全面振兴人文学科，加强支撑学科建设，建立交叉学科、新兴学科自然生长培育机制，使优势学科和支撑学科相辅相成、相互促进，打造具有基础作用和引领作用的学科体系。

始终奋进在时代前列

——迎接中国人民大学建校 80 周年*

中国人民大学是中国共产党亲手创办的一所以人文社会科学为主的综合性研究型全国重点大学。她的前身是 1937 年诞生于抗日战争烽火中的陕北公学，以及后来的华北联合大学和华北大学。从 1937 年至今的这 80 年是中国共产党领导下的中国高等教育从创办、发展到壮大的 80 年；也同时是中国人民大学与党和国家同呼吸、共命运，始终奋进在时代前列的 80 年。

立校之本：始终坚持马克思主义的指导地位

中国人民大学是国内外公认的马克思主义理论教育、研究和传播的重要基地。80 年来学校始终坚持马克思主义的指导地位不动摇，始终坚持马克思主义的与时俱进，为马克思主义在中国的传播和发展做出了许多开创性、奠基性的历史贡献。

陕北公学着力培养系统掌握马克思主义理论并且能够运用于中国革命实践的政治干部。建校初期，主要开设“马列主义”“辩证唯物主义”“中国革命运动史”“中国问题”等课程，后来随着学习程度的提高，又增设了“世界革命史”“科学社会主义”“马列主义经典作家原著选读”等课程。许多高级班的学员，如胡乔木、田家英、廖盖隆、胡华等，后来成了党的著名理论家。1950 年中国人民大学命名组建后，在国内最早设立了各种层次的马克思主义理论专业。我国高校马克思主义理论的许多学科、专业、教材都肇始于中国人民大学，然后走向全国。《辩证唯物主义原理》《历史唯物主义原理》《中国革命史讲义》等教材不仅用作本校学生用书，而且受到其他高等学校师生和广大读者的热烈欢迎，大都发行数百万册甚至上千万册，哺育了共和国几代马克思主义理论教学科研人才，在全国产生了深远的影响。1950 年到 1965 年的 15 年间，

---

* 原文发表于《中国教育报》2017 年 9 月 21 日 12 版。

中国人民大学为全国高校培养了绝大多数政治理论课师资，在传播马克思主义基本原理和基础知识方面，充分发挥了“工作母机”的作用。学校马克思主义理论学科名师辈出，俊彦云集，形成了老中青相结合的人才梯队。老一辈学者陈先达、卫兴华、胡乃武等教授年过八旬，依然笔耕不辍，活跃于党的理论研究的前沿。近年来，一大批中青年学者学术精湛、锐意创新，成为国内外具有重要影响的著名学者和学术带头人。自 2004 年中央实施“马克思主义理论研究和建设工程”以来，中国人民大学共有 54 位专家入选中央“马克思主义理论研究和建设工程”课题组首席专家或主要成员，入选人数位居全国高校首位。

强校之基：始终坚持人文社会科学为主的学科特色

作为我国人文社会科学高等教育的重镇，80 年来中国人民大学始终坚持以人文社会科学为主的办学特色。学校在人文社会科学领域躬耕不辍，在为我国人文社会科学的发展做出奠基性、开创性贡献的同时，也逐步积淀出“人文社会科学立校”的独特气质。

解放战争时期，华北大学不仅仅是中国共产党创办的最高学府，还是当时全国人文社会科学才俊云集之地。华北大学成立了八个专门研究室：中国历史研究室，历史学家范文澜兼任主任；哲学研究室，哲学家艾思奇兼任主任；中国语文研究室，语言文字学家吴玉章兼任主任；国际法研究室，法学家何思敬任主任；外语研究室，主要从事翻译工作；政治研究室，政治学家钱俊瑞兼任主任；教育研究室，教育学家张宗麟任主任；文艺研究室，文学家艾青任主任。正可谓名家云集、大师荟萃。我国现有的经济、管理、法律、新闻、党史、外交、政治等学科或专业，不少都是发源于中国人民大学。改革开放后，中国人民大学还率先建立了信息管理系、劳动人事学院、知识产权中心等适应新时代需要的院系或者中心，大力发展管理科学、信息科学和环境科学等新兴交叉学科，在全国也都起到了一定的先导或者示范作用。同时，学校在坚持马克思主义在学科建设的指导地位不动摇的基础上，将眼光转向国外，率先翻译和引进了一大批西方经济学、管理学教材和著作，成为学习借鉴国外优秀文化成果的排头兵。学校教师在服务国家重大决策和地方经济社会发展等方面积极发挥作用，先后有 11 人次受邀为中共中央政治局集体学习做辅导报告，许多教师被聘请担任各级政府顾问。学校积极参与国家社科基金项目、教育部人文社科规划项目、北京市社科规划项目等各级各类项目，其中国家社会科学基金项目、教育部人文社科重大攻关项目立项数居全国高校第一位。

荣校之源：始终坚持“人民共和国建设者”摇篮的育人目标

在80年的办学历程中，中国人民大学始终有一个明确的育人目标，就是培养人民共和国高水平的优秀建设者和各行各业、各个层面的领袖人才。

在抗日战争的烽火中，陕北公学以救国救亡为己任，培养了大批抗战干部。华北联大时期，师生们跨越万水千山，在敌后战场浴血奋战九年。为迎接新中国成立的曙光，华北大学奋勇担纲，培养了大批革命干部。1950年10月，刘少奇同志在中国人民大学开学典礼时勉励学生“当人民困难的时候，你们吃着人民的小米学习，如果毕业后不能很好地为人民服务，那就不是中国人民大学的学生”。一代又一代人大学子秉持“实事求是”的校训，热爱人民、心系大众，既脚踏实地，敢于合理继承，又解放思想，敢为人先，以严谨求实的科学精神和舍我其谁的担纲意识，积极呼应、汇入乃至引领时代发展的潮流。从改革开放初期发表《实践是检验真理的唯一标准》的胡福明校友，到改革开放新时期撰写《东方风来满眼春》的陈锡添校友，再到新时期“人民满意的好法官”宋鱼水校友，他们用一个个优美的音符谱写了人大人实事求是、追求真理的精彩乐章。从陕北公学至今，学校共培养了25万名高水平的优秀建设者和各行各业、各个层面的领袖人才，其中既有许多成就卓著的专家学者，又有许多闻名遐迩的企业家，政绩斐然的党政军高级领导干部，以及卓有建树的新闻、法律、文学艺术和科学技术工作者。新世纪以来，学校进一步强化了这样的办学特色和人才培养定位，始终坚持以马克思主义理论武装学生，既重视专业素质的培养，又重视思想道德素质的提高；既注重科学文化知识的传承，又注重人文精神的培育；既强调中国国情的教育，又培养学生具有广阔的国际视野：始终保持了人大学子社会适应能力强、理论素养高、发展后劲足的显著特色。

兴校之魂：始终坚持重视党建和思想政治工作的优良传统

党建和思想政治工作关系到培养什么样的人、如何培养人以及为谁培养人这个根本问题，是办好中国特色社会主义大学的灵魂与生命线。作为中国共产党亲手创办的第一所新型正规大学，80年来中国人民大学始终坚持重视党建和思想政治工作，形成了优良特色，为坚持党对高等教育事业的领导进行了有益的实践和探索。

陕北公学注重开展形势与政策教育，经常邀请党中央的领导讲课。毛泽东同志规定政治局委员都要来讲课，他自己第一个带头授课。周恩来、朱德、董必武、张闻天、任弼时、李富春、王若飞等老一辈革命家、理论家、教育家都做过讲演。在华北联合大学刚刚成立的第三天，毛泽东同志就为广大师生做报告，首次提出党的“三大法宝”，并在后来的传世名作《〈共产党人〉发刊词》中做了进一步论述。老一辈革命家、“中共五老”之一的吴玉章作为中国人民大学首任校长，十分重视思想政治工作，他常常用辩证唯物主义的观点教导青年学生既不要为政治上的进步而放弃业务技术，同时又要防止和反对“单纯业务”观点。改革开放以来，中国人民大学的党建和思想政治工作一直走在全国的前列，涌现了全国先进班集体——马克思主义学院 1999 级博士生班等一批优秀群体。党的十八大以来，学校党委把做好党建和思想政治工作作为主责主业，取得了显著成绩。学校组织 5 000 多名师生到全国 300 多个市县，开展“千人百村”“街巷中国”等社会调研，为中央部委和地方政府提供了决策参考。实施海外留学归国教师国情教育计划，引导青年教师在条件艰苦的基层、国家建设的一线，埋头苦干、攻坚克难，用一流的业绩成就人生的精彩。这一系列党建和思想政治工作创新实践，得到了中央的高度认可。

“征程乍起，满目葱茏”。从陕北公学到中国人民大学，从延安到北京，“始终奋进在时代前列”是一代代人大人一以贯之、广为延续的光荣传统。这一主题凝结了中国人民大学从战火中走来、在时代中奋进的精神品质，是学校 80 年办学历史的真实写照。面向未来，中国人民大学将始终不忘初心，不忘“立学为民、治学报国”的崇高理想，不忘“始终奋进在时代前列”的责任担当，不忘培养“人民共和国建设者”的光荣使命，不忘“与党和国家同呼吸共命运”的政治追求，不忘“实事求是、艰苦奋斗”的精神品格，为建设“人民满意、世界一流”大学而努力奋斗！

马克思主义是中国特色社会主义高校的鲜亮底色*

马克思主义是我们立党立国的根本指导思想，也是我国高校的鲜亮底色。中国共产党创办高等教育的成功历史经验证明，高校的创办、发展、改革和创新都离不开马克思主义的指导。办好中国特色社会主义大学，必须高举马克思主义旗帜，全面贯彻党的教育方针，使高校成为巩固马克思主义指导地位的坚强阵地。

办好中国特色社会主义大学必须坚持以马克思主义为指导

在中国共产党创办新型高等教育实践中，党始终牢牢把握高校正确的办学方向，掌握高校思想政治工作主导权，确保马克思主义在高校意识形态领域的主导地位，用科学理论武装人，用正确思想引导人，保证高校始终成为培养中国特色社会主义事业建设者和接班人的坚强阵地。

首先，以马克思主义为指导是中国共产党创办新型高等教育实践经验的科学总结。

中国共产党领导下的高等教育是新型高等教育，不论是在民主革命年代和战争年代，还是社会主义建设和改革开放新时期，马克思主义的研究与传播都在高等教育的办学中处于十分重要的地位。

中国共产党成立初期，一个重要的使命就是在高校知识分子、青年学生中传播马克思主义。抗日战争时期，为了培养中国革命所需要的领导干部、军政干部、高级指挥人才，中国共产党开始在延安创办现代意义上的高等教育，成立了抗日军政大学、陕北公学、延安女子学院、鲁迅艺术学院等一批新型大学，特别注重以马克思主义为指导，用马克思主义理论武装师生头脑，激发青

* 原文发表于《中国社会科学报》2017 年 9 月 26 日 1 版。

年学生和进步知识分子参与革命的热情，推动知识分子与工农群众结合，发挥先锋作用，为新中国成立之后高等教育模式的探索提供了可借鉴的有益经验。

新中国建设初期，高等教育面临的一个重要任务就是接管、恢复、调整旧式高校，创建新型高等学校。在学习苏联经验的过程中，党中央决定创办一批新式重点大学，中国人民大学成为典范。作为我们党亲手创办的第一所新型正规大学，中国人民大学是新中国高等教育的红色源头。中国人民大学的前身是1937年诞生于抗日战争烽火中的陕北公学，以及后来的华北联合大学和华北大学。新中国成立后，中央决定以华北大学为基础，创建一所新型大学，即中国人民大学。在1950年10月3日的开学典礼上，吴玉章校长明确指出：中国人民大学学生应该成为用马列主义、毛泽东思想武装起来的，掌握最新科学成就的专家。中国人民大学是将马克思主义与现代高等教育成功结合的第一所新型正规大学，为探索如何坚持马克思主义在新中国高等教育的指导地位积累了宝贵经验。

改革开放以来，国际国内环境发生了巨大变化，高校思想建设也面临新的挑战。为牢牢把握高校意识形态工作领导权，中国共产党十分重视马克思主义理论课程在高校的开展，马克思主义思想在高等院校得到更加科学的贯彻和落实。同时，高校思想政治工作队伍得到持续加强，大学生的思想政治觉悟和马克思主义理论水平得到提升，这些举措从根本上保证了党的教育方针在高等院校贯彻实施。

其次，以马克思主义为指导是坚持社会主义办学方向的客观要求。

“大学之道，在明明德。”大学既是传授知识的场所，也是塑造和培养学生价值观的熔炉，青年的价值取向决定了未来社会的价值取向。对于青年大学生的价值观教育，决定了国家和民族的未来。高校是意识形态工作的前沿阵地，肩负着学习研究宣传马克思主义、培养中国特色社会主义事业合格建设者和可靠接班人的重大任务。能否坚持马克思主义指导地位，事关高校的正确办学方向，事关立德树人的根本任务，具有很强的政治性、战略性、全局性。

我们必须在办学方向的问题上站稳立场，巩固马克思主义在高校意识形态领域的指导地位。这就需要我们不断加强和改进高校思想政治工作，着重加强马克思主义中国化最新成果教育，让青年学生真正搞清楚什么是马克思主义，如何用科学的态度去对待马克思主义，自觉抵制错误价值观念的消极影响，真正掌握马克思主义理论的精髓，自觉用马克思主义的立场、观点和方法去认识世界、解释世界，进而改造世界，最终成长为中国特色社会主义事业的合格建设者和可靠接班人。

最后，以马克思主义为指导是实现“双一流”建设目标的内在需要。

马克思主义是科学的世界观和方法论，扎根中国大地办高等教育、办世界一流大学，要求我们必须重视用马克思主义指导高校改革发展和学科建设。高校运用马克思主义立场、观点、方法去辨明研究方向、掌握科学思维、得出合乎规律的认识，是开展具体科学研究的客观要求。在马克思主义指导下，各种学术思想和学术流派切磋交流，既有利于一流人才的培养、一流学科的建设，也有利于一流大学的创新发展。

以马克思主义为指导、扎根中国大地办高等教育同吸收借鉴国外有益经验是辩证统一的。我们要吸收世界一切优秀的人类文明成果，站在时代的高度，用远大的历史眼光，批判地吸收借鉴外国高等教育的有益经验。同时，还要认识到我国高校不仅具有一般大学的共性，还具有中国社会主义大学的特性。它应当扎根于中国大地，从中国的实际出发，继承中国教育的优良传统，适应中国社会的需要。所以，在借鉴国外一流大学发展经验特别是其哲学社会科学发展经验的过程中，必须根据中国特色社会主义事业的需要加以分辨和取舍，使之同当代中国的实际相结合，同社会主义大学的发展需要相结合，这样才能培育出具有中国特色的世界一流大学和一流学科。

坚持马克思主义在高校的指导地位必须强化问题意识

当前，国际国内形势正面临深刻转型，社会思潮和意识形态领域情况复杂。高校是意识形态工作的前沿阵地，肩负着培养中国特色社会主义合格建设者和可靠接班人的重大使命，能不能培养造就大批优秀的青年人才，是评判我们的大学办得是不是成功的根本标准。面对新时期带来的新挑战，高校意识形态领域还面临一系列有待加强和改进的方面。因此，自觉站在党和国家战略和全局的高度，巩固马克思主义在高校的指导地位，落实立德树人根本任务更加具有现实重要性和紧迫性。

首先，关注马克思主义指导思想面临各种社会思潮挑战。

放眼世界，全球战略格局和治理体系正在经历深刻变革，国际力量的较量角逐更加纵深，以价值观引领为核心的软实力竞争愈加激烈，思想文化领域斗争深刻复杂。审视国内，我国当前正处于改革攻坚期和社会转型期，社会改革和发展创新的程度持续推进，经济结构调整和利益分配调整不断深化，触及了一些深层次的社会问题。在这样的社会背景下，各种社会思潮为获得话语权和影响力交锋竞争，其中不乏一些思潮将矛头指向马克思主义在意识形态领域的指导地位，提出“马克思主义过时论”“马克思主义无用论”“意识形态淡化论”，甚至是“指导思想多元化”等错误观点，试图否定马克思主义的科学性和时代性，反对马克思主义的政治立场和指导地位。还有一些思潮错误地解读马克思主义，教条地运用马克思主义，质疑改革开放和中国特色社会主义理论与实践，试图以此来消解马克思主义的实践性和真理性。这些错误思潮在社会上产生了一定不良影响，造成了人们思想上的困惑与忧虑。

其次，防止马克思主义在高校意识形态领域被边缘化、空泛化、标签化。

马克思主义是我们党和国家的指导思想，也应在高校意识形态工作中处于指导地位。近年来，特别是党的十八大以来，马克思主义在高校意识形态领域的指导地位得到了巩固和加强。但也要看到，当前在高校马克思主义研究、宣传方面还存在一些亟待解决的问题。比如，有的人对马克思主义重视不够、理解不深，对坚持马克思主义信心不足，甚至遮遮掩掩，有意无意将马克思主义边缘化。有的人对马克思主义不求甚解、浅尝辄止，缺乏严谨认真、扎实投入的态度和作风，在研究和宣传马克思主义方面存在空洞泛化的倾向。还有的人拘泥于经典作家在特定历史文化条件下提出的观点，用个别语句剪裁现实生活，没有反映出马克思主义理论体系博大精深的丰富内涵和与时俱进的理论品格。

努力把高校建设成为学习研究宣传马克思主义的坚强阵地

长期以来，高校在学习研究宣传马克思主义、培养马克思主义理论人才方面发挥了重要作用，为推进马克思主义中国化、时代化、大众化做出了重要贡献。

习近平总书记在全国高校思想政治工作会议上强调："办好我们的高校，必须坚持以马克思主义为指导，全面贯彻党的教育方针。要坚持不懈传播马克思主义科学理论，抓好马克思主义理论教育，为学生一生成长奠定科学的思想基础。"

我们要把坚持和巩固马克思主义作为一项长期重要任务来抓，努力把高校建设成为学习研究宣传马克思主义的坚强阵地。

首先，要在"真学"上持续下功夫。

真学是基础，只有学得全面、彻底、透彻，才能去领会、坚持和运用。高校有着学习研究宣传马克思主义的光荣传统和人才优势，应该在学习传播马克思主义方面走在前列。高校党委首先要发挥好表率作用，充分发挥好党委理论学习中心组的作用，把对马克思主义的学习制度化、系统化，定期开展对马克思主义基础理论和创新理论的学习，不断提升马克思主义理论水平，进而影响和带动全校各级党组织持续深入地学好马克思主义。在学习方法上，要在校园内倡导深入扎实的学风，不能只是浮光掠影、浅尝辄止地学，而是要舍得下笨功夫、苦功夫，从马克思主义经典著作出发，精读马克思主义原著，深刻理解马克思主义的深刻内涵，掌握马克思主义的科学性和真理性。在学习内容上，要抓住马克思主义中国化最新成果这个重点，扎实推进习近平总书记系列重要讲话精神和治国理政新理念新思想新战略的学习，做好“进教材、进课堂、进头脑”各项工作，用中央最新精神武装师生头脑。

其次，要在“真懂”上持续下功夫。

“不深思则不能造于道，不深思而得者，其得易失。”只有真正懂得马克思主义的精髓要义，才能不迟疑、不犹豫，也才能真正把马克思主义内化于心、外化于行。

这就需要我们必须以整体的眼光、发展的观点、辩证的态度学习研究和宣传马克思主义。要紧扣教育根本任务，全面深入推进马克思主义教育教学，推动马克思主义理论从学科体系转化为讲授体系，使广大师生深刻理解马克思主义基本原理和理论体系的科学性。要把马克思主义的立场、观点和方法贯穿到高校思想政治工作的各个环节和各个方面，使广大师生充分了解马克思主义理论发展史和马克思主义中国化最新理论成果之间的一脉相承关系，深刻理解马克思主义与时俱进的理论品格。要通过联系世界社会主义发展史来认清非马克思主义特别是反马克思主义思潮的本质，通过对比厘清马克思主义理论的内在逻辑，理解马克思主义的科学性和真理性，引领广大师生在纷繁复杂的思潮中辨清方向。

再次，要在“真信”上持续下功夫。

我们对马克思主义的信仰，不应是宗教式的无原则接受，而应建立在对马克思主义理论体系内在逻辑性的深刻把握之上。这就要求我们必须在深刻认识马克思主义的科学性和真理性上持续用力，通过深入探讨马克思主义为何能够比以往任何理论学说都更深刻地揭示人类社会、自然界和思维世界的普遍规律，为何能够对世界历史产生前所未有的巨大影响，在解答问题中使广大师生从理论本质和科学逻辑上掌握马克思主义。还要牢记实践出真知的道理，要正确把握马克思主义的发展性和实践性，通过深入实践、深入基层来认识中国基本国情，感知火热的现实生活，感悟中国特色社会主义事业伟大成就的来之不易，深刻理解马克思主义中国化的历史进程与辉煌成就，帮助师生树立坚定的道路自信、理论自信、制度自信、文化自信。

最后，要在“真用”上持续下功夫。

无论是“真学”“真懂”还是“真信”，最终的着眼点都是“真用”。马克思主义是认识世界的工具，更是改造世界的工具。我们只有把马克思主义运用到实践之中，才能真正发挥马克思主义的价值。高等院校在办学实践中，要运用好马克思主义，首要的就是要提高政治站位，牢固树立“四个意识”，始终与以习近平同志为核心的党中央保持高度一致，不折不扣把习近平总书记系列重要讲话精神和治国理政新理念新思想新战略贯彻落实到治校理教过程中。

高校的立身之本在于立德树人，运用马克思主义指导实践，必须抓住人才培养这个中心环节，进一步加强和改进高校思想政治工作，强化马克思主义在哲学社会科学各个学科建设中的统领作用，认真践行好社会主义核心价值观，营造积极和谐的校园文化，帮助青年学子树立正确的世界观人生观价值观。同时，高等院校还承担着服务社会的重要职能，还应该在运用马克思主义指导社会实践方面贡献应有的智慧和力量，要着力打造新型马克思主义理论高端智库，积极探讨和回答中国改革开放和社会主义现代化建设中全局性、前瞻性、战略性重大理论和实践问题。

“立德树人”是高等教育的根本任务和时代使命*

“立德树人”是当今高等教育共同面对的重大时代命题。去年 12 月 7 至 8 日，全国高校思想政治工作会议在北京召开，习近平同志出席会议并发表重要讲话，强调指出高校立身之本在于立德树人。办好高等教育，办出世界一流大学，必须牢牢抓住全面提高人才培养能力这个核心点。“立德树人”这一命题深刻揭示了教育的本质规律，指明了高等教育改革发展的方向。

“立德树人”是高等教育的价值目标和时代使命

教育的本质是培养人。“立德树人”思想在中国有着悠久的历史传统，不仅体现了中国共产党高等教育思想的核心理念，而且反映了中国传统教育思想的理论精髓，也是对国际高等教育实践经验的吸收借鉴，是新时代全球高等教育改革的共同追求和方向。

第一，“立德树人”是中国共产党高等教育思想的核心理念。

教育以育人为本。回顾与总结中国共产党创办高等教育的实践历程，“立德树人”是中国共产党始终不变的重大关切。

中国共产党创办的高等教育起步于革命时期，目标是培养造就一批堪担重任、致力于民族解放的“革命先锋队”。在民族危机日益严重的形势下，中国共产党为满足全面抗战的需要，创办了一批以抗日军政大学、陕北公学、延安女子学院、鲁迅艺术学院等为代表的革命根据地大学。这一时期高等教育的办学目标是培养一大批具有强烈的民族意识和坚定的革命战斗精神的“革命先锋队”，培养万千谋求民族解放的干部人才。中国人民大学的前身就是在硝烟战火中诞生的陕北公学，今年是我们学校建校 80 周年，我们把“始终奋进在时代前列”作为校庆的主题，就是要勉励自己不忘培养“人民共和国建设者”的

---

* 原文发表于《中国高等教育》2017 年第 18 期。

光荣使命，不忘“与党和国家同呼吸共命运”的政治追求，不忘“实事求是、艰苦奋斗”的精神品格。

中国共产党创办的高等教育发展于新中国，目标是培养造就一批为社会主义建设服务的“人民共和国建设者”。新中国成立后，百业待举，共产党通过发展高等教育培养了大批为国家建设服务的人才。毛泽东在《关于正确处理人民内部矛盾的问题》一文中指出：“我们的教育方针，应该使受教育者在德育、智育、体育几方面都得到发展，成为有社会主义觉悟的有文化的劳动者。”这一时期高等教育的办学目标是培养造就一批德才兼备的“人民共和国建设者”。

中国共产党创办的高等教育腾飞于改革开放时期，目标是培养造就一批社会主义“合格建设者和可靠接班人”。改革开放以来，我们更加深刻地认识到高等教育发展水平是一个国家综合实力和国际竞争力的重要标志。如今，我们比历史上任何时期都更加接近中华民族伟大复兴的目标，这就更加需要发挥高等教育的作用，大力培养一大批德智体美全面发展的社会主义建设者和接班人，为民族复兴提供人才支撑。

回顾中国共产党创办高等教育的历史，我们深刻认识到“立德树人”思想贯穿并发展于中国革命、建设与改革的各个历史时期，是中国共产党教育思想的核心体现。

第二，“立德树人”是中国传统教育思想的理论精髓。

“立德树人”思想由来已久，是中国传统文化中一以贯之的价值取向和理论精髓。《礼记》中讲道，“大学之道，在明明德，在亲民，在止于至善”，强调教育的目标在于通过确立和弘扬“光明正大”的德行，塑造人格，树立精神，培养知行合一、德才兼备的人才。可以说“立德树人”思想以传统价值观为精神滋养，是贯穿于中国传统教育思想的一条主线。具体体现在三个方面：

首先，中国传统教育思想始终注重“德性”的养成，注重修身养性。孔子的“君子之道”，《大学》的“诚意正心”，《中庸》的“明善诚身”，强调了崇德修身的“个人之德”；管仲的“仓廪实而知礼节，衣食足而知荣辱”，强调了崇德向善的“社会之德”；孔子的“为政以德”，孟子的“仁政思想”强调了崇德善治的“国家之德”。德育思想从国家、社会、个人三个层面展开，贯穿于传统文化的发展脉络之中。

其次，中国传统教育思想始终强调德才并重，以德为先。古代“君子六艺”思想主张培养在德育教育、传统文化、音乐礼法、知识技艺等方面具备综合素质的全面发展的人；著名教育家颜之推的“德艺周厚”思想主张道德素养、才能学识二者缺一不可。这些都是在强调通过教育应当培养德才兼备的人，培养德、体、智、美、劳全面发展的人。

再次，中国传统教育思想始终主张“修身齐家治国平天下”，从提升个人做起。“经术所以经世，方不为迂儒之学”。教育的目标不仅仅指向个人思想品德的高境界和素质能力的高水平，培养出来的不是独善其身、两耳不闻窗外事的道德至上主义者，它更强调对社会、对国家的责任担当。孔子提出“学而优则仕”，张载提出“为天地立心，为生民立命，为往圣继绝学，为万世开太平”，顾炎武提出“天下兴亡，匹夫有责”，林则徐提出“苟利国家生死以，岂因祸福避趋之”。教育是为了培养有理想有担当、有“家国情怀”的有志之士，这是中华民族文化传统中的重要思想精粹。

由此我们可以看到，“立德树人”思想产生于中华文明的沃土，来源于传统文化的滋养。因此，今天我们强调“立德树人”，既是对中华传统教育思想精华的弘扬，也是回应当今时代社会发展而做出的与时俱进的创新。

第三，“立德树人”是国际高等教育改革的共同潮流。

放眼全球，高等教育改革方兴未艾，“立德树人”并不是一个中国独有的概念，它是“中国话”，同样也是“世界语”。可以说，培养出德才兼备、全面发展的人才是21世纪高等教育改革的共同潮流，“立德树人”的教育理念属于人类文明的共同体。

世界各国都非常重视价值观念的引领和思想品德的塑造，这是世界教育发展趋势中不可或缺的核心内容。2015年，联合国教科文组织发布题为《反思教育：向“全球共同利益”的理念转变?》的报告，提出教育应当以人文主义为基础，强调为人类共同的利益承担责任，教育应当远离功利主义和经济主义，更多地纳入价值观、公民美德和正义感。2006年，《美国高等教育行动计划》出台，该计划规划了未来10年至20年美国高等教育走向，突出强调了高校对社会的责任担当的问题。日本在教育改革中提出“在21世纪把日本建设成为富有创造性的充满活力的国家”这一战略目标，明确指出要通过教育引导学生树立正确的道德观念，培养“心胸宽广，体魄强健，富有创造性，具有自由、自律和为公共利益服务精神，面向世界的”人才。此外，各国都在通过“人文教育”“通识教育”“社区实践”等德育教育的方式，着力培养有责任感的合格社会公民和建设者，使其在实现自我价值的同时为社会做贡献。

可以说，“立德树人”是在充分借鉴和吸收国际高等教育的理论总结与实践经验基础上提出的教育理念。中国有句古话：“德不孤，必有邻。”我们的很多专家学者都是国内外知名的教育家、教育工作者、教育研究者，我们都在共同致力于培养德才兼备、全面发展的建设者，为人类更加美好的未来提供人才支撑，这是时代赋予我们的共同使命。

准确把握“立德树人”的核心要义和基本内涵

“立德树人”是对人才培养规律的精辟概括和深刻总结。深化高等教育改革，推进教育现代化，必须围绕“立德树人”这个中心环节，首先应当准确把握“立德树人”的基本内涵。

“立德树人”从字面上理解，即为：立德和树人。所谓“立德”，就是指树立德业。《左传》载：太上有立德，其次有立功，其次有立言。虽久不废，此之谓不朽。意思是说人生最高的境界首先是完善人格、实现道德理想，其次是追求事业、建立功业，再次是著书立说、传播知识。这三者是人生不朽的表现，但“立德”居于人生三不朽之首。何谓“树人”？意思是培养人才。《管子·权修》：“一年之计，莫如树谷；十年之计，莫如树木；终身之计，莫如树人。”这段话用对比的方法深刻论述了人才培养对于国家发展、社会进步所具有的重大意义。经过后世的语言演化，立德和树人被并列使用，成为一个成语。立德在前，强调立德是树人的前提和基础；树人在后，强调树人是立德的指向和目标。

那么在当代高等教育的具体语境中，又应该如何理解和把握“立德树人”的基本内涵呢？我认为，其至少包含以下四个方面的内容：

首先，“有德行”是“立德树人”的灵魂指归。德行，指的是一个人所具有的理想信念、道德修养、人格品质的总称，也就是一个人所信奉和践行的价值观念。把“有德行”作为“立德树人”的灵魂指归，并非心血来潮，而是人类社会教育实践经验教训的深刻总结。中国古人语：才者，德之资也；德者，才之帅也。强调德和才相比，德永远应该处于统帅的地位。一个人只有把道德置于心中最高的境界，才能真正成为一个对社会有用的人才。如果价值观上出现偏差，才能越大，对社会的危害性也就越大。正所谓：德才兼备是正品，有德无才是次品，无德无才是废品，有才无德是危险品。特别是在科技飞速发展的今天，如何运用科技成果是一个关乎价值选择的问题。

爱因斯坦有句名言：“我们不要忘记，仅有知识和技术不可能使人类过上一种快乐而有尊严的生活。人类绝对有理由将高道德标准和价值观念的倡导者，放在客观真理的发现者之上。”阐述的就是科学性和价值性相统一的问题。在21世纪的今天，更加需要把人才的价值观培养放在高等教育重中之重的位置，改变那种重“器”轻“道”的理念，把价值观念的培养贯彻到人才培养的全方位、全过程之中，这样才能培养出对国家、对社会、对人民的有用之才。

其次，“有才学”是“立德树人”的重点目标。才学，指的是一个人所掌握的实际本领和学问。现代高等教育培养的人才，必须是掌握现代科学文化知识的高素质人才。现代大学分科设系架构的形成，一个重要的目的就是推进知识创新，培养更多掌握专业知识和技能的人才。对于一个现代人才而言，具备了良好的道德品行，还仅仅是走向社会、回馈社会的基本前提，只有掌握了现代科学技术知识，才能够谈得上为社会为国家贡献更大力量，也才能更好地彰显和证明自身所具有的高尚品质。特别是现代科学知识日新月异，知识的专业化程度越来越高，青年学子不下苦功夫掌握真才实学，就个人而言就难以在社会上立足，就国家而言就难以在激烈国际竞争中占据有利的位置。这就需要高等教育紧紧围绕培养具有创新能力和实践能力的合格人才这个重点来推进课堂教学、科学研究、管理体制等的改革创新。

再次，“有根基”是“立德树人”的基本要求。根基，就是指一个人所持有的文化立场和家国观念。一个合格的高素质人才，一定是一个有“根”的人、有“魂”的人，知道自己的人生应该在哪里用力、对谁用情、如何用心、做什么样的人。如果魂无所依，内心飘忽不定，就不可能具有高尚而坚定的人生信仰。高等教育要“立德树人”、培养出合格的人才，就必须夯实青年学子成长与发展的“根基”问题。这就需要我们的高等教育始终立足中国国情、脚踏中国大地，用优秀的传统文化和先进的现代文化浸润青年学子的心田，不断激发出他们的家国情怀，增强他们的文化自信，帮助他们终身树立坚定的人民立场，真正理解“什么样的中国，才是我们引以为豪的伟大国家？什么样的社会，才是令人向往的理想家园？什么样的人生，才有内心的安宁和恒久的幸福?”。

最后，“有格局”是“立德树人”的重要内容。格局，就是指一个人的认知能力所体现的胸襟和眼界。现代高等教育培养的人才，应该有“大格局”“大情怀”，具有世界眼光和对全人类的悲悯情怀，既不是“精致的利己主义者”，也不是“狭隘的民族主义者”。习近平同志提出：“同为地球村居民，我们要树立人类命运共同体意识。”随着全球化的不断深入发展，各国的利益和命运比以往任何时候都更加紧密地联系在了一起。这就对我们高等教育提出了新的要求：如何通过教育使更多的人能够摆脱民族主义的狭隘眼光，真正站在全球的角度、全人类命运的角度去思考问题、思考人生、思考未来。

高等教育改革创新的关键在于落实“立德树人”的根本任务

纵观世界各国的教育改革，我们发现，高等教育改革所要破解的根本性难题，并不是经费投入、基础建设、校园环境等硬件方面的问题，而是让高等教育回归本位，围绕“立德树人”来开展教育教学，培养具有正确价值观念、完善知识结构、扎实创新能力、宏大国际视野的高素质人才。

第一，必须重视价值观念的塑造。今天，我们面临的是一个价值多元、诱惑较多的变革时代，因此比以往任何时候都要求高等教育将价值观念的塑造放在核心位置，这是当今高等教育改革创新的首要任务。

一是要通过系统的教育教学完成价值认同、价值传承、价值传导。通过开展人文教育、通识教育、经典阅读等形式，引导学生正确认识个人与社会、与国家、与人类之间的辩证关系，促使学生将个人的价值和理想与社会的整体发展目标结合起来，在追求个人目标、实现个人价值的基础上推动社会的点滴进步。

二是要依托大学精神和历史传统营造高雅的校园文化，发挥潜移默化的熏陶作用。大学在存在和发展中都会形成自身独特的气质，弘扬大学传统、大学精神，应当以校风、校训、校史、校情为依托，利用开学典礼、毕业典礼等重大仪式和重大节庆日等契机，开展丰富多彩的校园文化活动和形式多样的主题教育活动。

第二，必须重视知识和能力结构的完善。在当今知识经济的时代，一个人能否有所创造发明，对社会做出贡献，不完全取决于他所拥有的知识量，而更依赖于他是否具有合理的知识结构和能力结构。高等教育要培养能够适应时代要求、发挥自身才能、推动社会进步的高素质人才，必须授人以渔，优化学生的知识结构和能力结构，使之能够较好地适应环境的变化，拥有终身学习和自主学习的能力。

一是要围绕现代社会对高端人才的知识需求进行系统的知识传授。通过设置科学的人才培养规划、完成系统的教育训练，使学生具备宽厚的基础知识和精深的专业知识，培养学生利用书籍、互联网等相关工具更新已有知识和学习新知识新技能的能力。二是要借助校园环境培养学生多样化的生存能力和发展潜能。通过教师、管理者和学生三者的互动，有效培养学生的人际交往、组织管理、表达沟通、参与竞争、做出决策的能力，让他们能够适应复杂多变的社会环境，成为具备较强综合素质的高端人才。

第三，必须重视创新能力的培养。创新能力是高层次、高素质人才必备的核心竞争力。钱学森曾说："所谓优秀学生，就是要有创新。没有创新，死记硬背，考试成绩再好也不是优秀学生。"高等教育之所以"高等"，根本在于培养一大批"敢为天下先"的创新人才。

一是在于培养学生的创新精神。这就要求高校打破固化的教育观念，充分激发学生的探索欲和好奇心，真正树立"吾爱吾师，但吾更爱真理"的教育精神，建立容错机制，鼓励探险、允许试错、容忍失败，真正形成鼓励独立思考、自由探索、勇于创新的教育环境。

二是要改革教育体制机制，形成相互切磋、教学相长的方法体系。真正做到以"学生为本"，将最新的科技文化前沿知识纳入到教育教学过程中来，善用启发式教学，创新教学方式和手段，真正将教育的成果落实到人才素质的全面提升上来。

三是要注重因材施教，构建青出于蓝而胜于蓝的教育氛围。这就要求我们必须把每一位学生都作为一个成熟、独立的个体来尊重和培养，鼓励个性发展、尊重求同存异，根据学生的实际情况制定和实施个性化的培养方案，使学生养成终身受用的良好习惯、获得未来发展的多种准备。

第四，必须重视社会实践的养成。中国古代文学家陆游有句诗："纸上得来终觉浅，绝知此事要躬行。"当前，社会实践是落实"立德树人"中极为薄弱的环节，也是各国提高人才培养质量的重要突破点。要有效地解决社会实践与知识学习不相匹配的问题，真正使大学生成为"读万卷书、行万里路"的高端人才，培养和造就一批既能"仰望星空"志存高远，又能"脚踏实地"知行合一的大学生。

一是要加强实践教学。通过加强实践教学，让学生在广阔天地中巩固已有知识、修正错误知识，并且将所学知识转化为推动经济社会发展的实践能力，真正做到学以致用。

二是要为学生社会实践提供充足的保障，推动大学生广泛参加社会调查、生产劳动、志愿服务、公益活动、科技发明和勤工助学等活动，通过社会实践磨炼意志、锤炼品格，促进大学生更好地成长成才。理论联系实际是中国人民大学的优秀办学传统，也是学校一直以来所坚持的教育理念。从 2012 年起，中国人民大学连续组织实施"千人百村"社会调研活动，每年利用暑假派出数百支团队、数千名学生奔赴全国一百多个自然行政村，开展问卷调查和田野观察。

第五，必须重视国际视野的拓展。随着全球化向着更加纵深的方向发展，各个国家都在更加深入地参与全球治理，我们的生存与发展已经被纳入"地球村"之中。高等教育应当培养出具有世界格局和国际视野，能够承担起全球责任、具备国际交往能力的新一代青年。

一是要注重教育内容的通用性，培养具有国际知识水平的人才。在保持本国、本民族特性的基础上鼓励开放办学、多元交流，充分利用全球范围内的优质教育资源革新教育内容、变革教育方式、提升教育品质，让学生以理智、从容的姿态了解多元文化。

二是要拓展国际交流渠道，培养跨文化交往沟通能力。加强不同地区、不同种族、不同文化的教育交流，尤其要大力推动发展中国家、发达国家与相对落后的国家地区之间青年大学生的交往互动，鼓励大学生参与国际规则、国际规范的制定和修改，为真正建立一个相互尊重、平等相待的和谐世界贡献力量。

高等教育的历史源远流长，在欧洲，可以追溯到光辉灿烂的古希腊时期，在中国，可以追溯到百家争鸣的春秋战国时期，古今中外高等教育一以贯之的核心使命就是"立德树人"。当前，高等教育正处于变革的时代，既面临改革的契机和发展机遇，也面临着各种挑战和难题，唯有坚持"立德树人"，落实"立德树人"，方能坚守大学使命，履行大学职责。

珍惜“学缘”，做一名合格的人大人*

金秋九月，北京一年中最美好的季节，中国人民大学迎来了又一批青年才俊，祝贺大家成为一名光荣的人大人。20 天后的 10 月 3 日，我们将迎来学校 80 岁华诞。同学们，80 岁的人大欢迎 18 岁的你！借此机会，也要向含辛茹苦养育你们的家长表示崇高的敬意！

刚才，我们对 2017 年获得北京市优秀教师等荣誉称号的教师和从教 30 年的教职工进行了表彰，正是这样一代代优秀的教师群体撑起了中国人民大学这块金字招牌。这个表彰为我们今天的开学典礼增加了喜庆的氛围，更为同学们认识我们的老师创造了一个很好的条件。今天，由我代表学校领导班子和全体教师与同学们交流对中国人民大学、对大学生活的理解，这既是大家进入中国人民大学后的第一堂课，也是对大家度过未来几年在校学习生活的领读。

中国人历来讲求缘分，人一生中最重要的缘分，一是“血缘”，二是“学缘”。“血缘”与生俱来，而从大家跨入中国人民大学校门的一刻开始，“学缘”将在你们的人生中扮演重要的角色。同学们与中国人民大学结缘，学校将用自己的灵魂和积淀，带给你们独特的知识品位和精神气质，赋予你们一种镶嵌在生命中的身份标识。这种“学缘”留下的烙印，就是我们这所大学文化的核心与精髓。今天，借这个仪式，我想借“学缘”这个话题与大家交流一下如何认识中国人民大学、如何做一名合格的人大人。

把握人大“学缘”，首先要读懂人大，了解这所大学，感受一份自豪与自信，承担一份责任和使命

——读懂人大，就要认识和体会这所大学“始终与党和国家同呼吸共命运”的红色基因

梳理中国近现代高等教育发展的历程，能清楚地看到两大脉络：一脉是受

* 原文发表于《北京教育（德育）》2017 年第 9 期。

列强坚船利炮和科技发展冲击而建立的北洋大学堂、京师大学堂、南洋大学堂等一批新式教育机构，另一脉是中国共产党在革命战争年代创办的抗日军政大学、陕北公学、延安女子学院、鲁迅艺术学院等一批具有红色基因的新型大学。正是这两大源流，逐步汇聚发展形成了今天中国高等教育的体系与格局。

中国人民大学的前身是 1937 年诞生于抗日烽火中的陕北公学。毛泽东同志赞扬陕公“是中国进步的一幅缩图”，曾先后 9 次到学校发表演讲，并称“中国不会亡，因为有陕公”。谈到来陕北公学求学的经历，我们的老校友说，到陕北公学读书要经历严格的“考试选拔”。他们不仅要跋山涉水，还要突破封锁线。正是这条奔赴延安、求学陕公的道路，坚定了众多年轻学子抗日救国的信念。今年暑假，学校领导班子成员分工分段沿着陕西—河北—北京这条学校当年办学的轨迹走了一遍，与陕北公学、华北联合大学、华北大学、中国人民大学建校初期的校友代表见面，重温学校的光辉历史，回顾和总结我们党创办新型高等教育的理论和实践经验。我们大家有一个共同的感受，就是对“始终与党和国家同呼吸共命运”这 13 个字有了更深的理解。从陕北公学诞生之日起，我们这所大学就与党和国家的命运紧紧相连。对中国人民大学 80 年的历史有这样一段精准的描述：她在挽救民族危亡的抗日烽火中诞生，在新中国的建设中成长，在“文革”的艰苦岁月中磨砺，在改革开放的大潮中新生，在新世纪的征程中腾飞。“始终与党和国家同呼吸共命运”，是这所学校与生俱来的基因，是人大精神的首要体现。

——读懂人大，就要认识和体会这所大学“实事求是”的校训精神

校训是一所学校的精神标志，反映着这所大学最本质的价值追求和校风学风。中国人民大学以“实事求是”为校训，这四个字既是中华民族优秀传统文化的精华，也是中国共产党永葆生机活力的思想精髓。“实事求是”的校训潜移默化地在一代代人大人身上烙下了鲜明印记，滋养了这个追求光明、追求真理、追求进步的群体。80 年前，毛泽东同志在给陕北公学开学的题词中写道，陕北公学要造就的“不是狂妄分子，也不是风头主义者，而是脚踏实地富于实际精神的人们。中国要有一大群这样的先锋分子，中国革命的任务就能够顺利解决”。同学们今后阅读校史会发现，自学校诞生之日起，在中华民族的重大转折关口和共和国建设的重要历史节点上，都会有人大人的身影。从改革开放初期撰写《实践是检验真理的唯一标准》的胡福明校友，到改革开放新时期撰写通讯《东方风来满眼春》的陈锡添校友，再到新世纪“人民满意的好法官”宋鱼水校友，正是“实事求是”的校训精神，铸就了这所令人敬重的大学和一批杰出的校友，成为我们最为宝贵的精神财富。

——读懂人大，就要认识和体会这所大学“始终奋进在时代前列”的光荣传统

中国人民大学由中国共产党亲手缔造，也是新中国创办的第一所新型正规

大学，她的诞生和发展，她的追求和成就，她的精神和品质，都与党和国家的发展进步息息相关。中国人民大学 80 年的发展历史，可以说是中国共产党和新中国创办新型高等教育的真实写照和生动缩影。学校及其前身与新中国一大批高等学府的组建、成立、发展、壮大都有着重要关联。我校同中国农业大学、北京理工大学、北京外国语大学、中央民族大学、中央美术学院、中央音乐学院、中央戏剧学院、外交学院等一大批高校都有着深厚渊源。

中国人民大学被称为新中国人文社会科学高等教育的“工作母机”和“排头兵”，这是因为，我国人文社会科学的许多学科和专业都发端于中国人民大学。新中国法学、新闻学等学科的第一位博士以及新中国培养的第一位外籍文科博士都毕业于中国人民大学。人口学、行政管理学、知识产权等一大批与现代经济社会紧密相关的专业也都肇始于中国人民大学。等等。今天的中国人民大学，已经发展成为中国人文社会科学高等教育科学研究和人才培养的高地和重镇，并形成了以“主干的文科、精干的理工科”为特点的学科专业体系。在教育部 2013 年公布的全国最新一轮一级学科评估结果中，我校排名第一的一级学科数量达到 9 个，在人文社会科学领域位居全国高校首位，学科总数排名位居全国高校第三位。当前，在推进“双一流”建设过程中，中国人民大学正以昂扬进取的姿态，向着“人民满意、世界一流”的目标奋斗。

这些成绩的取得，源于一代代人大人的不懈奋斗，源于“始终奋进在时代前列”的光荣传统，凝结了中国人民大学从战火中走来、在时代中奋进的精神品质，反映了中国人民大学“立学为民、治学报国”的办学理念，体现了中国人民大学崇尚人文、与时俱进的学科特色。这些宝贵的办学财富，已经深深融入人大人的精神和血脉之中。

把握人大“学缘”，也要读懂自己，谋划好大学生活，确立一个目标与方向，提升一种境界和追求

对同学们而言，进入中国人民大学、开启大学生活，和以前最大的区别就在于即将迎来独立支配学习生活、独立处理人际关系、独立面对内心世界的人生新阶段。在此，我从三个角度跟大家聊一聊如何处理好这些关系，希望大家把自己“归零”，以平和的状态重新出发、用心成长，做一个有追求、大格局、爱思考的人大人。

——希望大家做一个有追求的人大人

最近网络上有一个话题比较热：当下的年轻人普遍有成功焦虑症，这幅青春素描被称为“‘90 后’中年危机”。不同时代的青年面临不同的矛盾、不同的问题、不同的困惑。有句话这样说，“没有哪一代人的青春是容易的”，千万

不要让对生活的过分焦虑和对某些功利的过度渴望影响了本应宁静、宝贵的大学生活。人的一生一定要有一段“读书不为稻粱谋”的时光，这对于大家的成长极为重要。

“得其大者可以兼其小”，作家斯蒂芬·茨威格在《人类群星闪耀时》一书中曾说：“一个人的最大幸运，莫过于在他人生的旅途中，在他年富力强时发现了自己的人生使命。”对一个国家、一个社会来说，青年的价值取向决定了未来的价值取向。同学们身处一个伟大的时代，世界正处于深刻的变革之中，中华民族将迎来伟大的复兴，只有把人生理想融入国家和民族的事业中，才能最终成就一番事业。

上周末，学校话剧团的同学们自编自导自演的话剧《吴玉章》精彩上演，在座的不少同学也观看了演出，想必都被“一辈子只做好事”的老校长深深感动。其实，中国人民大学不仅有从辛亥革命就开始见证和参与中国革命与进步、被称为“延安五老”之一的吴玉章老校长，还有“长征路上唯一的大学教授”成仿吾老校长，还有“不当省长当校长”的郭影秋老校长，还有临终遗嘱退回公房、一辈子淡泊名利的张腾霄老书记，等等。80 年的校史积淀丰厚，有很多洗礼精神、启迪心灵的人物故事。大家继承和弘扬学校前辈的精神传统，很重要的一点就是要树立与时代主题同心同向的理想信念，扣好人生的第一粒扣子，把眼光放长远一点，让灵魂站得更高一些，自觉把个人理想追求融入国家和民族的事业之中，书写无愧时代的青春之歌和精彩人生。

——希望大家做一个大格局的人大人

同学们经历激烈的竞争进入中国人民大学，每个人都可以自豪地说“在人生的这个阶段我是成功者”。但不久之后你可能会发现身边的每个同学都是那么优秀，甚至很快，原来处在同一起跑线的同学中有人会跑到你的前面。这也许是我们每个人都要面对的大学生活中非常真实的一面。

在这里，我与大家分享一个体会——人生的旅程，不是短跑而是长跑。大学生活也是一段发现精彩、发现热爱、发现使命的自我探索之旅。在这个过程中，学习上的竞争是为了获得求知的快乐、分享的快乐，促进自我与他人的共同发展和提升。这个暑假，学校领导班子到全国各地看望陕北公学、华北联大、华北大学时期的老校友，交谈中他们都提到，那时候是冒着生命危险、放弃了自己相对优越的生活条件到陕北公学、华北联大、华北大学求学的，有些还放弃了其他高校录取的资格。他们都谈到，做出这样的选择，就是为了给民族解放和民族复兴增添一分力量。这体现了一种家国情怀，体现了对待人生的大格局。

有一句谚语说，“再大的烙饼也大不过烙它的锅”。这句话告诉我们，从某种意义上说，格局决定人生。大学生活会收获成功和喜悦，也会面临困难和压力，希望大家保持一颗平常心。有句话说得好，“能面对平凡，就是不平凡”。

因此，大家在学习、生活、交友中要学会宽容、学会合作；在眼界、胸襟上要学会做“乘法”，放大胸怀，磨炼意志，提升格局。

——希望大家做一个爱思考的人大人

人格的养成是大学里的重要一课，多读书、善思考、带着问题读好书是大学生活的重要内容，也是培养健全人格的重要途径。诗人黄庭坚曾说过：“人不读书，一日则尘俗生其间，二日则照镜面目可憎，三日则对人言语无味。”可见读书在古人眼中，是一件可以“美容”的事。但更重要的是，在阅读中、在与古往今来的作者对话中，你也在与自己对话，丰富自己的人生感受。互联网时代读书的重要意义更为凸显。我国著名的哲学史家、宗教学家，也是我校著名教授的方立天老先生，在学校图书馆的库本阅览室曾有一张专门的桌子，他几十年如一日每天早早地来读书，“十年坐得冷板凳”的背影成了人大校园里一道独特的风景。在中国人民大学，有一批这样的老中青学者，他们用行动为读书代言。

读书和思考是融会贯通的整体，希望同学们把读书当作一种爱好、一种责任、一种生活方式。当然，既要多读有字之书，也要多读无字之书。请同学们关注并积极参与学校众多且各具特色的品牌项目，比如“千人百村”暑期社会调研活动、“读史读经典”等系列活动。总之，在读书过程中培育思考的能力，掌握科学的思维方式，学会用正确的立场观点方法分析问题，形成有独特见地的知识结构和价值体系。要在读书与思考中善于把握历史和时代的发展方向，善于把握社会生活的主流和支流、现象和本质，正确认识世界和中国发展大势，正确认识中国特色和国际比较，正确认识时代责任和历史使命，正确认识远大抱负和脚踏实地。

同学们，习近平总书记曾对广大青年说：“人的一生只有一次青春。现在，青春是用来奋斗的；将来，青春是用来回忆的。”大家选择中国人民大学，就是选择一种奋斗的生活，就是选择一种进取的人生。相信在同学们毕业离开学校、走向社会时，一定会为今天选择了中国人民大学，成为一名人大人而骄傲和自豪！祝福大家能够度过一段让你铭记一生、幸福一生、奋斗一生的大学时光！

“聚天下英才而用之” 努力开创高校党外知识分子工作的新局面*

党的十八大以来，以习近平同志为核心的党中央，高度重视“大统战”工作格局中具有“基础性、战略性”特殊地位的党外知识分子工作，对如何做好新形势下的党外知识分子工作，富有针对性、前瞻性地提出了一系列新理念新思想新战略和重大举措，体现了深厚博大的历史思维、总揽全局的战略思维和与时俱进的创新思维，有机构建了习近平总书记统一战线重要思想之“党外知识分子工作篇”，成为新形势下指导党外知识分子工作的纲领性文献和行动指南。

习近平总书记明确指出：我国广大知识分子是社会的精英、国家的栋梁、人民的骄傲，也是国家的宝贵财富。中国共产党历来高度重视知识分子。党外知识分子工作，是统一战线的基础性、战略性工作。做党外知识分子工作，不仅要增强责任意识、配强工作力量，还要改进工作方法，学会同党外知识分子打交道特别是做思想政治工作的本领。各级领导干部要善于同知识分子打交道，做知识分子的挚友、诤友。要充分信任知识分子，重要工作和重大决策要征求知识分子意见和建议。全社会都要关心知识分子、尊重知识分子，营造尊重知识、尊重知识分子的良好社会氛围。要以识才的慧眼、爱才的诚意、用才的胆识、容才的雅量、聚才的良方，广开进贤之路，把各方面知识分子凝聚起来，聚天下英才而用之。其中蕴含的丰富而深刻的马克思主义唯物史观和辩证法的思想内核和政治智慧，需要我们在做党外知识分子工作中切实领会和把握。

今年是中国共产党在新中国创办的第一所新型正规大学——中国人民大学的八十年校庆。八十年来，这所诞生于全民族抗战烽火中、革命圣地延安窑洞中，浓缩了中国共产党创办中国高等教育红色基因、红色积淀的高等院校，始终与中国共产党和人民共和国同呼吸、共命运，“始终奋进在时代前列”，始终秉持“立学为民、治学报国”的办学宗旨和“人民满意、世界一流”的办学目

---

* 原文2017年9月29日发表于中国统一战线新闻网。

标。中国人民大学在努力打造“人民共和国建设者的摇篮”、“人文社会科学高等教育的重镇”和“马克思主义教学与研究的高地”这三大办学品牌的过程中，一直高度重视作为革命、建设、改革重要法宝的统一战线，高度重视党外知识分子工作，团结、带领广大党内外知识分子，围绕中心、服务大局、凝心聚力地为中国共产党领导的中国特色社会主义高等教育事业大厦添砖加瓦，并逐步探索形成了以统一战线理论学术研究为基础、统一战线理论专业教学为支撑、统一战线理论干部培训为社会转化出口之“三位一体”的中国人民大学统一战线工作的特色和优势，为探索新形势下加强和改进高等院校的统一战线工作做出了独特的贡献。可以说，一部八十年的中国人民大学发展史，就是一部中国共产党创办和领导中国高等教育的理论和实践探索史、发展史、创新史，一部中国共产党在新型正规大学开展和领导统一战线工作的探索史、发展史、创新史。

统一战线工作的核心要义是做人的工作、做人心的工作，是在巩固共同思想政治基础上，团结一切可以团结的力量，为党和国家中心工作服务，为中国特色社会主义事业和中华民族伟大复兴事业服务。在建“公约数”、画“同心圆”的过程中，对于党外知识分子，无论是政治引导，还是思想教育，“春风化雨”、“润物无声”和“水滴石穿”、“久久为功”是最基本的工作方式，要有大胸襟、大气度。要按照习近平总书记所谆谆教导的那样——“对来自知识分子的意见和批评，只要出发点是好的，就要热忱欢迎，对的就积极采纳。即使一些意见和批评有偏差，甚至不正确，也要多一些包容、多一些宽容”。

高等院校汇集了统一战线各个方面的代表人物，是党外知识分子尤其是中高级党外知识分子的荟萃之地，是海外归国留学人员比较集中的地方，涉及面广、综合性强、影响力大，是中国共产党统一战线工作的重要阵地和重要窗口。高等院校统一战线工作最具规律性的特征，就是必须充分尊重广大党内外知识分子的主体地位和专业所长，必须充分尊重广大党内外知识分子“修身、齐家、治国、平天下”和“为天地立心，为生民立命，为往圣继绝学，为万世开太平”的报国热忱和“入世”精神，必须充分尊重广大党内外知识分子投身中国特色社会主义事业和中华民族伟大复兴事业的责任担当、使命感和主观能动性。因此，我们要做好新形势下的党外知识分子工作，就必须按照习近平总书记所谆谆教导的那样——“努力为广大知识分子工作学习创造更好条件……加快形成有利于知识分子干事创业的体制机制，放手让广大知识分子把才华和能量充分释放出来。要遵循知识分子工作特点和规律，减少对知识分子创造性劳动的干扰，让他们把更多精力集中于本职工作。”

目前，中国人民大学广大师生员工、广大知识分子正以饱满的政治热情，在“双一流”建设的征程中，喜迎党的十九大胜利召开。我们坚信，在以习近平同志为核心的党中央坚强领导下，我们党的各项事业、各项工作——包括统一战线工作和党外知识分子工作一定会展现一个更加光明的辉煌前景。

肩负起繁荣发展哲学社会科学的历史使命*

习近平总书记在5月17日主持召开的哲学社会科学工作座谈会上发表的重要讲话，系统论述了繁荣发展哲学社会科学的重大意义，深刻揭示了哲学社会科学繁荣发展的内在规律，明确勾画出我国哲学社会科学发展的目标和蓝图，反映了中国特色社会主义理论新成果，为新时期构建中国特色哲学社会科学提供了指导思想和行动纲领，指明了努力方向。

哲学社会科学的发展水平反映一个民族的思维能力、精神品格、文明素质，体现一个国家的综合国力和国际竞争力。包括中国人民大学在内的我国一大批高等学校拥有较完备的哲学社会科学学科体系，担负着开展哲学社会科学高等教育、培养哲学社会科学优秀人才的重要任务，是我国哲学社会科学事业的主力军，承担着构建中国特色哲学社会科学、建设社会主义强国的光荣使命和崇高责任。当前，深入贯彻习近平总书记重要讲话，最根本、最重要的任务就是要始终不渝地坚持马克思主义指导地位，结合中国实际，立足中国国情，为构建中国特色哲学社会科学做出积极贡献。

把好发展方向，旗帜鲜明坚持马克思主义指导

马克思主义是社会主义意识形态的旗帜和灵魂，也是中国共产党的建党之基。习近平总书记在讲话中深刻指出：“坚持以马克思主义为指导，是当代中国哲学社会科学区别于其他哲学社会科学的根本标志。”哲学社会科学既是一种科学的知识体系，也是一种具有意识形态属性的价值体系；哲学社会科学既要解决“是什么”“为什么”的科学问题，也要解决“为谁主张”“为谁服务”的价值追问。我们要旗帜鲜明、理直气壮地坚持马克思主义指导地位，一以贯之地将马克思主义的立场观点方法贯穿到哲学社会科学的各个领域。

---

* 原文发表于《中国高等教育》2016年第12期。

中国人民大学向来享有“马克思主义教学与研究的高地”的美誉，我们将积极探索有中国特色的高校哲学社会科学繁荣发展之路，努力整合古今中外的各种学术资源，融会贯通马克思主义、中华优秀传统文化、国外哲学社会科学三方面的资源，建设好马克思主义学院和相关学科，完善马克思主义理论学科发展新机制。积极参与马克思主义理论研究和建设工程，深化马克思主义基本观点和经典著作文本、马克思主义理论发展前沿问题和最新成果、中国特色社会主义理论体系的教学与研究，深化社会主义核心价值体系的教学与研究，加强马克思主义基础学科以及以马克思主义为指导的具体学科的建设，形成全面反映马克思主义中国化最新理论成果的学科体系和教材体系，推动中国特色社会主义理论体系“进教材、进课堂、进头脑”。

强化问题意识，大力推动中国特色新型智库建设

马克思曾经指出：“**问题**就是公开的、无畏的、左右一切个人的时代声音。问题就是时代的口号，是它表现自己精神状态的最**实际的**呼声。”习近平总书记在讲话中强调“我国哲学社会科学应该以我们正在做的事情为中心，从我国改革发展的实践中挖掘新材料、发现新问题、提出新观点、构建新理论”。深入贯彻习近平总书记重要讲话，构建中国特色哲学社会科学，要大力建设中国特色新型智库，以高度的学术敏感性关注中国改革发展的最新实际，善于发现问题、分析问题、解决问题，回应时代和实践发出的迫切呼声。

中国人民大学有着“立学为民、治学报国”的优良传统，勇于承担理论创新、资政启民的重要职责。我们要大力发扬实事求是、理论联系实际的优良传统，立足中国国情、根植实践沃土，从改革开放和社会主义现代化建设的伟大实践中获取理论创新的深厚源泉和强大动力，从人民群众鲜活的创造中发掘思想智慧、提出真知灼见。要围绕改革开放和现代化建设亟待解决、广大干部群众普遍关心的重大理论和现实问题，深入调查研究，深入钻研探索，组织协同攻关，努力对全局性、战略性、前瞻性重大课题做出科学的回答，为党和政府的决策服务，为改革开放和现代化建设服务。我们要引导广大教师坚持以人民为中心的研究导向，把自己的学术追求、科学研究同国家和民族的命运结合起来，为中国特色社会主义事业提供智力支持。

推进话语创新，努力构建中国特色、中国风格、中国气派的学术话语体系

习近平总书记在讲话中强调指出，要在指导思想、学科体系、学术体系、

话语体系等方面充分体现中国特色、中国风格、中国气派。从我国哲学社会科学发展的现状来看，构建中国特色学术话语体系尤为关键，因为哲学社会科学学术话语体系从来都不是价值中立的，而是蕴含特定的意识形态导向、体现一定的价值取向。

应当承认，相对于改革开放以来中国经济社会取得的巨大成就而言，我国哲学社会科学仍然存在着理论落后于实践、话语落后于理论的客观情况。理论的薄弱和话语的弱势导致国内哲学社会科学多个学科流行的概念、理论，有很大一部分来自西方，中国人自己原创的核心概念不多，部分学科甚至沦为西方话语的“跑马场”。学术界一些人自觉不自觉地运用西方舶来的理论来分析中国实践，习惯于套用西方话语来解释中国，在现实中常常是削中国之足、适西方之履。这种状况严重制约了中国哲学社会科学的繁荣发展，还造成一定程度的思想混乱和话语“失声”。

高校是哲学社会科学不同思潮交流交往交锋的重要平台，也是构建中国特色学术话语体系的主阵地。高校哲学社会科学工作者要加强理论创新，善于凝练、总结、提升、表达中国经验、中国实践和中国人特有的理论智慧，在学习借鉴人类文明成果的基础上，用中国的理论研究和话语体系解读中国实践、中国道路，不断概括出理论联系实际的、科学的、言简意赅的、易于流行的新概念新范畴新表述，打造具有中国特色、中国风格、中国气派的学术话语体系。

着眼事业未来，培养和集聚更多哲学社会科学优秀人才

习近平总书记在讲话中特别强调了“两个不可替代”，即坚持和发展中国特色社会主义，哲学社会科学具有不可替代的重要地位，哲学社会科学工作者具有不可替代的重要作用，提出要“着力发现、培养、集聚一批有深厚马克思主义理论素养、学贯中西的思想家和理论家，一批理论功底扎实、勇于开拓创新的学科带头人，一批年富力强、锐意进取的中青年学术骨干，构建种类齐全、梯队衔接的哲学社会科学人才体系”。

高校哲学社会科学要充分发挥育人功能，培养和集聚更多优秀的哲学社会科学人才。我们要深入领会“两个不可替代”的丰富内涵，提高对哲学社会科学人才培养工作重要性的认识，深刻认识到培养哲学社会科学人才与培养自然科学人才同样重要，培养高水平的哲学社会科学家与培养高水平的自然科学家同样重要，改变目前在某种程度上实际存在的“重理轻文”的错误观念。要不断提升哲学社会科学人才培养质量，致力于培养一大批理想信念坚定、道德品质高尚、人文底蕴深厚、科学素养良好、创新能力卓越、身心体魄强健，具有

家国情怀、担纲精神、全球视野和跨文化沟通能力的哲学社会科学优秀人才。

我们要培养和集聚更多的领军人才和拔尖创新人才，建设一支具有国际竞争力的、老中青合理布局的一流的哲学社会科学人才队伍。进一步改善哲学社会科学工作者的工作、学习和生活条件。要树立以人为本的观念，努力营造良好的工作生活氛围，充分发挥哲学社会科学人才的聪明才智。要贯彻“百花齐放、百家争鸣”的方针，倡导“兼容并蓄、有容乃大”的学术气度，营造有利于科学探索和理论创新的学术氛围和环境，提倡探索、尊重探索、鼓励探索。

为什么说哲学社会科学是“思想先导”*

5 月 17 日，习近平总书记主持召开哲学社会科学工作座谈会并发表重要讲话，对哲学社会科学的巨大作用进行了科学论述。他指出：“人类社会每一次重大跃进，人类文明每一次重大发展，都离不开哲学社会科学的知识变革和思想先导。”

为什么说哲学社会科学是“思想先导”?

第一，哲学社会科学是人类知识体系的重要组成部分，对自然科学的发展具有方法指导和价值引领作用。

自然科学和哲学社会科学是人类认识世界和改造世界的重要工具及其成果。二者犹如车之两轮、鸟之双翼，共同构成人类的知识体系。其中，哲学社会科学对自然科学起着方法指导与价值引导作用。自然科学是以自然现象作为研究对象的，一般来说，搞自然科学研究不应受研究者价值取向的影响。然而，从实践上看，任何自然科学的研究，包括课题的选定、研究意义的阐发，以及研究成果的应用，无不与研究者的价值取向紧密相连。从这个意义上说，哲学社会科学能为自然科学的研究、发展方向等提供方法上的指导与价值上的引导。爱因斯坦曾指出：“科学是一种强有力的工具。怎样用它，究竟是给人带来幸福还是带来灾难，全取决于人自己，而不取决于工具。”这一思想深刻地揭示了如果没有正确的价值判断、价值导向，科学技术可以给人类带来福祉，但也可能给人类带来不幸和灾难。

第二，哲学社会科学是历史变革的思想先导，对人类社会的进步具有观念指引和精神驱动作用。

就人类历史的发展来看，任何一次社会变革、政治变革，都是以思想、观念的变革为前奏和先导的，社会变革、政治变革不过是思想、观念变革的实现和巩固。

从世界历史看，欧洲文艺复兴以复兴古希腊罗马古典文化为旗号，高扬“人文主义”，提出以人为中心而不是以神为中心，肯定人的价值和尊严，反对

---

* 原文发表于《光明日报》2016 年 6 月 22 日 7 版。

神学对人的束缚，引导西方走出黑暗的中世纪，进入充满创造和变革的近现代。

从中国历史看，思想变革对政治变革、社会变革的先导作用同样得到证明。1919 年的“五四”新文化运动为马克思主义在中国的传播开通了道路，引起了中国天翻地覆的变化。1978 年“真理标准”问题的大讨论引发了新的思想解放运动，推动中国进入改革开放和现代化建设新时期。从历史到现实，从东方到西方，都充分说明了思想变革对社会发展的重要意义，充分体现了哲学社会科学在历史进程中的巨大作用。

第三，哲学社会科学是治国理政的理论武器，对国家社会的治理具有理论指导和精神激励作用。

哲学社会科学作为人类认识和改造社会、推动自身发展的思想武器，在社会进步和人类发展进程中发挥着积极的促进作用。先进的社会意识能够深刻反映社会存在的现实矛盾、科学预见社会发展的未来趋势，对于国家和社会的治理起着指导和动员的作用。一个民族要想顺应世界进步的潮流，站在时代发展的前列，就必须有哲学社会科学的理论指导。

以马克思主义为指导的哲学社会科学，特别是中国特色社会主义理论体系，是我们党治国理政的重要思想武器。实践证明，我国改革开放和现代化建设的顺利推进，比任何时候都需要哲学社会科学的有效参与，需要哲学社会科学提出见解、建议、谋略和方案，提供理论依据、智力支持和精神动力。正如习近平总书记指出的：“这是一个需要理论而且一定能够产生理论的时代，这是一个需要思想而且一定能够产生思想的时代。”

发展繁荣哲学社会科学的理论纲领和行动指南*

习近平总书记主持召开哲学社会科学工作座谈会并发表重要讲话，让中国人民大学全校师生倍感振奋、备受鼓舞。中国人民大学老中青三代学者的10位代表和1名博士生参加了座谈会，青年学者王文做了发言。5月18日上午，学校党委召开理论学习中心组扩大会议，学校领导班子成员、11位参会师生和学院及部处代表参加了专题学习，并做出了工作部署。下面，从三个方面汇报初步的学习体会和工作思考。

讲话是发展繁荣我国哲学社会科学事业的纲领性文献

巨大的精神鼓舞和激励鞭策。我校是一所以人文社会科学为主的研究型大学，承担着资政育人、创新理论、传承文化的功能。习近平总书记主持召开座谈会并做重要讲话，提出坚持和发展中国特色社会主义，“哲学社会科学具有不可替代的重要地位，哲学社会科学工作者具有不可替代的重要作用”，强调要把这支队伍关心好、培养好、使用好，认真贯彻党的知识分子政策，充分体现了党中央对哲学社会科学事业的高度重视和巨大期待，对哲学社会科学工作者的高度重视和亲切关怀，使广大哲学社会科学工作者深受鼓舞和鞭策。

博大的思想内涵和理论纲领。习近平总书记的讲话对哲学社会科学的地位与作用、形势与任务、目标与原则进行了深刻论述和科学分析，提出了一系列新思想新观点新论断，升华了对哲学社会科学发展规律的认识，反映了中国特色社会主义理论新成果，是十八大以来习近平总书记治国理政思想体系的重要组成部分，是繁荣发展哲学社会科学的思想指导和理论纲领。

科学的行动指南和工作遵循。习近平总书记的讲话还针对我国哲学社会科

---

* 原文发表于《北京教育（德育）》2016年第6期。

学工作中面临的形势、存在的问题，提出了一系列重大举措和工作要求。讲话对广大哲学社会科学工作者寄予了殷切的期望，希望哲学社会科学工作者立时代之潮头、通古今之变化、发思想之先声，积极为党和人民述学立论、建言献策，担负起历史赋予的光荣使命；提出加强和改善党对哲学社会科学工作的领导，要求各级党委和政府把哲学社会科学工作纳入重要议事日程。讲话是发展繁荣哲学社会科学的行动指南和工作遵循。

近年来的工作与成绩

深化教学改革，落实立德树人。我校推进思想政治理论课改革，探索形成了“一体两翼”的思想政治理论课教学新模式。“一体”即系统讲授、专题教学、实践教学的“三位一体”，“两翼”即“研究型＋互动型”教学。151 位教师参与中央马克思主义理论研究和建设工程重点教材编写工作，59 位教师担任了首席专家。马克思主义学院入选首批 9 所全国重点马克思主义学院。高校思想政治理论课高精尖创新中心入选北京市首批 13 个高校高精尖创新中心。

推进学科建设，提升整体水平。我校理论经济学、应用经济学、法学等 9 个学科排名第一，在人文社会科学领域位居全国高校首位，排名第一的学科总数位居全国高校第三位。我校注重引导教师关注和回应国家重大战略和现实问题，推出高质量文章和著作。中文社会科学引文索引（CSSCI）收录我校教师论文数量连续 11 年保持全国高校第一。2010 年以来，32 部学术专著入选“国家哲学社会科学成果文库”，位居全国高校第一。

服务国家战略，建设高端智库。我校国家发展与战略研究院入选首批 25 家国家高端智库建设试点单位。重阳金融研究院入选“全球顶级智库 150 强”。我校推动研究成果转化为国家政策，为治国理政、舆论引导提供理论支撑。陈先达教授发表的文章《批评、抹黑及其他》广受好评。青年学者王义桅教授出版的《“一带一路”：机遇与挑战》被誉为一部帮助深刻理解“一带一路”的必备读本，入选中宣部、中组部推荐党员干部学习书目。

倡导良好学风，优化队伍结构。目前，我校 35 岁以下的青年教师占 13.6%，35～50 岁教师占 57.7%，海归教师占 21.2%。学校既充分发挥老一辈学者的作用，又以“百名海归挂职计划”为抓手，加强青年教师思想政治工作，帮助海归教师“接地气”。

下一步工作思路

以学科建设为龙头，进一步巩固人文社会科学领域的学科优势。针对习近平总书记指出的“在建设以马克思主义为指导的学科体系、学术体系、话语体系上功力不足、高水平成果不多”的问题，我校将按照总书记提出的“突出优势、拓展领域、补齐短板、完善体系”的要求，实施马克思主义理论学科引领计划，完善马克思主义理论学科发展新机制；实施人文学科振兴计划，设立人文讲席教授制度，促进人文基础学科整体提升；实施优势学科登峰计划，促进优势学科全面冲击世界一流，不断推进学科体系、学术体系、话语体系建设和创新。

以立德树人为根本，完善“宽口径、厚基础、多选择、重创新、国际性”的人才培养模式。习近平总书记强调“高校哲学社会科学有重要的育人功能”，我们将以课程体系改革和教材体系建设为主线，编写和使用适应中国特色社会主义发展要求、立足国际学术前沿、门类齐全的哲学社会科学教材体系，帮助学生形成正确的世界观、人生观、价值观，培育更多的哲学社会科学优秀人才。

以智库建设为抓手，提升服务国家能力。总书记强调“我国哲学社会科学应该以我们正在做的事情为中心，从我国改革发展的实践中挖掘新材料、发现新问题、提出新观点、构建新理论”。我校将依托国家高端智库国家发展与战略研究院、13 个教育部人文社会科学重点研究基地、3 个北京市哲学社会科学重点研究基地和重阳金融研究院，加强对改革开放和社会主义现代化建设实践经验的系统总结，加强对发展社会主义市场经济、民主政治、先进文化、和谐社会、生态文明以及党的执政能力建设等领域的分析研究，加强对党中央治国理政新理念新思想新战略的研究阐释，提炼出有学理性的新理论，概括出有规律性的新实践，为新时期具有许多新的历史特点的伟大斗争和中国特色社会主义事业提供智力支持。

以人事制度改革为动力，打造卓越师资队伍。习近平总书记提出“构建中国特色哲学社会科学，要从人抓起，久久为功”，要求认真贯彻党的知识分子政策，让广大哲学社会科学工作者成为先进思想的倡导者、学术研究的开拓者、社会风尚的引领者、党执政的坚定支持者。我校将以人事制度改革为重点，探索形成既能把握正确方向，又能激发科研活力的体制机制，实现老中青三代人才队伍的合理布局，形成具有国际竞争力的教学科研队伍。

创新哲学社会科学话语体系要自觉强化五种意识*

习近平总书记系列重要讲话和党的十八大以来中央关于加强话语体系建设和创新的明确要求，不仅表明党对哲学社会科学事业的高度重视，同时也表明中央对哲学社会科学繁荣发展寄予厚望。

当前，哲学社会科学工作者应当深刻认识自身肩负的历史使命，自觉坚持和强化五种意识，为推动哲学社会科学话语体系创新而努力奋斗。

要有导向意识，坚持以马克思主义为指导。哲学社会科学既是一个知识体系，也是一个价值体系，既有科学性，也有其独有的意识形态属性。当前，一部分人宣扬马克思主义过时论，还有人认为坚持马克思主义是思想僵化、文化保守的表现，我们对此要有清醒的认识。马克思主义是中国共产党的立党之本，也是中国哲学社会科学一以贯之的灵魂。离开马克思主义的指导而空谈哲学社会科学话语体系建设和创新，无异于缘木求鱼、舍本逐末。列宁曾经说过："**沿着**马克思的理论的**道路**前进，我们将愈来愈接近客观真理（但决不会穷尽它）；而**沿着**任何**其他的道路**前进，除了混乱和谬误之外，我们什么也得不到。"推动哲学社会科学话语体系建设和创新，应该理直气壮地坚持马克思主义指导地位不动摇。

要有问题意识，重视发现问题力争解决问题。以问题为中心、重视问题的研究，这是哲学社会科学得以发展创新的重要前提。推动哲学社会科学话语体系建设和创新，也要从问题入手，以发现问题解决问题作为研究探索的起点。正如马克思所言，对一个时代来说，"主要的困难不是**答案**，而是**问题**"，"**问题**就是公开的、无畏的、左右一切个人的时代声音。问题就是时代的口号，是它表现自己精神状态的最**实际的**呼声"。历史经验证明，只有聆听时代的声音，回应时代的呼唤，认真研究和解决当前重大的、迫切的问题，才能真正把握住脉络、找到发展的规律，推动理论创新。

要有国际意识，立足世界学术前沿进行观察研究。马克思主义之所以能够

---

* 原文发表于《人民日报》2015年11月14日8版。

在不同国家引起共鸣，受到重视，一个根本原因就是马克思主义是站在世界的高度观察和分析经济社会问题的。我们推进哲学社会科学话语体系的建设和创新，也要遵循这个基本方法。当今时代的最鲜明特点就是全球化迅猛发展，世界各国之间的交流联系越来越密切。在一个开放的世界，不从国际的角度来观察、思考和研究问题，很难取得大的成就。近年来，我国的哲学社会科学取得很大发展，哲学社会科学话语体系得到初步确立，但跟发达国家相比还有一定差距。我们要吸纳、学习和借鉴国外哲学社会科学话语体系建设领域取得的优秀成果，从更高的高度、更广的视野和更前沿的基础上进行创新。

要有综合意识，系统地、综合地推动整体创新。按照现有的学科分类体系，我们往往把哲学社会科学按照思维方式和实践方式分为很多门类，比如哲学、经济学、政治学、法学、管理学、教育学、人类学等等。这种划分对于开展各学科的具体研究有重要的意义。但是，哲学社会科学话语体系，作为一种实践系统和认识体系，从来都不能简单地划归到某个学科领域之内，而是不同学科、不同知识门类交叉渗透、系统集成的一种体系。因此，推进哲学社会科学话语体系建设和创新，要注重综合性，要多维度、多学科地看待问题、联合攻关、协同推进。

要有本土意识，发展具有中国特色、中国气派、中国风格的哲学社会科学话语体系。我们的话语体系首先要立足于中国的国情，着眼于繁荣发展中国的哲学社会科学，以中国的实践为本位。改革开放 30 多年来，随着中国经济实力的稳步提升和国家综合实力的逐步增强，我国的社会主义现代化建设也取得了显著的成就，做出了前人从未实现的探索，取得了中国自己的宝贵经验。研究、分析、总结伟大的实践，我们应当跳出旧有的话语窠臼，构建适合中国国情、适应时代、具有国际一流水准的哲学社会科学话语体系，为哲学社会科学的理论创新和学术进步做出我们应有的贡献。

作为我国人文社会科学高等教育领域的一面旗帜，中国人民大学将进一步坚持、强化和弘扬这五种意识，为推动我国哲学社会科学话语体系的建设和创新而持续努力。

改革真问题　拨动大众心*

为深化党的十八届三中全会精神的学习宣传贯彻，深入回答干部群众普遍关注的热点难点问题，中共中央宣传部理论局组织编写的《改革热点面对面》出版后受到广泛好评。笔者先睹为快，以下感触尤为深刻。

聚焦改革。画龙点睛，出书点题。党的十八大以来，党中央反复强调，改革开放是决定当代中国命运的关键一招，也是决定实现“两个一百年”奋斗目标、实现中华民族伟大复兴中国梦的关键一招。党的十八届三中全会通过了全面深化改革的决定，绘制了深化改革的蓝图，吹响了深化改革的集结号。毫无疑问，深化改革是当下中国的最强音，是最能引发共鸣、拨动心弦的主题。《改革热点面对面》以“改革”为主题，可谓选择精准、切合时需。

关怀民生。有的放矢，与公众谈什么，就要知道公众想什么。人民期盼有更好的教育、更稳定的工作、更满意的收入、更可靠的社会保障、更高水平的医疗卫生服务、更舒适的居住条件、更优美的环境。人民过上美好生活的期盼，就是我们改革的奋斗目标。全面深化改革 300 多项具体内容都很重要，但大家最关心的还是与民生息息相关的举措。《改革热点面对面》在广泛调研基础上，选取十大问题，即弘扬社会主义核心价值观、政府和市场的关系、农村土地制度改革、户籍制度改革、考试招生制度改革、养老保险制度改革、计划生育政策调整、生态文明制度建设、司法体制改革、反腐败体制机制创新。这些问题无不深度关涉民生，是困惑之所在，是人民之所盼，迫切需要理论解读、实践解决，才能为公众解渴。

直面问题。所谓“面对面”，就是直面。当前的改革要敢于啃硬骨头，敢于涉险滩，勇于冲破思想观念的障碍，勇于突破利益固化的藩篱。改革很重要、很复杂、很困难，公众对改革既有基本的共识，也有困惑、有迟疑、有争议。该书对理论和实践上的问题，不转弯抹角，不避重就轻，而是直接面对，深入剖析，解释问题的现状原因，阐释解决问题的政策举措，探究问题的未来前景。书中对包括户籍改革、土地流转等复杂难题，对单独两孩、养老教育等

* 原文发表于《求是》2014 年第 16 期。

热点问题，都做了较好的解读。改革由问题累积倒逼而产生，又在不断解决问题中得以深化。今年的“面对面”以深化改革遇到的重要问题为中心，显示了应有的理论担当。

倚重权威。当前关于社会问题的书籍很多，相关网络言论更是纷繁杂陈。相形之下，《改革热点面对面》定位准确、持重权威。该书贯穿了党的十八届三中全会全面深化改革的基本立场、观点，融入了习近平总书记系列重要讲话精神，观点表述准，内容阐述准，政策解读准。编写者均系有关职能部门负责人和相关领域知名专家学者，他们对具体情况最熟悉，对相关政策把握最准确，由他们对具体政策做出简约的解读和点评，无疑增强了论述的权威性和科学性。加之书中所用事例和数据严肃严谨，这些不仅有助于为公众释疑解惑，也为有关宣传、学习和研究活动提供了可信的参考。

贴近群众。作为面向大众的普及读物，该书态度平和，力戒居高临下的说教，注重平等的对话；不搞烦琐论证，而是直白地摆事实、说道理，力求深入浅出。该书文风清新，虽有些许华丽文采的点缀，更多的则是朴实生动、朗朗上口的大众语言。编排上也下了很大功夫，穿插了“微评”“图说”“链接”“声音”“问与答”“晒政策”等，比较活泼时尚。该书从内容到形式，都力图贴近实际、贴近生活、贴近群众，定能获得广大干部和群众的热烈回应。

体现“三个自信” 展现“三个自觉”*

党的十八届三中全会是在我国改革开放新的重要关头召开的一次重要会议，是中国共产党坚定不移高举改革开放大旗的重要宣示，是以习近平同志为总书记的党中央回应人民期待，开拓创新、攻坚克难的政治承诺，是全面深化改革的动员部署，必将对推动中国特色社会主义事业产生重大而深远的影响。全会明确指出，“全面深化改革的总目标是完善和发展中国特色社会主义制度，推进国家治理体系和治理能力现代化”。这一重大论断，反映了我们党对改革规律、对共产党执政规律、对中国特色社会主义建设规律认识的深化与发展，具有重大的理论创新和实践指导意义。

全会充分体现了“三个自信”。一是道路自信。中国特色社会主义道路是当代中国共产党人在遵循科学社会主义基本原则的前提下，立足于中国基本国情，在总结国内外社会主义建设经验的基础上，领导全国各族人民在艰难险阻中奋斗探索出来的成功之路，是经过历史和实践检验，完全符合中国国情的强国之路，是能够使亿万人民群众过上幸福美好生活的富民之路。全会郑重宣示：不走封闭僵化的老路，不走改旗易帜的邪路，坚定走中国特色社会主义道路，始终确保改革正确方向。

二是理论自信。我们党坚持解放思想、实事求是、与时俱进、求真务实，一切从实际出发，总结国内成功做法，借鉴国外有益经验，勇于推进理论和实践创新，形成了中国特色社会主义理论体系。全会强调，全面深化改革，必须高举中国特色社会主义伟大旗帜，以马克思列宁主义、毛泽东思想、邓小平理论、“三个代表”重要思想、科学发展观为指导，努力开拓中国特色社会主义事业更加广阔的前景。

三是制度自信。中国特色社会主义制度，是在改革开放过程中根据中国国情，不断完善、健全的。实践证明，中国特色社会主义制度具有巨大的优越性和强大的生命力。全会要求，到 2020 年，要在重要领域和关键环节改革上取得决定性成果，形成系统完备、科学规范、运行有效的制度体系，使各方面制

* 原文发表于《中国社会科学报》2013 年 11 月 15 日 4 版。

度更加成熟更加定型，充分表明我们党对中国特色社会主义的制度自信。

全会深刻展现了“三个自觉”。一是改革自觉。全会总结了改革开放 35 年的经验，指出改革开放是党在新的时代条件下带领全国各族人民进行的新的伟大革命，是当代中国最鲜明的特色，是决定当代中国命运的关键抉择，是党和人民事业大踏步赶上时代的重要法宝。全会对全面深化改革的重大意义、目标任务、主要举措做出了全面部署，体现了我们党推进改革的决心。

二是执政自觉。中国共产党是执政党，是中国特色社会主义事业的领导核心。全会强调，全面深化改革必须加强和改善党的领导，充分发挥党总揽全局、协调各方的领导核心作用，提高党的领导水平和执政能力，确保改革取得成功。会议还决定成立全面深化改革领导小组，负责改革总体设计、统筹协调、整体推进、督促落实，并强调各级党委要切实履行对改革的领导责任，体现了我们党的执政自觉。

三是历史自觉。伟大的事业是一代代人接力完成的。我们党能够从小到大，从弱到强，就在于一届一届的引领者，勇于担当，不辱使命。全会对全面深化改革的总体部署，充分体现了以习近平同志为总书记的新一届中央领导集体锐意进取、攻坚克难的精神状态，开拓创新、谱写改革开放伟大事业历史新篇章的事业追求，努力向历史、向人民交一份合格答卷的政治承诺。

建设具有中国特色的哲学社会科学*

习近平总书记在全国宣传思想工作会议上的重要讲话中明确指出，宣传思想工作的根本任务就是要巩固马克思主义在意识形态领域的指导地位，巩固全党全国人民团结奋斗的共同思想基础。高校是马克思主义学习、研究、宣传的重要阵地，深入学习贯彻习近平总书记这一重要思想，对于推进我国高校哲学社会科学的发展具有十分重要的指导意义。

改革开放以来，我国哲学社会科学呈现出空前繁荣的发展局面，在认识世界、传承文明、创新理论、资政育人、服务社会中发挥了重要作用，为巩固马克思主义在意识形态领域的指导地位、服务党和国家工作大局做出了重要贡献，但与时代的要求、与党和人民的期望相比还有不少差距，学术风气浮躁、研究成果低水平重复、理论脱离实践现象比较普遍，应对全局性、战略性、前瞻性重大社会问题的能力还不强，特别是不少学者习惯于从西方的理论和框框而不是中国的实践和问题出发进行思考和研究，盲目崇拜西方的理论和学术话语体系，一味照抄照搬西方的学术评价体系和教学科研模式。这些问题的存在，不利于巩固马克思主义在我国意识形态领域的指导地位，不利于中国特色社会主义事业的顺利进行，不利于我国哲学社会科学的健康发展。如何以马克思主义为指导，建设具有中国特色、中国风格、中国气派的哲学社会科学体系，增强我们的道路自信、理论自信和制度自信，巩固马克思主义在意识形态领域的指导地位，巩固全党全国人民团结奋斗的共同思想基础，是当前我国高校哲学社会科学面临的重大而紧迫的时代课题。

坚持马克思主义指导地位。以马克思主义为指导，是我国哲学社会科学的根本属性；巩固马克思主义在意识形态中的指导地位，是我国哲学社会科学的根本任务。要把马克思主义立场观点方法贯穿到哲学社会科学的各个领域，融入到哲学社会科学发展的全过程，体现到教学、科研和人才培养的各个环节，使哲学社会科学研究始终沿着正确方向前进，使高校真正成为学习、宣传、研究马克思主义的坚强的理论阵地。

---

* 原文发表于《中国教育报》2013 年 10 月 18 日 5 版。

加强马克思主义理论学科建设。马克思主义理论学科是中国特色哲学社会科学体系的灵魂。要以深入推进马克思主义的中国化、时代化、大众化为目标，积极参与马克思主义理论研究和建设工程，深化马克思主义基本观点和经典著作文本、马克思主义理论发展前沿问题和最新成果、中国特色社会主义理论体系、社会主义核心价值体系的教学与研究，加强马克思主义基础学科以及以马克思主义为指导的具体学科的建设，形成全面反映马克思主义中国化最新理论成果的学科体系和教材体系，推动中国特色社会主义理论体系“进教材、进课堂、进头脑”。

紧密联系中国实际。建设具有中国特色的哲学社会科学，必须立足中国的实践，从改革开放和社会主义现代化建设的伟大实践中获取理论创新的深厚源泉和强大动力，从人民群众鲜活的创造中发掘思想智慧、提出真知灼见，从中华民族源远流长的历史文化中汲取丰富营养、获取精神支撑，从对经济社会发展提出的重大理论和实际问题做出的有力回答中，推动理论体系创新、学科体系创新、教材体系创新，不断深化对经济社会发展的规律性认识，不断升华中国特色社会主义实践成果、理论成果、制度成果，不断赋予中国特色社会主义鲜明的实践特色、民族特色和时代特色，建设具有中国特色、中国风格、中国气派的哲学社会科学体系和学术话语体系。

正确借鉴国外理论。建设中国特色的哲学社会科学体系，必须立足中国、面向世界，从世界发展的丰富实践中，从国外一切优秀的学术思想中，从与各国文化和各种文明的广泛交流和相互学习中，汲取营养，推陈出新，着力打造融通中外的新概念新范畴新表述。深入实施哲学社会科学研究“走出去”战略，推动我国哲学社会科学优秀成果和优秀人才走向世界，不断提升我国哲学社会科学研究的国际影响力。同时应该清楚地认识到，绝大多数哲学社会科学具有意识形态的属性，反映了一个国家特殊的制度属性、利益诉求、文化传统、意识形态和价值理念。因此，对于国外的理论要根据国情社情有选择地吸收借鉴，否则就会水土不服。

着力研究重大现实问题。哲学社会科学从来都是在对重大理论和现实问题的深入分析和探索中不断前进的。高校的哲学社会科学工作者要大力发扬理论联系实际的优良学风，把加强重大战略研究的任务提到一个突出的位置，围绕改革开放和现代化建设亟待解决、广大干部群众关心的重大理论和现实问题，深入调查研究，深入钻研探索，组织协同攻关，努力对全局性、战略性、前瞻性的重大课题做出科学的理论回答，为党和政府的决策服务，为改革开放和现代化建设服务，成为中央的重要思想库、智囊团。

深刻把握实现中华民族伟大复兴这一主题*

习近平总书记在庆祝中国共产党成立 100 周年大会上的重要讲话中强调："一百年来，中国共产党团结带领中国人民进行的一切奋斗、一切牺牲、一切创造，归结起来就是一个主题：实现中华民族伟大复兴。"这一主题贯穿于党的不懈奋斗史、不怕牺牲史、理论探索史、为民造福史、自身建设史，我们党的百年历史，就是一部不断为实现中华民族伟大复兴而奋斗的历史。历经百年接续奋斗，中国共产党团结带领中国人民开辟了伟大道路，建立了伟大功业，铸就了伟大精神，积累了宝贵经验，实现中华民族伟大复兴进入了不可逆转的历史进程。

在不懈奋斗中推进民族复兴伟业

百年征程波澜壮阔，百年初心历久弥坚。一百年来，我们党一以贯之践行初心使命、筚路蓝缕创造历史辉煌，为中国人民谋幸福、为中华民族谋复兴，谱写了党的不懈奋斗史。从石库门到天安门，从兴业路到复兴路，我们党在不懈奋斗中践行初心使命、创造历史伟业。

我们党团结带领中国人民，浴血奋战、百折不挠，创造了新民主主义革命的伟大成就。我们推翻帝国主义、封建主义、官僚资本主义三座大山，建立了人民当家作主的中华人民共和国，实现了民族独立、人民解放。新民主主义革命的胜利，为实现中华民族伟大复兴创造了根本社会条件。

我们党团结带领中国人民，自力更生、发愤图强，创造了社会主义革命和建设的伟大成就。我们进行社会主义革命，确立社会主义基本制度，推进社会主义建设，实现了中华民族有史以来最为广泛而深刻的社会变革，实现了一穷二白、人口众多的东方大国大步迈进社会主义社会的伟大飞跃，为实现中华民族伟大复兴奠定了根本政治前提和制度基础。

---

* 原文发表于《人民日报》2021 年 8 月 9 日 9 版。

我们党团结带领中国人民，解放思想、锐意进取，创造了改革开放和社会主义现代化建设的伟大成就。我们实现新中国成立以来党的历史上具有深远意义的伟大转折，确立党在社会主义初级阶段的基本路线，坚定不移推进改革开放。

我们党团结带领中国人民，自信自强、守正创新，统揽伟大斗争、伟大工程、伟大事业、伟大梦想，创造了新时代中国特色社会主义的伟大成就。党的十八大以来，中国特色社会主义进入新时代，我们坚持和加强党的全面领导，统筹推进“五位一体”总体布局、协调推进“四个全面”战略布局，战胜一系列重大风险挑战，实现第一个百年奋斗目标，明确实现第二个百年奋斗目标的战略安排，党和国家事业取得历史性成就、发生历史性变革，为实现中华民族伟大复兴提供了更为完善的制度保证、更为坚实的物质基础、更为主动的精神力量。

一百年来，我们党始终不忘初心、牢记使命，团结带领中国人民不懈奋斗，书写了中华民族几千年历史上最恢宏的史诗，中华民族迎来了从站起来、富起来到强起来的伟大飞跃，实现中华民族伟大复兴进入了不可逆转的历史进程。今天，我们比历史上任何时期都更接近、更有信心和能力实现中华民族伟大复兴的目标。

在不怕牺牲中推进民族复兴伟业

历史川流不息，精神代代相传。一百年来，我们党一以贯之弘扬伟大建党精神，构建精神谱系，赓续红色血脉，锤炼过硬风骨和品质，谱写了党的不怕牺牲史。党的宝贵精神深深融入我们党、国家、民族、人民的血脉之中，为我们立党兴党强党提供了丰厚滋养，为民族复兴提供了强大精神力量。

中国共产党的先驱们创建了中国共产党，形成了坚持真理、坚守理想，践行初心、担当使命，不怕牺牲、英勇斗争，对党忠诚、不负人民的伟大建党精神。坚持真理、坚守理想，体现的是思想先进、信仰坚定的特质；践行初心、担当使命，体现的是初衷不改、本色依旧的特质；不怕牺牲、英勇斗争，体现的是意志顽强、作风优良的特质；对党忠诚、不负人民，体现的是品德高尚、情系人民的特质。伟大建党精神是中国共产党的精神之源。

我们党弘扬伟大建党精神，构建起中国共产党人的精神谱系。一百年来，一代又一代中国共产党人不怕牺牲、顽强拼搏，涌现了一大批革命烈士、英雄人物和先进模范，形成了井冈山精神、苏区精神、长征精神、延安精神、抗战精神、抗美援朝精神、兵团精神、雷锋精神、焦裕禄精神、大庆精神、“两弹一星”精神、特区精神、女排精神、抗洪精神、抗击“非典”精神、抗震救灾精神、载人航天精神、劳模精神、劳动精神、工匠精神、科学家精神、抗疫精神、脱贫攻坚精神等伟大精神。这些伟大精神体现了对伟大建党精神的传承和弘扬，激励着广大党员、干部不怕牺牲，为实现中华民族伟大复兴英勇顽强奋斗。

当前，我们已经开启了全面建设社会主义现代化国家新征程，正在向第二个百年奋斗目标进军。我们要更好应对前进道路上各种可以预见和难以预见的风险挑战，必须弘扬伟大建党精神，从党的不怕牺牲史中汲取力量，保持良好精神状态，再接再厉、奋勇向前，不断取得斗争新胜利，开创事业新局面。

在理论探索中推进民族复兴伟业

实践没有止境，理论创新也没有止境。一百年来，我们党一以贯之坚持马克思主义指导地位，坚持把马克思主义基本原理同中国具体实际相结合，同中华优秀传统文化相结合，指导中国人民不断推进伟大社会革命，谱写了党的理论探索史。中国共产党为什么能，中国特色社会主义为什么好，归根到底是因为马克思主义行。

我们党从成立之日起，就把马克思主义写在自己的旗帜上。一百年来，我们党坚持解放思想和实事求是相统一、培元固本和守正创新相统一，不断开辟马克思主义新境界，创立了毛泽东思想、邓小平理论，形成了“三个代表”重要思想、科学发展观，创立了习近平新时代中国特色社会主义思想，为党和人民事业发展提供了科学理论指导。

中国特色社会主义进入新时代，以习近平同志为核心的党中央，从理论和实践结合上系统回答了新时代坚持和发展什么样的中国特色社会主义、怎样坚持和发展中国特色社会主义这个重大课题，创立了习近平新时代中国特色社会主义思想。习近平新时代中国特色社会主义思想是当代中国马克思主义、21世纪马克思主义，为发展马克思主义做出了原创性贡献。

一百年来，我们党把马克思主义作为立党立国的根本指导思想，作为党的灵魂和旗帜，在马克思主义指导下取得了辉煌成就。我们要坚持思想建党、理论强党，在实践中大胆探索、在理论上不断突破，让当代中国马克思主义、21世纪马克思主义放射出更加灿烂的真理光芒。

在为民造福中推进民族复兴伟业

江山就是人民，人民就是江山。一百年来，我们党一以贯之坚持人民主体地位，坚持一切为了人民、一切依靠人民，全心全意为人民服务，带领人民创造美好生活，谱写了党的为民造福史。我们党的百年历史，就是一部党与人民心连心、同呼吸、共命运的历史。

中国共产党是中国工人阶级的先锋队，同时是中国人民和中华民族的先锋队。我们党的根基在人民、血脉在人民、力量在人民，始终代表最广大人民根本利益，与人民休戚与共、生死相依，没有任何自己特殊的利益，从来不代表任何利益集团、任何权势团体、任何特权阶层的利益，从而始终保持马克思主义政党的政治本色。

我们党秉持唯物史观，尊重人民主体地位，紧紧依靠人民创造历史。淮海战役胜利是靠老百姓用小车推出来的，渡江战役胜利是靠老百姓用小船划出来的；社会主义革命和建设的成就是人民群众干出来的；改革开放的历史伟剧是亿万人民群众主演的。历史证明，打江山、守江山，守的是人民的心，人心向背关系党的生死存亡。赢得人民信任、得到人民支持，党就能够克服任何困难，无往而不胜。

在中华大地上全面建成了小康社会，历史性地解决了绝对贫困问题，千百年来中华民族孜孜以求的小康梦想成为现实，充分彰显了我们党一脉相承的赤子情怀、一如既往的人民立场、一以贯之的价值坚守。新的征程上，我们党始终站稳人民立场、贯彻党的群众路线，着力解决发展不平衡不充分问题和人民群众急难愁盼问题，推动人的全面发展、全体人民共同富裕取得更为明显的实质性进展。

在自身建设中推进民族复兴伟业

打铁必须自身硬。一百年来，我们党一以贯之坚持党要管党、全面从严治党，不断加强党的自身建设，谱写了党的自身建设史。中国共产党从成立时只有 50 多名党员，发展到今天成为拥有 9 500 多万名党员、领导着 14 亿多人口大国、具有重大全球影响力的世界第一大执政党。

勇于自我革命是中国共产党区别于其他政党的显著标志。我们党始终勇于正视自身存在的问题，以刀刃向内的勇气进行自我革命，始终保持自身先进性和纯洁性。一百年来，我们党在自我革命的实践中继承和发展马克思主义建党学说，形成了关于党的自我革命的丰富理论成果，积累了关于党的自我革命的宝贵经验，如坚持经常性教育和集中性教育相结合，勇于开展批评和自我批评，加强党内监督、接受人民监督，等等。

越是在取得胜利时，越要保持清醒头脑。新的征程上，我们要牢记打铁必须自身硬的道理，增强全面从严治党永远在路上的政治自觉，坚决清除一切损害党的先进性和纯洁性的因素，清除一切侵蚀党的健康肌体的病毒，确保我们党始终成为走在时代前列、人民衷心拥护、勇于自我革命、经得起各种风浪考验、朝气蓬勃的马克思主义执政党。

开拓马克思主义中国化的新境界*

习近平总书记在庆祝中国共产党成立 100 周年大会上发表的重要讲话（以下简称"'七一'重要讲话"），立足中华民族伟大复兴战略全局，把握建党百年伟大时刻，从历史与现实、理论与实践相结合的角度，发表一系列新思想新观点新论断，开拓了马克思主义中国化的新境界，是新时代中国共产党人坚持思想解放、总结历史经验、推进理论创新的纲领性文献，为全党深入开展党史学习教育、坚持发展中国特色社会主义、奋力实现中华民族伟大复兴提供了重要遵循。

伟大历史时刻的政治宣示

历史是时间的主人，时刻是时间的标尺。中国共产党立志于中华民族千秋伟业，百年恰是风华正茂。习近平总书记在建党百年的伟大时刻，在庆祝中国共产党成立 100 周年大会的庄严仪式上，发表"七一"重要讲话，这是新的历史条件下对建党纪念历史传统的继承弘扬，是继续推进党和国家事业向前发展的现实要求，是奋力创造新的历史伟业的再动员再部署，向全党全国全世界宣示了世界第一大党再出发的豪迈姿态。

深刻把握伟大时刻的"七一"重要讲话，就要认识到这是新的历史条件下对建党纪念历史传统的继承弘扬。我们通常把中国共产党的领导人在每年 7 月 1 日纪念建党日发表的重要讲话称为"七一讲话"，"七一讲话"是中国共产党总结过去、把握现在、开创未来的优良传统和科学的工作方法。从成立中国共产党到建立新中国，从实行改革开放到进入新时代，中国共产党逐渐形成制度化规范化常态化的建党纪念仪式。这种建党纪念仪式的基本形式，就是党中央召开庆祝建党周年大会，党的领导人发表重要讲话，中央党史和文献工作部门编写出版党史基本文献著作，全党开展党史学习教育活动。其中，"七一讲话"

---

* 原文发表于《中国高校社会科学》2021 年第 5 期。

是建党纪念活动的最主要形式和最集中表达。回顾党的历史，1981 年、1991 年、2001 年、2011 年，在庆祝建党 60 周年、70 周年、80 周年、90 周年的大会上，党的领导人都发表了重要讲话，总结党的历史经验，对全党提出新要求，推动党的事业新发展。党的十八大以来，习近平总书记治国理政思想的一个鲜明特征，就是在学习历史、总结经验的基础上守正创新。2016 年，他在庆祝建党 95 周年大会上发表重要讲话，就是对“七一讲话”历史传统的继承和弘扬。在建党百年的伟大时刻，党中央隆重举行庆祝建党百年活动，习近平总书记发表“七一”重要讲话，就是站在新的更高的历史起点上，科学总结百年大党的历史经验，正确指导新时代党和国家的现实工作，奋力开辟民族复兴更加美好的未来，是坚持运用建党纪念仪式的优良传统和科学的工作方法的生动反映。

深刻把握伟大时刻的“七一”重要讲话，就要认识到这是推进党和国家事业发展的现实要求。总结历史、凝聚共识，是新时代全面加强党的领导和党的建设，坚持和发展中国特色社会主义，实现中华民族伟大复兴的现实要求。开展庆祝建党的纪念活动，发表“七一讲话”，目的是通过总结经验，推动党的事业继续前进。从成立中国共产党的开天辟地到建立新中国的改天换地，从改革开放的翻天覆地到新时代的惊天动地，党和国家取得新的历史性成就、发生新的历史性变革，中华民族复兴迎来从站起来、富起来到强起来的伟大飞跃。当今世界面临百年未有之大变局，实现中华民族伟大复兴进入关键阶段，正可通过“七一讲话”发挥总结经验、凝聚共识、汇智聚力、开创新局的强大作用。

深刻把握伟大时刻的“七一”重要讲话，就要认识到这是开创新的历史伟业的再动员再部署再出发。伟大政党创造伟大历史，伟大历史造就伟大时刻，伟大时刻彰显伟大功业，伟大功业指引伟大征程。逢五逢十，是党和国家纪念活动的重大节点。在建党百年之际，这种纪念格外特殊而重要。对此，习近平总书记在“七一”重要讲话中指出，“今天，在中国共产党历史上，在中华民族历史上，都是一个十分重大而庄严的日子”，代表党和人民庄严宣告“经过全党全国各族人民持续奋斗，我们实现了第一个百年奋斗目标，在中华大地上全面建成了小康社会，历史性地解决了绝对贫困问题，正在意气风发向着全面建成社会主义现代化强国的第二个百年奋斗目标迈进”。由此，“七一”重要讲话是中国共产党实现第一个百年奋斗目标的宣言书，是中国共产党向第二个百年奋斗目标迈进的冲锋号，是中国共产党号召全党走好新的赶考之路、全体党员为党和人民争取更大光荣的动员令。这一切表明：中国共产党已经创造并将继续创造实现中华民族复兴的历史伟业，百年大党再次踏上伟大征程。

思想解放理论创新的光辉典范

坚持思想解放，勇于理论创新，是中国共产党区别于其他政党的鲜明品格。从党的理论创新的一般规律来看，由党的全国代表大会作为党的最高权力机关形成和确立党的创新理论成果，可谓是相沿成习的常态现象。回顾党的历史，经由党的七大、十五大、十六大、十八大、十九大，毛泽东思想、邓小平理论、“三个代表”重要思想、科学发展观和习近平新时代中国特色社会主义思想相继被确立为党的指导思想，这是马克思主义中国化百年进程的一脉相承而又与时俱进的一大规律特点。除了党的全国代表大会外，改革开放以来特别是党的十五大以来，庆祝建党周年的“七一讲话”因在时间轴线上处于两次党的全国代表大会之间，并且处于提出和确立新的理论创新成果的党的全国代表大会的临近一年，其所提出的新思想新观点新论断往往构成党的创新理论形成发展过程的重要一环，是反映党的理论创新的重要象征符号。

从党的最新理论成果看，从党的十八大到党的十九大的极不平凡的五年，是习近平新时代中国特色社会主义思想形成和确立的时期。其中，2016 年习近平总书记在庆祝中国共产党成立 95 周年大会上的讲话中首次用三个“伟大飞跃”概括党对于民族复兴的历史性贡献，鲜明提出全党“不忘初心、继续前进”的“八项要求”，为党的十九大正式提出习近平新时代中国特色社会主义思想起到了起承转合的理论铺垫作用。党的十九大以来，党的创新理论结合治国理政鲜活实践继续发展完善，包括习近平法治思想、新发展格局等在内的新内容不断增加到这一理论体系中。在此意义上，习近平总书记在庆祝中国共产党成立 100 周年大会上的讲话，贯穿辩证唯物主义和历史唯物主义的世界观和方法论，提出了一系列新的重大思想、重大观点、重大论断，不仅是百年大党的奋斗历程和历史经验的最新科学总结，也是百年大党的思想解放、理论创新的最新思想表达，是指引未来党的创新理论发展的一首“前奏曲”。

深刻领悟“七一”重要讲话创新思想的精义要领，就要从初心使命的角度把握百年党史的主题。伴随党的历史不断向现实延伸，中国共产党对自身历史主题的认识不断深化。习近平总书记发表一系列关于党的历史和党的初心使命的重要论述，坚持大历史观的眼光，坚持初心使命的统领，为在中华民族伟大复兴的历史坐标系下更科学地认识党的主题主线、主流本质和阶段分期提供了思想指引。2020 年 9 月，习近平总书记听取中国共产党历史展览馆工程建设和展览情况工作汇报时，强调要突出主题主线，把“不忘初心、牢记使命”作为一条红线，展示为人民谋幸福，为民族谋复兴。2021 年 2 月，习近平总书记在党史学习教育动员大会上，对党的一百年所做的首个总括性论断就是“矢志践行初心使命的一百年”。在此基础上，“七一”重要讲话进一步站在党的初心使命的角度指出：“一百年来，中国共产党团结带领中国人民进行的一切奋斗、一切牺牲、一切创造，归结起来就是一个主题：实现中华民族伟大复兴。”这就在党的历史上首次明确地把实现民族复兴确立为百年党史的主题，涵盖党百年来的不懈奋斗史、不怕牺牲史、理论探索史、为民造福史、自身建设史，是从长时段的大历史观出发，更为主动更为自觉地把党的历史和民族复兴的历史统一起来，从中国近代以来中华民族从沉沦走向复兴的沧桑巨变中把握党的历史发展。

深刻领悟“七一”重要讲话创新思想的精义要领，就要从“四个伟大成就”的层面理解百年党史的发展阶段，从“四个庄严宣告”的层面理解百年大党的历史性贡献。中国共产党根据党的历史、实践和理论的发展，科学地划分党的历史阶段，阐明党领导实现民族复兴的历史性贡献。在中共党史的经典叙事体系中，党领导的“革命”“建设”“改革开放”成为党史的三大基本阶段，党的历史上发生的“三件大事”“三大里程碑”“三个伟大历史贡献”“三次伟大飞跃”成为党领导推进民族复兴历史进程中的历史性贡献。“七一”重要讲话从实现民族复兴的历史主题出发，提炼总结党创造的新民主主义革命、社会主义革命和建设、改革开放和社会主义现代化建设、新时代中国特色社会主义的“四个伟大成就”，对称性地用“创造了根本社会条件”“奠定了根本政治前提和制度基础”“提供了充满新的活力的体制保证和快速发展的物质条件”“提供了更为完善的制度保证、更为坚实的物质基础、更为主动的精神力量”总结其对实现民族复兴的意义所在，对称性地用“四个庄严宣告”描述中国人民和中华民族的精神状态发生的历史性变化。依据党的十八大以来的历史、理论与实践的新发展，“七一”重要讲话把新时代中国特色社会主义作为党的最新发展阶段，强调其历史发展的阶段性特征在于中华民族迎来了从站起来、富起来到强起来的伟大飞跃，实现中华民族伟大复兴进入了不可逆转的历史进程。由此，党的历史阶段从以往的“三阶段论”创新性地发展为“四阶段论”，体现了党对自身历史发展规律的新认识。

深刻领悟“七一”重要讲话创新思想的精义要领，就要从精神谱系的维度把握伟大建党精神是百年大党的精神之源。坚定理想信仰、弘扬伟大精神，是习近平总书记治国理政思想的一个鲜明特征。对于党在不同历史时期形成的各种伟大精神的源头，“七一”重要讲话首次归结为伟大建党精神。这就把党的伟大精神从历史起点上追溯到党梦想起航的地方。习近平总书记在庆祝中国共产党成立 95 周年大会上的讲话中回顾党走过的 95 年历程时，要求全党“要永远保持建党时中国共产党人的奋斗精神”，这就把全党弘扬的伟大精神产生的起点划定在建党时期。在党史学习教育动员大会上，他指出党在历史上形成的伟大精神“构筑起了中国共产党人的精神谱系”，这就整体性地提出了党的精神谱系的新命题。在此基础上，“七一”重要讲话首次提出了“坚持真理、坚守理想，践行初心、担当使命，不怕牺牲、英勇斗争，对党忠诚、不负人民的伟大建党精神”，将其归结为“中国共产党的精神之源”。这深刻体现了关于党的伟大精神的新认识，即以伟大建党精神统领党的伟大精神谱系，为传承红色基因、赓续红色血脉、构筑精神谱系提供了源头活水。

深刻领悟“七一”重要讲话创新思想的精义要领，就要从以史为鉴、开创未来的高度把握“九个必须”的实践要求。通过回顾历史、总结经验，更好地把握现实、开创未来，是“七一”重要讲话承载的重要功能。“七一”重要讲话站在建党百年的历史制高点，坚持用历史映照现实、远观未来，坚持从中国共产党的百年奋斗中看清楚过去我们为什么能够成功、弄明白未来我们怎样才能继续成功，提出以史为鉴、开创未来的“九个必须”。对照庆祝建党 95 周年讲话提出的全党“不忘初心、继续前进”的“八项要求”和党的十九大报告提出的“八个明确”和“十四个坚持”，可以发现其中既有一以贯之的坚持和继承，更有与时俱进的创新和发展。比如，一致地把党的领导、党的建设放在讲话的一头一尾，体现党领导一切和党的建设伟大工程的战略地位；继续把推进马克思主义中国化、构建人类命运共同体、军队和国防现代化等事项列入其中，体现党对历史经验的稳定成熟的认识；基于新的形势发展，把为美好生活而奋斗、进行伟大斗争、坚持发展中国特色社会主义、加强中华儿女大团结等事项摆在新的重要突出位置，体现党对“时与势”的战略判断。这些实践要求，既是来自百年历史奋斗的经验总结，更是面对现实挑战的应对之举，加深了全党对在新征程上夺取全面建成社会主义现代化强国新胜利的信心和决心的认识。

深刻领悟“七一”重要讲话创新思想的精义要领，就要从马克思主义中国化的维度把握党的理论创新的发展规律。党的历史，就是一部不断推进马克思主义中国化的历史，就是一部不断推进理论创新、进行理论创造的历史。新时代新实践，产生新思想新理论。“七一”重要讲话基于党的百年历史发展，特别是党的十八大以来的新鲜实践，着眼于党的创新理论的发展，提出了许多令人耳目一新的观点。比如，关于“把马克思主义基本原理同中国具体实际相结合、同中华优秀传统文化相结合”的新论述，将马克思主义中国化的“一个结合论”发展为“两个结合论”，拓展了马克思主义中国化的文化维度，提升了马克思主义中国化的历史性任务的高度；关于“创造了中国式现代化新道路，创造了人类文明新形态”的新论述，是基于“中国之治”和“西方之乱”的比较得出的符合事实的结论，体现了党进一步走自己的路、坚持和发展中国特色社会主义、坚定“四个自信”的自觉，拓展了对人类现代化道路与人类文明形态理论认识的新维度；关于“确保党不变质、不变色、不变味”的新论述，体现了党通过全面从严治党，勇于自我革命的决心和意志、思想和行动，以及探索破解自我监督这一世界性难题和国家治理的“哥德巴赫猜想”的自觉，是对党的百年自身建设的历史成就和宝贵经验的肯定，拓展了对世界政党发展规律和马克思主义执政党建设规律的认识。这些论述充分表明党对马克思主义中国化规律的认识的深化，丰富发展了习近平新时代中国特色社会主义思想的理论宝库，为党的理论创新永不止步的发展规律做了最好注脚。

总之，习近平总书记的“七一”重要讲话，是在建党百年的伟大时刻发表的一篇坚持思想解放、推进理论创新的重要文献，是对百年大党的历史回顾和经验总结，是对百年大党奋进新征程、建功新时代的部署和动员。结合高等学校工作，我们要把思想认识统一到“七一”重要讲话精神上来，扎实深入开展党史学习教育活动，交出增强“四个意识”、坚定“四个自信”、做到“两个维护”的优秀答卷；紧密围绕新思想新观点新论断，做好讲话精神的研究阐释工作，从学理上回答好中国共产党为什么能、马克思主义为什么行、中国特色社会主义为什么好的时代之问；切实把讲话精神学习宣传贯彻转化为推动学科建设高质量发展的强大动力，着力建强党史党建“大学科”、塑造党史学习教育“大先生”和培养担当民族复兴大任的时代新人，教育引导广大师生始终走在奋进新征程、建功新时代的前列。

突出学史明理　提升高校党史学习教育质量*

习近平总书记在党史学习教育动员大会上强调，全党同志要做到学史明理、学史增信、学史崇德、学史力行。明理即明白道理、明辨是非，是增信、崇德、力行的前提。学史明理，最重要的就是通过学习党史，弄明白中国共产党为什么能、马克思主义为什么行、中国特色社会主义为什么好的基本道理。高校开展党史学习教育，就是要将立德树人与党史学习教育有机结合起来，引导师生在学史中明立身之理、主义之真、为学之道，发挥党的历史以史鉴今、资政育人的作用，努力培养担当民族复兴大任的时代新人。

从政治责任的高度深刻理解学史明理的本质要求

习近平总书记指出："党的历史是最生动、最有说服力的教科书。"百年来，中国共产党从只有 50 多名成员发展成为拥有 9 100 多万党员的世界第一大党，成就之辉煌举世瞩目，历程之艰辛世所罕见，经验之宝贵百世不磨。百年党史既是一部砥砺奋进史，又是一部道路选择史，还是一部信念锻铸史。高校开展党史学习教育，不是一般性的知识灌输和教学辅导，而是要突出学史明理，以高度的政治判断力、政治领悟力、政治执行力，帮助师生筑牢信仰之基、补足精神之钙、把稳思想之舵，真正明晰立身做人的基本道理。

在学史明理中领悟坚持中国共产党领导的历史必然性。教育引导师生认识中国共产党带领中华民族迎来从站起来、富起来到强起来的历史飞跃的伟大进程，认清没有中国共产党领导，就没有新民主主义革命和社会主义革命的伟大胜利，就没有社会主义建设的伟大探索，就没有改革开放的伟大成就，就没有中华民族伟大复兴的光明前景，进而在党史学习中感悟党的初心、理解党的使命，把中国共产党为什么能想清楚弄明白，更加坚定自觉地信党、爱党、跟党走。

---

* 原文发表于《光明日报》2021 年 4 月 29 日 8 版。

在学史明理中领悟马克思主义及其中国化创新成果的真理性。教育引导师生掌握马克思主义与中国革命、建设、改革实践相结合的深化过程，认清马克思主义是科学的理论、人民的理论、实践的理论、不断发展的开放的理论，其中国化创新成果是党立足中国实际和时代发展所进行的理论创造，是鲜活管用的马克思主义，进而在党史学习中感悟马克思主义及其中国化创新成果的真理力量和实践力量，把马克思主义为什么行想清楚弄明白，更加坚定自觉地学习党的创新理论、贯彻党的创新理论。

在学史明理中领悟中国特色社会主义道路的正确性。教育引导师生掌握社会主义在中国大地落地生根、开花结果的风雨历程，认清中国特色社会主义体现着科学社会主义理论逻辑和中国社会发展历史逻辑的辩证统一，中国特色社会主义道路是民族复兴之路、国家富强之路、人民幸福之路，进而在党史学习中感悟没有哪条道路比中国特色社会主义道路更适合中国国情、更符合人民意愿，把中国特色社会主义为什么好想清楚弄明白，更加坚定自觉地坚持道路自信，努力成为社会主义建设者和接班人。

从培根铸魂的维度把握学史明理的关键重点

习近平总书记强调，了解历史才能看得远，永葆初心才能走得远。学习党史，是把党和国家各项事业推向前进的必修课。只有不断从党的历史中汲取智慧和力量，才能始终坚定社会主义办学方向，解决好培养什么样的人、如何培养人以及为谁培养人的根本问题。学史明理为开展思想政治教育提供了工作抓手、内容范例、教学支撑和科研牵引，高校要站在历史的深厚基础上，全面贯彻党的教育方针，把培根铸魂、启智润心的工作做深做细。

明旗帜引领之理。习近平新时代中国特色社会主义思想是新时代中国共产党人的思想旗帜。办中国特色社会主义教育，就要理直气壮开好思政课，用习近平新时代中国特色社会主义思想铸魂育人。高校广大师生党员学史明理，一定要把学党史和悟思想结合起来，结合中国共产党的百年奋斗历程，深刻把握习近平新时代中国特色社会主义思想的重大意义、丰富内涵、精神实质、实践要求，学深悟透习近平总书记关于高等教育、关于青年工作等一系列重要论述，掌握工作学习的根本遵循和方向指导，增强“四个意识”、坚定“四个自信”、做到“两个维护”，使高校成为坚持党的领导的坚强阵地。

明人民至上之理。党的百年历史就是一部党与人民心连心、同呼吸、共命运的历史。高校广大师生党员要通过学史明理，切实深化对人民群众是历史创造者的认识，深化对人民群众是党的力量源泉的认知，深化对党的人民立场、人民观点的认同。实践中，高校一方面要坚持教育为人民服务，努力办好人民满意的教育，另一方面要持续激发师生党员的责任感和自觉性，使其树立服务人民、报效国家、奉献社会的抱负，矢志做有益于人民的人。

明实事求是之理。实事求是是我们党思想路线的重要内容，体现着对真理的信奉和追求，这与教育的本质和大学的理念高度契合。高校广大师生党员做到学史明理，要从思想方法和治学理念上下功夫，坚持从事实出发、直面时代之问，崇尚科学、追求真理；树立大历史观，从历史长河、时代大潮、全球风云中分析演变机理、探究历史规律；尤其要旗帜鲜明反对历史虚无主义，坚决抵制披着学术外衣的错误思想观点，让正能量充盈高校思想舆论空间，以高校的精神风范促进社会向上向善。

明青春奋斗之理。自强不息是青春的底色，奋斗精神激励着一代代中国共产党人谋事创业、奋发图强。引导师生明白奋斗的意义、把准奋斗的方向，是高校学史明理应有之义和内在要求，对于提升党史学习教育质量意义重大。“少年进步则国进步”，高校师生党员要用中国梦激扬青春梦，在党史学习中强化自强不息、“奋斗最美”等观念，自觉传承红色基因，把个人的理想追求融入国家和民族的事业中，立大志、明大德、成大才、担大任，努力成为堪当民族复兴大任的时代新人。

从立德树人的向度拓展学史明理的成效成果

习近平总书记指出：“高校立身之本在于立德树人。只有培养出一流人才的高校，才能够成为世界一流大学。”高校在党史学习教育中拓展学史明理成效，关键在于贯彻党的教育方针，扎根中国大地办大学，把担当立德树人使命职责与学党史、悟思想、办实事、开新局贯通起来，切实学出高校的特点、教出大学的气派。学史明理是整个党史学习教育的基础环节，把基础夯实了，后续学习教育才能高起点展开、高标准推进，始终与高校立德树人紧密结合，帮助师生从思想上、理论上、情感上系好思想扣子。

精研深读悟其“理”。读史学史的力度决定着明德明理的深度，原原本本读书是效率最高的学习方法。可采取党员带群众、老师带学生的办法，制定阅读学习计划，将中央明确的“四本书”读起来、议起来、写起来，做到边读边写边理解，边记边议边提高；组织高校党委、各院部党委与党政机关党组织开展理论学习中心组联学，实现联学联做、学研互促、学用结合，构建大的党史学习教育格局；在学校设置学习专区、专题图书室、党史阅读角，为师生学史知史、明德明理提供保障、营造氛围。

教学相长释其“理”。抓好“学史明理”，高校担负学与教的双重使命，不仅要加强自身学习，而且要依托学校教学科研资源，向全社会提供党史学习教育的资源。在教学方面，应组织思想政治理论课教师先学一步、学深一层，做好党的历史和党的思想理论宣讲员、阐释员，多渠道开展主题宣讲，以透彻的学理分析回应听众，以彻底的思想理论说服听众，用真理的强大力量引导听众；在科研方面，举办系列党史科研论坛和研讨会，加强对党史上重大事件、重要会议、重要人物的研究，围绕党史难点热点和中国共产党为什么能、马克思主义为什么行、中国特色社会主义为什么好等重大问题开展科研攻关，形成学术成果，将高校党史科研成果传播到全社会，为全党开展党史学习教育提供智力支持和教学服务。

守正创新传其“理”。凡益之道，与时偕行。开展好党史学习教育，离不开守正创新。推出思想政治理论课改革创新举措，在课程育人、科研育人、实践育人、文化育人、网络育人等方面加强探索，拓宽师生学党史讲党史的方法和渠道；完善思政课网络教研平台建设，组织思想政治理论和党史党建课教师线上集体备课，以教学大数据提升党史教研质量；邀请名师大家在重要时间节点，针对党史重点问题，举办网络公开课，组织师生开展党史“微宣讲”短视频大赛，形成人人讲党史、处处学党史的生动局面。

办学治校行其“理”。当前，党和国家事业发展对高等教育的需要、对科学知识和优秀人才的需要比以往任何时候都更为迫切。习近平总书记指出，我国高等教育要立足中华民族伟大复兴战略全局和世界百年未有之大变局，心怀“国之大者”，把握大势，敢于担当，善于作为，为服务国家富强、民族复兴、人民幸福贡献力量。他特别强调，要坚持把立德树人作为根本任务，把服务国家作为最高追求，把学科建设作为发展根基，把深化改革作为强大动力，把加强党的建设作为坚强保证。我们要认真学习贯彻习近平总书记重要指示精神，扭住立德树人根本任务，聚力抓好人才培养和学科建设，用办学治校的工作业绩践行所学、所信之理，持续提升高校为党育人、为国育才的层次水平，为全面建设社会主义现代化国家贡献力量。

用党的光辉历史照亮青年学子成长之路*

党的十八大以来，以习近平同志为核心的党中央高度重视对党的历史的总结、学习和运用。习近平总书记指出："全面宣传党的历史，充分发挥党的历史以史鉴今、资政育人的作用，是党和国家工作大局中一项十分重要的工作。"历史是最好的教科书，党史是最好的营养剂。高校落实立德树人根本任务，必须坚持社会主义办学方向，把用党的光辉历史凝聚青年意志、引领青年成长作为工作的着力点，用党史讲理论、用事实讲道理，努力培养担当民族复兴大任的时代新人。

党的百年奋斗历史是教育培养青年学生的最好教材

无论对于一个民族、一个国家还是一个政党，历史都是其安身立命的基础。知古可以鉴今，察往可以知来。《管子·形势》认为："疑今者，察之古；不知来者，视之往。"党的百年奋斗历史不仅记录着中国共产党的艰辛历程和光辉业绩，而且内含着丰富的政治营养和智慧力量，是一座启迪未来、资政育人的"富矿"，能够为高校立德树人开掘丰富的教学资源，为青年学生成长成才提供前行的力量。

百年党史传递着奋进力量。中国共产党的历史就是一部不懈奋斗史，令人荡气回肠，给人奋进力量。近代以来，面对疮痍弥目、民生凋敝的旧中国，仁人志士们苦苦求索救亡图存之路。直到 1921 年中国共产党诞生，中国历史从此翻开了崭新的篇章。我们党团结带领全国人民浴血奋战、前赴后继，打败日本帝国主义，推翻国民党反动统治，完成了新民主主义革命，建立了中华人民共和国；团结带领全国人民确立社会主义基本制度，在极其严峻的国际环境中巩固了新生的国家政权，推进了社会主义建设，完成了中华民族有史以来最为广泛而深刻的社会变革；团结带领全国人民进行改革开放新的伟大革命，解放

* 原文发表于《红旗文稿》2021 年第 10 期。

和发展社会生产力，大踏步地追赶时代潮流；中国特色社会主义进入新时代，以习近平同志为核心的党中央总揽伟大斗争、伟大工程、伟大事业、伟大梦想，团结带领全国人民统筹推进“五位一体”总体布局、协调推进“四个全面”战略布局，办成了许多过去想办而没有办成的大事，党和国家事业取得历史性成就，发生历史性变革。百年征程波澜壮阔，百年党史催人奋进。从枪林弹雨的战争年代，到激情燃烧的建设岁月，从波澜壮阔的改革开放，到新时代的新长征，党的不懈奋斗史再现历史接力棒的传递，为青年一代昭示历史使命，灌注前行力量。

百年党史蕴含着理性智慧。中国共产党的历史就是一部理论探索史，折射着人类理性智慧的光芒。以毛泽东同志为主要代表的中国共产党人，把马克思列宁主义基本原理同中国革命具体实践结合起来，创立了毛泽东思想；以邓小平同志为主要代表的中国共产党人，总结社会主义建设正反两方面经验，实现全党工作重心向经济建设的转移，创立了邓小平理论；以江泽民同志为主要代表的中国共产党人，坚持党的基本理论、基本路线、基本纲领，加深了对什么是社会主义、怎样建设社会主义和建设什么样的党、怎样建设党的认识，积累了治党治国新的宝贵经验，形成了“三个代表”重要思想；以胡锦涛同志为主要代表的中国共产党人，坚持以邓小平理论和“三个代表”重要思想为指导，根据新的发展要求，深刻认识和回答新形势下实现什么样的发展、怎样发展等重大问题，形成了科学发展观；党的十八大以来，以习近平同志为核心的党中央全面审视国际国内新的形势，深刻回答了新时代坚持和发展什么样的中国特色社会主义、怎样坚持和发展中国特色社会主义这个重大时代课题，形成了习近平新时代中国特色社会主义思想。百年求索与时俱进，百年党史启迪智慧。深入学习党的百年理论探索史，广大青年学生能够提高思维能力，掌握科学方法，拥有走好人生之路的“大智慧”。

百年党史昭示着人民立场。中国共产党的历史就是一部为人民服务史，党在百年奋斗中始终与人民心连心、同呼吸、共命运，用牺牲奉献践行“随时准备为党和人民牺牲一切”的铮铮誓言。马克思恩格斯在《共产党宣言》中指出：“无产阶级的运动是绝大多数人的、为绝大多数人谋利益的独立的运动”。人民立场是中国共产党最根本的政治立场，实现好、维护好、发展好最广大人民群众的根本利益是党的根本价值取向。党在第一次全国代表大会上就确立了集中力量领导工人运动的任务，党的二大提出要组成大的“群众党”。1945年，党的七大明确提出，共产党人要“全心全意地为人民服务，一刻也不脱离群众；一切从人民的利益出发，而不是从个人或小集团的利益出发”。从七大到十九大，党都把“全心全意为人民服务”写入党章总纲，作为中国共产党的根本宗旨。党的十八大以来，以习近平同志为核心的党中央贯彻以人民为中心的发展思想，把人民对美好生活的向往作为奋斗目标，一大批惠民利民举措落地实施，人民的获得感、幸福感、安全感显著增强；面对突如其来的新冠肺炎疫情，党始终把人民生命安全和身体健康放在第一位，以惊人的速度和效率采取一系列防控措施，有效遏制病毒传播、控制疫情发展；如期完成脱贫攻坚目标任务，消除了绝对贫困和区域性整体贫困，向人民兑现小康路上“一个也不能少”的承诺。百年成长初心如磐，百年党史哺育赤子。人民立场、人民情怀掷地有声，跨越时空，贯穿于中国革命、建设、改革全过程。深入学习党的历史，有助于引导青年学生站稳人民立场，与人民群众风雨同舟、血肉相连、命运与共。

百年党史承载着宝贵精神。中国共产党的历史是一部精神传承史，为世人标定“革命理想高于天”的全新刻度。在党的事业乘风破浪、接续推进下，涌动着一代代共产党人的高风亮节。这些在不同时期凝聚形成的伟大精神光焰千古，构筑起了中国共产党人的精神谱系。从南湖红船出发，共产党人始终把握时代的脉搏勇毅前行，诞生了红船精神、井冈山精神、长征精神、遵义会议精神、延安精神、西柏坡精神、红岩精神、抗美援朝精神、“两弹一星”精神、特区精神、抗洪精神、抗震救灾精神、伟大抗疫精神等。历史从哪里开始，精神就从哪里产生。这些伟大精神凝聚着中国共产党人艰苦奋斗、牺牲奉献、开拓进取的伟大品格，伴随中国革命、建设、改革的光辉历程，积淀成为党在前进道路上战胜各种困难和风险、不断夺取新胜利的强大精神力量和宝贵精神财富。这些宝贵精神财富跨越时空、历久弥新，是党历经百年而风华正茂、饱经磨难而生生不息的制胜砝码，深深融入党、国家、民族、人民的血脉之中，支撑和实现着中华民族从站起来、富起来到强起来的伟大历史飞跃。百年征程精神不灭，百年党史气壮山河。党史上的宝贵精神是红色血脉中最活跃的基因，构筑起中华民族精神丰碑的坚实基座，青年学生以史为鉴，汲取精神养分，方可确保红色血脉永远赓续传承。

加强青年学生党史学习教育必须突出重点，把握关键

习近平总书记强调：“广大青年要肩负历史使命，坚定前进信心，立大志、明大德、成大才、担大任，努力成为堪当民族复兴重任的时代新人，让青春在为祖国、为民族、为人民、为人类的不懈奋斗中绽放绚丽之花。”高校开展党史学习教育必须紧紧围绕青年学生成长所需，持续把学史明理、学史增信、学史崇德、学史力行踩实落细，帮助他们在“拔节孕穗期”感受真理力量，舔舐信仰味道，铭记道德律令，践履知行合一。

注重学史明理，帮助青年学生夯实思想根基。“学史明理”就是要通过学习党史，提高思想理论水平，弄明白中国共产党为什么能、马克思主义为什么

行、中国特色社会主义为什么好的基本道理。青年学生处于世界观形成的关键时期，打牢思想理论基础、掌握正确的立场观点方法异常重要而紧迫。要绘就唯物史观的思想底色。唯物史观是人们正确认识社会及其发展规律的科学世界观和方法论。中国革命、建设、改革所取得的胜利，正是唯物史观科学力量和真理力量的实证。通过党史学习教育，引导青年学生深化对共产党执政规律、社会主义建设规律、人类社会发展规律的认识，自觉坚持以人民为中心，提高运用历史唯物主义分析问题、解决问题的能力，掌握成长成才的思想武器。要坚持实事求是的思想路线。实事求是是马克思主义中国化理论成果的精髓和灵魂，是党的基本思想方法、工作方法和领导方法。坚持实事求是，最重要的就是一切从实际出发来研究和解决问题。党史学习教育中，引导青年学生坚持理论联系实际，加强对世情党情国情民情的了解掌握，深入群众、深入实际调查研究，把客观存在的事实搞清楚，把事物之间的联系弄明白，进而掌握工作、学习和生活的主动。要树立大历史观和正确党史观。大历史观和正确党史观的核心在于具有强烈的历史使命感和历史自觉性。党史学习教育中，要引导青年学生胸怀中华民族伟大复兴战略全局和世界百年未有之大变局，坚持正确的党史观和科学的方法论，准确把握党的历史发展的主题主线、主流本质，科学评价党史上的重大事件、重要会议、重要人物，警惕和抵制历史虚无主义的影响，在把握历史脉动中提高思想水平和理论修养。

注重学史增信，引导青年学生胸怀国之大者。“学史增信”就是要通过学习党史，增强历史自觉，坚定“四个自信”，从思想上、理论上、情感上倍加珍惜改革开放和社会主义现代化建设的成果。面对社会上利益多元、观念多样、思想多变的现实考验，青年学生既要做大事于细处又要胸怀国之大者，于信仰信念之中找到心灵的栖居之地。坚定对马克思主义的信仰。马克思主义的命运同中华民族的命运、同中国青年的命运紧紧联系在一起。时代呼唤马克思主义信仰，青年需要马克思主义信仰。习近平新时代中国特色社会主义思想是马克思主义中国化的最新成果。引导青年学生把学党史和悟思想结合起来，从党的百年历史中，深刻把握习近平新时代中国特色社会主义思想的重大意义、丰富内涵、精神实质、实践要求，做到真学真信真用，在精神世界矗立起精神支柱。坚定对社会主义、共产主义的信念。共产主义远大理想和中国特色社会主义共同理想凝聚着一代又一代中国共产党人的不懈奋斗，成为中华儿女追求的“最大公约数”。通过党史学习教育，引导青年学生透过党团结带领人民从胜利走向胜利的光辉业绩，深刻理解社会主义制度具有资本主义不可比拟的巨大优越性，深刻理解共产主义的历史现实性和逻辑必然性，思想上以党的信念为信念、以党的意志为意志，行动上与党同向同行。坚定对实现中华民族伟大复兴中国梦的信心。实现中华民族伟大复兴的中国梦，是全体中华儿女的共同心愿，也是新时代青年必须担起的历史使命。引导青年学生联系社会主义历经

500多年发展焕发勃勃生机，新中国历经70多年建设取得巨大成就，深化对党史的学习理解，增强道路自信、理论自信、制度自信、文化自信，坚信在党的坚强领导下，中华民族伟大复兴的中国梦必将实现，从而自觉投身壮丽的逐梦航程。

注重学史崇德，教育青年学生锤炼品格修养。“学史崇德”就是要通过学习党史，发扬优良传统作风，传承红色基因血脉，自觉践行社会主义核心价值观。道德之于个人、之于社会具有基础性意义，做人做事第一位的是崇德修身。蔡元培先生认为：“若无德，则虽体魄智力发达，适足助其为恶。”青年学生只有不断修身立德，做到明大德、守公德、严私德，才能真正担起时代赋予的重任。做到立大志、明大德。对于青年，大德就是报效祖国、服务人民、贡献社会。党的历史富含立大志、明大德的丰富教育资源。近代以来，没有一个政党能像中国共产党这样，为国为民做出如此巨大的牺牲，无数革命志士抛头颅洒热血建立了新中国。高校开展党史学习教育，要用革命先烈和英模人物的高风亮节感染人、教育人，引导青年学生在立大志中明大德，矢志为国家、为人民牺牲奉献，挺起中华民族的精神脊梁。做到怀公心、守公德。无论革命战争年代还是和平建设时期，中国共产党秉持中华民族“天下为公”的文化传统，坚持立党为公、执政为民。通过党史学习教育，寓价值观引导于知识传授之中，引导青年学生正确认识和处理国家、集体、个人三者之间关系，自觉维护公众利益，遵守社会公共道德，懂得感恩、心有敬畏，成为社会公序良俗的践行者、维护者。做到祛私欲、严私德。百年来，中国共产党人始终高度重视自身建设，以伟大自我革命推动伟大社会革命，赢得了人民的信任支持；百年来，老一辈革命家和先进模范人物严以律己，成为严守私德的标杆模范。通过党史学习教育，为青春诠释榜样力量，培养青年学生自我约束、自我控制的意识和能力，从小事小节上加强修养，从一点一滴中完善自身，自觉抵制拜金主义、享乐主义，追求更有高度、更有境界、更有品位的人生。

注重学史力行，推动青年学生践履知行合一。“学史力行”就是要通过学习党史，提高把握大局大势、应对风险挑战、推进实际工作的能力水平，“实践其所信，励行其所知”，在推进发展中做出应有贡献。知行合一、真抓实干是党的鲜明特质。学习党的历史，不是为了在往事中陶醉、在成功中慰藉，而是为了继续开拓前进、更好走向未来。广大青年生逢其时，也重任在肩。只有强化担当精神，只争朝夕，不断奋斗，才能交出一份经得起实践、人民、历史检验的答卷。

着眼青年学生成长成才，加强和改进党史教学科研工作

习近平总书记深刻指出：“古今中外，每个国家都是按照自己的政治要求

来培养人的，世界一流大学都是在服务自己国家发展中成长起来的。我国社会主义教育就是要培养社会主义建设者和接班人。”组织青年学生学习党的历史、研究党的历史、宣传党的历史，是我国高校贯彻党的教育方针、落实立德树人根本任务的一项崇高使命和重大责任。高校应发挥教学科研优势，从“内涵”和“外延”两个方向提升党史学习教育起点，引领青年学生知史爱党、知史爱国，成为德智体美劳全面发展的社会主义事业建设者和接班人。

在学科融合中推进中共党史研究。深化党史研究是准确记载和反映党的历史的基本途径。科学发展的趋势要求我们加强学科交叉，促进学科知识融合创新。中共党史学科综合性强、涉及面广，只有加强与相关多学科的融合，才能不断拓展研究的广度深度，为青年学生学党史知党史提供丰富教育素材和更多思路视角。加强中共党史与中国近代史的融合研究。中国共产党是在中国近代史环境下诞生和发展起来的，中国近代史为中国共产党的百年求索提供了现实基础和时空舞台。如果不了解鸦片战争以来，中国沦为半殖民地半封建社会的历史，就难以站在民族解放运动的高度把握“中国产生了共产党，这是开天辟地的大事变”的重要论断；如果不了解历经洋务运动、百日维新、辛亥革命，一代代中国人救亡图存的不懈探索，就难以从历史的螺旋上升中理解党带领人民谋独立、求解放的历史必然性。应将中国近代史作为党史研究重要辅助素材，在对党史“前史”的追溯中开拓视野，在对中国社会变迁的考察中深化认识，以“大历史观”观党史，形成对党的历史的新认识、新观点、新思想，以中国近代史研究成果启迪、补充和深化党史研究。加强中共党史与政治学的融合研究。党的第一属性是政治属性、第一功能是政治功能。如果缺乏政治学的理论视域，不了解党的政治性，极易将党的历史孤立地理解为一个个“原子事实”，甚至陷入历史虚无主义。应将现代政治学的理论观点、研究方法引入党史研究，展开对中共党史的再认识、再研究，科学揭示党执政的历史经验教训，增强党史的国际传播力和影响力。中共党史教学的创新发展有赖于学科交叉研究的推行，广泛开展跨学科论坛研讨、协同课题攻关、人才交叉培养，有助于推动学科体系、学术体系、话语体系建设，以党史研究的蓬勃朝气和最新成果教育鼓舞青年学生。

在守正创新中增强党史教学实效。学理化研究、大众化阐释是党史学科建设的“一体两面”，党史教学质量事关学科专业的说服力吸引力。中共党史教育历史长久，早在延安时期，陕北公学就开设“中国革命运动史”“马列主义”“中国问题”等课程，帮助党的干部了解党的历史和革命斗争；新中国成立后，中国人民大学成立历史系，不久扩建为中共党史系，成为全国普通高等院校中第一个以“中共党史”学科命名的学系。在高校上党课讲党史，既要坚持已有的好传统、好做法，又要紧跟形势开拓创新。完善党史专业的教学管理体系。积极推动党史课在管理制度、教学内容、教学方法、评价机制等方面的改革，完善集体备课制度、听课制度、教学内容和质量监管制度、教学检查和评估制度，确保党史课规范有序开展，不断提高党史教学质量。增强党史教学的亲和力感染力。创新百年党史叙事体系，推出一批有分量的学术成果，着眼青少年阶段处于人生“拔节孕穗期”的思想行为特点，运用历史资源让课堂“活”起来，走进纪念场馆让课堂“实”起来，注重人文关怀让课堂“亲”起来。在古今对比、中西对比中理解党的伟大，坚定信念追求，厚植爱国主义。改进党史教育的形式方法。在用好课堂主阵地基础上，借助现代信息技术手段，探索沉浸式、情景式、体验式教学方法，开展讲述党史故事、诵读先烈书信、参观革命圣地等活动，把党史讲活讲好，将党史深深烙刻进青年学生心田。建强党史教学骨干队伍。育才由育师始、育人者先受教育，严把党史教学从业者入口关，配齐配强师资力量，营造拴心留人育才的良好环境，定期组织培训和交流，让教师们在给学生“一碗水”之前先盛满自己的“一桶水”，真正成为青年学生的良师益友。

在思政课程中壮大党史宣教阵地。高校思政课是落实立德树人根本任务的关键课程，是青年学生进行党史学习教育的重要阵地。帮助青年学生“扣好人生第一粒扣子”，思政课要用好党史资源，练好宣教“内功”，打造让青年学生终身受益的思政“金课”，推动党史进入课堂、深入人心。调整创新思政课课程体系。将中共党史纳入思政“金课”建设内容，坚持高质量、高标准开设思想政治理论课必修课和选修课，吸收前沿内容、集中优秀教师、给予全面保障；拿出思政课改革创新系列举措，在课程育人、科研育人、实践育人、文化育人、网络育人等方面形成合力，拓宽师生学党史讲党史的方法渠道；结合本硕博各学段特点，逐步探索构建螺旋上升、层次分明、条理清晰的“必修课+选修课”课程体系。不断丰富思政课课程内容。落实习近平总书记提出的“八个相统一”要求，将“四史”融入思政课教学，紧密结合实际，把“大思政课”讲得有深度、有力度、有温度；把大思政课放到中华民族伟大复兴战略全局和世界百年未有之大变局中来把握，放到党和国家事业发展全局中来落实，将党带领人民进行的伟大实践作为生动教材，画好思政课程与课程思政的“同心圆”。建好思政课交流合作平台。加强高校之间的思政课经验交流与项目合作，充分发挥北京高校思想政治理论课高精尖创新中心等平台的作用，健全思想政治理论课资讯平台、马克思主义理论研究和文献支撑平台、思想政治理论课教学资源共享平台等“六大平台”，让思政课在协同合作中提高质量，时刻保持与时代同频共振。

学好百年党史，更好奔向前路*

中国共产党 100 年的奋斗历史是一部最好的教科书。学习党史给我们的重要启示，就是要“讲政治”“谋大局”“明历史”“敢担当”，深刻汲取历史经验，善于开创时代新局。

要讲政治，善于从政治上看问题。旗帜鲜明讲政治，既是马克思主义政党的鲜明特征，也是我们党一以贯之的政治优势。各级领导干部特别是高级干部必须站在“讲政治”的高度，不断提高政治判断力、政治领悟力、政治执行力，切实增强“四个意识”、坚定“四个自信”、做到“两个维护”，坚持用习近平新时代中国特色社会主义思想武装头脑、指导实践、推动工作。

要谋大局，善于从全局看问题。不谋全局者，不足以谋一域。各级领导干部要增强大局意识，坚持系统思维、战略思维，加强前瞻性思考、全局性谋划、战略性布局、整体性推进，特别是要立足“两个百年”历史交汇点，增强贯彻落实党的十九届五中全会精神的自觉性坚定性，把握新发展阶段、贯彻新发展理念、构建新发展格局，把党中央决策部署贯彻落实好。

要明历史，善于透过历史审视现实。学史明理、学史增信、学史崇德、学史力行，只有学好并熟知党史国史，总结汲取历史经验，才能深刻认识党的先进的政治属性、崇高的政治理想、高尚的政治追求和纯洁的政治品质，才能进一步明确来路、走好当下路、更好奔向前路，不断交出加速转型发展、全面振兴、全方位振兴的历史新答卷。

要敢担当，善于作为。中国共产党以敢于担当、善于作为的实际行动践行为中国人民谋幸福、为中华民族谋复兴的初心使命，锻造了百年辉煌，创造了世界奇迹。所谓干部，干字当先，不仅要在“知”上下功夫，更要在“行”上见成效，既胸怀大局、找准坐标定位，又脚踏实地、善于作为，既学党史、悟思想，又办实事、开新局，勇于挑最重的担子、啃最硬的骨头，切实推动解决群众最关心最直接最现实的利益问题，不断满足人民群众对美好生活的向往。

---

* 原文发表于《光明日报》2021 年 3 月 2 日 7 版。

二

立德树人
与一流大学建设

传承"红色基因"　建设世界一流大学*

为中国人民谋幸福，为中华民族谋复兴，是中国共产党人的初心和使命。从中国共产党诞生一直到今天，这个初心和使命始终没有改变。为党育人、为国育才，就是党的初心使命在教育领域的彰显。在多年来的办学实践中，我们党将其信仰、宗旨和追求融入中国特色社会主义大学的血液，化为赓续不断的红色基因，培养出一代又一代拥护中国共产党领导和我国社会主义制度、立志为中国特色社会主义奋斗终身的有用人才。

当今世界处于大发展大变革大调整时期，中国特色社会主义进入新时代，我们正在从高等教育大国向高等教育强国迈进。建设教育强国，实现中华民族伟大复兴，我们必须坚定扎根中国大地办教育的自信，按中国的特点和中国的实际办好高等教育，唯有如此，才能在通往未来的道路上行稳致远。

树立扎根中国大地、建设世界一流大学的教育自觉

始终坚持党的领导，坚持马克思主义指导地位，坚持为党和人民事业服务，这是中国特色社会主义大学的鲜明办学特色，也是高校为中国特色社会主义事业培养输送一批又一批优秀人才的根本前提。面对新时代的新挑战新任务，我们必须牢记红色初心，始终坚持听党话跟党走，坚持将马克思主义的科学性革命性与大学建设发展的实践性规律性相结合、将高等教育普遍规律与中国教育发展实际相结合、将解决中国问题与借鉴世界文明相结合、将中国特色与世界一流相结合，坚持走中国特色社会主义高等教育发展道路，不断满足人民群众对高等教育的新需要新期待，推动高等教育内涵式发展，履行为党育人、为国育才的使命，进一步增强为中华民族伟大复兴提供智力支撑的教育自觉。

---

* 原文发表于《中国高等教育》2021 年第 1 期。

党的领导是中国特色社会主义事业发展的保证，也是办好高等教育的保证。早在革命时期，陕北公学就开创性地实行了党组领导下的校长负责制。新中国成立后，我们党强调“教育工作必须由党来领导”，在对旧式高等教育成功接管和改造完成后，实现了党对高等教育工作的全面统一领导。改革开放后，我国高等教育事业蓬勃发展，高校也对领导体制改革进行了有益探索，最终确立了党委领导下的校长负责制。如今，党委领导下的校长负责制，已成为中国共产党对国家举办的普通高校实现领导的根本制度，是高校坚持社会主义办学方向的重要保证。办好我国高等教育，必须坚持党的领导，牢牢掌握党对高校工作的领导权，使高校成为坚持党的领导的坚强阵地，成为培养德智体美劳全面发展的社会主义建设者和接班人的坚强阵地。

马克思主义是我们立党立国的根本指导思想，也是我国大学最鲜亮的底色。中国共产党是马克思主义政党，马克思主义是中国共产党人理想和信念的灵魂。中国共产党创办和领导新型高等教育，最根本的实践经验就是始终把坚持正确的政治方向放在首位，以马克思主义为指导，坚持把马克思主义中国化的最新成果融入高校的教育、教学、研究中。早在延安时期，党在创办陕北公学时就提出了“七分政治，三分军事”的办学原则，开设了“马列主义”“辩证唯物主义”“中国革命运动史”“马列主义经典作家原著选读”等课程。新中国成立后，党领导下的社会主义大学按照马克思主义的立场、观点和方法，建立起符合中国实际情况、具有鲜明民族特色的社会主义大学制度。改革开放后，我们党明确提出“马列主义理论课是社会主义各类高等学校的必修课”，高校马克思主义理论教育进入一个新时期。习近平总书记在全国高校思想政治工作会议上强调：“办好我们的高校，必须坚持以马克思主义为指导，全面贯彻党的教育方针。要坚持不懈传播马克思主义科学理论，抓好马克思主义理论教育，为学生一生成长奠定科学的思想基础。”中国特色社会主义高等教育的发展史，证明了我国高校的改革发展离不开马克思主义的指导。也正是在历史和人民的选择中，马克思主义成为中国特色社会主义大学最鲜亮的底色，也成为中国共产党创办新型高等教育的旗帜和灵魂。

高等教育服务于党和人民事业的发展，是推动国家富强、民族振兴、人民幸福的重要力量。强大的高等教育与强大经济社会发展实力互生共长，一个现代化的国家必然有一个现代化的高等教育体系为其提供人力、智力和知识资源的支撑。中国共产党遵循教育规律、扎根中国大地创办和领导高等教育，目的就在于为中国人民谋幸福，为中华民族谋复兴。我国高等教育发展方向要同我国发展的现实目标和未来方向紧密联系在一起，为人民服务，为中国共产党治国理政服务，为巩固和发展中国特色社会主义制度服务，为改革开放和社会主义现代化建设服务。“四个服务”是我们扎根中国大地办好中国特色社会主义大学所必须遵循的原则，也是中国特色社会主义大学的建设发展方向。

坚定扎根中国大地、建设世界一流大学的教育自信

每一所受到广泛认可的世界一流大学，都是因校制宜的典范，其成功源于面向本国国情和时代要求而形成的各具特色的发展道路。一所一流大学必定有着明显有别于其他大学的风格和特点，这就是其独特的发展路径。沿着这样的路径，一所大学的发展必定与其他大学相区别。当这种区别成为一种被广泛认同的优势，且优势让其他大学在短时期内难以企及，那么这所大学就具备了自身的一流特色。如果这种特色产生出被社会广泛承认的实际贡献，这所大学的地位和影响就足以因此确立，而这种特色也就必然成为大学继续发展的力量之源、自信之本。

教育自信来自历史文化的深厚积淀。对于我国大学而言，其发展模式、目标指向也必须是依据中国的历史传统、现实国情和发展方向进行选择的。扎根中国大地创办世界一流大学，不仅要有世界水平即世界一流大学之“形”，更需要有中国特色之“魂”，这个“魂”就是文化自信。其中，有在几千年历史发展过程中积淀而成的中华优秀传统文化，有在中国近代史中锻造而出的积极奋进的革命文化，更有孕育于中华优秀传统文化、发源于中国革命文化的社会主义先进文化。扎根中国大地创办世界一流大学，就是要始终坚持用中华优秀传统文化培育人、用革命文化熏陶人、用社会主义先进文化引导人，始终坚定文化自信，并将之转化为坚定的办学自信。

教育自信来自对党的领导的高度信赖。新中国成立以来，我国高等教育发展取得巨大成就，国际影响力不断增强，人民群众获得感明显提升。这充分表明，我们党不仅能够创办出色的大学，而且也是建设世界一流大学和世界一流学科的领导力量。自陕北公学创建起，中国共产党领导的新型高等教育一直在坚持扎根中国大地的同时向先进大学迈进。一路走来，以陕北公学为基础发展而来的中国人民大学，已经在众多学科，特别是人文社会科学的众多领域走在前列。在中国共产党领导下，我们开辟了中国特色社会主义道路，形成了中国特色社会主义理论体系，建立了中国特色社会主义制度，发展了中国特色社会主义文化，推动中国特色社会主义进入了新时代。中国人民拥有了前所未有的道路自信、理论自信、制度自信、文化自信，这也为建设中国特色、世界一流大学提供了自信之本。

教育自信来自对中国道路的深切认同。评判一所大学是不是世界一流大学，不应当简单地以论文数等数量化指标为标准，还必须考量其在服务国家重大战略、服务经济社会发展等方面的有关指标。中国的大学要建成世界一流，决不能盲目模仿欧美大学，更不能亦步亦趋地追随某所一流大学，而是必须在

借鉴其他国家高等教育先进经验、吸收人类文明优秀成果的基础上，牢固树立文化自信和教育自信，从中国独特的历史、文化和国情出发，探索中国特色社会主义高等教育发展道路。从延安走来的这一批“红色源流”高校在坚持扎根中国大地的同时，不断向先进大学迈进，在若干学科、一些领域都已经走在了中国和世界高等教育前列，彰显了立德树人的卓越成就。这充分说明，道路决定命运，没有正确的道路，再伟大的梦想都不能实现。坚持中国共产党的领导，坚持中国特色社会主义教育发展道路，扎根中国、融通中外，立足时代、面向未来，我们的高校就一定能走在时代前列，成为世界一流大学。

谱写扎根中国大地、建设世界一流大学的教育新篇

当今世界正经历百年未有之大变局，党和国家的事业也正处在一个特殊而关键的时期。国际上，国际体系和国际秩序深度调整，人类文明发展面临的新机遇新挑战层出不穷，不确定不稳定因素明显增多；在国内，推进国家治理体系与治理能力现代化、全面建设社会主义现代化强国等艰巨任务对高校提出了新要求，也提供了强大动力和广阔空间。

要树立扎根中国大地的政治导向。我国有独特的历史、独特的文化、独特的国情，决定了我国高等教育必须走中国特色高等教育发展道路。扎根中国大地，就是要从中国实际出发，增强服务国家、服务社会的主动性，准确把握国家重大战略需求，不断满足人民群众对高等教育的新期待，以高质量的高等教育支撑社会主义现代化强国建设。我们的高校要着眼于当前改革开放和现代化建设面临的重大问题展开针对性研究，不断推出更有分量的科研成果；着眼于为实现“两个一百年”奋斗目标和中华民族伟大复兴的中国梦开展前瞻性研究，发挥理论对实践的指引作用；着眼于人类命运共同体的构建等问题进行独创性研究，为推动世界发展提供中国理论、中国智慧。与此同时，我们要坚守为人民办大学的立场，坚持以人民为中心的研究导向，秉持人民是历史创造者的观点，树立为人民做学问的理想，引导广大师生自觉把个人学术追求同国家和民族的发展紧紧联系在一起，为满足人民对更高质量的高等教育需求，为服务我国高等教育事业的改革发展而不断努力。

要确立创建世界一流大学的目标导向。民族的振兴、国家的富强、人民的幸福，迫切需要世界一流的高等教育来支撑。2017 年，中共中央、国务院印发《关于加强和改进新形势下高校思想政治工作的意见》，强调“高校肩负着人才培养、科学研究、社会服务、文化传承创新、国际交流合作的重要使命”。党的十九大进一步提出，要“加快一流大学和一流学科建设，实现高等教育内涵式发展”，为新时代我国高等教育改革发展指明了方向，更对面临国内外激

烈竞争形势、担负内涵式发展艰巨任务的中国特色社会主义高校，提出了更高的要求。我们要始终瞄准国家重大战略需求和世界科技发展前沿，坚定投身于国家需要的关键领域，着力提升综合实力，提高人才培养质量，从国家建设发展的伟大实践中获取理论创新的深厚源泉和强大动力，从人民群众鲜活的创造中发掘思想智慧、提炼真知灼见，在服务国家重大战略、参与全球治理、构建人类命运共同体等方面积极努力，始终向着“人民满意、世界一流”大学方向迈进，为新时代中国特色社会主义事业做出应有的贡献。

要强化高等教育的改革导向。建设世界一流大学，必须深化教育改革，向改革要动力、增活力。在人才培养方面，要继续坚持立德树人根本任务，深化人才培养体系改革，将立德树人融入学生思想道德教育、文化知识教育、社会实践教育各育人环节，推进实施本科和研究生教育综合改革，着力实现全员全程全方位育人，努力形成更高水平的人才培养体系；在学科建设方面，要进一步加强学科布局的顶层设计和战略规划，打造科研“珠峰”、建设学术“高峰”、构筑学科“高原”，加大力度规划建设学科标志性重大平台，孵化形成学科标志性重大成果，找准优势和特色，突出建设重点，做到人无我有、人有我优、人优我新，建设国内领先、国际一流的优势学科和领域，带动大学发挥优势、办出特色；在社会服务方面，要瞄准经济社会发展需求，推进品牌智库建设，不断提升服务中央决策和地方经济社会发展的能力，向党和国家贡献更多更好的高校智慧；在国际交流合作方面，要进一步提升国际交流合作水平，不断扩大我国高校的国际影响力、对接“一带一路”倡议，形成“请进来”与“走出去”相结合的国际性建设格局，引导优势学科积极解读中国实践、构建中国理论，打造用学术语言讲好“中国故事”的窗口，为世界高等教育发展贡献中国标准和中国方案。

事业催人奋进，来路照亮前途。当中国特色社会主义迈入新时代，中华民族迎来了从站起来、富起来到强起来的伟大飞跃，从战火中走来的红色高校，必将为党和国家高等教育事业发展贡献出更加富有红色传承的力量，中国共产党创办的中国特色新型高等教育，也一定会在新时代的伟大征程中取得更加辉煌的成就。

永葆中国特色社会主义大学的鲜亮底色*

“马克思主义是我们立党立国的根本指导思想，也是我国大学最鲜亮的底色。”这是习近平总书记 2018 年 5 月 2 日考察北京大学与师生座谈时提出的一个重大论断。中国共产党是马克思主义政党，马克思主义是中国共产党人理想和信念的灵魂。中国共产党创办和领导新型高等教育，最根本的实践经验就是始终把坚持正确的政治方向放在首位，以马克思主义为指导，坚持把马克思主义中国化的最新成果融入高校的教育、教学和研究中。中国特色社会主义高等教育的发展史，证明了我国高校的改革发展离不开马克思主义的指导。只有在科学思想的指导下，党的教育方针才能够得到全面贯彻落实，我国的高校才能培养出德智体美劳全面发展的社会主义建设者和接班人。

在历史和人民的选择中，马克思主义成为中国特色社会主义大学最鲜亮的底色，也成为中国共产党创办新型高等教育的旗帜和灵魂

马克思主义为中国革命、建设、改革提供了强大思想武器。以马克思主义作为我国大学最鲜亮的底色，既是由中国特色社会主义大学本身的性质所决定的，也是由马克思主义的真理力量而决定的。我们的国家是中国共产党领导的社会主义国家，我们办的是社会主义教育，这就要求我们的大学以马克思主义为指导，坚持社会主义办学方向。在这个问题上，我们必须头脑清醒、立场坚定、态度鲜明，不能有丝毫含糊。马克思主义深刻揭示了自然界、人类社会、人类思维发展的普遍规律，是“伟大的认识工具”，有强大的真理力量。中国共产党在创办和领导新型高等教育的历程中，把高校建设成为学习、研究、宣传马克思主义的重要阵地，坚持用马克思主义教育青年学生，引导他们深刻认

---

* 原文发表于《思想理论教育导刊》2020 年第 9 期。

识人类社会发展的客观规律和必然趋势，自觉地运用发展的马克思主义武装自己，逐步树立正确的世界观、人生观和价值观，马克思主义也就成为中国特色社会主义大学的鲜亮底色。

回首过去，早在延安时期，党在创办陕北公学时就提出了“七分政治，三分军事”的办学原则，开设了“马列主义”“辩证唯物主义”“中国革命运动史”“马列主义经典作家原著选读”等课程。特别是毛泽东同志曾 9 次到陕北公学亲自授课，用马克思主义的立场、观点和方法分析中国革命问题。解放战争时期，马克思列宁主义和毛泽东思想以及党的方针政策的教育也占据华北大学等革命学校立校办校的首要地位，学校的日常教学始终坚持以马克思列宁主义、毛泽东思想为指针。

新中国成立后，党领导下的社会主义大学更按照马克思主义的立场、观点和方法，明确了我国大学教育的性质，形成了具有中国特色的大学办学道路、办学模式、办学理念和办学精神，建立起符合中国实际情况、具有鲜明特色的社会主义大学制度。改革开放后，我们党明确提出“马列主义理论课是社会主义各类高等学校的必修课”，高校马克思主义理论教育进入一个新时期。在全国高校思想政治工作会议上，习近平总书记进一步强调，高校要坚持不懈传播马克思主义科学理论，抓好马克思主义理论教育，为学生一生成长奠定科学的思想基础。

古今中外，凡办学者无一不是按照自己的政治需要和社会发展的需求来培养人的，所有大学无一不是在服务自己国家发展中成长起来的。中国共产党创办高等教育的成功历史经验证明，高校的创办、发展、改革和创新都离不开马克思主义的指导。凡是马克思主义原则坚持得比较好、马克思主义教育工作开展得比较好的时候，我们大学的发展就比较顺利；凡是我们对马克思主义理解陷入僵化，马克思主义理想信念教育工作出现偏差的时候，大学就会出现比较多的问题和困难。在过去，我们的大学不是没有遇到过困难，也不是没有遭受过挫折，之所以能百折不挠，走出一条具有中国特色的办学道路，根本原因就在于我们始终坚持马克思主义的指导地位。

中国特色社会主义大学具有培养坚定的马克思主义信仰者、践行者和传播者的独特优势

我们要坚持高校的社会主义方向，就要坚持用马克思主义观察时代、解读时代、引领时代，在办学理念、办学方向、指导思想、培养目标上牢牢抓住马克思主义这个“魂”。只有牢牢抓住马克思主义这个“魂”，才能抓住培养社会主义建设者和接班人这个根本。

其实，每个国家都是按照自己的政治需要来培养人才的，重视学生的价值

观教育更是一个世界性的普遍现象。西方国家对大学的意识形态教育尤为重视，通过显性教育和隐性教育的结合，将其阶级性蕴含在历史、政治、公民学等方面课程的普适性话语之中，着力培养自己学生的“本国意识”。独特的国情、独特的文化传统、独特的社会制度，决定了我们应该扎根中国大地办大学。我们的高校只能是党领导下的高校，必须坚持以马克思主义为指导，不仅要把坚持马克思主义作为建校立校的指导思想，还要把高校建设成为巩固马克思主义指导地位和培育社会主义建设者和接班人的坚强阵地。

在用马克思主义来培养人方面，中国特色社会主义大学具有得天独厚的优势。首先，从教育的主体来看，高校是知识的集散地、学术的重镇，是知识分子的富集区，具有一支规模庞大、高水平、专业化的教学队伍。高校在马克思主义基本原理尤其是经典文本的研究、阐释和解读方面，具有天然的人才基础。其次，从教育的客体来看，大学时期恰逢青年人世界观、人生观、价值观、方法论形成的重要阶段，而且大学生的求知欲和学习能力都很强。在这个成长成才的关键时期，对在校大学生加以正确的思想引导，用马克思主义理论和信仰武装他们，使马克思主义“入脑、入心”，解决青年人“真懂、真信”的问题，马克思主义的学习、研究、宣传就能够达到最好的效果。再次，从教育的载体来看，高校的学科体系、课程体系、教材体系、教学体系、管理体系，以及贯通其中的思想政治工作体系，都是最严整、最完备的，对教育载体的统筹，可以在课堂内外形成强大合力和协同效应，将马克思主义的学习、研究、宣传落实到全方位育人的全过程之中，并逐渐形成坚持以马克思主义为指导的教学体系、学科体系、育人体系。长期以来，中国特色社会主义大学立德树人的最根本经验，就是把马克思主义作为我们的指导思想，加强思想政治工作体系建设，大力抓好马克思主义理论教育，深化学生对马克思主义历史必然性和科学真理性、理论意义和现实意义的认识，教育他们学会运用马克思主义立场观点方法观察世界、分析世界，认清中国和世界发展大势，让学生深刻感悟马克思主义真理力量，为学生成长成才打下科学思想基础。

新时代的中国特色社会主义大学，必须努力建设成为马克思主义理论的坚强阵地，马克思主义哲学社会科学的坚强阵地，马克思主义意识形态的坚强阵地，培养德智体美劳全面发展的社会主义建设者和接班人的坚强阵地，以马克思主义理论教育为学生一生成长奠定科学思想基础

高等教育是一种社会存在，不同社会性质决定着不同教育目的。我国高等

教育发展方向要同我国发展的现实目标和未来方向紧密联系在一起，决定了我们只能走中国特色的办学道路，以马克思主义为指导，坚持为人民服务，为中国共产党治国理政服务，为巩固和发展中国特色社会主义制度服务，为改革开放和社会主义现代化建设服务，用马克思主义理论教育为学生一生成长奠定科学思想基础。

坚持以马克思主义为指导，首先要解决真学真懂真信真用的问题。只有真正弄懂了马克思主义，才能真正信仰马克思主义，才能增强识别能力，更好地抵御各种错误思潮。中国特色社会主义大学要成为学习、研究、宣传马克思主义的重要阵地，让马克思主义主旋律唱得更响亮，就要发挥自身优势，加强马克思主义理论研究，建设好马克思主义学院和马克思主义理论学科，立足中国特色社会主义伟大实践，深入回答重大理论和现实问题，推动发展 21 世纪马克思主义和当代中国马克思主义。

我们的大学必须坚持不懈传播马克思主义、坚持不懈学习和实践马克思主义、坚持不懈用马克思主义中国化最新成果武装师生头脑。当代青年是同新时代共同前进的一代，我们要结合不同学生特点，引导他们忠于祖国、忠于人民，把自己的理想同祖国的前途、把自己的人生同民族的命运紧密联系在一起，扎根人民、奉献国家，勇敢地肩负起时代赋予的光荣使命，为社会主义现代化强国建设和中华民族的伟大复兴做出贡献，不断深化对马克思主义的理论品格、思想脉络和实践价值的认识，并转化为清醒的理论自觉、坚定的政治信念和科学的思维方法。

马克思主义不仅深刻改变了世界，也深刻改变了中国，更深刻影响着中国特色社会主义大学。正如习近平总书记所说，只要我们在培养社会主义建设者和接班人上有作为、有成效，我们的大学就能在世界上有地位、有话语权。马克思主义不仅是指导中国革命建设改革的科学理论，也是推动中国特色社会主义大学建设发展的科学指南。在中国特色社会主义大学里，我们要永葆马克思主义这一鲜亮底色，旗帜鲜明、理直气壮地学习、研究、传播和发展马克思主义这一党和国家的指导思想，才能落实立德树人根本任务，培养出一代又一代拥护中国共产党领导和我国社会主义制度、立志为中国特色社会主义奋斗终身的有用人才。

围绕立德树人　加强“四史”教育*

以史鉴今、资政育人，重视从党的历史中汲取智慧和力量是中国共产党的优良传统。这既是加强党的思想理论建设的重要任务，也是增强高校思想政治工作能力和做好高校立德树人工作的有效途径。从这个角度讲，加强高校的党史、国史、改革开放史和社会主义发展史教育既非常重要，又非常迫切。在中国特色社会主义进入新时代的历史方位下，加强新时代高校“四史”教育，必须以党的教育方针为基础，以立德树人为中心任务，帮助学生树立崇高理想，培养更多德智体美劳全面发展的社会主义建设者和接班人。

把握“四史”教育的政治性，着力引导学生树立正确的历史观

党的历史是中国共产党和中华民族宝贵的精神财富。中国共产党从成立之初就善于从历史经验中汲取理论创新的养料，并把总结党的历史、用党史教育全党作为统一思想、端正党风、继承传统、开拓前进的重要一环。在抗日战争时期，毛泽东就指出：“现在大家在研究党的历史，这个研究是必须的。如果不把党的历史搞清楚，不把党在历史上所走的路搞清楚，便不能把事情办得更好。”作为我们党创办正规高等教育的重要源头，陕北公学自创办初就开设了“中国革命运动史”“中国问题”“世界革命史”“科学社会主义”等课程。毛泽东曾 9 次到陕北公学亲自授课，用马克思主义的立场、观点和方法分析中国革命问题。由此开始，党史教育贯穿整个民主革命时期、社会主义建设时期和改革开放时期，党领导下的中国大学教育也形成了重视党的历史学习的优良传统。党的十八大以来，以习近平同志为核心的党中央更加注重从党和国家的历史宝库中汲取治国理政的经验和智慧，并在此基础上提出实现中华民族伟大复兴的中国梦的科学理念，强调“历史是最好的教科书”“学习党史、国史，是

---

* 原文发表于《思想政治工作研究》2020 年第 5 期。

坚持和发展中国特色社会主义、把党和国家各项事业继续推向前进的必修课”，将党史、国史、改革开放史和社会主义发展史的学习与研究提高到了建设中国特色社会主义的战略高度，为“四史”教学研究指明了方向，明确了目标，提供了遵循。

“四史”教学，不是一般的历史教学，而是以历史为基础的政治教育。高校在开展“四史”教学过程中，首要的就是把握其政治性，必须把坚持正确的政治方向放在第一位，引导学生树立正确的历史观。党史、国史、改革开放史和社会主义发展史主要讲的是中国共产党成立以来团结带领人民抵御外来侵略、争取民族独立、实现人民解放和民族伟大复兴的历史，概言之，即党的不懈奋斗史、理论探索史、自身建设史，反映我们党的政治奋斗历程和中华民族的政治选择历程，具有鲜明的政治属性。“四史”教学目的在于通过历史的教育，引导学生深刻认识现代中国的发展脉络，深刻认识中国为什么选择马克思主义、为什么选择中国共产党、为什么选择中国特色社会主义道路，引导学生建立对我们国家政治制度和社会制度的历史认同和政治认同。历史观是世界观、人生观、价值观的重要基础。“四史”教育的方向如果发生偏差，就会产生极其严重的后果。在这方面，苏联解体给我们留下了深刻教训。把好“四史”教学的政治方向，事关党的前途命运，事关国家长治久安，事关民族凝聚力和同心力。一个国家如果出现对自身历史的认同危机，就会动摇整个社会主流意识形态，国家自身安全就无法保障，党的执政地位就无法巩固。从目前全国的教学情况看，在把握“四史”教学的政治方向、学术导向方面，一些高校还存在着模糊认识，容易受到社会上错误思潮的影响。譬如，国内外有人肆意断章取义、捕风捉影，其拼凑起来的“研究”严重偏离历史原貌；还有人故意歪曲史实，甚至杜撰“历史”，在个别媒体特别是互联网上大肆散布和传播旨在抹黑、歪曲和诋毁党史、国史、改革开放史和社会主义发展史的言论，对部分青年学生产生误导和消极影响。有鉴于此，正本清源、加强“四史”教育，高校必须把正确的政治方向摆在第一位。否则，非但许多历史的原貌搞不清楚，还将影响大学生正确历史观的形成和高校思想稳定。

把握“四史”教育的针对性，着力解决学生的思想困惑

作为高校意识形态工作和思想政治工作的重要组成部分，正确的历史观可以带来价值认同的最大化。这种认同是指青年学生对自己民族和国家的一种带有肯定性的心理判断和情感归属，会带来思想上的统一、行动上的一致。因此，共同的历史观可以被视为一种软权力资源或具有整合作用的“社会水泥”，

旨在塑造社会的“普遍共识”，赢得大众的积极赞同。通过有效传授、传播正确的历史观点，引导学生深刻理解、弘扬传承我们的文化传统，培养学生对国家治理的认同，这正是高校历史教育的根本目的。

当前，国内国外两个大局同步交织、相互激荡，世情国情社情都发生巨大变化。绝大多数的高校学生都是“90后”“00后”，他们深受全球化、信息化和社会转型的影响，思维更活跃，权利意识、平等意识、自我意识显著增强，生活上去中心化、碎片化明显。他们虽然具有一定的思考能力，但仍然处于价值观成型的阶段，缺乏对各种思潮的辨别能力，容易在生活学习的压力下、互相激荡的多元化社会中迷失自我。与此同时，一些对“四史”的不良解读和错误认知不时沉渣泛起。特别是那些自称“价值中立”的民间研究者的解读更具误导性，有人甚至试图用历史虚无主义、新自由主义来夺取历史解释权。一些青年学生受错误思想影响，不愿认同主流的历史观点，生怕被贴上标签；还有一些大学生在认识上将马克思主义的历史观点和“四史”完全割裂开来。在这种情况下，传统“四史”教育的弱化，给高校思想政治教育留下了巨大的意识形态“真空”。因此，大力加强对高校学生的“四史”教育，已成为维护高校意识形态安全和思想政治稳定的一项重要工作。在这一背景下，高校“四史”教育作为带有鲜明价值取向的“历史课”，不仅需要讲好传授好党史、国史、改革开放史和社会主义发展史的历史知识，更要围绕学生关注的热点问题，解疑释惑，帮助学生树立崇高理想，为国家发展和民族振兴培养更多拥护中国共产党领导和我国社会主义制度、立志为中国特色社会主义奋斗终身的有用之才。

授课形式也要从教师一言堂向问题启发式转变。在教学中既要坚持系统传授，也要善于设疑引思，强化学生的问题意识。而这种形式的要点，不是去问“是什么”，而是要问“为什么”，让学生在“四史”的学习实践中去思考和辨析，提高学习兴趣，勇于思考知识，勤于钻研理论。

把握“四史”教育的时代性，着力增强学生的使命意识

习近平总书记指出：“一代青年有一代青年的历史际遇。我们的国家正在走向繁荣富强，我们的民族正在走向伟大复兴，我们的人民正在走向更加幸福美好的生活。当代中国青年要有所作为，就必须投身人民的伟大奋斗。”当代青年学生正处于我们国家最好的时代，肩负着实现中华民族伟大复兴的历史使命。高校开展“四史”教育，就是要引导学生深刻认识自身的历史使命，更好地把握现在中国发展的大势，树立自己的使命意识，自觉地把自己的志向和国

家民族的命运紧密贯通起来，实现个人成才和中华民族伟大复兴的有机结合。因此，高校“四史”教育的一个基本教学逻辑就是从讲党的历史知识开始，从建立学生的正确历史观着眼，最后落脚到让学生为实现中华民族伟大复兴而努力奋斗。从这个角度看，高校“四史”教育虽是讲历史，却又不是简单的历史教育，而是和当代中国政治紧密联系。它的根本任务在于服务现实，告诉学生中国特色社会主义的本然和应然，增强对中国特色社会主义的道路自信、理论自信、制度自信和文化自信。故而，以史鉴今、立德树人就成了“四史”教育的重要任务。加强高校“四史”教育对立德树人、增强高校大学生的“四个自信”具有以下三方面的作用：

第一，加强“四史”教育有助于解决历史教育为谁服务的价值观问题。实现和维护无产阶级和最广大人民的根本利益是马克思主义全部理论的立足点，“四史”教育同样以这一点立足。“四史”教育的一个重要原则就是“导向正确”。只有方向正确了，才能够正确认识和把握党的历史发展的主题和主线、主流和本质，科学总结党的历史经验，深刻揭示党的历史发展的内在规律，让广大学生在马克思主义历史唯物主义的指引下，理解历史和人民为何选择了中国共产党、选择了马克思主义、选择了社会主义道路、选择了改革开放。

第二，加强“四史”教育有助于解决观察历史和分析历史的世界观方法论问题。“四史”涉及时间长、内容多、范围广，不仅需要了解中国近代以来的历史发展，还需要对世界社会主义运动的情况有全面把握。面对纷繁复杂的历史现象，学生要深入历史发展过程内部去理解掌握其脉络和规律，就必须掌握正确科学的世界观和方法论。只有运用历史唯物主义和辩证唯物主义的方法，学生才能正确地揭示本质、把握规律，从理论逻辑和历史逻辑的辩证统一中，深刻认识和正确把握党的历史发展主题和主线、主流和本质，进而在现实的大风大浪面前站稳政治立场，占据理论制高点，保证人生发展的正确方向。

第三，加强“四史”教育有助于解决国家育人育才和增强学生使命担当问题。人才培养是育人和育才相统一的过程，其中育人是本，因此必须将立德放在育才的首位。在大学这个青年人成长成才的关键时期，“四史”教育需要把育人育德思维贯穿课堂教学全过程。这就要求我们认真思考为什么进行“四史”教育、做什么样的“四史”教育和如何做好“四史”教育这三个基本问题，坚持用伟大成就激励人，用党的优良传统教育人，用成功经验启迪人，用历史教训警示人。在教学中坚持把“四史”教育同国家发展的现实目标和未来方向紧密联系在一起，为坚持和完善中国特色社会主义制度服务，为改革开放和社会主义现代化建设服务，增强青年学生的使命担当，力争培养出更多具有家国情怀、创新能力、全球视野和引领时代的一流人才。

完善重大突发事件下的高校应急治理体系*

习近平总书记在参加十三届全国人大三次会议湖北代表团审议时强调，要坚持整体谋划、系统重塑、全面提升，改革疾病预防控制体系，提升疫情监测预警和应急响应能力，健全重大疫情救治体系。随着各种传统安全和非传统安全问题不断出现，做好应对预案和应急处置准备的要求越来越高，应急领域的实践与研究也必须做出相应的范式转变。对于高校来说，做好从“应急管理”到“应急治理”的转变，完善相关制度，提高治理水平，建立从重大突发事件预防到治理的一整套应急治理体系，是我们当前一项重大而迫切的任务。

一

我国地域辽阔，人口众多，无论从历史还是现实看，重大突发事件所带来的灾难相对较多，给人民群众的生命、生活、财产安全造成了极大危害。因此，提高应急治理能力和水平尤为重要。我国应急治理的系统性实践起步较晚，2003 年抗击“非典”后，国家有关部门和单位着手制定了各部门突发公共事件应急预案。2005 年，教育部颁布实施《教育系统突发公共事件应急预案》。2006 年，国务院颁布《国家突发公共事件总体应急预案》，要求包括高校等在内的基层单位加强应急能力建设。2007 年，国家颁布了《中华人民共和国突发事件应对法》。2018 年，国家设立了应急管理部，在制度设计上对存在的问题做出了全面的回应与解决。2019 年初，在省部级主要领导干部坚持底线思维着力防范化解重大风险专题研讨班开班式上，习近平总书记站在新时代党和国家事业发展全局高度，科学分析了当前和今后一个时期我国面临的安全形势，就着力防范化解重大风险、保持经济持续健康发展和社会大局稳定提出了明确要求，为我们切实做好防范化解重大风险的各项工作指明了前进方

* 原文发表于《光明日报》2020 年 6 月 1 日 6 版。

向。实践充分证明，坚持底线思维、增强忧患意识，是我们党战胜风险挑战、不断从胜利走向胜利的重要思想方法、工作方法、领导方法。党的十九届四中全会审议通过的《中共中央关于坚持和完善中国特色社会主义制度 推进国家治理体系和治理能力现代化若干重大问题的决定》，为持续推进国家治理现代化提供了根本遵循，为我国应急治理领域的发展提供了有力指引。

新冠肺炎疫情的发生，使高校应急治理体系的完善迫在眉睫。高校应急治理是高校应对重大突发事件进行的系列预防工作和应对措施，包括应急规划制定、应急治理制度建设、应急治理能力提升等方面，是整个国家应急治理体系的一部分。多年来，在党的领导下，我国的高校应急治理体系从无到有，从不成熟到逐步完善，在此次应对新冠肺炎疫情的斗争中发挥了重要作用。

二

高校应急治理是关系师生员工生命健康和教育事业稳步发展的大事。面向未来，我们要建设“党委领导、全员参与、制度保障、科技支撑”的治理体系，建设人人有责、人人尽责、人人共享的高校治理共同体，就必须进一步完善高校应急治理体系。

进一步完善党委领导下的高校应急领导机制，发挥社会主义高校治理的政治优势。中国特色社会主义大学最本质的特征是党的领导，最大优势也是党的领导。党委领导下的高校应急治理体系建设应围绕以下几个重点：一是明确党委在高校应急治理中的核心地位。综合各高校的经验，疫情发生以来，在教育部党组和地方党委的领导下，学校党委直接指挥、直接部署，成立学校疫情防控工作领导小组，召开专班会议，不断对校园疫情防控工作进行动员部署，体现了学校党委的责任和担当，使学校疫情防控工作有了坚不可摧的主心骨。二是发挥党委在学校应急治理中的准确判断、科学应对能力。学校党委在疫情出现后迅速成立应对疫情工作领导小组，及时研究部署学校疫情防控工作，采取了一系列有力的防控和救治举措。数月来的实践证明，在以习近平同志为核心的党中央统一领导下，各高校党委对疫情形势的判断是准确的，在不同阶段做出的防控决策是科学的，所采取的应对措施也是有效的。这些应对策略，抓住了关键要害，确保了疫情防控各项工作扎实有序推进。三是进一步严密学校党委的组织体系。在疫情暴发的危急时刻，在学校党委领导下，全校党员、各基层党支部、二级单位党组织迅速行动起来，学校党的组织、宣传、统战、教工、学工、团委、外事等职能单位高效运转，学校应急治理机制得到充分发挥，为打赢校园疫情防控阻击战提供了强有力的组织保障。

坚持把师生员工的健康安全和教学科研秩序的恢复放在突出位置。以师生为本，是大学办学治校一切工作的出发点和落脚点。第一，面对疫情暴发的严峻形势，高校始终坚持把全体师生的生命和健康安全放在首位，集中医疗资源和技术力量确保师生安全，以实际行动践行初心和使命。第二，做好疫情的教学科研服务保障。教学稳、毕业稳、就业稳，校内学生的人心就稳，学校就稳。应对疫情给学校正常教学科研毕业就业带来的新挑战，学校统筹疫情防控、教学科研及其他利益诉求，推出一系列针对性举措，因地制宜解决广大师生关心的教学科研毕业就业难题，实现了疫情防控和“停课不停教、停课不停学”两手抓，全方位保障学校正常教学科研工作的开展。

完善应急领导与管理机构。疫情发生后，第一时间启动应急预案，成立学校疫情防控工作领导小组，形成综合协调、情况排查、物资保障、教学监督、宣传引导、防控督导、信息报送等分工负责机制，“一事一议”“一人一策”。信息响应迅速及时，上传下达畅通无阻，措施跟进有力有效，迅速形成了校内各单位共同防控疫情的工作格局和强大合力。学校党委不仅坚决把救治资源和防护资源集中到抗击疫情第一线，还按照党中央统一部署，从校管党费中拨付专项资金用于支持疫情防控工作。密切联系师生是高校应急治理的优势之一。在此次疫情防控中，师生、校友踊跃参与其中，用力所能及的方式人人战疫、人人参与，迅即构筑起全面动员、群防群治的严密防线。事实证明，紧紧依靠师生，高校就能凝聚起众志成城、共克时艰的强大正能量。一项项措施，一个个实招，充分彰显了学校应急治理机制集中力量办大事的能力优势。

坚持依法依规完善应急治理体系。依法开展应急治理工作，是依法行政和提高制度化水平的重要内容。实践证明，应对重大突发事件不能仅仅依靠经验，更重要的是依靠法治，通过健全法律法规明确责任、强化约束，减少突发事件应对工作中的任意和无预期现象，提高应急处置工作效能。高校要依据国家法律法规的修订、制度政策的更新，根据国家的统一部署安排和要求，结合国内外相关重大事件的处置情况，及时健全完善学校的应急治理方案和举措，确保其先进性、适用性和有效性。针对执行中的突出问题，要及时研究制定实施办法与处理预案，进一步规范执法权限、监管方式、责任追究等问题，把应急治理的经验做法和规律性认识，再以规章制度的形式予以规范和确认。同时，要加强对有关法律贯彻实施情况的监督检查，确保应急治理工作依法开展，落到实处。

加快构建基于网络信息技术和人工智能的应急治理体系。这次疫情防控，网络信息技术发挥了重要作用。无论是网络教学还是云端办公，包括召开有关会议、传达有关精神、统计各种信息，网络信息技术功不可没。这次疫情也为重新认识网络信息技术价值与作用提供了契机。随着师生员工对网络信息技术的运用日益熟练，要逐步实现学校信息数据库与师生员工个人移动设备之间的互联互通互动。同时，学校要做好师生员工的信息安全教育工作，提高保密意识，对师生员工言行进行规范、制约，尽最大可能杜绝泄密问题，从而保护学校重要信息与数据的安全。要加快建设基于数据挖掘的“互联网＋”治理平台，构建基于信息技术的高校治理体系，创新治理方式方法，提高高校治理的信息化、智能化水平。

三

此次疫情对加强高校应急治理而言是一次生动的教育，让大家进一步深刻认识到我国高校应急治理机制的优越性。但同时，抗击疫情这面大考的镜子，也折射出我们亟待补齐的短板，需要在实践中去认真总结和反思，这也是高校应急治理能力完善和提高的方向。

必须压实责任，强化工作落实机制。严格落实疫情防控主体责任，构建学校—院系—个人三级疫情防控工作体系，层层做好分工，严格落实责任，各项任务分解到人，责任明确落实到岗，信息响应迅速及时，上传下达畅通无阻，措施跟进有力有效，各项防控工作全面紧张有序推进。虽然非常态的应急治理事项已经被纳入高校治理框架，但是，由于重大突发事件较少发生，导致应急治理的举措并未进入高校的日常工作范畴，也少有平常工作机制安排去研究、推进和落实。高校以往针对涉密事件、公共卫生、事故灾难、自然灾害和网络安全等都制定了相应的应急预案，但大多规定性强于操作性，且更新不及时。对此，高校要将应急治理能力建设列为重点工作。尤其是队伍建设，各部门各院系都要有领导负责落实，既重视重大突发事件及其进展研判，又重视舆情应对、应急物资储备，把落实工作抓实抓细。

必须加强督导检查与纪律监督。明确学校当前疫情防控监督工作重点、工作方式和工作纪律，对所在单位领导班子及党员干部履行疫情防控责任、落实疫情防控任务等情况开展全面监督，严禁不作为、慢作为、乱作为和临危退缩等行为。防止工作抓而不实、抓而不细，警惕麻痹思想、侥幸心理，真正以问题为导向，开展自查自纠，强化责任担当。对于应急治理，只有常抓不懈、始终重视，才能在遇有重大突发事件时顶得上，有效应对各种挑战。

必须提升学校应急资源保障能力。从最关键、最紧迫的问题入手，围绕强化校园医疗卫生保障、学校应急平台体制机制建设、完善重大疫情防控救治体系、健全应急物资保障体系、确保师生员工安全健康等重大问题，深入分析高校应急治理体系建设中决策指挥、应急救援和信息保障等方面存在的薄弱环节，系统思考、锐意改革，加快实现学校应急治理制度化、程序化、规范化、法治化。同时，制定疫情防控期间校园基本运行保障方案，克服人员、物资短缺困难，确保校园严管期间基本民生保障平稳运行。充分挖掘校友资源，积极拓展物资供应渠道，购置储备防疫工作所需物资，及时向一线部门、岗位的值班人员及在校学生发放防疫物资，确保防疫工作期间后勤保障精准到位。

必须牢固树立风险应对意识。“备豫不虞，为国常道。”习近平总书记在学习贯彻党的十九大精神专题研讨班开班式上列举了 8 个方面 16 个具体风险，其中提到“像非典那样的重大传染性疾病，也要时刻保持警惕、严密防范”。新冠肺炎疫情的暴发警示我们，问题常起于毫末，祸患常积于忽微。必须居安思危，时刻保持如履薄冰的谨慎、见叶知秋的敏锐，既高度警惕“黑天鹅”事件，也注意防范“灰犀牛”事件，不断夯实防范和化解重大风险的基础，才能保证学校平稳发展，使教育事业在把握规律中赢得优势、赢得未来。

弘扬伟大抗疫精神　擦亮新时代青春底色*

很高兴和同学们在新学期的“开学第一课”做交流。这几天，我和学校领导、老师们走进宿舍、食堂、课堂，看望返校同学，看到的都是大家久别重逢的喜悦和笑脸。现在，全国经济社会生活迈入正轨，校园里也恢复了勃勃生机，教育教学各个方面基本回归正常，同学们迎来了“重整行装再出发”的新起点。

过去8个多月的时间里，我们共同经历了一场惊心动魄的抗疫大战。新冠肺炎疫情是百年来全球发生的最严重的传染病大流行，是新中国成立以来传播速度最快、感染范围最广、防控难度最大的重大突发公共卫生事件。以习近平同志为核心的党中央统筹全局、果断决策，把人民生命安全和身体健康放在第一位，采取最严格、最全面、最彻底的防控举措，打响了疫情防控的人民战争、总体战、阻击战，并夺取了全国抗疫斗争重大战略成果。

2020年9月8日，全国抗击新冠肺炎疫情表彰大会在北京人民大会堂隆重举行，习近平总书记向国家勋章和国家荣誉称号获得者颁授勋章奖章。这是对抗疫英雄的最高礼赞，也启示着榜样的意义、精神的价值。在这场同严重疫情的殊死较量中，中国人民和中华民族以敢于斗争、敢于胜利的大无畏气概，铸就了生命至上、举国同心、舍生忘死、尊重科学、命运与共的伟大抗疫精神。我们可以自豪地说，正是这样的精神鼓舞着我们这个拥有无数敢于逆行、团结相助的人民的伟大国家，激励着我们这个具有博大的人类命运共同体情怀、勇于担当起大国重任的伟大国家。同学们，身为其中一分子，值得我们庆幸，更值得我们骄傲。在今天这堂“开学第一课”上，我想和大家交流三个方面的体会和思考。

战“疫”的经历，带给大家什么样的改变

从个体回到集体、从线上回到线下、从家园回到校园……经历了这次疫

* 原文发表于《北京教育（德育）》2020年第9期。

情，我们能感受到同学们的成熟、成长，能感受到抗疫经历给你们烙上了深刻的印记。

从思想上看，你们有了更深刻的集体记忆，衍生出更加厚重的民族自信心和制度认同感。集体记忆是“一个特定社会群体之成员共享往事的过程和结果”，回望过去半年来一个个难忘的日夜，我们充满着感动和震撼：钟南山院士无惧风险，以 84 岁的高龄第一时间坐上高铁餐车进入疫区；援鄂护士刘丽脸上深深的口罩压痕成为“青春最美的印记”；从“方舱起舞”，到防护服上的一幅幅漫画、一句句口号；从医护人员与患者、患者与患者之间的相互鼓劲，到各类媒体平台上的“隔空”加油……抗疫中的中国精神、中国力量、中国担当，不断引领和激励着大家，使同学们对中国共产党领导和社会主义制度更加坚定，对中国人民和中华民族的伟大力量更加认同，对中华文明的深厚底蕴更加自信，对构建人类命运共同体的大国担当更加自觉。你们今后前行的脚步必将更加坚定从容、铿锵有力。

从行动上看，你们身上积蓄了更磅礴的青春力量。在这场堪称史诗级的武汉保卫战、中国保卫战之中，我们欣喜地看到，数不胜数的“90 后”“00 后”把自己融入疫情防控阻击战，发生在我们身边的人大人的抗疫故事也非常感人：家在武汉的 2017 级物理系本科生杨谦主动报名参与社区抗疫志愿活动，奋战在抗击疫情的第一线；2019 级“红船领航”计划党员先锋营学员李江经过多方筹集，将一批医用防护服亲手交给了朔州市人民医院的医生；40 多名人大学子踊跃参与“热血同心”师生无偿献血活动，以义务献血的方式支持首都战“疫”、全国战“疫”；全国各地特别是湖北省和武汉市的同学，就近就地参加社区防控，承担各类志愿服务工作，参与到构筑坚固的一线防疫阵容……突如其来的疫情是一份要用生命去作答的考卷，面对生与死、舍与得、情与义、泪与汗，新时代的人大人勇敢地应对挑战、理智地做出选择、无悔地全力奉献，彰显了新时代青年的良好精神风貌。

习近平总书记在全国抗击新冠肺炎疫情表彰大会上对新时代青年给予了充分肯定，他特别指出：“青年是国家和民族的希望。在这次抗疫斗争中，青年一代的突出表现令人欣慰、令人感动。”大家不畏艰险、冲锋在前，充分说明“战‘疫’一代”不是蜜罐里泡大的“巨婴”。“任性”“自我”“娇气”“不靠谱”更不是贴在你们身上的标签。你们不仅传承了勤劳勇敢、淳朴善良、踏实奋进的中国精神，更展现出爱国自信、达观从容、担当奉献的时代烙印。朝气蓬勃的青年，永远是社会发展进程中最具活力、最少保守、最勇于担当的群体。不断成长的新时代青年，就是我们这个国家、这个民族最为宝贵、最可珍视的财富。

一代又一代人大人，怎样在奋进中诠释精神的力量

人无精神则不立，国无精神则不强。习近平总书记强调，伟大抗疫精神，同中华民族长期形成的特质禀赋和文化基因一脉相承，是爱国主义、集体主义、社会主义精神的传承和发展，是中国精神的生动诠释，丰富了民族精神和时代精神的内涵。长期以来，正是这种精神的力量激励着我们在风雨来袭时保持了定力、在惊涛骇浪中选择了坚强、在攻坚克难中增强了本领。

中国人民大学为中国、为人民而生，因中国、因人民而兴，涵养了贯穿发展全程、未有丝毫改变的精神特质，那就是对国家、对人民的真挚情感，对中华民族光明未来的不懈追求，始终与党和国家同呼吸、共命运，始终与人民心心相印，与人民同甘共苦，与人民团结奋斗。

2020 年 9 月 1 日出版的最新一期《求是》杂志，刊发了我们学校党委的署名文章《培养什么人　怎样培养人　为谁培养人》，展现了中国人民大学立德树人的卓越成就、光荣历史的深厚积淀。正如习近平总书记在致中国人民大学建校 80 周年的贺信中所说，中国人民大学是我们党创办的第一所新型正规大学。建校以来，中国人民大学始终坚持党的领导，坚持马克思主义指导地位，坚持为党和人民事业服务，形成了鲜明办学特色，在我国人文社会科学领域独树一帜，为我国革命、建设、改革事业培养输送了一批又一批优秀人才。

正因为中国人民大学与我们的党、我们的国家、我们的民族，以及我们民族伟大的文化紧密相连，在 83 年的历史进程中，民族精神和时代精神的力量持续在人大人身上释放，并指引着人大人始终奋进在时代前列。

救亡图存的革命年代的人大人，不顾个人安危、冒着枪林弹雨、历经艰难险阻到延安，投身民族解放的历史洪流。在陕北公学学员结业典礼上，毛泽东明确提出："中国不会亡，因为有陕公"。受命于危难之际的陕北公学和后来的华北联合大学、华北大学集中了一大批民族精英。在住土窑、坐马扎、吃小米土豆，还要随时准备战斗的艰苦条件下，不到 8 年的时间里，从这里却走出了两万多名抗战干部，包括数千名政治理论、文学艺术、教育、政法、财经等方面的专门人才。在民族危亡的历史时刻，与大批撤到后方办学的大学不同，以陕北公学为代表的一批高校奔赴前线，培育的学子成为国家和民族的"逆行者"，在历史上留下光辉的背影。他们把民族解放作为自己的追求，为民族解放而奋斗，为民族解放而牺牲，很多人至今都没有留下姓名。

新中国成立初期的人大人，自觉研究自己所处的时代特质，以国家的发展为发展、以人民的需要为需要，服务于社会主义革命和建设的伟大事业。1949 年 12 月 16 日，中央人民政府政务院第 11 次政务会议通过的《关于成立中国

人民大学的决定》明确指出，中国人民大学暂设八个本科系。1950 年 10 月 3 日，刘少奇在中国人民大学开学典礼上指出，成立这八个系是为新中国建设，特别是为经济建设服务。在这一目标的指引下，吴玉章等老一辈无产阶级教育家筚路蓝缕，创立并走出了适合于中国社会主义建设和发展需要的办学理念和办学道路，为新中国的教育事业做出了重要的贡献；以何干之、何思敬、宋涛等著名学者为代表的人大人，紧紧围绕国家和时代的需要，开拓了符合中国实际、具有中国特色的学科发展路径。在新中国成立初期，中国人民大学作为“新国家的大学”，实现了“培养万千建国干部”的人才培养目标，对新中国高等教育事业的起步和发展起到了奠基性作用。

改革开放激荡浪潮中的人大人，发扬光大“实事求是”校训，捕捉时代先声、发出时代强音，以思想开风气之先。《实践是检验真理的唯一标准》和《东方风来满眼春》之所以成为对中国改革开放影响最大的两篇文献，就是因为作为人大人的胡福明、陈锡添怀着强烈的时代责任感，冲破思想理论上的“禁区”，奏响了解放思想的序曲。2019 年 9 月 17 日，学校卫兴华、高铭暄两位老师被授予“人民教育家”的国家荣誉称号。卫兴华老师是我国著名经济学家和经济学教育家，他坚持实事求是的科学态度和严谨的治学学风，“不唯上、不唯书、不唯风、不唯众”，主编的《政治经济学原理》是改革开放以来全国影响力和发行量最大的教材之一；高铭暄老师是我国当代著名法学家和法学教育家，全程参与了我国《刑法》立法工作，为我国刑法的起草修订完善做出了重要的贡献。以卫兴华、高铭暄为代表的一代人大教师，把论文写在中国大地上，用研究成果造福中国人民，这就是人大人治学报国精神的最好体现。

迈向伟大复兴新时代的人大人，传承红色基因，紧贴时代脉搏、顺应时代进步、引领时代发展，勇做时代之问的答卷人。实现民族复兴，尤其需要全面发展、协调发展和个性发展的优秀人才。分布在祖国大江南北，正在各行各业奉献着智慧和力量的人大人，或投身国家建设，以全心全意为人民服务的博大胸怀和崇高境界成为共和国的中流砥柱；或在经济大潮中大展身手，为中国的经济建设和社会发展做出积极贡献；或坚定理想、扎根基层，到祖国最需要的地方挥洒汗水，书写青春无悔的华章。2019 年 10 月 1 日，在庆祝新中国成立 70 周年的群众游行活动中，由学校 2 000 余名学生组成的“众志成城”方阵，接受祖国和人民的检阅，同时也将思政课堂从教室搬到长安街，上了一堂“行走的思政课”，展示出人大学子永远奋进向前的精神面貌，彰显出共和国的事业后继有人。新冠肺炎疫情发生后，学校公共管理学院校友刘立飞临危受命，担任北京市援鄂医疗队队长，在武汉奋战 65 天。谈起这段经历，他表示，作为人大学子，要永远信仰人民，永远服务人民，将对人民的信仰转化为对人民的责任。云南省兰坪县是学校自 2013 年开始定点联系帮扶的全国深度贫困县。7 年来，我们先后选派了 5 名优秀教师作为挂职副县长到兰坪工作；50 余名师生志愿者赴兰坪支教；“教育扶贫、智力扶贫、产业扶贫”，为滇西脱贫攻坚贡献人大人的力量……新时代的人大人，始终铭记党和人民的嘱托，坚定理想信念，努力服务国家、服务社会、服务人民。

时间之河川流不息，每一代人大人都有自己的际遇和舞台、梦想和成就。传统不是守住炉灰，而是传递热情的火焰。一代又一代人大人身上所闪烁的精神的光芒，不仅是对中国人民大学过往光荣历史的高度凝练，也是我们走向未来的指南，需要同学们去学习，去传承，去发扬光大。

新时代的人大人如何在成长中擦亮自己的精神底色

随着中国特色社会主义进入新时代，中国正处于近代以来最好的发展时期。与此同时，世界百年未有之大变局加速变化，第四次工业革命的蓬勃发展给新兴国家带来了“弯道超车”的历史机遇，但保护主义、单边主义上升，世界进入动荡变革期，不稳定性、不确定性明显增强，我们的改革发展稳定任务艰巨繁重。当前的形势是，大变局与新时代同步交织，大趋势与新机遇相互激荡。站在“两个一百年”奋斗目标的历史交汇点上，我们每个人比以往任何时候都更加深刻地感受到“船到中流、人到半山”的艰险。经历过新冠肺炎疫情洗礼，你们这一代人，将肩负使命全程参与、全面见证并亲历中华民族的伟大复兴。前方的路，彩虹和风雨共生，机遇和挑战并存。相信人大人将与祖国同行。

疫情中走过，经历中成长。这半年多的时间，同学们参与过、经历过、感动过，同学们应对困难、挑战、考验的过程，既是成长的营养剂和催化剂，也是成才最好的磨刀石和试金石。

“青春须早为，岂能长少年。”相信经历并将继续经历抗疫这场大考，大家会更加明确要在奋斗担当中去承担的责任，努力谱写属于你们的新时代青春之歌。在今天开学第一课的最后，我和老师们对同学们提四点希望。

一是要学会与英雄对话，乐于见贤思齐，练就过硬本领。2020 年 8 月 11 日，习近平总书记签署主席令，授予钟南山“共和国勋章”，授予张伯礼、张定宇、陈薇“人民英雄”国家荣誉称号。一个国家的发展繁荣，离不开英雄群体的引领。当代青年面对着深刻变化的社会、丰富多样的生活、形形色色的思潮，需要有英雄的榜样示范，从而坚定理想信念、走好成长成才之路。中国革命、建设与改革开放的征程中涌现出来的一个个英雄模范，犹如指路明灯，引领着我们不断前行、不断攀登。优秀的人永远是在路上，而不是在起点或某个点上徘徊。相信同学们通过刻苦的学习和实践，既读有字之书，也读无字之书，取人之长、补己之短，一定能练就干事创业的“金刚钻”。

二是要学会与时代对话，树立与祖国人民同心同向的信念。新时代是奋斗者的时代，奋斗是青春最亮丽的底色。面对新冠肺炎疫情，广大青年没有犹豫彷徨，没有畏葸不前。那些迎难而上的最美“逆行者”当中有许多是“90后”“95后”，甚至“00后”，他们在疫情中所展现出的无畏与担当让我们看到，属于你们的时代已经到来。一代人有一代人的使命，一代人有一代人的担当，作为人大人，同学们绝不应有“躲进小楼成一统”的想法，要想在新时代站稳脚跟，当时代弄潮儿，而不被时代所淘汰，别无他路可走，唯有自强不息，坚韧不拔。要关心国家与社会，树立入世之愿，涵育济世之心，用青春奋斗来担当起民族复兴的历史使命和时代责任。

三是要学会与世界对话，彰显当代中国青年的蓬勃自信。中国为世界抗击疫情做出的贡献得到了世卫组织和国际社会的高度肯定，但也有一些逆流波澜。对此，我们从容豁达、以德报怨，体现了中华文化孕育的君子之风和信心气度。在移动互联时代，世界以前所未有的方式和速度构建着命运与共的“地球村”，你们有更多机会和更好的平台与世界各地的青年人交流讨论、分享资源、培养友谊。你们每个人都是一张中国名片，理应具有更广阔的国际视野，涵养更深厚的文化自信，在世界舞台上展示当代中国青年的风采，通过你们的言行让世界看到中国的样子，看到中国的未来。

四是要学会与自己对话，涵养乱云飞渡仍从容的定力。疫情是一次大考，既考验着国家治理体系和能力，也考验着每个个体应对突发事件的定力，同时反映出自身修养及慎思明辨的能力。成长的道路上，绝不可能一帆风顺，有纷扰、有诱惑、有坎坷。面对纷扰，要保持独立思考的人格；面对诱惑，要保持自律自警的意识；面对坎坷，要有泰然处之的姿态。这样的定力来自内化于心的对党和国家的忠诚和热爱、对社会主义制度的自信、对前进道路的坚定。有了这样的定力，相信不论遇到什么情况，大家一定能够不随时流、不为境转，把新时代青年的坚实足迹印在实现中华民族伟大复兴中国梦的征程上。

当前，疫情仍在全球蔓延，国内零星散发病例和局部暴发疫情的风险仍然存在，夺取抗疫斗争全面胜利还需要付出持续的毅力和努力。校园里几万师生的生命健康，需要我们每个人尽心守护。希望各位同学继续绷紧防疫这根弦，自觉服从防控大局，坚持做好防护措施，严格遵守防疫规定，为最终战胜疫情做出自己力所能及的努力。

2020年9月10日，孙春兰副总理来到学校亲切看望慰问“人民教育家”高铭暄教授、“最美教师”王易教授，向全国广大教师和教育工作者转达党中央、国务院对广大教师的节日祝贺和诚挚慰问，全校上下备受鼓舞。希望同学们努力学习、不断进步，不辜负党和国家对我们的期望。

2020年10月3日，是中国人民大学命名组建70周年的纪念日。明年，我们还将迎来中国共产党成立 100 周年，此时的你们青春正好、风华正茂。让我们谨记吴玉章老校长所言的“东风得势，时代更新，趁此时机，奋勇前进”，以永不懈怠的精神状态、一往无前的奋斗姿态，向阳而行、拥抱明天！

培养担当民族复兴大任的时代新人*

教育是国之大计、党之大计。从党的十九大报告到全国宣传思想工作会议上的重要讲话，再到近期教育文化卫生体育领域专家代表座谈会上的重要讲话，习近平总书记从新时代党和国家事业发展全局的高度，反复强调我们的教育要坚守为党育人、为国育才，培养担当民族复兴大任的时代新人。我们必须全面贯彻党的教育方针，坚持社会主义办学方向，把立德树人作为根本任务，培养一代又一代拥护党的领导和社会主义制度、立志为中国特色社会主义奋斗终身、担当起民族复兴大任的有用人才。

培养担当民族复兴大任的时代新人的时代意义

事业兴衰，关键在人。建党之初，中国共产党人就清楚地知道，一切事业都必须找到干事之人，要有人才作为基础和支撑，才能确保党的事业兴旺发达。毛泽东曾说，中国共产党是在一个几万万人的大民族中领导伟大革命斗争的党，没有多数才德兼备的领导干部，是不能完成其历史任务的，还须广大地培养人才。教育作为塑造事业所需人才的现实条件和必要途径，得到中国共产党的一贯重视，也成为其重要工作领域和改变世界的最重要手段之一。

党的育人目标的与时俱进。我们党的初心使命，在教育领域具体表现为“为党育人、为国育才”。培养什么人，是教育的首要问题。教育的根本目的是培养社会发展所需要的人，任何政党、任何国家都是按照自己的政治要求来培养人的。为中国人民谋幸福、为中华民族谋复兴是中国共产党人的初心和使命。在此指引和激励下，为不断把党的事业推向前进，中国共产党通过在学校开展有计划、有目的的教育活动，促进人的全面发展，帮助受教育者成为中国社会发展所需要的人才。为人民办教育，为中华民族的自立自强办教育，也便成为中国共产党始终秉承的教育理念和奋斗目标。在近百年的发展历程中，中

---

* 原文发表于《红旗文稿》2020 年第 20 期。

国共产党始终把自己的初心使命印刻在教育方针中，走出了一条扎根中国大地、服务中国发展需要的人才培养道路。革命战争年代，为造就成千上万的革命干部，满足革命战争的需要，党探索创办了陕北公学等一批革命学校，培养了数万名堪称“革命的先锋队”的优秀人才。新中国成立伊始，党探索建立新的高等教育制度和模式，创办了第一所新型正规大学——中国人民大学，设八个本科系。1950 年 10 月 3 日，刘少奇在中国人民大学开学典礼上指出，成立这八个系是为新中国建设，特别是为经济建设服务。在这一目标指引下，在那段时间里，中国人民大学作为“新国家的大学”，实现了“培养万千建国干部”的人才培养目标。改革开放以来，党从国家发展战略需求出发，坚持优先发展教育，全面进行教育体制改革和教学改革，培养了一大批高素质专门人才，为社会主义现代化建设注入教育动力。党的十八大以来，以习近平同志为核心的党中央高度重视教育工作，提出了一系列富有创见的新理念新思想新观点，强调我国社会主义教育就是要培养社会主义建设者和接班人。习近平总书记提出“培养担当民族复兴大任的时代新人”的战略任务，这是我们党在新时代育人目标的凝练。尽管党的育人目标在不同历史时期有着不同的表述，或者是不同的内容侧重，但在本质上都坚持了教育的社会主义方向，揭示了社会主义教育的性质，反映了时代发展的要求。

实现“两个一百年”奋斗目标的迫切要求。习近平总书记在致中国人民大学建校 80 周年的贺信中指出，当前，党和国家事业正处在一个关键时期，我们对高等教育的需要比以往任何时候都更加迫切，对科学知识和卓越人才的渴求比以往任何时候都更加强烈。随着中国特色社会主义进入了新时代，中国也正处于近代以来最好的发展时期，更需要我们的教育肩负服务国家社会发展的神圣使命，高度关注世界发展和人类文明进步面对的共同挑战，不断输出高素质人才、高端科技成果和先进文化。所以说，培养出担当民族复兴大任的时代新人，对我们如期完成民族复兴大业具有长远战略意义。民族复兴事业对担此大任的时代新人在能力素质、精神面貌上的要求，都外化和表现为新时代教育的使命责任和功能作用。今天我们培养的时代新人，就是实现“两个一百年”奋斗目标的中坚力量。因此，能否为实现中华民族伟大复兴贡献自己最大的力量，便是衡量一个接受教育的中国青年是不是“时代新人”的根本标准。真正的时代新人，在实现“两个一百年”奋斗目标的实践中，将他们的思想道德素养和科学文化才能充分体现，将他们自信、奋进、担当的精神状态充分展现，不断推进中国特色社会主义事业发展，最终成长为民族复兴大任的担当者和实现者。

推进教育现代化的题中之义。新时代新形势，改革开放和社会主义现代化建设、促进人的全面发展和社会全面进步对教育提出了新的更高的要求。教育同我国发展的现实目标和未来方向紧密联系，加快推进教育现代化至关重要。

习近平总书记提出的“发展具有中国特色、世界水平的现代教育”，是“两个一百年”奋斗目标和中华民族伟大复兴中国梦的重要组成部分，包含着我国教育发展应当具有中国特色、国际视野、时代特征等深刻内涵；既是对我国教育现代化内涵的丰富发展，也是对提高我国教育质量的新要求，为新时代我国实现教育现代化，建设教育强国指明了前进方向和奋斗目标。当今世界的竞争，关键在科技，基础在教育。教育是培养人才的根本途径，为党和国家事业发展提供强大的人力人才资源和知识技能支撑，是教育职责使命所在。只有实现教育现代化，才能培养一大批具有国际视野的现代化人才。这是社会主义现代化建设的需要，也是新时代对未来优秀人才提出的新要求。具有国际视野的中国现代化人才，必须是德智体美劳全面发展的社会主义建设者和接班人、在世界上具有核心竞争力的国际化人才、坚持终身学习全面发展的人才、有中国灵魂世界眼光的现代人才。为此，教育不仅要培育和践行社会主义核心价值观，促进学生德智体美劳全面发展，也要集中力量培养学生的创新能力、拓宽学生的国际视野。当前，我国正推动形成以国内大循环为主体、国内国际双循环相互促进的新发展格局。围绕新发展格局要求，持续推进教育现代化，需要我们改革调整教育结构、学科专业结构、人才培养结构，提升自主创新能力，尽快突破关键核心技术，有效解决“卡脖子”问题，这是我们向教育现代化迈进、向教育强国迈进的征程中，所必须经历的时代“大考”。

担当民族复兴大任的时代新人的内涵特征

习近平总书记对“时代新人”的要求和标准有过多次阐述，在教育文化卫生体育领域专家代表座谈会上，他又专门强调，要培养学生爱国情怀、社会责任感、创新精神、实践能力。习近平总书记的要求就是教育工作者的重要工作目标、教育评价的重要指标。

有爱国情怀，把报效祖国、服务人民当作一种理想。爱国情怀是人世间最深层、最持久的情感。无数事实证明，只有社会主义才能救中国，只有中国特色社会主义才能发展中国，只有坚持爱国和爱党、爱人民、爱社会主义相统一，爱国主义才是鲜活而真实的。担当民族复兴大任的时代新人的理想信念只有同国家的前途、民族的命运相结合才有价值，其价值追求只有同社会的需要和人民的利益相一致才有意义，爱国之情应是他们最朴素的感情，报国之行则是他们最自然的选择。他们秉持着爱党爱国爱人民的毕生信念，自觉地将追逐个人梦融入实现中国梦的生动实践中，让青春跃动与爱国情怀同频共振。

有社会责任感，把崇德向善、奉献社会当作一种追求。“若无德，则虽体魄智力发达，适足助其为恶”。要担当民族复兴大任，就必须抓住价值观形成和确定的关键时期，努力从中华文明中汲取道德养分、从先进榜样中获取精神力量。明大德、守公德、严私德，崇德向善、见贤思齐，拥有足够的辨别力和自制力、奉献心和责任感，这样的新时代青年才会对社会和他人充满关怀和共情。他们抵制拜金主义、享乐主义和个人主义，是心灵纯洁、人格健全、品德高尚的人，是有文化修养、有社会关怀、有责任担当的人，是品行端正、素质优良的人，始终以实际行动奉献祖国、奉献社会。

有创新精神，把敢于开拓、勇于创新当作一种责任。习近平总书记指出："创新是一个民族进步的灵魂，是一个国家兴旺发达的不竭动力，也是中华民族最深沉的民族禀赋。"我国改革开放和社会主义现代化建设的火热进程，为一切有志于创新创造、干一番事业的青年提供了广阔舞台，与此同时，我们也一定会遇到许多意想不到的"拦路虎"，会有许多亟待攻破的"娄山关"和"腊子口"。新时代青年要走出固有传统思想束缚、打破旧有条条框框，就必须具备强大创新精神和综合能力。他们在鼓励人才创新的良好氛围中茁壮成长，把时代新知和创新活力内化为自己的核心竞争力。他们积极响应时代召唤，真正解放思想、敢于求真、乐于探索、勇于开拓，用创新思维解决问题，用创新成果推动发展，用创新视野规划未来。

有实践能力，把顽强拼搏、艰苦奋斗当作一种锤炼。实现中华民族的伟大复兴是一项长期的历史任务，绝不是轻轻松松、敲锣打鼓就能实现的。历史只会眷顾坚定者、奋进者和搏击者。成为担当民族复兴大任的时代新人，就要自觉心怀民族复兴梦想，自觉担起历史重任，始终保持一股顽强拼搏的精气神，始终想干事、能吃苦、肯奋斗，争做走在时代前列的奋进者、开拓者和奉献者。这样的新时代青年明白，实践和奋斗不仅仅是实现人生目标的手段，更是一种对精神力量的锤炼、一种富有价值的生活方式、一种能够成就更好自己的人生选择。这样的新时代青年信仰坚定、本领过硬，在面对大是大非时敢于亮剑，在面对歪风邪气时敢于斗争，在面对矛盾时迎难而上，在面对危机时挺身而出。他们"立鸿鹄志，做奋斗者"，自觉加强学习、努力开展实践，既志存高远又脚踏实地，既有过硬的专业知识又有过硬的实践能力，不断提高自己的工作本领和技能，用自己的奋斗身影展示最亮丽的风景，让自己的实干精神绽放最闪耀的青春光芒。

培养担当民族复兴大任的时代新人的着力点

十年树木，百年树人。培养担当民族复兴大任的时代新人，是党和人民赋予新时代中国特色社会主义教育的重大战略任务。做好时代新人的培养工作，全面提高时代新人的培养能力，是新时代中国特色社会主义教育面临的重要课题。我们要牢牢把握培养时代新人的具体要求，牢记教育使命，不忘育人初心，积极探索新时代育人方法，不断提升育人本领，切实回答好培养什么人、怎样培养人、为谁培养人这一根本性问题。

坚持社会主义办学方向，把稳时代新人培养之舵。坚持什么样的办学方向，关系着教育事业的兴衰成败。加快推进教育现代化、建设教育强国、办好人民满意的教育，必须坚持社会主义办学方向。这是教育事业发展的前进方向和根本遵循。坚持社会主义办学方向是新时代中国特色社会主义教育发展的根本原则，只有在事关办学方向的问题上站稳立场，才能牢牢把握育人主线，办好中国特色、世界水平的现代教育。坚持社会主义办学方向，要始终坚持党的领导，牢牢掌握党对学校工作的领导权，使学校成为党的领导的坚强阵地。要始终坚持以马克思主义为指导，坚持不懈传播、学习、实践马克思主义，在教育过程中用马克思主义最新理论成果武装师生头脑，让中国特色社会主义教育永葆马克思主义的鲜亮底色。

落实立德树人根本任务，铸就时代新人培养之魂。习近平总书记指出，要把立德树人的成效作为检验学校一切工作的根本标准。立德树人，是对人才培养的根本要求，不仅符合人才成长的根本规律，也是人民满意教育的根本要求，更是实施素质教育的根本目的。只有切实落实立德树人根本任务，才能培养出担当民族复兴大任的时代新人。这就要求教育不仅要传授知识、培养能力，更要引导学生树立正确的世界观、人生观、价值观，忠于祖国、忠于人民，把自己的理想同祖国的前途、把自己的人生同民族的命运紧密联系在一起，将自己的成长成才始终置于民族复兴、国家富强的大舞台上，勇敢地肩负起时代赋予的光荣使命。落实立德树人根本任务，必须全面贯彻党的教育方针，涵育共产主义理想信念；将社会主义核心价值观融入教育全过程，深入开展理想信念教育、爱国主义教育、中华优秀传统文化教育和革命传统教育；坚持素质教育，促进学生德智体美劳全面发展，引导学生在实现中国梦的生动实践中放飞青春梦想。

打造德才兼备教师队伍，夯实时代新人培养之基。人才培养，关键在教师，教师队伍素质直接决定着人才培养水平。加强教师队伍建设，不仅事关教育发展的全局，更事关社会主义现代化强国的建设进程。要用“政治要强、情怀要深、思维要新、视野要广、自律要严、人格要正”的标准，建设一支政治素质过硬、业务能力精湛、育人水平高超的高素质教师队伍，使其充分发挥打造中华民族“梦之队”筑梦人的作用。要引导教师把教书育人和自我修养结合起来，做到以德立身、以德立学、以德施教，发挥教书育人的功能和作用。要加强教师思想政治工作，坚持育才由育师始，育人者先受教育，使他们坚持教书和育人相统一，言传和身教相统一，潜心问道和关注社会相统一，学术自由和学术规范相统一，做社会主义核心价值观的示范者、引领者、维护者，更好担当起学生健康成长指导者和引路人的责任。要将师德摆在教师考核、评价的首位，贯穿教师职业生涯全过程，既有严格的制度规定，又有日常的教育督导，还要进一步强化师德失范惩处，真正保证教师队伍的思想政治水平。

坚持扩大教育对外开放，敞开时代新人培养之门。习近平总书记始终从人类文明交融共鉴的高度看待教育领域的国际交流与合作，并从构建人类命运共同体出发对教育使命和青年成长提出希望和要求。他强调，通过更加密切的互动交流，促进对人类各种知识和文化的认知，对各民族现实奋斗和未来愿景的体认，以促进各国学生增进相互了解、树立世界眼光、激发创新灵感，确立为人类和平与发展贡献智慧和力量的远大志向。教育对外开放是培养国际化人才的重要举措，对培养具有中国情怀、世界眼光和开放格局的青年有积极意义。教育是文化传播的主阵地，教育对外开放是各国文化交流与合作的重要桥梁，扩大开放有助于不同文化间的互学互鉴。教育对外开放是增强我国国际影响力的重要途径，扩大开放也有助于我国进一步参与教育国际合作，为全球教育治理贡献中国智慧和中国方案。我们的希望在青年，教育开放的工作重点在青年。扩大教育开放，可以增进新时代青年对不同国家、不同文化的认识和理解，让他们在教育的深度合作与人文交流中，具有更广阔的国际视野，涵养更深厚的文化自信，打牢相互尊重、相互学习、热爱和平、维护正义、共同进步的思想根基，在世界舞台上展示当代中国青年的风采，并通过他们让世界看到中国的样子，看到中国的未来。

扎实做好新时代人才培养工作*

教育是国之大计、党之大计。党的十八大以来，习近平总书记对教育工作做出一系列重要论述，多次强调人才培养工作的重要性。新时代人才培养工作，要围绕培养什么人、怎样培养人、为谁培养人这一根本问题，坚持立德树人根本任务，培养德智体美劳全面发展的社会主义建设者和接班人。扎实做好新时代人才培养工作，我们要以习近平总书记关于教育工作的重要论述为指导，把握新时代人才培养的内涵，明确新时代人才培养的主体，抓好新时代人才培养的关键。

把握人才培养的内涵

培养什么人，是教育的首要问题。习近平总书记在全国教育大会上明确提出培养德智体美劳全面发展的社会主义建设者和接班人，明确了人才应该具备的基本素质和精神状态。在学校思想政治理论课教师座谈会上，习近平总书记进一步强调，我们党立志于中华民族千秋伟业，必须培养一代又一代拥护中国共产党领导和我国社会主义制度、立志为中国特色社会主义事业奋斗终身的有用人才。扎实做好新时代人才培养工作，首先应当深刻把握新时代人才培养的基本内涵。中国人民大学是中国共产党创办的第一所新型正规大学，从诞生之日起，就把培养什么样的人放在最核心的位置进行探索和实践。1937 年 10 月，毛泽东同志曾专门为中国人民大学的前身陕北公学题词，指出："要造就一大批人，这些人是革命的先锋队。这些人具有政治远见。这些人充满着斗争精神和牺牲精神。这些人是胸怀坦白的，忠诚的，积极的，与正直的。这些人不谋私利，唯一的为着民族和社会的解放。这些人不怕困难，在困难面前总是坚定的，勇敢向前的。这些人不是狂妄分子，也不是风头主义者，而是脚踏实地富于实际精神的人们。中国要有一大群这样的先锋分子，中国革命的任务就

---

* 原文发表于《光明日报》2019 年 3 月 25 日 6 版。

能够顺利的解决。”80 多年来，中国人民大学始终遵照党对中国人民大学的办学定位，培养了一大批“人民共和国建设者”。

培养具有崇高德行的人。德行，是一个人所具有的理想信念、品德修养和人格品质的总称。培养具有崇高德行的人，就是要培养把道德置于心中、践行社会主义核心价值观、全面发展的优秀人才。爱因斯坦说：“要使学生对价值有所理解并且产生热烈的感情，那是最基本的。他必须获得对美和道德上的善有鲜明的辨别力。”人无德不立，育人的根本在于立德。只有将德育教育贯彻到新时代人才培养的全方位、全过程中，走出“重教书轻育人、重智育轻德育”的教育误区，把对人才的价值观培养放在教育的重要位置，把立德树人的成效作为检验学校一切工作的根本标准，才能真正培养出对国家、对社会、对人民的有用之才。

培养具有出众才学的人。才学，指的是一个人所掌握的实际本领和学问。现代高等教育培养的人才，必须是掌握现代科学文化知识、具有出众才学的人才，不仅要具备良好的道德品行，而且应具备丰富的学识，在不断学习中掌握事物发展规律，掌握现代科学文化知识。只有沿着求真理、悟道理、明事理的方向不断前进，于个人而言才能在社会上立足，于国家而言才能在激烈的国际竞争中占据有利地位。

培养具有坚强担当的人。担当，指的是一个人有魄力，敢于承担责任。青年一代有理想、有本领、有担当，国家就有前途，民族就有希望。当前高校学生的人生黄金时期，同“两个一百年”奋斗目标的实现期完全吻合，历史的重任落到了当代大学生身上，这就要求当代大学生具有敢于担当、不懈奋斗的精神。只有培养他们的健康体魄、健全人格、奋斗精神和责任担当，激励学生自觉把个人理想追求融入国家和民族事业中，才能培养一批担当民族复兴大任的时代新人。

培养具有高尚情怀的人。情怀，指的是一个人的心境和胸怀。我们培养的人才，不仅要有中国情怀，而且要有世界眼光和国际视野。习近平总书记提出构建人类命运共同体，体现了全球治理的中国理念、中国方案。我们培养的人才，要具有中国情怀，坚持爱家、爱国、爱党、爱社会相统一，始终把自身理想同祖国的前途、把自己的命运同民族的命运紧密联系在一起，扎根人民、奉献国家。要具有世界情怀，坚持融通中外、兼济天下，在变革的世界中把握人类发展趋势，在激荡的时代洪流中抓住机遇，以积极的姿态面对各种挑战，为构建人类命运共同体贡献智慧和力量。只有兼备中国情怀与世界情怀的人才，才能最终肩负起建设祖国的伟大使命，承担起为世界、为人类做贡献的责任。

明确人才培养的主体

立德树人，办好教育事业，需要家庭、学校、政府、社会共同承担责任、付出努力，需要建立党委统一领导、党政齐抓共管、有关部门各负其责、全社会协同配合的工作格局。高校作为培养高素质人才的主力军，必须履行好自身的职责，明确人才培养的各类主体，加强队伍建设，保障立德树人根本任务的完成。

加强教师队伍建设是基础。人才培养，关键在教师，教师队伍素质直接决定着大学人才培养水平。抓好人才培养这一根本问题，必须要用“政治要强、情怀要深、思维要新、视野要广、自律要严、人格要正”的标准要求教师，建设一支政治素质过硬、业务能力精湛、育人水平高超的高素质教师队伍。要努力培育“四有”好老师，引导教师把教书育人和自我修养结合起来，做到以德立身、以德立学、以德施教，发挥教师教书育人的功能和作用；加强教师思想政治工作，坚持育才由育师始，育人者先受教育，强化对教师的价值引领，使教师更好担当起学生健康成长指导者和引路人的责任；加强师德师风建设，把师德师风作为评价教师队伍素质的第一标准，既要有严格的制度规定，又要有日常的教育督导，还要进一步强化师德失范惩处，真正保证教师队伍的纯洁性。

加强思想政治工作队伍建设是保障。实践证明，高校思想政治工作队伍建设对高等教育事业发展至关重要，只有打造一支素质过硬的高校思想政治工作队伍，把思想政治工作贯穿教育教学全过程，才能确保高水平育人质量。要在工作格局、队伍建设、支持保障等方面采取有效措施，精心培养和组织一支会做思想政治工作的政工队伍，拓展选拔视野，抓好教育培训，强化实践锻炼，健全激励机制，整体推进高校党政干部、辅导员、班主任和心理咨询教师等队伍建设，保证这支队伍后继有人、源源不断，真正为实现全员育人、全过程育人、全方位育人提供保障。

加强党组织建设是根本。我们的高校是党领导下的高校，高校党组织建设成效决定着人才培养质量。只有充分发挥党组织在人才培养工作中的把关定向作用，才能把党的教育方针全面贯彻到学校工作各方面，培养造就一大批优秀人才。要坚持党对高校的全面领导，坚持和完善党委领导下的校长负责制，发挥人才培养的优势，真正培养一批为人民服务，为中国共产党治国理政服务，为巩固和发展中国特色社会主义制度服务，为改革开放和社会主义现代化建设服务的社会主义建设者和接班人。要加强基层党组织建设，开展基层党组织“对标争先”建设工作，实施教师党支部书记“双带头人”培育工程，健全学生党建工作常态化长效化机制，配齐建强基层党建工作队伍，切实解决基层党组织弱化虚化边缘化问题，使基层党组织成为师生最贴心、最信赖的组织依靠，成为学校教书育人的坚强战斗堡垒。

抓好人才培养的关键

致天下之治者在人才。人才是衡量一个国家综合国力的重要指标，当前我们对卓越人才的渴求比以往任何时候都更加强烈。做好高校人才培养工作，全面提高人才培养能力，必须坚持正确的培养方向、科学的培养方法以及平和的培养心态。

坚持正确的人才培养方向。教育的根本目的是培养社会发展所需要的人，任何国家都是按照自己的政治要求来培养人。我国是中国共产党领导的社会主义国家，要用习近平新时代中国特色社会主义思想铸魂育人，引导学生增强中国特色社会主义道路自信、理论自信、制度自信、文化自信，厚植爱国主义情怀，把爱国情、强国志、报国行自觉融入坚持和发展中国特色社会主义事业、建设社会主义现代化强国、实现中华民族伟大复兴的奋斗之中。这就决定了我们的教育必须把培养社会主义建设者和接班人作为根本任务。要始终坚定为党育人的初心不能忘，为国育人的立场不能改。要始终坚持党对教育工作的领导权，始终坚持马克思主义指导地位，始终坚持社会主义办学和育人方向，牢牢把握思想政治工作这一学校各项工作的生命线，牢牢掌握意识形态工作领导权，确保人才培养工作方向的正确性，真正培养出一代又一代拥护中国共产党领导和我国社会主义制度、立志为中国特色社会主义奋斗终身的有用人才。

坚持科学的人才培养方法。习近平总书记对思想政治课教学提出了“八个相统一”的要求，就是要政治性和学理性相统一、价值性和知识性相统一、建设性和批判性相统一、理论性和实践性相统一、统一性和多样性相统一、主导性和主体性相统一、灌输性和启发性相统一、显性教育和隐性教育相统一。高校要把“八个相统一”落实到对高校各层次学生的教育上。建设一流本科教育，坚持“以本为本”，严进严出，用好课堂教学主渠道，打造“金课”，淘汰“水课”；打造卓越而有灵魂的研究生教育，打造结构优化、满足需求、各方资源充分参与的研究生教育，重视科研育人，培养一批具备深厚的知识基础、前沿的研究视野的人才，着重培养经济社会发展急需的创新型、应用型、复合型人才。通过教学改革，始终坚持和践行科学的人才培养方法，进一步增强人才培养的针对性、适应性。

坚持平和的人才培养心态。随着经济高速发展，社会竞争日趋激烈，功利浮躁的社会心态有所抬头，在教育领域出现了唯分数、唯升学、唯文凭、唯论文、唯帽子的倾向，一定程度上助长了非理性的育人心态。同时，部分教育管理者急于求成，导致一些违背教育规律和学生成长发展规律的现象时有发生，扰乱了学校正常的教育教学秩序。叶圣陶先生曾说：“教育是农业而不是工业。”农作物生长需要一个很长的周期，人才培养同样如此，不能像工业产品那样迅速出炉。正所谓“十年树木，百年树人”，在长期的育人过程中，我们要坚持理性平和的育人心态，学会“等待的艺术”，以功成不必在我的思想境界，打造一条以育人为本的价值评判“秩序链”，建立科学的评价体系，将立德树人要求落实到体制机制上，真正关注和推动学生的全面发展。

将党的领导贯穿到立德树人全过程*

新时代贯彻党的教育方针，加强高校党的建设，必须坚持马克思主义指导地位，坚持用习近平新时代中国特色社会主义思想铸魂育人，坚持社会主义办学方向，落实立德树人的根本任务，全面提升中国特色社会主义大学育人育才水平。

3 月 18 日，习近平总书记主持召开学校思想政治理论课教师座谈会并发表重要讲话，深刻阐释了办好思想政治理论课的重大意义，深入分析了教师的关键作用，明确提出了推动思想政治理论课改革创新的重大要求。深入学习贯彻习近平总书记重要讲话精神，必须坚持和加强党对高校工作的全面领导，扎实推进高校党的建设和思想政治工作。

充分认识新时代全面加强高校党的建设的重大意义

坚持党对高校的领导，是中国特色社会主义大学的本质特征，也是中国特色社会主义大学的最大政治优势。新中国成立以来我国高等教育发展的辉煌历程充分证明，只有不断根据形势和任务的发展变化来提升和完善党对高校的领导，才能保证高校更好地为人民服务、为中国共产党治国理政服务、为巩固和发展中国特色社会主义制度服务、为改革开放和社会主义现代化建设服务。这是已经被历史反复证明了的中国高等教育发展的一条基本规律。

当前，党和国家事业正处在一个关键时期，新时代对全面加强高校党的建设提出了全新要求。一方面，中华民族伟大复兴的使命召唤，使得我们对高等教育的需要比以往任何时候都更加迫切，对科学知识和卓越人才的渴求比以往任何时候都更加强烈，只有全面加强高校党的领导，才能使得高校更加适应新时代发展的需要，更好地把自身发展的目标和国家发展的目标有机融合在一起。另一方面，高等教育发展迎来了由大变强的关键时期，高等院校的改革和

---

* 原文发表于《学习时报》2019 年 4 月 1 日 1 版。

发展面临着许多前所未有的问题和挑战，特别是意识形态领域在高等院校呈现复杂态势，青年大学生思想政治工作暴露出了一些缺陷和短板。在这种情况下，高等院校要防范和化解一些潜在的重大风险，就必须进一步加强和改善高校党的领导，通过全面提升高校党组织应对复杂问题的能力维护高校和谐稳定。

正是站在培养德智体美劳全面发展的社会主义建设者和接班人、切实维护高校政治安全的战略高度，第二十六次全国高校党的建设工作会议重申了全面加强高校党的建设和思想政治工作的深远历史意义和重大现实意义，对高校面临的形势任务进行了科学分析，对下一步工作进行了重点部署，这对于做好高校党建和思想政治工作，破解可能面临的各种风险和挑战，更好地坚持和加强党对高校的全面领导，具有很强的现实针对性和指导性。

以完善党委领导下的校长负责制为抓手，进一步夯实高校党的建设

党委领导下的校长负责制，是中国特色社会主义大学的根本领导和管理体制，是中国特色现代大学制度的核心，是高校加强党的领导的制度基础。回顾历史，可以清醒看出，高等院校要把党的领导和建设各项要求落到实处，必须紧紧依靠这一制度。党委领导下的校长负责制的雏形诞生于抗日战争时期的陕北公学，陕北公学开创性地实行了党组领导下的校长负责制，保证了以陕北公学为代表的红色高等教育发展始终与民族救亡大业同向同行。新中国成立后，1961 年公布的“高校六十条”明确指出高校实行党委领导下的以校长为首的校务委员会负责制，确保了新中国成立后高等教育的社会主义办学方向。党的十一届三中全会后，普通高校全面确立了党委领导下的校长负责制，为新时期高校改革发展提供了坚实政治保证。

党的十八大以来，面对新形势，党中央统筹谋划，加强高校党的建设顶层设计，在 2016 年全国高校思想政治工作会议上，以习近平同志为核心的党中央站在民族复兴战略高度，对新时代高校党的建设提出了明确要求，进一步阐明了高校党委领导下的校长负责制的内涵、地位和作用。新时代，高校学习贯彻习近平总书记关于高校党建和思想政治工作的重要讲话精神，树牢“四个意识”，坚定“四个自信”，做到“两个维护”，强化党委管党治党主体责任，提升办学治校能力，必须紧紧依靠这一制度。

在新时代，我们必须深刻领会中央精神，不断健全和完善党对高校工作的领导体制和工作机制，充分发挥学校党委在把方向、管大局、做决策、抓班子、带队伍、保落实等方面的核心作用，努力形成党委统一领导、各部门各方

面齐抓共管的工作格局。

在实践中，进一步完善党委领导下的校长负责制的制度体系设计，要求我们必须从以下几个方面共同努力：一是坚持党政同责、一岗双责，将高校党建工作纳入学科建设、学术研究、教学管理、人才培养的整体规划中来通盘考量，制定行动方案，编制任务分解书、工作路线图，将各项工作落细落实。二是加强高校党的基层组织制度建设，落实好党建工作责任制，把全面从严治党各项要求落实到基层党建工作之中，构建完善的奖惩机制，形成科学的考评方法，推动党建工作由“虚”向“实”，由“被动配合”转为“主动作为”。三是进一步提升思想政治工作队伍的素质和能力，把最优秀的人才放到党建和思想政治工作一线，有效把握青年学子的思想发展规律，增强思想政治工作的针对性和时效性。四是加大资源投入，在大学生思想政治教育、高校教师队伍建设、意识形态工作、校园安全稳定等方面，切实加大政策投入、人力投入、经费投入，为高校党建和思想政治工作的开展提供必要的条件保障。

高校党的建设和思想政治工作必须紧扣立德树人这一中心环节

党的十八大以来，习近平总书记就高校党的建设和思想政治工作发表一系列重要讲话、提出一系列明确要求，深入回答了事关高校党的建设和思想政治工作的方向性、根本性问题。习近平总书记关于高校党建和思想政治工作的系列重要论述，始终围绕立德树人这一核心问题。习近平总书记反复强调，高校立身之本在于立德树人。我们要深入贯彻习近平总书记重要讲话精神，进一步明确高校党建和思想政治工作的目的和初衷，推进高校党的建设和思想政治工作，为培养德智体美劳全面发展的社会主义建设者和接班人提供坚强保证。

围绕立德树人中心环节，高校党建和思想政治工作主要是发挥好政治引领和价值引领这“两个引领”作用。从政治引领角度讲，就是要通过高校党组织建设，始终确保中国特色社会主义大学的正确政治方向，不折不扣贯彻落实党的教育方针和中央各项决策部署，确保高校师生在政治立场、政治方向、政治原则、政治道路上同以习近平同志为核心的党中央保持高度一致。从价值引领角度讲，就是通过创新思想政治工作，引导广大师生特别是青年学子正确认识世界和中国发展大势，正确认识中国特色和国际比较，正确认识时代责任和历史使命，正确认识远大抱负和脚踏实地，自觉做社会主义核心价值观的坚定信仰者、积极传播者、模范践行者。

立德树人工作是一项涉及党和国家长治久安的战略安排，要把战略安排转化成为落地生根的具体“战术”要求，需要全国各个学校结合自身实际创造性开展工作。习近平总书记在学校思想政治理论课教师座谈会上的重要讲话，对学校思想政治理论课改革创新提出明确要求，对广大思想政治理论课教师提出殷切期望。习近平总书记指出，我们党立志于中华民族千秋伟业，必须培养一代又一代拥护中国共产党领导和我国社会主义制度、立志为中国特色社会主义事业奋斗终身的有用人才。在这个根本问题上，必须旗帜鲜明、毫不含糊。在新形势下，我们要深入贯彻落实习近平总书记在学校思想政治理论课教师座谈会上的重要讲话精神，研究新问题、攻关新难题、聚焦新课题，进一步健全全员育人、全过程育人、全方位育人的体制机制，在助力师生坚定理想信念、厚植爱国情怀、加强品德修养、增长知识见识、培养奋斗精神、提高综合素质等方面加大探索，在立德树人方面贡献更多智慧和经验，为建设高等教育强国做出新贡献。

知心人　热心人　引路人*

习近平总书记在纪念“五四”运动100周年大会上，殷殷嘱托各级党委和政府、各级领导干部以及全社会都要充分信任青年、热情关心青年、严格要求青年，关注青年愿望、帮助青年发展、支持青年创业，做青年朋友的知心人、青年工作的热心人、青年群众的引路人。立意高远、内涵丰富的思想，情真意切、语重心长的话语，为做好新时代党的青年工作提供了根本遵循。

做青年朋友的知心人，就是要找准思想“切入口”，主动和青年人交心交友。青年是“常为新的”，青年学生知识更新速度快，接受新鲜事物能力强，具有符合其年龄阶段的认知特点。“身在”不代表“心在”，“形入”不代表“神入”，如果不能和青年学生将心比心、以心换心，只做他们的“表面朋友”，就难以真正地理解青年、走进青年、融入青年。切忌以主观臆想代替青年学生的真正需求，从而陷入自说自话、自娱自乐、隔空喊话、封闭运行的循环。要真正深入青年学生之中，想学生之所想、急学生之所急、盼学生之所盼，克服“居高临下”的工作姿态，真正在朝夕相处、水乳交融中赢得学生的信任，让青年学生在面对面、手拉手、心贴心中感受温暖、拉近距离、增进感情。

做青年工作的热心人，就是要把准成长“痛难点”，主动为青年人排忧解难。当代青年不仅在科学文化知识等传统领域的诉求更加多元化、精细化，而且在创业创新、志愿公益、身心健康和社会参与等方面也表现出了更加强烈的需求。这就需要准确掌握不同青年群体的不同需求，设身处地为青年学生着想。青年学生的需求在哪里，服务就要跟到哪里，要补齐空白和短板，进一步构建和完善以青年学生为中心的成长服务体系。要加强心理咨询、住宿辅导、学业辅导、就业指导等高校青年学生常见问题的精准帮扶；丰富和优化校园文化、社会实践、志愿服务、素质拓展等“第二课堂”的制度建设和项目供给，使育人资源和学生发展需求精准对接，助力学生成长成才；要有序引导青年学生参与校园民主管理，做好学生权益维护工作，让青年学生遇到困难时想得起、找得到、靠得住，不断增强青年学生的获得感。

---

* 原文发表于《人民日报》（海外版）2019年5月3日1版。

做青年群众的引路人，就是要校准发展“方向标”，主动帮青年人把舵领航。青少年处在人生的“拔节孕穗期”，可塑性很强，人生观、世界观、价值观正在加速形成。对待青年学生，既要在专业上立高标准，又要在品德上有严要求，引导他们把求学和做人统一起来。要坚持“严管”和“厚爱”相结合，在遵循青年学生成长规律的同时，加强教育引导，及时“纠偏”，像培育幼苗一样，“该培土时就要培土，该浇水时就要浇水，该施肥时就要施肥，该打药时就要打药，该整枝时就要整枝”。要把思想政治工作贯穿教育教学全过程，紧密结合青年学生的思想特点和现实需求，使思想政治工作做到因事而化、因时而进、因时而新，产生春风化雨、润物无声的效果。要以社会主义核心价值观铸魂育人，帮助青年学生扣好人生的第一颗扣子，带领他们开好头、起好步。要多为青年学生创造更广阔的平台和条件，鼓励他们锤炼本领、展示才华、全面发展，使青年人才不断涌现出来。

立德树人是学校的中心任务，做好青年工作必须要以知冷暖、动感情的方式来打动青年、感染青年，从而凝聚青年、赢得青年。高校思想政治工作队伍要加强本领锻炼、锤炼过硬作风，用言行、人格、真情影响和团结广大青年听党话、跟党走，不断巩固和扩大党执政的青年群众基础，源源不断地培养一代又一代的社会主义建设者和接班人。

发展中国特色、世界水平的现代教育*

习近平总书记提出的“发展具有中国特色、世界水平的现代教育”，是“两个一百年”奋斗目标和中华民族伟大复兴中国梦的重要组成部分，包含着我国教育发展应当具有中国特色、国际视野、时代特征等深刻内涵；既是对我国教育现代化内涵的丰富发展，也是在全面建成小康社会的新时期对我国提高教育质量的新要求，为新时代我国实现教育现代化、建设教育强国指明了前进方向和奋斗目标。

教育要同我国发展的现实目标和未来方向紧密联系

发展我国教育事业，必须面向和解决中国问题。习近平总书记指出：“我们中国共产党人干革命、搞建设、抓改革，从来都是为了解决中国的现实问题。”发展教育事业，要树立强烈的问题意识，以问题为导向，在解决问题中不断开拓新局面。特别是要在习近平新时代中国特色社会主义思想指导下，认真系统研究、准确把握新时代我国经济社会发展与教育改革发展的主要矛盾，重点解决教育资源分布不均、优质教育资源短缺等制约我国教育事业改革发展的关键性问题。

发展我国的教育事业，必须以习近平新时代中国特色社会主义思想为指导，坚持社会主义办学方向，把立德树人作为教育根本任务。要在党的坚强领导下，全面贯彻落实党的教育方针，坚持马克思主义指导地位，坚持中国特色社会主义教育发展道路，坚持社会主义办学方向，用马克思主义中国化最新成果武装全党和全国人民。要把立德树人作为教育的根本任务，融入思想道德教育、文化知识教育、社会实践教育各环节，培育和践行社会主义核心价值观，不断促进学生全面发展、健康成长，培养德智体美劳全面发展的社会主义建设者和接班人。

---

* 原文发表于《中国高等教育》2019 年 Z3 期。

发展我国教育事业，必须坚持“四个服务”。习近平总书记对我国高等教育发展方向提出了“四个服务”的明确要求，即教育要为人民服务，为中国共产党治国理政服务，为巩固和发展中国特色社会主义制度服务，为改革开放和社会主义现代化建设服务。我们党和国家的性质决定了教育要为人民服务。只有坚持教育为人民服务、办好人民满意的教育，让我们的教育深深扎根于人民、紧紧依靠人民，从人民群众那里获得源源不断的发展力量，才能早日建成教育强国，早日实现中华民族伟大复兴的中国梦。中国共产党的性质和执政地位决定了教育要为党的治国理政服务。教育要坚持中国共产党的领导，坚持为中国共产党治国理政服务，为党治国理政培养好接班人。教育的社会功能和重要性决定了教育要为国家发展与社会主义现代化建设服务，要发挥好教育在完善中国特色社会主义制度、改革开放和社会主义现代化建设中的支撑作用。

扎根中国大地办中国特色的现代教育

发展中国特色教育要深深扎根于我国独特的历史和文化，立足于我国的国情民情，致力于实现教育现代化、建设教育强国，服务于实现中华民族伟大复兴的中国梦。

1. 发展中国特色教育，要扎根于我国独特的历史和文化

中国特色教育扎根于中华优秀传统文化、革命文化和社会主义先进文化，承担着在一代代中华儿女身上培植中华民族共同精神基因的重任。

中国特色教育要从中华优秀传统文化中汲取育人基因，在继承教育传统中开创中国特色教育之路。中华优秀传统文化中蕴藏着丰富的有关立德树人的教育因素，我们要充分发挥中华优秀传统文化的育人作用，引导青少年树立正确的世界观、人生观、价值观。在继承优秀教育传统中开创中国特色教育之路，是对中国教育内在发展逻辑的遵循，是真正属于中国、适合中国、成就中国的教育发展之路。

中国特色教育要充分发挥革命文化的教育作用，弘扬革命精神。中国近代史是党和人民的革命奋斗史，在这一过程中锻造出了积极奋进的革命文化，产生了伟大丰富的革命精神，如“红船精神”“长征精神”“抗战精神”等。积极开展革命文化教育活动，广泛宣扬革命精神，对坚定党和人民的革命信仰和政治信仰，增强“四个自信”具有重要意义。

中国特色教育要传播好社会主义先进文化。社会主义先进文化孕育于中国优秀传统文化，发源于中国革命文化，引领着中国特色社会主义事业发展，是全党全国各族人民齐心协力进行社会主义现代化建设的强大精神之基和动力之源。开展社会主义先进文化教育，旨在引导广大青少年自觉践行社会主义荣辱观和社会主义核心价值观，弘扬以爱国主义为核心的民族精神和以改革创新为核心的时代精神，不断增强历史使命感和责任担当意识，牢固树立中国特色社会主义共同理想，把个人奋斗同中华民族伟大复兴中国梦的实现紧密联系在一起。

2. 发展中国特色教育，要立足于我国的基本国情和最大民情

发展中国特色教育，必须正确认识和把握中国的国情民情。当前，中国特色社会主义进入了新时代，我国社会主要矛盾已经转化为人民日益增长的美好生活需要和不平衡不充分的发展之间的矛盾。但是我国仍处于并将长期处于社会主义初级阶段的基本国情没有变，我国是世界最大发展中国家的国际地位没有变。站在新的历史方位上，发展中国特色教育，必须立足国情民情，正确认识制约我国教育事业发展的重大难题，明确当前我国教育发展面临的重大挑战。

发展中国特色教育，要立足我国国情民情，遵循教育发展的内在规律，探索新时代中国特色社会主义教育的改革发展之路。必须全面贯彻落实党的十九大精神和全国教育大会精神，认真学习习近平总书记关于教育的重要论述，加强新时代中国特色社会主义教育发展道路的系统研究，探索、总结能够切实解决中国问题的教育改革发展路径，运用科学研究成果推动我国教育改革实践；探索发展大规模、高质量教育的改革推进模式，做到总体规划、统筹落实、精准施策、分区推进，进一步提升地方教育政策制定的科学性和政策落实的有效性，着力实现教育的均衡充分发展。

3. 发展中国特色教育，要致力于实现教育现代化、建设教育强国

建设教育强国是中华民族伟大复兴的基础工程，发展中国特色教育，要以实现教育现代化为奋斗目标，以教育现代化支撑国家现代化，向教育强国迈进，为实现中华民族伟大复兴的中国梦而努力。当今世界的竞争，关键在科技，基础在教育。教育是培养人才的根本途径，为党和国家事业发展提供强大的人力人才资源和知识技能支撑，是教育职责使命所在。发展中国特色教育，必须立足于培养一大批具有国际视野的中国现代化人才，为实现中华民族伟大复兴的中国梦提供源源不断的“新鲜血液”和栋梁之材。

新时代的历史背景对未来优秀人才提出了新的要求。具有国际视野的中国现代化人才，必须是德智体美劳全面发展的社会主义建设者和接班人，必须是参照世界水平培养的具有核心竞争力的国际化人才。中国特色的现代化教育，培养的是坚持终身学习、全面发展的人才，是有中国灵魂、世界眼光的现代人才。为此，教育不仅要培育和践行社会主义核心价值观，促进学生德智体美劳全面发展，也要集中力量培养学生的创新能力、拓宽学生的国际视野，培养能够为中国特色社会主义建设添砖加瓦的新时代人才。

扎根中国大地办世界水平的现代教育

坚持扎根中国大地办世界水平的现代教育，必须坚持教育的民族性与世界性、本土化与国际化的统一。在发展中国特色、世界水平的社会主义现代教育过程中要始终坚持中国特色，不断促进我国各级各类教育高质量发展，开创教育对外开放新格局，形成具有中国特色、世界水平的中国模式和中国方案，为世界教育发展贡献力量。

1. 办好中国的世界水平现代教育，必须坚持中国特色

中国特色是新时代中国特色社会主义教育的灵魂；世界水平是新时代中国特色社会主义教育的质量标准。中国的教育必须始终向世界一流水平的教育看齐，不断提升教育质量，为世界教育发展提供中国经验、中国智慧和中国方案。办好中国特色世界水平的现代教育，必须正确认识中国特色和世界水平的辩证统一关系。中国特色和世界水平是当前我国教育现代化发展目标的两个基本特征，它们相互联系、相辅相成。我们要办世界一流水平的教育，此处的"一流"是体现中国特色、反映中华民族特征的一流。同时，坚持"中国特色"意味着应办出高质量的教育，具有世界领先水平。

2. 办好中国的世界水平现代教育，必须推动各级各类教育高质量发展

"中国特色、世界水平"是我国提高教育质量、实现教育现代化的基本要求。办好中国的世界水平现代教育，要准确把握国家需要，回应人民美好期待，推动各级各类教育高质量发展。

办好中国的世界水平现代教育，要深化教育体制机制改革，为促进我国各级各类教育高质量高水平发展提供制度支撑。一要创新学前教育普惠健康发展的体制机制，探索民办学前教育健康有序的发展模式。二要提升义务教育水平，完善义务教育优质均衡发展的体制机制。三要推动高中教育育人方式的改革，全面普及高中阶段教育。四要扩大高等学校办学自主权，进一步激发高等教育活力，显著提升高等教育竞争力。五要完善职业教育和培训体系，提升职业教育服务能力，健全德技并修、工学结合的职业教育育人机制。六要探索完善继续教育发展与管理的综合模式，推进继续教育形式多样化发展。此外，要完善教育投入与管理体制，健全各级教育预算拨款制度和投入机制，提升教育管理规范化科学化水平。

办好中国的世界水平现代教育，要缩小教育差距，补齐短板，着力实现我国各级教育高水平高质量普及。第一，要以农村为重点提升学前教育普及水平，大力发展公办园，加快发展普惠性民办幼儿园。第二，要为老少边穷岛地区的教育发展提供政策倾斜，大力改善贫困地区办学条件，提升义务教育巩固

水平，推动城乡义务教育一体化发展。第三，要加强民族团结进步教育，加强对口支援，加快提高民族地区教育发展水平。第四，要振兴中西部地区高等教育，加快提升中西部高校综合实力，不断推进中西部高校基础能力建设。第五，要进一步补齐短板，办好特殊教育、继续教育，促进家校合作，形成教育合力，让每个孩子都能享有公平而有质量的教育。

3. 办好中国的世界水平现代教育，必须坚持教育对外开放

办好中国的世界水平现代教育，要注重一流人才培养，提升自主创新能力。要发挥高等教育的育才功能，分类建设一批世界一流高等学校，持续推动地方本科高等学校转型发展，引导高等学校科学定位、特色发展。要加快发展现代职业教育，推动职业教育与产业发展有机衔接、深度融合，集中力量建成一批中国特色高水平职业院校和专业。要加强创新人才特别是拔尖创新人才的培养，加大应用型、复合型、技术技能型人才培养比重。要全面提高高等教育关键领域自主创新能力，建设一批国际一流的国家科技创新基地，加强应用基础研究，提高高等学校哲学社会科学研究水平，加强中国特色新型智库建设。

办好中国的世界水平现代教育，要全面提升国际交流合作水平，开创全方位、宽领域、大力度的教育对外开放新格局。要坚持相互尊重，平等相待，开放包容，互学互鉴。不断加深对自身文明和其他文明的差异性认知，以海纳百川的胸怀打破文化交往壁垒，做到兼收并蓄、为我所用。要提升中外合作办学质量，推进中外留学交流活动有序健康发展。加强与其他国家以及联合国教科文组织等国际组织的友好合作，推动我国同其他国家学历学位互认、标准互通、经验互鉴，扎实推进“一带一路”教育行动，打造“一带一路”教育行动升级版。要推进中外高级别人文交流机制建设，拓展人文交流领域，通过孔子学院、鲁班工坊等多样化的教育形式推动中华优秀传统文化的传播与发展，促进中外民心相通和文明交流互鉴。要积极参与全球教育治理，深度参与国际教育规则、标准、评价体系的研究制定，提升中国教育的国际影响力和感召力。

中国特色新型高校智库的建设和发展*

智库，即“思想之库”，是指由专家组成，为决策者在处理经济、社会、科技、军事、外交等方面问题时出谋划策，提供最佳理论、思想、战略、方法等的公共研究机构，是生产知识和思想的组织。现代大学因其社会服务的使命，自成立伊始就在某种程度上发挥着智库作用。经过新中国成立以来 70 年的蓬勃发展，高校已经成为建设中国特色新型智库的重要力量。在经济全球化、世界多极化、社会信息化深入发展的大背景下，中国高校智库建设取得了巨大成绩，同时也面临着系列挑战，需要明确未来发展的努力方向。

中国特色新型高校智库建设取得了巨大成绩

建设中国特色新型智库，是以习近平同志为核心的党中央立足新时代党和国家事业全局，着眼为改革发展聚智聚力而做出的一项重大决策。党的十八大以来，习近平总书记立足坚持和发展中国特色社会主义，宏观把握国际国内两个大局，就建设中国特色新型智库多次发表重要讲话、做出重要批示，为新形势下加强中国特色新型智库建设指明了前进的方向，提供了强大的动力。在中央高度重视和政府大力支持下，广大高校积极响应教育部建设“中国特色新型高校智库”的号召，推动若干智库快速兴起并繁荣发展，在巩固党的执政地位、服务国家战略决策、推动经济社会发展、增强国际话语权等方面做出了重要贡献。

一是在服务党和国家工作大局方面发挥了重要作用。高校智库发挥自身优势、积极主动作为，从参与中央政治局集体学习讲解授课，到参加重大政策研讨和重要文件起草，在应对一系列大事、要事、难事中，经受住了考验和锻炼，展现出了服务大局、敢打能拼的良好风貌和专业素养。例如，中国人民大学国家发展与战略研究院（以下简称“人大国发院”）积极承担中央直接交办

* 原文发表于《中国高等教育》2019 年第 20 期。

的重大课题和内参研究任务，其成果和建议多次被中央有关部门采纳，在国民经济与社会发展规划、国土空间规划、宏观经济、公共外交、新型城镇化、社会保障、人口政策、就业创业、电子商务等若干领域的相关建议最终转化为国家重要政策。

二是在推动经济社会健康发展方面发挥了重要作用。高校智库集中校内及社会各界的优质力量，长期聚焦中国经济社会运行与发展，密切进行动态追踪研究，对中国经济社会面临的各种重大问题进行系统研究，定期以多种形式发布形势分析与预测报告，为政府、企业和其他单位的决策提供有价值的经济主张和政策建议，为推动中国经济社会的长期稳定持续增长做出自己的特殊贡献。例如人大国发院宏观经济研究团队汇聚了校内外相关领域的 40 多位一流学者，近三年持续发布了 50 多份研究报告，向中央报送了 100 多份专题内参，团队成员直接参与中央层面经济政策相关咨政服务活动多达 200 多人次。

三是在引导正确的社会舆情导向方面发挥了重要作用。高校智库积极发挥社会舆论“风向标”和“引导器”的重要功能，坚持问题导向和战略分析，在重大舆情事件中第一时间发出观点和声音，充分发挥咨政启民作用。例如人大国发院依托学校优势资源，聚焦重大社会问题，致力于打造《中国宏观经济论坛系列报告》《“一带一路”绿色发展报告》《中国电子商务诚信发展报告》等系列重大研究报告，近三年来公开发布各类研究成果 2 000 多项，网络媒体报道及转载量超过 50 万条次。

四是在增强公共外交能力和国际话语权方面发挥了重要作用。高校智库坚持中国立场、世界眼光，增强战略思维、紧跟世界前沿，积极面向世界、走向世界，开门办智库、开放办智库，积极开展国际交流合作，积极开展多种形式的智库外交、智库外宣，助力国家提升公共外交能力，增强国际影响力和话语权。例如人大国发院重阳团队先后被官方认定为 G20 智库峰会（T20）共同牵头智库、“一带一路”中国智库合作联盟常务理事、金砖国家峰会中方理事会常务理事等，积极配合领导人参加 G20 峰会、“一带一路”国际合作高峰论坛、金砖国家峰会、APEC 峰会、俄罗斯东方经济论坛等重大主场外交和领导人高访活动，受邀在主要官方媒体发表评论。

五是在积累中国特色新型智库建设经验方面发挥了重要作用。高校智库经过一段时期的探索，在建立指导中国特色新型智库建设理论、模式、制度、方法，构建一套支撑高质量智库研究的逻辑体系和研究方法，形成一套行之有效的包含成果评价、知识产权保护、智库成果转化在内的购买智库服务制度体系等方面，取得了重要的阶段性成果。例如人大国发院长期致力于中国特色新型高校智库建设方面的理论研究、经验总结和实践探索，在中国特色新型高校智库建设的理论创新方面发挥了重要的引领作用，出版《智力资本：中国智库核心竞争力》《伐谋：中国智库影响世界之道》等多部智库理论专著，发表《中国智库思想市场的培育与规制》《智库公共外交：概念、功能、机制与模式》等一系列智库研究内参报告和理论文章。

中国特色高校智库建设面临着系列挑战

在看到成绩的同时，我们也要对挑战和问题有着清醒的认识。与党和国家的需要相比，与经济社会发展的需求相比，我国高校智库在重大问题研究能力、自我发展完善能力、国内外影响力、社会知名度等方面，依然存在一定差距。

一是智库产品的思想力尚显不足。智库从本质上来说是思想的集群，在中国特色新型高校智库的建设与发展过程中，思想力是核心，激活创新思想是关键。当前高校智库产品的思想力尚显不足，很多智库成果流于表面，不能很好地用中国理论、中国话语总结中国经验、回答中国问题，没有真正发挥智库研究咨政启民的功能。很多智库热衷于应急性研究，对于国家重大战略发展问题、中长期规划问题的研究相对薄弱，制约了自身的可持续发展。

二是智库供需匹配渠道不够通畅。高校智库应该以服务国家发展为导向，准确掌握政府的决策需求，将智库产品供给与政府决策需求有效对接。但是当前部分高校智库与党政机关的联系主要依靠非正式渠道，缺乏制度性的保障，部分高校学者也因缺乏足够的智库意识而更多习惯纯学术研究，导致智库供需匹配很大程度上依赖于党政机关对于智库的熟悉程度，具有一定的主观性和不确定性，难以在咨政供给和决策需求方面形成有效的“市场效应”，影响了智库成果转化效力和咨政水平的提升。

三是高校智库体制机制有待完善。中国特色新型智库建设的关键在体制机制创新，难点也在体制机制创新。当前高校智库建设仍然以依托院系的研究所和研究中心为主，在资源分配、人员安排、运行管理、成果归属等方面缺乏创新，存在学科壁垒、行政壁垒，相互封闭，各自为政，力量分散，不同学科之间的交流合作和联合攻关机制有待进一步建立完善，资源协调能力不强，因而导致智库研究对社会现实问题的解读比较单一，观察和思考问题的视野不够开阔，短平快的研究成果比较多，有重大影响的精品力作相对较少。

四是智库人才梯队建设亟待加强。培养和打造高质量的智库人才梯队是推进中国特色新型高校智库建设的根本所在。当前高校智库人才体系建设不够完善，各层次智库人才的良性流动、福利保障、职业发展等受到传统制度的制约，造成适应智库特色咨政需求的、拥有交叉学科背景的智库型专业人才相对缺乏，领军人物和高水平人才更为紧缺。部分高校智库存在老中青人才队伍断层、各类人才比例不均衡的状况，旋转门“双向旋转”机制还不通畅，各类人才创造力得以充分激发的局面尚未形成。

中国特色高校智库未来发展的努力方向

经过新中国70年特别是改革开放40多年的快速发展，中国已成为世界第二大经济体，日益走近世界舞台的中央，同时面临着一系列考验与挑战。在日益复杂的世事、国情大背景下，加强中国特色高校智库建设，提升高校智库服务国家决策的能力和水平显得更为重要而迫切。

一是坚持以马克思主义为指导，确保正确方向。建设中国特色新型高校智库，必须始终坚持马克思主义的指导地位，自觉把马克思主义的立场、观点、方法贯穿于理论研究和政策研究中，在涉及党的基本理论、基本纲领、基本路线和重大原则、重要方针政策等问题上，做到立场坚定、观点鲜明、态度坚决，自觉与以习近平同志为核心的党中央保持高度一致。要树立为人民做学问的理想，始终坚持站在党和人民的立场上做学问，尊重人民主体地位，聚焦人民实践创造，自觉把个人学术追求同国家和民族发展紧紧联系在一起，努力多出经得起实践、人民、历史检验的研究成果。要始终以服务国家和地方经济社会发展为己任，扎根中国大地办智库，致力于建设“最懂中国”的世界一流高校智库。

二是坚持以服务国家重大战略为根本，提升研究水平。中国特色新型高校智库应当以国家现实需求为导向，以服务党和国家决策为宗旨，以政策研究咨询为主攻方向，紧紧围绕全面建成小康社会、全面深化改革、全面依法治国、全面从严治党的重大任务，深入研究党和国家面临的一系列亟待回答与解决的重大理论和现实问题，有针对性地就国家经济社会发展中的全局性、战略性、综合性问题，以及国内外普遍关注的热点焦点难点问题，开展前瞻性、针对性、储备性政策研究，推出一批导向正确、理论深厚、密切联系实际、具有建设性、可操作的对策建议，为提高党和政府的科学民主依法决策能力提供强有力的智力支持。

三是坚持以思想传播和国际交流为载体，增强国际影响。通过开展多种形式的智库公共外交发出中国声音，用“中国理论”“中国学术”“中国思想”讲好“中国故事”，影响国外舆论领袖，进而为中国的和平发展构建良好的国际舆论环境。要注重国际传播，多形式、多层次、多维度地宣传中国实践与理论创新成果，在国际舞台发出“中国声音”、提出“中国主张”、阐释“中国理念”，与国外智库建立平等、高效的交流合作机制，推动中华文化和价值观念走向世界，不断增强国际话语权。要善于提炼标志性概念，打造易于为国际社会所理解和接受的新概念、新范畴、新表述，引导国际学术界展开研究和讨论，为更好地服务国家对外战略、赢得国际竞争战略主动做出贡献。

四是坚持以专业化、高水平为路径，强化专业发展。专业化、高水平是高校智库的核心竞争力。在这两者之间，专业化是基础和前提，也是高校智库区别于其他智库的特征和优势所在。高校智库需要具备显著的专业化特征，长期专注于某一领域的专门研究，形成自己的特色和品牌。应根据自身实际，紧扣国家需求，发挥专业特长，坚持打深井、做长线，对复杂问题做出独到分析。作为中国特色新型高校智库建设的“国家队”，入选首批“国家高端智库”建设试点单位的高校应当进一步把重点放在强化专业建设上，不盲从于表面的影响力和外部的评价，致力于思想和理论创新，充分发挥“国家高端智库”对其他智库的引领和示范效应，带动高校智库建设整体提升。

五是坚持以体制机制改革为动力，完善人才保障。智库是知识密集型组织，人才是思想与理论创新的主体，更是实现高校智库可持续发展的基石和生命力所在。建设新型高校智库，关键在于创新体制机制，激发创造活力。要做好改革顶层设计，突出改革重点，协调推进人事管理、科研评价、资源配置等方面的综合改革，推进高校智库从分散向聚合转变，从封闭向开放转变，从单兵作战向联合攻关转变。要建立有利于产出高质量政策建议的管理机制和激励机制，为智库人才创造适宜的发展空间和平台，造就一支方向正确、功底扎实、德才兼备、能力突出的高端智库人才队伍，推出一批学贯中西、善于开展跨学科研究的复合型人才，培养一批能够运用马克思主义立场观点方法分析解答党和国家关注的重大理论和现实问题的政策专家。

扎根中国大地办教育
交上让人民满意的新时代答卷*

当今世界处于大发展大变革大调整时期，世界多极化、经济全球化、社会信息化、文化多样化深入发展，新一轮科技革命和产业变革与我国发展方式转变、发展动能转换交汇，内外环境和形势变化，使我国高等教育改革发展面临全新的风险挑战。在此形势下，中国人民大学作为一所红色基因鲜明、人文社会科学特色突出的高校，需要回答好新时代的三大命题：中国共产党独立创办的正规大学如何办成世界一流大学？以人文社会科学为主的大学如何办成世界一流大学？扎根中国大地如何办成世界一流大学？这不仅是学校建设发展的需要，更是党和人民赋予的历史使命。

一

现代高等教育起源于欧洲，其传统上以“自治”为办学原则，不愿政府过多干预。政府之外的各种社会力量，如教会、商人、社会组织和学术团体等，在大学的发展模式和走向上起着重要作用，甚至决定着大学的兴衰。正因为此，当我们要建设世界一流大学时，就有人戴着“有色眼镜”质疑：“在革命时期白手起家的中国共产党是‘小米加步枪’的‘土八路’，能领导好中国高等教育事业吗?”“搞‘工农教育’‘干部教育’，怎么能成为一流大学?”……殊不知，新中国高等教育事业发展的实践与成就已经对这一问题进行了深刻回应。

为人民办教育，为中华民族的自立自强办教育，是中国共产党始终秉承的教育理想和奋斗目标。革命战争年代，党就探索创办了陕北公学等一批革命学校，培养了数万名堪称“革命的先锋队”的优秀人才。新中国成立伊始，党探索建立新的高等教育制度和模式，接管和改造旧大学，创办和兴建新大学，基

* 原文发表于《中国教育报》2019 年 11 月 29 日 7 版。

本形成了服务于社会主义经济社会发展的高等教育体系。改革开放以来，党坚持把教育摆在优先发展的战略地位，全面进行高等教育体制改革和教学改革。如今，中国已经建立起世界上最大的高等教育体系，教育总体水平也已跃居世界中上行列，高等教育实现了跨越式发展。这充分证明，党的教育方针、党领导下的高等教育的发展模式，在中国是行得通、能管用的。

作为我们党创办的第一所新型正规大学，人民大学始终没有忘却自己血脉中的红色基因，始终坚持听党话跟党走，坚持将马克思主义的科学性革命性与大学建设发展的实践性规律性相结合，将高等教育普遍规律与中国教育发展实际相结合，将解决中国问题与借鉴世界文明相结合，将中国特色与世界一流相结合，走出了一条中国特色社会主义高等教育发展道路。

82 年来，人民大学紧紧围绕“立德树人”根本任务，培养输送了 27 万名“人民共和国建设者”，这得益于“立学为民、治学报国”的办学宗旨。从建校初期的“八大系”到孕育孵化一大批与我国经济社会发展紧密相关的现代专业，再到目前一流学科持续领跑，人民大学学科建设成绩卓越：在教育部第四轮学科评估中，共有 14 个学科获评 A 类；在 QS 学科排名中，2 个学科进入全球前 50 名，其中哲学位列全球第 32 位，在内地高校中排名第一，法学等 5 个学科位列全球第 51～100 名之中；在 ESI 排名中，社会科学总论、经济学商学等 4 个学科进入全球前 1%。人民大学已成为用学术语言讲好“中国故事”的重要窗口。

从“战火中的大学”到“解放区最高学府”，从“新国家的新大学”迈向建设“人民满意、世界一流”，人民大学的发展历程表明，我们党不仅能够创办出色的大学，更是领导“双一流”建设的根本保证。

二

在应对科技革命和产业革命过程中，许多知名大学在科学研究和人才培养上贡献巨大，由此奠定了自身的一流地位。与一般名校不同，中国人民大学在实践中走出一条以人文社会科学为主的特色办学之路，凝练形成“主干的文科、精干的理工科”的学科发展体系。

人文社会科学是以人和人类社会为研究对象的科学，是推动历史发展和社会进步的重要力量，其发展水平反映了一个民族的思维能力、精神品格、文明素质，体现了一个国家的综合国力和国际竞争力。但与自然科学和工程科学相比，人文社会科学对社会发展的贡献，并不具有立竿见影的效果，这也决定了对其成果评价的复杂性。个别人由此对人民大学要成为世界一流提出疑问，把这所“马克思主义教学与研究的高地”戏谑地称为“第二党校”；因为单纯人文社会科学类大学鲜有进入世界一流，有人便怀疑人民大学的办学质量，甚至怀疑其在我国高等教育乃至世界高等教育中的地位。

中国人民大学为我国人文社会科学发展做出了开创性贡献。我国现有的经济、管理、法律、新闻、党史、外交、政治等学科或专业，不少都是发源于此。改革开放后，学校大力发展管理科学、信息科学和环境科学等新兴交叉学科，在全国范围内起到了示范作用；率先翻译和引进了一大批西方经济学、管理学教材和著作，成为学习借鉴国外优秀文化成果的排头兵；在服务国家重大决策和地方经济社会发展等方面领潮流之先，国家社会科学基金项目、教育部人文社科重大攻关项目立项数常年位居全国高校前列；举办世界汉学大会、中国人文社会科学论坛等重要学术会议，参与共建海外孔子学院等平台。中国人民大学不断提高人文社会科学的国际影响力，不断确立全球范围内的学术话语权，为构建以马克思主义为指导的中国特色哲学社会科学，解读中国实践、构建中国理论做出了重要贡献。

三

20 世纪之前，全世界顶尖的现代大学都聚集在欧洲，这得益于欧洲人文思想的浓厚，也在于产业革命后欧洲经济的快速发展。到了 20 世纪后半叶，受制于经济发展减缓、教育资源紧缺，欧洲在全球政治经济交往中不再处于占主导的中心地位，欧洲的大学在全球的竞争力已经不如美国。美国繁荣的移民文化和第二次世界大战后迅猛发展的经济、技术，持续吸引着全世界的人才，同时，美国政府在经费和政策上给予高等教育巨大支持，这样的良性循环使美国的顶尖大学积聚了一大批高级人才。由此看，拥有世界一流大学是国家现代化综合实力的重要体现。那么，处于全面建设社会主义现代化强国进程中，仍是发展中国家的中国，如何才能办成世界一流大学?

中国的大学要建成世界一流，决不能盲目模仿欧美大学发展模式，决不能以某一所一流大学为追慕对象亦步亦趋，而必须在借鉴国外高等教育先进经验、吸收人类文明优秀成果的基础上，扎根中国大地，扎根于中国独特的历史和文化，这才是中国大学之“魂”。这个“魂”就是中国的文化自信。在几千年历史发展过程中积淀而成的中华优秀传统文化，在中国近代史中锻造而出的积极奋进的革命文化，孕育于中华优秀传统文化、发源于中国革命文化的社会主义先进文化，都是引领我们建设一流大学的强大精神之基和动力之源。

扎根中国大地创办世界一流大学，就要把坚定的文化自信转化为坚定的办学自信。一所大学必须首先解决本土问题，通过本土问题的解决推动国家现代化发展，进而推动其自身在世界范围内影响力的提升，方能成为一流大学。中国人民大学 82 年的发展历史，正是扎根中国大地办学、服务中国社会发展的真实写照。改革伊始，是人大人率先发声、引领时代，胡福明校友撰写的理论文章《实践是检验真理的唯一标准》、陈锡添校友撰写的长篇通讯《东方风来满眼春》，用人大人“实事求是”的校训精神铸就了党和国家历史性发展的思想先导。在世界发展面临的重大议题上，人民大学的一批高端智库及众多顶尖学者积极发声、产出成果，用中国理论解读中国实践，用中国实践升华中国理论，为世界发展提供中国方案。

习近平总书记在致中国人民大学建校 80 周年的贺信中殷切期望中国人民大学“坚持立德树人，遵循教育规律，弘扬优良传统，扎根中国大地办大学，努力建设世界一流大学和一流学科，为我国高等教育事业繁荣发展，为实现‘两个一百年’奋斗目标，实现中华民族伟大复兴的中国梦作出新的更大贡献”。中国距离社会主义现代化强国的宏伟目标从来没有像今天这样接近，面对世界百年未有之大变局，中国人民大学有义务也有条件，坚定文化自信、立足中国国情，在探索中国特色现代大学制度，推进学校治理体系和治理能力现代化，建设“中国特色、世界一流”大学方面走在前列。

高校要在党内法规研究中发挥更大作用*

“治国必先治党，治党务必从严，从严必依法度。”党内法规是依规治党的制度支撑，是全面从严治党的基本依循。我们党从成立之日起，就高度重视党内法规制度建设，形成了一系列党内制度法规。特别是党的十八大以来，以习近平同志为核心的党中央高度重视党内法规制度建设，把依规治党贯穿于全面从严治党全过程，把实践探索和理论总结转化为制度成果，出台一大批标志性、关键性、引领性的党内法规，推动党内法规制度建设取得重大成果，进一步夯实了全面从严治党的制度基石。党的十九大报告在提出新时代党的建设工作总要求时强调把制度建设贯穿其中。目前，我们党已形成一个比较完备的、以党章为核心的涵盖组织法规制度、领导法规制度、自身建设法规制度和监督保障法规制度的党建工作制度体系。近年来，党内法规研究也已经成为学术界研究的一个新的热点，全国成立了40多家研究中心。同时，与党的建设需要相比，还有一系列重大课题亟待研究，特别是需要发挥高校的学科优势，进一步加强制度的理论研究、学科建设和人才培养。

把党内法规制度的研究与学习贯彻习近平新时代中国特色社会主义思想结合起来，把握研究的思想维度。党内法规制度背后蕴含着一种价值追求，体现着一种治党思想。习近平新时代中国特色社会主义思想是新时代党内法规制度建设的思想指导，是党内法规制度的精神灵魂。党的十八大以来，我们党内法规制度建设之所以能够取得重大进展，形成重大成果，最重要的原因就是习近平总书记高度重视和亲自谋划，提出了一系列重要论述，做出了一系列重大部署，为新形势下党内法规制度建设提供根本遵循、注入强大动力。只有把党内法规制度的研究与学习贯彻习近平新时代中国特色社会主义思想结合起来，才能透过一条条法规、一项项制度深刻理解和把握党内法规制度的时代背景、目标指向、精神实质、重大意义。

把党内法规制度的研究与党史、新中国史的研究结合起来，把握研究的历

---

* 原文发表于《学习时报》2019年12月23日4版。

史维度。党内法规制度不是凭空产生的，是在加强党的建设、解决党内问题的历史实践中产生的。一部党内法规制度建设史，就是一部中国共产党自身建设史，就是一部中国共产党人不忘初心、牢记使命的奋斗史。历史是最好的教科书。党史和新中国史，是坚持和发展中国特色社会主义、把党和国家各项事业继续推向前进的必修课。研究党内法规制度，必须树立历史意识，强化历史思维，把党内法规放到党史、新中国史的大背景中来研究和把握。我们党内各项法规制度，都是我们党在长期的历史实践中逐步探索和确立的，任何一项党内法规制度都是与一个个具体的历史事件联系在一起的，有着深厚的历史基础。离开历史，就难以理解和把握党内法规制度。改革开放以来，党内法规建设先后经历了四个阶段：一是 20 世纪 80 年代的恢复适应阶段；二是 20 世纪 90 年代的快速发展阶段；三是 21 世纪之初的修订完善阶段；四是党的十八大以来党内法规建设的新时代。特别是党的十八大以来，党中央坚持立、改、废、留相结合的方针，推出了《中央党内法规制定工作五年规划纲要（2013—2017 年）》《中央党内法规制定工作第二个五年规划（2018—2022 年）》等关于党内法规制定的顶层设计，制定了《中国共产党党内法规制定条例》《中国共产党党内法规和规范性文件备案规定》，修订了《中国共产党纪律处分条例》等一系列重要党内法规，并确定了在建党 100 周年时全面建成内容科学、程序严密、配套完备、运行有效的党内法规制度体系的战略目标。

把党内法规制度的研究与社会主义法治建设的研究结合起来，把握研究的法治维度。党内法规和国家法律既有区别，又有联系，都是中国共产党依法治国、依法执政的重要依据，都体现着法治思维。党内法规和国家法律的制定机关、制定程序、调整对象、适用范围、实施方式有着明显不同。从制定机关和制定程序来看，党内法规是党的中央组织、中央纪律检查委员会、中央各部门以及各省、自治区、直辖市党委根据党内法规制定程序制定的，而国家法律则是由国家立法机关依据立法程序制定的。从调整的对象来看，党内法规主要调整的是党内关系，而国家法律主要调整的是社会关系。从适用范围来看，党内法规仅适用党组织和党员，而国家法律则适用于包括中国共产党党组织和党员在内的一切国家机关、组织和公民。从实施方式来看，党内法规主要是以党的纪律作为强制手段，而国家法律则由国家强制力保证实施。在我国，共产党是执政党，是先锋队组织，由先进分子所组成，对党员的要求高于一般公民。这决定了党内法规严于法律。党内法规既是管党治党的重要依据，也是建设社会主义法治国家的有力保障。因此，研究党内法规，必须将其置于中国特色社会主义法治体系建设的整体视野中予以观察和思考，既注意党内法规与国家法律的不同特点，又要注重党章和其他党内法规与宪法和国家法律相关内容、规定的衔接，更要注意两者价值目标和法治精神的一致性。

把党内法规制度的研究与高校党史党建学科建设和人才培养结合起来，把握研究的学科维度。党内法规制度的研究要提高水平，出高质量的成果，必须有学科依托和支撑。近年来，党内法规制度的理论研究、学科建设和人才培养得到了各方面的重视，取得了一系列成果。一些有条件的学位授予单位可以在马克思主义理论一级学科下自主设置党的建设二级学科，招收硕士、博士研究生。今年年初，国务院学位办又要求在党的建设学科下设置党内法规研究方向，招收硕士、博士研究生。这既给高校党的建设专业和党内法规方向的建设发展提供了政策支持，也赋予了高校一项重要的政治责任和光荣任务。高校作为理论研究和人才培养的重要阵地，应当发挥自身学科优势，大力加强党内法规研究，为不断推动和完善我们党的制度建设和党内法规建设提供更好的学术支撑、理论阐释和人才支持。

传承红色基因　勇担育人使命*

不忘初心、牢记使命，是以习近平同志为核心的党中央向全党发出的政治号令，也是对新时代党员干部的政治要求。

作为我们党创办的第一所新型正规大学，作为在人才培养方面有着优良传统和卓越成就的大学，中国人民大学深入学习贯彻习近平新时代中国特色社会主义思想，以及习近平总书记在全国高校思想政治工作会议、全国教育大会、学校思想政治理论课教师座谈会等会议上的重要讲话和论述，牢记为党育人、为国育才，培养德智体美劳全面发展的社会主义建设者和接班人的使命担当，坚持立德树人，遵循教育规律，弘扬优良传统，扎根中国大地办大学，在努力建设世界一流大学和一流学科的实践中，对“培养什么样的人、如何培养人以及为谁培养人”这一教育的根本问题进行了积极的探索。

坚持立德树人，把握好人才培养的中心环节

习近平总书记在全国高校思想政治工作会议上指出：“要坚持把立德树人作为中心环节，把思想政治工作贯穿教育教学全过程，实现全程育人、全方位育人，努力开创我国高等教育事业发展新局面。”“三全育人”最终就是要营造育人的良好生态和体制机制，将立德树人贯穿高校教育教学全过程和学生成长成才全过程，实现从“教”到“育”的转变，全面提升人才培养水平。

中国人民大学是首批“三全育人”综合改革试点高校。在这次主题教育中，学校成立了调研组，召开了人才培养工作会议，专门就推进“三全育人”综合改革和推动思想政治理论课改革创新的问题，进行深入调研和全面部署，就是为了将思想政治工作融入人才培养各环节，推动实现知识教育与价值塑造、能力培养有机结合。

---

* 原文发表于《光明日报》2019 年 11 月 19 日 5 版。

遵循教育规律，构建好中国特色现代大学制度

习近平总书记强调：“我国有独特的历史、独特的文化、独特的国情，决定了我国必须走自己的高等教育发展道路，扎实办好中国特色社会主义高校。”新中国成立 70 年来，特别是改革开放以来，我们对高等教育的规律性认识进一步加深，对中国特色现代大学制度更加自信。

作为在人文社会科学领域“独树一帜”的高校，中国人民大学必须围绕重大理论和时代问题，进行深入透彻的理论阐释，认真研究和总结我国改革发展的成功经验，研究高等教育发展的客观规律，在建设中国特色现代大学制度、推进学校治理体系和治理能力现代化方面走在前列，做出更大贡献。

弘扬优良传统，传承好人大厚重的红色基因

中国人民大学代表了中国共产党创办高等教育的红色一脉，在 82 年的办学实践中，始终坚持党的领导，坚持马克思主义指导地位，坚持为党和人民事业服务，形成了鲜明的办学特色。

当前，传承红色基因的首要任务是加强和改进党的领导，以“钉钉子”精神打好高校党的政治建设攻坚战。学校党的政治建设能不能落地，最终要看在基层的落实情况。中国人民大学将牢牢把握社会主义办学方向，把党的领导贯穿到办学治校全过程，坚持党委领导下的校长负责制，着力加强基层党组织建设；加强和改进思想政治工作，推动思政课理论创新，配齐建强思政课教师队伍，引导教师潜心教学；坚决守好意识形态阵地，加强基层党建工作队伍建设，使其工作有条件、干事有平台、待遇有保障、发展有空间。

扎根中国大地办大学，研究回答中国问题、服务祖国人民

人文社会科学研究是中国人民大学的立身之本。一方面，我们要紧紧围绕当前我国改革开放和现代化建设面临的重大问题展开深入研究，提出解决问题的思路和办法；着眼于为实现“两个一百年”奋斗目标和中华民族伟大复兴的中国梦开展前瞻性研究，发挥理论对实践的指引作用；着眼于人类社会发展面临的共同问题进行独创性研究，为推动世界发展提供中国理论、中国学术、中国智慧。

另一方面，我们要坚守“人民的大学”立场，坚持以人民为中心的研究导向，坚持人民是历史创造者的观点，树立为人民做学问的理想，引导广大师生自觉把个人学术追求同国家和民族发展紧紧联系在一起，了解人民需求，多为人民鼓与呼，为满足人民对更高质量的教育需求，为服务祖国的发展振兴而努力。

发挥人文社科优势，建设好世界一流大学和一流学科

“双一流”建设是建设高等教育强国的必然选择和重要举措，怎么把“路线图”转变为“施工图”，向党和国家交出满意的答卷，为率先建成中国特色世界一流大学提供人大经验、贡献人大智慧，这是中国人民大学当前最为重要的任务。

目前，“双一流”建设中期评估已顺利完成，这也是我们全方位查缺补漏、明确下一步着力点的重要机遇。“双一流”建设越到深处，越要担当作为、蹄疾步稳、奋勇前进，不能有任何停一停、歇一歇的懈怠。中国人民大学将紧密结合“不忘初心、牢记使命”主题教育，提高推进“双一流”建设的思想自觉、政治自觉、行动自觉，在全校上下形成聚焦一流、同创一流的合力，迎难而上、攻坚克难，着力补短板、强弱项、激活力、抓落实，发挥好自身优势和特长，坚定不移地当好“双一流”建设的排头兵。

教育是光荣事业，立德树人是神圣使命。中国人民大学将始终坚持立足中国大地、面向世界未来，紧紧围绕立德树人根本任务，努力培养具有家国情怀、创新能力和全球视野的“国民表率、社会栋梁”，用引领时代的一流人才成就世界一流大学，以实际业绩为实现中华民族伟大复兴做出新的更大的贡献。

以改革引领新时代高等教育强国建设*

党的十九大开启了党和国家事业发展的新征程。历史和实践表明，一个国家的强盛总是伴随着教育的强盛。一个现代化强国也必然是高等教育强国。以习近平新时代中国特色社会主义思想为指导，主动适应新的历史方位，主动反映社会主要矛盾的变化，深化高等教育改革，建设高等教育强国，是新时代赋予高等教育的重要使命和责任。

高等教育改革要坚持“一条道路”：扎根中国大地办大学，探索中国特色高等教育发展道路

道路问题至关紧要。推进高等教育改革必须扎根中国大地，探索走中国特色的高等教育发展道路。扎根中国大地办大学，要弘扬我国的优秀文化传统，特别是优秀的教育传统。中华民族具有重视教育的优良传统。中华民族从文明发源之初，就高度重视教育。我国最早的教育著作《礼记·学记》就明确提出“建国君民，教学为先”。在长期的教育实践中，逐步形成了“尊师重道”“有教无类”“因材施教”“知行合一”等教育理念。今天推进高等教育现代化、建设教育强国，首先要继承中华民族在几千年历史中积淀形成的优秀教育传统，并结合当代教育实践，对中华优秀教育理念进行创造性转化和创新性发展，使之成为高等教育现代化的源头活水。

扎根中国大地办大学，要立足中国现实的基本国情，服务中华民族的伟大复兴。党的十九大提出，我国社会的主要矛盾发生了深刻变化，但我国所处的历史阶段没有变，我国仍然处于并将长期处于社会主义初级阶段的基本国情没有变。考察发达国家高等教育发展的一个共同特征，就是强调面向本国实际和时代要求，在服务国家和民族发展的进程中形成了具有自己特色的发展路径与大学制度，体现了国家特色和民族特点。实践表明，高等教育改革必须适应时

---

* 原文发表于《国家教育行政学院学报》2018 年第 1 期。

代要求，面向国家和民族的现实需要和长远发展。高等教育只有立足本国国情，坚持服务国家和社会，才能够体现其巨大的价值和发展前景。我国高等教育发展方向同我国发展的现实目标和未来方向紧密联系在一起，高等教育改革必须与我国经济、政治、社会、文化改革相适应、相协调，必须始终坚持为人民服务，为中国共产党治国理政服务，为巩固和发展中国特色社会主义制度服务，为改革开放和社会主义现代化建设服务。

扎根中国大地办大学，要面向世界，学习借鉴世界高等教育的先进经验。中国的高等教育改革，不仅根植于中国传统文化，立足中国大地，更要恪守大学精神，遵循高等教育规律，同时也要学习借鉴发达国家的先进经验，因为发达国家的高等教育走过了几百年的历程，积累了较为丰富的经验，形成了较为完善和定型的体制机制。当然，借鉴别国的先进经验，必须从我国国情出发，决不能生搬硬套，更不能全盘西化。习近平总书记在北京大学考察期间指出："我们要认真吸收世界上先进的办学治学经验，更要遵循教育规律，扎根中国大地办大学。"

高等教育改革要坚持"一个核心"：立德树人，努力培养中国特色社会主义合格建设者和可靠接班人

立德树人，努力培养中国特色社会主义合格建设者和可靠接班人是高校的根本任务，是大学的立身之本，是高等教育改革始终不能动摇的一个核心。立德树人，是对人才培养的根本要求。"立德"就是确立培养崇高的思想品德，"树人"即培养高素质的人才。"立德树人"要求高校不仅要传授知识、培养能力，更要把培育和弘扬社会主义核心价值观贯穿教育教学全过程，引导学生树立正确的世界观、人生观、价值观。

学生是立德树人的工作对象，立德树人要聚焦学生这个中心。习近平总书记特别强调，青年的价值取向决定了未来整个社会的价值取向，人生的扣子从一开始就要扣好。高等教育要坚持正确方向、坚持立德树人、坚持服务国家、坚持改革创新，引导同学们做有理想、有追求的大学生，做有担当、有作为的大学生，做有品质、有修养的大学生。要围绕学生、关照学生、服务学生，加强和改进思想政治工作，引导学生正确认识世界和中国发展大势，正确认识中国特色和国际比较，正确认识时代责任和历史使命，正确认识远大抱负和脚踏实地，全面提高学生思想政治素质，努力为中国特色社会主义伟大事业培养德才兼备、全面发展的建设者和接班人。

高校是立德树人的主阵地，要牢固确立人才培养在高校的中心地位。立德树人是一项复杂的系统工程，其中高校担负着主体责任。高校要坚持中国特色

社会主义办学方向，全面贯彻党的教育方针，坚持以人为本、德育为先，构建全员、全过程、全方位育人体系。办学方向是高校改革发展的指南针，办学方向正确，才能培养出优秀人才；办学方向如果发生偏差，走上了歪路邪路，不仅不能培养出合格人才和优秀人才，反而会培养出“废品”，甚至会培养出“毒品”。

教师是立德树人的决定性力量，要全面提升教师的思想政治素质和教书育人能力。教师作为当代大学生健康成长的指导者和引路人，应该牢固树立中国特色社会主义理想信念，带头践行社会主义核心价值观，自觉增强立德树人、教书育人的荣誉感和责任感。在迎接第 30 个教师节时，习近平总书记曾谆谆嘱咐全国广大教师争当有理想信念、有道德情操、有扎实学识、有仁爱之心的好老师，把加强教师队伍建设作为教师事业发展最重要的基础工程来抓。高校要加强和改进教师思想政治工作，引导教师坚持教书和育人相统一，坚持言传和身教相统一，坚持潜心问道和关注社会相统一，以德立身、以德立学、以德施教，不断提升教书育人的能力和水平，真正成为学生成长发展的指导者和引路人。

社会是立德树人的软环境，要营造立德树人的社会环境。立德树人，培养德才兼备的优秀人才，不仅是高校的责任，也是全社会需要承担的共同责任。各级党委、政府和全社会应该从实现中华民族伟大复兴的中国梦，培养社会主义事业建设者和接班人的战略高度，统筹协调、协同推进，营造良好的育人环境和教育氛围，加大对高等教育的支持投入，帮助解决高校面临的困难和问题，协调推动家庭、学校、社会形成立德树人的合力。

高等教育改革要坚持“一个目标”：贯彻新发展理念，促进高等教育内涵式发展

理念是行动的先导，高等教育改革需要有科学理念作为指引。党中央提出的“创新、协调、绿色、开放、共享”新发展理念，是新时代中国特色社会主义的发展理论，既是国家经济社会发展理念，同样也是高等教育改革发展的重要理念。贯彻落实新理念，对于突破当前高等教育的改革瓶颈，推动高等教育由以规模扩张为特征的外延式发展向以提升质量为核心的内涵式发展转型，具有重要指导作用。

经过多年的努力，中国高等教育已经实现了大众化的发展目标，正在向着普及化阶段迈进。高等教育毛入学率达到 42.7%，在学总规模 3 699 万人，位居世界第一，占世界高等教育总规模的 1/5。高等教育发展实现了规模扩张的重要任务，但是，伴随发展而来的结构的变化、布局的合理、质量的提高、评

价的导向、制度的创新等更为深层次的问题引起了社会各界与党和国家的高度重视。

创新发展理念要求高等教育的创新发展，提高高等教育质量。现代化的高等教育是一个既符合国家和社会的优先发展目标又充分保障人民群众享有基本教育权利，适应经济社会发展和满足学习者多样性需求的、体现终身学习理念的、完善的高等教育体系。从大国到强国的发展历程中，高等教育的作用地位将会发生重大变化，从更多在国家经济社会发展中起基础支撑作用到支撑和引领并重。随着高等教育强国建设，高等教育的引领发展作用将会逐渐加强，会发挥火车头和发动机的作用。这要求我们重新审视高等教育的作用与价值，以创新理念改革高等教育体系。国家应加强对高等学校办学的宏观调控，统筹教育的规模、结构、质量和效益协调发展，稳定高等教育规模，进一步优化高等学校的布局、类型、层次、学科专业结构，在不断推进一流大学和一流学科建设的同时，缩小区域间高等教育的差距，促进高等教育区域协调发展和教育公平。高校要高度重视教学工作，确保教学工作的中心地位。同时要处理好规模与质量、教学与科研、发展与投入、改革与建设的关系，牢固树立人才培养的质量是高等学校生命线的观念，学校党政一把手作为教学质量的第一责任人要亲自抓教学质量，切实加强各项教学基本建设，增加经费投入，完善教学设施，丰富教学资源，建立完善有效的激励和约束机制，调动广大教师的积极性，充分发挥教师的能动性和创造性，提高高等教育质量。

协调发展理念要求高等教育的协调持续发展。在向高等教育普及化、现代化迈进的过程中，高等教育的结构、类型、标准等方面都要发生非常大的变化。正像联合国教科文组织所说的，这种变化将会使高等教育成为一个国家的基础性教育，一个人接受的高等教育将会成为他的人生包括职业生涯中的基础教育。这就要求要整体推进高等教育改革，整体提高高等教育质量，建设一流的高等教育体系。具体而言，就是推进研究型大学与应用型高校、高等职业技术院校的协调发展，推进高等教育与继续教育、终身教育的协调发展，推进区域高等教育的协调发展，推进中央高校与地方高校的协调发展，实现高等教育的全面腾飞。高等教育布局要尊重教育规律，提高高等教育特别是高水平研究生教育的聚集程度，建设世界级的高等教育中心、全国性的高等教育中心和区域性的高等教育中心。随着高等教育现代化的实现，北京、上海等就可能成为与伦敦、巴黎、东京、波士顿、旧金山等并驾齐驱的世界级高等教育城市。

开放发展理念要求实现高等教育的开放合作，建立高校办学与社会发展的良性互动。高校要进一步向社会开放，扩大高校向受教育者的开放，不仅要尽可能多地满足人们接受高等教育的需要，而且要为所有进入高校学习的人提供合适的教育。扩大高校对经济社会领域的开放，调整培养目标和专业设置，改革课程体系和管理制度，密切产学研合作，提高人才培养、科学研究和社会服务的质量。扩大高校管理的开放，让社会有关机构和人士广泛参与高校管理，积极拓展融资渠道。扩大高校对科学技术的开放，积极回应知识生产的新趋势。社会要为高校办学提供良好的外部环境，关注高校发展，参与高校管理，密切社会与高校的联系。高等学校要以高质量的人才培养能力、科学研究成果、社会服务水平和优秀的大学文化积极推动社会的进步与发展。注重促进国内与国际高等教育的开放合作。随着高等教育现代化和国际化的深入发展，国内外的学生交流、教师交流与教学科研合作会有大规模增长，这就要求不仅要搭建国内高等教育学习的“立交桥”，还要搭建国际高等教育的“立交桥”。

绿色发展理念要求高等教育改革遵循教育自身的发展规律。高等教育改革既要与经济社会发展相适应，又要遵循教育自身的发展规律、高校办学规律和人才成长规律，不能忽视教育活动及教育组织自身的特性。高等教育改革必须遵循教育活动的内在规律和特殊性，如果简单模仿经济改革方式方法，或者把其他领域的改革经验与做法照搬到高等教育领域中来，则会产生负面作用。高等教育改革方案的出台，新制度、新范式的制定，一定要进行广泛的调查研究和科学详细的论证，并在执行过程中及时反馈信息，及时总结经验，对于改革中出现的新情况、新问题及时寻求改革对策，以此不断深化对高等教育发展规律的认识，确保高等教育改革的顺利进行。

共享发展理念要求实现高等教育改革的包容与共享。近年来，高等教育的办学形式、学习者的学习方式，甚至高等教育机构的存在方式正在发生深刻变化，迫切需要在包容发展中推进多样化的高等教育。可以预见的是，未来除了政府办学之外，还会有社会多元的办学形式建立起来，逐步形成以政府主办的公立高等教育与民办高等教育、中外合作办学、企业大学等共同包容发展的高等教育体系。同时，随着信息技术的进步，还要重视和规范非正规高等教育的发展，为学生和社会各界提供更充分、更多样、更合适的学习机会。

高等教育改革要坚持“一个制度”：完善中国特色现代大学制度，持续推进大学治理体系和治理能力现代化

完善中国特色现代大学制度，推进我国大学治理体系和治理能力现代化是推进高等教育改革的重要内容。中国特色现代大学制度是“中国特色”和“现代大学制度”的高度统一，是中国特色社会主义制度体系的重要组成部分。

以深入推进管办评分离为切入点，建立“政府宏观管理、学校自主办学、社会广泛参与”的高等学校外部治理体系。近年来，高等教育在人才培养体制、现代大学制度、办学体制、推进管办评分离等多方面改革取得很大进展。由于我国处在社会转型和高等教育转型发展相互叠加的历史时期，高等教育综

合改革仍存在诸多体制机制障碍。在当前全面提高高等教育质量、切实增强科研创新能力、统筹推进“双一流”建设的新形势下，加快推进“放管服”改革变得尤为迫切。要以“放管服”改革为切入点，切实转变政府职能，正确处理政府与高校的关系，合理规划和配置教育行政机关的职能和权限，扩大落实高校办学自主权，落实高校法人地位，避免教育行政机关的越位、错位和缺位。要转变政府的管理方式，尽可能减少使用直接的行政命令方式，而主要依靠法律、规划、拨款、评估、行政等手段管理和监督高等教育。要增强政府的服务与引导功能，既要鼓励高校之间的合理竞争，又要严禁高校之间的不正当竞争。要建立政府主导的多元参与机制，充分发挥社会相关机构广泛参与高校办学的积极性。

以坚持党委领导下的校长负责制为根本，不断完善高校内部治理结构，实现治理能力现代化。党委领导下的校长负责制，是中国大学的根本领导管理体制，是中国特色现代大学制度的核心，这一体制有利于加强党对高校的领导，有利于坚持正确的办学方向，有利于实现高校的改革发展稳定。要进一步坚持和完善党委领导下的校长负责制，贯彻执行民主集中制原则，正确处理党委领导和校长负责的关系，落实高校党委的领导核心地位，健全“党委领导、校长负责、教授治学、民主管理”的机制。完善学术委员会制度，发挥其在学术评价、学术决策中的作用。完善校院二级治理体系，发挥学院、学系的积极性。

以培育健康向上的大学文化为支撑，凝练办学理念和大学精神，夯实现代大学制度的文化土壤。文化是一所大学的精神基因，沉淀着一所大学的学术传统，凝聚着大学的办学理念。大学文化既是建设现代大学制度的应有之义，又是完善现代大学制度的重要支撑。当前，国际国内各种思想文化相互激荡，促进了不同文明的相互理解、相互交流、相互融合，有利于大学的知识创新、人才培养和文化传承，但同时也把功利主义、浮躁之气等消极因素带进了本应该比较宁静的大学校园，大学文化、大学精神、大学制度面临新的考验和冲击。要坚持以社会主义核心价值体系为统领，加强大学文化建设，守护好大学的精神家园。要立足本校发展历史和现状，注重对学校办学特色、历史传承、理念文化的总结与概括，进一步凝练办学理念和大学精神。要加强学术道德和学风建设，坚持诚信治学、严谨求真，反对弄虚作假、急功近利。要教育引导教师淡泊明志、志存高远、甘当人梯，耐得住清苦，耐得住寂寞。要充分发扬学术民主，提倡不同观点和学派的充分讨论，形成鼓励探索、扶持原创、宽容失败的良好氛围，使一切创新潜力得到挖掘、一切创新才能得到发挥、一切创新成果得到肯定。

坚持办学正确政治方向*

“国势之强由于人，人材之成出于学”。习近平总书记在北京大学师生座谈会上的讲话，站在时代发展前沿和国家战略高度，围绕培养什么样的人、怎样培养人等核心问题，从坚持办学正确政治方向、建设高素质教师队伍、形成高水平人才培养体系等方面，提出一系列重要论断，是习近平新时代中国特色社会主义思想在高等教育领域一以贯之的集中体现和一脉相承的创新发展。总书记在讲话中明确指出，只要我们在培养社会主义建设者和接班人上有作为、有成效，我们的大学就能在世界上有地位、有话语权。这对于高校坚持办学正确政治方向，扎根中国大地办好中国特色世界一流大学具有重要的指导意义。

坚持办学正确政治方向，必须始终坚持以马克思主义为指导。马克思主义始终是我们党和国家的指导思想，也是我国大学最鲜亮的底色。中国人民大学的前身是 1937 年诞生于抗日烽火中的陕北公学，毛泽东同志先后 9 次到学校发表的演讲闪耀着马克思主义中国化的理论光芒。老校长成仿吾跨越半个多世纪、先后 5 次翻译《共产党宣言》，留下了为传播马克思主义奉献终身的感人故事。

独特的红色基因始终激励着中国人民大学，我们要在新时代的广阔舞台继续肩负起学习、研究和传播马克思主义的重任，将马克思主义的立场观点方法贯穿到哲学社会科学的各个领域，把习近平新时代中国特色社会主义思想学懂弄通做实，使中国特色哲学社会科学的理论土壤充满中国精神、中国价值与中国力量。

坚持办学正确政治方向，必须抓住立德树人这个根本任务。人无德不立，育人的根本在于立德。高校要深刻认识到立德树人是高等教育的价值目标和时代使命，深刻理解立德树人的科学内涵和实践要求。

我们必须深刻领会习近平总书记提出的人才培养的辩证法，把立德树人的成效作为检验学校一切工作的根本标准，弘扬以爱国主义为核心的民族精神和以改革创新为核心的时代精神，不断提高学生思想水平、政治觉悟、道德品

* 原文发表于《人民日报》2018 年 5 月 17 日 17 版。

质、文化素养。特别是将师德建设和德育实践紧密结合，坚持教育者先受教育，引导广大教师做到教书与育人相统一、言传和身教相统一、潜心问道和关注社会相统一、学术自由和学术规范相统一，让“千教万教、教人求真”的教师成为学生“千学万学、学做真人”的人生榜样，使思想政治工作滋润万物的道德力量融通教师的每一个课堂、贯穿学生的每一步成长，培养社会主义核心价值观的坚定信仰者、积极传播者、模范践行者。把中国特色社会主义道路自信、理论自信、制度自信、文化自信转化为办好中国特色世界一流大学的自信。

奋进在新时代，中国大学要始终抓住培养社会主义建设者和接班人这个根本，为办出中国特色世界一流大学，为实现中华民族伟大复兴的中国梦而不懈努力，书写新时代的辉煌篇章！

牢记使命　抓住根本
建设中国特色世界一流大学*

习近平总书记考察北京大学的重要讲话站在实现“两个一百年”奋斗目标和中华民族伟大复兴中国梦的高度，深刻阐释了抓住培养社会主义建设者和接班人这个根本，办好中国特色世界一流大学的重大意义。讲话殷切勉励我们要坚持办学正确政治方向，建设高素质教师队伍，形成高水平人才培养体系，充满了深沉的历史感和鲜明的时代感，是指导做好高校工作的纲领性文献。当前，我们要进一步增强培养社会主义建设者和接班人的紧迫感、责任感和使命感，牢记使命，抓住根本，努力建设中国特色世界一流大学。

坚持正确政治方向，培养社会主义建设者和接班人

建设中国特色世界一流大学要坚持正确政治方向。习近平总书记指出，古今中外，每个国家都是按照自己的政治要求来培养人的，我国社会主义教育就是要培养社会主义建设者和接班人。人才培养是育人和育才相统一的过程，而育人是本。人无德不立，育人的根本在于立德。要将立德放在人才培养的首位。立德树人最根本的是把马克思主义作为指导思想，加强党的领导和党的建设，加强思想政治工作体系建设，大力抓好抓紧马克思主义理论教育，深化大学生对马克思主义历史必然性和科学真理性、理论意义和现实意义的认识，教育学生学会运用马克思主义立场观点方法观察世界、分析世界，真正搞懂面临的时代课题，深刻把握世界发展走向，认清中国和世界发展大势，让学生深刻感悟马克思主义真理力量，为学生成长成才打下科学思想基础。教育引导大学生树立远大理想，树立正确的世界观、人生观、价值观，敢于有梦、勇于追梦、勤于圆梦，把理想信念建立在对科学理论的理性认同上，建立在对历史规

* 原文发表于《中国高等教育》2018 年第 10 期。

律的正确认识上，建立在对基本国情的准确把握上，以中国梦激励青春梦，勇敢地肩负起时代赋予的光荣使命。

要把立德树人的成效作为检验学校一切工作的根本标准，真正做到以文化人、以德育人，不断提高学生思想水平、政治觉悟、道德品质、文化素养，做到明大德、守公德、严私德。我们要用习近平新时代中国特色社会主义思想武装学生，把社会主义核心价值观融入人才培养全过程，引导大学生做社会主义核心价值观的坚定信仰者、积极传播者、模范践行者。强化青年学生的时代责任和历史使命，激励青年学生自觉将个人奋斗纳入到建设中国特色社会主义的伟大事业中，自觉把个人的理想追求融入实现中华民族伟大复兴的中国梦中。要爱国，忠于祖国，忠于人民。教育学生把自己的理想同祖国的前途、把自己的人生同民族的命运紧密联系在一起，扎根人民，奉献国家。要励志，立鸿鹄志，做奋斗者。培养学生的奋斗精神，做到理想坚定，信念执着，不怕困难，勇于开拓，顽强拼搏，永不气馁。幸福都是奋斗出来的，奋斗本身就是一种幸福。要求真，求真学问，练真本领。教育学生珍惜大好学习时光，求真学问，练真本领，更好为国争光、为民造福。要力行，知行合一，做实干家。培养学生努力成为有理想、有学问、有才干的实干家，在新时代干出一番事业。为实现中华民族伟大复兴的中国梦而奋斗，是我们人生难得的际遇。每个学生都应该珍惜这个伟大时代，做新时代的奋斗者，都能够成为对国家、对社会、对人民有用的人才。

要把立德树人内化到大学建设和管理各领域、各方面、各环节，做到以树人为核心，以立德为根本。要坚持把立德树人作为中心环节，把思想政治工作贯穿教育教学全过程。立德树人是一项复杂的系统工程，也是一项立体化的长期任务。学校是立德树人的主阵地，要坚持中国特色社会主义办学方向；教师是立德树人的引路人，要全面提升教师的政治素质、业务能力和育人水平，坚持教育者先受教育，让教师更好担当起学生健康成长指导者和引路人的责任；社会是立德树人的软环境，要统筹协调、协同推进，营造良好的育人环境和教育氛围。完成立德树人的根本任务，需要整合学校、教师、社会各方面的力量，形成协同育人的机制，实现全员育人、全过程育人、全方位育人。

培养社会主义建设者和接班人，是我们党的教育方针，是我国各级各类学校的共同使命。培养社会发展、知识积累、文化传承、国家存续、制度运行所要求的人，只有以“爱国、励志、求真、力行”为指引，为学生点亮理想的灯、照亮前行的路，引领青年扣好人生第一粒扣子，广育祖国和人民需要的各类人才，才能办出中国特色世界一流大学，为国家发展、为民族进步做出更大贡献。

把师德师风作为评价教师队伍素质的第一标准，建设高素质教师队伍

建设中国特色世界一流大学要建设高素质教师队伍。“师者，人之模范也。”建设政治素质过硬、业务能力精湛、育人水平高超的高素质教师队伍是大学建设的基础性工作。建设高素质教师队伍，必须更加注重提高教师政治素质。要鼓励引导广大教师学习领会、贯彻落实习近平新时代中国特色社会主义思想，并贯穿到教育工作中去。引导广大教师积极教书育人，不断增强使命感，加强自身道德修养，切实在实际工作中把立德树人作为工作的出发点和根本任务，爱护学生，注重学生思想品德教育，注重学生全面发展，成为受学生爱戴、社会尊敬的好教师。建设高素质教师队伍，必须更加注重提高教师业务能力。建设社会主义现代化强国，需要一大批各方面各领域的优秀人才。这对我们教师队伍能力和水平提出了新的更高的要求。信息化发展也对教师提出了新的更高的要求。教师必须努力学习，不仅学习学科专业新知识，还要学习教育教学新方法，掌握教育教学新技术。建设高素质教师队伍，必须更加注重提高教师育人水平。这是一个呼唤创新不断涌现的新时代，教育改革需要敢创新、能创新、善创新的教师。今天的教师，既要能够推陈出新改进教育教学方法，又要善于引导和鼓励学生创新，善于培养具有创新精神和创造能力的下一代。要使广大教师真正成为有理想信念、有道德情操、有扎实学识、有仁爱之心的好老师。

要坚持教育者先受教育，让教师更好担当起学生健康成长指导者和引路人的责任。立德先立师，树人先正己。《礼记·文王世子》指出：“师也者，教之以事而喻诸德者也。”高校教师既是专业知识的传授者，又是道德言行的引导者，要把立德树人转化为内心信念，把崇高师德内化为自觉价值追求，引导教师坚持教书和育人相统一，坚持言传和身教相统一，以德立身、以德立学、以德施教，不断提升教书育人的能力和水平，真正成为学生成长发展的指导者和引路人。

评价教师队伍素质的第一标准应该是师德师风。高校要加强和改进教师思想政治工作，健全师德师风评价体系，完善师德建设制度规范，实行“师德一票否决制”，推动教师队伍自觉承担起传道授业解惑的光荣职责，恪守职业道德规范，不断坚定崇高职业理想和职业道德。

加强思想政治工作体系建设，形成高水平人才培养体系

建设中国特色世界一流大学要形成高水平人才培养体系。人才培养是一项

复杂的系统工程。从宏观上讲，它涉及教育目的、教育思想、教育价值等根本问题，包括专业设置与调整、培养目标、培养模式、课程体系、教学内容、教学方法、教学手段、教学组织、教学管理、教学队伍、教学评价等。人才培养体系是由这些相互关联的内容组成的一个有机系统，其中最根本的是教育目的与教育价值，即培养什么人、怎样培养人这个根本问题。

加强党的领导和党的建设，加强思想政治工作体系建设，是形成高水平人才培养体系的重要内容。办好中国特色社会主义高等教育，必须旗帜鲜明坚持党对高校工作的领导。加强党对高校的领导，加强和改进高校党的建设，是办好中国特色社会主义大学的根本保证。对于坚持党对高校工作的领导这个根本问题，任何时候我们都不能含糊和动摇。必须头脑清醒、态度鲜明，而且在行动上要自觉。党的领导是中国社会主义制度最大的优势所在，党在高校中的领导则是这一优势在高等教育领域中的体现。只有坚持党对高校的领导，坚持社会主义办学方向，才能把我们的特色和优势有效转化为培养社会主义建设者和接班人的能力。

教育兴则国家兴，教育强则国家强。高等教育是一个国家发展水平和发展潜力的重要标志。今天，党和国家事业发展对高等教育的需要，对科学知识和优秀人才的需要，比以往任何时候都更为迫切。高等教育在从大国到强国的发展历程中，作用地位将会发生重大变化，由更多在国家经济社会发展中起基础支撑作用发展到支撑和引领并重。国家发展与民族振兴需要高等教育做出应有贡献。高等教育发展必须要面向国家和民族的现实需要和长远发展，这是历史的责任和时代的使命。我们要瞄准世界科技前沿，下大气力组建交叉学科群和强有力的科技攻关团队，加强学科之间协同创新，加强对原创性、系统性、引领性研究的支持。从学科发展的规律看，现代科学发展呈现出越来越综合化的趋势，同一学科群之间存在着较强的联系，不同学科群之间也存在联系，科学研究是在学科交叉融合中发展的，最近25年，交叉性的合作研究获得诺贝尔奖项的比例已接近50%。科学发展趋势提醒和要求我们要加强学科交叉，以促进学科知识的融合创新。我们要始终强调原始创新能力建设，培养造就一大批具有国际水平的战略科技人才、科技领军人才、青年科技人才和高水平创新团队，力争实现前瞻性基础研究、引领性原创成果的重大突破。加强原创是提高我国高校自主创新能力的根本，要在重大科学问题上实现从跟踪到原始性创新的转变。

树立办学自信，在服务国家发展民族复兴伟业中建设中国特色世界一流大学

建设中国特色世界一流大学需要树立办学自信。习近平总书记指出，世界

一流大学都是在服务自己国家发展中成长起来的。要把中国特色社会主义道路自信、理论自信、制度自信、文化自信转化为办好中国特色世界一流大学的自信。

考察发达国家高等教育的发展道路会发现，其成功的根源都在于遵循教育规律，面向本国实际和时代要求，在解决国家面临的重大战略问题和人类发展难题的过程中形成了具有自己特色的发展道路与大学制度，体现了国家特色、民族特点和文化自信。发达国家高等教育的经验告诉我们，大学只有为国家和社会服务，才能够体现其发展目标和发展前景。也只有在为国家和民族服务的过程中，才能建成高等教育强国。

世界各国都在积极探索建立一个既满足本国经济、社会发展需要，又适应经济全球化要求的高等教育发展模式。新中国高等教育的发展既有光辉成就，也有曲折探索，从历史经验看，我国高等教育发展必须立足中国国情，走中国特色高等教育发展之路。在中国特色高等教育发展道路上，我国高等教育取得了举世瞩目的成就，为我国经济社会发展提供了人才支持和智力支撑。只有树立办学自信，坚持扎根中国大地办大学，才能形成中国特色的办学道路、办学模式、大学理念和大学精神。也只有形成中国特色的一流大学发展道路与发展模式，才能在世界舞台上展示中国高等教育风采，贡献高等教育的中国经验、中国道路与中国模式，丰富世界一流大学建设的不同路径与不同选择，为世界高等教育发展做出贡献。

中国人民大学是中国共产党创办的第一所新型正规大学，有着光荣的传统和红色基因，我们更有责任把习近平总书记考察北京大学重要讲话和去年 10 月致我校 80 周年校庆贺信精神结合起来，贯彻落实到学校工作的各个方面，坚持办学正确政治方向，建设高素质教师队伍，形成高水平人才培养体系，树立坚定的办学自信，加快建设中国特色世界一流大学，努力成为国家“双一流”建设的排头兵，为社会主义现代化强国建设和中华民族的伟大复兴做出中国人民大学的新贡献。

在大学最美好的年华找寻人生的答案*

亲爱的2018级新生同学们，各位老师、各位家长、各位来宾：

大家好！金秋九月，我们迎来了收获的季节，又一批青年学子从五湖四海、四面八方汇聚在中国人民大学这方精致的校园。在此，我首先代表学校，向全体2018级新生表示热烈的欢迎！向含辛茹苦养育你们的父母表示衷心的感谢！今年正值第34个教师节，在今天这个庄重的典礼上，我们将对获得各项荣誉的教师代表进行表彰，他们爱岗敬业、为人师表，立德树人、无私奉献。拥有这样一大批值得尊敬的好老师，既是同学们的幸运，更是学校的光荣！让我们向他们致以崇高的敬意！

同学们，看到你们充满朝气的脸庞，我们由衷感到“得天下英才而教育之”的喜悦。你们是人民大学迎来的第一批“00后”，更是党的十九大召开、人民大学80周年校庆之后入校的第一批大学生。去年10月3日，中国人民大学作为我们党创办的第一所新型正规大学，迎来了80岁华诞。习近平总书记专门发来贺信，高度评价了人民大学建校80年来取得的突出成绩，并对学校扎根中国大地办大学，努力建设世界一流大学和一流学科提出了明确的要求和殷切的期望。当迈入新时代的中国特色社会主义和进入“双一流”建设新阶段的人民大学，在“强国一代”的你们身上形成一道美丽的交汇，这既是一种缘分，更是一份期待。

今天是开学典礼，也是大家的“开学第一课”。按照教育部关于上好“开学第一课”的要求，我和刘伟校长做了分工，他在博士新生暨新博导大会上讲“第一课”，我借今天开学典礼的机会，为大家即将展开的大学生活做一个领读。

刚才，刘守英教授、车宗凯同学、姚宇奇同学、李春晖家长、邵志豪校长分别作为各方面代表做了非常精彩的发言，对同学们寄予美好的祝福和期望。正如他们所表达的，同学们最美好的年华将在人民大学度过。而最美好的年华，不仅仅指物质生活的美好，更是精神生活的美好。在刚刚闭幕的全国教育

* 原文2018年9月12日发表于人民网。

大会上，习近平总书记发表了重要讲话，就教育的战略性、全局性、关键性重大问题做了深入的阐述，特别指出“培养什么人，是教育的首要问题”，深刻揭示了教育的本质，明确了学校的根本任务。对于学校来讲，就是要回答“培养什么样的人、如何培养人以及为谁培养人”，对同学们来说，就是要回答人生应该对谁用情、在哪用力、如何用心、做什么样的人。今天，试围绕“培养什么人”这一教育首要问题，从这几个“人生之问”出发，和同学们交流如何度过大学最美好的年华。

第一，思考“人生之问”，要在人大的光荣历史中找寻“对谁用情”的答案，践行“立学为民、治学报国”的精神

回顾中国近现代高等教育发展的历程，有两条脉络：一条是近代以来受西方列强坚船利炮和科技发展冲击而建立起来的新式学堂，如北洋大学堂、京师大学堂、南洋大学堂等；另一条是中国共产党在革命战争年代创办的抗日军政大学、陕北公学等一批具有红色基因的新型大学。正是这两大源流，汇集发展形成今天中国高等教育的体系与格局。中国人民大学是由中国共产党创办的第一所新型正规大学，有着鲜明的红色基因和精神底色。

今年是中国改革开放 40 年，也是中国人民大学复校 40 周年，这是中国高等教育的源流同当代中国发展洪流的一次交汇。这个交汇绝不是时间的巧合，而是中国人民大学“始终与党和国家同呼吸共命运”的最好注脚。中国人民大学在挽救民族危亡的抗日烽火中诞生，在百废待兴的新中国建设中成长，在“文革”的艰苦岁月中磨砺，在改革开放的大潮中新生，在新世纪的征程中腾飞，学校 80 多年的发展与奋斗史，正是中国共产党筚路蓝缕，扎根中国大地，创办新型高等教育的真实写照和光辉典范。在新中国高等教育发展史上，中国人民大学就是这样一所大学——她的命运与党史、国史、改革开放史以及马克思主义中国化的进程始终紧密相连。

我们常说“陪伴是最长情的告白”，以“立学为民、治学报国”为办学宗旨的中国人民大学，80 余年的荣辱与共，深情回答了中国共产党为什么用“中国人民大学”为我们命名。这里向同学们讲一位老师的故事。今年暑假，我和学校的老师们，特别是青年教师参加调研团，一同到浙江湖州，参观学校教师吴宝康事迹陈列馆，深受感动。吴宝康老师为新中国档案事业奠定了坚实基础，堪称中国档案教育和档案学史上的一座丰碑，国家档案局、中央档案馆的成立都凝聚着吴宝康老师的心血。1952 年，吴宝康老师带着一纸调令从中共中央办公厅来到中国人民大学创办档案教育，从无到有，从小到大，无怨无悔，为开创新中国的档案教育和研究事业奉献了毕生精力。2000 年，吴宝康

老师在病床上让大女儿执笔记录，给中共中央组织部写了一封信，信中说“自中央组织部调我来京，至今已经整整五十年。半个世纪以来，我铭记党组织交给我的任务，创办新中国档案高等教育事业。几十年呕心沥血，排除万难，终于为档案高等教育和国家档案事业发展打下了一定的基础。作为一个老党员老干部，我想，我现在可以向中央汇报工作了”。吴宝康老师身上体现出来的这种忠诚与担当，使命与责任，是每一个人大人宝贵的精神财富。习近平总书记5月2日在北京大学与师生座谈时对青年学生提出“爱国”“励志”“求真”“力行”的殷切期望，首要一点就是“要爱国，忠于祖国，忠于人民”。对人大人而言，国家的召唤、民族的需要就应该是我们的追求，这是对“立学为民、治学报国”八个字最好的阐释。

同学们，一所大学文化的精髓与核心，既存在于昨天的历史中，又深刻影响着今天的每一位师生，更在面向未来的道路上被一代代人大人接续传承、发扬光大。今天，你们成为新一批人大人，当你们思考人生应当“对谁用情”这个问题时，请想一想我们光荣而响亮的校名，想一想吴玉章、成仿吾、郭影秋、张腾霄等老一辈革命家、教育家，想一想范文澜、艾思奇、何思敬、何干之、宋涛等老一辈思想家、理论家、教育家，想一想那些把一生奉献给国家、奉献给人民的人大人，他们身上折射着我们共同的精神底色。

第二，思考“人生之问”，要在时代的广阔舞台上找寻“在哪用力”的答案，保持“始终奋进在时代前列”的姿态

去年80周年校庆之际，在征求广大师生和校友意见的基础上，学校将校庆主题确定为“始终奋进在时代前列”。可以说，中国人民大学的发展历史，就是一部中国共产党人、爱国知识分子倾心奉献的奋斗史，集中体现了人大人“始终奋进在时代前列”的独特精神。同学们在阅读校史时就会发现，自学校诞生之日起，每逢中国共产党命运攸关的重大关口和共和国建设发展改革的重要节点，总有人大人挺身而出、尽心竭力。从革命战争年代艾思奇的《大众哲学》到和平建设年代的新中国第一部中国人自己编写的《辩证唯物论》《政治经济学教程》教材，从胡福明校友撰写《实践是检验真理的唯一标准》一文引发全国范围内真理标准大讨论到陈锡添校友撰写长篇通讯《东方风来满眼春》标注改革开放新征程，一代代人大人“始终奋进在时代前列”，为中国革命、建设和改革事业做出巨大的贡献。

一代人有一代人的际遇，一代人有一代人的奋斗。历史车轮滚滚向前，时代潮流浩浩荡荡。今天，中国特色社会主义进入新时代，中华民族迎来了“从站起来、富起来到强起来”的伟大飞跃，面临的既是近代以来中华民族发展的

最好时代，也是实现中华民族伟大复兴最关键时期。党的十九大提出到 2020 年全面建成小康社会，到 2035 年基本实现社会主义现代化，到本世纪中叶把我国建设成为富强民主文明和谐美丽的社会主义现代化强国。这一历程跨越 30 多年，等到实现这一目标的时候，真正的见证者，可能就是各位同学。作为“强国一代”的你们，人生黄金期同“两个一百年”奋斗目标的轨迹高度吻合，这就叫生逢其时、重任在肩、大有可为。

同学们中有不少是“00 后”，出生在新世纪，从小在不愁吃穿的环境中长大，很少有人经历过生死存亡的磨难、经受过血与火的考验、遭遇过艰难困苦的历练，人生阅历有限。当面对学习的压力、竞争的焦虑、成功的渴望、现实的“骨感”以及各种各样的诱惑时，同学们的内心容易拥堵困惑。实际上，没有哪一代人的青春是容易的。吃苦的过程，正是锤炼品格、磨砺心智、丰盈内心的过程，如果遇到困难就害怕、遇到问题就逃避、遇到挫折就退缩，那就难以担当大任。习近平总书记希望同学们“要励志，立鸿鹄志，做奋斗者”，这是因为中华民族伟大复兴，绝不是轻轻松松、敲锣打鼓就能实现的，必须准备付出更为艰巨、更为艰苦的努力。“新时代是奋斗者的时代”，作为中国人民大学的学生，希望大家千万不要因为一时失意而灰心丧志，不要因为身处逆境而放弃前行，要做一个心中始终充满阳光的人，始终保持奋进姿态和蓬勃朝气，像学校求是楼前的爬山虎一样，向着目标不断攀岩，把充满希望的绿色铺满新时代的成长舞台，努力成为担当民族复兴大任的时代新人，“始终奋进在时代前列”。

第三，思考“人生之问”，要在青春的宝贵时光里找寻“如何用心”的答案，练就“国民表率、社会栋梁”的本领

除了“爱国”和“励志”，“求真”与“力行”也是“时代新人”的必修课，要政治过硬、本领高强。正如习近平总书记指出的“知识是每个人成才的基石，在学习阶段一定要把基石打深、打牢”，“求真学问，练真本领”。同学们四年的大学时光看起来时间很长，1 460 多天，其实很短暂。今年，学校为所有新同学制作了一本《时间管理手册》，目的就是告诉大家要珍惜大好学习时光，抓紧一切机会学习知识、锤炼本领，求真理、悟道理、明事理。

当今时代，知识更新加速、科技迅猛发展，教学与研究、课堂与生活、老师与学生等高等教育的核心元素及其之间的相互关系面临深刻变化。“凡益之道，与时偕行”，面对机遇和挑战，在一所优秀的大学中，我们的老师、同学，包括学校的管理者，都应该把“本领恐慌”转化成抓学习、勤学习、善学习的

内生动力。一方面要把注意力“举”高一点，不能满足于碎片化的信息、快餐化的知识，主动放下手机、拿起书本，阅读那些经过历史长河大浪淘沙流传下来的名家经典，多一点“咀嚼”大部头的“坚硬阅读”，保持读书的专注，为自己搭建一间“腹有诗书气自华”的精神书屋。另一方面要把好奇心“举”高一点，不能被“算法”俘虏，要注重养成“多走一步”“多问一句”“多想一层”的习惯，仔细体悟著名学者梁漱溟先生曾提出的“形成主见、发现不能解释的事情、融会贯通、知不足、以简御繁、运用自如、一览众山小、通透”等思维能力的八层境界，感受深度思考的乐趣，使时代新知与创新活力内化为大家成长成才的核心竞争力。

同学们要“知行合一、以知促行、以行求知”。学到的东西，不能停留在书本上，不能只装在脑袋里，应该落实到行动上。人民大学的校训是“实事求是”，学校历来十分注重开展社会实践活动，有注重理论联系实际的优良传统。今年 4 月起，为纪念改革开放 40 周年和人大复校 40 周年，学校组织了“追寻改革的足迹”主题活动，几十支社会实践团队分赴深圳、上海、安徽、福建、浙江等改革开放的标志性地区开展学习调研，追寻改革历程、感悟发展成就、增强开放信心。大家在学校学习生活的几年中，像这样的机会很多，希望大家能够充分利用学校搭建的各种实践平台，在精神的沃土中汲取前人的刚强意志，在帮贫扶弱的志愿服务中感悟生命的强大力量，在脚踏实地的实践磨砺中涵养成长的底气，在行走中观察、在观察中思考、在思考中记录，不断增强自己的脚力、眼力、脑力、笔力，练就“国民表率、社会栋梁”的本领。

同学们，“时间是人类发展的空间”，今天既是大家“人大时间”的开端，也是大家“青春主场”的新起点，希望你们在大学最美好的年华，多在坚定理想信念上下功夫、多在厚植爱国主义情怀上下功夫、多在加强品德修养上下功夫、多在增长知识见识上下功夫、多在培养奋斗精神上下功夫、多在增强综合素质上下功夫，永远记住这踮着脚尖、眺望远方的姿态，用自己的一生来回答对谁用情、在哪用力、如何用心的“人生之问”，做一个大写的人大人，立志肩负起民族复兴的时代重任！

最后，祝大家拥有温暖而充实的大学时光！谢谢大家。

准确把握新时代新形势 培养民族复兴的有用之才*

习近平总书记在全国教育大会上的讲话，全面总结了十八大以来我国教育改革发展过程中的历史性变革和历史性成就，科学概括了我国教育发展的“九个坚持”的宝贵经验，并从增强中华民族创新创造活力、实现中华民族伟大复兴的战略高度对新时代我国教育事业的发展指明了方向，吹响了加快发展具有中国特色、世界水平的现代化教育的号角，为新时代教育改革发展谋划了新的蓝图。

立德树人是教育根本

习近平总书记的重要讲话，思想深刻、内容丰富，贯穿其中的一条红线就是“培养什么样的人、如何培养人以及为谁培养人”的教育方针。党的十八大以来，习近平总书记围绕这一根本问题，对教育改革和发展特别是高等教育工作做出了一系列重要论述。早在 2016 年全国高校思想政治工作会议上，习近平总书记就明确指出，高校立身之本在于立德树人，要把立德树人作为中心环节，从而廓清了一个时期以来人们的一些模糊认识，抓住了教育领域的核心和关键问题。在这次大会上，为更好实现“培养什么样的人、如何培养人以及为谁培养人”这一根本任务，总书记着眼于实现中华民族伟大复兴这个根本目标，针对德智体美教育不平衡、不充分的问题进行了重点强调，做出了很多具有现实针对性的重要论述，对进一步完善党的教育政策、更好落实党的教育方针具有重要意义。

总书记的讲话，鲜明强调了美育的重要性。2018 年 8 月 30 日，习近平总书记在给中央美术学院老教授的回信中对做好新时代美育工作明确要求“做好美育工作，要坚持立德树人，扎根时代生活，遵循美育特点，弘扬中华美育精

* 原文发表于《光明日报》2018 年 9 月 13 日 14 版。

神，让祖国青年一代身心都健康成长”。这次会上再次对美育工作进行了强调，体现了总书记对教育规律的深刻洞察，对于改变院校以往对美育教育重视不足的问题将起到重要推动作用。

讲话鲜明强调了体育的重要性。广大青少年身心健康、体魄强健、意志坚强、充满活力，是一个民族旺盛生命力的体现，是现代文明进步的标志。总书记对青少年体育工作进行专门强调，体现了党中央对青少年的关心关爱，对国家和民族未来的高度负责。

回应现实问题　促进德智体美劳全面发展

这次大会上，总书记鲜明强调了劳动教育的重要性问题。这既是对现实问题的回应，也是对教育规律的回归，对于我们深化对新时代教育方针的理解具有重大意义。众所周知：人世间的美好梦想，只有通过诚实劳动才能实现；发展中的各种难题，只有通过诚实劳动才能破解；生命里的一切辉煌，只有通过诚实劳动才能铸就。但一段时间以来，从宏观社会层面上讲，物质条件和生活环境前所未有的改善，使青少年直接投身劳动第一线主动接受劳动教育的机会越来越少；从微观家庭层面讲，由于独生子女居多，大人们自觉不自觉地包揽了孩子的一切，加上课业负担沉重等原因，对青少年主动进行劳动教育的机会也越来越少。这一代青少年承担着实现“两个一百年”奋斗目标的艰巨使命，让他们从小就懂得劳动的重要性，牢固树立劳动最光荣、劳动最崇高、劳动最伟大、劳动最美丽的观念，培育深厚的劳动情怀，意义格外重大。要通过劳动教育让他们懂得中华民族伟大复兴绝不是轻轻松松、敲锣打鼓就能实现的，需要新时代的青少年接续奋斗，这样才能使他们自觉肩负起自己的职责和使命。

守住思政工作生命线

坚持立德树人，培养能够担当民族复兴大任的德智体美劳全面发展的社会主义建设者和接班人，是我们各级各类教育的共同使命。加强和改进高校思想政治工作，是办好中国特色社会主义大学的根本保证。党的领导为实现中华民族伟大复兴提供最强大的保证，是国家利益所在、人民幸福所系。当前，世情、国情、社情、党情、教情都发生着深刻变化，各种思想文化和价值观念交流交融交锋，高校师生的政治意识、大局意识、忧患意识和责任意识遭遇前所未有的挑战。加强和改进高校思想政治工作，比以往任何时候都更加紧迫、更加重要。在高等教育战线切实贯彻党中央重大决策部署，可以提升高校统筹国际国内两个大局的能力、引领思想文化的能力、驾驭复杂局面的能力和应对突发事件的能力。

新时代加强和改进高校思想政治工作，一是要重点做好学生的思想政治工作。出生于改革开放新时期、成长于中国特色社会主义新时代的学生思维活跃、权利意识比较强，这是这一代学生的特点。思想政治工作从根本上说是做人的工作，要遵循学生成长规律、教育规律、思想政治工作规律，充分发挥思想政治工作的优良传统。要坚持不懈培育和弘扬社会主义核心价值观，引导广大师生做社会主义核心价值观的坚定信仰者、积极传播者和模范践行者。要坚持不懈促进高校和谐稳定，培育理性平和的健康心态，加强人文关怀和心理疏导，把高校建设成为安定团结的模范之地。二是要做好教师思想政治工作。百年大计，教育为本；教育大计，教师为本。习近平总书记指出，建设社会主义现代化强国，对教师队伍建设提出新的更高要求，也对全党全社会尊师重教提出新的更高要求，每个教师都要珍惜这份光荣，爱惜这份职业，严格要求自己，不断完善自己。“师者，人之模范也。”老师的一言一行都给学生以极大影响，所以要把师德师风作为评价教师队伍素质的第一标准。高校要加强和改进教师思想政治工作，健全师德师风评价体系，完善师德建设制度规范，推动教师队伍自觉承担起传道授业解惑的光荣职责，恪守职业道德规范，不断坚定崇高理想，增强热爱教育的定力。

深刻理解党对高校全面领导的科学内涵和实践要求

——深入学习习近平总书记在全国教育大会上的重要讲话*

习近平总书记在全国教育大会上的重要讲话，是我们面向未来进一步做好教育工作的根本遵循。习近平总书记在阐述党的十八大以来教育改革发展一系列新理念新思想新观点时，将“坚持党对教育事业的全面领导”放在首位，深刻揭示了党的领导与我国教育事业发展的内在关系，对教育事业改革发展具有重大的指导意义。高等教育领域贯彻习近平总书记关于“坚持党对教育事业的全面领导”的重要精神，要深刻理解党对高校全面领导的科学内涵和实践要求。

加强党对高校的全面领导，首要在于中国高等教育走什么样的发展道路，解决的是举旗定向问题；关键在于坚持和完善党委领导下的校长负责制，解决的是体制机制问题；目的在于培养德智体美劳全面发展的社会主义建设者和接班人，解决的是培养什么样的人、如何培养人以及为谁培养人的问题；基础在于教师队伍建设，解决的是工作队伍的问题；根本在于加强高校内部各级党组织建设，解决的是组织保证的问题。

一是加强党对高校的全面领导，必须坚持走中国特色社会主义大学发展之路。举什么旗、走什么路是关系到党的事业兴衰成败第一位的问题。中国特色社会主义是当代中国发展进步的根本方向，只有社会主义才能救中国，只有中国特色社会主义才能发展中国，只有坚持和发展中国特色社会主义才能实现中华民族伟大复兴，这是历史的选择、实践的结论。高校作为党的意识形态工作的重要阵地，在人才培养、科学研究、社会服务、文化传承和国际交流合作方面，要旗帜鲜明、立场坚定，不断坚定中国特色社会主义道路自信、理论自信、制度自信、文化自信，把“四个自信”转化为办好中国特色社会主义大学的自信。要认真汲取世界上先进的办学治校经验，遵循教育规律，扎根中国大地办教育，建设适应中国和时代发展进步要求、反映中国人民意愿的中国特色

---

* 原文发表于《求是》2018 年第 20 期。

社会主义大学。马克思主义是中国特色社会主义大学的鲜明底色，必须坚持用习近平新时代中国特色社会主义思想武装师生头脑，在学懂弄通做实上下功夫，不断推进理论创新，为巩固马克思主义在意识形态领域的指导地位，巩固全党全国人民团结奋斗的共同思想基础发挥重要作用。

二是加强党对高校的全面领导，必须坚持和完善党委领导下的校长负责制。党委领导下的校长负责制是中国共产党创办高等教育的成功经验，是中国特色社会主义大学的根本制度，必须毫不动摇、长期坚持并不断改革完善。高校党委对学校工作实行全面领导，承担管党治党、办学治校主体责任，把方向、管大局、做决策、保落实。要按照社会主义政治家、教育家标准，选好配强高校领导班子特别是党委书记和校长。高校党委书记主持党委全面工作，履行第一责任人的职责。校长是学校的法人代表，在党委领导下组织实施党委有关决议，行使高等教育法等规定的各项职权。其他党委班子成员履行“一岗双责”，结合业务分工抓好党的建设工作。高校基层党组织建设是基层治理的重要载体，要通过创新体制机制、改进工作方式，有效发挥基层党组织战斗堡垒作用和共产党员的先锋模范作用。党的作风建设是推进党的建设新的伟大工程的重要切入点和着力点，要以坚持优良的党风党纪为保障，培育优良校风和学风，推进治理体系和治理能力现代化，使高校发展做到治理有方、管理到位、风清气正。

三是加强党对高校的全面领导，必须坚持以培养德智体美劳全面发展的社会主义建设者和接班人为根本任务。加强党对高校的全面领导，最终目的是立德树人。高等教育是培养人、塑造人和发展人的大事业。古今中外，关于教育和办学，思想流派繁多，理论观点各异，但在教育必须培养社会发展所需要的人这一点上是有共识的。每个国家都是按照自己的政治要求来培养人的，世界一流大学都是在服务自己国家发展需要中成长起来的。加强党对高校的全面领导，必须始终保证我国高等教育发展方向同国家发展需要和未来方向紧密联系在一起，始终坚持把立德树人作为根本任务，始终坚守大学使命，履行大学职责，真正为中国共产党治国理政服务，不断增强国家核心竞争力，真正培养德智体美劳全面发展的社会主义建设者和接班人，培养一代又一代拥护中国共产党领导和我国社会主义制度、立志为中国特色社会主义奋斗终身的有用人才。加强党对高校的全面领导，要在培养德智体美劳全面发展的社会主义建设者和接班人上下功夫。要以社会主义核心价值观为引领，以理想信念教育为核心，以爱国主义教育为重点，引导广大师生做社会主义核心价值观的坚定信仰者、积极传播者、模范践行者。要在增强综合素质上下功夫，教育引导学生培养综合能力和创新思维。要树立健康第一的教育理念，帮助学生在体育锻炼中享受乐趣、增强体质、健全人格、锤炼意志。要全面加强和改进学校美育，做好美育工作，扎根时代生活，遵循美育特点，坚持以美育人、以文化人，提高学生审美和人文素养。要在学生中弘扬劳动精神，教育引导学生崇尚劳动、尊重劳动，懂得劳动最光荣、劳动最崇高、劳动最伟大、劳动最美丽的道理，通过诚实劳动破解难题，通过诚实劳动实现梦想，通过诚实劳动铸就辉煌。

四是加强党对高校的全面领导，必须坚持建设一支政治素质过硬、业务能力精湛、育人水平高超的高素质教师队伍。推进教育现代化，建设中国特色世界一流大学，对教师队伍建设提出新的更高要求。建设政治素质过硬、业务能力精湛、育人水平高超的高素质教师队伍是大学建设的基础性工作。“师者，人之模范也。”人才培养，关键在教师。教师队伍素质直接决定着大学办学能力和水平。要加强对教师的思想政治工作，努力培育有理想信念、有道德情操、有扎实学识、有仁爱之心的好老师。老师的一言一行都对学生有极大影响，要把师德师风作为评价教师队伍素质的第一标准。师德师风建设应该是每一所学校常抓不懈的工作，既要有严格制度规定，也要有日常教育督导。我们的教师队伍师德师风总体是好的，绝大多数老师都敬重学问、关爱学生、严于律己、为人师表，受到学生尊敬和爱戴。同时，也要看到教师队伍中存在的一些问题，要切实解决这些问题，违法违纪的，要坚决依法依纪予以严肃处理。

五是加强党对高校的全面领导，必须加强高校各级党组织建设，确保高校领导权牢牢掌握在忠于马克思主义、忠于党和人民的人手中。高校各级党组织要增强“四个意识”、坚定“四个自信”，坚定不移维护习近平总书记在党中央和全党的核心地位，维护党中央权威和集中统一领导，自觉在政治立场、政治方向、政治原则、政治道路上同以习近平同志为核心的党中央保持高度一致。高校党委要把教育改革发展纳入议事日程，党政主要负责同志要熟悉教育、关心教育、研究教育，要把抓好学校党建工作作为办学治校的基本功，把党的教育方针贯彻到学校工作各方面。

坚持中国特色社会主义大学发展道路

——培养德智体美劳全面发展的社会主义建设者和接班人*

2018 年全国教育大会是中国特色社会主义进入新时代召开的第一次教育大会，是我国教育发展史上新的里程碑。习近平总书记的重要讲话，站在党和国家事业发展全局的战略高度，深刻回答了培养什么样的人、如何培养人以及为谁培养人这一根本问题，特别强调了坚持走中国特色社会主义教育发展道路的重要性，提出构建德智体美劳全面培养的教育体系和更高水平的人才培养体系的战略任务，是指导新时代教育改革发展的纲领性文献，也为高等教育发展指明了方向。

准确把握中国特色社会主义大学发展道路的内涵和特征

举旗方能定向，道路问题事关中国特色社会主义教育事业的兴衰成败。中国特色社会主义大学发展道路，是中国特色社会主义教育发展道路的生动实践。在革命、建设、改革的不同历史时期，我们党根据社会主要矛盾的变化和工作重心的转移不断推进高等教育发展的与时俱进，逐渐探索出一条适合中国国情的大学发展道路。早在革命年代，我们党就十分重视高等教育的发展。作为中国共产党创办的第一所新型正规大学，中国人民大学从陕北公学时期开始就提出了“七分政治，三分军事”的办学原则，并创造性地实行了“党组领导下的校长负责制”的领导体制，初步建立了思想政治工作体系。新中国成立后，党中央进一步明确了高校的办学定位和领导体制，强调教育必须为无产阶级服务、同生产劳动相结合，实行了“党委领导下的以校长为首的校务委员会负责制”，确立了马克思主义在高校的指导地位，为新时期高校坚持社会主义办学方向提供了重要保证。改革开放新时期，我国以恢复高考为标志，开启了

---

* 原文发表于《人民论坛》2018 年第 29 期。

教育体制改革的伟大实践，提出科教兴国和人才强国等发展战略，全面实行党委领导下的校长负责制，加强和改进高校思想政治工作，不断提高大学育人质量，高等教育从精英化走向大众化，推动中国的高等教育实现了跨越式发展。

中国特色社会主义进入新时代，以习近平同志为核心的党中央强调，我国有独特的历史、独特的文化、独特的国情，决定了我国必须走自己的高等教育发展道路，突出大学教育的社会主义办学方向和以人民为中心的发展思想，强调立德树人与培养社会主义建设者和接班人在大学教育中的重要地位，强调高等教育必须为人民服务、为中国共产党治国理政服务、为巩固和发展中国特色社会主义制度服务、为改革开放和社会主义现代化建设服务，进一步推动了中国特色社会主义大学发展道路的发展和完善。

回顾和总结中国大学发展的独特道路，就会发现中国特色社会主义大学发展道路是一条理论性与实践性、历史性与时代性、科学性与价值性、民族性与国际性相结合的道路，深刻回答了在我们这样一个世界上最大的发展中国家、一个正处在社会主义初期阶段的社会主义国家应该办什么样的大学、如何办大学等一系列战略性的重大问题。

首先，作为社会主义国家，中国特色社会主义大学的发展坚持了马克思主义的指导地位，同时又立足基本国情、扎根中国大地办大学，体现了理论性与实践性的统一。其次，中国特色社会主义大学发展道路是在总结中外大学发展正反两方面经验教训基础上探索而成的，是将历史经验教训与现实需要、时代要求相结合的产物，体现了历史性与时代性的统一。再次，中国特色社会主义大学发展道路既遵循教育规律，又重视价值导向，在重视改革创新方法的同时强调教育的社会主义属性和以人民为中心的价值追求，体现了科学性与价值性的统一。最后，中国特色社会主义大学发展道路注意统筹国内国际两个大局，不断增强国际交流合作，在发挥自身优势的同时学习和借鉴世界各国先进的办学治校经验，体现了民族性与国际性的统一。总之，中国特色社会主义大学发展道路是一条反映社会主义教育发展规律、时代特点、人民需求和国际潮流的行之有效的道路，我们必须坚持和发展这一道路。

坚持走中国特色社会主义大学发展道路，必须紧扣立德树人这一根本要求

培养什么样的人，是教育的首要问题，也是中国特色社会主义大学道路的核心问题。党的十八大以来，习近平总书记对高等教育人才培养工作做出了一系列重要论述，特别是在 2016 年全国高校思想政治工作会议上，习近平总书记明确指出，“高校立身之本在于立德树人”。讲话虽然是针对高等教育讲的，

但对整个教育事业同样适用。在 2018 年全国教育大会上的重要讲话中，习近平总书记对新时代如何加强学生的思想品德、文化素质、健康体魄、审美能力、奋斗意识的培养进行了详细论述，对教育应该培养什么样的人、如何培养人、为谁培养人这一根本问题进一步做出了详尽阐释，极大丰富和拓展了马克思主义教育思想，具有重大的现实意义和深远的历史意义。

回顾中国共产党创办和领导新式教育八十多年的光辉历程，我们党始终都把立德树人作为高等教育的核心问题。1937 年，毛泽东同志在给人民大学的前身陕北公学的题词中说："要造就一大批人，这些人是革命的先锋队。这些人具有政治远见。这些人充满着斗争精神与牺牲精神。这些人是胸怀坦白的，忠诚的，积极的，与正直的。这些人不谋私利，唯一的为着民族与社会的解放。这些人不怕困难，在困难面前总是坚定的，勇敢向前的。这些人不是狂妄分子，也不是风头主义者，而是脚踏实地富于实际精神的人们。中国要有一大群这样的先锋分子，中国革命的任务就能够顺利的解决。"这一思想明确指出了在革命战争年代教育应该采取的方针政策，在这一思想的指导下，党的教育工作紧紧围绕民族解放斗争这一中心任务展开，培养了大批人才，为抗日战争和新民主主义革命的胜利做出了重要贡献。

在社会主义建设时期，1956 年，随着社会主义三大改造的完成，社会主义制度在中国基本建立起来。于是，培养社会主义劳动者的任务就提上了教育工作的日程。1957 年，毛泽东同志在《关于正确处理人民内部矛盾的问题》中明确提出："我们的教育方针，应该使受教育者在德育、智育、体育几方面都得到发展，成为有社会主义觉悟的有文化的劳动者。"1958 年，毛泽东同志又提出了"教育必须为无产阶级政治服务，必须同生产劳动相结合"的著名论断。根据毛泽东同志的这些论述，社会主义建设时期党的教育方针被概括为"三育两有"和"两个必须"，这一教育方针适应了当时社会发展的要求，为我国高等教育事业的发展指明了正确的方向。

到了改革开放新的历史时期，中央"拨乱反正"，根据改革开放新的形势任务，纠正了"左"的错误，对党的教育方针进行了调整。邓小平同志在 1978 年召开的全国教育工作大会上强调，要把"毛泽东同志提出的培养德智体全面发展、有社会主义觉悟的有文化的劳动者的方针贯彻到底，贯彻到整个新社会的各个方面"，并提出"为了培养社会主义建设需要的合格的人才，我们必须认真研究在新的条件下，如何更好地贯彻教育与生产劳动相结合的方针"。随着改革开放事业的起步，1983 年，邓小平同志在为景山学校的题词中又提出教育要"三个面向"的重要思想，对改革开放新时期我国高等教育改革和发展起着重要的指导作用。1993 年，《中国教育改革和发展纲要》指出："教育必须为社会主义现代化建设服务，必须与生产劳动相结合，培养德、智、体全面发展的建设者和接班人。"2002 年，党的十六大报告丰富了党的教育方针的内容，提出“坚持教育为社会主义现代化建设服务，为人民服务，与生产劳动和社会实践相结合，培养德智体美全面发展的社会主义建设者和接班人”，首次把美育列入党的教育方针之中，为新世纪新阶段中国教育改革与发展提供了指南。

党的十八大以来，中国特色社会主义进入新时代，党和国家事业发展对教育的需要，对科学知识和优秀人才的需要，比以往任何时候都更为迫切。2017年，党的十九大报告指出：“要全面贯彻党的教育方针，落实立德树人根本任务，发展素质教育，推进教育公平，培养德智体美全面发展的社会主义建设者和接班人。”

从党的教育政策和教育方针的历史变迁来看，在不同的历史时期，虽然教育政策和方针的表述有所不同，但“根”和“魂”始终如一，都是围绕着“培养什么样的人、如何培养人以及为谁培养人”这个根本问题，强调促进学生身心全面发展，只是不同时期的方式方法、侧重点有所不同。在2018年的全国教育大会上，为更好实现“培养什么样的人、如何培养人以及为谁培养人”这一根本任务，习近平总书记着眼于实现中华民族伟大复兴这个根本目标，提出要培养德智体美劳全面发展的社会主义建设者和接班人的要求，对进一步坚持和发展中国特色社会主义大学发展道路、丰富和完善党的教育方针具有重大而深远的战略意义。

坚持走中国特色社会主义大学发展道路，必须紧扣“双一流”建设这一战略目标

如果说立德树人是中国特色社会主义大学的根本任务，那么“双一流”建设就是中国特色社会主义大学的奋斗目标。在坚持中国特色社会主义大学发展道路、着力培养德智体美劳全面发展的社会主义建设者和接班人过程中，必须把“双一流”建设作为推进高等教育内涵式发展的有力抓手，充分发挥“双一流”建设的重大牵引作用。

首先，必须牢牢把握加强党对高校的全面领导这个根本。党对高校的全面领导是中国特色社会主义教育事业的本质特征，也是中国特色社会主义高等教育的最大政治优势。新时代加强高校党的全面领导，必须坚持和完善党委领导下的校长负责制，这是中国特色社会主义大学的根本制度，也是我国高等教育发展和人才培养的优势所在。坚持和完善党委领导下的校长负责制，当前的一个重点就是加强高校基层党组织建设，正确处理院长和书记的关系，配齐基层党支部特别是教师党支部书记，使基层党组织有职责、有地位、有发言权，扭转高校党建工作“上热、中温、下冷”的局面，使基层党组织成为师生最贴

心、最信赖的组织依靠，成为学校教书育人的坚强战斗堡垒。

其次，必须牢牢把握建设一支高素质教师队伍这个基础。百年大计，教育为本；教育大计，教师为本。习近平总书记指出：“教师承载着传播知识、传播思想、传播真理，塑造灵魂、塑造生命、塑造新人的时代重任。”在大学教育中，教师承担着引导思想与传播知识的重要职责，教师的思想直接影响着学生的成长，教师的水平直接决定着学生的受教育水平，教师队伍建设是高校建设的基础性工作，也是人才培养的重要前提。要认真贯彻落实党中央关于新时代教师队伍建设的有关要求，坚持把师德师风作为评价教师队伍素质的第一标准，大力培育政治素质过硬、业务能力精湛、育人水平高超的教师队伍。

最后，必须牢牢把握打造高水平人才培养体系这个保障。新时代的社会主义建设者和接班人，既要有优良品德，又要有真才实学。学生在大学里学什么、能学到什么、学得怎么样，同大学人才培养体系密切相关。目前，我国大学硬件条件都有了很大改善，有的学校的硬件同世界一流大学相比也没有太大差别，关键是要形成更高水平的人才培养体系。人才培养体系涉及学科体系、教学体系、教材体系、管理体系等，必须深化教育体制改革，从人才培养体系的改革入手，健全立德树人落实机制，扭转不科学的教育评价导向，坚决克服唯分数、唯升学、唯文凭、唯论文、唯帽子的顽瘴痼疾，从根本上解决教育评价指挥棒问题。同时，加快一流大学和一流学科建设，调整优化高校区域布局、学科结构、专业设置，建立健全学科专业动态调整机制，扩大教育开放，同世界一流资源开展高水平合作办学，着重培养适应时代需求的创新型、复合型、应用型人才。

向建设中国特色世界一流大学目标奋进*

东方风来满眼春。改革开放使中国高等教育事业迎来蓬勃发展的春天。1978 年是改革开放的元年，那年我 22 岁，有幸和很多青年一起进入大学学习，从此开启了与中国高等教育共成长、共进步的人生历程。回顾这波澜壮阔的 40 年，作为一名中国高等教育改革发展历程的参与者、见证者和受益者，我感到中国高等教育的发展变化完全可以用“翻天覆地”来形容。

上大学，曾经是 40 年前普通中国人遥远的梦想。经历了动荡的 10 年，我们终于迎来了改革开放的第一声春雷——恢复高考，但那时候上大学仍然是难。难就难在上学的机会少，1978 年高考报名人数 610 万，录取人数 40.2 万，录取率 7%；我国高等教育在学规模仅有 228 万人，毛入学率是 2.7%。2017 年，高考报名人数 940 万，录取人数 700 万，录取率 74.46%；我国高等教育在学规模已达 3 779 万人，毛入学率达 45.7%，实现了从精英化向大众化的跨越。40 年，在中国历史长河中只是短暂一瞬，但从 1978 年到 2018 年的 40 年却是最具历史意义的 40 年，是发展最快、变化最大的 40 年，也是中国高等教育跨越式发展的 40 年。

今年是改革开放 40 周年，也是中国人民大学复校 40 周年。中国人民大学 40 年的发展变化，就是中国高等教育 40 年跨越式发展的缩影。中国人民大学在“文革”中停办达 8 年之久，1978 年在邓小平同志直接关心下恢复，走上了快速发展的新阶段，并朝着建设世界一流大学的目标奋进。中国人民大学的建设和发展早已今非昔比，特别是党的十八大以来，学校着眼未来发展，在教育部、北京市政府的关怀下，正在规划推进通州新校区建设，建成之后学校的战略发展会发生新的改变，将为我们创办世界一流大学奠定坚实基础。

建设中国特色世界一流大学，一直是几代中国人的梦想。改革开放以来，国家陆续推出“211 工程”“985 工程”。党的十八大以来，以习近平同志为核心的党中央站在党和国家事业发展全局的战略高度，统筹推进高校“双一流”建设，我国迈上加快教育现代化、建设教育强国的新征程。中国人民大学首批

---

* 原文发表于《党建》2018 年第 11 期。

进入“双一流”建设高校名单，并有 14 个一级学科入选一流学科建设名单；在全国第四轮学科评估中，9 个学科获评 A+，位居全国高校前列。我们坚持以习近平新时代中国特色社会主义思想为指导，认真贯彻落实全面从严治党要求，全面加强学校党的建设，坚持马克思主义指导地位，坚持和完善党委领导下的校长负责制，围绕立德树人中心环节，培养德智体美劳全面发展的社会主义建设者和接班人。特别是针对高校基层党组织建设这个薄弱环节，先后启动“分党委建设年”“支部建设年”“教师党支部书记队伍建设年”，层层深入着力解决党建“最后一公里”难题，取得了扎实成效。

习近平总书记在致中国人民大学 80 周年校庆贺信中，以“在我国人文社会科学领域独树一帜”充分肯定我校办学成绩。我们将不负总书记嘱托，扎根中国大地办大学，始终奋进在时代前列，在“双一流”建设道路上继续迈出坚实的步伐。今天，站在新的历史起点上，我们要脚踏实地、改革创新，推动中国特色社会主义高等教育事业不断前进，为创办“人民满意、世界一流”大学书写好新时代的辉煌篇章。

高校思想政治工作根本任务的科学概括*

全国高校思想政治工作会议，是新形势下坚定不移走自己的高等教育发展道路、扎实办好中国特色社会主义高校的里程碑。习近平总书记在会议上发表重要讲话，从全局和战略高度，紧紧围绕中国特色社会主义高校培养什么样的人、如何培养人以及为谁培养人这个根本问题，深刻回答了事关我国高等教育事业发展和高校思想政治工作的一系列重大问题，是指导我们做好新形势下高校思想政治工作的纲领性文献。

“德智体美全面发展的社会主义事业建设者和接班人”：创新性地回答了高等教育“培养什么样的人”的问题

培养什么样的人，实现人的什么样的发展，是高校思想政治工作的核心问题。时代的变迁、社会的进步，都会对人的素质的培养不断提出新的更高的要求，从而塑造出具有一定时代特征、社会特点的人。长期以来，高校思想政治工作密切关注时代特征的新变化以及社会形势的新发展对人的发展提出的新要求，不断更新思想政治工作内容，以与时俱进的姿态实现了人的素质的逐步提升，为党、国家和人民的事业提供了坚实的人才支撑，推动了社会的发展进步。

在新民主主义革命时期，高校思想政治工作的主要任务就是培养一批又一批适应革命形势发展需要的具有一定知识能力素质的人才，从而更好地服务于革命事业的大局。1937 年 10 月，毛泽东同志在为陕北公学成立题词中就指出：“要造就一大批人，这些人是革命的先锋队。这些人具有政治远见。这些人充满着斗争精神和牺牲精神。这些人是胸怀坦白的，忠诚的，积极的，与正直的。这些人不谋私利，唯一的为着民族与社会的解放。这些人不怕困难，在

* 原文发表于《思想理论教育导刊》2017 年第 1 期。

困难面前总是坚定的，勇敢向前的。这些人不是狂妄分子，也不是风头主义者，而是脚踏实地富于实际精神的人们。中国要有一大群这样的先锋分子，中国革命的任务就能够顺利的解决。”进入全面建设社会主义时期，毛泽东明确指出：“我们的教育方针，应该使受教育者在德育、智育、体育几方面都得到发展，成为有社会主义觉悟的有文化的劳动者。”

为了适应改革开放的新形势，邓小平同志对人才培养目标进行了新思考，提出了有理想、有道德、有文化、有纪律的社会主义新人的新目标。其中，邓小平同志突出强调理想信念教育，他指出：“要经常教育我们的人民，尤其是我们的青年，要有理想。为什么我们过去能在非常困难的情况下奋斗出来，战胜千难万险使革命胜利呢？就是因为我们有理想，有马克思主义信念，有共产主义信念。”鉴于经济全球化迅猛发展、科技进步日新月异、知识经济初见端倪的新形势，江泽民同志高度关注人的素质发展，提出了“思想政治素质是最重要的素质”的观点，强调学校的思想政治工作要“加强爱国主义、集体主义、社会主义思想的教育，加强中国近代史、现代史和国情的教育，加强我国优秀文化传统和革命传统的教育”，努力使当代大学生成为“理想远大、热爱祖国的人”“追求真理、勇于创新的人”“德才兼备、全面发展的人”“视野开阔、胸怀宽广的人”“知行统一、脚踏实地的人”。2007 年 5 月，胡锦涛同志在致中国青年群英会的信中希望广大青年成为“理想远大、信念坚定的新一代，品德高尚、意志顽强的新一代，视野开阔、知识丰富的新一代，开拓进取、艰苦创业的新一代”，为青年的成长提供了素质标尺。

党的十八大以来，以习近平同志为核心的党中央就加强和改进高校思想政治工作做出一系列部署，有力推动高校思想政治工作健康发展。习近平总书记在全国高校思想政治工作会议强调：“我国高等教育肩负着培养德智体美全面发展的社会主义事业建设者和接班人的重大任务，必须坚持正确政治方向。”他指出，对于今天的高校来说，培养什么样的人始终是一个根本问题。一旦在办学方向上走错了，在培养人的问题上走偏了，那就像一棵歪脖子树，无论如何都长不成参天大树。他认为，高校立身之本在于立德树人。只有培养出一流人才的高校，才能够成为世界一流大学。立德树人，学生是主体。关于如何“立德树人”，习近平总书记强调，思想政治工作从根本上说是做人的工作，必须眼中有“人”。如果不能做到围绕学生、关照学生、服务学生，如何去提高学生的思想水平、政治觉悟、道德品质、文化素养？只有聚焦学生这个中心，注重联系学生思想实际，引导他们正确认识世界和中国发展大势，正确认识中国特色和国际比较，正确认识时代责任和历史使命，正确认识远大抱负和脚踏实地，才能全面提高学生思想政治素质，让学生成为德才兼备、全面发展的人才。

总之，“德智体美全面发展的社会主义事业建设者和接班人”是“立德树人”要求的具体化；是对“有社会主义觉悟的有文化”的劳动者、“四有”新人、“五种品质”、“四个新一代”思想的继承和发展；是由思想、政治、品德、科学文化，知识、能力要求构成的一个全面而系统的目标体系；是对新时期新阶段高等教育“培养什么样的人”的创新性回答。

“四个坚持不懈”：创新性地回答了高等教育“如何培养人”的问题

采用什么样的方法、借助什么样的手段、通过什么样的途径来培养人，直接关系到我们党的思想政治工作目标的实现与内容的展开。应该说，对于“如何培养人”这一重大课题的认真解答，在很大程度上有助于思想政治工作的针对性和实效性、吸引力和感染力的增强。习近平总书记强调，我们的高校是党领导下的高校，是中国特色社会主义高校。办好我们的高校，必须坚持以马克思主义为指导，全面贯彻党的教育方针，帮助学生掌握科学的世界观和方法论，用社会主义核心价值观教育学生，为他们的一生成长奠定良好的思想基础。加强人文关怀和心理疏导，培育理性平和的健康心态，培育优良校风和学风，学生成长就有了好气候、好生态，高校发展就会风清气正、和谐健康。

第一，要坚持不懈传播马克思主义科学理论。高校是学习、研究、宣传马克思主义的重要阵地。当前世情国情党情继续发生深刻变化，巩固马克思主义在意识形态领域的指导地位面临许多新情况新问题。面对高校师生思想活动独立性、选择性、多变性、差异性明显增强的局面，高校必须旗帜鲜明地开展马克思主义宣传教育，开展中国特色社会主义理论体系宣传普及，着力解疑释惑，着力增强宣传思想工作的凝聚力和吸引力，不断巩固马克思主义的指导地位。深入学习习近平总书记系列重要讲话精神，引导师生深刻领会党中央治国理政新理念新思想新战略，坚定对马克思主义的信仰、对社会主义和共产主义的信念，坚定对中国特色社会主义的道路自信、理论自信、制度自信、文化自信，为学生一生成长奠定科学的思想基础。进一步加强和改进高校思想政治理论课教育，增强大学生思想政治教育的针对性与实效性，是国内外形势发展的需要，也是高校广大教师、学生的呼唤。选配好、培养好教师，帮助广大教师开阔视野，提高业务能力，改革教学方法，创新教育模式，提高思想政治理论课的教学质量和对大学生的影响力、感召力和凝聚力，努力使思想政治理论课成为大学生真心喜爱、终身受益的课程。

第二，要坚持不懈培育和弘扬社会主义核心价值观。2014 年，习近平总书记在北京大学师生座谈会上强调指出，“我为什么要对青年讲讲社会主义核心价值观这个问题？是因为青年的价值取向决定了未来整个社会的价值取向，而青年又处在价值观形成和确立的时期，抓好这一时期的价值观养成十分重要。这就像穿衣服扣扣子一样，如果第一粒扣子扣错了，剩余的扣子都会扣错。人生的扣子从一开始就要扣好”。只有青年学生的社会主义核心价值观培育好了，我们才能说他们人生的“第一粒扣子”扣好了，才能说我们在教育上没有失责。高校必须通过理论育人、文化育人、实践育人，把培育和践行社会主义核心价值观融入教育全过程。树立全方位育人观念，引导青年学生在勤学、修德、明辨、笃实上下功夫，引导和支持青年学生开展积极向上的校园文化活动，激励学生自我塑造，促进学生健康成长。鼓励和倡导青年学生参加志愿服务、公益活动和社会实践，使青年学生在社会实践中体验生活、认识自我、锻炼成长，牢固树立社会主义核心价值观。

第三，要坚持不懈促进高校和谐稳定。同政治稳定一样，学校稳定也即学校发展。维护高校稳定，维护高校平安，为学校的长远发展提供良好环境，不但是维护社会稳定，构建社会主义和谐社会的有机组成部分和重要实现路径，而且是高等教育自身发展的需要。要通过加强人文关怀来提高对大学生的立德树人教育工作力度，将人文和科学精神联系起来，对大学生进行德智体美等方面的陶冶。具体来说，思想政治教育工作者应该用实际行动，将大学生的学习、生活、就业创业统一起来，整体上推动思想政治教育工作向前发展。另外，还要树立大学生的科学精神和人文精神，培养学术的科学能力、动手操作能力以及创新能力，在这个过程中让大学生学会团队合作、艰苦奋斗、挑战自我，促使大学生全面发展。要加强大学生心理辅导，教育工作者应该积极深入学生群体当中，积极主动与学生平等交流，为学生解决好他们面临的各种困惑，加强大学生的健康心理教育。同时，在深入学生群体开展心理辅导教育时，要以学生为本，真正关心学生，为学生着想，通过科学的工作方式确保学生的心理健康教育得到落实，从而促进立德树人教育工作的深入开展，把高校建设成为安定团结的模范之地。

第四，要坚持不懈培育优良校风和学风。校风、学风是一所学校所特有的占主导地位的行为习惯和群体风尚，也是一种涵养心智和灵魂的特定的文化氛围和心理环境。良好的学风、校风能激发学生奋发向上、追求美好人生，能充分调动学生学习的积极性、主动性，激励其不断获取广博的知识，矢志不渝地攀登科学高峰。校风、学风也是提高教育质量的重要保障，是规范、引导、塑造师生员工精神活动和治校育人的有效手段。师生良好的精神风貌、昂扬的气概、进取的意识就是校风和学风的重要体现，也是大学精神的彰显。高校要坚持社会主义先进文化的发展方向，在遵循大学文化建设规律的同时将实施科学文化素质教育作为基础，以优化校园文化环境和培育、实践社会主义核心价值观作为重点，注重中华民族优秀传统文化与现代文化之间的有效融合。学生的学风建设是校风的最重要体现，要从根本上解决学生学风的环节，从根本上帮助学生树立正确的学习观、成才观。培育优良校风和学风应当全面渗透到学生的德智体美全面发展的教育中，围绕“为什么学、学什么、怎么学”，引导大学生树立正确的人生观、成才观，帮助学生形成“勤奋、严谨、求真、创新”的学风，培养学生养成科学的学习思维和方法。

“四个为”：创新性地回答了高等教育“为谁培养人”的问题

鲜明的政治立场，是高校思想政治工作的突出特征。要做好培养人、教育人和引导人的思想政治工作，首先要思考的就是“为谁培养人”这一前提性问题，也就是从什么样的立场和视野出发来培养人，以及培养出来的人要服务于什么样的事业，简言之，就是要解答人的发展的政治方向和阶级立场这一重大课题。1856 年，马克思《在〈人民报〉创刊纪念会上的演说》指出：“要使社会的新生力量很好地发挥作用，就只能由新生的人来掌握它们。”习近平总书记在全国高校思想政治工作会议上强调：我国高等教育发展方向要同我们发展的现实目标和未来方向紧密联系在一起，为人民服务，为中国共产党治国理政服务，为巩固和发展中国特色社会主义制度服务，为改革开放和社会主义现代化建设服务。这一重要论述指明了我国高等教育的发展方向，鲜明地回答了高等教育“为谁培养人”的问题。

第一，高等教育要为人民服务。任何思想政治教育都有其特定目标和重要内容，都需要确定向受教育者传授什么样的世界观、人生观、价值观等基本问题。思想政治教育首先是进行世界观的教育，着重解决主观与客观相符合的问题。这一问题包括主观与客观是否相符合和如何相符合两个方面。是否相符合是世界观教育的问题，如何相符合是方法论教育的问题。邓小平同志深刻地指出：“世界观的重要表现是为谁服务。”加强对大学生进行世界观和方法论的教育关键是使他们在改造客观世界的同时改造主观世界，树立科学的世界观，树立为人民服务的思想。科学的世界观即无产阶级的世界观，它站在广大人民群众的立场，为广大人民群众谋利益。加强科学的世界观教育，要求广大大学生站在广大人民群众的立场，来分析认识世间万事万物和改造客观世界和主观世界。世界观教育最终要落实在为谁服务的问题上，全心全意地为人民服务是中国共产党人的宗旨，也是高校思想政治教育的宗旨，具有重要的理论价值和实践价值。

第二，高等教育要为中国共产党治国理政服务。党的十八大以来，习近平总书记提出全面建成小康社会、全面深化改革、全面依法治国、全面从严治党的“四个全面”战略布局，体现了党中央治国理政的新思路，对引领高等教育改革与发展具有十分重要的现实意义和深远的历史意义。高等教育在实现全面建成小康社会过程中发挥着十分重要的作用。无论是经济持续发展、文化软实力增强，还是社会建设取得新进展，都离不开高层次人才，而高层次人才的培养离不开高等教育。高等教育为实现全面建成小康社会目标提供了重要的文化动力和人才支撑。高等教育改革是全面深化改革的重要内容，“深化教育领域综合改革”“推进考试招生制度改革”“创新高校人才培养机制”等战略任务的完成都离不开全面深化改革战略举措的大力推进和实施。依法治校是依法治国的重要组成部分，也是依法治国在大学教育中的具体体现。高等学校只有把依法治校提上重要议事日程并在实践中认真实施，才能真正把全面推进依法治国的任务落到实处。加强高校党的建设是确保社会主义办学方向、办好人民满意教育的重要前提，也是坚持立德树人、培养社会主义合格建设者和可靠接班人的重要保障。离开全面从严治党，就不可能真正推进高校党的建设，而高校党的建设搞不好，也就不可能真正实现高等教育的科学健康发展。

第三，高等教育要为巩固和发展中国特色社会主义制度服务。改革开放30多年来，大学生对中国特色社会主义制度的态度经历了从反思到理性、从认同到逐步自信的历程。特别是党的十八大以来，以习近平同志为核心的党中央带领各族人民紧紧抓住和用好我国发展的重要战略机遇期，战胜一系列重大挑战，取得一系列新的历史性成就，为树立制度自信提供了最有力、最直接的证明。2016年大学生思想政治状况滚动调查显示，90%以上的学生对“中国特色社会主义事业进一步发展，综合国力提升，国际地位提高，经济平稳较快发展”充满信心。但是我们要清醒地认识到，中国特色社会主义事业是一项前无古人的探索，前进道路上的不足、困难和问题易于被人们关注、聚焦甚至放大，易于成为某些别有用心之人用来否定道路、歪曲理论、抨击制度的理由和例证。因此，高校要引导学生清醒地认识到中国特色社会主义是一项探索的事业，“摸着石头过河”必然是渐进的，不可能是完美的、最优的；引导学生充分认识体制机制层面具体制度改革的紧迫性、艰巨性，克服个别学生以具体制度的不完善来指责甚至否定根本制度的不良倾向，形成对待改革、适应改革的理性心态；引导学生看到问题的存在与原因，掌握解决问题的办法与路径，坚定克服不足的信心与勇气，不因这些问题和不足的存在而怀疑中国特色社会主义共同理想、质疑中国特色社会主义理论体系、否定中国特色社会主义制度。

第四，高等教育要为改革开放和社会主义现代化建设服务。高校既有自身改革与发展的任务，又承载着为全面深化改革提供人才保障、理论支撑和智力支持的使命。高校对改革开放必须坚持正确的方向这一问题的正确认识和准确把握既关系自身的改革与发展，又会在一定程度上影响全面深化改革的根本目标、价值取向和路径选择。要使广大高校师生深刻认识到改革开放必须坚持正确方向。坚持正确方向，就是要坚持中国共产党的领导，充分发挥党总揽全局、协调各方的领导核心作用，确保改革沿着有利于党和人民事业发展的方向推进；就是要坚持社会主义基本制度，走中国特色社会主义道路；就是要牢牢抓住人民当家作主这一根本，把党的领导、人民当家作主和依法治国有机统一起来；就是要正确处理政府和市场的关系这个经济体制改革的核心问题，使市场在资源配置中起决定性作用和更好地发挥政府作用结合起来；就是要坚持正确的方法论，把加强顶层设计与“摸着石头过河”结合起来，坚持渐进式改革方略，使改革有计划有步骤地推进。高校既要在自身改革发展中贯彻好这些要求，同时又要把这些要求融入教学、科研、社会服务等各方面，为中国特色社会主义事业培养合格建设者和可靠接班人，为全面深化改革提供正确的理论支撑和智力支持。

加强和改进党对高校思想政治工作的领导*

高校思想政治工作是一项战略工程、固本工程、铸魂工程。党的十八大以来，党中央高度重视加强和改进高校思想政治工作。习近平总书记在全国高校思想政治工作会议上的重要讲话深刻回答了“培养什么样的人、如何培养人以及为谁培养人”的根本性问题，为做好新形势下高校思想政治工作、发展高等教育事业指明了行动方向。新时期新形势下，深入学习贯彻全国高校思想政治工作会议精神，加强和改进党对高校思想政治工作的领导，需要牢固树立“立德树人”的根本使命，紧紧围绕“谁来抓、抓什么、怎么抓”的问题，找准突破口和着力点，全面提升党对高校思想政治工作的领导水平。

提高政治站位，强化政治责任

这些年，高校总体保持和谐稳定，思想政治工作功不可没。面对新形势新任务，高校思想政治工作只能前进不能停滞，只能积极作为不能被动应付；党对高校思想政治工作的领导只能加强不能削弱，要提高政治站位，腰杆硬、底气足地加强和改进党对高校思想政治工作的领导，切实履行政治责任。

一是增强政治意识，把牢办学正确方向。我们的高校是党领导下的高校，是中国特色社会主义高校。高校党委要从推进伟大事业、建设伟大工程、进行新的伟大斗争的政治高度，深刻认识和把握高校思想政治工作极端重要性，破除“说起来重要，做起来次要，忙起来不要”的思想，坚持不懈传播马克思主义理论，坚持不懈培育和弘扬社会主义核心价值观，坚持不懈促进高校和谐稳定，坚持不懈培育优良校风和学风，确保学校办学的正确方向。

二是增强阵地意识，加强意识形态工作。高校是意识形态工作的前沿阵地，对党的意识形态工作大局有着重要的影响。高校意识形态工作只能加强不能削弱。加强高校意识形态工作的领导，要坚持用中国特色社会主义理论体系

---

* 原文发表于《学习时报》2017 年 6 月 16 日 1 版。

特别是习近平总书记系列重要讲话精神和治国理政新理念新思想新战略武装头脑，教育引导广大师生增强“四个自信”，始终在思想上政治上行动上同以习近平同志为核心的党中央保持高度一致。加强对高校课堂、讲座、论坛、报告会、研讨会和互联网等阵地的管理，依法管理境外非政府组织在高校的活动，防范校园传教，防范敌对势力渗透，守土有责、守土负责、守土尽责。

三是增强育人意识，落实立德树人任务。高校立身之本在于立德树人。加强高校思想政治工作，事关培养什么样的人、如何培养人以及为谁培养人这个根本问题，必须放到更加突出的位置。高校党委要把立德树人作为中心环节，把思想政治工作贯穿教育教学全过程，把人才培养作为最重要的工作，围绕学生、关照学生、服务学生，努力实现全程育人、全方位育人，切实解决重教书轻育人、重智育轻德育、重科研轻教学的现象。

强化问题导向，加强工作统筹

马克思指出：“**问题**就是公开的、无畏的、左右一切个人的时代声音。”加强高校思想政治工作的领导要以解决问题为导向，针对高校思想政治工作存在的突出问题和薄弱环节，加强统筹和协调，推动高校思想政治工作的整体提升。

一是统筹教师和学生两大群体。高校思想政治工作既要着眼学生，又要关照教师，教师和学生两大群体既是思想政治工作的对象，又是思想政治工作的主体。相对高校学生思想政治工作而言，教师思想政治工作是薄弱环节。高校要统筹抓好教师和学生思想政治工作，既要教育引导学生正确认识世界和中国发展大势，正确认识中国特色和国际比较，正确认识时代责任和历史使命，正确认识远大抱负和脚踏实地，努力成为党和人民需要的栋梁之材，又要引导广大教师坚持教书和育人、言传和身教、潜心问道和关注社会、学术自由和学术规范相统一，努力成为先进思想文化的传播者、党执政的坚定支持者、学生健康成长的指导者和引路人。

二是统筹思想政治理论课和其他课程两大渠道。高校思想政治理论课是主渠道，在教育引导大学生树立正确的世界观人生观价值观方面具有特殊重要的作用。要高度重视高校思想政治理论课的改革，统筹教师、教材、教学各环节，提升队伍素质，更新教学内容，丰富教学手段，把知识传授与思想教育、系统教学与专题教育、理论灌输与实践研讨结合起来，努力把思想政治理论课建设成为学生真心喜爱、终身受益、毕生难忘的优秀课程，提高思想政治理论课的亲和力、针对性和感染力。同时，要加强其他课堂的教学，强化思想政治教育功能。相对思想政治理论课而言，高校其他课堂存在育人功能弱化的问题。要统筹思想政治理论课和其他课程，明确所有课堂都有育人功能，都要守好一段渠、种好责任田，同向同行，形成协同效应。

三是统筹文化育人与实践育人两大环节。针对高校思想政治工作方面存在的文化育人、实践育人相对薄弱，体系化、规范化不够的问题，加强文化育人、实践育人工作的顶层设计、统筹规划，把文化育人和实践育人工作纳入重要议事日程和年度工作计划。重视和加强校园文化建设，培养大学精神，结合学校的校训校情、办学宗旨、历史传承，营造高雅校园文化，培育校园文化品牌，美化校园环境，丰富学生艺术活动，弘扬优良的校风、教风、学风，为学生的成长营造良好的文化氛围。重视和加强实践育人，把实践教学纳入教学计划，规定相应学时学分，合理增加实践课时。要抓住重大活动、重大事件、重要节庆日等契机和暑假、寒假时期，广泛开展特色鲜明的主题实践活动。加强实践基地建设，采取校企联合、校地联合等方式建立多种形式的社会实践活动基地。

健全体制机制，形成工作合力

加强和改进高校思想政治工作，必须进一步健全完善党对高校思想政治工作的领导体制和工作机制，形成党委统一领导、各部门各方面齐抓共管的工作格局。

一是党政共同负责，做好统筹协调。深刻领会习近平总书记关于高校思想政治工作重要论述的精神、实质和核心要义，结合高校办学实际，出台加强和改进思想政治工作的细则和办法，将高校思想政治工作纳入整体战略规划中来通盘考量，制定行动方案，编制任务分解书、工作路线图。高校党委担负思想政治工作主体责任，党委书记是思想政治工作的第一责任人，校长在党委领导下组织实施党委有关决议，班子其他成员结合业务分工抓好思想政治工作。

二是构建大思政格局，推进协同育人。改进党对高校思想政治工作的领导，必须构建党委统一领导、党委宣传部门牵头协调，相关部门多方参与的全方位、多层次、宽领域的大思政格局，形成全员、全过程、全方位育人的完善的体制机制。学校党政工作各级部门要着眼大局、勇于担当、明确责任，将思想政治工作嵌入日常的工作中去，坚持全员全过程全方位育人。

三是加强支部建设，发挥堡垒作用。高校支部是党在高校的战斗堡垒，担负着直接联系、引导、组织和团结师生的重要职责。要狠抓支部建设，在打牢基础、补齐短板上下功夫，打通高校思想政治工作“最后一公里”。对于教师党支部，要在坚持按院系内教学科研机构设置的基础上，探索党组织进项目组、课题组，实现组织设置以行政组织为依托和以学术组织为依托并重。对于学生党支部，要在坚持按年级或院系设置的基础上，探索党组织进学生公寓、进学生社区、进学生社团，实现党组织全覆盖。推进“两学一做”学习教育常态化制度化，以“两学一做”为基本内容，以“三会一课”为基本制度，以党支部为基本单位，激活党支部主体作用。

四是强化问责督导，形成监督机制。定期评估党委主体责任和纪委监督责任履行情况，对党委书记履行第一责任人职责的情况和领导班子成员履行“一岗双责”的情况进行检查督导，构建完善的奖惩机制、形成科学的考评方法，推动思想政治工作由“可做可不做”转为“必须做认真做”，由“被动配合”转为“主动工作”。同时，对抓高校思想政治工作特别是意识形态工作不力，履责不力、长期薄弱的党组织和党员干部追究主体责任、监督责任、领导责任。

加大资源投入，保障工作条件

一段时期以来，高校思想政治工作客观上存在覆盖不到位、体制不顺畅、经费不充足等问题，表现为“说得多、做得少”“雷声大、雨点小”等现象。新形势下，改进党对高校思想政治工作的领导，最根本的在于保障思想政治教育的核心地位、思想政治工作的中心地位、思想政治队伍的主体地位、思想政治工作投入的优先地位，切实加大政策投入、人员投入、经费投入，为高校思想政治工作的开展提供条件保障。

一是完善政策投入。政策是重要的战略资源。高校思想政治工作是中国高校的特色，也是优势，事关办什么样的大学、怎样办大学的根本问题，事关党对高校的领导，事关中国特色社会主义事业后继有人，是一项重大政治任务和战略工程。加强党对高校思想政治工作的领导，首先要从政策上保障思想政治工作重要地位的落实。高校党委要把思想政治工作与学校行政工作、事业发展一同规划、一同安排。要在项目设立、评优表彰、升职晋级等方面，加强对高校马克思主义理论学科建设、思想政治理论课改革等工作的政策扶持，提升马克思主义学科的建设水平，提升思想政治理论课教师的荣誉感和自豪感。

二是配齐建强骨干队伍。队伍是做好高校思想政治工作的关键。要进一步制定完善思想政治理论课教师培养培训规划，以“政治强、素质高、品行好、作风正、能力强、有担当”的标准选拔培养思想政治理论课专职教师，推行思想政治理论课特聘教授制度，凝聚和建设“宣传科学理论、传播先进文化、塑造美好心灵”的优秀思想政治理论课教师和哲学社会科学教师队伍。将从严治教、依法治教落到实处。在教师职务评审、岗位聘用、评优奖励等环节实行一票否决制。切实将高校思想政治工作队伍和党务工作队伍纳入人才队伍建设总规划，完善选拔、培养、激励机制，足额配备专职思想政治工作人员和专职辅导员，使更多师生成为马克思主义的坚定拥护者和主动传播者，不断壮大工作力量。

三是确保必要的经费投入。经费是开展思想政治工作的基础。各级党组织和主管部门要按照中央要求，制定高校思想政治工作规划，设立高校思想政治工作专项经费，在教育事业发展规划、经费投入、公共资源使用中优先保障高校思想政治工作的基础建设，并确保随着事业经费的增长逐年增加对高校思想政治工作的投入，提供必要的设施、设备和活动场所，支持和保障思想政治工作的顺利开展。

育人为本　教师为体
制度为基　文化为魂*

大学是一个特殊的组织，担负着人才培养、科学研究、社会服务、文化传承创新的重要职能，充满着无限的生机和活力。大学的治理是一个极具挑战性的课题，择其要者，个人认为以下几点甚为关键：

一是育人为本

现代意义上的大学最早产生于中世纪的欧洲，至今已有近千年的历史。尽管大学的职责和功能随着时代的发展在不断地丰富和扩展，但大学的根本任务始终是培养人才。中国人民大学始终强调育人为本，立德为先，把“国民表率、社会栋梁”作为人才培养目标，明确学校的一切工作都要服从和服务人才培养这一根本任务。

二是教师为体

教师是办学的主体。一所大学能否培育出优秀的人才，取得高水平的研究成果，并保持良好的社会声誉，关键在于是否拥有一流的师资队伍。古人云：“山不在高，有仙则名；水不在深，有龙则灵。”对一所大学来说，“名师大家”就是一所大学的“仙”和“龙”。中国人民大学高度重视师资队伍建设，积极创造良好的环境，培养并汇聚一大批高素质的优秀教师，为人才培养、科学研究提供了强有力的队伍保障，从而确立了学校在我国人文社会科学高等教育领域的奠基性、引领性地位。

---

* 原文发表于《中国高等教育》2016 年第 6 期。

三是制度为基

大学治理，千头万绪，最重要的是要建立和健全以章程为核心的现代大学制度。中国人民大学积极推进制度建设，以制定章程为抓手，科学划分学校与政府、学校与社会、学校与学院、行政与学术、党委与校长等之间的关系，不断完善大学“面向社会、自主办学”和“党委领导、校长负责、教授治学、民主办学”的现代大学制度。2013 年 11 月，教育部高等学校章程核准书第 1 号正式核准了《中国人民大学章程》，标志着学校制度建设取得了重大进展和重要成果。

四是文化为魂

大学与文化的关系是最为紧密的，可以说大学的特质即文化。大学文化作为大学之魂，反映一所大学特有的价值追求，体现一所大学特有的精神品格。中国人民大学独特的发展历史、学科特色、精神传统孕育了独特的文化，形成了以“人民、人本、人文”为理念，以“实事求是”为校训，以“立学为民、治学报国”为宗旨，以“人民满意、世界一流”为目标，她以“始终奋进在时代前列”的精神气度、以“海纳百川、有容乃大”的博大胸怀和人文社科的独特优势傲然屹立于大学之林。

推进中国特色新型智库建设迈上新台阶*

党的十八大以来，习近平总书记从推动科学民主依法决策，推进国家治理体系和治理能力现代化与增强国家软实力的战略高度，多次就加强中国特色新型智库建设做出重要论述。5 月 17 日，总书记在哲学社会科学工作座谈会上的重要讲话中再次强调智库建设问题，为建设中国特色新型智库指明了努力方向，提供了基本遵循。

坚持以马克思主义为指导，确保智库的正确方向。习近平总书记在讲话中指出："坚持以马克思主义为指导，是当代中国哲学社会科学区别于其他哲学社会科学的根本标志"。建设中国特色新型智库，必须始终坚持马克思主义的指导地位，自觉把马克思主义的立场、观点、方法贯穿于理论研究和政策研究中，在涉及党的基本理论、基本纲领、基本路线和重大原则、重要方针政策等问题上，做到立场坚定、观点鲜明、态度坚决，自觉与以习近平同志为总书记的党中央保持高度一致。要树立为人民做学问的理想，始终坚持站在党和人民的立场上做学问，尊重人民主体地位，聚焦人民实践创造，自觉把个人学术追求同国家和民族发展紧紧联系在一起，努力多出经得起实践、人民、历史检验的研究成果。

坚持以国家重大战略需求为重点，提升智库的服务能力。习近平总书记在讲话中强调："我国哲学社会科学应该以我们正在做的事情为中心，从我国改革发展的实践中挖掘新材料、发现新问题、提出新观点、构建新理论"。中国特色新型智库应当以国家现实需求为导向，以服务党和国家决策为宗旨，以政策研究咨询为主攻方向，紧紧围绕全面建成小康社会、全面深化改革、全面推进依法治国、全面从严治党的重大任务，深入研究党和国家面临的一系列亟待回答与解决的重大理论和现实问题，有针对性地就国家经济社会发展中的全局性、战略性、综合性问题，以及国内外普遍关注的热点焦点难点问题，开展前瞻性、针对性、储备性政策研究，推出一批有影响力的研究成果和具有建设

* 原文发表于《光明日报》2016 年 6 月 8 日 16 版。

性、可操作性的对策建议，为提高党和政府的科学民主依法决策能力提供强有力的智力支持。

坚持以中国特色哲学社会科学学科体系、学术体系、话语体系为依托，夯实智库的学理支撑。智库要提出真正有价值的对策建议，必须依托深厚的学术积淀和长时期的跟踪研究、储备性政策研究。习近平总书记指出："我国是哲学社会科学大国，研究队伍、论文数量、政府投入等在世界上都是排在前面的，但目前在学术命题、学术思想、学术观点、学术标准、学术话语上的能力和水平同我国综合国力和国际地位还不太相称"，这在很大程度上影响和制约着我国智库的研究能力和水平的提升。因此，要不断推进学科体系、学术体系、话语体系建设和创新，努力构建一个全方位、全领域、全要素的哲学社会科学体系，发展具有中国特色、中国风格、中国气派的哲学社会科学。要按照立足中国、借鉴国外，挖掘历史、把握当代，关怀人类、面向未来的思路，体现继承性、民族性，原创性、时代性，系统性、专业性的原则，努力整合古今中外的各种学术资源，把握好马克思主义、中华优秀传统文化、国外哲学社会科学三方面的资源，着力构建中国特色哲学社会科学，使基础学科健全扎实、重点学科优势突出、新兴学科和交叉学科创新发展、冷门学科代有传承、基础研究和应用研究相辅相成、学术研究和成果应用相互促进，为智库研究提供更为坚实的学理支撑。

坚持以思想传播和国际交流为载体，提升智库的国际影响。习近平总书记提出，要围绕我国和世界发展面临的重大问题，着力提出能够体现中国立场、中国智慧、中国价值的理念、主张、方案，让世界知道"学术中的中国""理论中的中国""哲学社会科学中的中国"，让世界知道"发展中的中国""开放中的中国""为人类文明作贡献的中国"。我们要通过开展多种形式的智库公共外交发出中国声音，用"中国理论""中国学术""中国思想"讲好"中国故事"，影响国外舆论领袖，进而为中国的和平发展构建良好的国际舆论环境。要善于提炼标识性概念，打造易于为国际社会所理解和接受的新概念、新范畴、新表述，引导国际学术界展开研究和讨论。要以广阔的世界眼光，深入了解其他国家智库的发展情况和研究成果，与国外智库建立平等、高效的交流合作机制，推动中华文化和价值观念走向世界，不断提升国际话语权。要鼓励我国智库参与和设立国际性学术组织，支持和鼓励建立海外中国学术研究中心，推动海外中国学研究。要聚焦国际社会共同关注的问题，推出并牵头组织研究项目，增强我国智库的国际影响力。

以体制机制改革为动力，完善智库的人才保障。智库是知识密集型组织，人才是思想与理论创新的主体，更是实现智库可持续发展的基石和生命力所在。习近平总书记强调要关心好、培养好、使用好哲学社会科学队伍，让广大哲学社会科学工作者成为先进思想的倡导者、学术研究的开拓者、社会风尚的引领者、党执政的坚定支持者。我们要深化智库体制机制改革，改变原有的单一学术背景、论资排辈的模式，建立有利于产出高质量政策建议的科研管理机制和激励机制，为智库人才创造适宜的发展空间和平台，造就一支坚持正确政治方向、马克思主义基本理论功底扎实、德才兼备、具有创新能力的高端智库人才队伍，推出一批学贯中西、善于开展跨学科研究的复合型人才，培养一批能够运用马克思主义立场观点方法分析解答党和国家关注的重大理论和现实问题的政策专家。在这方面，中国人民大学国家发展与战略研究院作为国家首批高端智库建设试点单位，已经做了很多有益的探索，还将按照要求进一步完善。

高校思想政治工作的顶层设计和根本依循*

刚刚闭幕的全国高校思想政治工作会议是一次具有开创性意义的重要会议，是高校党的建设历史上的里程碑，充分体现了以习近平同志为核心的党中央对高校思想政治工作的高度重视，为做好高校思想政治工作指明了前进方向。习近平总书记的重要讲话立意高远、思想深邃，从全局和战略高度，充分肯定了高等教育改革发展和高校思想政治工作取得的成绩，深刻回答了事关高等教育事业发展和高校思想政治工作的一系列重大问题，始终贯穿马克思主义的立场、观点和方法，具有很强的政治性、思想性和针对性，是中国特色社会主义教育理论的又一重大创新成果，是指导做好新形势下高校思想政治工作的纲领性文献，对于办好中国特色社会主义大学，推进党和国家事业发展，具有十分重要的意义。学习讲话，我们既备受鼓舞，感到加强和改进高校思想政治工作的“方向更准了、腰杆更硬了、底气更足了”，同时深受鞭策，感到身上的担子更重了，责任更实了，要求更严了。

讲话深刻论述了加强和改进高校思想政治工作的重大意义。习近平总书记强调，高等教育发展水平是一个国家发展水平和发展潜力的重要标志。我们越是接近中华民族伟大复兴的目标，就越需要发挥高等教育的作用，越渴求科学知识和卓越人才。高校立身之本在于立德树人。只有培养出一流人才的高校，才能够成为世界一流大学。做好思想政治工作，高校才能牢牢抓住全面提高人才培养能力这个核心点，完成好培养德智体美全面发展的社会主义事业建设者和接班人的重大任务，更好地服务大局，不断增强国家核心竞争力。这一系列重要论述深刻阐明了做好高校思想政治工作和推进高等教育事业发展的辩证关系，科学回答了高校培养什么样的人、如何培养人以及为谁培养人这一根本问题，为做好新形势下高校思想政治工作、发展高等教育事业指明了行动方向。

讲话彰显了加强高校思想政治工作鲜明的问题导向与问题意识。党的十八大以来，以习近平同志为核心的党中央就加强和改进高校思想政治工作做出一

---

* 原文发表于《学习时报》2016 年 12 月 15 日 1 版。

系列部署，就是为了更好推动高校思想政治工作健康发展。这些年，广大师生思想主流积极健康向上，高校思想政治工作功不可没。同时也要看到，高校思想政治工作遇到的挑战更加严峻、承担的任务也更加繁重，还存在一些亟待解决的问题。如思想政治理论课吸引力感染力有待提高，哲学社会科学学科育人功能有待增强，网络思想政治工作有待加强，高校党委领导机制有待完善等问题，这些问题需要以创新的思路和机制来突破，必须有直面问题的勇气，有攻坚克难的决心。学习习近平总书记重要讲话精神，我们要抓住精神实质学，从历史方位的新阐释、价值定位的新导向、工作布局的新要求三个方面悟透精髓所在；要善于把握形势学，认清高校思想政治工作在党和国家事业全局中的地位作用、目标任务；要在总结反思中学，坚持问题导向，找出差距不足，务实推动工作。

讲话明确提出了进一步做好高校思想政治工作的根本原则与实践要求。习近平总书记强调，做好高校思想政治工作，必须坚持正确政治方向，必须坚持以马克思主义为指导，坚持不懈传播马克思主义科学理论、培育和弘扬社会主义核心价值观、促进高校和谐稳定、培育优良校风和学风；必须围绕人这个中心，做到以人为本、立德树人，围绕学生、关照学生、服务学生，在解疑释惑、凝聚共识中不断给学生以思想启迪和文化滋养，培育德才兼备、全面发展的人才；必须按规律办事，遵循思想政治工作规律和教书育人、学生成长规律，提高工作能力和水平，做到因事而化、因时而进、因势而新；必须坚持党的领导，牢牢掌握党对高校工作的领导权，使高校成为坚持党的领导的坚强阵地。准确把握这一系列实践要求，最根本的是要把立德树人作为中心环节，把思想政治工作贯穿教育教学全过程，实现全程育人、全方位育人。

中国人民大学是我们党亲手创办的第一所以人文社会科学为主的新型大学，为马克思主义在中国的普及、传播做出了重要贡献。我们要认真贯彻落实讲话精神，大力加强和改进思想政治工作，努力把学校建设成为学习、研究和宣传马克思主义的坚强阵地。

落实好学校党委主体责任。党的领导是中国特色社会主义教育的灵魂。高校党委对学校工作实行全面领导，承担管党治党、办学治校的主体责任，同时也负有思想政治工作的主体责任。我们要始终把这一主体责任放在心上、扛在肩上、抓在手上。要坚持思想建党和制度治党相结合，落实党委的主体责任和纪委的监督责任，要不断强化院（系）级党组织抓党建和思想政治工作的主业主责意识。要坚持选优配强院（系）党委书记，严格执行党政联席会议议事规则和实施细则，开展基层党委书记抓党建工作述职评议考核，始终保持“听党话、跟党走”的优良传统。要切实保障党支部发挥主心骨作用，将全面从严治党要求和主心骨作用发挥情况列为每年党支部分类考核和“三会一课”交叉互审的重要内容，不断激发党员爱党、忧党、兴党、护党的主人翁意识。

用好思想政治理论课堂教学这个主渠道。中国人民大学将发挥全国马克思主义理论研究高地的独特优势，以开放的视野和创新的思路加强建设、推进改革，让课堂真正“实”起来、“活”起来、“动”起来。我们将进一步推广“一体两翼”教学模式，其中的“一体”即系统讲授、专题教学、实践教学的“三位一体”，“两翼”即“研究型+互动型”教学。在“三位一体”模式中，学校在注重系统讲授基础上，邀请校内外专家学者举办专题讲座，为学生解析重大社会热点问题。同时，专设两个学时的社会实践课，指导学生在全国展开实践活动，便于其深入社会、了解国情。深入开展“名家领读经典”活动，邀请名师大家为大学生共上一门思政课。学校将大力建设“北京高校思想政治理论课高精尖创新中心”，努力将这个中心打造成为马克思主义理论文献平台、思政课教学资源平台、数字化教学平台、大学生思政教育评估中心以及大学生舆情监测平台。

增强阵地意识。课堂讲坛是高校思想政治工作的主阵地。做好高校思想政治工作，一定要不断增强阵地意识，做到守土有责、守土负责、守土尽责。我们要抓好课堂讲坛的阵地管理，严格落实好“学术研究无禁区、课堂教学有纪律”这一要求，把坚持党的基本路线、遵守国家宪法法律、履行教师义务作为教学基本要求，严格执行课堂教学管理办法，严格执行教学考核、教材使用、教学过程督导制度，对在课堂教学中传播错误观点和言论的，要给予严肃批评教育，对造成严重影响的，要依法依规依纪坚决予以处理。要落实好谁主管谁负责的原则，严守宣传纪律，真正负起管理责任，绝不给各种错误观点在校园传播提供渠道。

推进校园文化建设改革创新。校园文化对大学生的思想观念、价值取向和行为方式有着潜移默化的影响。优秀的校园文化，可以塑造人的思想品格、提升人的人文修养、陶冶人的道德情操。我们要注重以文化人以文育人，推广“红船领航”马克思主义经典研习、“读史读经典”“千人百村”社会调研等品牌活动的优秀经验。要结合校训、校史为核心的校园精神，加强优良校风、教风、学风的建设，引导师生员工开展丰富多彩的科技、文化、艺术、体育等群众性精神文明创建活动，使师生员工在日常生活和各种活动中感受到思想和文化的魅力，起到春风化雨、润物无声的效果。我们要通过校训、校歌、校风的凝练和传扬，让青年学生感受中国人民大学 80 年来与党同呼吸、共命运的伟大历程，培养知恩感恩、追比先贤的精神品质。

加强高校思想政治工作队伍建设。新时期新形势，高校面临的社会环境和高校内部的治理结构发生了巨大变化，“70 后”“80 后”居多的青年教师和“90 后”为主的大学生群体的社会心理也体现出新的特征，这些都对高校思想政治工作队伍建设提出了新的更高要求。我们要像选拔、关心和培养教学科研骨干队伍一样，采取有力的政策措施，花大力气建设一支眼界开阔、素质过硬、业务精湛的专兼职结合的思想政治工作队伍。坚持高标准选配学校思想政治工作干部，把政治坚定和在理论上、业务上、沟通上有专长的优秀干部选拔到思想政治工作部门，通过“学工系统学生骨干培养计划”等项目，探索高素质思想政治工作队伍建设的有效路径。深入推进思想政治工作骨干教师研修工作，拓展海外研修、校外挂职和基层锻炼计划，关心思想政治工作干部尤其是青年干部的成长，切实提高工作生活待遇，让他们成为学校事业发展的一支重要保障力量。

推动网络思想政治工作创新。当前，互联网已经成为思想和知识传播的重要领域、师生学习生活的创新空间、高校教学管理的重要平台。互联网的快速发展重新构设了思想政治工作面临的时空环境，也为我们做好思想政治工作带来了新机遇。我们要善用互联网、借助新技术，采集、整理、推送丰富多彩的思想政治教育资源，利用互联网的技术以即时互动、实时影响、随时调整的方式影响高校师生员工，开展平等对话、提升教育效果。我们将优化教育模式，推进“互联网＋思想政治教育”的探索创新，进一步完善网上“学务中心”和引领学生全面发展、个性化成长的“课外学习成绩单”，激发学生主体性，活跃基层组织，构建“我们一起”的互动教育体系。同时，要积极发挥校园微博、微信和客户端的引导作用，有方向地发起思想政治工作话题，提出并解答问题，引导师生员工在新媒体环境下“点赞”“转发”“评论”“亮表情”“晒心情”，通过同频共振、心灵共鸣创新网络思想政治工作方式，打造风清气正的校园网络空间。

构建大思政工作格局。做好高校思想政治工作，不单是高校宣传部门、学生工作部门、团委和马克思主义学院、思想政治理论课教学部门的工作职能，也是高校各个部门、所有高校教师的共同责任。我们要把思想政治工作贯穿于学校工作的方方面面，构建党委统一领导、党委宣传部门牵头协调，相关部门多方参与、各级党组织上下联动、党政齐抓共管的全方位、多层次、宽领域的大思政格局，动员各条战线、各个部门，协同演奏好高校思想政治工作的大乐章。学校党委将进一步加强对思想政治工作的领导，为思想政治工作创造条件、提供支持、做好保障，形成强大合力。要充分发挥基层党组织的作用，推动形成专兼职思政工作人员协调配合、教学单位与职能部门协同努力、共同构建思想政治工作的新局面。

坚持把培育和践行社会主义核心价值观作为高校立德树人的中心工作*

教育是民族振兴和社会进步的基石。实现中华民族伟大复兴的中国梦，必须坚持教育优先发展，必须把立德树人作为教育的根本任务。立德树人是发展中国特色社会主义教育事业的核心，也是培养中国特色社会主义合格建设者和可靠接班人的本质要求。党的十八大提出的社会主义核心价值观明确了新时期“德”的科学内涵，为高校落实立德树人的根本任务赋予了新内涵、新任务和新要求。在全国高校思想政治工作会议上，习近平总书记强调：“我们的高校是党领导下的高校，是中国特色社会主义高校。办好我们的高校，必须坚持以马克思主义为指导，全面贯彻党的教育方针。……要坚持不懈培育和弘扬社会主义核心价值观，引导广大师生做社会主义核心价值观的坚定信仰者、积极传播者、模范践行者。”培育和践行社会主义核心价值观对于办好中国特色社会主义大学有着重要的现实意义和深远的历史影响，我们应坚持将其作为落实立德树人根本任务的中心工作来推动。

立德树人是办好中国特色社会主义大学的首要使命和根本任务

“立德”“树人”思想在中国由来已久，是中华传统文化的精华。“立德”思想可追溯到先秦时期提出的“三不朽”。《左传·襄公二十四年》中有这样的记述：“‘太上有立德，其次有立功，其次有立言。’虽久不废，此之谓不朽。”“立德”“立功”“立言”三者，被中国传统社会士人奉为人生的“不朽”追求。其中，“立德”是从道德操守的角度，强调有高尚的道德修养，成为后世效法的榜样，便能人格不朽；“立功”是从事业功绩的角度，强调为国为民建功立业，为社会发展进步做贡献，便能事业不朽；“立言”则是从思想言论的角度，

* 原文发表于《社会主义核心价值观研究》2016 年第 6 期。

强调著书立说，丰富人类思想成果，便能思想不朽。在三者中，“立德”居首，被视为“立功”“立言”的前提和基础，这深刻反映了传统中国社会对德和德育的高度重视。“树人”思想也可回溯至先秦时期，《管子·权修》中有“一年之计，莫如树谷；十年之计，莫如树木；终身之计，莫如树人”的说法，其大意是说，种粮食是为当年打算，种树是为十年后打算，而培养人才则是为长远打算。“树人”思想充分体现了中国传统社会对人才及人才培养的高度重视。由于“立德”“树人”两个概念的关联度较高，因而人们在实践中逐步将它们直接联系起来并合为一个词使用。深厚的历史和无数事实证明，“德”不可能自然形成而需要“立”，“人”不可能自发成才而需要“树”。“立”，是培育、修养、践行之意；“树”，是培养、造就、锻炼之意。“立德”是为了“树人”，而“树人”首先要“立德”。离开“立德”谈“树人”，就会偏离正确方向，“树”不好“人”；而离开“树人”谈“立德”，则会流于形式，“立”不好“德”。

立德树人是中国共产党兴教办学的优良传统。中国共产党作为中国优秀传统文化的忠实继承者和弘扬者，一贯高度重视对立德树人教育理念的传承和弘扬。以毛泽东、邓小平、江泽民、胡锦涛、习近平为代表的中国共产党人始终强调立德树人的重要性。在毛泽东的德育思想中，德育工作是与政治工作、思想工作具有一致性的，因为“思想和政治又是统帅，是灵魂”。毛泽东非常重视立德树人在社会主义革命和建设中的重要作用，强调青年应该把“坚定正确的政治方向”放在第一位。在1939年为延安抗大制定教育方针时，他把“坚定正确的政治方向”作为基本方针之一。在社会主义建设时期，他强调要使受教育者在德、智、体几方面都得到发展，“成为有社会主义觉悟的有文化的劳动者”。邓小平在开创中国特色社会主义事业的过程中始终把立德树人办教育放在十分重要的位置，形成了“德育为首”的教育理念。邓小平曾指出：“我们的学校是为社会主义建设培养人才的地方。培养人才有没有质量标准呢？有的。这就是毛泽东同志说的，应该使受教育者在德育、智育、体育几方面都得到发展”。他还提出要培育“有理想、有道德、有文化、有纪律”的社会主义公民，不断提高中华民族的思想道德素质和科学文化素质。江泽民将立德树人教育纳入“以德治国”的战略体系，提出“德育首位”的理念。他指出，在各级和各类学校中“要把德育放在首位，确立正确的政治方向”。胡锦涛对新时期新阶段的教育事业非常重视，曾提出“育人为本、德育为先、能力为重、全面发展”的教育理念和方针。他指出：“要使大学生成长为中国特色社会主义事业的合格建设者和可靠接班人，不仅要大力提高他们的科学文化素质，更要大力提高他们的思想政治素质。只有真正把这项工作做好，才能确保党和人民的事业代代相传、长治久安。”

立德树人是新形势下办好中国特色社会主义大学的首要使命和根本任务。党的十八大明确提出“把立德树人作为教育的根本任务”，“努力办好人民满意的教育。教育是民族振兴和社会进步的基石。要坚持教育优先发展，全面贯彻党的教育方针，坚持教育为社会主义现代化建设服务、为人民服务，把立德树人作为教育的根本任务，培养德智体美全面发展的社会主义建设者和接班人”。这是第一次对立德树人作为我国教育发展基本方略的深刻阐释。在第二十三次全国高等学校党的建设工作会议上，习近平总书记做出重要指示：“办好中国特色社会主义大学，要坚持立德树人，把培育和践行社会主义核心价值观融入教书育人全过程”。“办好中国特色社会主义大学”这一命题包含两个层面的意蕴：其一，我国的高校是社会主义性质的大学，大学的办学方向必须体现社会主义的本质要求；其二，我国的大学是具有中国特色的大学，大学教育必须植根于中华文明的沃土，必须服务于中国特色社会主义事业的发展，必须反映中国最广大人民群众的意愿，必须适应中国发展要求和世界进步趋势。习近平总书记的这一重要指示旗帜鲜明地指出了我们办好中国特色社会主义大学的首要使命和根本任务——立德树人。

在新阶段新时期，我们把立德树人作为教育的根本任务，抓住了教育的本质要求，明确了教育的根本使命，这是符合教育发展规律和人才培养规律的。立德树人，既彰显了对中华传统文化精华的继承，又回应了当今时代社会发展进步的要求，同时也是对“重智轻德”倾向的纠治，它是在新的历史阶段提出的新的教育理念和教育方略，有着崭新的科学内涵和丰富的理论意蕴。具体地说，我们今天立“德”就是立“社会主义核心价值观”，树“人”就是树“德智体美全面发展的社会主义建设者和接班人”。办好中国特色社会主义大学，落实立德树人根本任务，必须在教书育人的全过程、全方位、各环节积极弘扬、培育和践行社会主义核心价值观。

培育和践行社会主义核心价值观是高校落实立德树人根本任务的中心工作

“核心价值观，承载着一个民族、一个国家的精神追求，体现着一个社会评判是非曲直的价值标准。”培育和践行社会主义核心价值观，是推进中国特色社会主义伟大事业顺利发展的重要战略部署，也是实现中华民族伟大复兴中国梦的重大战略任务，它关乎民族的命运、关乎国家的前途，也关联着每个公民个体的价值取向。培育和践行社会主义核心价值观对于高校教育事业既有特殊的价值和意义，又是高校必须承担的重要责任和使命。高校应把培育和践行社会主义核心价值观作为落实立德树人根本任务的中心工作来抓，引导广大师生树立正确的世界观、人生观、价值观。

1. 社会主义核心价值观明确了新时期“德”的科学内涵

“德者，本也。”（《礼记·大学》）道德之于个人和社会都具有基础性的意义，它的力量广泛而深刻，不仅深刻地影响着人们的意志、行为和品格，也深刻地影响着社会的存在和发展。每一个时代、每一个社会都有与其经济基础相适应的占统治地位的道德。如中国传统社会奉行“仁义礼智信、温良恭俭让、忠孝勇恭廉”的道德标准，西方现代社会追求“自由、平等、博爱”的价值准则。在当今中国社会，随着物质文明的不断发展，精神文明也在不断发展，道德作为精神文明的核心内容也在不断进步，并且在社会生活中发挥着越来越重要的作用，在促进社会和谐和人的全面发展中处于越来越重要的地位。国无德不兴，人无德不立。我国是一个有着 13 亿多人口、56 个民族的大国，确立全国各族人民共同认同的“德”，既关乎国家的前途命运，又关涉人民的幸福安康。党的十八大提出的社会主义核心价值观，“把涉及国家、社会、公民的价值要求融为一体，既体现了社会主义本质要求，继承了中华优秀传统文化，也吸收了世界文明有益成果，体现了时代精神”。社会主义核心价值观在国家、社会和个人三个层面的基本内容为我们协调处理个人与国家、个人与社会、人与人之间的关系确立了价值依据和价值标准，事实上也明确了新时期“德”的科学内涵。对于这一点，习近平总书记曾在北京大学师生座谈会上明确指出：“核心价值观，其实就是一种德，既是个人的德，也是一种大德，就是国家的德、社会的德。”社会主义核心价值观是融合了国家道德、社会道德和个人道德的三位一体、不可分割的道德体系，它既是新时期我们国家、社会和个人应崇尚的“德”、遵守的“德”，也是高校落实立德树人根本任务要立的“德”。

2. 高校是培育和践行社会主义核心价值观的重要阵地

“大学之道，在明明德，在亲民，在止于至善。”（《礼记·大学》）如果说社会主义核心价值观是新时期的“德”，那么高校就应当成为培育和践行社会主义核心价值观的主阵地、先行者和推动者；如果说大学之道在“明明德”，那么培育和践行社会主义核心价值观就是办好中国特色社会主义大学的首要之“道”。面对世界范围内思想文化交流交融交锋形势下价值观较量的新态势，面对改革开放和发展社会主义市场经济条件下思想意识多元多样多变的新特点，高校作为意识形态教育和社会价值引领的重要主体，是社会主义先进思想文化建设的主要阵地，在社会主义核心价值观教育和建设中地位突出、使命光荣、责任重大。高校积极培育和践行社会主义核心价值观，对于“巩固马克思主义在意识形态领域的指导地位，巩固全党全国人民团结奋斗的共同思想基础”，对于促进青年学生的全面发展、引领中国社会的全面进步，对于全面建成小康社会、实现中华民族伟大复兴的中国梦，具有重要的现实意义和深远的历史影响。正如习近平总书记在第二十次全国高等学校党的建设工作会议上所指出的那样：“高校是教育培养青年人才的重要园地，也是用社会主义核心价值体系武装青年的重要思想阵地。”培育和践行社会主义核心价值观是高校庄严的使命和义不容辞的责任。高校应自觉肩负起培育和践行社会主义核心价值观的责任，做社会主义核心价值观理论研究和教育的急先锋，做社会主义核心价值观弘扬和践履的实干家。

3. 培育和践行社会主义核心价值观是高校落实立德树人根本任务的中心工作

育人先育德，育德先育魂。立德树人就是要解决“办什么样的大学、怎样办大学”“培养什么样的人、如何培养人以及为谁培养人”的重大问题。而“立什么德、如何立德，树什么人、如何树人”直接关系着对这一重大问题的正确回答。党的十八大提出的社会主义核心价值观明确了新时期“德”的内涵，实际上也指明了高校落实立德树人根本任务的中心工作。高校作为高端人才的培育者、科技创新的引领者、社会发展的推动者、优秀文化的传承者、人文交流的先行者，要积极探索、创新培育和践行社会主义核心价值观的体制机制和方式方法，把培育和践行社会主义核心价值观作为高校落实立德树人根本任务的切入点、突破口和落脚点。坚持抓好青年学生这个社会主义核心价值观培育和践行的重点群体，把好青年学生道德规范、思想品格和价值取向的发展态势，扣好青年学生思想观念的扣子，引好青年学生成长成才的路子。特别是要通过深入的理论阐释与宣传、持续的实践养成教育，引导青年学生信奉和持守富强、民主、文明、和谐的国家道德价值目标，信奉和持守自由、平等、公正、法治的社会道德价值取向，信奉和持守爱国、敬业、诚信、友善的个人道德价值准则；不断加深青年学生对中国特色社会主义的思想认同、价值认同、理论认同、情感认同，不断增强青年学生对中国特色社会主义的道路自信、理论自信、制度自信、文化自信，不断增强青年学生的价值判断能力、价值选择能力和价值塑造能力，不断促使青年学生形成善良的道德意愿和道德情感、正确的道德判断和道德责任、自觉的道德实践能力。从而使广大青年学生成为中国特色社会主义事业的合格建设者和可靠接班人，让一代又一代年轻人成为实现我们民族梦想的正能量。

高校在立德树人全过程培育和践行社会主义核心价值观的路径选择

立德树人是中国特色教育事业的根本任务。社会主义核心价值观赋予高校的立德树人新内涵、新任务和新要求。高校要对社会主义核心价值观的培育和践行工作高度重视、科学规划、精心组织、加强领导，使社会主义核心价值观成为育人之本、兴校之基、办学之魂，成为创建“双一流”大学的深厚文化内涵和鲜明发展特色。

1. 突出理论引领，深入阐释社会主义核心价值观的深刻内涵和实践要求

进行理论研究、宣传和教育是高校培育和践行社会主义核心价值观的独特优势和重要抓手。做好理论引领，是高校培育和践行社会主义核心价值观的首要工作。一要发挥高校的科学研究优势。现在大多数高校都拥有一支马克思主义理论教学和研究队伍，要充分信任和发挥这些领域的专家学者的研究专长和优势，支持和引导广大专家学者深入阐释社会主义核心价值观的历史源流、时代背景、现实意义、丰富内涵和实践要求，为培育和践行社会主义核心价值观提供厚实的学理支撑。二要发挥高校的宣传教育特长。高校既有从事思想政治理论课教育教学的教师队伍，又有从事意识形态宣传教育工作的专业人才。思想政治理论课是高校培育和践行社会主义核心价值观的主要渠道和核心课程。思想政治理论课教师要精心组织、认真讲授、悉心指导，深入浅出地讲清楚社会主义核心价值观的基础理论知识，使社会主义核心价值观的基本理念入脑入心，内化于心、外化于行。高校意识形态宣传教育工作者要占领和拓展宣传教育阵地，扩大社会主义核心价值观在学校各层面、各领域的覆盖面和影响力，特别是要发挥网络新媒体的优势，让社会主义核心价值观的正能量直达学生的日常生活，引导青年学生在复杂的社会环境和多元的社会思潮中明辨是非、崇德修身。

2. 强化实践养成，着力引导社会主义核心价值观的培育活动和践行行动

知行统一是教育的追求，知是前提，行是关键。社会主义核心价值观作为一种社会意识，具有高度的抽象性和概括性。习近平总书记在中共中央政治局第十三次集体学习时强调："一种价值观要真正发挥作用，必须融入社会生活，让人们在实践中感知它、领悟它。……在落细、落小、落实上下功夫。"实践是检验社会主义核心价值观培育和践行效果的唯一标尺。这也正如习近平总书记所讲："道不可坐论，德不可空谈。于实处用力，从知行合一上下功夫，核心价值观才能内化为人们的精神追求，外化为人们的自觉行动。"高校在培育和践行社会主义核心价值观的过程中，要重点抓好实践养成这一关键环节。高校要通过丰富多彩的培育活动和形式多样的践行行动，让社会主义核心价值观的价值理念日常化、具体化、形象化、生活化，使社会主义核心价值观成为青年学生日常的行为准则，进而形成自觉奉行的信念。一要把思想政治理论课内容延伸到学生的日常生活，让教育内容接地气、有生气，能够指导和帮助学生认识和解决日常生活中的疑惑和问题；二要把显性知识隐化到学生的集体活动中，有目的、有策略、有意义地设计和组织学生的集体活动，让学生通过参与集体活动受到价值观念的熏染，得到道德规范的教化；三要把理论研习拓展到校外实践课程，完善实践课程体系，开发实践活动和实践基地，让学生走出校园、进入社会，去感受和传递社会主义核心价值观的力量。

3. 开展文化熏陶，全面营造社会主义核心价值观的弘扬氛围和知行常态

大学文化在引导人、培养人、塑造人的过程中发挥着举足轻重的作用，它是引导和激励青年学生积极向上、奋发有为的一面旗帜。高校立德树人，以文化人、以文育人，要以社会主义核心价值观为灵魂和纲领，全面营造弘扬、培育和践行社会主义核心价值观的良好氛围和态势。一要发挥校园文化的熏陶作用。把社会主义核心价值观融入校园文化建设，弘扬主旋律，传播正能量，打造校园文化品牌活动，激励学生崇德向善、见贤思齐，鼓励全校师生积善成德、明德惟馨，培育知荣辱、讲正气、做奉献、促和谐的良好风尚。二要发挥优秀传统文化的涵育作用。中华优秀传统文化是涵养社会主义核心价值观的重要源泉。高校一方面要加强对中华优秀传统文化经典的学习、宣传和教育，另一方面也要挖掘高校自身的优良传统，利用学校历史、校训文化、大师风范来教育学生尊重历史、尊重传统、爱校爱党爱国。三要发挥师德文化的感染作用。“老师是学生道德修养的镜子。”师德对学生道德观、价值观的形成极为重要。高校要加强师德建设，每一位教师都要做社会主义核心价值观的坚定信仰者和忠实践行者，以高尚的师德文化感染学生、教化学生。四要发挥先进网络文化的带动作用。网络文化对当代大学生价值观的塑造有着突出的作用，高校要积极引导和管控校园网络舆论，打造传播社会主义核心价值观的网络媒体阵地，为青年学生开创清朗的网络空间，传播主流价值观。

4. 夯实制度保障，确保践履社会主义核心价值观的政策环境和制度支撑

培育和践行社会主义核心价值观，除了要发挥理论教育的涵养作用以及实践行为的塑造作用外，还需要建立健全相关制度，发挥制度机制的刚性约束作用。一要用制度形式把培育和践行社会主义核心价值观落实到高校的发展规划中，使社会主义核心价值观成为高校改革发展必须遵循的价值理念，形成有利于弘扬、培育和践行社会主义核心价值观的导向机制、熔炼体系与工作队伍。二要把培育和践行社会主义核心价值观作为建构高校治理模式的重要遵循，融入高校治理的制度建设和实际工作中。社会主义核心价值观要内化为高校兴教办学、治校理政的价值遵循，形成科学有效的权益保障机制、利益协调机制、矛盾调处机制，完善学校的各项规章制度，强化各级规章制度的实施力度，使符合社会主义核心价值观的行为得到鼓励、违背社会主义核心价值观的行为受到制约与惩处。三要做好思想政治理论课落实立德树人任务、培育和践行社会主义核心价值观的制度安排。通过制度安排，积极推动社会主义核心价值观“进教材、进课堂、进头脑”。四要建立社会主义核心价值观宣传教育制度。积极推动学校各级宣传部门、团学组织、社团组织、校园传播媒介等多部门、多渠道，把社会主义核心价值观融入各类实践课程、文体活动，通过精彩的故事、鲜活的语言、丰满的人物、活泼的形式传递真善美，传递积极的人生态度和高尚的道德情操，以高尚的精神塑造人，以优秀的作品鼓舞人。

5. 加强组织建设，健全培育和践行社会主义核心价值观的领导体制和工作机制

培育和践行社会主义核心价值观是强基固本的灵魂工程。高校是弘扬、培育和践行社会主义核心价值观的重要阵地，青年学生是培育和践行社会主义核心价值观的重点人群。高校理应高度重视，以久久为功的韧劲和耐心，保持这项大工程、大战略的连续性和稳定性。一要完善领导体制和工作机制。高校党委要把社会主义核心价值观建设提上重要议事日程，纳入学校改革发展规划，深入研究中央精神，坚决落实党中央的要求，密切联系学校实际，及时解决工作困难，加强组织领导和工作指导，建立健全党委统一领导、党政分工合作、协调运行的领导体制和工作机制。二要建立健全工作责任制。高校各相关部门和组织要履好职、尽好责，把社会主义核心价值观建设作为分内之事、分内之责，发挥各自优势，加强协同配合，形成同向、同行的强大正效应。三要加强督促检查。高校各相关部门和组织要把社会主义核心价值观建设工作纳入工作业绩考核评价体系，建立可靠的评价体系，制定具体可行的考评办法，定期对主要责任单位和责任人进行督促检查，以保证高校培育和践行社会主义核心价值观的战略任务得到有效的贯彻落实。

高校智库与国家文化软实力建设*

加强高校智库建设是提升国家文化软实力的重大战略

改革开放 30 多年来，经济社会的快速发展和综合国力的跨越式提升，使中国逐渐由世界舞台的边缘走到中心。中国的发展理念、发展经验、发展模式、发展道路越来越为国际社会所关注。但是，由于中国特色社会主义道路既不同于欧美的资本主义道路，又有别于苏联和东欧的僵化社会主义道路，而掌握国际话语权的西方舆论又有着主观上的偏见和客观上的不了解，以致国际舆论中的中国形象与实际严重不符。

党的十八大以来，新一届中央领导集体高度重视智库建设。习近平总书记多次对智库建设做出重要批示，明确提出要建设“中国特色新型智库”，将智库建设提升到了国家软实力建设的战略高度。2014 年 10 月，中央全面深化改革领导小组第六次会议指出：“形成定位明晰、特色鲜明、规模适度、布局合理的中国特色新型智库体系，重点建设一批具有较大影响力和国际知名度的高端智库。”2015 年 1 月 21 日，中共中央办公厅、国务院办公厅印发的《关于加强中国特色新型智库建设的意见》强调：“树立社会主义中国的良好形象，推动中华文化和当代中国价值观念走向世界，在国际舞台上发出中国声音，迫切需要发挥中国特色新型智库在公共外交和文化互鉴中的重要作用，不断增强我国的国际影响力和国际话语权。”这对智库，特别是高校智库的建设提出了重大任务，也提供了难得的发展机遇。

高校智库在扩大国际影响力、提升国际话语权、讲好中国故事、传播中国声音、树立中国形象等方面有着独特的优势。一是学科门类齐全。研究型综合大学的学科门类齐全，基础理论研究体系完善，具有多学科交叉的综合研究优

* 原文发表于《文化软实力》2016 年第 4 期。

势，可以为高校智库建设提供充分的学科支撑。二是专业人才汇聚。高校专业人才比较集中，特别是在人文社科领域，聚集了全国80%以上的研究力量，拥有雄厚且稳定的智力资源，而且有源源不断的思想活跃的青年学生，特别是可以依托高水平的硕士、博士培养，不断补充智库后备人才队伍。三是体制相对灵活。与政府智库相比，高校智库体制比较灵活，研究立场相对独立，为学者以客观立场去研究分析重大现实问题提供了相对宽松的环境，有利于确保智库研究成果的客观实际性。从国际智库发展经验来看，高校智库因其相对的灵活性而占据了主导地位。以美国为例，其75%的智库设在高校。四是学术交流便利。智慧只有在碰撞中才能迸发出更多的火花。高校因其得天独厚的优势而与国内外的研究机构有着广泛又便捷的联系。高校可随时随地通过学术访问、国际会议、邀请或互派研究员、客座教授等方式与其他研究机构开展学术交流、深化学术合作，这种独特的优势为高校智库提供了广阔的交流渠道和发展平台。

影响我国高校智库国际影响力提升的主要问题

近年来，我国高校智库建设得到普遍重视，智库数量有了大幅提升。首批25家国家高端智库中高校智库有6家，由此可见高校智库建设确实是国家智库建设的重点之一。特别是一些高校智库借助高校独特的优势，为突破西方话语霸权，提升中国国际影响力发挥了重要作用，也进一步彰显了高校智库在国家发展战略中的不可或缺性。与西方发达国家相比，我国智库的数量不少，但是，在研究能力、国际影响力、知名度等方面，依然存在很大差距，特别是有国际影响力的高校智库数量很少。据宾夕法尼亚大学2016年初发布的《全球智库报告》，截至2015年，全球获国际认可的智库总量为6 846所，美国以1 835所高居榜首，我国以435所排名第二，数量上差强人意。但在世界前175强著名智库中，我国仅有9所，其中官方智库占6所，高校智库仅2所，且排名相对靠后。

在高端智库方面，高校智库确实没有显示出整体的力量，在很大程度上存在着“失语”“失位”“失声”的现象，即：国际问题研究上的“失语”，没有话语权或话语权不强；国际学术平台上的“失位”，没有位置或位置不重要；国际舆论舞台上的“失声”，没有声音或声音不响。这一状况与高校应有的地位极不相称。因而，深入挖掘影响我国高校智库国际影响力提升的主要问题十分必要。

（一）高校智库的认识不到位，缺乏条件保障

从政府层面来说，尽管中央高度重视，但整个社会对高校智库的重要性认

识依然不足，对高校“思想库”“智囊团”重视不够，政策尚待进一步落实，投入有待进一步增加。从高校自身来说：一方面，高校学者缺乏足够的智库意识，更多习惯“躲进小楼成一统”的传统纯学术研究。另一方面，高校中普遍存在重学术研究、轻智库研究，重论文发表、轻咨询报告，重个人成果、轻团队成果的错误导向和惯性思维，影响了高校教师从事智库研究的积极性，制约了高校智库潜力的充分挖掘和发挥。

（二）高校智库的机制不完善，缺乏协同创新

高校智库建设仍然以传统的依托院系的研究所和研究中心为主，在资源分配、人员安排、运行管理、成果归属等方面缺乏创新，存在学科壁垒、行政壁垒，院系之间相互封闭、各自为政、力量分散，学科之间的交流、合作和跨学科研究机制有待进一步建立完善，因而导致智库研究对社会现实问题的解读比较单一，观察和思考问题的视野不够开阔，短平快的研究成果比较多，有重大和长远影响力的精品力作相对较少。

（三）高校智库的推介力度不够，缺乏话语引导

智库的话语权与影响力不仅在于能否提供高质量的研究成果，很大程度上还取决于对成果的宣传推介。西方智库非常善于利用传播媒介和议程设置来引导舆论，进而影响决策。与国外大学智库相比，我国高校智库对其成果的发布方式较为单一，或是单纯以研究报告提交，或是以论文集、期刊等方式发布，其对社会舆论和政府决策的影响力较弱，更无力运用议程设置改变国际舆论劣势。中国高校智库在一些重大国际国内议题，比如“一带一路”的建设、“中国梦”的传播以及全球治理等的设置上，未能积极主动地向世界传递出“中国声音”。

（四）高校智库的研究不均衡，缺乏对策针对

对策研究与学术研究有很大的不同：学术研究重基础，关注中长期，追求自由性，强调“板凳要坐十年冷”，更多的是学者个体的潜心思考。而对策研究重应对，关注中近期，注重针对性，强调“对策不写半句空”，更多的是专业团队的联合攻关。由于传统、机制、政策等因素的影响，高校的学者更看重、更愿意从事学术研究而非对策研究。高校智库对策研究人才总体数量不足，而且水平不高，特别是缺乏能够在“中西两个文化平台上自由行走”的大学者、大专家，缺乏相对稳定的高水平专业团队，从而大大限制了高校智库国际影响力的提升。

加强高校智库建设，增强国家文化软实力

为增强国家文化软实力，提升国际话语权，改善中国国家形象，加强高校

智库建设、提升高校智库国际影响力已经迫在眉睫而又势在必行。

（一）深化中国经验研究

要深化中国经验研究，为高校智库走向世界提供学理支持。中国30多年的改革开放探索形成的“中国道路”开创了不同于西方的社会制度下发展经济、改善民生的新途径，突破和改写了西方理论，创造了中国人的奇迹。随着中国影响力的不断提升，国际社会对中国的关注度也在不断上升，整个世界都日益认识到了解中国的重要性和必要性。因此，总结中国经验、研究中国理论、讲好中国故事、传播中国声音，让更多的外国政党、政治人物、学者、公众，了解和理解中国道路、中国理论、中国制度、中国文化，是中国人文社科研究的历史使命和重要责任，其中占据80%人文社科研究力量的高校智库更是责无旁贷的基础性力量。但是，高校智库对中国经验、中国理论、中国故事的研究不够，在国际上的声音还比较小，还处于有理说不清、说了没人信的尴尬境地。高校智库要增强主动意识，打造易于为国际社会所理解和接受的新概念、新范畴、新表述，引导国际学术界展开研究和讨论，为传播中国声音提供学理支持。

（二）加强国际交流

要加强国际交流，为高校智库走向世界提供平台支持。高校智库要树立国际眼光，通过与具有全球影响力的智库开展合作，搭建国内外智库联合研究的高端平台，积极参与国际非政府组织、学术团体的交流交往活动，参加、举办国际会议，扩大高校智库的国际学术话语权和文化影响力。要有计划地建设一批研究全球和区域问题的智库，增强国际问题和地区问题的战略研究和对策研究。要加强国际传播，鼓励学者在具有世界影响力的媒体上接受采访、发表文章，提升国际影响力。

（三）完善体制机制

要完善体制机制，为高校智库走向世界提供制度保障。要围绕改革发展的重大难题建立协同创新机制，建设跨学科、多团队的研究平台，推动高校与政府之间、高校与高校之间、高校内部学院之间的联合攻关，打破学科壁垒、行政壁垒，改变封闭分散、各自为政的局面，实现强强联合、优势互补、深度融合。要完善高校智库建设评价体系，形成以解决国家重大需求的实际贡献和应用效果为导向的评价机制，激发教师参与智库建设的动力和活力。要加强决策部门同高校智库的信息共享和互动交流，把党政部门政策研究同高校智库对策研究紧密结合起来，引导和推动高校智库建设健康发展、更好地发挥作用。

（四）汇聚高端人才

要汇聚高端人才，为高校智库走向世界提供队伍支撑。建设好高校智库，关键在于汇聚一流的人才、建设一流的团队。高校智库要努力培养一批用中国特色社会主义理论武装起来，立足中国、面向世界、学贯中西的思想家和理论家，尤其是要培养和团结一大批理论功底扎实、勇于开拓创新，能够推动我国人文社科走向世界的中青年学术骨干。要建立中国特色的“旋转门”制度，鼓励和支持高校智库人才到政府或基层挂职、调研，畅通智库研究人员与实际工作部门之间的交流沟通渠道。要敞开胸怀，加大投入，支持高校智库聘任对中国友好、具有国际影响力的学者、政要、名人担任研究员，推动智库研究队伍的国际化。

全面建设一流马克思主义理论学科*

马克思主义是我们立党立国的根本指导思想，是中国特色社会主义意识形态的旗帜和灵魂，是我们认识世界和改造世界的强大理论武器。创建马克思主义理论一级学科是新时期国家学科规划和建设的一项重大战略举措。马克思主义理论学科创立十年来，建设成果丰硕，发展态势稳健。在新的历史起点上，为更好地发挥马克思主义理论学科在坚持立德树人、加强意识形态工作、创新思想理论、繁荣和发展哲学社会科学等方面的基础作用和导向作用，提升学科建设水平，突出理论主攻方向，强化现实问题导向，必须全面建设一流的马克思主义理论学科。

全面建设一流马克思主义理论学科意义重大

马克思主义理论学科是研究马克思主义基本原理及其形成和发展的历史，研究马克思主义在世界上的传播与发展，特别是研究马克思主义中国化的理论与实践，同时把马克思主义研究成果运用于马克思主义理论教育、思想政治教育和思想政治工作的科学。全面建设马克思主义理论一级学科对于发展中国哲学社会科学、做好意识形态工作、发展21世纪中国的马克思主义、落实党和国家的教育方针具有重要的理论意义和现实价值。

（一）全面建设一流马克思主义理论学科是发展中国哲学社会科学的重要任务

在实现全面建成小康社会、加快推进社会主义现代化、实现中华民族伟大复兴的中国梦的历史进程中，哲学社会科学具有不可替代的重要作用。发展中国哲学社会科学体系的一个重要前提在于广大哲学社会科学工作者始终坚持马克思主义的指导地位，自觉把马克思主义的立场、观点、方法贯穿到学术研究中，贯穿到各个学科和专业建设中，把握正确方向，掌握科学方法。全面建设

* 原文发表于《思想教育研究》2016年第1期。

一流马克思主义理论学科是完成这一时代课题的必然选择和必由之路。只有全面建设一流马克思主义理论学科，才能更好地展现马克思主义经典著作的真理魅力，涵养哲学社会科学工作者的马克思主义理论思维，培育坚持和发展马克思主义的哲学社会科学高精尖人才队伍，提升马克思主义理论的学科引领作用。

（二）全面建设一流马克思主义理论学科是巩固马克思主义在意识形态领域指导地位的重要抓手

意识形态工作是党和国家一项极端重要的工作。坚持和巩固马克思主义在意识形态领域指导地位，是党和人民团结奋斗、脚踏实地地沿着正确方向前进的根本思想保证。马克思主义的指导地位，是由马克思主义理论自身的科学性、正确性和权威性所决定的，是由马克思主义成功指导中国革命、建设和改革实践所决定的。在当前的意识形态领域中，各种反马克思主义、非马克思主义思潮异常活跃。全面建设一流马克思主义理论学科，是建设学习研究宣传马克思主义的主阵地，是巩固马克思主义在意识形态领域指导地位的重要抓手。通过发挥马克思主义理论研究队伍的研究专长和学术智慧，在学理研究中提升马克思主义的科学性和正确性，在学术争论中批驳反马克思主义、非马克思主义的欺骗性和荒谬性，在理论宣传教育中巩固马克思主义在意识形态领域指导地位、筑牢全社会的马克思主义共同信仰。

（三）全面建设一流马克思主义理论学科是发展 21 世纪中国的马克思主义的必然要求

发展 21 世纪中国的马克思主义是我们党在新的历史条件下对坚持和发展马克思主义提出的新要求、新目标。习近平总书记指出，“要根据时代变化和实践发展，不断深化认识，不断总结经验，不断实现理论创新和实践创新良性互动，在这种统一和互动中发展 21 世纪中国的马克思主义”。要达到这一要求和目标，需要全面建设一流马克思主义理论学科，实现马克思主义理论学科建设和理论创新的良性互动。通过马克思主义理论学科的建设来摆脱理论资源的贫困，甩掉理论滞后的帽子，为中国梦贡献理论智慧，为新常态提供行动指南。党的十八大以来，以习近平同志为总书记的党中央高度重视马克思主义理论创新工作。在改革发展稳定、内政外交国防、治党治国治军等方面坚持和发展马克思主义，实现马克思主义中国化的新飞跃，是发展 21 世纪中国的马克思主义的光辉典范。全面建设一流马克思主义理论学科也是全面准确阐述习近平总书记系列重要讲话重大意义、科学内涵、精神实质和实践要求的必然选择。

（四）全面建设一流马克思主义理论学科是全面贯彻党的教育方针、落实立德树人根本任务的必然选择

我们党的教育是为人民服务、为中国特色社会主义服务、为改革开放和社会主义现代化建设服务的，党和人民需要的是社会主义事业的合格建设者和可靠接班人，办好中国特色社会主义大学，要坚持立德树人，把培育和践行社会主义核心价值观融入教书育人全过程。高校思想政治理论课是巩固马克思主义在高校意识形态领域指导地位，坚持社会主义办学方向的重要阵地；是全面贯彻落实党和国家的教育方针，培养中国特色社会主义事业合格建设者和可靠接班人，落实立德树人根本任务的主渠道；是进行社会主义核心价值观教育，帮助大学生树立正确世界观、人生观、价值观的核心课程。全面建设一流马克思主义理论学科是建设学生真心喜爱、终身受益高校思想政治理论课，推动中国特色社会主义理论体系和社会主义核心价值观“进教材、进课堂、进头脑”，加深广大青年学生对中国特色社会主义思想认同、理论认同、情感认同，不断增强道路自信、理论自信、制度自信的必然选择。

全面建设一流马克思主义理论学科要强化问题导向

马克思主义理论学科建设的地位举足轻重、成就卓越瞩目、前景任重道远。与时代和事业发展的要求相比，当前的马克思主义理论学科建设还有许多不适应、不符合的问题。

（一）在学科布局上，存在“大而欠强”的局面

自2005年以来，马克思主义理论一级学科在学科布局上实现了从无到有、从点到面、从小到大的大发展、大跨越。截至2014年，全国普通高校马克思主义理论学科点覆盖全国30个省级行政区。其中，一级学科博士点分布在21个省级行政区，二级学科博士点分布在21个省级行政区，一级学科硕士点分布在28个省级行政区，二级学科硕士点分布在28个省级行政区。这一学科布局状况表明马克思主义理论学科是国内地域覆盖面最大的学科。但是，马克思主义理论一级学科并不是整体最强的学科，高校马克思主义理论学科建设和发展状况与马克思主义理论一级学科的设立初衷和建设要求相差甚远。这种局面迫切需要合理规划、优化布局，走学科内涵式发展道路。

（二）在学术研究上，存在“宽而欠精”的现象

学术研究是学科建设的根基和核心。就马克思主义理论本身来说，其作为无产阶级政党的指导思想，作为无产阶级改造社会、解放自身乃至全人类、促进人的全面发展的思想武器，无疑具有意识形态的性质和思想政治教育的功能。同时，马克思主义作为人类思想文化智慧的结晶，作为立足人类实践揭示客观世界发展规律的学说体系，又具有内在的理论逻辑和学术品格。学术性和意识形态性的交融，共同构筑了一座马克思主义理论大厦。马克思主义理论一级学科设立以来，关于马克思主义理论的学术争鸣持续、学术创新旺盛、学术氛围宽松、学术成果丰硕，但还存在着“宽而欠精”的现象，表现为学术涉猎范围相当广泛却不精细、学术交叉研究成果非常丰富却不叫座、学术理论争论活动频繁却不深刻，一些研究者和研究成果缺乏理论自信、方法自觉和学术自强。

（三）在人才培养上，存在“多而欠专”的状况

培养马克思主义理论专业人才是马克思主义理论学科的首要使命。在教师和学生中培养一批马克思主义理论研究宣传教育骨干，造就一支政治坚定、学养深厚、有重要影响的思想理论建设队伍，是推动马克思主义理论学科建设的重要职责。马克思主义理论一级学科建设十年来，在招生流程、培养方案、课程设置、中期考核、论文选题和答辩等方面日趋规范，为高校和党政部门等培养了一大批具有坚定的中国特色社会主义信念、较好的马克思主义理论素养、较扎实的专业基础知识和较宽的知识面、正确的政治方向和良好学风的马克思主义理论研究、宣传和教育人才。然而，调研表明，马克思主义理论学科在人才培养上还存在着“多而欠专”的状况，培养具有坚定的理想信念、高尚的道德情操、扎实的理论功底、突出的创新能力、优良的学风文风的高素质马克思主义理论专业人才的任务仍然相当繁重。

（四）在支撑教学上，存在“全而欠深”的情形

支撑好、服务好思想政治理论课教学是马克思主义理论学科建设的重要目标。马克思主义理论一级学科建设十年来，各地各高校积极推动马克思主义学院或思想政治理论课教学部的建设，为马克思主义理论学科服务思想政治理论课教学提供了坚强的组织支撑，促进了马克思主义理论学科建设与思想政治理论课教学科研机构的融合。同时，教育部和各高校也十分重视提高教师队伍的素质，引导和鼓励中青年教师钻研教学内容、创新教学模式，着力提高思想政治理论课教育教学质量，为马克思主义理论学科建设服务思想政治理论课教学提供人才支撑。但是，在支撑和服务思想政治理论课教学上还存在着“全而欠深”的情形，一些思想政治理论课教学中的重点难点热点问题的论证和阐释并未达到预期目标，与高校学生对解疑释惑的要求还有距离，一些高校学生高度关注的现实问题还需进行深度研究和解答。

（五）在资政服务上，存在“做而欠优”的问题

马克思主义理论作为一种政治性资源，在资政服务方面有其特殊优势。十年来，马克思主义理论学科围绕党和国家中心工作，运用马克思主义立场、观点和方法，创新性地提出了许多治国理政的新思想新理论，创造性地支持了许多科学发展的新实践新举措，在出思想、出成果、出人才方面取得了一定成绩。但是，与时代和事业发展的要求相比，与马克思主义理论自身的魅力相比，与马克思主义理论一级学科的建设初衷相比，马克思主义理论学科在资政服务上还存在“做而欠优”的问题。如在破解改革发展稳定难题上还存在一定程度的滞后性，在应对全球性经济、社会、文化和生态等问题上还存在某些层面的失语。解决这些问题，迫切需要进一步加强马克思主义理论学科建设，进一步推动发挥好马克思主义理论的智库作用，以科学咨询支撑马克思主义理论学科建设，以服务决策引领马克思主义理论学科发展。

全面建设一流马克思主义理论学科的策略选择

全面建设一流马克思主义理论学科既是新的历史条件下党和国家事业发展的战略要求，也是新的历史节点上马克思主义理论学科自身发展的现实需要。中国人民大学作为新中国马克思主义哲学、政治经济学和科学社会主义等学科以及马克思主义教学与研究的高地，马克思主义理论高端人才培养的“工作母机”，在全面建设一流马克思主义理论学科中理应从全局、战略的高度深化认识，在师资队伍、学术研究、人才培养、资政服务和支撑思想政治理论课教学上全面发力，干在实处。

（一）立足大局，把握大势，凸显马克思主义理论学科重要战略地位

近年来，中国人民大学重视加强顶层设计，强化马克思主义理论学科建设领导小组的职能与定位，把马克思主义理论学科作为学校重点扶持的学科，对马克思主义理论学科的教育教学改革、科学研究、人才培养等加大政策支持力度，促进在教学科研和学科建设中有影响力的拔尖人才脱颖而出，扩大中国人民大学马克思主义理论学科在全国高校的影响力，更好地发挥中国人民大学在马克思主义理论学科建设中应有的作用，推动形成马克思主义理论研究的“人大学派”。积极承担中央及教育部马克思主义理论研究和建设工程任务，提升马克思主义理论研究水平，为丰富完善中国特色社会主义理论体系贡献学术智慧。我们将继承和发扬中国人民大学马克思主义理论研究和教学的优良传统，充分发挥学科齐全、力量雄厚的优势，在进一步凝练学科的基础上明确主攻方向。中国人民大学计划成立马克思主义学部，整合马克思主义哲学、经济学、政治学、法学等相关学科资源，着重围绕马克思主义基本原理、中国化马克思主义、思想政治教育三个方向，发挥好各相关学科的学术支撑作用，促进优势集成，进一步构建学科平台，凝练学科方向，汇聚学科队伍，继续保持和巩固这些学科在全国的领先地位。

（二）深耕经典，立足现实，提高马克思主义理论学术队伍研究水准

建设一流的马克思主义理论学科，必须要进一步整合学术力量，不断推出高水平理论研究成果。中国人民大学将充分发挥好现有科研平台作用，确保教育部人文社会科学重点研究基地“中国特色社会主义理论体系研究中心”、北京市马克思主义研究基地“马克思主义研究院”、北京市高精尖创新项目“思想政治理论课高精尖创新中心”、学校科研机构“中国共产党历史与理论研究院”等科研平台的政策支持，打造能够代表学校和学院科研水平以及学术影响力的学术品牌。努力推进各研究机构的协同攻关，打造学术共同体，推动对马克思主义基本理论、中国共产党历史与理论、社会主义核心价值观、中国道路与中国模式等重大理论与现实问题的集体攻关研究，不断推出高水平理论研究成果。同时，积极推进马克思主义理论学科重点工程的建设工作，按照学科特点和学科方向，整合各方学术力量，启动实施若干对马克思主义理论学科建设和发展有重大影响力的重点工程，编写若干马克思主义理论学科研究生核心教材，培养若干马克思主义理论学科带头人和马克思主义理论教育家。同时，创建一份在国内外具有重要影响力的马克思主义理论研究期刊，形成中国人民大学马克思主义理论学科在全国高校中的核心竞争力和独特话语权。

（三）强化内涵，统一标准，提升马克思主义理论学科人才培养质量

加强马克思主义理论学科建设，关键在人才、在队伍。我们要充分发挥老专家老教授的作用，让他们以丰富的学识来涵养学生，以深邃的思想来引领学生，以高尚的人格来感染学生，使学生更好地接受马克思主义理论知识的传授，更好地传承马克思主义的基因。要严把马克思主义经典著作研读关，严把学术训练关，严把学位论文质量关，以严格、规范、科学的管理，高标准、高质量完成马克思主义理论学科硕士、博士研究生的培养。同时，要努力拓展与国外相关研究机构的学术交流，促进学科优化和发展。既要将国际知名专家教授“请进来”，也要组织马克思主义理论学科教师“走出去”，围绕马克思主义理论发展的前沿选题，通过国际性学术沙龙、学术研讨会、学术讲座、学术论坛等形式，提高科研水平，更新学术思想、理念和研究方法，为马克思主义理论学科的创新发展营造良好的学术氛围。还要进一步发展与国外高校的人才培养合作项目，扩大马克思主义理论专业学生国际交流的规模与渠道，拓展学生的国际视野，为培养马克思主义理论后备人才打下坚实基础。

（四）整合力量，集成优势，深化马克思主义理论学科资政服务成效

构建以当代马克思主义为指导的具有中国特色、中国风格、中国气派的哲学社会科学学科体系和教材体系，不仅是马克思主义理论研究和建设工程的重要组成部分，也是高等学校加强基础理论建设、提高教学质量的重要任务。马克思主义理论学科是马克思主义学术的知识化、学科化，要科学把握马克思主义与其他哲学社会科学理论的关系。在马克思主义理论学科和相关哲学社会科学学科建设中，必须优化学科布局，形成全面推进、相互促进、共同发展的学科建设良好格局。我们将以对重大理论和现实问题的研究、聚焦、回应为基点，组建和培育“马克思主义与中国道路协同创新中心”，着力将其建设成为国内一流的马克思主义理论研究高地、决策咨询智库、人才培养基地、调查研究机构、信息资源门户及学术交流平台。

（五）坚持导向，创新理论，增强马克思主义理论学科对思想政治理论课的支撑力量

高校思想政治理论课是对大学生进行思想政治教育的主渠道。一方面，思想政治理论课需要强有力的学理支撑，需要以学科建设为抓手提高师资队伍的整体素质；另一方面，思想政治理论课也对马克思主义理论学科建设提出了要求，如教育教学过程中遇到的许多重大理论和实际问题，都需要通过加强学科建设进行深入研究，改进教学方法、提高教学质量等也需要高质量的人才支持。中国人民大学将在现有工作基础上，进一步推进思想政治理论课教学改革和质量提升工程，积极推进系统教学、专题教学和实践教学“三位一体”的教学模式，培育更多精品课程和教学名师。同时，加大对思想政治理论课的教学投入，使思想政治理论课教师各方面待遇在学校本科教学相关政策体系中同各相关专业的教师保持大体相当的水平；落实专题教学和实践教学环节的管理机制和经费投入机制，在全校范围内协调优秀教学资源投入思想政治理论课专题教学，切实保障为教师跨学院讲授思想政治理论课和聘请外单位专家学者讲授思想政治理论课提供政策经费支持。

建设世界一流大学一流学科有“形”更要有“魂”*

习近平总书记明确指出，“办好中国的世界一流大学，必须有中国特色”。中国的“双一流”建设要在认真吸收世界先进办学经验的基础上，立足中国大地，走中国特色的世界一流大学创新发展之路。

世界一流大学的衡量、评价是一个极为复杂的课题，虽然国际上推出了不同的大学评价指标体系和排行榜，有些方面的指标是共同的、可以衡量的，但有些方面是不同的，难以衡量。过去我们较为关注一流大学的共性特征和可以衡量的外在指标，并向这方面努力，但是，一流大学不仅要有这些外显的“形”，更要有内在的“魂”，而这个“魂”没有也无法用统一的国际标准来衡量，也没有一致的路径可以选择，需要根据各国大学发展的历史背景、文化特色、制度特点和时代要求来探寻。中国大学在建设“双一流”的进程中，必须寻求和确立自己的“魂”，把“中国特色”注入到大学建设的“魂”中，体现中国一流大学的学术自觉和文化自信，这是“双一流”建设指导思想的重大转变和创新。

中国特色与世界一流是辩证统一的：只有立足中国实际，走中国特色发展之路，才能建成世界一流大学与一流学科；只有以世界一流为标准，瞄准世界一流，不懈努力奋斗，才能与世界一流大学平等交流对话，跻身于世界一流大学之林。没有一流大学和一流学科的本土化，就不存在也不可能实现一流大学与一流学科的独特性与国际影响力。没有瞄准世界一流的中国特色，很可能成为低水平的代名词。

中国特色主要体现在办学理念、发展路径与体制机制等方面，贯穿于高等学校的人才培养、科学研究、社会服务与文化传承等职能中。近年来，中国人民大学在贯彻“中国特色、世界一流”的道路上做了一些有益探索，始终坚持问题意识、国际意识、本土意识，聚焦中国特色社会主义建设中的一系列重大政治、经济、文化和社会问题，立足世界学术前沿进行交流、合作与研究，并

* 原文发表于《人民日报》2016 年 4 月 14 日 18 版。

引导师生进一步了解国情、社情、民情，正确认识国家前途命运和自身社会责任。

中国特色的世界一流学科既是学科建设的奋斗目标，也是评价标准。这就要求我们：既要在可比性指标上达到甚至超越世界一流水平，更要为实现中华民族伟大复兴的中国梦做出突出贡献；既要以建成一流学科为努力方向，更要积极探索一流学科建设的中国经验与发展模式。“双一流”聚焦学科发展，是发展理念的重大创新。一流学科建设并不代表只发展优势学科，从某种意义上说，大学的各个学科类似有机关联的生态系统，既有乔木，也有灌木，它们相互支持、共同生长，科学研究就是在学科交叉融合中发展的。有数据显示，最近 25 年，诺贝尔奖项中有近一半属于交叉性的合作研究成果。大学更需要在多科性和综合化的环境中培养优秀人才，使科学研究的一流和人才培养的一流相互融合。就拿中国人民大学来说，其以 9 个排名全国第一的学科为龙头，带动相关学科的发展，建立了以人文社会科学为主的多学科协调发展的生态系统。

“双一流”建设呼唤评价理念与机制的创新。大学的事务、活动和功能宽泛且多元，价值、精神和使命深远而独特。学科评价要促进特色发展，不是鼓励以数量和规模的“大”取胜，而要以学科的质量与水平的“优”来胜出。评价要尊重中国国情，不能简单照搬国外的评价体系，也不能关起门做评价，而应将其放在世界坐标系中去比较。对于各种大学排行榜，尤其是国际大学排行榜，更要保持清醒的头脑对其进行分析看待。只有发现自身优势、克服不足，才能坚定地向着世界一流大学和一流学科的奋斗目标迈进。

牢牢把握高校宣传思想工作的主要任务*

高校宣传思想工作，事关党对高校的领导，事关全面贯彻党的教育方针，事关中国特色社会主义事业后继有人，是一项战略工程、固本工程、铸魂工程。当前，在世界各种思想文化交流交融交锋更加频繁、我国进入全面深化高等教育综合改革攻坚期的时代背景下，牢牢把握高校宣传思想工作的主要任务，坚持把围绕中心、服务大局作为基本职责，做到因势而谋、应势而动、顺势而为，对于立德树人、培养德智体美全面发展的中国特色社会主义合格建设者和可靠接班人，具有十分重要而深远的意义。

坚定师生理想信念，增强对中国特色社会主义的理论认同、政治认同、情感认同

高校作为培养中国特色社会主义建设者和接班人的人才摇篮，思想理论建设直接关系到其社会主义办学方向。要始终把思想理论建设摆在宣传思想工作的首要位置，坚持不懈用中国特色社会主义理论武装党员干部、教育师生员工。

第一，不断深化中国特色社会主义和中国梦宣传教育。充分运用各种传播手段、宣传阵地和精神文化产品，加强形势政策教育，引导广大师生把国家梦、民族梦与大学梦、个人梦有机结合起来，自觉为实现“两个一百年”目标、实现中华民族伟大复兴的中国梦不懈奋斗。同时，要按照党的十八届三中、四中全会精神，加强对全面深化改革、全面推进依法治国的正面宣传和舆论引导，及时回答师生关心的重大思想认识问题，进一步统一思想、凝聚共识。要加强党委理论中心组学习，领导干部要带头学习，发挥好示范引领作用。实施思想引领工程，贴近师生接受习惯，创新学习载体形式，举办“部长进校园”形势报告会、“理论名家讲堂”、“学理论·读经典”等活动，不断增强理论学习效果。

* 原文发表于《中国教育报》2015年2月3日3版。

第二，大力推动中国特色社会主义理论体系“进教材、进课堂、进头脑”。要充分发挥思想政治理论课作为大学生思想政治教育主渠道、主阵地的作用，深化思想政治理论课综合改革，用好马克思主义理论研究和建设工程重点教材，组织编写教辅资料，加强培训督查，推动教材体系向教学体系转化。制定实施思想政治理论课教师队伍建设五年规划，健全新上岗培训、全员轮训、技能竞赛、骨干研修、择优资助、国内外访学为一体的培养体系。开足开好必修选修课程，完善教学质量评价体系，引导教师用贴近学生的话语、先进的技术手段和时代元素，丰富教学内容，改进教学方法，提高教学质量。

第三，扎实推进高校思想理论建设。充分发挥高校学科和专家优势，深化中国特色社会主义理论体系的研究和阐释，把学习研究习近平总书记重要讲话纳入中国特色社会主义理论研究总体规划，努力用科学的理论阐释坚定师生对中国特色社会主义的道路自信、理论自信和制度自信，坚定对实现中华民族伟大复兴的中国梦的自信。重点建设好一批马克思主义理论研究和建设创新基地，编写一批马克思主义理论专业教材，培养一批马克思主义理论学科带头人，造就一批马克思主义理论教育家。大力开展全面建成小康社会、全面深化改革和全面推进依法治国的重大问题研究，实施中国特色新型高校智库建设推进计划，整合优质资源，组织多学科、跨领域的协同研究，打造一批服务党和政府科学决策的国家智库。

第四，切实加强高校社会实践教育。要为高校师生开展社会实践搭建平台，建立师生社会实践保障体系，探索实践育人的长效机制，开展形式多样的社会实践活动，组织引导高校师生走出校门，到基层去，到工农群众中去，参加社会调查、生产劳动、志愿服务、公益活动等社会实践活动，进一步了解国情、社情、民情，正确认识国家前途命运，正确认识自身社会责任。要高度重视青年教师特别是人文社会科学领域教师的社会实践工作，积极选派青年教师特别是海归教师到基层和实际部门挂职锻炼，引导他们深入了解基层实际，更好地接地气、懂国情。要把学生社会实践纳入学校教育教学总体规划和教学大纲，规定学时和学分，提供必要经费。积极探索和建立社会实践与专业学习相结合、与服务社会相结合、与勤工助学相结合、与择业就业相结合、与创新创业相结合的机制，增强社会实践活动的效果，培养劳动观念和职业道德。加强社会实践基地建设，不断丰富社会实践的内容和形式，提高社会实践的质量和效果，使师生在社会实践活动中受教育、长才干、做贡献。

做大做强正面宣传，为高校改革发展营造良好舆论氛围

新闻宣传是高校宣传思想工作的重要组成部分，是大学进行组织传播、行

政管理、舆论引导及文化建设的重要渠道和手段。新闻宣传既要坚持“喉舌”作用，贯彻党和国家的政策路线和教育方针，推动学校中心工作的顺利开展，也要充分掌握和利用新闻规律、发挥现代传媒的优势，加快大学的改革和发展步伐。

第一，提升新闻宣传水平。完善新闻信息发布和新闻发言人制度，高校要统一设立新闻发言人，及时就高校改革发展重大部署和社会关切的热点敏感问题发布信息，妥善做好各类突发事件的舆论引导工作。坚持马克思主义新闻观，进一步改进高校新闻宣传的文风作风。充分运用新技术，创新教育媒体传播方式，推进高校信息公开，提升教育报刊、教育电视台等媒体的传播能力，发挥好中央媒体作用，占领信息传播制高点。建立高校、宣传部门、新闻媒体三方联动宣传机制，把握好时、度、效，弘扬主旋律，传播正能量，为高校改革发展营造良好舆论氛围。

第二，构建新媒体时代新闻宣传工作大平台。在继续发挥校报、广播、宣传橱窗、电子显示屏等校内传统媒体的主导作用的同时，要广泛运用新型手段，克服“本领恐慌”，适应网络、移动信息为代表的新兴媒体的发展，有效应对不断出现的微博微信、手机短信、手机报等新的传播方式给传统的传播观念和宣传方式带来的巨大挑战。要引导高校网络文化健康发展，开展高校校园网络文化建设专项试点工作，大力推进校报校刊数字化建设，探索建立优秀网络文章在科研成果统计、职务职称评聘方面的认定机制。打造示范性思想理论教育资源网站、学生主题教育网站和网络互动社区，推进辅导员博客、思想政治理论课教师博客、校务微博、校园微信公众账号等网络新媒体建设，扩大校园网络文化的育人覆盖面，增强渗透力。

第三，强化舆论引导能力。要掌握全媒体环境下舆情演化和应对规律，主动回应师生关注的国计民生、教育改革发展及校园学习生活热点问题，制定突发事件舆情引导预案，有理有节地开展舆论斗争，帮助师生划清是非界限、澄清模糊认识，有效掌握舆论主导权。要加大网络宣传思想研究和工作推动力度，探索建立线上线下互动一体的宣传思想运行机制，进一步增强运用网络信息技术弘扬主旋律、传播正能量的及时性有效性。健全网络舆情预警和防控机制，认真做好网上舆论斗争和引导工作。加强网络管理员、监测员、评论员队伍建设，培养一批懂理论、懂网络的宣传骨干。

巩固共同思想道德基础，
积极培育和践行社会主义核心价值观

高校肩负着立德树人的根本任务，是培育和践行社会主义核心价值观的示范之区，在全社会具有辐射引领作用。宣传思想工作要紧紧围绕师生成长发展

需求，注重教育引导、舆论宣传、文化熏陶、实践养成、制度保障相结合，使社会主义核心价值观在高校像空气一样无所不在、无时不有，成为师生员工日常学习、工作、生活的基本遵循。

第一，将社会主义核心价值观教育融入到大学生思想政治教育中。把社会主义核心价值观融入高等教育全过程，完善中华优秀传统文化教育，增强大学生的文化自信和价值观自信。高度重视民族团结教育，引导学生自觉维护国家统一和民族团结。积极开展马克思主义宗教观的宣传教育，引导学生正确认识和看待宗教问题。加强校园文化建设，开展好学雷锋和道德模范、各行各业先进模范校园巡讲等活动，推进廉洁教育和廉政文化进校园。发挥青年榜样的示范带动作用，通过青春故事分享交流等形式，推动各行各业青年典型的事迹的精神广为传播，引导学生形成向上、向善的精神力量。建立健全大学生志愿服务制度，将志愿服务纳入大学生综合素质评价指标体系。

第二，将社会主义核心价值观教育融入到师德师风建设中。把社会主义核心价值观纳入教师教育课程体系，融入教师职前培养准入、职后培训管理全过程。全面落实《关于建立健全高校师德建设长效机制的意见》，创新师德教育、加强师德宣传、健全师德考核、强化师德监督、注重师德激励、严格师德惩处，推动广大教师坚定理想信念、遵守职业道德、承担育人职责、永怀仁爱之心。充分激发教师加强师德建设的自觉性，鼓励教师弘扬重内省、重慎独的优良传统，在细微处见师德，在日常中守师德，养成师德自律习惯，将师德规范积极主动融入教育教学、科学研究和服务社会的实践中，提高师德践行能力。

第三，将社会主义核心价值观教育融入到大学制度建设中。按照社会主义核心价值观的基本要求，推进大学章程建设，完善学校各项规章制度。完善教师管理规定、学生守则公约等师生行为准则，使社会主义核心价值观成为学校生活的基本遵循。建立和规范学校礼仪制度，丰富升国旗仪式、入党入团仪式等典礼的内涵，强化仪式庄严感和教育意义。将社会主义核心价值观作为学校基层党团组织主题生活会、党团日、班会的重要内容。建立健全涵盖学业诚信、学术诚信、经济诚信、就业诚信等内容的大学生诚信档案，并将其作为大学生思想政治教育测评的重要依据。构建各学段有机衔接的信用约束机制，分层推进诚信档案建设。

强化阵地意识，牢牢把握高校意识形态工作的领导权、管理权、话语权

高校是意识形态工作的重要阵地。意识形态工作贯穿高校教学、科研、管理各项工作之中，关系着高校的社会主义办学方向。高校党委在任何时候都绝

对不能放松坚守意识形态领域工作这根弦，都要牢固树立政治意识、政权意识、使命意识、阵地意识、责任意识，牢牢掌握意识形态工作的领导权、管理权、话语权。

第一，牢牢把握意识形态领导权。高校党委要强化政治责任和领导责任，把意识形态工作纳入重要议事日程，经常研究，及时加强指导。党委书记、校长要旗帜鲜明地站在意识形态工作第一线，敢于担当、敢于亮剑、敢于碰硬，始终与以习近平同志为总书记的党中央保持高度一致。要完善齐抓共管的意识形态工作机制，坚持党政共同抓、党群合力抓、上下联动抓，动员学校各级干部、各支队伍、各类组织、各个部门一起来做这项工作，形成信息沟通和工作协调的联动机制。把意识形态工作情况作为领导班子考核的重要指标，学校党委每半年至少专题研究一次意识形态工作，研判形势，部署工作，有效应对意识形态领域的异动和挑战。坚持高标准选配高校宣传思想工作干部，把政治坚定和在理论上、笔头上、口才上有专长的优秀干部选拔到宣传思想工作部门。

第二，牢牢把握意识形态管理权。抓好课堂主阵地管理，把坚持党的基本路线作为教学基本要求，制定加强高校课堂教学管理办法，严格执行教师教学考核、教材使用、教学过程督导制度。对在课堂教学中传播错误观点和言论的，要给予严肃批评教育；对态度顽固、不听教育劝阻的，要视情调离、解聘；对散布反动言论或从事非法活动的，要依法依纪严肃处理。聘任外籍人员担任教师，要严格执行国家有关规定。抓好宣传思想阵地管理，绝不给错误思想提供传播空间。加强对校报校刊、广播电视、出版物的内容审核。

第三，牢牢把握意识形态话语权。话语体系是意识形态传播的基本载体。要创新新时期意识形态工作话语体系，提高马克思主义意识形态的说服力和感召力、传播力和影响力。要注重用中国的理论、中国的学术、中国的文化解读马克思主义中国化最新成果，形成中国特色、中国风格、中国气派的话语体系。特别是要针对西方学术话语占据主导的现状，发挥高校人才优势和学科优势，增强责任感紧迫感，深入总结提炼我们在中国道路中创造的新思想新经验新做法，着力打造融通中外、具有普遍适用性和广泛接受度的新概念新范畴新表述，讲好中国故事，传播好中国声音。要建立高校意识形态研究中心，及时掌握意识形态动态，研究意识形态工作规律，充分发挥理论专家作用，主动引导思想舆论。健全社会思潮和舆情分析研判机制，及时发现和处理倾向性、苗头性问题，切实把握工作主动权。

推动文化传承创新，
建设具有中国特色、体现时代要求的大学文化

高校是传承、传播和创造社会主义先进文化的重要阵地，承担着文化强国

的光荣使命，是社会主义文化大繁荣大发展的生力军。高校应以高度的文化自信和文化自觉，把以文化人的理念有效融入人才培养全过程，培育和弘扬大学精神，把学校建设成为精神文明建设示范区和辐射源。

第一，培育和弘扬大学精神。要总结提炼出符合先进文化发展方向的具有鲜明时代特征的大学精神传统、办学理念与治学文化，推动大学文化建设规划制定、平台构建和体系形成。加强学校博物馆、校史馆、图书馆、档案馆及其他文化设施的建设，挖掘校训中蕴含的人文精神、科学精神，整理校史、院史、学科史和人物史，形成各具特色的学校文化体系。要注重将大学文化景观建设作为培育和弘扬大学精神文化的重要载体，将大学精神和治学文化的内核"审美化""景观化"。要探索建立大学文化建设的评价与反馈机制，根据相关建设指标和师生、校友以及社会各界的反馈情况，在实践中不断积累经验，进一步完善和修订大学文化建设的内容、方式和方法，不断推动大学文化建设迈上新的台阶。

第二，打造大学文化特色品牌。要在校园中建设与校园环境融合、艺术品位高的公共艺术景观作品，在校园时空中形成特殊的文化艺术传播场，从而弘扬学校文化特色，提升大学艺境品位。要着眼于搭建大学文化高端传播平台，精心打造诸如学术大讲堂、"感动校园""我爱我师"人物评选、师德论坛等特色文化品牌活动，并使这些活动成为师生开阔视野、激荡思维、启迪心灵的精彩课堂、教育阵地和重要载体。要抓好艺术馆、博物馆、音乐厅等文化场馆建设，坚持"公益性、专业化、高品位"的方针，加强人文艺术素养教育，努力传播科学精神、人文精神和大学精神，充分发挥其人文审美教育、感染和引领作用。

第三，加强优秀传统文化和传统美德教育。要深化理论研究，发挥人才聚集优势，加强中华优秀传统文化重大理论与实践问题项目研究，力争推出一批有深度、有分量的研究成果，通过课题资助、学术引领、文化交流、队伍建设等，把高校打造成中华优秀传统文化的研究基地。要开设中华优秀传统文化教育课程，纳入学校课程体系，明确学时学分。注重挖掘专业课程的传统文化内涵，切实加强大学生优秀传统文化素养培养和传统美德教育。要注重利用春节、端午节、中秋节、国庆节等重要节庆日传播中华优秀传统文化的独特优势，加强对青年学生的文化素质养成教育。要加强校园文化建设，大力开展以中华优秀传统文化为主题的校园文化活动，让师生在活动中感悟、体验和接受中华优秀传统文化，传承和践行中华传统美德。

科学把握高校宣传思想工作基本原则*

高校是各种思想文化交流交融交锋的前沿阵地，面对新形势新情况，做好高校宣传思想工作的任务更加紧迫。近日，中共中央办公厅、国务院办公厅印发《关于进一步加强和改进新形势下高校宣传思想工作的意见》（以下简称《意见》），明确提出了做好高校宣传思想工作的五大基本原则：坚持党性原则、强化责任，坚持育人为本、德育为先，坚持标本兼治、重在建设，坚持改革创新、注重实效，坚持齐抓共管、形成合力。这五大基本原则，既蕴含着对历史经验的深刻总结，又蕴含着对新形势新任务的科学判断，具有很强的战略指导性和现实针对性，为我们深入开展高校宣传思想工作提供了科学遵循。

坚持党性原则、强化责任，
切实加强党对高校宣传思想工作的领导

高校是各种意识形态争夺的重要场所。随着我国经济、社会和文化的不断变革与发展，各种社会思潮对高校宣传思想工作产生了重要的影响。近年来，马克思主义在意识形态领域的指导地位不断得到巩固和加强，人们对中国特色社会主义道路、制度和理论体系的认识不断深化，但否定马克思主义的错误思潮、否定改革开放的噪声和杂音也时有出现。因此，坚持党性原则、强化责任，在重大原则和是非问题上始终做到旗帜鲜明、立场坚定，始终同党中央保持一致，始终坚持正确的政治方向，这是做好高校宣传思想工作的根本保证。

高校党委必须要把做好意识形态工作摆在首要位置，始终绷紧意识形态工作这根弦，切实负起政治责任和领导责任，站稳政治立场、增强政治定力，把任务真正担起来，把工作真正抓起来。意识形态工作无小事。党委书记和校长

* 原文发表于《光明日报》2015 年 2 月 5 日 3 版。

作为高校主要负责同志，要坚定自觉地站在意识形态工作第一线，带头抓意识形态工作，加强对意识形态领域重大任务的统筹指导，勇于担当、靠前指挥，旗帜鲜明地抓，理直气壮地管，决不能让领导权旁落。

与过去相比，现在的高校更容易处于意识形态较量的风口浪尖上，经常会遇到各类棘手问题。一定不能畏首畏尾、畏葸不前，不能袖手旁观、沉默失语，不能搞爱惜羽毛那一套，要当战士，不能当“绅士”。要增强问题意识，加强对高校意识形态领域的动态分析和科学研判，及时掌握新情况新动向，特别是对于倾向性、苗头性问题，要保持警觉敏锐，做到见微知著、心里有数。要深化对社会思潮运动的理论研究，深刻把握问题的性质、产生的原因、影响的范围和发展的趋势，不断增强工作的预见性、前瞻性和主动性。

坚持育人为本、德育为先，积极培育和践行社会主义核心价值观

高校肩负着立德树人的根本任务，是培育和践行社会主义核心价值观的示范区，在全社会具有辐射引领作用。宣传思想工作要紧紧围绕师生成长发展需求，注重教育引导、舆论宣传、文化熏陶、实践养成、制度保障相结合，使社会主义核心价值观在高校像空气一样无所不在、无时不有，成为师生员工日常学习、工作、生活的基本遵循。

高校必须以立德树人为根本任务，紧紧围绕人才培养这个中心，始终把“培养什么样的人”“如何培养人”摆在首要位置，突出理想信念引领和价值观塑造，坚持用中国特色社会主义理论体系武装头脑，用社会主义核心价值观凝聚人心，不断增强青年学生的道路自信、理论自信、制度自信。坚持教书与育人相统一，知识传授与价值观培育相统一，在传道授业解惑的过程中春风化雨、润物无声，构建课堂教学、社会实践、校园文化多位一体的育人平台，增强青年学生对社会主义核心价值观的认同度和践行力。高校要积极引导广大教师自觉树立“教书育人是教师的第一责任”意识，将社会主义核心价值观教育融入师德师风建设中。要把社会主义核心价值观纳入教师教育课程体系，融入教师职前培养准入、职后培训管理全过程，创新师德教育、加强师德宣传、健全师德考核、强化师德监督、注重师德激励、严格师德惩处，推动广大教师坚定理想信念、遵守职业道德、承担育人职责、永怀仁爱之心。要充分激发教师加强师德建设的自觉性，鼓励教师弘扬重内省、重慎独的优良传统，在细微处见师德，在日常中守师德，养成师德自律习惯，将师德规范积极主动融入教育教学、科学研究和服务社会的实践中，提高师德践行能力。

坚持标本兼治、重在建设，把解决现实问题与建立长效机制紧密结合起来

当前，高校宣传思想工作的形势和环境在不断发生变化，从事宣传思想工作的人员和组成结构也在发生变化，但高校宣传思想工作的内涵和职能没有改变。因此，把握宣传思想工作内涵实质，总结工作规律和经验，把解决现实问题与建立长效机制紧密结合起来，是高校宣传思想工作科学发展的有效途径。

近年来高校宣传思想工作取得了长足的发展，但不可否认的是，高校宣传思想工作仍存在着一些突出问题：有的高校对宣传思想工作重视不够、行动滞后、保障乏力；一些教师的理论水平、师德师风亟待提高，运用理论阐释重大现实问题的能力还有欠缺；高校哲学社会科学育人功能和学术话语体系、教材体系建设有待加强；思想政治理论课教学、师生思想政治教育针对性实效性不强；课堂、讲座、论坛、出版、社团等阵地管理仍存在薄弱环节，意识形态领域噪声杂音时有出现；网络思想政治建设和新媒体运用能力亟须加强；宣传思想工作队伍还需从理论上、口头上、笔头上进一步提升能力。面对高校宣传思想工作的新挑战、新任务，我们既要下力气解决眼前存在的突出问题，更要着眼长远，推进依法依规管理，着力加强制度建设，使高校始终成为学习研究宣传马克思主义的坚强阵地。要不断完善高校宣传思想工作的各项制度，将其纳入依法治校和现代大学制度体系建设的总体进程中，增强运用法治思维和法律手段解决高校宣传思想工作中矛盾和问题的能力。要依法加强对宣传思想阵地的管理，加强高校校园网站联盟、网络信息管理系统建设，强化高校课堂教学纪律，制定加强高校课堂教学管理办法，健全课堂教学管理体系。

坚持改革创新、注重实效，不断创新工作理念和方式方法

创新是工作向前发展的不竭动力。宣传思想工作是一项常做常新的工作，既要继承发扬党在长期实践中形成的经验和优势，也要注重改革创新，激发师生的创造活力和动力。当前，高校宣传思想工作的环境、对象、范围、方式发生了很大变化，任务很重，挑战很多，比以往任何时候都更加需要改革创新。

坚持改革创新、注重实效就是要深入研究新形势下宣传思想工作规律，不断创新工作理念和方式方法，把握时、度、效，找准切入点、着力点。要切实抓好理念创新，保持思想的敏锐性和开放度，打破传统思维定式，自觉把思想观念从不适应时代要求的桎梏中解放出来，树立一元主导、开放包容的思想教育理念，树立及时准确、公开透明、全面客观的舆论引导理念，树立全面、协调、可持续的文化发展理念，树立运用新科技、构建新平台的阵地建设理念，以新的思路推动工作新发展。要切实抓好手段创新，适应信息技术迅猛发展的形势，紧密结合师生思想行为特点，充分运用新技术新应用创新新媒体传播方式，做到让师生喜闻乐见。要切实抓好基层工作创新，切实发挥好院系的能动性、创造性，不断创造出好做法、好经验。要加强科学研究，设立宣传思想工作专项研究经费，紧紧围绕如何提高工作的针对性和实效性、增强工作的吸引力和感染力等展开理论及实践研究，多出有见地、有新意、有实效的研究成果，为工作创新发展提供有力支撑。此外，还要注重对接师生需求，及时了解师生最新思想动态，倾听他们的心声，平等讨论，以情动人，以理服人，想其所想，为其服务，增强针对性、实效性；要讲究说理艺术，将思想教育引导与解决实际问题结合起来，想方设法及时回应师生心中的疑惑，增强吸引力、感染力。

坚持齐抓共管、形成合力，努力构建大宣传格局

做好宣传思想工作，高校宣传思想部门承担着十分重要的使命。但是，随着宣传思想工作内涵外延的拓展和社会信息化程度的加深，宣传思想工作仅仅依靠党委宣传部门远远不够。高校必须建立健全学校党委统一领导、党政齐抓共管，党委宣传部门牵头协调、相关部门分工负责、二级党组织具体落实、全校师生共同参与的大宣传格局，让每一位领导干部、每一位师生员工自觉参与和支持学校宣传思想工作战线的工作。

高校要以制定大学章程和贯彻落实《意见》精神的实施办法为契机，把大宣传格局建设纳入学校深化改革体系中，推进高校宣传思想工作大格局形成的制度化、规范化、长效化建设。要深入研究高等教育管理规律，强化学校党委在宣传思想工作引领方向、统揽全局、协调各方的领导核心作用，统筹力量，整合资源，把宣传思想工作纳入学校管理的大格局中，形成党政齐抓、上下共管的协调联动机制。“有为才有位”，在学校党委的坚强领导和有效指导下，确保宣传思想工作做到围绕中心、服务大局，与人才培养、科学研究、服务社会、文化传承等工作紧密结合，为学校教育教学改革发展凝聚广泛共识、创造良好舆论环境，以响当当的实绩赢得全校上下对宣传思想工作的重视、支持与

配合。基层院系党委要靠前指挥，在宣传思想和意识形态工作方面要敢于担当，敢于作为，发挥更大作用。同时高校宣传思想工作也要纳入地方党委和政府工作全局，统一部署，整体推进。要统筹校内校外、网上网下、课内课外各种资源，调动各方面积极性，构建学校、社会、家庭联动，党政工团齐抓共管，教学、科研、管理、服务共同育人的宣传工作大格局。

关工委工作应立足学校发展全局*

关心下一代工作委员会（以下简称“关工委”），是以关心、教育、培养学生和青年教职员工健康成长为宗旨的群众性工作组织，在高等学校人才培养系统工程中承担着独特的历史责任。尤其高校关工委具有鲜明的行业特性和优势力量，更应该责无旁贷地整合优势资源，借势发力，围绕党委中心工作，不断推进学校事业的科学发展，成为培育和践行社会主义核心价值观的重要示范阵地。中国人民大学关工委成立 20 多年来，认真贯彻教育部提出的“围绕中心、配合补充、因地制宜、量力而为、立足基层、注重实效”24 字关工委工作方针，结合实际情况，在人才培养、科学研究、社会服务以及文化传承创新等方面，都取得了实质性进展与显著成效，引领和推动着学校各项事业的发展，为维护和促进学校稳定与发展起到了独特作用，在全社会培育和践行社会主义核心价值观的各项工作中充分发挥了辐射引领作用。

在立德树人的主渠道中体现关工委地位

立德树人是高校关工委工作的根本任务，要深刻认识关工委在学校、学院工作中的重要地位和作用。党的十八大报告明确指出：“把立德树人作为教育的根本任务，培养德智体美全面发展的社会主义建设者和接班人。”关心下一代工作是全党、全社会的一项重要工作，是高校义不容辞的责任。早在几年前，习近平等中央领导同志曾对做好关心下一代工作做出重要批示，强调指出“关心下一代工作，是事关党和国家前途命运、事关中华民族伟大复兴的大事”。事实上，关工委工作的指导思想、工作性质、方针、原则、任务内容等等，都与学校学院工作大体是一致的，是一脉相承、相互贯通的。无论是学校层面还是学院层面的关工委，在学校、学院培养高级专门人才的系统工程中都承担着独特的历史责任，要增强关工委工作的使命感和责任感，在学校、学院

* 原文发表于《学校党建与思想教育》2015 年第 3 期。

教育教学的实际工作中深刻认识和准确把握这一点。

作为以服务高校学生与教师为主要目标的关工委工作，应切实与高校党政工团工作紧密有效结合起来，围绕高校立德树人的根本任务，把关工委工作融入到高校党建和思想政治工作的“主渠道”，而不是另起炉灶、再搞一套。目前我国绝大多数高校都拥有一个比较健全、相对成熟的党建与思想教育组织体系，形成了一套比较高效完整的科学框架，关工委应充分发挥其独特的优势和功能，积极配合和主动支持这些现有的组织力量，把紧紧围绕学校教育教学中心工作作为所有工作的出发点和落脚点，并和高校的正常教育教学工作融为一体，共同承担和完成高校立德树人的重要使命。2014 年初，教育部关工委田淑兰主任一行来学校调研，对学校关工委工作提出了希望和鼓励，学校当时对关工委工作也做出了明确部署和具体安排，将当年的工作重点确定为“消零、填空”，要求进一步增强主动性和自觉性，不断提高工作水平，努力形成中国人民大学关工委工作的特色和品牌。2014 年底，中国人民大学在全校范围内积极开展组建成立学院层面的二级关工委试点工作，先后在财政金融学院、商学院、法学院、苏州校区成立首批二级关工委，这既是落实党中央、教育部党组、北京市委等上级有关文件精神的要求，又是学校为更好适应新时期发展的战略考虑。

在高校改革发展全局中谋划关工委工作

关工委工作，要在学校改革发展全局中谋划好、发展好。1991 年，学校遵照上级教育主管部门的要求，正式成立了关工委。20 多年来，学校关工委在校党委领导下，在教育部关工委和北京教育系统关工委指导下，充分发挥和调动全校各方面优势，围绕中心、服务大局，坚持以德育工作为主线，以“国民表率、社会栋梁”为人才培养目标，紧密围绕立德树人和学校建设“人民满意、世界一流”大学的总任务、总目标，与相关部门密切配合，在学校党建、思想政治教育、心理健康咨询、历史文化传承、帮困助学等方面开展了大量卓有成效的工作，涌现出“特邀党建组织员建设”“青蓝工程”“老少共话”“菊香工程”等一大批具有学校特色的品牌活动，这些都是在学校全面深化综合改革中需要战略考虑和系统设计的，也是事关学校未来发展的重点任务和主要内容。

关工委的发展离不开学校，学校的发展也需要关工委。实践证明，关工委工作需要切实融入到学校发展全局工作中去，同时在推动学校全局工作的过程中才能实现关工委的自身发展。关工委工作重点在基层，活力在基层，经验来自基层，效果体现在基层。正是基于这样的考虑，学校党委选择了一批学生人数比较多、条件比较好的二级单位开展试点工作，希望在学校关工委工作方面出经验、做表率。2014 年，学校加快创建“中国特色世界一流”大学的综合改革工作已经全面启动，这是当前和未来一段时期的重要任务和中心工作，需要校内外的大力支持和共同努力，尤其离不开各个学院的大力支持与通力配合。财政金融学院作为 1950 年学校最早设立的八大院系之一，是新中国第一个培养财政金融领域高级人才的基地，这里有一流的学生、有一流的师资、有一流的文化基础，学院已经发展成为国内财政金融领域的教学科研重镇，奠定了在这一领域的领头雁地位。因此，财政金融学院在学校新一轮深化综合改革的征程中，应在教师队伍建设、人才培养、学科建设、科学研究、社会服务、国际性提升、资源配置、行政管理等各个层面，走在全校的最前列，把积淀 60 多年的优势和潜能充分发挥出来，为学校做出开拓性贡献。

在文化传承创新中着力推进关工委发展

关心下一代工作是各级党委工作的重要组成部分，关心下一代工作要一任又一任、一代又一代薪火相传。2012 年 11 月 15 日，习近平总书记在十八届中央政治局常委与中外记者见面时说：“我们的责任，就是要团结带领全党全国各族人民，接过历史的接力棒，继续为实现中华民族伟大复兴而努力奋斗。”历史接力棒的传递就是一种责任、使命、文化的接力传递。之所以关工委组织要以离退休老同志为工作主体，就是要把老一辈的优势充分发挥和展示出来，不断引导和激励越来越多的青年人在提升全民思想道德素质活动中发挥示范效应，勇当先锋、打头阵、做表率，为培育和践行社会主义核心价值观营造良好的社会大环境。

文化传承创新是高校的重要职责和必然使命，关工委工作应立足于在文化传承创新中不断发展壮大。老一辈是高校关工委加强青年人思想道德建设的重要力量和宝贵资源，这可以说是关工委工作的着力点和重要支撑。我们常说，一代人有一代人的责任、一代人有一代人的使命。为促进青少年健康成长、保证党和国家事业代代相传，就要充分发挥“五老”的特殊优势和不可替代的作用。所谓“五老”，是指老党员、老专家、老教师、老战士、老模范。就高校来说，老教授、老学者是我们的天然优势和重要依靠，他们具有丰富的教育经验，具有深厚的学识功底，具有优良的师德师风，是高校立德树人的宝贵资源和不可替代的重要力量，在人才培养、青年教师和学生的思想政治和道德品质教育、传承创新我国优秀传统文化等方面，都有着独特的优势和重要作用，且往往具有事半功倍的效果。比如财政金融学院韩英杰教授退休以后，坚持在家乡积极开展经济课题的调研，为当地政府、企业出谋划策，提供无偿的咨询服务；2010 年，80 岁高龄的他，用通过数十年如一日的勤俭节约积攒下的 20 余万元捐资兴建了河北顺平县永录村文化广场，更难能可贵的是，从选址、设计、材料购买到工程建设都是他亲自操办的；2011 年，他和夫人又专程前往顺平县浦阳镇，为当地永录村中心幼儿园送去了体育器材、学习用品，还引资重修了五里岗暴动纪念馆。韩英杰教授这种心系农村、心系家乡、心系教育的善行义举，生动诠释了学校老一代学者的高尚人格与精神文化，事迹十分感人，青年人可从中汲取智慧力量和传承文化基因，这种优秀传统文化需要我们一代又一代去努力提倡与发扬光大。

关心下一代工作，是一项复杂的系统工程，既关系着我们民族的未来和希望，又关系着青年学生和教职员工的切身利益。做好关心下一代工作，责任重大、使命光荣，需要全校各学院各部门共同关心、支持和配合，做到统一思想、整合资源，集中智慧、形成合力，既要实事求是，大胆探索，又要准确把握好方向、时机、节奏和力度，充分调动各方面积极性，积极稳妥地推进，使学校、学院关工委工作开展得更加有声有色，努力推动学校关心下一代工作在更高起点上实现更大发展。

引领青年扣好人生第一粒扣子*

培养什么人、怎样培养人，始终是高校面临的一个重大时代课题。当前世界范围内的思想文化交流交融交锋更加频繁，思想意识更加多元多样多变，引导青年积极培育和践行在中国大地上形成和发展起来的社会主义核心价值观，在时代大潮中建功立业，成就自己的宝贵人生，是高校面临的重要任务和崇高使命。中国人民大学党委深入学习贯彻党的十八大精神和习近平总书记系列重要讲话精神，坚持立德树人，注重引领思想、创新党建、教师示范，把社会主义核心价值观融入教书育人全过程，引领青年扣好人生第一粒扣子，取得重要进展和明显成效。

引领思想：信仰凝聚在核心价值观的旗帜下

社会主义核心价值观是马克思主义中国化的重大理论成果，是马克思主义基本原理的重要组成，是我们党凝聚全党全社会价值共识做出的重要论断。青年作为思维活跃、富于创新的群体，对社会主义核心价值观所蕴含的理论热情、信仰认同、理想情怀，离不开马克思主义的理论基础和方法指南。中国人民大学作为国内外公认的教育、研究、传播马克思主义理论的重要阵地，高度重视以社会主义核心价值观为内核、灵魂和主线，统领思想政治理论课，融入马克思主义教学与研究，让社会主义核心价值观“进教材、进课堂、进头脑”，引领青年坚定政治信仰和理想信念。

融入课堂，不断完善思想政治理论课程体系，进一步凝练方向、优化结构、提升质量。高校思想政治理论课程的主要任务是讲授马克思的世界观和方法论，帮助学生掌握人类社会发展规律，确立社会主义理想信念，树立科学的世界观和方法论。社会主义核心价值观层次丰富、内涵厚重，单独某一个学科的课程不能完全达到教育目的。学校全方位构建社会主义核心价值观的课程体

---

* 原文发表于《思想政治工作研究》2015 年第 3 期。

系育人平台，在原有 4 门思想政治理论必修课程之外，按照“必修课程与选修课程相结合、课程教学与自选讲座相结合、思政教育与专业教育相结合、课内学习与课外实践相结合”的思路，把社会主义核心价值观融入全校各院系各专业本科生到博士生的培养方案，引领青年打牢马克思主义世界观方法论的基本功底，坚守马克思主义的科学信仰和价值追求。

融入成果，不断加强社会主义核心价值观理论研究，推动学术交流，促进科研创新。目前社会主义核心价值观研究在注重体现中国特色社会主义事业价值追求的基础上，向系统化、大众化、科学化的方向逐步推进，呈现出理论与实践互动、培育与践行互进的鲜明特点。中国人民大学作为先进文化弘扬传播的高地和多元思想文化交流交融交锋的前沿阵地，承担着推进马克思主义中国化时代化大众化的重要职责，承担着深入研究、凝练和概括社会主义核心价值观的重要使命。学校加强“中华优秀传统文化传承与社会主义核心价值观培育”重大课题的研究工作，集中组织哲学社会科学领域专家学者对社会主义核心价值观的重大意义、文化渊源、本质属性、科学内涵等进行深入研究，取得一批重要成果。学校启动马克思主义理论学科及相关学科建设情况调研工作，举办“思想政治教育学科设立 30 周年学术研讨会”、北京高校思想政治理论课培育和践行社会主义核心价值观专题教学论坛，深入研究思想政治理论课教育教学中的重点难点问题。

融入阅读，通过课内、课外有效衔接的系列教育活动，引导同学们“触摸经典”。经典书籍蕴含中华优秀传统文化的深厚底蕴，承接人类文明优秀成果的精华，是被人们公认的、具有典范性和权威性的思想文本。应该在对经典的敬畏、对历史的记忆中匡正价值判断、明确价值取向，培养学生的哲学思维和历史思维，使社会主义核心价值观成为当代青年普遍认同和践行的基本理念和价值原则。学校启动“本科人才培养路线图”，通过“读史读经典”项目定期举办马克思主义经典研习会、“社会主义核心价值观”主题阅读活动，通过课内外结合、教师指导和朋辈互助结合等方式，带领学生进行深入系统学习。由中央宣传部指导，中国人民大学与光明日报社、中国伦理学会共同主办的“核心价值观百场讲坛”正在全国开展，通过邀请权威专家和践行典范进行科学、生动、富有感染力的解读，在青年学生中掀起培育和践行社会主义核心价值观的热潮。

创新党建：核心价值观嵌入青年的日常生活

引领青年学生树立社会主义核心价值观，须体察青年心、善解青年意，从顺乎青年需求、解除青年忧虑上发力。中国人民大学充分发挥学生党员的主体作用，不断加强和改进学生党建工作，让社会主义核心价值观嵌入学生的日常生活，与学生党员教育管理同频共振，取得显著成效。

创新组织设置，充分发挥基层党组织的战斗堡垒作用。中国人民大学共有学生党员 8 144 人，占全体学生的 33.4%。学生党员大部分是“90 后”一代，成长环境和教育背景使其更加个性化，更加富有创造力，也更加希望有独立施展才华的空间。学校党委在经济学院、信息学院、财政金融学院三个学院成立学生党总支，由学院党委直接领导。学生党总支自行负责具体事务，将学生党员“重新组织起来”，既充分调动了学生党员的积极性、主动性，扩大了基层党建骨干队伍，又让学生基层党组织能够结合各自学科特点、专业优势，有针对性地开展形式新颖、内容丰富的基层党组织活动。学校党委还将党建思想政治工作延伸到中外联合培养项目中，苏州校区中法学院成立旅法学生党支部，在法国学习的 27 名学生党员身在异国，定期组织理论学习和集体活动，党支部成为同学们的坚强后盾和精神家园。学校党委在部分学院探索成立二级关工委，以党校、党课、辅导员工作为阵地，建立学生党员与离退休老党员之间的联系，每年新生入校时举行座谈交流，在重大节日组织新党员代表向老党员献花致敬活动，全面推进学生思想政治教育工作。

创新工作机制，充分发挥学生党员的先锋模范作用。只有融入实际、融入生活，价值观才会发生作用，融入的程度，反映着工作的力度和深度。学校把弘扬社会主义核心价值观与学生党员先锋示范作用结合起来，在落细、落小、落实上下功夫。启动“红船领航”新生党员先进性熔铸计划，全面构建新生党员教育模块，引导新生党员自觉发挥党员的先锋模范作用。把第一课堂和第二课堂统筹起来，以新颖亲切、乐于参与的方式，依托新媒体把核心价值观渗透到校园生活的方方面面，推动学生党员志愿实践服务常态化。通过开展“三亮三评比”活动，学生党员“亮标准、亮身份、亮承诺”，在宿舍、教室、班级设立“学生党员先锋岗”，争做“学术实践先锋”“品行道德先锋”“志愿服务先锋”，引导青年学生在服务他人中升华对社会主义核心价值观的体验感受和认知理解。

创新活动载体，充分发挥社会实践的历练养成作用。社会实践是社会主义核心价值观教育的生动形式，是当代大学生历练、养成核心价值观的重要途径。要让学生在实践中增强真的学问、真的本事、真的情怀，在实践中增强社会责任感和历史使命感。近年来，学校逐步形成了社会实践活动“时间、地点、学院、学生”全覆盖工作体系，即所有学院、全部类别的学生在全年各时段均可申请并开展社会实践。从 2012 年起，学校连续三年开展“千人百村”社会调研活动，每年利用暑假派出数百支团队、数千名学生奔赴全国一百多个自然行政村，围绕农村教育、能源消费、养老、土地权益、公共文化服务、基层民主开展问卷调查和田野观察，在实践中发出时代的“青年好声音”，受到中央领导同志的好评。2014 年 7 月，“千人百村”社会调研活动荣获北京高校 2012—2013 年党的建设和思想政治工作优秀成果一等奖。

教师示范：培育青年核心价值观的“筑梦人”

如何在新形势下培养打造一支有理想信念、有道德情操、有扎实知识、有仁爱之心的高素质专业化教师队伍，引领青年培育和践行社会主义核心价值观，用“中国梦”筑牢青年的爱党爱国之心，用“青春梦”激发青年的成才报国之志，培养社会主义事业建设者和接班人，也是学校近年思考和实践的重要课题。

坚持师德为先，引导教师甘当人梯，以人格魅力、学识风范教育感染学生。师德是社会良心的重要标志，师风是社会风气的重要标杆。社会主义核心价值观是新时期师德精神的灵魂，是为人师表的集中体现。学校高度重视规章制度建设，制定并实施了《中国人民大学关于加强教师队伍管理、规范教师履行职责的规定》，把遵守师德规范纳入学校教育教学重大环节管理过程，并作为人才引进、评奖评优、职称职级晋升的重要指标，建立健全师德建设长效机制。学校把教师人才队伍建设摆在突出位置，高度重视思想品德课、哲学社会科学学科教师、辅导员和班主任队伍建设，形成了一支师德高尚、业务精湛、结构合理、充满活力的师资队伍，形成了践行核心价值观、弘扬高尚师德的浓厚氛围。

坚持教学为要，推动教师更新教育观念，掌握先进教学方式，提高教学能力。课堂是否受欢迎，关键看教师，看教师能不能给学生一种理论思维，一种观察社会的基本立场、观点和方法，而不是概念、原则和结论。不重视理论思辨，不愿接受“灌输式”的教学和宣传，是当下大学生的普遍特点。学校鼓励不同学科的教师发挥独特优势，转变教育理念、教育方式和方法，善挖掘、巧引导、重身教，找准课程资源中的核心价值观的培育点，通过身边的动人故事、感人场景融入教学，唤起学生心灵共鸣，激发学生的理论兴趣与价值追求内驱力，通过自身的反思和探索形成认同，从而使社会主义核心价值观扎根学生心底。

坚持实践为基，鼓励教师在实践中检验理论，在广袤大地上廓清迷雾，抓住奋斗的关键。实践是价值观生成、发展和实现的根基。核心价值观的培育固然需要知识的支撑，但更重要的是实践的积累、体验与反思。通过在实践中检验理论，提升教师积极向上的行为文化氛围和素养，拓展教师的课程观、学生观和评价观，在服务社会的实践中提高师德践行能力。学校启动了“百名海归挂职计划”，两批 60 名海外留学归国教师被派往 42 个合作单位，分别以联合培养博士后、挂职行政岗位、受聘经济学家或研究员等形式开展实践锻炼。在开展党的群众路线教育实践活动过程中，学校党委利用本校设在陕西延安、河北正定的校史教育基地开展青年教师党史、国史、校史教育，把社会主义核心价值观教育融入“教育”与“实践”双向促进的过程，用社会主义核心价值观构筑教师职业道德的核心基石。

中国人民大学的校训是“实事求是”，这是中国人民大学走过革命岁月，始终追求真理，与党和国家同呼吸、共命运的真实写照，是人大的精神特质与社会主义核心价值观的同频共振、互通共融。今天，作为中国共产党亲手创办的第一所新型正规大学，中国人民大学正以“求人民之是，求社会之是，求国家和民族之是”的价值追求，引领更多青年投身中国特色社会主义事业的时代洪流，为实现中华民族伟大复兴的中国梦而努力奋斗。

弘扬传统　凝心聚力　开创统战工作新局面*

这次中央统战工作会议是总结经验、谋划未来、开创统一战线工作新局面的重要会议，必将对新阶段统一战线事业发展产生重大而深远的影响。做好新形势下的统战工作，高校统战工作是其中至关重要的一环。做好高校统战工作，无论是对于党的统战工作整体性提升，还是对于高校党的工作全面建设推进，都具有十分重要的意义。

高校的统战资源，丰富且具有特色。高校汇集了统一战线各个领域的代表人物，他们一般都具有很高的学术造诣和学术地位，具有广泛的社会联系和社会影响力，具有强烈而突出的参政议政意识和能力。他们不仅代表和反映着高校各方面的利益和要求，其影响还往往波及社会各个方面。另外，高校党外知识分子队伍还是统战理论与政策的重要研发地和重要“智库”。高校统战工作涉及面广、综合性强、影响力大，是党的整个统一战线工作的重要阵地和重要窗口。因此，必须从战略和全局高度认识高校统战工作的重要性。

中国人民大学拥有开展统战工作的优良传统。早在全面抗战初期的陕北公学阶段，学校就吸引了大批爱国知识分子和青年学生前来深造，并在这座大熔炉里将他们逐步锤炼成为抗日民族解放战争和抗日民族统一战线的先锋队。对此，毛泽东高度评价：“中国不会亡，因为有陕公。”“陕北公学是属于中华民族的，因为他为着抗日救亡而设，因为他收纳了全国乃至海外华侨的优秀儿女。”“陕公代表着全中国的统一战线，是中国进步的一幅缩图。”

进入抗日战争相持阶段以后，一直到解放战争时期的华北联合大学、北方大学、华北大学阶段，因应中国革命所面临的政治形势、社会主要矛盾、历史任务和中国共产党中心工作的变化和调整，学校统战工作的内容和形式也在不断丰富和发展。学校充分发挥了马克思主义理论人才荟萃优势，紧密结合抗日民族统一战线和人民民主统一战线的斗争实践，对于马克思主义基本原理和中国革命具体实际相结合的中国共产党统一战线理论进行了深入探索和系统阐释，涌现出了一批最早研究中国共产党统一战线理论与实践问题的著名中国学

---

* 原文发表于《北京教育（高教）》2015 年第 9 期。

者。学校还特别强调将统一战线理论和实践研究成果转化为教学成果，坚持开设相关主题课程。高度注重统一战线理论和实践问题的理论研究、学术研究、政策研究以及教学实践，成为学校统战工作突出而鲜明的特色。

1950 年，中国人民大学命名组建，逐步开始正规化建设历程，一大批党外知识分子和民主人士陆续充实到教师队伍中来，民主党派开始在学校建立基层组织并开展活动。1951 年 5 月，学校党委特别设立统战委员一职，专责统战工作。1953 年 8 月，学校党委正式设立统战部。从 20 世纪 50 年代后期开始，学校统战工作逐步遭遇极左思潮冲击，出现了一些不正常现象，“文革”爆发以后陷入全面停顿状态。1978 年正式复校，学校统战工作从拨乱反正、落实各项统战政策入手，得到迅速恢复并步入正常发展轨道。

在改革开放和社会主义现代化建设新时期，学校统战工作直面前所未有的机遇和挑战，依托人文社科领域学科优势和人才优势，锐意创新、开拓进取，在争取人心、调动一切积极因素方面，在全面推进民主协商、民主监督、参政议政方面，在推动统一战线理论与实践问题研究和舆情调研方面，在人才举荐、干部培养方面，在民主党派和无党派人士工作、民族宗教工作、港澳台侨工作等各方面，都取得了重大进步和显著成绩，进入到历史上发展最好的时期。

做好新形势下高校统战工作，中国人民大学有责任、有义务在探索高校统战工作新模式、新路径、新方法方面起到带头和示范作用。如何全面准确地学习、宣传、贯彻中央统战工作会议精神？关键要抓好三个“点”。一要“吃透精神”。要把会议提出的新形势下党的统一战线工作之新思想、新观点、新要求真正做到入脑、入心，真正使之成为学校开展统战工作必须依循的指针，真正把学校全体党员干部的思想统一到会议精神上来。二要“落实求实”。必须把会议精神切实落实在学校党委工作的各个方面、各个层面，要有实施细则、有具体举措，要常抓不懈、一抓到底，真正见到实效。三要“有所创新”。必须紧密结合中国人民大学统战工作的历史传统和现实情况，以及特色和优势，努力在统战理论研究、统战干部培训、党外知识分子工作等传统优势项目上继续创新性探索，多出成果、多出经验，出好成果、出好经验；同时要在民主党派工作等这些传统“短板”方面，学习借鉴兄弟高校的成功经验，扬长避短、取长补短，努力使学校民主党派工作尽快摆脱被动局面，尽快有所改进和提升。

推进依法治校　努力建设“人民满意、世界一流”大学*

党的十八届四中全会明确提出全面推进依法治国的总目标和重大任务，把法治上升为实现国家治理现代化的核心环节。依法治国具有全局性战略意义，涉及社会生活各个方面，需要各社会主体共同参与。教育法治是依法治国基本方略的重要组成部分。高校在法治中国的建设进程中责任重大，理应扮演“排头兵”的重要角色，积极推进依法治校，努力成为法治中国建设的“示范区”。

依法治校是大学发展的重要保障

依法治校就是学校遵循法治原则和法治精神，依据《中华人民共和国宪法》等法律法规，面向社会依法自主办学，实现管理活动、办学活动有法可依、有章可循。因此，推进依法治校具有重大的意义。

第一，推进依法治校是建设法治中国的必然要求。法治是一个国家治国理政的基本方式，也是每个大学办学治校的基本方式。党的十八届四中全会明确提出了全面推进依法治国的总目标、重大任务，做出了一系列全面推进依法治国的新论断、新部署，指明了治国理政的法治化方向。依法治国作为治国方略，必须贯穿于社会经济的各个方面，体现在社会经济发展的全过程。在依法治国的新形势下，高校依法治校工作必须从法治的层面理解，其目的是将有关高等教育的各项管理活动纳入法治轨道。因此，对于高校来说，贯彻落实党的十八届四中全会精神，就是要全面落实依法治国要求，大力推进依法办学、依法治校，加快建设现代大学制度。

第二，推进依法治校是中国高等教育发展转型的客观需要。目前，我国高等教育在经历了 21 世纪首个十年的大发展、大跨越以后，正处于一个新的发展阶段，从规模扩张为特征的外延式发展向质量提升为核心的内涵式发展转

---

* 原文发表于《北京教育（高教）》2015 年第 12 期。

变，从关注硬指标的显性增长向致力于软实力的内在提升转变。在这个阶段，高校更加注重办学质量的提升，更加注重管理水平的提升，更加注重依法治校的推进。近年来，高校普遍重视学校章程和制度建设，探索了不少成功的经验，依法办学和依法管理的意识和能力明显提高。但与高等教育改革发展的新形势、新任务相比，与全面推进依法治国的新要求相比，依法治校还存在一些短板，主要体现在：一些高校对推进依法治校认识还不到位，制度还不健全；群众反映强烈的违法办学、违规招生、违规收费等问题在个别高校还不时发生；高校管理者和教师运用法律手段保护自身权益、依法对学生实施教育与管理的能力、意识还亟待提高，权利救济机制还不健全。这些问题的存在，在一定程度上影响到教育科学发展与深化改革的进程，影响到高校提高服务经济社会发展的能力和水平。解决以上问题，需要进一步深化教育改革，全面加快推进依法治校，构建“国家法律法规—大学章程—大学规章制度”的高等教育法治模式。

第三，推进依法治校是中国人民大学发展的迫切要求。中国人民大学重视并大力推进依法治校工作，把突出学校特色、守护大学精神、回归大学本位、推进中国特色“人民满意、世界一流”大学的建设作为学校建设的基本目标。但依法治校的进程并非一蹴而就，中国人民大学是中央巡视的第一所高校，巡视组发现并指出了学校存在的一些问题，诸如：惩防体系建设特别是财务管理、领导干部薪酬管理、自主招生等方面存在薄弱环节；出国管理不规范，科研经费管理不规范；一段时间里，党委领导下的校长负责制的贯彻不够到位；等等。解决这些问题，需要进一步推进依法治校，把权力关进制度的笼子。与此同时，随着社会主义市场经济体制的发展和完善，学校参与各种社会经济文化活动越来越广泛深入，各种社会关系越来越复杂，对自身开展的各种活动的合法性、规范性要求越来越高，学校在实施教育教学管理中出现的新情况、新问题越来越多地需要运用法律手段予以调整、规范和解决，这也对切实加强学校依法治校工作提出了新的要求。

依法治校的实现路径和实施举措

依法治校是一项系统工程，其路径是制定以大学章程为核心的制度体系，并切实贯彻落实，实现管理活动、办学活动有法可依、有章可循。

第一，制定大学章程。大学章程是高校发展的总纲，是指导高校科学运转的根本大法，也是大学形成自主发展与自我约束机制的关键。教育部《高等学校章程制定暂行办法》明确指出，“章程是高等学校依法自主办学、实施管理和履行公共职能的基本准则”，在整个依法治校的进程中发挥着类似于宪法的根本性作用。制定章程并严格按照章程办事，是法律对每一所大学的基本要求，也是依法治校的基础，更是大学设立、运行、发展的前提。推进高校章程建设，不仅是努力落实《中华人民共和国教育法》、《中华人民共和国高等教育法》以及《国家中长期教育改革和发展规划纲要（2010—2020年）》要求的具体举措，更是高校依法自主办学、实施管理和履行公共职能的重要保障，对于各高校推进和完善“党委领导、校长负责、教授治学、民主管理”的现代大学制度，促进内部管理工作的体系化和法制化，提升人才培养质量和办学水平具有重要意义。中国人民大学自2006年开始启动了章程制定工作，成立了由党委书记和校长担任主任的起草委员会，由知名法学、教育学教授领衔的咨询专家小组以及负责具体工作的起草小组，共同推进相关工作，经过多次修改，完成了章程制定工作。2013年11月16日，教育部正式核准中国人民大学、东南大学、东华大学、上海外国语大学、武汉理工大学、华中师范大学等首批6所高校的章程。《中国人民大学章程》的核准和发布意义重大，不但意味着学校从此有了自己的根本大法，更标志着学校建设中国特色现代大学制度、按照教育规律和学术逻辑办事、真正落实党委领导下的校长负责制、真正做到“学术为魂、育人为本、师生为重”、构建“党委领导、校长负责、教授治学、民主管理”的高校内部管理机制有了切实的保障和支撑。

第二，构建制度体系。章程的制定在教育法治系统工程中处于“龙头”地位，可谓牵一发而动全身。同时，高校法治系统建设不仅是制定一部章程那么简单，围绕章程抓好学校其他各项制度的配套和完善是整个依法治校系统工程中的必要环节。高校应当以章程为核心和指导、以章程的运行和落实为目标，进一步厘清各类规章制度，健全学校规章制度体系的规划和建设。在制度体系构建过程中，学校积极推进和完善学术委员会、人才培养委员会和学位评定委员会等学术治理组织体系建设，明确学校党委、校务委员会、学术委员会等各种机构的职责权限和议事规则，大胆探索教授治学的有效途径，充分发挥各级各类学术组织在学科建设、学术评价、学术发展和学风建设等方面的重要作用。进一步完善保障学术机构和学术权力的配套制度，明确学术事务和行政事务的界限，规范职能部门的职权，健全行政权力的监督约束，严禁利用行政权力获取学术资源，保障学术权力的规范运行。明确学校学术委员会作为最高学术机构的地位，加强相关制度建设与组织机构建设。还进一步理顺学校和学院的关系，充分发挥院系办学的创造性和积极性，明确院系的教学、科研主体地位，科学划分学校与院系的职责，稳步推进管理重心下移，进一步扩大院系人、财、物管理权限，充分焕发院系办学活力。

第三，切实执行学校规章。法谚有云，法律的生命在于执行。同样，狠抓落实也是依法治校的生命线。一切工作的关键在于落实，没有落实，制度就是纸上谈兵，就是镜中花、水中月。如何在学校各类规章制度制定和发布之后，确保其得到切实有效的执行，并在这个过程中把党和国家的办学要求与学校自身办学特色紧密结合，把先进的办学理念和高校改革的现实基础紧密结合，以此来推动回归学术本位的高校管理体制改革，成为需要高校共同面对的课题。要加强落实、理顺机制，做好督促检查，有效实施奖惩，把各项规章制度切实执行下去，体现到高校工作的方方面面，坚定推进规章制度体系的执行和实施，不折不扣地一条条、一项项落实，推动学校内部治理结构和管理体制改革。

推进依法治校的体会

依法治校涉及学校工作的各个方面，是教育改革与发展的一项重要任务，需要进行长期的实践和探索。

第一，依法治校要与民主办学相结合。大学之所以成为大学，即在于其“民主”与“科学”的天然属性。要推进依法治校，就要坚持以人为本，相信师生、依靠师生，在重大利益、重大关切、重大发展决策上，注意倾听师生呼声，汇聚师生智慧，凝聚师生合力，最大限度激发师生爱校的情感、荣校的责任、兴校的使命。学校章程对于学校的治理结构和制度建设有着十分重要的意义，一旦正式发布就应该成为指导学校各项工作的根本大法。因此，我们积极争取智力支持，广泛吸收作为学校办学主体力量的教师和专家们的意见。一方面，确保章程的每句话、每个提法言之有据，每个条文都与相关法律的规定相符；另一方面，要让章程的条文内容贴近师生、服务学术，明确、具体、可操作性强。在章程制定过程中，我们要紧紧依托学校的学科优势，广泛邀请法学、公共管理、高等教育等相关学科领域的著名学者和资深教授参与其中，为章程制定提供理论支持和实务指导，确保章程文本的高水平。学校专门成立的专家咨询组涵盖法制史、教育法、宪法学、行政法学、公共行政学、公共政策、高等教育管理、教育政策法规等领域的专家学者，他们为学校章程文本的起草工作提供了重要智力支持。初稿形成后，学校以正式红头文件的形式，将征求意见的通知、章程征求意见稿、教育部《高等学校章程制定暂行办法》以及学校已有的 11 项规章制度作为章程基本支撑的规章制度印发全校，积极组织广大干部和师生员工建言献策，全面征求起草委员会委员意见 3 次，全面征求咨询专家意见 3 次，全面征求全校所有职能部门意见 2 次，先后召开各类专门会议近 20 次，个别征求意见和修改更是不计其数，保证了章程制定充分反映和吸收师生员工的意见建议，切实体现了师生的主人翁地位。

第二，依法治校要与加强党的领导相结合。坚持党的领导，是社会主义法治最根本的保证；加强党对高校的领导，是加强依法治校的重要前提。依法治国需要在党的领导下有步骤地进行，作为依法治国有机组成部分的高校依法治校工作同样需要在党的领导下有步骤地进行。因此，依法治校必须要切实加强党对高等教育事业的领导，努力提高学校党的建设科学化水平，确保依法治校顺利推进。学校把推动依法治校和深入贯彻落实《关于坚持和完善普通高等学校党委领导下的校长负责制的实施意见》结合起来，进一步明确党委职责和校长职权之间的关系，促进党委决策、行政运行机制的民主化、科学化、规范化；注重加强宣传思想工作，全面深入宣传教育改革，最大限度凝聚共识，争取学校各方理解支持，引导师生员工正确处理学校和院系、全局和局部、当前和长远、个人和集体等关系，正确对待利益格局调整，进一步坚定依法治校的信心，为法治校园营造良好舆论氛围，汇聚起深化学校改革、加快事业发展的强大合力；注重把法律意识强、依法办事能力强的同志选拔、推荐到校内各级领导干部岗位上，依法领导高校行政，抓好校内制度建设，加强对工会、共青团等群众组织的领导，支持其在依法治校中发挥民主监督作用。

第三，依法治校要与深化高等教育综合改革相结合。党的十八届四中全会指出，依法治国的总目标是建设中国特色社会主义法治体系，建设社会主义法治国家。那么，建立现代大学制度，推进大学治理体系和治理能力现代化无疑是依法治校的总体目标，而推进教育系统综合改革、改革高校内部治理结构和管理体制是实现这一目标的必经之途。法律要为改革开路，对明显不符合高等教育发展实际的规章制度要敢于修改，要体现高等教育发展的需要。学校在推动综合改革的进程中，始终坚持改革于法有据，以落实《中国人民大学章程》为契机，推进依法办学、依法治校。把综合改革纳入法治轨道，使深化改革有法律依据，获得法律保障。把章程作为学校依法自主办学的根本依据和总纲领，对全校各类规章进行清理和梳理，形成以章程为核心的健全、规范、统一的制度体系，保障学生、教职员工的合法权益，健全和保障学术自由和学术诚信，保障学校各项教学、科研、行政事务有序运行，确保教育综合改革稳步推进。

高校要积极引导青年大学生自觉践行社会主义核心价值观*

今年“五四”青年节，习近平总书记到北京大学考察，在与广大师生座谈时发表重要讲话强调，青年要自觉践行社会主义核心价值观，在实现中国梦的伟大实践中创造自己的精彩人生。习近平总书记的重要讲话思想深刻、内涵丰富，语重心长、情真意切，对践行社会主义核心价值观的重要意义、丰富内涵、历史渊源、发展脉络、基本要求进行了全面深刻的论述，对进一步办好高等教育、培养青年大学生成长成才提出新的要求，是新时期自觉践行社会主义核心价值观的思想纲领和行动指南，具有重要的理论和实践意义。

全面理解社会主义核心价值观的丰富内涵

习近平总书记“五四”重要讲话从历史与现实的维度、理论和实践的角度，深入剖析了核心价值观的历史传承和丰富内涵，深刻阐明了社会主义核心价值观对于当代中国发展进步的深远意义和重要作用，是对社会主义核心价值观最全面、最深刻、最完整、最系统的阐述，为广大青年自觉践行以及全社会共同坚守社会主义核心价值观，指明了修身立德的着力点和培育弘扬的落脚点。

第一，揭示了核心价值观对于民族、国家发展的重要性。习近平总书记指出：“国无德不兴，人无德不立。如果一个民族、一个国家没有共同的核心价值观，莫衷一是，行无依归，那这个民族、这个国家就无法前进。”这句话道出了一个颠扑不破的真理：一个国家的兴旺发达，离不开强大精神的支撑；一个民族的发展繁荣，离不开先进文明的成长。精神是一个人昂扬向上、开拓进取的支撑与动力，是一个民族和国家破浪前行的罗盘。而全社会共同认可的核心价值观，正是一个民族一个国家最持久、最深层的精神力量。在中国这个拥

* 原文发表于《思想理论教育导刊》2014 年第 7 期。

有 13 亿多人口、56 个民族的大国，要把国家建设得更加富强、更加民主、更加文明、更加和谐、更加美丽，让中华民族以更加自信、更加自强的姿态屹立于世界民族之林，就必须确立各族人民共同认可、普遍遵守的价值观，形成全体人民同心同德、团结奋进的合力。自觉践行社会主义核心价值观，关乎国家前途命运，关乎每个人的幸福安康，是全党全国凝魂聚气、强基固本的基础工程。

第二，阐释了社会主义核心价值观的丰富内涵。习近平总书记从国家、社会、公民的价值要求出发，从当代、历史、国际等多个角度，从传统文化和个人理想信念等不同层面，精辟论述了社会主义核心价值观的历史渊源、发展脉络、构成要素。社会主义核心价值观既体现了社会主义本质要求，继承了中华优秀传统文化，也吸收了世界文明有益成果、体现了当今时代精神。“三个倡导”从国家、社会、公民三个层面，提出了从宏观到微观、从整体到个体应该坚守的共同价值要求和需要践行的道德行为准则，从理论和实践两个方面回答了我们要建设什么样的国家、建设什么样的社会、培育什么样的公民的重大问题。我们在新的历史条件下坚持和发展中国特色社会主义，必须坚持走自己的路，必须顺应世界大势，必须坚定中国特色社会主义自信。社会主义核心价值观，正是我们坚定不移继续走中国特色社会主义道路的价值基础，也是我们坚守道路自信、理论自信和制度自信，朝着“中国梦”不断奋进的力量源泉。

第三，指明了青年树立和培育社会主义核心价值观的正确途径。习近平总书记在“五四”重要讲话中勉励广大青年要“勤学、修德、明辨、笃实”。总书记的八字箴言内涵丰富，寓意深刻，体现了正确的道德认知、自觉的道德养成、积极的道德实践三者之间的有机统一，揭示了青年自觉践行社会主义核心价值观的努力方向，对于指导青年走好人生道路具有重要意义。这八个字，既对培育和践行社会主义核心价值观提出了基本要求，又指明了其重要途径和有效方法。勤学是前提。只有下得真功夫、求得真学问，才能真正将社会主义核心价值观内化于心、外化于行。修德是基础。只有注重品德修养和道德实践，既立意高远又立足平实，既修好公德又修好私德，才能真正担起历史赋予的重任。明辨是保障。只有善于明辨是非，善于决断选择，才能正确把握青春奋斗与奉献的航向。笃实是关键。只有扎扎实实干事、踏踏实实做人，一步一个脚印往前走，才能在时代大潮中建功立业，成就宝贵人生。

深刻领会高校培育和践行社会主义核心价值观的重大意义

高校肩负着人才培养、科学研究、社会服务、文化传承创新的重要职责。

学习贯彻习近平同志“五四”重要讲话精神，着力培育和践行社会主义核心价值观，有利于高校紧紧围绕立德树人的根本任务，解决好“培养什么样的人、如何培养人”这一重大战略问题，培养中国特色社会主义合格建设者和可靠接班人；有利于牢牢把握社会主义办学方向，充分彰显中国特色社会主义高校的鲜明特色，加快创建中国特色的世界一流大学。

第一，培养中国特色社会主义合格建设者和可靠接班人的根本任务。习近平总书记指出：“青年的价值取向决定了未来整个社会的价值取向，而青年又处在价值观形成和确立的时期，抓好这一时期的价值观养成十分重要。”对此，总书记还用了非常形象生动的比喻：“人生的扣子从一开始就要扣好。”由此可以看出青年大学生之于历史发展的重要，价值观之于青年大学生成长的重要。青年大学生是时代的晴雨表，更是领风气之先的生力军。青年大学生正处在价值观形成和确立的关键时期，远大的理想在青年时代确立，良好的习惯在青年时代养成，高尚的情操在青年时代培育。他们在大学阶段打下什么样的精神印记、传承什么样的文化基因、筑牢什么样的价值根基，不但事关个人成长发展，更直接影响着这个国家、这个民族的精神底色和时代气质。学习贯彻习近平同志这一重要论述，就要全面贯彻党的教育方针，坚定不移把立德树人作为教育的根本任务，把培育和践行社会主义核心价值观作为高校改革发展的基础工程，教育引导青年大学生扣好人生的第一粒扣子，努力成为德智体美全面发展的社会主义建设者和接班人。

第二，遵循教育规律、扎根中国大地办学的迫切需要。习近平总书记强调：“办好中国的世界一流大学，必须有中国特色。没有特色，跟在他人后面亦步亦趋，依样画葫芦，是不可能办成功的。”世界一流大学不仅体现在教学、科研水平一流，更体现在文化一流、校风一流、精神内涵一流。我们要清醒地认识到，西方一些著名大学能够成为世界一流大学，并非走完全相同的发展路径，而是各具特色、各领风骚，其根源在于体现了本国特色、本民族特点和文化自信。改革开放以后，中国一批高水平大学充分借鉴了西方世界一流大学的办学经验，办学水平得到了不断提高，一些关键性指标已经接近甚至达到世界一流水平，正不断缩小与世界一流大学的差距。但是，在迈向世界一流大学的关键阶段，我们不能亦步亦趋，盲目跟随。因此，我们必须要传承中华文化的优良传统，培育和践行社会主义核心价值观，发扬改革创新的时代精神，回归中国大学之道，坚守中国大学之本，塑造中国大学之魂，努力探索出一条体现中国特色、遵循教育规律、具有学校自身特点的发展道路。

第三，建设一流的社会主义先进校园文化的重要内容。习近平总书记指出，不同民族、不同国家由于其自然条件和发展历程不同，产生和形成的核心价值观也各有特点。这深刻揭示了不同的环境和文化氛围对价值观的形成具有重要影响。校园文化对学生世界观、人生观、价值观的养成有着潜移默化的深远影响，大学给予的文化认知，甚至能比所学知识、技能更深地烙在学生心中，成为其灵魂深处不可或缺的一部分。高校要把培育和践行核心价值观与弘扬学校的办学传统、办学精神有机融合，利用重要仪式和重大节庆日等契机，通过开展丰富多彩的校园文化活动和形式多样的主题宣传教育活动，营造“日用而不觉”的浓厚氛围。要利用重要仪式和重大节庆日等契机，开展爱国主义、民族传统、礼节礼仪等主题教育活动。要开展高雅艺术进校园、“文明风采”竞赛等活动，着力打造体现社会主义核心价值观的优秀文化品牌。要加强校报校刊、广播电视、校史馆、图书馆、博物馆的建设和管理，形成良好校园文化环境。要充分发挥校园网的引导作用，建设社会主义核心价值观网上传播阵地。

扎实有效探索高校培育和践行社会主义核心价值观的实现路径

核心价值观的生命力在于实践，在于每个师生的自觉行动。高校培育和践行社会主义核心价值观关键在于全体师生人人参与、人人实践。习近平总书记在“五四”重要讲话中明确要求，高等学校要以立德树人为根本任务，引导教师时刻铭记教书育人使命，始终关心和爱护学生成长，为他们放飞青春梦想、实现人生出彩搭建舞台。这为高校培育和弘扬社会主义核心价值观提出了要求、明确了方向。

第一，发挥人才优势和学科专业优势，为培育和践行社会主义核心价值观提供理论支撑。习近平同志指出，大学是一个研究学问、探索真理的地方。高校人才荟萃、智力密集，是研究、宣传社会主义核心价值观的重要阵地。高校要充分利用马克思主义理论优势学科、社会主义核心价值观重点研究基地和相关科研力量，深刻阐释培育和践行社会主义核心价值观的重大意义、科学内涵、基本要素和实践途径，推出更多有分量有价值的社会主义核心价值观研究成果。中国人民大学充分发挥人文学科齐全的学科优势，以教育部道德与伦理学研究基地为依托，加强“中华优秀传统文化传承与社会主义核心价值观培育”这一重大课题的教学研究工作，组织了一批知名学者专家在《人民日报》《光明日报》《求是》等报刊上推出了一批有分量的精品之作、上乘之作。学校与光明日报社、中国伦理学会共同主办的“核心价值观百场讲坛”活动，邀请了叶小文等知名学者登台演讲宣传解读核心价值观，在全社会引起了强烈反响。

第二，引导广大教师时刻铭记教书育人的使命，做学生健康成长的指导者和引路人。习近平总书记强调“教师承担着最庄严、最神圣的使命”，“教师要时刻铭记教书育人的使命，甘当人梯，甘当铺路石，以人格魅力引导学生心灵，以学术造诣开启学生的智慧之门”。要充分发挥高校党员干部特别是领导干部在培育和践行社会主义核心价值观中的引领带动作用，继续实施好师德师风建设工程，把社会主义核心价值观纳入教师教育课程体系，融入教师职前培养和准入、职后培训和管理的全过程。要突出重点，针对高校思想政治理论课教师、高校辅导员等骨干群体，集中开展社会主义核心价值观专题培训。要继续做好全国教书育人楷模推选等工作。近年来，中国人民大学坚持“德才兼备、以德为先”的原则，修订完善了干部选拔任用制度。学校加强了思想品德课和哲学社会科学学科教师、辅导员和班主任队伍建设。探索开展了“本科生导师制”“学生党建导师制”等德育创新工作，引导教师以高尚师德、人格魅力、学识风范教育感染学生，做青年学生健康成长的指导者和引路人。

第三，紧紧围绕立德树人的根本任务，把社会主义核心价值观教育融入人才培养全过程。培养什么样的人、如何培养人是教育的根本问题，立德树人是高等教育的根本任务。高校围绕“勤学、修德、明辨、笃实”的要求，从落细、落小、落实入手，形成课堂教学、校园文化和社会实践多位一体的育人平台。要充分发挥课堂教学主渠道作用，全面深化课程改革，把党的教育方针和社会主义核心价值观细化为学生核心素养体系和学业质量标准，融入大学各学科课程标准、教材编写、考试评价之中。要在课程建设和教材修订中强化优秀传统文化内容，分学段有序推进中华优秀传统文化教育。要把实践环节纳入教育教学计划，规定相应学时学分，组织学生参加生产劳动、创新创造、勤工俭学等活动，在服务他人、奉献社会中升华对社会主义核心价值观的体验感受和认知理解。中国人民大学连续两年开展了“千人百村”社会调研活动，同学们在“接地气”的调研中加深了对国情民情的直观认识。以开展“红船领航”为抓手，注重发挥学生党员骨干在培育和践行社会主义核心价值观中的表率作用。通过开展以“中国梦·人大情”为主题的传统文化体育、读史读经典等活动，让大学生从吸吮优秀传统文化中怡情养志、涵育文明。

现在，青春是用来奋斗的；将来，青春是用来回忆的。青年时代是用奋斗来书写的一本华丽乐章，而奉献是这部乐章里最深沉的音符。日益为学学有所获，笃实践行事有所成。广大青年要牢记总书记的殷切期待，勇于担起党和人民的重托，与时代同向，与祖国同行，用实际行动为社会主义核心价值观做出充满活力的青春诠释，在激扬青春、开拓人生、奉献社会的进程中不断书写人生华章！

常怀初心不改　坚守法治信仰*

炎炎夏日我们欢聚一堂，在这里举行法学院 2014 届学位授予仪式暨毕业典礼，共同见证这一庄严而难忘的时刻。首先，我谨代表学校向圆满完成学业的同学们表示热烈祝贺，向付出辛勤汗水和心血培育你们的各位老师表示衷心感谢，向为同学们的成长含辛茹苦、倾注心血的家长朋友们表示深深的敬意！

今天，学校在这里举行学位授予仪式，法学院今年参加了学校的首批学位授予仪式的改革，我和雨露校长为此专门进行了分工，由他参加这次学位授予仪式改革试点之一的经济学院的学位授予仪式，我参加法学院的学位授予仪式。作为新中国诞生后创立的第一所正规的高等法学教育机构，人民大学法学院被誉为中国法学教育的工作母机、法学家的摇篮，被业内外称为中国最好的法学院。作为中国人民大学法学院的毕业生，同学们应该为此珍惜和自豪。

在今天这样一个特殊的日子里，我代表学校讲三句话、表达三层意思：

第一句话，希望同学们常怀初心不改、兼济天下的赤子理想。培养国民表率、社会栋梁，始终是党和国家对人民大学的重托，始终是历史和未来对人民大学的期待。就在两年前的今天，习近平同志专程考察中国人民大学，对学校培养厚重人才提出了明确要求。77 年来，母校始终牢记党和国家的嘱托，从未懈怠。从母校走出的一代代人大人，始终与党和国家同呼吸共命运，为民族的独立、国家的富强、社会的进步、人民的幸福做出了重大的贡献。在我们法学院，像佟柔、许崇德、高铭暄、肖扬、宋鱼水、王旭光等等，还有刚才介绍的我们的著名的教授，都是我们法学院的老师和校友们之中优秀的代表。保持对党的忠诚、对国家的热爱和对人民的敬畏，始终奋进在时代的前列，这种责任感和使命感已经成为一代代人大人特有的情怀。我希望同学们坚持这种情怀，坚守赤子之心，在时代大潮中建功立业，成就自己宝贵的人生。

第二句话，希望同学们坚守公平公正、明德明理的法治信仰。国无法则人无矩，法不公则国不稳。举世瞩目的党的十八届三中全会浓墨重彩地勾勒出法治中国的宏伟蓝图。社会主义的核心价值观在社会层面倡导自由、平等、公

---

* 原文发表于《法制资讯》2014 年第 7 期。

正、法治，在法治中国的建设过程中，同学们作为全国最好的法学院毕业的学生必将能够发挥重要作用。我想，人民对法治的期盼就在于它能够捍卫公平正义。我们法学院的王利明老师有一本书，名字叫《人民的福祉是最高的法律》。如今，你们学有所成走向社会，职责所系就是要更加关注并实践社会的公平公正，勇于明辨是非黑白、善恶曲直，努力捍卫社会发展进步的根基。

第三句话，希望同学们践行胸怀人民、脚踏实地的人大传统。我们的母校有着厚重的历史和光荣的传统，所有的人大人都应该将这种精神传统作为自己前进的力量和源泉。我看到法学院网站上有一个人大法律人的栏目，我想作为人大校友一部分的人大法律人，更加应该持守为人民服务的宗旨，更加应该褒扬人本的精神，更加应该不忘人文的关怀。我看今天议程的安排，后面还要举行为民奖学金的颁奖，同学们都知道这是以法学院老一辈的优秀校友苗为民同志的名字而命名的。苗为民淡泊名利、一生为民，用平凡而伟大的一生践行“为民”二字。这正是我们人大法律人价值标准的最高体现。在我们的年轻校友中也有杰出的代表，2007 年毕业于民商法专业的赵红玉法官，毕业后主动选择到西藏基层法院工作，并担任了驻村工作队队长，在最基层的岗位上接地气、惠民生，将心中的法律理想和脚踏实地的奋斗实现了统一。他们都是我们学习的榜样。

同学们，母校的教育赋予我们不变的价值追求，法律的明文赋予我们清晰的操行准则，这些都将成为我们不断前行的有力支撑。当你们面对纷繁的诱惑时，请坚定不忘初心、兼济天下的赤子理想；当你们路遇不平时，请坚持公平公正、明德明理的法治信仰；当你们身处迷茫时，请坚守胸怀人民、脚踏实地的母校传统。

最后，祝愿同学们身体健康、生活愉快、事业有成、前程似锦，谢谢！

做好意识形态工作
建设马克思主义坚强阵地*

高校是意识形态工作的重要阵地。做好高校意识形态工作，对于全面贯彻党的教育方针，巩固马克思主义在高校的指导地位，确保社会主义办学方向，培养中国特色社会主义事业的建设者和接班人，具有特殊重要的意义。中国人民大学是我们党亲手创办的第一所以人文社会科学为主的新型大学，曾经为马克思主义在中国的普及、传播做出了重要贡献。学校历来重视宣传思想工作，注意牢牢把握意识形态工作的领导权、管理权、话语权，找准工作切入点和着力点，做到因势而谋、应势而动、顺势而为，努力把学校建设成为学习、研究和宣传马克思主义的坚强阵地。

强化“三个责任”，切实做到守土有责、守土负责、守土尽责

党管宣传、党管意识形态，是由我们党和国家的根本性质决定的，是党在长期实践中形成的重要原则和制度，是坚持党的领导的重要方面。把党管宣传、党管意识形态的要求落到实处，就要始终不渝地强化政治责任、领导责任、基地责任，坚持在守土中履责、在守土中负责、在守土中尽责，真正做到在其位、谋其政、履其职，确保坚守的意识形态这一“城池”万无一失，决不能让领导权旁落。

1. 强化政治责任

从全党来说，能否做好意识形态工作，事关党的前途命运，事关国家长治久安，事关民族凝聚力和向心力。从高校来说，能否做好意识形态工作，事关高校的正确办学方向，事关马克思主义的指导地位，事关立德树人的根本任务，具有很强的政治性、战略性、全局性。中国人民大学以人文社会科学为鲜

* 原文发表于《北京教育（高教）》2014 年第 9 期。

明特色，学科的政治性比较强，学校历任党委领导班子在这一点上一直保持着清醒的头脑，教育引导广大教职员工在思想上、政治上、行动上同党中央保持高度一致，不断巩固马克思主义在意识形态领域的指导地位。

2. 强化领导责任

高校意识形态工作是高校党的工作的重要方面，抓好意识形态工作是高校党委的一项重大责任。学校领导班子特别是党委书记要切实肩负起对意识形态工作的领导责任。学校党委高度重视学校宣传思想工作，在重大原则问题上特别是在涉及坚持理想信念的问题上，在涉及维护党和国家的根本制度等重大原则问题上，态度不暧昧，不东西摇摆、左右迎合，更不能退避三舍、明哲保身，真正做到敢于担当、敢于发声、敢于碰硬。

3. 强化基地责任

学校是中国马克思主义理论教学与研究的重要基地，在高校意识形态领域具有特殊重要的地位和影响，发挥着重要的示范和标杆作用。例如，学校有151位教师参与中央马克思主义理论研究和建设工程重点教材编写工作，59位教师担任了工程重点教材编写课题组的首席专家。做好意识形态工作，是学校不可推卸的责任和使命。近年来，学校高度重视中国特色社会主义理论体系“三进”工作，积极推广使用中央马克思主义理论研究和建设工程重点教材，推进教学手段和方式创新，充分运用案例式、互动式、情景式教学方法，组织“精彩一课”教学示范片和视频公开课，提高了大学生思想政治理论课的教学效果。

把握“三个导向”，始终绷紧导向这根弦，讲导向不含糊、抓导向不放松

抓好宣传思想工作，导向是核心、是灵魂，导向出偏差，就会出大问题。学校党委始终把宣传思想工作的正确导向放在突出位置，始终以导向为根本、视导向为生命，不断提高坚持正确导向的自觉性，增强正确导向的有效性，切实把政治导向、学术导向、政策导向的要求贯穿到学校教学、科研、管理的全过程和各环节。

1. 把握好政治导向

意识形态工作的本质是政治问题。学校党委始终坚持正确的政治导向，做到了在重大政治立场、政治原则、政治问题上态度鲜明、观点正确，与党的基本理论、基本路线、基本纲领、基本经验保持高度一致，与党中央保持高度一致，决不给违反四项基本原则，违反党的路线、方针、政策，违反改革开放的错误观点提供传播平台和空间。作为我国哲学社会科学高等教育的重镇，学校

党委教育引导师生把马克思主义的立场、观点、方法贯穿到教学研究工作中，用发展着的马克思主义指导哲学社会科学。

2. 把握好学术导向

高校意识形态工作与高校的学科建设、课堂教学、科学研究等工作关系密切，与学术问题经常交织在一起。要认真掌握和厘清学术问题和政治问题的界限，坚决落实“研究探讨无禁区、宣传讲课有纪律”，既鼓励学术上的大胆探索、不同观点的争鸣，又反对借学术研讨之名发表违背宪法和党的路线、方针、政策的错误观点和言论。例如，在新闻学和法学专业人才的培养上，学校特别重视将马克思主义新闻观、法学观体现到教材编写、课堂教学、论文写作等环节，坚决抵制西方新闻自由观、宪政民主等错误思潮的影响。

3. 把握好政策导向

正确的政治导向、学术导向，最终要落实到政策导向上。没有政策的配套，政治导向、学术导向就会落空。多年来，学校在学科建设、专业设置、教材编用、教学评估、教师选聘、科研立项、成果发布、考核奖励等各项工作和环节中始终坚持把正确的导向摆在首位，完善制度政策，切实把好导向关。学校认真贯彻落实《高等学校教师职业道德规范》，引导广大教师树立崇高的职业理想，严守教育教学纪律和学术规范，杜绝有损国家利益和不利于学生健康成长的言行，切实肩负起立德树人、教书育人的光荣职责。

抓好“三个关键”，完善大宣传格局，形成大宣传合力

宣传思想工作是政治性强、涉及面广、影响力大的系统工程，面对当前高校社会思潮文化的多元、多样、多变，面对校园新的传播格局和舆论环境，学校党委充分调动各方力量、运用各种资源，形成上下互通、横向联合、齐抓共管的大宣传工作格局，打好宣传思想工作“组合拳”，奏响“交响乐”。

1. 抓好工作机制

对于学校来说，宣传思想工作不是哪一个部门、哪一个单位的事情，而是全校工作的重要组成部分，需要全校各单位共同来做。学校党委把宣传思想工作纳入总体工作部署，形成了“服务中心、促进发展，坚持导向、维护稳定，拓展功能、塑造形象，培育文化、促进和谐”的宣传思想工作思路，健全校党委统一领导，党委宣传部牵头负责，党政齐抓共管、相关职能部门和院系共同参与的“大宣传”格局。

2. 抓好工作队伍

学校统筹推进学校党政干部和共青团员干部、思想政治理论课教师和哲学

社会科学教师、辅导员和班主任等宣传思想工作骨干队伍建设，把政治强、业务精、作风正，在理论上、笔头上、口才上有专长的优秀干部选拔配备到学校宣传思想工作岗位上来，配齐建强宣传思想工作队伍。学校党委建立健全了宣传思想工作负责人、宣传信息员、网络宣传员等工作队伍，定期专题研究宣传思想工作；加强了对专业人员的培养力度，建立了必要的奖惩机制，打造出了一支高素质的专兼职相结合的宣传思想工作队伍。对中国人民大学来说，抓好工作队伍建设，更重要的是要抓好哲学社会科学专业教师队伍建设，这支队伍既是学校教学科研工作的主力军，也是学校宣传思想工作的重要依靠力量，对学生的成长成才担负着更直接更重要的责任。

3. 抓好工作阵地

学校党委树立了“关口前移、源头治理”的理念，建立健全哲学社会科学课堂教学、报告会、研讨会、讲座、论坛、网络、接受境外基金资助以及校报校刊、广播电视、社团等管理制度，明确审批流程，做好超前预警，强化监管引导，牢牢掌握宣传工作阵地的主导权。党委宣传部加强了对社会舆情、网络舆情的汇集与分析工作力度，每月编辑一期《思想理论动态》《北京高校哲学社会科学动态专报》，报送中宣部、教育部、北京市委教工委等上级主管部门和学校领导及校内相关单位。学校党委还及时通报意识形态领域情况，通报校外重点人员情况，决不给错误思想和言论提供讲坛，确保了学校哲学社会科学报告会、研讨会、讲座、论坛、网络等阵地的正确导向。

习近平总书记系列讲话，特别是“8·19”讲话，是做好新形势下党的宣传思想工作的强大思想武器，也是繁荣发展哲学社会科学、努力办好中国人民大学的重要遵循。我们将以习近平总书记系列讲话精神为指导，牢牢把握学校意识形态工作的领导权、管理权、话语权，以立德树人为根本任务，切实加强和改进宣传思想工作，为创建“人民满意、世界一流”大学提供科学的理论指导、有力的思想保证和良好的舆论支持。

让“实事求是”成为精神底色[*]

跨入大学校门，意味着同学们就要告别父母，独立生活，以更加成熟的眼光和思维来审视并设计自己的人生之路。在同学们的大学生活开始之际，我想借此机会围绕我们实事求是的校训，和大家分享三点体悟，以期共勉。

第一点体悟，要从我们的校训说起。校训是一所学校的精神标识，认识人民大学要从认识“实事求是”开始。

当同学们第一次从东门进入学校的时候，首先映入眼帘的是那块镌刻着“实事求是”四个大字的校训石。那是中国人民大学的一个具有代表性的地标性景物。校训凝聚着一所大学的精神特质，反映着这所大学最本质的价值追求和校风学风。“实事求是”承载了中华优秀传统文化的标识和基因。中国人民大学之所以把“实事求是”确立为学校的校训，一是因为“实事求是”反映了学校的历史积淀与传统。“实事求是”的校训与中国人民大学独特的办学历史密不可分，反映了中国人民大学与执政的中国共产党精神血脉相连的品格。可以说，“实事求是”既是中国人民大学在不平凡的征程中始终追求真理，始终与国家和民族同呼吸、共命运的真实写照，也是学校面对时代的挑战和机遇，勇于坚守、敢于创新的生动缩影。二是因为“实事求是”与中国人民大学的学科特色和校风高度契合。“实事求是”的校训与中国人民大学独特的学科特色密不可分，反映了中国人民大学独特的学风和校风。“实事求是”是一种理论联系实际、务实求真的学风。坚持实事求是，理论联系实际，也是人文社会科学发展的内在要求和价值体现。对中国人民大学来说，坚持实事求是，是学科自身健康发展的内在需要，是遵循学术规律，繁荣学术的必然要求。

70 多年来，“实事求是”的校训影响了一代又一代的人大人，他们不哗众取宠、不沽名钓誉，认真做人、踏实做事。从胡福明校友以一篇《实践是检验真理的唯一标准》掀起真理标准大讨论，到陈锡添校友撰写小平同志发表南方谈话的通讯《东方风来满眼春》，在共和国每一个重要的历史节点上都可以找到人大人的身影。

---

* 原文发表于《光明日报》2014 年 9 月 12 日 6 版。

第二点体悟，从读书的重要性谈起。“实事求是”说易行难，做到“实事求是”首先就是要多读书。

宋代文学家欧阳修曾说过：“立身以立学为先，立学以读书为本。”读书对一个学子来讲是天职，更是一生的修行。同学们已是大学生，再讲读书的重要性是否多余？我们的很多教师以及社会各界关于读书的一个普遍的看法是：认为由于当前网络快餐文化等负面因素的存在，目前社会上读书的风气受到影响；认为这不仅是社会普遍存在的问题，它已或多或少对大学校园产生了影响，已经成为中国大学教育中引起各方面关注的一个大问题。

书山有路，读书是求知的需要，是做学问的基础。在科学领域并没有什么捷径，时间的付出是成功的最基本因素。自然科学如此，人文社会科学也是如此。人类有两个传承高贵的圣殿，一是优秀老师的课堂，二是摆满大师作品的图书馆。两个月前，我校一级教授方立天溘然仙逝。方先生是著名的哲学史家、宗教学家，是人文社会科学领域德高望重的著名学者，但鲜有人知道，在人民大学图书馆地下一层的库本阅览室，曾专门为他备有一张桌子。当年，因为看到方立天教授每天都早早等候开馆直至晚间闭馆方才离开，工作人员特意在他常去借书的书库配了一套桌椅，这样他就不用把沉重的库本搬来搬去，而且工作人员下班后，他仍可以留在书库，独享空间。这是人大图书馆迄今为止唯一享有如此“礼遇”的人。方老在这里把一个“坐冷板凳、泡图书馆”的背影永远留在了人民大学的记忆中，也把一个“新中国培育的能够矗立在学术史上的学者”这样的背影永远留在了中国学术界的历史中。

读书不仅是求知的需要，更是生命完整的需要。人受限于时空，我们的躯体和感知能够到达的范围极为有限，打破这种约束，读书是重要的一条途径。进了大学，我们不仅要读专业教材，而且要尽可能多阅读帮助我们感悟生命、感悟世界、感悟人生的书籍。人生命的一半是物质，一半是精神。读书是对精神的那一半生命的能量补充。在地球上所有物种中，除物质之外还需要精神滋养的就是人类。

读书不仅有助于生命的完整，而且有助于精神的美容。读书养心，读书修德，读书可以滋润我们的人格，高尚我们的气质。虽然我们已进入高等教育大众化时代，但大学毕竟不仅仅是职业养成所，特别是人民大学的学生肯定不是把目标定位为毕业以后找一个条件好、待遇高、收入稳定的职业，而应当尽可能努力成为一个精神高尚、志向远大、气质优雅的读书人，应当有一种“书卷气”。

一所好的大学，一是要有一批好老师，有高质量的课堂讲授，二是要给学生留出自由时间，鼓励和引导同学们高质量地深层次阅读。在人生最美好的年华，安静地读些书，是一种美好的人生享受。相信，多花点时间看书，一定会让你的生命增色，为你的精神美容，使你今后的人生有更大的收获。

第三点体悟，是带着问题去读书，在实践中求学问，这是“实事求是”的内在要求。

所有的学问都始于问题。同学们成长在中国社会急速转型并且蒸蒸日上的时代，周围的世界充满变数，能够提出问题是做好学问的基础。你们在读书学习的过程中要善于提出问题、分析问题，开阔眼界，拓宽思路，活跃思想，思考解决问题之道。希望你们都能养成带着问题去读书的习惯，接受新知都能从读书思考开始。

真的学问源于深入生活，真的本事在于解决问题，真的情怀处于人民之中。“实事求是”要求人民之是，求社会之是，求国家和民族之是。歌德说：“理论是灰色的，而生命之树常青。”只有双脚才可以感受和丈量大地的宽广，只有善于感知时代和现实生活的脉搏，才能感知人类社会的规律，才能形成真正有现实生命力的理论。希望，在日新月异的世界里，在你们心中种下的这颗种子，有一天能破土而出，茁壮生长，支撑你们走向更宽广的天地。

同学们，还想对你们强调的，就是读书并非只为稻粱谋。在踏入大学殿堂之后，请保持一份纯粹、一份高贵。许许多多的人大人为此做出了表率。他们之中，无论是身处书斋、甘守清寂的博学鸿儒，抑或是叱咤职场、领袖群伦的业界精英，都恪守着“实事求是”的准则，从厚重大气的内心涵养、格物致知的个人修为而生发出胸怀天下、道济苍生的家国之思。他们躬行义理，学以致用，以一个大写的“人”字为“实事求是”的校训做了最好的注解。这是一个伟大而可以有所作为的时代，这个时代正召唤着你们，召唤着更多的“国民表率、社会栋梁”。

处理好三个关系

——论坚持和完善党委领导下的校长负责制*

党委领导下的校长负责制是具有中国特色的高等教育制度。这一制度为坚持党对高校的领导，保障新时期我国高等教育事业改革与发展的平稳推进，为全面贯彻党的教育方针，坚持社会主义办学方向，培养中国特色社会主义事业合格建设者和可靠接班人，提供了坚强的组织保证，发挥了重要作用。然而20多年来，这一制度在实行过程中也存在着一些问题，如有些同志对其内涵的认识尚有偏差，有的甚至怀疑实行这一制度的必要性。《关于坚持和完善普通高等学校党委领导下的校长负责制的实施意见》总结了多年来的实践经验，体现了党的十八大、十八届三中全会和习近平总书记系列重要讲话精神，针对工作中存在的突出问题，就进一步坚持和完善党委领导下的校长负责制提出要求、做出规定，为加强高校党的建设工作和完善中国特色现代大学制度提供了重要遵循。

坚持和完善党委领导下的校长负责制，关键是要处理好以下三方面的关系：

一是党委和行政的关系。这是党委领导下的校长负责制的核心。在实际工作中，一些高校之所以出现党政矛盾、扯皮等问题，很大程度上是因为对“党委领导”和“校长负责”的认识不一致，职权划分不清晰。《实施意见》在总结实践经验与教训的基础上，对党委领导和校长负责的主要内容、基本权限、运作方式都做了明确而科学的界定，对党委和行政的关系做了很好的规范，具有很强的指导性和可操作性。《实施意见》明确指出，党委在学校处于领导核心地位，统一领导学校的工作，并从管方向、管全局、管干部、管人才以及党要管党等方面概括了党委的10项工作任务，对党委领导的内容和途径做了规定。校长是学校的法定代表人，在党委领导下，贯彻党的教育方针，组织实施党委决议，行使国家法律规定的职权，全面负责教学、科研、行政管理工作。“党委领导”和“校长负责”是辩证的相互促进的关系。一方面，“校长负责”是以“党委领导”为前提的。党委是学校的领导核心，通过党委会、常委会等

---

* 原文发表于《求是》2014年第24期。

途径贯彻民主集中制，体现集体领导，其领导不仅是思想政治上的领导，而且是对学校改革发展稳定全局的领导。党委要总揽学校改革发展稳定的全局，把握学校的思想政治领导权，对重大问题和重大事项的决策权，以及对重大决议执行情况的监督权；要把好方向，抓好大事，出好思路，用好干部；要充分调动校长和其他行政领导的积极性、主动性、创造性，大力支持校长独立负责地行使职权。另一方面，“校长负责”是落实“党委领导”的基础，“党委领导”要靠“校长负责”来落实。校长负责主要是负责落实党委的领导，执行党委的决议，把党委的决议转化为贯彻落实的行政措施和行为。

二是个人与集体的关系。处理好个人与集体关系的关键是要贯彻落实民主集中制。民主集中制是我们党和国家的根本组织原则和领导制度，也是实行党委领导下的校长负责制的根本制度。《实施意见》充分体现了民主集中制，就集体领导和个人分工负责的管理权限、党委常委会议和校长办公会议议事规则、重大问题重大事项的决策程序、干部选拔任免的决定程序、专家咨询制度和征求群众意见制度、民主决策和管理制度、学校党政领导民主生活会制度、监督检查和责任追究制度、工作请示汇报和反馈制度等，既提出原则性的指导意见，又做出了非常具体的操作性规定。例如，《实施意见》强调要坚持集体领导和个人分工负责相结合，重大事项必须坚持科学决策、民主决策、依法决策，集体研究决定，防止个人或少数人专断，又强调领导班子成员要认真执行集体决定，按照分工积极主动开展工作，防止议而不决、决而不行，防止推诿扯皮。

三是书记与校长的关系。书记和校长的团结协调是党委领导下的校长负责制有效运转的关键因素。书记和校长的团结协调、配合默契，不仅可以促使整个领导班子成为坚强的领导核心，而且能在全校形成强大的凝聚力和示范作用。如果书记和校长各吹各的调，互不买账，势必班子涣散，什么事情都办不好、办不成。要处理好二者的关系，首先要提高书记、校长的个人素养。高校党委书记和校长应该成为社会主义政治家、教育家，树立政治意识、大局意识，相互理解、相互信任，相互支持、相互补台。他们担负的角色不同，但分工不是分家，凡事要从学校事业出发，出于公心，开诚布公，把问题摆到桌面上，不计较个人的名利得失。应换位思考，多听取对方的意见，团结协调，合作干事。要建立定期沟通谈心机制，及时交流工作思想情况。书记和校长由于考虑问题的角度不同，对有些问题的看法难免会出现分歧，这是完全正常的。因此，建立党委书记和校长的沟通机制非常重要，平时应定期相互谈心，经常交流思想、交换意见，努力营造团结共事的和谐氛围；特别是决定重大事项前，更要事先酝酿、充分沟通。要严格制度规范，按制度规范办事。党委领导下的校长负责制实质上是一种集体领导制度。保障书记、校长的团结，最重要的是要靠制度，严格以制度规范办事。凡属重大问题，都应经过一定的程序，集体讨论，做出决定，决不能脱离集体领导这一原则，争个人的“拍板权”，或搞团团伙伙，搞个人专断。如果书记和校长过于计较“谁说了算”，必然滋生矛盾，甚至相互争斗，相互拆台。这是必须坚决防止和纠正的。

用梦想激励青年　用奋斗引导青年*

习近平总书记“五四”重要讲话思想深刻、内涵丰富、语重心长、情真意切，深刻揭示了党与青年、国家民族与青年的关系，指明了当代青年肩负的历史责任和成长道路，并对全国广大青年提出了五点殷切期望，为当代青年健康成长、投身实现中国梦伟大实践指明了方向。我们要深入学习、深刻把握习近平总书记讲话的丰富内涵和精神实质，把思想和行动统一到中央对青年一代的希望和要求上来，用中国梦打牢青年学生的共同思想基础，用中国梦激发青年学生的历史责任感，引导青年学生为实现中国梦、青春梦而努力学习、奋斗。

第一，用梦想把国家与个人联系起来，以中国梦激励青春梦。梦想是人类独有的精神追求，人类的历史就是一个为实现梦想而不断奋斗的过程。失去了梦想的民族，是一个没有希望和未来的民族，失去了梦想的人生，是灰暗沉闷的人生。青春是最美好、最具激情的年华，青年大学生应当是最有朝气、最富有梦想的群体。但在现实中，拜金主义、享乐主义、极端个人主义等思潮对大学校园的侵蚀，给青年大学生带来了消极影响，造成一些青年大学生理想彷徨、信仰迷失，失去了追求梦想的信心，失去了为梦想而奋斗的动力。所以，加强青年大学生的理想信念教育极为重要。要教育引导青年大学生树立远大理想，敢于有梦，勇于追梦，勤于圆梦，把理想信念建立在对科学理论的理性认同上，建立在对历史规律的正确认识上，建立在对基本国情的准确把握上，以中国梦激励青春梦，把个人的梦想融入到国家的梦想之中，融入到祖国和民族的发展之中，勇敢地肩负起时代赋予的光荣使命。

第二，用梦想把学校和学生联系起来，以人大梦助推青春梦。青年是祖国的未来、民族的希望，青年兴则国家兴，青年强则国家强。教育青年、帮助青年、为青年提供成长成才的平台和条件是大学最根本的任务。中国人民大学作为中国共产党创办的第一所新型大学，在长期的办学与探索过程中，始终坚持“立学为民、治学报国”的办学宗旨，牢记党和国家的重托，不负人民的期望，培养了一大批人民共和国高素质的建设者和各行各业领军人才。目前，正致力

* 原文发表于《中国教育报》2013年5月13日5版。

于实现“人民满意、世界一流”大学的“人大梦”。“人大梦”的核心就是要为青年学生的成长成才创造更好的平台和条件，就是要为国家培养更多的杰出人才。“人大梦”与“青春梦”是一致的。要在实现“人大梦”的进程中，从党和国家事业的高度，更加重视学生工作，更加关心学生成长，坚持立德树人、教书育人，为学生实现“青春梦”提供助力，为学生驰骋思想打开更浩瀚的天空，为学生实践创新搭建更广阔的舞台，为学生塑造人生提供更丰富的机会，为学生建功立业创造更有利的条件。

第三，用奋斗把梦想与现实连接起来，引导青年大学生努力提升实现梦想的能力。一个人要有点梦想并不难，难的是还要有实现梦想的能力和本领。没有能力，没有本领，梦想只能是空想。所以，习近平总书记在讲话中殷切希望广大青年要练就过硬本领，勇于创新创造，锤炼高尚品格，才能肩负起时代赋予的重任。学校要教育引导青年学生把学习作为主要的任务，树立梦想从学习开始、事业靠本领成就的观念，增强知识更新的紧迫感，如饥似渴地学习，不断提高与时代发展和事业要求相适应的素质和能力。要教育引导青年学生深入基层、深入群众、深入西部、深入农村、深入一线，坚持学以致用，将书本知识与基层经验结合起来，将扎实的学问和厚实的见识结合起来，将理论学习与实践探索结合起来。要加强创新创业教育和训练，教育引导青年学生有敢为人先的锐气，有超越前人的雄心壮志，有逢山开路、遇河架桥的意志。要教育引导青年学生自觉树立和践行社会主义核心价值观，加强思想道德修养，弘扬爱国主义、集体主义、社会主义思想，保持积极的人生态度、良好的道德品质、健康的生活情趣，积极参加志愿服务，主动承担社会责任，热诚关爱他人，多做扶贫济困、扶弱助残的实事好事，以实际行动促进社会进步。

第四，用奋斗把现在与未来连接起来，引导青年大学生为实现梦想而努力奋斗。“宝剑锋从磨砺出，梅花香自苦寒来”。习近平总书记在短短的讲话中，有 13 处提到“奋斗”。奋斗是实现梦想的必备条件，是连接现在与未来的桥梁。只会做梦，没有奋斗，是痴人说梦；只有付出辛勤的汗水、艰辛的努力，才能把梦想变成现实，才能走向美好的未来。实践证明，任何美好的理想，都不可能唾手可得，都离不开筚路蓝缕、手胼足胝的艰苦奋斗。当前，中国已经进入全面建成小康社会新阶段，国家的经济实力有了很大增长，人民的生活水平有了很大提高，但无论是实现国家的梦想还是个人的梦想都依然需要艰苦奋斗。现在的物质生活条件好了，但青年学生普遍缺乏艰苦奋斗的精神，怕吃苦，经不起挫折。这就要求高校更加重视艰苦奋斗教育。要教育引导青年大学生不怕困难，勇于到条件艰苦的基层、国家建设的一线、项目攻关的前沿，经受锻炼，增长才干，历练宠辱不惊的心理素质，坚定百折不挠的进取意志。总之，青年大学生只有坚定理想信念，练就过硬本领，勇于创新创造，矢志艰苦奋斗，锤炼高尚品格，才能成为可堪大用、能担重任的栋梁之材。

传承陕北公学血脉　始终奋进时代前列*

历史是最好的教科书，党史是最好的营养剂。习近平总书记指出：“全面宣传党的历史，充分发挥党的历史以史鉴今、资政育人的作用，是党和国家工作大局中一项十分重要的工作。”中国人民大学作为中国共产党创办的第一所新型正规大学，其前身是1937年成立于延安的陕北公学，以及后来的华北联合大学、华北大学。在80多年的校史上，这所大学始终与党和国家同呼吸、共命运。可以说，中国人民大学的校史，承载着党创办和领导高等教育的勤勉实践，折射着党培养造就先锋分子推动革命、建设和改革的不懈求索。在党史学习教育中，中国人民大学发扬长期以来形成的“始终奋进在时代前列”的光荣传统，坚持把学习党史与重温校史结合起来，与推进“双一流”建设贯通起来，以办学育人实际成效引领社会、回报时代。

信仰点亮在时代前列

1937年，“七七”事变爆发，拉开了中华民族全面抗战的序幕。为加快培养抗日急需人才，中共中央决定“在延安地区创办一所大学”，并仿照大革命时期党在上海开办中国公学的经验，将原定校名“陕北大学”改为“陕北公学”。陕北公学和抗日军政大学、鲁迅艺术学院等学校一道，在抗日烽火中诞生，从建校那一刻起就流淌着红色基因血脉，高扬“革命理想高于天”的信念追求。1937年10月，毛泽东给陕北公学题词，其中提出：“要造就一大批人，这些人是革命的先锋队。这些人具有政治远见。”无论在革命战争年代，还是社会主义建设时期，学校为一代又一代青年点亮理想信念的火种，带领他们“实践其所信，励行其所知”，为民族独立、人民解放、国家富强做出贡献。

置身百年党史，回顾中国人民大学办学历程，为理想而建、因信仰而兴、循梦想前行，是学校于历史风云变幻之中坚持办学特色，不断为党育人、为国

---

* 原文发表于《学习时报》2021年5月28日A1版。

育才的根本所在。中国人民大学传承陕北公学血脉，发挥“人文社科高等教育的重镇”办学特色，依托思政课这个课程主渠道，扎实做好立德树人、培根铸魂的工作，为新时代青年学子点亮理想信念的灯盏。一是完善培根铸魂课程体系。突出坚定对马克思主义、共产主义的信仰，对中国特色社会主义的信念，对实现中华民族伟大复兴的信心，加强和改进思想政治工作，构建“三全育人”体系，在课程育人、科研育人、实践育人、文化育人、网络育人等方面形成合力；结合本硕博各学段特点，探索构建螺旋上升、层次分明、条理清晰的“必修课＋选修课”思政课程体系。二是丰富培根铸魂课程内容。贯彻落实“八个相统一”要求，将“四史”融入思政课教学，把“大思政课”讲得有深度、有力度、有温度；充分发挥思想政治理论课的作用，推进习近平新时代中国特色社会主义思想和社会主义核心价值观进教材、进课堂、进头脑；善于运用党史生动案例寓事明理，在党史学习教育中增强信仰信念；画好思想政治理论课程与课程思政的“同心圆”，在学思践悟中明是非、知荣辱、立志向、修言行，领悟“国之大者”，心怀“国之大者”。三是为培根铸魂者培塑灵魂。坚持教育者先受教育，实施师德师风建设工程，培养和表彰政治强、业务精、作风正的优秀教师，定期组织培训和交流，营造拴心留人育才的良好环境，引导教师坚定信念、修身养德，让教师在给学生“一碗水”之前先盛满自己的“一桶水”，真正成为青年学生的良师益友。

理论传播在时代前列

陕北公学坚持“七分政治，三分军事”的原则，开设辩证唯物主义、科学社会主义、政治经济学等课程，培养善于运用马克思主义理论指导推动中国革命实践的人才。1950 年，中国人民大学命名组建后，在国内最早设立马克思主义理论专业，全国高校马克思主义理论和人文社会科学领域的许多学科、专业、教材都发端于中国人民大学。在一定意义上，中国人民大学的校史也是一部马克思主义理论和哲学、经济学、法学、史学、新闻学等人文社会科学的传播普及史。中国人民大学也因此被称为新中国人文社会科学高等教育的“工作母机”和“排头兵”。鲜明的马克思主义特色和屡开风气之先的创举，被形象地称为“一马当先”。

置身百年党史，回顾中国人民大学办学历程，重视理论、研究理论、传播理论是学校一以贯之的办学传统和独特优势。中国人民大学传承陕北公学血脉，发挥“马克思主义教学与研究的高地”办学特色，不断深化党的创新理论的教学科研，建设具有中国特色、中国风格、中国气派的哲学社会科学理论体系和话语体系。一是创新建构理论话语体系。继承和发扬中国人民大学马克思主义理论研究和教学的优良传统，围绕当今重大理论和实践问题，深入推进马克思主义基础理论研究，深入推进习近平新时代中国特色社会主义思想研究，深入推进马克思主义中国化、时代化、大众化研究，打造马克思主义理论研究领域的“人大学派”，努力构建中国特色的马克思主义理论话语体系。二是建好用好理论研究平台。充分发挥学校习近平新时代中国特色社会主义思想研究院等科研平台作用，构建学术共同体，推进协同攻关，加强对马克思主义基本理论、中国共产党历史与理论、中国道路与中国模式等重大理论与现实问题的研究攻关，不断推出高水平理论研究成果。三是加强理论领域国际交流。努力拓展与国外相关研究机构的学术交流，牵头成立世界人文社会科学高校联盟、国际文化交流学术联盟、“一带一路”学术出版联盟、世界大学智库联盟，既将国际知名专家教授“请进来”，也组织教师“走出去”，围绕马克思主义理论发展的前沿选题和中国实践与理论的热点问题，参与和组织国际性学术沙龙、学术研讨会、学术讲座、学术论坛，提高中国哲学社会科学体系和话语体系的国际影响力。

治学报国在时代前列

陕北公学创办于民族危亡之际，承担了培养抗日救国干部的重任。当时的毕业生主要分布在华北各大战场，散布于敌人后方的广大地域，他们顽强学习，坚持斗争，为抗战胜利和全国解放做出重要贡献。新中国成立后，中国人民大学遵循高等教育的规律，根据国家建设对人才的需求，优化专业设置，加强教学科研，培养了大批优秀的“人民共和国的建设者”。学校最初设立经济计划系、财政信用系、贸易系等“八大系”，为国家建设输送了大量骨干力量和杰出人才。在党和国家事业许多重要历史关口，人大人顺应时代召唤，发时代之先声，成为全社会解放思想、实事求是的先导，在共和国发展历程中留下浓墨重彩的一笔。

置身百年党史，回顾中国人民大学办学历程，立学为民、治学报国的办学理念一以贯之，为党育人、为国育才的使命担当从未改变。中国人民大学传承陕北公学血脉，发挥“人民共和国建设者的摇篮”办学特色，在投身全面建设社会主义现代化国家新征程中，坚持围绕中心、服务大局，为实现中华民族伟大复兴的中国梦贡献力量。一是打造高水平人才培养体系。学校加快一流大学和一流学科建设，进一步完善“主干的文科、精干的理工科”的学科体系，做强优势学科，扶持特色学科，推动具有人大特色的学科群建设，建立交叉学科、新兴学科培育机制，奠定人才培养的学科基础；深化教育体制改革，从人才培养体系的改革入手，健全立德树人落实机制，扭转不科学的教育评价导向，坚决克服唯分数、唯升学、唯文凭、唯论文、唯帽子的顽瘴痼疾；扩大教育开放，同世界一流教育资源开展高水平合作办学，培养适应时代的创新型、复合型、应用型人才。二是建设中国特色新型智库。学校围绕改革开放和现代化建设亟待解决、广大干部群众普遍关心的重大理论和现实问题，深入调查研究，潜心钻研探索，组织协同攻关，努力对全局性、战略性、前瞻性重大课题做出科学解答，为党和政府提供决策咨询，为经济社会发展提供智力支持；坚持以人民为中心的科研导向，引导教师把学术追求、科学研究同党和国家中心工作结合起来，使人大学者、人大智库在中国和全球事务的治理中发挥越来越重要的作用。三是把全面从严治党抓到底落到位。学校牢牢把握社会主义办学方向，把党的领导贯穿到人才培养、科学研究、社会服务等办学治校的全过程，坚持党委领导下的校长负责制，严格落实民主集中制，增强各级党组织创造力、凝聚力、战斗力；贯彻《中国共产党普通高等学校基层组织工作条例》，加强学校基层党组织建设，严格意识形态阵地管理，结合师生特点，推动“三会一课”等制度创新落实；坚持用制度管权、管事、管人，纯正教风学风，以一流党建引领一流大学建设，努力在新时代做出治学报国新贡献。

充分发挥党史资政育人作用
培养担当民族复兴大任的时代新人*

习近平总书记指出："全面宣传党的历史，充分发挥党的历史以史鉴今、资政育人的作用，是党和国家工作大局中一项十分重要的工作。"作为中国共产党创办的第一所新型正规大学，中国人民大学是中国高等教育系统中最早专门开展中国共产党历史教学和研究工作的高校，中共党史专业也一直是学校的传统特色和优势学科。革命战争年代，中国人民大学前身陕北公学创办时，就开设了中国革命运动史课程；新中国成立初期，中国人民大学成立历史系，下设中国革命史专业，不久扩建为中共党史系；改革开放后中共党史系办学规模、师资队伍、教学科研进入大发展阶段；中国特色社会主义进入新时代，中共党史学科获得了前所未有的发展机遇，2017 年，学校成立中共党史党建研究院，党史教学科研工作翻开崭新篇章。

回顾中国人民大学的发展历程，有两条主线贯穿始终：一条是坚决听党话，坚定跟党走，履行为党育人、为国育才的初心；另一条是探索党的理论，传播党的声音，担当承学存史、天地立心的使命。党的十八大以来，习近平总书记从新时代党和国家事业发展全局的高度，强调教育要努力培养担当民族复兴大任的时代新人。中国人民大学全面贯彻党的教育方针，着眼发挥党史以史鉴今、资政育人作用，深入研究党的历史，认真学习党的历史，全面宣传党的历史，推动党史学习教育在继承传统中走深走实。

在立德树人上着眼，把正党史学习教育的根本方向

习近平总书记指出："高校立身之本在于立德树人。""要把立德树人融入思想道德教育、文化知识教育、社会实践教育各环节。"高校不仅承担着传播知识的功能，还承载着完善人格、塑造灵魂的重任，要把立德树人作为根本任

* 原文发表于《党建》2021 年第 5 期。

务，培养一代又一代拥护中国共产党领导和我国社会主义制度、立志为中国特色社会主义事业奋斗的有用人才。

中国人民大学从诞生之日起，就把培养什么样的人放在核心位置，始终围绕立德树人抓好人才培养，为学校的党史学习教育明确了方向、绘就了底色。近年来，中国人民大学将党史教育融入思想政治理论课教学，开设“中国共产党历史”“社会主义 500 年”等课程，并将其纳入本科生读史读经典选修课和研究生课程体系，丰富了学史明理、以史育人的第一课堂。把正党史学习教育立德树人的方向，要坚守为党育人初心，从树牢“四个意识”、坚定“四个自信”、做到“两个维护”的高度，端正育人导向，推进教学改革，着力培养德智体美劳全面发展的社会主义建设者和接班人；要贯彻德育为先原则，加强和改进思想政治工作，重视道德人格的培养和道德灵魂的构建，从课程德育、社会实践和校园文化 3 个方面建构德育格局，引导学生树立正确的党史观，形成正确的世界观、人生观、价值观；要坚持教育者先受教育，实施师德师风建设工程，培养和表彰政治强、业务精、作风正的优秀教师，引导全体教职工修身立德、行为世范，切实为开展高质量党史学习教育奠定基础、规正方向、倍增成效。

在培根铸魂上聚焦，将“国之大者”融入党史教育

习近平总书记多次提出要心怀“国之大者”的重要论述，为广大党员干部和党的各项事业明确了讲政治、观大势、顾大局的要求。中国人民大学由党缔造、受党领导、为党育才，加强党史学习教育是使命所在，围绕培根铸魂传扬“国之大者”是职责所系。

学校注重发挥学科优势，全方位构建党史教育课程体系，打造多维度党史育人平台，帮助广大师生在党史学习中了解近代以来中国人民长期奋斗的历史逻辑、理论逻辑、实践逻辑，深刻理解中国共产党为什么能、马克思主义为什么行、中国特色社会主义为什么好，在学思践悟中明是非、知荣辱、立志向、修言行，领悟“国之大者”，心怀“国之大者”。聚焦培根铸魂开展党史学习教育，学校坚持用习近平新时代中国特色社会主义思想教育师生，在学懂弄通做实上下功夫，联系党的百年奋斗历程和党的指导思想的发展，深刻认识、准确把握习近平新时代中国特色社会主义思想的核心要义与精神实质，引导师生厚植爱国主义情怀，增强为中国特色社会主义事业奋斗的勇气和力量；坚持用社会主义核心价值观引领人才培养，充分发挥思想政治理论课主渠道作用，推进社会主义核心价值观“进教材、进课堂、进头脑”，运用党史生动案例喻事明理，在党史学习教育中增强对核心价值观的认知认同；树立和宣扬正确的党史

观，组织师生认真学习掌握党的百年历史，准确把握党的历史发展的主题主线、主流本质，正确认识和科学评价党史上的重大事件、重要会议、重要人物，旗帜鲜明反对历史虚无主义，更好正本清源、固本培元，特别是要结合中国人民大学特殊光荣的历史，把党史学习教育与学校光荣革命传统结合起来，引导师生感悟党的伟大历程，传承红色基因。

在守正创新上发力，厚植学党史讲党史的学科根基

凡益之道，与时偕行。党的十八大以来，以习近平同志为核心的党中央就加强和改进高校思想政治工作做出一系列重要部署。中国人民大学闻令即动、坚决贯彻，在学校党史学习教育中既坚持正确政治方向，发扬好的传统经验，又紧跟意识形态领域新态势、信息技术发展新趋势，因势而谋、应势而动、开拓创新。

中国人民大学推出一系列思想政治理论课改革创新举措，在课程育人、科研育人、实践育人、文化育人、网络育人等方面形成合力，拓宽了师生学党史讲党史的方法渠道；会同北京市成立北京高校思想政治理论课高精尖创新中心，优化完善思政课资讯平台等“六大平台”建设，搭建全国高校思想政治理论课教师网络集体备课平台，服务全国思政课和党史课教师，精心制作推出的“名师大家讲党史”系列网络公开课深受广大师生好评。学校党史学习教育的开展有赖于学科根基的夯实，我们必须紧跟时代推进守正创新，切实增强党史学习教育的针对性、实效性。进一步完善党史教育的教学管理体系，推进党史课在管理制度、教学内容、教学方法、评价机制等方面的改革，完善集体备课制度、听课制度、教学内容和质量监管制度、教学检查和评估制度，确保党史课的正常运转和教学质量提高；进一步提升党史教育的亲和力，落实习近平总书记提出的“八个相统一”要求，着眼青少年阶段处于人生“拔节孕穗期”的思想行为特点，讲好“大思政课”，运用历史资源让课堂“活”起来，走进纪念场馆让课堂“实”起来，注重人文关怀让课堂“亲”起来，在古今对比、中西对比中理解党的伟大，坚定信念追求，厚植爱国主义；进一步完善党史教育的方法手段，在用好课堂教学育人主渠道的基础上，借助现代信息技术手段，探索沉浸式、情景式、体验式教学方法，开展讲述党史故事、诵读先烈书信、参观革命圣地等活动，把党史讲活讲好，让党史深入人心；进一步建强党史教学骨干队伍，配齐配强师资力量，严把党史教学从业者入口关，定期组织培训和交流，在纵向项目推荐、校级项目立项过程中向党史专业教师倾斜，为党史教学提供人才和智力支撑。

在资政启民上深化，发挥党史经世致用的时代价值

习近平总书记在哲学社会科学工作座谈会上指出："一切有理想、有抱负的哲学社会科学工作者都应该立时代之潮头、通古今之变化、发思想之先声，积极为党和人民述学立论、建言献策，担负起历史赋予的光荣使命。"党史教学科研工作具有研究阐释党史、为党提供决策咨询、启发与引导民众等重要功能。

2017 年，中国人民大学在马克思主义学院框架下成立了中共党史党建研究院。这个新型跨专业、跨学科、跨学院的综合性研究机构是国内首家在中共党史党建领域集人才培养、学术研究与政策咨询于一体的实体性综合性研究机构。研究院创办以来，围绕党史党建领域的重大历史、理论和现实问题，形成了胡华大讲堂、中共党史学科青年教师工作坊等知名学术品牌活动，推出了"中国改革开放四十年"丛书等一系列标志性的研究成果，初步建成了《中共历史与理论研究》《青年党史学者论坛》等业内认可的学术集刊群，中国人民大学党史党建学科的学术影响和学术声望获得持续提升。学习历史是为了更好走向未来。高校开展党史学习教育要坚持以知促行，引导师生广泛开展课题研究，运用认识成果指导实践，力求在促进国家治理上见到实效，深入挖掘梳理党在不同历史时期的治理理念、治理方法及其发展变化，探寻背后蕴含的历史规律和宝贵经验，用以指导治理实践，完善和发展中国特色社会主义制度、推进国家治理体系和治理能力现代化；在推动高质量发展上发挥作用，通过党史教学科研活动，科学判定历史方位和发展趋势，认清高质量发展的重要意义和基本要求，以新发展理念为引领，推动高质量发展；在改善民生、满足人民群众对美好生活的向往上做出贡献，加强党执政为民历史的研究梳理，汲取规律性认识，为满足人民群众对美好生活的向往献计献力。

赓续红色血脉　建设一流大学*

“浩渺行无极，扬帆但信风”。置身中国共产党百年辉煌历史，回顾中国人民大学从 1937 年成立陕北公学开始，80 多年艰苦卓绝的探索发展历程，正是我们党创办新型高等教育历史进程的缩影，印证了党的教育理念从阶级教育向革命教育、再向国民教育、继而向现代教育的关键性转变。作为中国共产党亲手创办的第一所新型正规大学，中国人民大学始终与党和国家同呼吸、共命运，承载着党创办和领导高等教育的伟大使命，折射着党培养造就先锋分子推动革命、建设和改革的不懈求索。

始终把传承红色基因作为建设“人民满意、世界一流”大学的重要动力

习近平总书记强调，传承好红色基因，把红色江山世世代代传下去。中国人民大学从建校那一刻起就具有鲜明的红色基因。80 多年来，中国人民大学传承陕北公学血脉，发挥“马克思主义教学与研究的高地”办学特色，不断推进党的创新理论的教学科研，建设具有中国特色、中国风格、中国气派的哲学社会科学理论体系和话语体系。进入新时代，学校充分发挥学科优势，统筹协调各研究机构的资源力量，深入开展对党和国家重大理论集中攻关，成立全国首家习近平新时代中国特色社会主义思想研究院，在《求是》《人民日报》等国内主流媒体发表一大批理论文章；推出《马克思主义发展史》、“治国理政新理念新思想新战略”等系列标志性成果；创新中国特色社会主义政治经济学的理论基础和体系，成为世界领先的马克思主义政治经济学研究重镇；承继为国立法的优良传统，法学学科成为引领人类信息文明时代法治建设的前沿高地；哲学、社会学、新闻传播学等一流学科均在提出原创性理论、建立学术话语体系等方面发挥着引领作用。

---

* 原文发表于《北京教育（德育）》2021 年 Z1 期。

阔步迈向新征程，学校将始终在思想上政治上行动上同以习近平同志为核心的党中央保持高度一致，传承和弘扬红色基因，深入学习和践行党的创新理论，不断提高政治能力；扎实开展党史学习教育，把学习党史与重温校史相结合，与推进“双一流”建设相贯通，以“我为师生办实事”作为检验学习成效的关键，不断提升为师生办实事、解难题的能力水平，走好新时代党的群众路线；不断增强马克思主义理论学科建设的社会影响力和学术引领力，积极组织专家学者围绕习近平新时代中国特色社会主义思想重大理论命题进行集中攻关，加强研究阐释，为马克思主义中国化时代化做出贡献。

始终把加强党建工作作为建设“人民满意、世界一流”大学的有力保障

党政军民学，东西南北中，党是领导一切的。中国共产党成立以来，高度重视教育工作，取得了伟大历史性成就。历史经验告诉我们，扎根中国大地办教育，必须坚持党对教育事业的全面领导。学校党委深刻认识加强高校党的政治建设的重大意义，坚持对标对表，坚持问题导向，出台加强党的政治建设的若干措施及百项任务清单，充分发挥基层党组织的政治功能，为打赢高校党的政治建设攻坚战提供坚强组织保证。学校党委坚持大抓基层的鲜明导向，对基层党组织建设扭住不放、持续用力，每年确定一个基层党建工作主题开展基层党建工作，大力推进教师党支部书记“双带头人”培育工程的实施。目前，学校教学科研一线教师党支部书记“双带头人”占比已达100%。2020年以来，面对突如其来的新冠肺炎疫情，全校党组织和师生党员在学校党委的坚强领导下，“一个支部就是一个堡垒，一名党员就是一面旗帜”，“一手抓防控、一手抓发展”，夺取了疫情防控阻击战和学校各项事业蓬勃有序发展的“双胜利”“双丰收”，让党旗高高飘扬在战“疫”一线。

全校各级党组织和师生党员要进一步提高政治站位，持续提升基层党建和思想政治工作质量，增强基层党组织政治功能，压实学校二级党组织抓党建工作责任，抓好二级党组织会议规则和党政联席会议规则落实落地，着力打通基层党的建设“最后一公里”，力争以扎实的工作成效向党中央交出合格答卷。

始终把立德树人作为建设“人民满意、世界一流”大学的根本任务

党的十八大以来，习近平总书记高度重视立德树人在教育中的重要地位和

作用，多次强调要坚持把立德树人作为根本任务，培养德智体美劳全面发展的社会主义建设者和接班人。这为高校教育学生、培养人才提供了基本遵循。近年来，作为全国首批“三全育人”综合改革试点高校，中国人民大学充分发挥“人文社科高等教育的重镇”办学特色，依托思想政治理论课这个主渠道，一体推进课程思政和思政课程同向而行，思政“金课”的“人大模式”影响越来越大，为新时代青年学子点亮了理想信念的灯盏。学校党委注重提高思想政治工作质量，持续创新思想政治工作方式方法，推出“读懂中国”青年教师社会调研、“红船领航”计划、“读史读经典”项目、“千人百村”社会调研等一大批得到广泛好评的育人项目。

全校各级党组织和师生党员要进一步深刻认识自己身上担负的育人职责，把党的教育方针落实落细到建设“人民满意、世界一流”大学的全过程和各方面。以切实提高学校劳动教育的水平和质量为切入点，努力构建德智体美劳全面培养的教育体系，完善学科体系、教学体系、教材体系和管理体系，推动中华优秀传统文化、革命文化、社会主义先进文化进教材、进课堂、进头脑，把立德树人融入思想道德教育、文化知识教育、社会实践教育各环节。与时俱进创新思想政治工作，依托专兼职辅导员、班主任、导师、学生骨干队伍密织多层次工作网格，完善全方位育人的思想政治工作体系，用好“三全育人”信息共享平台、智慧校园育人平台、线上教育管理平台，推动学生思想政治工作朝着精准化、精细化和高质量方向发展。

始终把做好“四个服务”作为建设“人民满意、世界一流”大学的矢志追求

习近平总书记强调：“我国有独特的历史、独特的文化、独特的国情，决定了我国必须走自己的高等教育发展道路，扎实办好中国特色社会主义高校。我国高等教育发展方向要同我国发展的现实目标和未来方向紧密联系在一起，为人民服务，为中国共产党治国理政服务，为巩固和发展中国特色社会主义制度服务，为改革开放和社会主义现代化建设服务。”近年来，学校构建起以国家发展与战略研究院为“一体”，以重阳金融研究院和首都发展与战略研究院为“两翼”，全国高校最多的 14 个教育部人文社科重点研究基地为支撑的多层级智库体系。学校在构建中国特色哲学社会科学学术体系、话语体系上做出了独有贡献。比如：学校法学院民法研究团队发挥了学科优势，全程参与《民法典》编纂；反贫困理论研究处于世界领先水平，中国扶贫研究院获 2020 年全国脱贫攻坚奖，系教育系统获该奖唯一单位。

全校党组织和师生党员要继续发扬理论联系实际的优良学风，围绕当今重

大理论和实践问题，深入推进马克思主义基础理论研究，深入推进习近平新时代中国特色社会主义思想研究，打造中国人文社会科学的“人大学派”。坚持面向世界科技前沿、面向经济主战场、面向国家重大需求、面向人民生命健康，深化科研体制改革、推动创新发展，不断向世界一流大学前列进军。准确把握新发展阶段，深入贯彻新发展理念，加快构建新发展格局，把习近平总书记在致中国人民大学建校 80 周年贺信中提出的“为实现中华民族伟大复兴的中国梦作出新的更大贡献”这一殷切期待转化为建设“人民满意、世界一流”大学的目标追求，努力推进学校各项事业高质量发展。

百年征程波澜壮阔，百年初心历久弥坚，百年恰是风华正茂。全校各级党组织和师生党员要向“光荣在党 50 年”老党员同志学习，不忘初心、牢记使命；要向受表彰的优秀个人和先进党组织学习，见贤思齐、敢于担当；要胸怀“国之大者”，树立为中国特色社会主义事业不懈奋斗的信念信心，把小我融入大我，做共产主义远大理想、中国特色社会主义共同理想的坚定信仰者和忠实实践者。

发挥高校宣传思想工作凝聚师生、引领社会的作用*

习近平总书记在全国宣传思想工作会议上指出："宣传思想工作是做人的工作的，要把培养担当民族复兴大任的时代新人作为重要职责。"高校宣传思想工作理应有所作为，抓好宣传教育和思想引导，切实在立德树人中实现发展，在守正创新中提高质量，在凝聚师生、引领社会上发挥应有作用。

一是要树起一面旗，为师生强化理论指引。做好新形势下宣传思想工作，必须自觉承担起举旗帜、聚民心、育新人、兴文化、展形象的使命任务。举旗帜，就是要高举马克思主义、中国特色社会主义的旗帜，坚持不懈地用习近平新时代中国特色社会主义思想武装头脑、教育师生、推动工作。要发动师生原原本本学，通过逐篇逐段、逐字逐句研读，全面领会精神实质，准确把握精髓要义；组织师生联系实际学，利用形势与政策研讨课、思想政治理论课，结合党的十八大以来党和国家事业取得的历史性成就、发生的历史性变革，旗帜鲜明地宣讲习近平新时代中国特色社会主义思想的历史地位、理论贡献和实践伟力；引导师生知行合一学，努力掌握立场观点方法，激发成长成才动力，树牢思想理论指导，为建设"人民满意、世界一流"大学凝聚智慧力量。

二是要打开一扇窗，将大学之道传诸四方。高校宣传思想工作从根本上传递的是一种人生理想和价值观念。高校宣传思想工作必须"打开窗户"，向全社会贡献党史党建理论和文化成果，以此服务党史学习教育、倍增学习教育成效。要在明理上下功夫，讲清楚中国共产党为什么能、马克思主义为什么行、中国特色社会主义为什么好的基本道理，凝聚社会共识；要在党史教研上求实效，办好"名师大家讲党史"等系列网络公开课，打造高校党史学习教育知名品牌，组织校内外教研力量围绕建党100年来的党史重要任务、重要事件和重要文献搞好教学，为全党开展党史学习教育提供智力支持和教学服务。

三是要放射一缕光，为青年学子照亮前路。高校宣传思想工作照亮的是青年，赢得的是未来。当今时代，信息网络快速发展，网络活动已经成为高校学

* 原文发表于《中国高等教育》2021年第15/16期。

生日常生活的重要组成部分，宣传思想工作必须在守正创新中跟上时代、走进青年，把握青年学子的特点实际，重视“两微一端一抖”，学融媒体、用融媒体、建融媒体，拓宽宣传教育渠道，实现“线上线下”互通互促；大力丰富和优化校园文化，认真组织“永远跟党走”群众性主题宣传教育活动，开展诗歌朗诵、现代话剧等文化活动，精心布设校园环境氛围，增强校园文化的吸引力、感召力；赋予宣传思想工作可触可感的温度和色彩，让思想传播融入新闻宣传、文学艺术、师生活动之中，使青年学生在面对面、手拉手、心贴心中感受温暖、激发热情、勇毅前行。

四是要走好一盘棋，努力形成齐抓共管合力。高校宣传思想工作的服务对象是师生，任务落实在师生，效果评价看师生。必须在组织领导上形成“一盘棋”，将党的声音和意志真正传递到师生耳畔心间。要继续把宣传思想工作纳入学校党委总体工作部署中，构建党委统一领导、党政齐抓共管、党委宣传部组织协调、各部门和教研机构分工负责、全校师生员工共同参与的大宣传格局；持续推进宣传思想工作与党史学习教育、思政课程创新、“双一流”建设等工作的结合，调动各部门、各学院的积极性、主动性和创造性；充分发挥人文社会科学的学科优势，加快构建中国特色哲学社会科学学科体系、学术体系、话语体系，打造一支政治过硬、本领高强、求实创新、能打胜仗的宣传思想工作队伍，讲好中国故事、传播高校声音，把培根铸魂、启智润心的工作做实做细，谱写高校宣传思想工作的时代篇章。

打造新高地　开创新格局
全面推进新时代教育对外开放*

百年大计，教育为本。中国特色社会主义进入新时代，为我国教育改革发展标示新的历史方位。党的十九大从新时代坚持和发展中国特色社会主义的战略高度，做出了优先发展教育事业、加快教育现代化、建设教育强国的重大部署。教育对外开放是我国改革开放事业的重要组成部分，在我国教育事业和全面开放新格局中具有特殊地位和重要作用。加快和扩大新时代教育对外开放，应当以习近平新时代中国特色社会主义思想为指导，坚持和强化党对教育外事工作的全面领导，推动教育对外开放更好服务党和国家发展战略和外交工作大局，更好服务教育现代化和教育强国建设。

新时代教育对外开放的新任务新要求

中国特色社会主义进入新时代，这是我国发展所处的新的历史方位，是谋划和推进教育事业的立足点和出发点，为新时代教育发展赋予了新内涵新使命。当前，我国社会主要矛盾转化为人民日益增长的美好生活需要和不平衡不充分的发展之间的矛盾，随着人民群众对更加公平、更高质量教育的需求不断增长，我国教育对外开放事业也由改革开放以来以数量和规模为阶段特征的“扩大”发展阶段进入以“提质增效”为主要特征的“做好”发展阶段。这就要求推进教育对外开放应着力坚持制度创新和问题导向，破除体制机制障碍，以更高水平对外开放提升我国教育质量。

（一）教育对外开放是教育现代化发展的必然要求

推进教育现代化是发展新时代中国特色社会主义教育事业的重要目标，是全面建成社会主义现代化国家的重要维度，是实现中华民族伟大复兴中国梦的重要工程。教育对外开放是教育现代化的鲜明特征和重要推动力，在中国教育

* 原文发表于《国际教育交流》2021 年第 1 期。

改革与发展进程中发挥着不可替代的作用，党中央对此高度重视。习近平总书记提出“发展具有中国特色、世界水平的现代教育”，既对教育扎根中国大地、服务党和国家发展提出要求，又对教育加强文明互鉴、提升国际视野和交往水平明确任务，为不断走向世界舞台中心的中国教育指明了前进方向和奋斗目标。党的十九大报告明确提出，中国将继续发挥负责任大国作用，积极参与全球治理体系的改革和建设。这就要求我们不断提升参与教育领域国际规则制定的能力，不断提升人才培养的国际竞争力，同世界一流教育资源开展高水平合作，改革调整教育结构、学科专业结构、人才培养结构，提升自主创新能力，形成更全方位、更宽领域、更多层次、更加主动的教育对外开放局面。

教育现代化要以促进人的全面发展为出发点，让人的发展与社会发展相得益彰、个人价值与社会价值共同实现。教育对外开放是培养新时代具有全球竞争力的高素质人才、促进和实现人的现代化的重要途径。面向未来，我们必须通过教育对外开放有效支撑引领教育现代化发展，推动教育理念更新、模式变革、体系重构，把培养具有竞争力的国际化人才摆在重要位置，使我国教育发展水平尽快走在世界前列，为实现民族振兴、赢得国际竞争育才造士。

（二）教育对外开放是全面开放新格局的题中之义

党的十九大报告提出要“推动形成全面开放新格局”，这是以习近平同志为核心的党中央适应经济全球化新趋势、准确判断国际形势新变化、深刻把握国内改革发展新要求做出的重大战略部署。加快和扩大新时代教育对外开放是在教育领域贯彻落实习近平总书记关于坚定不移深化改革、扩大开放思想的具体表现和有力举措，凸显了教育对外开放在我国教育事业和全面开放新格局中的重要作用。全面开放是系统性、全局性、战略性工程，教育对外开放在全面开放新格局中发挥支撑性作用。中国发展创造的“两大奇迹”是在开放条件下取得的，随着中国开放的大门越开越大，未来发展也必将在更加开放的条件下进行。这就要求教育对外开放必须以更高的政治站位，深刻认识和准确把握世界和中国发展大势，积极探索新理念、新机制、新平台、新路径，通过继续推进教育领域有序开放，借鉴国际上先进的教育理念和教育经验，促进我国教育改革与发展，提升我国教育的国际地位，引领中国时代发展潮流，为构建国际新秩序贡献中国方案和中国智慧。

（三）教育对外开放是统筹国内国际大局的战略抉择

习近平总书记在十九届中共中央政治局第二十一次集体学习时指出，“我们要全面把握世界百年未有之大变局和中华民族伟大复兴战略全局”。在第一个百年奋斗目标即将胜利实现、第二个百年奋斗目标新征程即将开启之际，习近平总书记提出“两个大局”的要求，是基于对国情世情的深刻认识做出的战略判断，是我们在新的历史时期谋划工作的基本出发点。习近平总书记在主持中央全面深化改革领导小组第十九次会议审议通过《关于做好新时期教育对外开放工作的若干意见》时指出，要服务党和国家工作大局，统筹国内国际两个大局，提升教育对外开放质量和水平。这为我们做好教育对外开放工作提供了根本遵循。做好教育对外开放工作，要把握历史潮流、保持战略定力，立足国内国际两个大局，为增进中外人民相互了解发挥重要作用，为构建人类命运共同体做出积极贡献。

当前和今后一个时期，我国发展仍然处于重要战略机遇期，但机遇和挑战都有新的发展变化，这就要求我们着眼国内外环境和条件变化，主动适应新形势、奋力推进新跨越，深入参与全球教育治理，持续深化双边多边教育合作，汇聚全球资源和天下英才“合力解题”；以更加开放合作的姿态应对全球共同威胁，在扩大开放中提高防范和化解风险的能力，牢固树立底线思维，在危机中育新机，于变局中开新局，不断提升教育对外开放的竞争力和影响力。

发挥高等教育优势，推动教育对外开放高质量内涵式发展

推动教育对外开放实现高质量内涵式发展是加快和扩大新时代教育对外开放的明确要求。高等教育作为一个国家发展水平和发展潜力的重要标志，作为世界各国实现国家发展、增强综合国力的战略举措，为推动教育对外开放实现高质量内涵式发展发挥着关键作用。

（一）推进教育对外开放，服务党和国家发展战略

我们的高校是党领导下的高校，是中国特色社会主义高校。在革命、建设和改革的各个历史阶段，我国高等教育始终坚持与时代同呼吸、与人民共命运，坚持扎根中国大地办大学，把高等教育的发展方向同我国发展的现实目标和未来方向紧密联系在一起。应当充分发挥我国高等教育特色与优势，服务教育改革发展全局和外交工作大局，加快和扩大新时代教育对外开放。

作为我们党亲手创建的第一所新型正规大学，中国人民大学前身是 1937 年诞生于抗日烽火中的陕北公学，及其后面的华北联合大学、华北大学。80 多年来，无论是“造就革命的先锋队”，还是“培养万千建国干部”，抑或是培育“人民共和国的建设者”，中国人民大学始终紧紧围绕党和国家的重大战略需求，着力探索“扎根中国大地、创办世界一流”的高等教育国际性提升之路。1949 年 12 月，中央人民政府政务院就发出决定指出：“为适应国家建设需要，中央人民政府政务院决定设立中国人民大学，接受苏联先进的建设经验，并聘请苏联教授，有计划、有步骤地培养新国家的各种建设干部。”1949 年底教育部召开的第一次全国教育工作会议也指出：“创办人民大学，培养建设人才，这是完全新式的高等教育的起点。”20 世纪 60 年代，在周恩来总理的主持下，全国成立了三个国际问题研究所，中国人民大学的苏联东欧研究所

就是其中之一，同时也是当时国内最为重要的国际问题研究机构之一，其围绕当时的国际斗争形势为我国外交工作总体布局和调整提供了重要决策咨询。改革开放后，学校以开放的胸怀和国际的视野，努力成为学习借鉴国外优秀文化成果的排头兵。新中国培养的第一位外籍博士研究生、中国第一部西方哲学家全集中译本《亚里士多德全集》和第一套全国通用《西方经济学》教材、中美第一个西方经济学交流培训项目、中欧人文社会科学高等教育领域第一个重大合作项目，都是由中国人民大学率先承担和完成的。进入新时代，在中共中央对外联络部的大力支持下，学校积极参与中央政党外交工作，发挥马克思主义理论学科优势和中国人民大学习近平新时代中国特色社会主义思想研究院、党史党建研究院、跨学科重大创新规划平台“当代政党研究平台”和北京高校思想政治理论课高精尖创新中心等学术平台优势，持续推进与世界社会主义国家、世界共产党和左翼政党开展人文交流与合作，不断开辟提升国际性的独特路径，通过与世界共产党和左翼政党开展深度学术交流并签订合作协议、承办中联部“万寿论坛”等国际交流与对话平台、积极开展教育对外援助工作、向国外政党中央领导人进行理论宣讲、实施“马克思主义理论学科教师国际前沿培训”计划等方式，不懈推动习近平新时代中国特色社会主义思想的国际传播与阐释，不断凸显中国特色社会主义理论与实践的世界引领意义。

（二）发挥高等教育优势，丰富中外人文交流机制

“泰山不让土壤，故能成其大；河海不择细流，故能就其深。”教育是吸收世界先进文化、传播中华优秀文化的重要领域，高等教育是增进文明交融互鉴、推动人类文明进步的重要力量。开创教育对外开放新格局，要进一步凸显高等教育的引领作用。充分发挥我国高校的学科和人才优势，重点推进中外高级别人文交流机制建设，拓展人文交流领域，促进中外民心相通和文明交流互鉴；立足高校的特色专业和优势学科，完善高校对外开放评价指标，深度参与国际教育规则、标准、评价体系的研究制定，主动参与全球教育治理。

扩大高等教育开放，要注重发挥提升国际性建设与推进“双一流”建设的双向促进作用。牢牢坚持政治性，站稳政治立场，坚持社会主义办学方向，永葆马克思主义这一我国高校的最鲜亮底色，增强“双一流”学科的中国特色和国际影响；有效彰显学术性，加强与世界一流大学和学术机构的合作，推动中外高校在人才培养、科学研究、学术创新、文化传播等领域的交流合作，推进与国际组织及专业机构的教育交流合作；主动谋划、积极引领，通过开展高水平中外合作办学、打造中外人文交流品牌项目，不断丰富中外人文交流机制。

近年来，中国人民大学贯彻落实中央《关于加强和改进中外人文交流工作的若干意见》，服务国家战略、主动担当作为，统筹谋划、务实重行，积极参与中国-俄罗斯、中国-美国、中国-英国、中国-欧盟、中国-法国、中国-印尼、中国-南非、中国-德国等人文交流项目，特别是在中欧、中法、中俄、

中美高级别人文交流机制平台上表现突出。“布鲁塞尔中国与欧洲问题研究院”“中法学院”“中国人民大学-圣彼得堡国立大学俄罗斯研究中心”“中俄友好、和平与发展委员会教育理事会”“中俄新闻教育高校联盟”“中美大学校长和智库论坛”等相关项目已进入上述人文交流高层磋商教育领域成果清单。在教育部指导下，成立“中美人文交流研究中心”（2017 年）和“中欧人文交流研究中心”（2018 年），为新时代人文交流机制高效运作建言献策，不断丰富和拓展人文交流的领域和内涵，增进中外民间共识，切实肩负起高等教育推动公共外交的政治自觉和责任使命，充分发挥人文交流助力新时代中国特色大国外交的重要作用。与此同时，中国人民大学积极创新全球教育治理方式，致力于开创人文社会科学新的繁荣。2019 年 11 月，中国人民大学与意大利路易斯大学共同发起成立了“世界人文社会科学高校联盟”，这是全球首个以人文社会科学为主要合作领域的大学联盟，凸显人文社会科学对培养未来能够以可持续、公平方式管理复杂系统领导人才的重要性，提升人文社科高校在世界范围内的影响力与知名度，为教育现代化贡献新的解决方案。2020 年 12 月，中国人民大学发起成立国际文化交流学术联盟，23 家高等院校、研究机构共同加入。联盟旨在创新国际文化交流学术研究合作机制，共同研究新时代中外文化交流的重大问题，增进中华文明与世界各国文明的对话交流，促进相关领域的学术、文化、政策交流与研究，为共同打造政治互信、经济融合、文化包容的人类命运共同体贡献力量。此外，学校近年来发起成立中俄新闻教育高校联盟（2016 年）、“一带一路”学术出版联盟（2017 年）、世界大学智库联盟（2018 年）、中欧人文艺术教育联盟（2019 年），深度参与世界大学联盟、“一带一路”智库合作联盟等，汇聚世界优质教育资源和力量，促进全球教育共同发展，以文明交流互鉴推动共建人类命运共同体。

（三）以文化促交流发展，提升新时代中国国际话语权

立时代之潮头、通古今之变化、发思想之先声，是当今哲学社会科学工作者的历史使命。面对世界范围内各种思想文化交流交融交锋的新形势，加快增强我国文化软实力、提升在国际上的话语权，迫切需要高等教育发挥高端引领作用。推进新时代教育对外开放，要聚力提升我国高校的思想引领力和国际影响力，在思想创新中不断锤炼“学术中的中国”“理论中的中国”“哲学社会科学中的中国”，在博采众长中不断呈现“发展中的中国”“开放中的中国”“为人类文明作贡献的中国”。习近平总书记指出，要按照立足中国、借鉴国外，挖掘历史、把握当代，关怀人类、面向未来的思路，着力构建中国特色哲学社会科学。高校中的一批有中国特色的哲学社会科学学科要抓住发展机遇，以提质增效为重点，提升中外人文交流合作水平，创新对外宣传方式，围绕中国发展和全球性重大问题开展合作研究，加强研究资政的影响力，增强在国际上的话语权，加快实现国际交流高质量内涵式发展。

中国人民大学作为一所以人文社会科学为主干的综合性研究型重点大学，注重发挥哲学社会科学领域的显著优势，积极在学科知识体系、教材体系、学术体系、话语体系建设等方面加强思想引领、学术引领、学科引领。立足教育部哲学社会科学研究重大课题攻关项目“哲学社会科学学术话语体系创新研究”，紧密围绕构建具有中国特色、中国风格、中国气派的高校哲学社会科学学术话语体系，坚持继承与创新相统一、民族性与世界性相统一、科学性与价值性相统一、内容与形式相统一的基本原则，形成《关于推进高等学校哲学社会科学学术话语体系创新的意见》，提出加强基础理论研究、夯实学术话语的学理基础，总结中国实践经验、丰富学术话语的时代内容，汲取传统文化精华、增强学术话语的文化底蕴，加强国际学术对话、提升学术话语的世界影响，完善学科和教材体系、展现学术话语的创新成果等意见，为国家提供重要决策参考。2019 年 8 月，由教育部主导、山东省牵头筹建的尼山世界儒学中心成立，作为理事长单位的中国人民大学首批设立分中心，积极参与打造世界儒学研究高地、儒学人才集聚和培养高地、儒学普及推广高地、儒学国际交流传播高地。2020 年，在全球新冠肺炎疫情背景下，为有效应对国际社会对中国抗击疫情工作的误解误读，为打赢疫情防控阻击战营造良好的海外环境，中国人民大学国家发展与战略研究院积极开展公共外交主场活动，加强与国际智库的思想交流，向世界解读中国抗疫贡献和制度优势，凝聚国际社会共识，呼吁开展国际协作和制定全球应对方案。中国人民大学重阳金融研究院目前已与 40 多个国家的主要智库建立固定合作机制，多次被国家信息中心评为中国最有影响力的“一带一路”研究高校智库，在全球治理、宏观金融、大国关系、公共外交等领域研究中居于国内领先地位，2016 年，被国家指定为杭州 G20 峰会的共同牵头智库。

落实立德树人根本任务，培养高层次创新型国际化人才

高校立身之本在于立德树人。办好我国高校，办出世界一流大学，要牢牢抓住全面提高人才培养能力这个核心点。当前，我国已成为世界最大的国际学生生源国和亚洲最大的留学目的地国，应当加快推进教育现代化、建设教育强国，扩大新时期教育对外开放，加快培养具有全球视野的高层次国际化人才。

（一）打造教育对外开放新高地，以国际交流合作支撑人才培养

时代越是向前，知识和人才的重要性愈加突出，教育的地位和作用愈加凸显，加快和扩大教育对外开放的任务也愈加紧迫。青年是最富有朝气和活力、最富有梦想和创造性的群体，既是国家的未来，也是世界的未来。习近平总书记表示，建立一个公平、包容、可持续的地球，是包括全球青年在内的每个人

都要重视和担当的责任，希望各国青年用欣赏、互鉴、共享的观点看待世界，推动不同文明交流互鉴、和谐共生，积极为构建人类命运共同体添砖献瓦。

做好新时代教育外事工作，要从人类文明交流互鉴的高度出发，在深化中外人文交流的基础上，打造教育对外开放新高地，向国际社会讲好中国故事、传播好中国声音，推动我国教育为全球教育发展贡献“中国方案”和“中国智慧”；要在提升中华文化影响力和国际传播力的同时，从不同文明中寻求智慧、汲取营养，以更加开放、共享的理念推动构建人类命运共同体。

教育对外开放新高地，首先是人才聚集的新高地，要着眼于培养扎根中国、融通中外的国际性人才需要，优化出国留学工作布局，讲好新时代中国故事，展现新时代中国风貌，不断呈现一个真实、立体、全面的中国。在新时代党的教育方针指引下，中国人民大学坚持把教育外事工作摆在学校发展的重要战略位置，将全面提升国际性作为迈向世界一流大学的基础战略，将加强国际化人才培养作为提升国际性的基础工作，在提升学生国际视野、国际组织人才培养、留学生教育等方面出台了系列务实举措。学生国际交流工作呈现交换生项目、政府公派项目、寒暑期短期交流项目“三足鼎立”的派出格局，国际交流项目派出人数持续增长，学生国际流动更加活跃，学校人才培养的国际性大幅提升。学校完善派出学生奖学金体系，统筹协调学校投入、政府支持、社会捐赠等多渠道经费来源，加大对学生出国交流的资助力度，学生的国际视野不断拓宽、综合素质全面提升，为打造教育对外开放新高地打下坚实基础，为扩大中国教育的国际影响提供源源不断的力量。

（二）参与全球治理，培养具有国际视野的国际化人才

随着经济和社会的快速发展，中国的国际地位和影响力与日俱增，我国秉持共商共建共享的全球治理观，积极参与全球治理体系改革和建设，不断为解决人类问题贡献中国智慧和中国方案。增强在国际事务中的规则制定能力、议程设置能力、舆论宣传能力、统筹协调能力，既是提升我国参与全球治理能力的基本条件，也是对我国教育对外开放水平的考验。习近平总书记指出，参与全球治理需要一大批熟悉党和国家方针政策、了解我国国情、具有全球视野、熟练运用外语、通晓国际规则、精通国际谈判的专业人才。要加强全球治理人才队伍建设，突破人才瓶颈，做好人才储备，为我国参与全球治理提供有力人才支撑。加快“走出去”的步伐，输送优秀人才到国际组织任职，进一步提高中国在国际组织中的影响力，积极发挥中国在构建新型国际关系、深度参与全球治理中的功能与作用，已经成为当前国际化人才培养的战略导向和时代使命。

高校是打造高层次国际化人才的重要阵地，中国人民大学积极响应国家和时代的号召，不断探索复合型、高端国际化人才的培养路径与方案，致力于构筑具有全球视野和参与全球治理能力的人才培养高地。2012 年 6 月中国人民大学中法学院成立，该学院是经教育部批准，由中国人民大学与法国巴黎索邦大学、蒙彼利埃保罗-瓦莱里大学、凯致商学院共同合作创办的第一家以人文社会科学为主的中外合作办学机构。学院成立以来，办学成绩显著提升、社会影响不断扩大，目前已经发展成为中法两国间重要的高等教育交流平台，是中法两国政府认可的“中法大学合作优秀项目”，也是中国最大规模的法语教育基地，积极推动中国教育与世界教育深度共融。2019 年 10 月，中国人民大学在全国率先成立国际组织学院，遵循“高水平、有特色、国际性”的办学理念，创新“教学为主、实践引领、资源共享”的培养模式，充分发挥“双一流”学科优势和特色，探索建立完备的国际组织人才培养体系，进一步提高学校人才培养的国际性与竞争力。成立一年多来，学院积极实施“全球治理与国际组织人才培养计划”，强化学生对国际组织和全球治理的认知，培养在国际组织任职的职业能力；通过“国际组织在中国”和“新星计划”等国际组织实践交流活动，促进了解国际组织的工作宗旨和运作机制，增进对国际组织工作的切身感受；通过实施“中欧欧洲法”项目、“当代中国与欧盟研究”等国际组织后备人才培养项目以及其他多种渠道，搭建国际组织人才输送平台，加大国际组织人才输送力度。

（三）读懂当代中国，开展富有特色的来华留学生教育

习近平总书记在全国高校思想政治工作会议的讲话中指出，在全方位对外开放的条件下，我们每时每刻都面对着中国和世界的互动，也面对着中国和世界的比较。中国道路和制度优势是历史和现实做出的回答，是在国际比较中得出的结论。因此，要在教育对外开放过程中引导中外学生客观认识当代中国、看待外部世界，在比较中认识中国、认同中国。

教育对外开放承担着增信释疑、融通中外、传播中国理念的职责任务。推进新时代教育对外开放，要深化教育国际合作，优化来华留学生源布局，做强“留学中国”品牌，鼓励开展中外学分互认、学位互授联授，扩大在线教育的国际辐射力。作为与党和国家同呼吸、共命运的一所大学，中国人民大学的发展历程是中国革命、建设、改革发展史的缩影，浓缩着中国人民艰苦奋斗、开拓创新的历史。为充分发挥在校留学生的桥梁作用，建立健全留学生教育培养机制，帮助世界各国青年了解“历史中国”、读懂当代中国，2019 年 10 月，来自 32 个国家的学生组成的“中国人民大学国际学生校史研学团”赴革命圣地延安开启校史研学之旅。通过实地探访中国共产党创办新型高等教育的源头、中国人民大学的前身陕北公学，增强对中国高等教育发展历程和办学特色的理解，深化对中国波澜壮阔发展历史的认识，形成对中国发展的认同和共识。

以人文交流合作和人才培养机制推动“一带一路”建设，是促进文化理解和民心相通、提升我国教育世界影响力的重要途径。中国人民大学积极响应国家“一带一路”倡议，通过多项开放举措落实共建“一带一路”教育行动。2018 年，中国人民大学成立丝路学院，这是“双一流”建设高校中首家以“丝绸之路”元素冠名的学院，也是首个面向“一带一路”沿线国家开展当代中国政治、经济、法律、文化学历教育的学院。学院致力于培养“了解中国的智者、研究中国的学者、介绍中国的使者”。通过实施“当代中国研究”项目，为来自“一带一路”沿线 54 个国家的留学生创造了多角度、全方位的学习体验，促使学员们深入了解中国的历史文化与现实道路、学习中国的发展模式及成功经验。自 2017 年起，学校开展以“雏鹰计划”中哈青年领袖项目为代表的“一带一路”领袖人才国别调研项目，以中国人民大学与哈萨克斯坦纳扎尔巴耶夫大学为纽带，通过讲座研讨、文化体验、社会调查等形式的活动生动诠释了“两国多城、古今概览、文化互鉴、人民相亲”的内涵。

“所当乘者势也，不可失者时也”。当前，在即将迈入“十四五”新发展阶段、开启全面建设社会主义现代化国家新征程之际，着力打造新高地、开创新格局，加快和扩大新时代教育对外开放，是新时代提出的新课题新任务。为此，应当坚持和持续加强党对教育外事工作的全面领导，把党中央关于新时代教育对外开放的决策部署落到实处；深刻认识把握我国发展的重要战略机遇期，乘势而上提升教育对外开放水平，敢于和善于应对错综复杂的国际形势，不断提升国际话语权和影响力；深化拓展与世界各国在教育领域的互利合作和交流互鉴，为培育具有全球视野的国际化人才、推动构建习近平总书记倡导的人类命运共同体贡献力量。

三 马克思主义理论学科与高校思政课建设

新时代高校思想政治理论课改革创新的逻辑、方向和体系*

当前，中国特色社会主义进入新时代，中国正处于近代以来最好的发展时期，世界也处于百年未有之大变局，两者同步交织、相互激荡。在这一背景下，国家发展和民族振兴需要高校培养更多拥护中国共产党领导和我国社会主义制度、立志为中国特色社会主义奋斗终身的有用之才。思想政治理论课（以下简称“思政课”）作为一门带有鲜明价值取向的政治课，在新时代背景下不仅要传授知识技能，更要帮助学生树立崇高理想，培养德智体美劳全面发展的社会主义建设者和接班人。对于这个问题，习近平在 2019 年 3 月 18 日学校思想政治理论课教师座谈会上对如何办好思政课做了集中阐述，明确提出推动思政课改革创新的新要求。这对做好新时代高校思政课改革创新具有重大意义，需要我们在理论上加以认真学习和把握。

新时代高校思想政治理论课改革创新的逻辑

党的十八大以来，在以习近平同志为核心的党中央的坚强领导下，我国开启了全面深化改革的新征程，国家整体面貌发生了新的历史性变化，中国特色社会主义事业进入新时代。中国特色社会主义的发展进步，不仅开辟了中国自己走向现代化的崭新途径，还给世界上其他既希望加快发展又希望保持自身独立性的国家和民族提供了全新选择，这对中华民族发展史、世界社会主义发展史乃至人类社会发展史都具有十分重大的意义。

国家要发展，离不开人才作为支撑。而人才培养是一个育人和育才相统一的过程，其中育人是本，以德为首。在这方面，大学作为国家培养人才的主阵地和孵化器，承担着重要的立德树人任务。目前，我国高等教育培养了数以千万计的大学生，每年都有几百万应届毕业生，他们代表中国的未来。他们的政治立场和价值取向如何，直接和国家的前途命运紧密相连。梁启超的《少年中

---

* 原文发表于《教学与研究》2020 年第 1 期。

国说》，毛泽东的《青年运动的方向》，习近平在北京大学讲话中关于“扣好人生第一粒扣子”等名言，都阐述了青年问题的重要性。因此，高校思政课作为夯实学生思想基础的主阵地，涉及根本、关系全局、影响长远。以习近平同志为核心的党中央始终高度重视高校思政课建设，并特别提出，要把建设和发展高校思政课放在世界百年未有之大变局、党和国家事业发展全局中来看待，要从坚持和发展中国特色社会主义、建设社会主义现代化强国、实现中华民族伟大复兴的高度来对待，突出了高校思政课在为国家育人育才和增强学生使命担当中的重要作用。特别是习近平在 2019 年 3 月 18 日学校思想政治理论课教师座谈会上的讲话，向我们发出了新时代高校思政课改革创新的动员令，这是指导我们在新时代改革创新高校思政课的根本指南。我们贯彻习近平关于办好思政课的精神，就是要用习近平新时代中国特色社会主义思想铸魂育人，认真思考为什么办思政课、办什么样的思政课和怎样办好思政课这三个基本问题，坚持把思政课建设同国家发展的现实目标和未来方向紧密联系在一起，为中国共产党治国理政服务，为巩固和发展中国特色社会主义制度服务，为改革开放和社会主义现代化建设服务，培养更多具有家国情怀、创新能力、全球视野和引领时代的一流人才。

目前，高校思政课在十九大以来的新历史征程中面临的主要任务是如何实现新的发展。自新中国成立以来，我国的高校思政课已经经历过六次发展。第一次是新中国成立初我们在改造和建设并举中起步初创，开设了“辩证唯物论和历史唯物论”“新民主主义论”“政治经济学”“马列主义基础”等四门高校思想政治理论课，初步确定了思政课教学目标和教学时间安排。第二次是 1956 年社会主义制度确立后的调整探索时期，制定了新的“56 方案”，在原有课程基础上新增了“社会主义教育”“马克思列宁主义理论”“思想政治教育报告”“中共党史”等一批思政课课程，基本确定了新中国成立以来“理论教育＋历史教育＋思想品德教育＋时事教育”的课程体系的基本框架。第三次是改革开放以后，思政课进入改革新生的新阶段。思政课教学着眼中国特色社会主义建设实践，先后出台本科生思政课建设的“85 方案”和研究生思政课建设的“87 方案”。这一时期充分吸收了我国高校思政课建设的历史经验，又结合改革开放现代化建设新要求进行了课程设置方面的创新，课程体系构建已经初步体现了大中小学一体化建设的意识，给中小学思政课课程内容建设留下了对接的“切口”。第四次是 20 世纪 90 年代的快速发展阶段，把邓小平理论和“三个代表”重要思想的“三进”作为高校思政课建设的首要任务，在思政课建设“98 方案”中开设了一批新课，形成了结构合理、功能互补、相对稳定的课程体系，体现了新时期思政课课程设置的与时俱进。第五次是新世纪的全面整合时期，党中央面对新形势和新任务对高校思政课课程改革发展做出了新规划，对思想政治理论课程建设提出了新要求，先后出台本科生思政课建设的

“05方案”和研究生思政课建设的“10方案”，大力推动中国特色社会主义理论体系的“三进”工作，进一步实现了高校思政课教学的科学化、规范化、系统化。

中国特色社会主义进入新时代后，高校思政课建设开始了第六次发展，进入到稳中求进、强化提升、整体突破的新阶段。目前，我们已经规范化了思政课的组织领导、教学方式、教师队伍和教材使用，思政课课程体系也日趋立体完善。特别是“理论教育＋历史教育＋思想品德教育＋时事教育”的“进教材、进课堂、进头脑”的思政课课程体系更加成熟，基本形成了本硕博三阶段课程贯通的一体化、大中小学思政课课程教材的一体化、各门教材同步修订和教材统编统审统用的制度。在高校思政课课程和教材一体化建设方面，形成了下述九方面的经验：(1) 始终坚持党对思政课建设的全面领导；(2) 始终坚持用党的理论创新最新成果丰富思政课建设内容；(3) 始终坚持将立德树人作为思政课建设核心目标；(4) 始终坚持将规律发展作为思政课建设根本遵循；(5) 始终坚持将教材建设作为思政课建设重要基础；(6) 始终坚持思政课课程建设与学科建设同向同行；(7) 始终坚持思政课课堂教学体系与实践教学体系同步推进；(8) 始终坚持把教师队伍建设作为思政课建设重要抓手；(9) 始终坚持思政课顶层设计与自主探索相互结合。在新的发展起点上，高校思政课建设的总目标就是要面向新时代要求，对目前的高校思政课进行“提质增效”，即紧密围绕“立德树人”这个根本任务，增强高校思想政治工作的针对性和实效性，更好地把习近平关于教育的重要论述融入高校思政课，培养更多的德智体美劳全面发展的社会主义建设者和接班人。应该说，这个目标在目前中国面临的新形势和世界出现的百年未有之大变局下，还没有现成的坐标和经验可以参照。这既是一个挑战，也是一个机遇。高校思政课正好可以利用这个当口多出思想、多出理论、做出成效。对此，习近平在学校思想政治理论课教师座谈会上也对思政课的改革创新寄予了深切希望，希望我们“用新时代中国特色社会主义思想铸魂育人，引导学生增强中国特色社会主义道路自信、理论自信、制度自信、文化自信，厚植爱国主义情怀，把爱国情、强国志、报国行自觉融入坚持和发展中国特色社会主义、建设社会主义现代化强国、实现中华民族伟大复兴的奋斗之中”。

在这个背景下，十八大以来党中央围绕高校思政课建设发展先后出台多项改革举措，2015年和2016年先后印发了《普通高校思想政治理论课建设体系创新计划》《关于加强和改进新形势下高校思想政治工作的意见》。十九大后相关工作更是进一步展开，中央先后召开全国高校思想政治工作会议、全国教育大会、全国思想政治理论课教师座谈会，习近平都出席并发表重要讲话。2019年8月14日，中办、国办又印发了《关于深化新时代学校思想政治理论课改革创新的若干意见》，为贯彻落实学校思想政治理论课教师座谈会精神规划了路线图和施工图。上述会议和文件体现了党中央对高校思政课建设的高度重视。不过，必须指出的是，人才培养从来都不是轻轻松松、敲锣打鼓就能实现的。目前，高校思政课的发展现状和中央的期待相比，还存在一定差距，同时，我们在立德树人的前进道路上还面临着思想多元、价值多元的挑战。特别是目前思政课教材存在着时效性、科学性、针对性、可读性和思政课的吸引力、亲和力、感染力需要进一步提高，师资队伍建设需要进一步加强，思政课管理规范化程度需要进一步提升等问题。在这一情况下，如何更好更快地推进高校的思政课改革创新就比以往任何时期更加紧迫。因此，在中国特色社会主义新时代，全国高校思政课改革必须加快发展，始终把自己的使命聚焦在立德树人、培养人才方面，不断锤炼青年学生的政治品质、精神风貌，满足新时代中国特色社会主义现代化建设的人才需求，为实现“两个一百年”奋斗目标和中华民族伟大复兴中国梦提供强有力的智力支持和人才支撑，只有这样才能承担起实现中华民族伟大复兴中国梦所赋予的历史使命。

新时代高校思想政治理论课改革创新的方向

落实好习近平提出的办好新时代高校思政课的要求，就要紧紧抓住立德树人这个中心环节，把思政课立德树人的成效作为检验高校思政课建设的根本标准，牢牢把握提升高校思政课教学质量这一关键。要实现这一点，就需要我们在新时代高校思政课建设中坚持改革创新的政治性、理论性、系统性、适应性原则。同时，还要不断提高站位、打开视野，在把握思政课改革创新的思想、历史、世界和学科等四个维度中更好地实现思政课立德树人的初心和使命。

第一，新时代高校思政课改革创新要坚持政治性。思政课具有强烈而鲜明的政治性，这是它的力量和优势所在。那么，在新时代我们该如何坚持思政课的政治性呢？我认为，应把握三方面的内容：一是要坚持党对思政课建设的全面领导，把党的教育方针在思政课改革创新中全面贯彻落实下去，这是办好思政课，使其发展沿着正确方向前进的根本保证。二是要坚持马克思主义指导地位，自觉把习近平新时代中国特色社会主义思想融入高校思政课教学的全过程，这是实现思政课政治引领和价值引领的重要依据。三是要把培养德智体美劳全面发展的社会主义建设者和接班人作为自己的光荣职责。习近平指出：“我们党立志于中华民族千秋伟业，必须培养一代又一代拥护中国共产党领导和我国社会主义制度、立志为中国特色社会主义事业奋斗终身的有用人才。”这既是我们新时代高校思政课的根本任务，也是教育现代化的方向目标。

第二，新时代高校思政课改革创新要坚持理论性。其一，理论的发展与创新是我国思政课建设发展的一个重要动力。一方面，立德铸魂离不开价值的引领，而价值的传递呼唤透彻的理论；另一方面，立德树人也离不开品性的塑造，而德行的培育需要理论的指导。如果思政课的理论性被消解，那么它的科学性和真理性就无从彰显。因此，新时代高校思政课改革创新应加大教学内容思想性、理论性的资源供给，以彰显思政课的理论魅力。其二，坚持理论性要重视理论创新。特别是要加强理论研究，密切关注和深入研究理论和现实中的重大问题，为增强思政课的思想性、理论性提供多角度学术支持。其三，坚持理论性要推进学科建设，夯实学科基础，充分发挥马克思主义理论学科的领航作用，为增强思政课的专业性、科学性提供坚实的学科支持。其四，坚持理论性必须提升思政课教师的学术能力和理论水平，打造高素质专业化教师队伍。思政课教师只有吃透了理论、啃透了教材、讲透了内容，才能以深刻的思想去吸引人和打动人、以彻底的理论去说服人和感染人。

第三，新时代高校思政课改革创新要坚持系统性。一是要坚持“理论教育＋历史教育＋思想品德教育＋时事教育”的思政课课程框架。在理论教育中注意把马克思主义基本原理和马克思主义中国化的历史进程与理论成果特别是最新创新成果结合起来，注意培养学生的道德品格并让他们及时了解时事政策。二是要树立系统教育观，积极投身实践，于细微处抓落实，以推进各类课程之间的整体性、衔接性和协同性。例如，小学阶段重在启蒙道德情感，开展启蒙性学习；初中阶段重在打牢思想基础，开展体验性学习；高中阶段重在提升政治素养，开展常识性学习；大学阶段重在增强使命担当，开展理论性学习；研究生阶段重在加强理论研究，开展探究性学习。由此，实现大中小学思政课的循序渐进、螺旋上升，深化大中小学思政课一体化建设，推动思政课内涵式发展。

第四，新时代高校思政课改革创新要坚持适应性。一是要适应时代的诉求。不同时代有不同的机遇和挑战，不同时代也有不同的期待和要求。面对世界百年未有之大变局，思政课建设要抓住机遇、战胜挑战、满足期待，就必须随时代发展而发展，不能停滞不前。停滞了，就没有生命力了，所以要不断与时俱进、突破创新。二是要适应师生的需求。在新时代，高校的广大师生呈现出多样性需求。思政课建设想要有操作性，就要走进广大师生的生活世界，了解他们的想法和感受、问题和困惑，积极改革话语体系、创新方式方法、丰富内容形式，真正让教师热爱、学生受用。三是要适应现实要求。思政课不是一个简单的概念，也不是一个纯理论的讲授，其讲授内容既来源于实践又要解释现实。如果思政课不能解释现实，那么，这个课就只是一个看起来很唬人的稻草人、一个一淋雨就有漏洞的纸房子。看起来有用，实际却什么用也没有。因此，思政课想要有实效性，就必须回答学生关心的重大理论和现实问题，这样才能切实增强思政课的感染力和针对性。

与此同时，我认为，做好新时代高校思政课的改革创新还需把握以下四个维度：

一是把新时代高校思政课与学习贯彻习近平新时代中国特色社会主义思想结合起来，把握思政课改革创新的思想维度。思政课教学的背后蕴含着一种价值追求，体现着一种意识观念。习近平新时代中国特色社会主义思想是新时代中国特色社会主义的指导思想，是指引我们实现“两个一百年”奋斗目标和实现中华民族伟大复兴中国梦的精神灵魂。这为新时代高校思政课的改革发展提供根本遵循、注入强大动力。当前，高校思政课最重要的教学内容就是要把思政课立德树人的根本任务与学习贯彻习近平新时代中国特色社会主义思想结合起来，要透过一条条精神、一个个思想来深刻理解和把握习近平新时代中国特色社会主义思想，更好地培养出德智体美劳全面发展的社会主义建设者和接班人。

二是把新时代高校思政课与新中国 70 年的发展结合起来，把握思政课改革创新的历史维度。高校思政课不是凭空产生的，是在新中国进行社会主义建设的实践中产生的。一部高校思政课的发展史，就是一部新中国高等教育史，就是一部中国共产党人思想政治工作的奋斗史。习近平指出：“历史是最好的教科书。学习党史、国史，是坚持和发展中国特色社会主义、把党和国家各项事业继续推向前进的必修课。这门功课不仅必修，而且必须修好。”我们要建设好发展好高校思想政治理论课，就必须树立历史意识，强化历史思维，深入研究党史和中华人民共和国史，把思政课的发展变化自觉地放到中国共产党带领中国人民谋幸福和为中华民族谋复兴的背景中去理解把握。

三是把新时代高校思政课与高校马克思主义理论学科建设和人才培养结合起来，把握思政课改革创新的学科维度。高校思政课教学要提高水平，出高质量的成果，必须有学科依托和支撑。近年来，马克思主义理论专业的理论研究、学科建设和人才培养得到了各方面的重视，取得了一系列成果。特别是目前马克思主义理论专业根据实践和理论发展的需要，增加了“党的建设”二级学科，下属学科数量增加为七个，不仅丰富了马克思主义理论一级学科的研究内容，也夯实了高校思政课的学科基础，为“马克思主义基本原理概论”“毛泽东思想和中国特色社会主义理论体系概论”等各门思政课的教学研究提供了更坚实的学术支撑、更透彻的理论阐释和更充足的人才支持。

四是把新时代高校思政课与关注国外意识形态教育结合起来，把握思政课改革创新的比较维度。意识形态是现代国家的一个普遍现象，各国都十分重视自身的意识形态安全。过去有段时间很多人认为西方大学不重视意识形态教育，这是不对的。事实上，西方的意识形态教育无时不在、无处不有。学校里大多开设本国历史、政治学、公民学等课程，都是宣传西方政治体制和自由主义价值观的。同时，西方国家的媒体、教会、党派、社区、图书馆、纪念馆、戏剧影视、报刊图书也都承载西方的价值观念。它们构建了一个全方位、多层次、宽领域的意识形态教育体系，形成了一套行之有效、相对成熟的教化模式。在这方面，我们的高校思政课改革也需要有一种世界眼光，要善于进行比较，既要看到我们的成功之处，也要吸收其他国家的成熟做法，取长补短，为构建一个我们自己的具有创造性的开放的思想体系不断增加新的元素。

新时代高校思想政治理论课改革创新的体系

新时代新使命给高校思政课的发展提出了做好立德树人、铸魂育人的新的更高要求。我们要扎扎实实抓好新时代高校思政课建设改革与创新，更好地培养德智体美劳全面发展的社会主义建设者和接班人，应重点做好以下五方面的工作：

第一，在组织管理方面要加强党对思政课建设的全面领导。加强党对教育工作的全面领导，是办好思政课的根本保证。自思政课设立以来，历次重要改革和方案的调整都是在党中央的领导下、由教育部党组具体领导部署实施，确保了改革的正确方向与各项要求的贯彻落实。在新时代，我们要对思政课进行改革创新，首先就要紧紧抓住党的领导这个“牛鼻子”，严格贯彻高校党委对思政课建设的主体责任，把思政课建设作为“一把手”工程来抓，统筹设计、全面规划、专题研讨，及时制定出台贯彻落实新时代思政课改革创新的针对性方案，把凡是涉及思政课教学考试、学生培养、队伍建设、支撑保障、干部任用以及公共资源使用等都作为学校党委自身的工作职责，确保思政课建设优先发展、优势发展。同时，要积极建立健全高校党委书记、校长带头抓思政课的体制机制，按照教育部对校领导“带头走进课堂听课讲课，带头推动思政课建设，带头联系思政课教师”的要求，深入一线了解实际情况，确保各项建设方案落实、落细、落地。在这方面，中国人民大学作为国内马克思主义教学与研究的高地、“人民共和国建设者”的摇篮和人文社会科学高等教育的重镇，新时代以来，学校党委对思政课教材建设、课程建设、教师队伍建设等方面坚持“绿灯先行”，专门成立了思政课建设领导小组，负责学校本硕博思政课程的设计、教学、考核、评估，并统筹各部门各学院协调优势资源、发挥协同效应，同时指导思政课教法改革，分层分类推进专业课程与思政课程同向同行。同时，学校还完善加强了对思政课的管理机制，制定出工作条例，完善集体备课制度、听课制度、教学内容和质量监管制度、教学检查和评估制度，有效地保证了思政课教学工作的正常运转和教学质量的提高。对此，教育部曾给予高度肯定，2017 年教育部思政司编辑的《高校思想政治工作简报》曾在第 15 期专门以《中国人民大学深入贯彻全国高校思政工作会精神，扎实推动思想政治理论课教学改革》为题进行专题报道。

第二，在教学效果方面要提升思政课的立德树人成效。立德树人的成效是办好思政课建设的根本标准。思政课设立以来，一直承担着育人的重要功能。新中国成立后，历次思政课改革都把培养社会主义合格建设者和可靠接班人作为核心目标。而立德树人也是我们新时代思政课改革创新的根本任务。要实现这一任务，我们就应广泛开展学生的理想信念教育，厚植爱国主义情怀，加强学生品德修养，增长知识见识，提高其思想水平、政治觉悟、道德品质、文化素养。特别是在教学制度、方法、思想、教材、师资上不断进行新的思考，推动思政课建设的机制创优、教法创优、思路创优、教材创优、师资创优、环境创优，努力把思政课讲准讲透讲信，更好地提高思政课的吸引力、亲和力、感染力、针对性。近年来，中国人民大学以全国重点马克思主义学院建设、一流马克思主义理论学科建设为契机，依托北京高校思想政治理论课高精尖创新中心、习近平新时代中国特色社会主义思想研究院、中共党史党建研究院等智库平台，以专业化和高水平为研究导向，自觉地用学术来讲好政治，以科研为依托来讲好思政课，较好地实现了学术研究同思政课现实需求的双向结合。用学术来讲政治，目前已成为中国人民大学在思政课改革创新中的一张最具标志性的名片，并为全国思政课改革创新提供了强有力的智力支持。此外，学校近年来也在实践教学中逐渐探索了一套比过去更及时、更立体、更有效的思政课教学机制与载体，形成了思政课“一体两翼”的教学模式，大大提升了思政课教育教学质量。例如，学校设计制定出“红船领航”、“读史读经典”、“社会主义核心价值观”主题阅读活动、“千人百村”、“街巷中国”、“青马英才”、“教授沙龙”、“学者学子面对面”等跨学科、多领域、多样化的思政课工作思路和方案，通过课内外结合、教师指导和朋辈互助结合等方式，带领学生深入学习教学内容，在实践中发出时代的“青年好声音”，多次得到中央领导的好评。

第三，在学科建设方面要强化思政课的学科支撑。加强和改进马克思主义理论学科建设，是办好思政课的重要基础。新中国成立后，中央高度重视高校马克思主义理论相关专业建设，为思政课建设提供了学理支撑和人才支撑。特别是“05 方案”实施后，为了更好地从学科角度支撑思政课教学，设立了马克思主义理论一级学科。进入新时代以来，随着社会思潮的多元化，思政课建设需要更强大的学理支撑和更扎实的学术根基，以进一步深化马克思主义理论学科的内涵式建设和发展。其中，我们需要把握好以下三个关系：一是要厘清思政课和马克思主义理论学科的关系。思政课教学和马克思主义理论学科是相辅相成的，要促进课程与学科的协同发展，实现思政课的课程自信和马克思主义理论的学科自信共进。二是要弄明白马克思主义理论一级学科下面七个二级学科的关系。这需要我们在整体上明确马克思主义基本原理和科学体系及其发展的历史，加强中国特色社会主义、21 世纪马克思主义及当代中国马克思主义的原创性研究。三是要不断完善和密切马克思主义理论学科与思政课教学相关的其他哲学社会科学学科群的关系。特别是要重视和完善哲学、历史学、经济学、法学等学科门类下的马克思主义哲学、中国近现代史、政治经济学、思想政治教育、政治学等学科建设，加大对马克思主义理论一级学科的学科支持力度，补齐马克思主义理论一级学科的学科短板。

第四，在教材体系方面要创新思政课教材的一体化建设。思政课各级各类教材，是实现教育教学目标、任务和内容的重要载体与基本保障。目前，“马克思主义基本原理概论”“思想道德修养与法律基础”“毛泽东思想和中国特色社会主义理论体系概论”“中国近现代史纲要”等四门本科阶段必修思政课的教材建设已纳入中央马克思主义理论研究和建设工程重点项目，研究生思政课教材大纲和重点教材的编写和使用也在稳步推进中。然而，目前教材编写还存在时效性、科学性、针对性、可读性不足的问题。因此，新时代思政课的改革创新必须做到教材改革的先做先行。特别是要加强大中小学、本硕博思政课教材的一体化建设，明确思政课各学段、各课程的目标定位与教学内容，做到统筹规划、重点突出、相互衔接，确保思政课建设的循序渐进、螺旋上升。同时，在推进思政课立体化教材建设方面，还应积极推动教材、教师用书、学生用书、多媒体课件、在线慕课的齐抓共管，不断丰富思政课教学的呈现方式，让学生爱看、乐学，大力推动教师在研究教材上下功夫，彻底吃透教材、讲好教材、用好教材，不断提升教师驾驭教材的能力。

第五，在师资队伍方面要推进思政课教师的体系建设。教育大计，教师为本。一流的大学，不仅要有一流的研究，更要有一流的教学。而这背后，都离不开一流的师资支撑。因此，建设一支高素质教师队伍是大学建设的一项基础性工作。这一点对高校思政课教学而言尤其重要。因为在课程和教材一体化建设中，教师素质是一项关键因素，直接决定课程体系和教材体系向教学体系转化的质量。因此，高校思政课的改革要把提高教师素质作为一项重要内容来抓，主动引导广大高校教师以德立身、以德立学、以德施教，争做有理想信念、道德情操、扎实学识和仁爱之心的好老师。同时，我们也要发现、培养、集聚一批政治过硬、研究扎实、教学精湛、勇于开拓、富有正气的学科带头人和教学科研骨干，构建种类齐全、梯队衔接的师资队伍体系。同时，在严格准入制度、确保师资质量的前提下，对思政课师资队伍建设进行重点倾斜。此外，还要加大对新教师的扶持和培养力度，通过重大课题攻关、外出访学研究、团队重点培养等措施，加快学科领军人才的成长步伐，不断完善思政课教师职称评定和人才遴选制度，建立规范的奖励体系，表彰有突出贡献的优秀教师，进一步增强他们的荣誉感、责任感、获得感。教育是国之大计、党之大计，承担着立德树人的根本任务。而思政课是落实立德树人根本任务的关键课程。思政课办得好不好，事关我们办什么样的大学、怎样办大学和培养什么样的人、如何培养人以及为谁培养人的根本问题，是一项用习近平新时代中国特色社会主义思想铸魂育人的生命工程、基础工程、战略工程。因此，新时代高校思政课的改革创新必须要以党的教育方针为基础，以立德树人为中心任务。展望未来，我们要在深入学习习近平关于办好思政课重要论述的基础上，不断强化党对思政课的全面领导，加强思政课学术支撑，加快教学教材教师创新发展。只有这样，才能更好地实现思政课立德树人的初心使命，为实现“两个一百年”奋斗目标和中华民族伟大复兴的中国梦提供更坚实的基础和更有力的支撑。

导理论之方向　刊教育之所需*

《思想理论教育导刊》(以下简称《导刊》)创办20年来，作为教育部马克思主义理论与思想政治教育指导性刊物，坚持服务于学校思想理论教育、教学和思想政治工作，注重政治性、思想性、理论性和学术性的统一，在宣传党的创新理论、改进思想教育方面发挥了积极作用，成为高校思想理论战线的重要阵地和思想政治理论课教育教学创新的高端平台，成为广大马克思主义理论宣传教育工作者的良师益友。我与《导刊》有着多重联系，既是读者，又是作者，同时还被聘为顾问，特别是在教育部工作期间，直接参与了《导刊》的创办与指导工作，可以说，与这本刊物有着一种特殊的感情。值此《导刊》创办20周年之际，谈一下我认识和理解的《导刊》特色，以及结合新时代的要求提几点对《导刊》的新期待。

《导刊》的鲜明特色

以政治方向为立刊之基。正确的政治方向是哲学社会科学期刊的灵魂和根基。习近平总书记明确指出："坚持以马克思主义为指导，是当代中国哲学社会科学区别于其他哲学社会科学的根本标志，必须旗帜鲜明加以坚持。"《导刊》创办20年来，始终坚持以马克思主义为指导，坚持把政治方向摆在第一位，坚持正确舆论导向，坚持正面宣传为主。特别是面对思想理论界的一些大是大非问题，如新自由主义、"普世价值"、宪政民主理论、历史虚无主义等错误思潮，《导刊》总是表现出极高的政治敏锐性和政治鉴别力，批驳错误思潮，引导思想舆论。

以学术质量为办刊之本。学术期刊既要有正确的政治导向，又要有较高的学术水平。从《导刊》的栏目设置看，全面结合高校思想政治理论课教学中的基本要点，又紧跟学术理论前沿；从《导刊》所刊载的文章看，重点聚焦党和

---

* 原文发表于《思想理论教育导刊》2019年第1期。

国家最新理论成果的阐释解读和教学中的热点难点问题的释疑解惑，这些文章以问题意识导入，理论分析透彻；就《导刊》的语言风格看，遵循理论和语言的内在逻辑，严谨规范，说理透彻；就《导刊》的外观而言，从封面设计、栏目编排、内文版式到大小标题字体字号、引文注释等等，体现了精益求精的态度。

以服务教学为兴刊之要。每一本期刊都有其特殊的服务对象和读者群体。《导刊》创办之初，就定位为高校思想理论教育、研究、宣传界展示成果和交流经验的一个窗口和园地，也是教育主管部门指导高校马克思主义理论教学、科研和学科建设的重要载体和抓手。20 年来，《导刊》不忘初心、砥砺奋进，高举旗帜、引领导向，连接师生、服务教学，澄清谬误、明辨是非，始终为高校思想政治理论课的教学与科研服务，为高校马克思主义理论一级学科的建设服务，为高校思想政治教育工作服务。

对《导刊》的新期待

我们刚刚庆祝了改革开放 40 周年。习近平总书记在庆祝改革开放 40 周年大会上的讲话指出，“改革开放极大改变了中国的面貌、中华民族的面貌、中国人民的面貌、中国共产党的面貌”。高校思想理论教育面临新的形势和任务，希望《导刊》立足新时代，适应新形势，主动求变，与时代同行，更好发挥传播理论、资政育人的作用。

一是进一步强化阵地意识，把好导向。习近平总书记强调，我们要增强阵地意识，宣传思想阵地，我们不去占领，人家就会去占领。哲学社会科学学术期刊对于巩固马克思主义在意识形态领域的指导地位，增强社会主义意识形态的凝聚力和引领力，具有非常重要的作用。《导刊》是一块极具影响力和辐射力的理论阵地。进入新时代，意识形态领域的矛盾复杂多变，《导刊》这块阵地只能加强不能削弱，只能积极作为不能被动应付，要以巨大的理论自觉和高度的实践自觉，在大是大非问题上，敢于举旗亮剑、激浊扬清，善于运用马克思主义的真理力量、道义力量和逻辑力量，回应和解答广大师生的关切和困惑，做到守土有责、守土负责、守土尽责。

二是进一步强化精品意识，打造标杆。在新时代，要有新气象、新作为。《导刊》在坚持正确的政治方向前提下，应当追求精品，多发表精品力作，努力办成精品期刊。当前，马克思主义理论学科、思想政治理论教育领域有不少的专门性学术期刊，很多学术期刊也被列入“核心期刊”“CSSCI 来源期刊”，各刊物都在竞相争优。同时，进入新时代，国家硬实力全面提升，作为国家文化软实力标识的学术期刊，也必须与时代同进步、共发展。这就需要《导刊》

增强精品意识，努力提高办刊质量，精心尽力策划每一轮选题，精耕细作办好每一个栏目，精雕细刻打磨每一篇文章，绵绵用力，久久为功，使《导刊》成为新时代思想理论界精细、精准、精美的精神文化标杆。

三是进一步强化服务意识，提升效能。每一本学术期刊都承担着传播学术文化、繁荣学术研究、推进学术发展的时代重任。进入新时代，马克思主义理论学科建设和思想政治理论课教育教学的重要性更加凸显，不仅关乎人才培养的知识传授和素质提升，更关乎时代新人的信仰传承和精神底色。《导刊》作为一本服务马克思主义理论学科建设和思想政治理论课教育教学的核心期刊，可谓任务艰巨，使命光荣。《导刊》要进一步强化服务理论宣传、学科建设和教书育人的意识，既要传道弘道，也要授业解惑，特别是针对当前思想政治理论课教育教学中的重点难点问题、典型改革举措、有益经验做法，深度挖掘研究、广泛宣传实践，让一线思想政治理论课教师在学习阅读后有更多的获得感，真正成为做好工作的参谋助手，解疑释惑的良师益友。

全面建设马克思主义理论学科本硕博一体化人才培养体系

——学习习近平总书记学校思想政治理论课教师座谈会重要讲话精神*

习近平总书记在学校思想政治理论课教师座谈会上明确指出，办好思想政治理论课关键在教师，关键在发挥教师的积极性、主动性、创造性。要配齐建强思想政治理论课专职教师队伍，建设以专职为主、专兼结合、数量充足、素质优良的思想政治理论课教师队伍。习近平总书记的重要讲话，立意高远、思想深邃，令人鼓舞、催人奋进，从党和国家事业发展的高度，为新时代思想政治理论课建设指明了目标与方向，为培育全面发展的马克思主义理论专业人才提供了根本遵循。

在新的历史方位，马克思主义理论学科人才的专业性、贯通性和全学科培养，成为配齐建强思想政治理论课专职教师队伍的重中之重。全面建设马克思主义理论学科本硕博一体化人才培养体系，既是加强思想政治理论课教师队伍建设的客观要求，又是创新马克思主义理论学科人才培养模式的实现路径。

全面建设马克思主义理论学科本硕博一体化人才培养体系意义重大

高质量推进马克思主义理论学科人才培养，全面建设马克思主义理论学科本硕博一体化人才培养体系，对于巩固马克思主义指导地位，建设一流马克思主义理论学科，建设高素质思想政治理论课教师队伍，落实党和国家的教育方针，具有重要的理论意义和现实价值。

马克思主义理论学科人才培养是巩固马克思主义指导地位的重要抓手。巩固马克思主义的指导地位，需要培养一代又一代马克思主义者。坚持和巩固马

* 原文发表于《马克思主义理论学科研究》2019 年第 2 期。

克思主义在意识形态领域的指导地位，是党和人民团结奋斗、脚踏实地地沿着正确方向前进的根本思想保证。马克思主义的指导地位，是由马克思主义理论自身的科学性、正确性和权威性所决定的，是由马克思主义成功指导中国革命、建设和改革的实践所确证的。无论是马克思主义理论自身科学性的充分发展，还是马克思主义理论科学指导意义的充分发挥，都需要一代又一代马克思主义者的理论认知与实践创新。而培养兼具理论素养与实践能力的马克思主义者，是马克思主义理论学科人才培养的重要任务。马克思主义理论学科人才培养为学习研究宣传马克思主义提供了源源不断的生力军。推进人才培养本硕博一体化，有助于广大青年争当马克思主义的坚定信仰者、积极传播者和模范践行者，成长为真学、真懂、真信、真用的马克思主义者，为进一步巩固马克思主义指导地位提供新生力量。全面建设马克思主义理论学科本硕博一体化培养体系，有利于巩固马克思主义在意识形态领域的指导地位，有利于夯实全党全国人民团结奋斗的共同思想基础。

马克思主义理论学科人才培养是建设一流马克思主义理论学科的关键内容。人才培养质量直接关系着一流学科的建设成效，而培养马克思主义理论专业人才是马克思主义理论学科的首要使命。在教师和学生中培养一批马克思主义理论研究宣传教育骨干，造就一支政治坚定、学养深厚、有重要影响的思想理论建设队伍，是推动马克思主义理论学科建设的重要职责。相对于传统哲学社会科学，马克思主义理论学科是设立较晚的新学科，仍面临需要树立学科自律、夯实学术基础、强化整体性建构、完善传承创新机制、发挥引领作用等一系列难题。在人才培养上则存在着“多而不专”的问题，专业人才培养数量和质量都有待提升。这就使得扩大培养规模，提升培养质量，成为马克思主义理论学科人才培养的着力点。推进人才培养本硕博一体化，有助于完善贯通式、全学科、系统性的培养机制，有助于培养理想信念坚定、道德情操高尚、理论功底扎实、创新能力突出、学风文风优良的马克思主义理论专业人才。全面建设马克思主义理论学科本硕博一体化人才培养体系，可以为学科的传承创新与可持续发展提供坚实的人才支撑。

马克思主义理论学科人才培养是建设高素质思想政治理论课教师队伍的主要方式。培养思想政治理论课教师后备人才，造就一支高素质的思想政治理论课专职教师队伍，是马克思主义理论学科人才培养的重要任务。目前思想政治理论课教师队伍普遍存在数量不足、质量不高、专业基础不实、理论素质不够、跨专业人员较多等问题，这对于人才培养提出了更高要求。为了保证马克思主义理论学科高素质毕业生源源不断地充实到思想政治理论课教师队伍中，亟须探索人才培养新模式，不断推进本硕博一体化培养体系建设。推进人才培养本硕博一体化，有助于思想政治理论教师后备人才全面实现习近平总书记提出的“六点要求”，即政治要强、情怀要深、思维要新、视野要广、自律要严、人格要正。进而，推进人才培养一体化，有助于促进科教融合、教学相长，培养思想政治理论课教师后备人才的改革创新能力，不断增强思想政治理论课的思想性、理论性和针对性，在思想政治理论课教学实践中真正做到“八个统一”：要坚持政治性和学理性相统一，以透彻的学理分析回应学生，以彻底的思想理论说服学生，用真理的强大力量引导学生。要坚持价值性和知识性相统一，寓价值观引导于知识传授之中。要坚持建设性和批判性相统一，传导主流意识形态，直面各种错误观点和思潮。要坚持理论性和实践性相统一，用科学理论培养人，重视思想政治理论课的实践性，把思政小课堂同社会大课堂结合起来，教育引导学生立鸿鹄志，做奋斗者。要坚持统一性和多样性相统一，既落实教学目标、课程设置、教材使用、教学管理等方面的统一要求，又因地制宜、因时制宜、因材施教。要坚持主导性和主体性相统一，思想政治理论课教学离不开教师的主导，同时要加大对学生的认知规律和接受特点的研究，发挥学生的主体性作用。要坚持灌输性和启发性相统一，注重启发性教育，引导学生发现问题、分析问题、思考问题，在不断启发中让学生水到渠成得出结论。要坚持显性教育和隐性教育相统一，挖掘其他课程和教学方式中蕴含的思想政治教育资源，实现全员全程全方位育人。全面建设马克思主义理论本硕博一体化培养体系，为思想政治理论课教师后备人才培养提供了全方位创新的现实路径，为思想政治理论课教师队伍建设提供了发展进步的活力源泉。

马克思主义理论学科人才培养是贯彻党的教育方针、落实立德树人根本任务的重要方面。加强马克思主义理论学科人才培养，最根本的是要全面贯彻党的教育方针，解决好培养什么样的人、如何培养人以及为谁培养人这个根本问题。扎根中国大地办教育，坚持教育为人民服务、为中国共产党治国理政服务、为巩固和发展中国特色社会主义制度服务、为改革开放和社会主义现代化建设服务，就要努力培养担当民族复兴大任的时代新人，培养德智体美劳全面发展的社会主义建设者和接班人。学校作为青年学生成长、成才的摇篮，是全面贯彻落实党和国家的教育方针，落实立德树人根本任务的主渠道，是进行社会主义核心价值观教育，帮助大学生树立正确世界观、人生观、价值观的关键场所。在学校教育中，思想政治理论课是落实立德树人根本任务的核心课程，思想政治理论课教师是承担铸魂育人重要使命的关键力量。马克思主义理论学科人才培养要以推动思想政治理论课建设内涵式发展，建设学生真心喜爱、终身受益的思想政治理论课为目标，努力推动中国特色社会主义理论体系“进教材、进课堂、进头脑”，自觉运用习近平新时代中国特色社会主义思想铸魂育人，切实加深广大青年对中国特色社会主义的思想认同、理论认同、情感认同，不断增强广大青年对中国特色社会主义的道路自信、理论自信、制度自信、文化自信。同时，有效引导学生厚植爱国主义情怀，把爱国情、强国志、报国行自觉融入坚持和发展中国特色社会主义事业、建设社会主义现代化强国、实现中华民族伟大复兴的奋斗之中。全面建设马克思主义理论本硕博一体化培养体系，有利于新时代思想政治理论课建设的加强与改进，为培养社会主义事业的合格建设者和可靠接班人提供坚实的教育保障。

全面建设马克思主义理论学科本硕博一体化人才培养体系要聚焦主要问题

马克思主义理论学科人才培养的首要任务是培养马克思主义理论专业人才。经过十多年的探索与努力，马克思主义理论学科为全国高校和党政部门等培养了一大批从事马克思主义理论研究、宣传和教育的优秀专业人才。但是，与新时代中国特色社会主义事业发展的要求相比，当前的马克思主义理论学科人才培养还存在许多不适应、不符合的问题。无论数量上还是质量上，马克思主义理论学科专业人才队伍建设都还有很大的提升空间。其中，马克思主义理论学科本硕博一体化的人才培养体系建设亟须推进。要有针对性地加强这一建设，关键在于准确把握当前人才培养中存在的突出问题。

1. 人才结构不合理，“倒三角”格局亟须改变

“高校是研究宣传马克思主义的重要阵地，也是培养马克思主义理论人才的重要基地”。自 2005 年国家设立马克思主义理论一级学科以来，招收马克思主义理论专业研究生的高校不断增加，人才培养的质量也显著提高。2018 年教育部启动“高校思想政治理论课教师队伍后备人才培养专项支持计划”，并将其作为“国家急需学科高层次人才培养支持计划”的重要组成部分。仅计划启动当年，全国承担专项计划招生培养任务的 50 所高校就增加研究生招生 1 000 余人，极大地充实了全国马克思主义理论专业研究生队伍。但在实施这一计划时，特别是硕士研究生的招生环节中，各个高校均在不同程度上遇到高质量生源短缺、专业上“半路出家”的学生占比较高的问题。这与马克思主义理论专业人才培养中长期存在的“倒三角”格局密切相关。

2018 年 6 月，教育部部长陈宝生在新时代全国高等学校本科教育工作会议上曾指出“高教大计、本科为本，本科不牢、地动山摇”。本科人才培养在任何一个学科专业人才队伍建设中都处于基础地位。全国 1 200 多所本科院校在校生中，本科生与研究生比例约为 8∶1。但具体到马克思主义理论学科，本应发挥基础性、支撑性作用的马克思主义理论本科专业人才培养明显滞后，不仅专业设置时间晚，2018 年才开始正式招生，而且招生学校少，布局不健全。目前全国招收马克思主义理论专业本科生的高校只有 8 所，21 所全国重点马克思主义学院中只有 4 所招收马克思主义理论专业本科生。这种“倒三角”的人才培养格局，已经成为制约新时代马克思主义理论学科人才培养质量

的首要问题。

2. 选拔渠道单一化，拔尖人才选育机制不健全

生源质量特别是拔尖人才的选育，对于建设一流马克思主义理论专业人才队伍具有重要意义。但无论本科招生阶段还是研究生招生阶段，很多高校的马克思主义理论学科都面临选拔渠道过窄、拔尖人才连续选育机制不健全的问题。

一方面，单纯依靠传统的专业招生模式，不利于马克思主义理论专业本科优秀人才的选拔。由于马克思主义理论专业本科学位点设立时间较短，社会上，特别是高中生对其认知度比较有限。在这种情况下，仅仅采取传统高考的按专业招生方式抑或将马克思主义理论专业与其他相关度不高的专业组成一个大类进行招生，很难吸收到足够数量的、有专业兴趣的高素质考生，进而无法保证足够规模的专业基础人才继续攻读马克思主义理论专业的研究生。这就背离了国家设立马克思主义理论本科专业以支撑研究生队伍建设的初衷。

另一方面，单一的考试模式难以满足马克思主义理论学科研究生拔尖人才的选拔需要。选拔、培养具有坚定的理想信念、高尚的道德情操、扎实的理论功底、突出的创新能力、优良的学风文风的高素质马克思主义理论专业人才，不仅是提升高校思想政治理论课教师队伍建设质量的治本之策，更是培养马克思主义理论大家的关键环节。但仅仅通过一次研究生考试，很难全面考察出学生的专业能力、研究视野和学术潜质，更容易埋没一些专业素养较好而考试能力一般的学生。

与此同时，一级学科间的“分流壁垒”，也在一定程度上限制了马克思主义理论学科拔尖人才的选拔范围，制约了马克思主义理论相关专业间的人才流动。探索多层次、多维度、多阶段的拔尖人才选育机制，发掘、培养真正适合从事马克思主义理论研究与教育的人才，已经成为一项亟须推进的工作。

3. 本硕博贯通不畅，人才培养的系统性不强

马克思主义理论学科专业人才是思想政治理论课教师队伍的后备军，其人才培养的质量直接影响思想政治理论课教师队伍的整体水平。尽管从 2018 年开始，马克思主义理论学科就建立起覆盖本科、硕士、博士三个阶段的完整人才培养体系，但关于三个阶段学生认知规律和教育教学规律的探索还比较薄弱，人才培养的系统性还有待提高。

一是本硕博一体化的课程体系需要进一步理顺。与其他学科不同，马克思主义理论学科先有研究生，而后才招收本科，研究生的培养方案早于本科生的培养方案。因此，研究制定马克思主义理论专业本科生培养方案时就不能“就本谈本”，而要考虑其与研究生培养方案的衔接；同样，本科阶段的课程体系确定后也必须及时修订马克思主义理论一级学科下七个二级学科的研究生培养方案。但目前一些高校缺乏“一体化”培养的自觉意识，课程重复、衔接不畅

甚至因人设课的情况大量存在。

二是本硕博一体化的教材体系需要进一步完善。虽然马克思主义理论本科专业设立比较晚，但此前中宣部、教育部已经组织全国最优秀的教学和科研力量编写近百本马克思主义理论研究和建设工程重点教材，基本涵盖了哲学社会科学各专业的专业基础课程和主要的专业课程，也包括部分马克思主义理论专业的专业基础课程与核心课程。与此同时，国务院学位委员会也已经启动了马克思主义理论学科研究生核心课程的教材编写工作。但无论本科阶段还是研究生阶段，一些核心教材的编写工作还未完成，部分新设课程的教材编写工作尚未启动。此外，不同阶段同类教材之间、思想政治理论课教材与马克思主义理论学科专业教材之间的区别、联系还需要进一步探索。

三是本硕博一体化的教学管理体系需要进一步健全。科学健全的教学管理体系是保证高校人才培养质量、提升人才培养水平的关键。在建设马克思主义理论学科本硕博一体化人才培养体系的过程中，必须打破一些旧有体制机制的束缚，在学校内部、学院内部构建起一体化的教学管理体系。但目前一些高校对马克思主义理论学科的教学评估体系建设、教学管理队伍建设以及教学内容、教学方法和教学手段的创新与整合重视不够，直接影响了马克思主义理论学科人才培养的整体质量，导致本硕博一体化人才培养体系缺乏配套保障机制，全面建设的后劲不足。

4. 重课堂而轻实践，学生理论应用能力欠缺

习近平总书记强调要“重视思政课的实践性，把思政小课堂同社会大课堂结合起来”。对于马克思主义理论学科专业人才培养而言，就必须坚持理论性和实践性相统一，让学生在成为思想政治理论课教师之前就具备应用马克思主义理论发现问题、分析问题和解决问题的能力，但这恰恰是高校马克思主义理论学科专业人才培养的薄弱环节。

一方面，很多学校存在重视课堂教学、忽视实践教学的倾向。马克思主义不是书斋里的学问，象牙塔里培养不出马克思主义“思想家”与“教育家”。但当前很多高校在积极探索思想政治理论课教学实践新模式时，往往忽视了马克思主义理论学科专业人才培养中的实践性问题。这不仅体现在设计培养方案时缺少明确的实践教学要求和具体的实践教学评价标准，而且表现在很多高校的实践教学都还停留于一般性参观考察层面，不注重引导学生在实践调研中应用马克思主义的立场、观点与方法深入了解、分析中国国情。

另一方面，部分学校存在重视理论研究、忽视应用能力培养的问题。马克思主义理论学科要支撑高校思想政治理论课教学，必须不断深化马克思主义理论的学理研究，提升马克思主义的科学性和解释力。这应当是马克思主义理论学科专业人才培养的重点内容。但值得注意的是，部分高校在重视引导学生读原著、读经典的同时，对学生应用马克思主义基本观点、立场与方法分析推进

当代中国的马克思主义——中国特色社会主义理论体系的指导不够深入，以致一些马克思主义理论学科研究生不仅不具备在学术争论中批驳反马克思主义、非马克思主义欺骗性和荒谬性的能力，而且无法运用马克思主义基本原理解释中国特色社会主义建设中的热点难点问题。

全面建设马克思主义理论学科本硕博一体化人才培养体系的对策选择

全面建设一流马克思主义理论学科本硕博一体化人才培养体系应从全局、战略的高度深化认识，在贯通式选拔、全学科培养、理论与实践研修上全面发力，深化创新。中国人民大学作为马克思主义教学与研究的高地、马克思主义理论高端人才培养的“工作母机”，拥有全国唯一的马克思主义理论国家级重点学科，在建设马克思主义理论学科本硕博一体化人才培养体系方面“先试先行”，全面探索可以推广的有益经验。

第一，以本为本，建设一流马克思主义理论本科专业。作为国内最早招收马克思主义理论类本科生的大学，中国人民大学拥有马克思主义理论本科人才培养的优良传统。2018 年获批设立马克思主义理论本科学位点后，学校将马克思主义理论本科专业纳入人文学科实验班进行宽口径大类招生，采取第一年跨学科通识培养、第二年专业分流的模式，有效保证了本科生源的规模与质量。在人才培养环节，学校一方面充分发挥人文社会科学领域的学科优势，整合全校优质教学资源，从法学院、社会人口学院、心理学系等院系选拔优秀教师为马克思主义理论专业本科生讲授跨专业基础课程，拓宽学生的知识视野；另一方面发挥马克思主义学院 13 个二级学科的整体性优势，调动教师特别是知名教授为本科生授课，夯实学生的专业基础。

为了确保本科人才的培养质量，学校还在全过程管理与精细化培养方面着力，不仅设立本科教学指导委员会和本科教学督导组，建立新生导师制、学术导师制、本科生文献制和选修课模块制等一系列创新性人才培养机制，并且利用小学期聘请国外一流学者为本科生开设全英文专业前沿课程，通过“在地国际化”模式实现学生全覆盖。未来，要继续探索一流马克思主义理论本科专业建设的有效模式，努力形成可推广的经验与做法。

第二，大胆创新，探索拔尖人才选拔培养的有效机制。当前，马克思主义理论学科人才培养已经步入内涵发展、质量提升的关键阶段。近年来，中国人民大学着力构建马克思主义理论学科本硕博一体化招生选拔机制和提高生源质量的长效机制。学校制定了“本科生拔尖人才计划”和“研究生拔尖人才计划”，为优秀本科生和硕士研究生开通直博或硕博连读的绿色通道，并尝试将拔尖人才计划与教育部“高校思想政治理论课教师队伍后备人才培养专项支持计划”有效结合，全面实现马克思主义理论学科本、硕、博贯通式选拔与连续性培养。学校还不断完善“全国马克思主义理论学科优秀本科生夏令营”制度，从全国选拔优秀生源推荐免试攻读硕士学位，以开放性、多元性确保硕士研究生的生源质量；同时，探索考试制与申请—审核制相结合的选拔方式，以优化博士研究生的生源结构。

为了形成有利于拔尖人才成长的良好氛围，学校探索搭建学生与学术名家、资深教授、青年教师的常规对话交流平台，建立学生层面的马克思主义理论学科科研创新激励机制，制定优秀学位论文和优秀科研论文的评选和奖励办法，加大对学生参加国内国际学术活动、交流访问的支持力度。下一步，将继续打破学科壁垒，增强生源选拔的开放性，探索马克思主义理论专业“本科生—硕士生—博士生”多次选拔、连续分流的科学方法，形成有利于拔尖人才成长的体制机制。

第三，贯通设计，构建全学科、一体化人才培养体系。马克思主义理论学科的人才要具有广阔的知识视野、国际视野和历史视野，人才培养体系的设计必须科学。中国人民大学在马克思主义学院内建立了贯通两个本科专业和七个二级学科的全学科培养机制和贯通本硕博的一体化培养体系，不断增强各阶段培养方案的针对性与衔接性。本科阶段侧重培养学生的专业兴趣与综合素质，打牢马克思主义理论学科及相关学科的知识基础；硕士阶段侧重培养学生的马克思主义理论学科意识和研究方法；博士阶段全面提升学生的科研创新能力和理论应用能力。

学校还高度重视研究生主文献制度建设，系统开设“主文献研读”专业课程，规范文献阅读、科学研究和论文写作等研究生培养的关键环节；持续完善研究生导师负责、集体培养制度，强化导师责任制与导师组建设。同时，着力探索本硕博一体化的教材体系与教学质量评价体系，引导教师在本硕博各阶段开展有针对性的教学探索，不断丰富教学内容、改进教学方法、提高教学质量。下一步，将着力完善人才培养的顶层设计和全程管理，持续推进全学科的课程体系和一体化的教材体系建设。

第四，整合资源，全面培养学生理论思维与实践能力。马克思主义理论学科设立的直接目的，是为了向高校思想政治理论课教学提供学科支撑，以提高大学生思想政治教育的实效性。为了实现这一目标，马克思主义理论学科的人才培养必须“两条腿”走路，既要打牢学生的马克思主义理论功底，提升他们应用马克思主义立场、观点、方法分析、解决问题的能力，还要为学生创造丰富的实践机会，让他们在充分了解中国实际情况的基础上学懂、弄通中国特色社会主义。近年来，中国人民大学着力探索包括导师指导、集中研讨、读书沙龙、学术论坛等形式的多元化研读模式，引导学生了解和掌握主要经典著作及其思想精髓，在夯实理论基础的同时提升他们的理论思维与应用能力。

学校还注重培养马克思主义理论学科专业人才的家国情怀，鼓励学生在本科、硕士和博士各个阶段都要主动走出“象牙塔”，关注时代、关注社会；建立分阶段、多层次的实践教学体系和一批稳定的高质量实践教学基地，实现实践教学的螺旋上升与资源整合。马克思主义理论学科的研究生全部进入相关教研室，担任思想政治理论课与马克思主义理论学科专业课程的助教，全方位参与教学实践，围绕推动马克思主义进校园、进课堂、进头脑以及思想政治理论课建设的重大理论和现实问题开展科学研究，为将来走上教学一线打下坚实的基础。今后，将进一步发掘、整合实践教学资源，依托专业课程和思想政治理论课程打造有影响力的实践教学品牌，在发现、分析、思考新时代重大实践问题中提升学生的马克思主义理论水平。

站在新的起点上把思政课越办越好*

3月18日习近平总书记主持召开的学校思想政治理论课教师座谈会，是新中国成立以来党中央首次专门针对一门课程举办的会议。继2016年全国高校思想政治工作会议、2018年全国教育大会之后，此次座谈会再次聚焦培养什么样的人、如何培养人以及为谁培养人这一根本问题，体现了党中央对思想政治理论课的高度重视、对思想政治理论课教师的殷切期望、对学校立德树人工作的深邃思考，发出了学校思想政治理论课改革创新再出发的动员令。

深刻领会办好思政课的根本遵循

党的十八大以来，习近平总书记高度重视学校思想政治理论课建设，亲自谋划、亲自部署、亲自推动，对学校思想政治理论课和高校马克思主义学院建设做出一系列重要指示批示。在习近平新时代中国特色社会主义思想的指引下，全国教育战线以顶层设计为总揽、以立德树人为根本、以队伍建设为龙头、以学科建设为支撑、以课程建设为基础，推动学校思想政治理论课在改进中加强，坚持不懈传播马克思主义科学理论，全面推动习近平新时代中国特色社会主义思想“进教材、进课堂、进头脑”，切实提高学生学习思政课的获得感，确保打牢青年学生成长成才的思想基础。

习近平总书记发表的重要讲话，站在事关中华民族千秋伟业和党的事业后继有人的战略高度，全面深刻地阐述了办好思政课的重大意义。讲话从办好思政课的“四个基础和条件”，到对思政课教师提出的“六点要求”，再到推动思政课改革创新必须坚持的“八个相统一”，深入分析了思政课教师的关键作用，明确提出了推动思政课改革创新的具体要求，坚定了广大思政课教师把思政课办得越来越好的信心和决心，为我们推进思政课改革创新指明了前进方向、提供了根本遵循、注入了强大动力，是一篇指引新时代思政课建设的纲领性文

* 原文发表于《中国高校社会科学》2019年第3期。

献。我们要把思想和行动统一到习近平新时代中国特色社会主义思想上来，自觉用其武装头脑、指导实践、推动工作，自觉将其全面贯穿、有机融入学校思政课建设和马克思主义理论教学研究全过程。

牢牢把握铸魂育人的中心工作

办好思想政治理论课，归根到底是解决培养什么样的人、如何培养人以及为谁培养人这一根本问题。习近平总书记强调，思想政治理论课是落实立德树人根本任务的关键课程。从小学、中学到大学，是青少年世界观、人生观、价值观形成的关键时期，是最需要精心引导和栽培的“拔节孕穗期”。实践深刻表明，在大中小学循序渐进、螺旋上升地开设思想政治理论课，是培养一代又一代拥护中国共产党领导和我国社会主义制度、立志为中国特色社会主义事业奋斗终身的有用人才的重要保障。在坚持和发展中国特色社会主义事业、建设社会主义现代化强国、实现“两个一百年”奋斗目标和中华民族伟大复兴的中国梦的新征程中，把思政课办得越来越好，是时代赋予我们的神圣使命和光荣责任。

用新时代中国特色社会主义思想铸魂育人，是习近平总书记对思政课建设关键任务和中心工作做出的最新概括。用习近平新时代中国特色社会主义思想铸魂育人，是新时代学校思想政治工作重要的强心工程、固本工程。习近平新时代中国特色社会主义思想是当代中国的马克思主义、21 世纪的马克思主义，要讲清、讲透、讲深习近平新时代中国特色社会主义思想，让学生充分感受其丰富的理论魅力和深厚的思想底蕴，引导学生不断增强中国特色社会主义道路自信、理论自信、制度自信、文化自信，把爱国情、强国志、报国行自觉融入坚持和发展中国特色社会主义事业、建设社会主义现代化强国的奋斗中，成长为担当民族复兴大任的时代新人。

努力打造“高精尖”的思政“金课”

中国人民大学作为我们党亲手创办的第一所新型正规大学，从学校的前身陕北公学建校伊始就高度重视思想政治理论课建设。在陕北公学时期，学校就开设了马列主义、中国革命运动史等课程，培养了大批革命人才。中华人民共和国成立后，中国人民大学在马克思主义理论教学研究和人才培养等方面创造了很多个“第一”，比如设立全国首个马列主义研究班、编写全国首批马克思主义理论教材，为全国培养了大批理论拔尖人才，并在长期办学实践中凝练形成“人民共和国建设者的摇篮”“人文社会科学高等教育的重镇”“马克思主义教学与研究的高地”等三大办学特色。党的十八大以来，中国人民大学马克思主义学院入选首批全国重点马克思主义学院，马克思主义理论一级学科进入“双一流”建设名单，并在第四轮全国高校学科评估中以全国第一的成绩获得“A+”评价。中国人民大学习近平新时代中国特色社会主义思想研究院，是党中央批准成立的首批十家习近平新时代中国特色社会主义思想研究机构之一。特别值得一提的是，习近平总书记在座谈时指出中国人民大学在思政课建设方面做得很好，他多次提到的“北京高校思想政治理论课高精尖创新中心”，就由中国人民大学承建，在全国思政课教师中具有很大影响。

站在新的历史起点上，习近平总书记在座谈会上的讲话给新时代思政课建设提出了新的更高的要求。我们将以习近平总书记的重要讲话为行动指南，从四个方面继续努力，打造“高精尖”的思政“金课”。

一是在统筹谋划和深入一线相结合上下功夫。一方面，把思政课建设作为“一把手”工程来抓，统筹设计、全面规划，对涉及思政课建设和改革的重要议题均通过党委常委会专题研究解决，对于思政课相关的条件支撑坚持“绿灯先行”，确保思政课优先地位。另一方面，我们将按照总书记提出的“学校党委书记、校长要带头走进课堂，带头推动思政课建设，带头联系思政课教师”这“三带头”要求，随时深入一线了解情况，确保统筹谋划和科学决策符合实际。

二是在从严管理和科学治理相结合上下功夫。在从严管理上，严格落实意识形态工作责任制，严把课堂教学政治关、质量关，划定课堂教学意识形态安全底线和红线，积极传导主流意识形态，坚决批判错误观点和思潮，引导学生增强“四个自信”。在科学治理上，尊重思想政治工作规律、教书育人规律和学生成长规律，实现思政课管理制度化、规范化，开展思政课教学内容、教学方法、评价机制等方面的改革，全方位促进教学质量和管理水平提升。

三是在教师培养和人才培养相结合上下功夫。办好思政课关键在教师，要进一步加强思政课教师队伍建设，进一步加大对思政课教师，特别是中青年教师的扶持和培养力度，实行重点倾斜，培养更多青年理论家，确保思政课教师队伍人才辈出。同时，还要构建完善的马克思主义人才培养体系，创新培养机制。目前，中国人民大学是全国唯一一个马克思主义理论一级学科本硕博一体化培养和马克思主义理论一级学科下的七个二级学科全覆盖的高校。我们将在推进马克思主义理论学科本硕博人才培养体系的一体化设计、贯通性培养，厚植马克思主义理论人才培养基础方面继续加大探索力度。

四是在学科建设和课程建设相结合上下功夫。在改进中加强马克思主义理论学科建设，继续巩固全国唯一马克思主义理论一级重点学科的优势，并不断将学科优势转化为课程优势。认真按照“八个相统一”的要求，深入推进思政课程改革创新，既要在教学内容创新上下功夫，也要在教学方式创新上下功夫，以创新课程建设推动学科建设水平的进一步提升。坚持“以本为本、打造金课”的建设原则，优化课程设计，明确责任清单，全面推动思政课程与课程思政同向同行。继续建好北京高校思想政治理论课高精尖创新中心，充分发挥在文献资源、技术融合和数据分析等方面的集聚优势，为学科建设和课程建设提供优质服务。

习近平总书记的重要讲话，为新时代思想政治理论课改革创新明确了目标方向。我们要用科学的态度对待科学，用真理的精神追求真理，用信仰的力量讲授信仰，讲出新时代中国特色社会主义应有的自信，讲出身处百年未有之大变局应有的定力，讲出担当民族复兴大任应有的使命感和责任感，努力把思想政治理论课打造成学生“真心喜爱、终身受益、毕生难忘”的“金课”。

科学把握“关键课程”的深刻内涵*

在 2019 年 3 月 18 日召开的学校思想政治理论课教师座谈会上，习近平强调，“新时代贯彻党的教育方针，要坚持马克思主义指导地位，贯彻新时代中国特色社会主义思想，坚持社会主义办学方向，落实立德树人的根本任务”，并进一步指出，“思政课是落实立德树人根本任务的关键课程”，“我们办中国特色社会主义教育，就是要理直气壮开好思政课”。习近平总书记的重要讲话明确了思想政治理论课的定位和任务，为新时代全面贯彻党的教育方针、办好思想政治理论课做出了重要部署。因此，全面落实立德树人的根本任务，就必须抓好思想政治理论课这个关键课程，充分领悟并把握其深刻内涵。

思想政治理论课作用不可替代

我国独特的历史、文化、国情，决定了我们必须走自己特色的高等教育发展道路，扎实办好中国特色社会主义大学。马克思主义是我们立党立国和治党治国的根本指导思想，是全党全国人民团结奋斗的共同思想基础，以马克思主义为指导，是中国特色社会主义高校的本质属性。高校思想政治工作是保证高校坚持社会主义办学特色、有效发挥服务作用的“生命线”。高校思想政治工作关系高校培养什么样的人、如何培养人以及为谁培养人的根本问题，关系立德树人根本任务的落实。把思想政治工作贯穿教育教学全过程，落实立德树人根本任务，首要的就是必须抓好思想政治理论课这个关键课程。

思想政治理论课是中国教育课程体系的重要组成部分，是全部课程体系中的公共基础课程、重点课程和主干核心课程，是帮助广大学生树立正确世界观、人生观、价值观的重要途径，是对广大学生进行思想政治教育的主渠道，同时也是广大学生的必修课程。思想政治理论课贯穿于中华人民共和国成立以来我国教育的始终，在不同历史时期起到了凝聚思想、推动实践、促进高校思

---

* 原文发表于《思想教育研究》2019 年第 5 期。

想政治工作、支撑意识形态等不同作用，是我们社会主义事业后继有人、兴旺发达、取得胜利的重要保证。我们党对青年学生尤其是大学生的思想政治理论教育工作始终高度重视，改革开放以来进行了3次大的课程体系改革，先后推出“85方案”“98方案”“05方案”等方案，虽然课程的门数和名称有诸多不同，但是，课程内容更加科学完善，形成了结构合理、功能互补、相对稳定的课程体系，思想政治理论课的基本内容始终围绕马克思主义基本原理及中国化的马克思主义而展开。思想政治理论课课程设置虽历经多次变化，但它在立德树人、培养社会主义建设者和接班人中的地位和作用却愈加显著，不可替代。

思想政治理论课极端重要。中华人民共和国成立70年来，中国经历过战争考验，经历过灾害考验，经历过十年动乱，经历过改革开放后新自由主义、“普世价值”、民主社会主义、历史虚无主义等诸种错误思潮的冲击，但局势总体始终平稳，广大青年爱国爱党的热情始终占主导地位，这与我们多年的思想政治理论课教育密不可分。思想政治理论课关乎中国青年的政治取向，关乎社会主义前途与中国的命运和未来。以史为鉴，可以知兴替。苏联社会主义走向失败并不是因为某一门专业课没教好。它们的航天航空、核武器全世界数一数二，但意识形态领域却节节败退，直至土崩瓦解。从思想意识领域打开缺口到意识形态彻底崩溃，使得自己的高校培养了自己的掘墓人，马克思主义意识形态的思想政治教育功效丧失殆尽，这不能不说是一种悲哀。什么样的思想土壤结什么样的果实，这就决定了我们思想政治理论课的极端重要性和不可替代性。近年来我国的高等教育培养了数以万计的大学生，除却专业水平，他们的政治导向和价值观念如何，关乎中国特色社会主义事业的现在和未来。思想政治理论课多年来一直在默默承担一件非常有价值有意义的事情，即为中国特色社会主义夯实学生的思想基础。

思想政治理论课学术性不可或缺

思想政治理论课是全面贯彻落实党的教育方针和坚持社会主义办学方向的重要保证，是巩固马克思主义在高校意识形态领域指导地位的主渠道，是帮助大学生树立正确世界观、人生观、价值观的核心课程，关乎我们的国民教育和培养社会主义建设者、接班人的重大问题。与一般基础课程和专业课程不同，思想政治理论课具有多重属性，融知识体系与价值观念、专业学科与意识形态、思想性与学术性为一体。思想彻底、理论透彻才有力量，教育入心、触及灵魂方能成功。为此，要不断增强思想政治理论课的思想性、理论性，用真理的强大力量感召学生。党中央高度重视办好思想政治理论课的重大意义，这是思想政治理论课的殊荣。

在高度重视思想政治理论课政治取向的同时，思想政治理论课的学术性不可偏废。思想政治理论课具有意识形态属性，而学术性才是其与传统思想政治教育的最大区别。过去很长一段时间，我们思想政治教育的学术性被有意无意地遮蔽，导致人们对思想政治理论课产生诸多误解，进而使得思想政治理论课的意识形态功能在多元文化的时代境遇中遭遇诸多阻力。显然，在思想政治理论课授课中，光喊口号肯定不行。好比枪里没有子弹是不可能克敌制胜的。即使我们嗓门大如炮，同样不见效。唯有理论才能服人，而且唯有理论上彻底才能服人。在思想政治理论课中，不精通马克思主义理论肯定不能服人。思想政治理论课只有学术含金量高，理论性强，才有说服力。或许，在专业课领域中的一个错误，只影响学生的知识水平，但在思想政治理论课中教错一个观点，很有可能影响学生的整个人生。面对任何一个重大理论或实践问题，思想政治理论课都必须旗帜鲜明、观点明确，政治取向正确和学术含金量缺一不可。思想政治理论课要区别学术自由与思想纪律的关系，不能用西方错误的价值观来误导学生，不能把课堂当作个人随心所欲的秀场，绝对禁止打着学术自由的旗号行一己之私。

实践中，思想政治理论课应注重课程理论生长史的拓展，积累理论诠释的厚重感；延伸思想政治理论课的理论发现与问题呈现过程，融汇思想政治理论课的学术品质与知识魅力，增强学术道德的熏陶；通过对课堂论题的比较和解析，扩展广大学生分析和理解的视域，增加思想政治理论课的理论说服力。质言之，高校思想政治理论课要彰显理论深度，凸显学术价值，打破学生对思想政治理论课轻视的思维定式，改变“思想政治理论课只是课程，而非学科”的成见，使学生真正认识到思想政治理论课是一门学术性强、学术价值高的学科，提升思想政治理论课对学生的感召力和吸引力。随着对习近平新时代中国特色社会主义思想研究的深入，我们思想政治理论课的政治性和学术性要提高到一个新水平。唯有如此，思想政治理论课才能培养出社会主义事业建设者和接班人。

思想政治理论课必须与时俱进

凡益之道，与时偕行。党的十八大以来，以习近平同志为核心的党中央就加强和改进高校思想政治工作做出一系列部署，各大高校积极推进思想政治理论课的改革创新，使高校思想政治工作的实际效果得到显著提升。新时代，高校思想政治工作的挑战日趋严峻、任务愈加繁重，这就要求思想政治理论课要与时俱进，不断改革创新，唯有强化、不能削弱，唯有前进、不能倒退，唯有积极进取、不能消极被动。

思想政治理论课与时俱进，就必须以习近平新时代中国特色社会主义思想作为指导。习近平新时代中国特色社会主义思想内涵丰富，涵盖经济、政治、党建、文化、意识形态等诸多领域。确保思想政治理论课正确的政治导向，很重要的一点就是要用党的重要文献的内容和精神即马克思主义中国化最新理论成果来指导思想政治理论课教学。就目前而言，就是用习近平新时代中国特色社会主义思想来指导思想政治理论课，学习其相关思想政治教育新思想、新观点、新论断，促进思想政治理论教育的新发展、新跨越。中国的教育坚持党的领导，坚持以马克思主义为指导，反对西方推销的“普世价值”，要牢牢守住马克思主义意识形态这个阵地。思想政治理论课就是意识形态阵地的第一哨。思想政治理论课的任务是光荣的，责任是重大的，如果说中国特色社会主义建设是在世界局势风云变幻且波涛汹涌的大海里航行的一条大船的话，那么，思想政治理论课教师就是这条船上的水手。新时代，思想政治理论课与时俱进，就要学习中国特色社会主义理论和习近平新时代中国特色社会主义思想，确保学校思想政治理论课建设的正确政治方向，确保学校用科学理论培养人、用正确思想引导人，培养好德智体美劳全面发展的社会主义事业建设者和接班人。

思想政治理论课与时俱进，不断改革创新，就必须不断增强思想政治理论课的思想性、理论性和亲和力、针对性。为此，习近平提出了“八个相统一”，即：坚持政治性和学理性相统一，将思想政治理论课的政治属性建立在具有严密科学逻辑的基础上；坚持价值性和知识性相统一，用丰厚的知识成果涵养先进的价值观念；坚持建设性和批判性相统一，在建设中融入批判、以批判促建设；坚持理论性和实践性相统一，把思想政治理论课与新时代中国实践融为一体；坚持统一性和多样性相统一，需要贴近实际、贴近对象、贴近具体；坚持主导性和主体性相统一，要用主导开发主体，靠主体顺应主导；坚持灌输性和启发性相统一，需要通过启发达到灌输目的；坚持显性教育和隐性教育相统一，要用好主干道、开发多渠道。“八个相统一”是思想政治理论课长期发展形成的规律性认识和成功经验总结，是一个逻辑严密、有机统一的整体，为新时代思想政治理论课高质量教学把准了脉、指明了道，是思想政治理论课改革创新的基本遵循。只有认真研究并实现这“八个相统一”，才能真正推动思想政治理论课守正创新，入脑入心践于行。

青年兴则国兴，青年强则国强。伟大的事业需要合格的人才来承担和推进。从“两个一百年”奋斗目标到中华民族伟大复兴的中国梦以及中国特色社会主义伟大事业的践履，需要一代又一代优秀青年接续奋斗。青少年是祖国的未来、民族的希望。办好思想政治理论课，事关中国特色社会主义事业后继有人，是培养一代又一代社会主义建设者和接班人的重要保证。青少年阶段是人生的“拔节孕穗期”，最需要精心引导和栽培。我们办中国特色社会主义教育，就是要理直气壮开好思想政治理论课。用新时代中国特色社会主义思想铸魂育人，引导学生增强中国特色社会主义道路自信、理论自信、制度自信、文化自信，厚植爱国主义情怀，把爱国情、强国志、报国行自觉融入坚持和发展中国特色社会主义事业、建设社会主义现代化强国、实现中华民族伟大复兴的奋斗之中。在这个问题上，我们必须提高政治站位、深化思想认识，必须旗帜鲜明、毫不含糊，理直气壮开好思想政治理论课，把立德树人的根本任务真正落实到位。

新时代思想政治理论课改革创新的着力点*

3 月 18 日，习近平总书记在人民大会堂主持召开的学校思想政治理论课教师座谈会是党中央首次以学校思想政治理论课为主题召开的座谈会，也是党中央首次围绕一门课程在中央层面召开的会议。这在我国教育发展史特别是学校思想政治理论课历史上具有重要的里程碑意义，习近平总书记的重要讲话吹响了新时代思想政治理论课改革创新的进军号。

创新课程内容，要从我们党重视思想政治理论课建设的优良传统中汲取经验

及时将党的理论创新成果进课程，是思想政治理论课内容建设方面的一项宝贵经验。习近平总书记在讲话中，结合思想政治理论课发展史，讲述了许多生动的事例。总书记讲，从苏维埃大学、中国工农红军大学、陕北公学开始，就开设有思想政治理论类的课程，特别是陕北公学开设了马列主义、中国革命史等课程。在抗日战争时期，毛泽东同志曾九次到陕北公学授课，用马克思主义的立场、观点和方法分析中国革命问题。有的陕北公学老校友后来回忆说，他至今都记得毛主席在授课演讲时专门驳斥了国民党诬蔑我军对日寇“游而不击”的谬论，并且把坚持游击战这个“法宝”比作姜子牙的“方天印”。

党的十八大以来，思想政治理论课教材建设始终紧扣党的理论创新成果，习近平新时代中国特色社会主义思想在各门课程建设中都得到了及时的体现。但在教学实践中我们也发现，由于目前习近平新时代中国特色社会主义思想的体系化建设尚处于完善定型阶段，各门课程在贯穿习近平新时代中国特色社会主义思想方面难免出现分散化、零散化的问题。因此，尽快推出《习近平新时代中国特色社会主义思想学习纲要》一书的现实迫切性十分突出，从而以此作

---

* 原文发表于《思想理论教育导刊》2019 年第 5 期。

为思想政治理论课教材的基本遵循，为思想政治理论课内容建设提供系统完整的科学指南。

提升师资队伍质量，要从存量与增量两个方面“双管齐下”

教师是立教之本、兴教之源。习近平总书记在这次座谈会上明确强调：“办好思想政治理论课关键在教师，关键在发挥教师的积极性、主动性、创造性。”目前，各地各类学校的思想政治理论课教师队伍存在能力水平参差不齐的问题，应优化存量、做大增量，加大培训和培养力度。

在优化存量方面，最重要的是解决好指挥棒问题，建立起让思想政治理论课教师爱教、乐教、荣教的激励机制，使思想政治理论课教师有价值感、有成就感，具有稳定的职业发展预期。目前北京市给在京高校思想政治理论课教师每月发放教学津贴，教育部长江学者计划和中组部的万人计划都对一线思想政治理论课教师投放了名额，这些举措对思想政治理论课教师安心从教起到了积极的引导作用。另外，要为思想政治理论课教师提升业务能力打造沟通交流的平台，此次座谈会上被总书记肯定的“北京高校思想政治理论课高精尖创新中心”就提供了很好的范本。中国人民大学作为高精尖创新中心的承办单位，充分运用互联网技术，精心组织线上线下相融合的多项品牌活动，推动“全国高校思想政治理论课网络集体备课平台”建设，使教师备课从“散兵作战模式”转向“集团军作战模式”。像这样一些更及时、更立体、更有效的培训机制与载体，值得在实践中不断深化探索。

在做大做优增量方面，要构建完善的马克思主义人才培养体系，创新培养机制，特别是加快推进马克思主义理论学科本硕博人才培养体系的一体化设计、贯通性培养，集中孵化一批优秀师资后备人才。在这方面，中国人民大学曾经涌现出两个现象级的人才培养事例：一个是 1952 年马列主义研究班现象，一个是 1956 年哲学本科班现象。就前者而言，1952 年起中国人民大学按照中央要求创设马列主义研究班，为全国各高等学校培养骨干政治理论课师资。统计显示，全国高校的马克思主义理论教研室（部）主任中，三分之二以上来自中国人民大学，有一大批知名专家学者如黄楠森、蒋学模、高清海、吴家麟、孙国华、萧灼基、高放、郑必坚、吴树青、胡福明、陈先达、吴易风、杨春贵等都曾在此进修、学习。就后者而言，人大哲学系 1956 级本科班，也涌现出罗国杰、郑杭生、靳辉明、杨瑞森等一批知名理论家。为什么能够达到“星星之火，可以燎原”的育人效果？主要得益于培训课程周期长（学历化）、密度大（脱产式、“浸入式”培训）、内容深（不是简单的政策传达，而是从基本理论框架入手，注重创新思维和基本功的训练）等特点，这些在今天依然值得借鉴。

加强机制建设，要注重统筹协调、同向发力，推动课程提质增效

1. 处理好教学与科研的关系

在当前的思想政治理论课教学实践中，存在着一种将思想政治理论课教学和科研对立起来的倾向。应当认识到，教学与科研是辩证统一的，不可偏废。没有科研的教学是无源之水，而不重视教学的科研是无根之木。要注重把握好学理性是支撑、政治性是根本、知识性是载体、价值性是目的等重要关系，既鼓励围绕教学中的理论难点重点问题进行学术攻关，又支持围绕如何讲出“信仰的味道”组织“教法攻坚”。与之相对应，教学科研要逐步解决目前仍存在的一些瓶颈性问题，除了设置专项科研基金外，更需要加大思政类专业核心期刊建设力度，打造一批思政类精品学术期刊，为一线思想政治理论课教师提供更多学术平台。

2. 处理好学科建设与思政课程的关系

进一步在改进中加强马克思主义理论学科建设，继续完善优化现有的马克思主义理论一级学科及其下属的二级学科研究方向，加快建构具有中国特色、中国风格、中国气派的马克思主义理论学科体系，不断将学科建设的优势转化为课程教学的优势。要认真按照习近平总书记提出的“八个相统一”的基本要求，不断推进新时代高校思政课程改革创新。深入研究将思政课程建设的重点难点热点问题提升为学科建设创新的着力点和增长点，既要在教学内容研究上下功夫，也要在教学方式创新上下功夫，以思政课程改革创新为抓手不断推动马克思主义理论学科优先发展、优势发展、优质发展。

3. 处理好思政课程与思政工作的关系

实践中，思政课教师与学生工作队伍“两张皮”的现象比较突出，理想状态下的优势互补常常变成了现实状况中的互为“孤岛”。因此，一方面，要推动第一课堂与第二课堂相结合，建立思政课教师与辅导员协同备课机制，发挥辅导员在了解学生思想动态、现实困惑方面的优势，增强课堂的针对性和亲和力。另一方面，要推动思政课教师与辅导员职业发展相融合，选拔基础条件较好的优秀辅导员承担思政课教学，打通辅导员队伍的双线晋升渠道。

4. 要处理好顶层设计与基层探索的关系

思政课地位重要而特殊，影响广泛而深远，必须加强顶层设计，统筹大中小学思政课一体化建设，聚焦解决思政课的课程设置、队伍建设、考核评价等

重大问题，切实推进习近平新时代中国特色社会主义思想“进教材、进课堂、进头脑”。同时，也要不遗余力地深入思政课教学一线进行探索和创新。

相信有总书记的关心和谋划推动，有社会各界的共同协作，有高校思想政治理论课改革创新力度的不断加大，思想政治理论课一定会越办越好，在培养担当民族复兴大任的时代新人、培养德智体美劳全面发展的社会主义建设者和接班人方面发挥更大的作用。

抓好新时代思政课改革发展*

2019 年 8 月 14 日，中央办公厅、国务院办公厅正式印发了《关于深化新时代学校思想政治理论课改革创新的若干意见》（以下简称《意见》）。《意见》深入贯彻学校思想政治理论课教师座谈会精神，进一步突出了思政课为国家育人育才和增强学生使命担当的重要作用，有针对性地回答了目前思政课教学改革中的一系列机制性问题，提出了很多解决实际问题的新思路新理念，是贯彻落实学校思想政治理论课教师座谈会精神的路线图和施工图，对于新时代全国大中小各学段学校办好思政课，加快推进我国思政课发展改革建设具有十分重要的意义。我们要深入学习领会《意见》精神，深入贯彻落实文件要求，加快推进思政课的改革创新。

党的坚强领导是新时代思政课建设的源泉动力

教育是国之大计、党之大计，承担着立德树人的根本任务。而思政课是落实立德树人根本任务的关键课程，发挥着不可替代的作用。思政课办得好不好，事关我们办什么样的大学、怎样办大学和培养什么样的人、如何培养人以及为谁培养人的根本问题，是一项用习近平新时代中国特色社会主义思想铸魂育人的生命工程、基础工程、战略工程。基于此，《意见》将“加强党对思政课建设的领导”独立成章，充分反映了党中央和国务院对加强思政课建设工作领导的坚定态度和坚强决心，为思政课提质增效提供了坚实的政治保障。

落实党委对学校思政课建设全局的主体责任。《意见》明确提出把思政课建设作为党的建设和意识形态工作的标志性工程，进一步明确举凡涉及思政课工作格局、队伍建设、支撑保障等都是党委自身工作的基本职责。

加强对学校思政课教师队伍建设的支持力度。《意见》在国家级教学成果奖中单列思政课专项，思政课教师在中央和地方主要媒体上发表的理论文章纳

* 原文发表于《学习时报》2019 年 9 月 20 日 1 版。

入学术成果范畴，党政管理干部转岗为专职思政课教师以及教师专业技术职务（职称）评聘方面，都提出了许多新思路新举措，为学校党委进一步加强思政课队伍建设明确了职责任务。

强化党委对思政课校内外两种资源的协调统筹。思政课建设不仅事关学校，同时也离不开学校与社会的联动融合。这就需要党委发挥连线搭桥作用，凝聚带动社会力量齐抓共管，《意见》明确要集合全社会资源对思政课社会实践、评奖评优、理论宣传、内引外联、对外合作等各方面进行支持配合，加快形成学校教育和社会教育相互融合的深度发展格局。

推动党的理论对学校思政课课堂教学的思想引领。在教材、教师、教学等思政课铸魂育人的具体环节，《意见》明确要促进习近平新时代中国特色社会主义思想等党的创新理论的“三进”工作，为加强学生价值观念的思想引领指明了方向。

高校领导带头是新时代高校思政课建设的重要保障

思政课重在引导学生立德成人、立志成才，因此具有铸魂育人的作用，同时也是一项长期的政治任务。《意见》明确提出党委负思政课建设的主体责任。这是我国教育体制的独特制度优势，也是落实学校立德树人和思政课铸魂育人根本任务的关键法宝。特别是根据《意见》要求，高校党委书记和校长作为学校思政课建设的第一责任人，要深入基层联系学生工作，建立健全党委书记、校长及职能部门力量深入一线了解学生思想动态、服务学生发展的制度安排。现在把建立学校领导带头抓思政课的工作机制和思政课建设的实际成效作为领导班子和领导干部综合考核评价的重要依据，符合客观规律和基本国情，是抓住了解决学校思政课教学问题的“牛鼻子”。

明确了党委书记和校长的主体责任。依据《意见》精神，高校党委书记和校长作为高校思政课建设的第一责任人，必须结合自身学科背景和工作经历，带头走进课堂听课讲课，带头推动思政课建设，带头联系思政课教师，承担思政课办学质量、人才培养、学科建设和社会服务等方面的主体责任。

明确了建构大思政格局的机制保障。依据《意见》精神，学校其他领导班子成员都是“一岗双责”，分别在各自分管领域内承担思政课建设工作责任，从而最大限度形成全校共建思政课的资源合力，确保思想政治工作不留死角、不留空白，形成集群合力，共同助力思政课建设发展。

明确了谋划思政课发展的指挥机构。《意见》明确高校党委常委会每学期应至少召开 1 次会议专题研究思政课建设，这是推进思政课建设的常态化制度化、解决好高校思政课改革创新的“顶层设计”和“基层落实”的制度安排。

明确了确保思政课走稳走实的方法途径。《意见》要求高校党委书记、校长每学期至少给学生讲授 4 个课时思政课，高校领导班子其他成员每学期至少给学生讲授 2 个课时思政课，还要通过参与党建和思政活动、带队参加社会实践等方式深入学生，进一步明确了高校领导班子深入思政课一线的具体任务。

打造示范“金课”是新时代思政课建设的历史使命

高等学校必须继承和弘扬优良传统和红色基因，探索形成新时代高校思政课教学改革的新经验，将《意见》提出的各项任务落到实处。

不断完善学校各部门协同推进思政课建设的“兵团式”工作机制。在办好思政课工作机制上，要进一步建立健全党委书记、校长带头，分管领导具体负责，多个职能部门协同配合、齐抓共管，各二级单位逐级承担、主动参与的领导机制和思想政治工作大格局。进一步强化党委书记、校长的第一责任，明确一名党委副书记具体负责思政课教学科研工作。制定和完善思政课教学改革路线图和时间表，明确由校领导牵头开展工作调研，各部门深入分析研判，分工逐项细化措施，共同统筹推动实施。

精心构建联动辐射全国思政课建设的高精尖平台基地。落实《意见》精神，下功夫打造完整系统的马克思主义理论研究和文献支撑平台、丰富优质的思想政治理论课教学资源共享平台、高效便捷的思想政治理论课数字化教学平台、科学权威的大学生思想政治教育质量评估平台、及时全面的大学生思想动态调查分析平台。

全力打造思政课跨学科集群式的高端研究宣传品牌。充分发挥高校哲学社会科学学科优势，以马克思主义学科和马克思主义学院建设为依托，协同推进哲学、经济学、法学等支撑学科和理论院系的思政课建设。同时，大力加强习近平新时代中国特色社会主义思想的研究宣传，组织老中青三代学者，马克思主义、经济学、政治学、法学、新闻学等不同背景的专任教师推出一批有深度、有分量的思政重点文章。

深化落实教师队伍考核制度。重点要制定科学的考核指标体系，将考核结果与职务晋升、岗位聘用、推优评奖、薪酬待遇等挂钩，将思想政治表现和课堂教学质量作为首要标准。所有新进青年教师须至少担任一届班主任或辅导员，才能晋升上一级职称。进一步健全课堂教学管理办法，完善课程管理，建立课程标准审核和教案评价制度，强化教学纪律约束机制，坚持课堂讲授守纪律、公开言论守规矩、成果发布守程序。

树立强化思政课一线教师立德树人的使命。将师德规范作为新上岗教师入职培训的第一课，组织青年教师参加社会实践活动，大力加强思政课教师、辅导员和班主任队伍建设。深入推进师德师风建设，把师德规范要求融入人才引进、岗位聘任、职称评审、导师遴选、课题申报等评聘考核环节，严把教师聘用考核政治关，严格落实师德“一票否决”制度。

打造体现高校特色风貌的思政工作名片。思想政治工作要着力体现不同高校的特色，组织开展马克思主义经典研习、读史读经典、社会调研等活动，不断丰富完善活动内容和形式，更好发挥第二课堂的育人功能，努力探索完善“三全育人”新格局。

思政课坚守初心践行使命的根本遵循*

目前在全国范围内展开的“不忘初心、牢记使命”主题教育，是以习近平同志为核心的党中央统揽伟大斗争、伟大工程、伟大事业、伟大梦想做出的重大部署，同时也是中国共产党人民至上的执政理念的又一次集中体现。“育才造士，为国之本”。教育是国之大计、党之大计，对于人民幸福、社会进步、民族复兴而言，具有重要意义。而思政课则是巩固马克思主义在高校意识形态领域指导地位、坚持社会主义办学方向的重要阵地。习近平总书记在学校思想政治理论课教师座谈会上指出：“我们办中国特色社会主义教育，就是要理直气壮开好思政课。”“用新时代中国特色社会主义思想铸魂育人，引导学生增强中国特色社会主义道路自信、理论自信、制度自信、文化自信，厚植爱国主义情怀”。思想政治理论课就是落实立德树人这一根本任务的关键课程。铸魂育人、立德树人，是广大高校思想政治理论课教师的初心和使命，也是高校思想政治理论课的根本任务和神圣职责。这也为高校思政课的建设提供了重要指导和有力遵循。

思政课建设要坚持“四性”

思政课建设要坚持政治性。思政课具有强烈而鲜明的政治性特点。办好思想政治理论课，最根本的是要全面贯彻党的教育方针，培育中国特色社会主义事业合格建设者和可靠接班人，解决好培养什么样的人、如何培养人以及为谁培养人这个根本问题。对此，习近平总书记强调：“我们党立志于中华民族千秋伟业，必须培养一代又一代拥护中国共产党领导和我国社会主义制度、立志为中国特色社会主义事业奋斗终身的有用人才。”纵观历史，就会发现，培养现代化建设事业和民族复兴伟业的见证者、参与者和奋斗者，是我国思想政治理论课一以贯之的目的和宗旨。中国特色社会主义进入新时代，思想政治理论

* 原文发表于《前线》2019 年第 12 期。

课更要坚持育人使命，担负起培养担当民族复兴大任的时代新人，培养德智体美劳全面发展的社会主义建设者和接班人的光荣职责。

思政课建设要坚持理论性。坚持用马克思主义中国化最新成果铸魂育人、立德树人，帮助引导学生树立正确的世界观、人生观、价值观是思政课的重要功能。一方面，立德铸魂离不开价值的引领，而价值的传递需要知识载体，思想的困惑呼唤透彻的理论。另一方面，立德树人离不开品性的塑造，而德行的培育需要规律认识，实践的深化要求科学的指导。如果思政课的理论性被消解，那么它的科学性和真理性就无从彰显。广大的思政课教师也只有吃透理论、啃透教材、讲透内容，才能以深刻的思想去吸引人和打动人、以彻底的理论去说服人和感染人，才能有理直气壮的底气、披荆斩棘的志气、敢于亮剑的勇气，才能彰显思政课应有的思想深度和理论魅力。

思政课建设要坚持科学性。要结合青少年不同时期思想、知识、心理发展特点，遵循教育规律、学生成长成才规律，实现大中小学思想政治理论课的循序渐进、螺旋上升，实现专科、本科、硕士、博士不同学段思政课贯通式、一体化建设。目前大中小学各阶段的课程之间，还存在着目标断裂、内容重复、层次混乱等问题。这就要求我们遵循科学性原则，树立系统教育观，深化教学改革，以推进课程的整体性、衔接性和协调性。

思政课建设要坚持适应性。一是要适应时代诉求。不同时代有不同的机遇和挑战，不同时代也有不同的期待和要求。思政课建设想要走在前列、勇立潮头、乘风破浪，就要把握时代脉搏、倾听时代声音、迎接时代变化、紧跟时代步伐、担负时代责任。二是要适应师生需求。不同历史条件下，思政课所面对的主客体会呈现出不同的特点和需要。思政课建设要有操作性，就要走进广大师生的生活世界，了解他们的想法和感受、问题和困惑，积极地改革话语体系、创新方式方法、丰富内容形式，真正让教师热爱、学生受用。三是要适应现实要求。思政课建设要有实效性，就要观照现实，以问题为导向，以认真负责的态度去回应现实诉求，以透彻深刻的理论去破解实际难题，以真诚实际的行动去满足社会期待。如此，才能切实推进思政课的改革创新和建设发展。

扎扎实实抓好思政课建设

学校思政课建设作为一项建设中国特色社会主义和实现中华民族伟大复兴的基础工程、铸魂工程、战略工程，习近平总书记在党的十八大以来对这项工作始终给予了高度重视，亲自谋划、亲自部署、亲自推动，对学校思政课和高校马克思主义学院建设做出一系列重要指示批示。特别是 2019 年 3 月 18 日习近平总书记主持召开学校思想政治理论课教师座谈会并发表了重要讲话，这是新中国成立以来党中央首次专门针对一门课程举办的会议，体现了党中央对思想政治理论课的高度重视、对思想政治理论课教师的殷切期望、对学校立德树人工作的深邃思考。习近平总书记发表的重要讲话站在事关中华民族千秋伟业和党的事业后继有人的战略高度，全面深刻阐述了办好思政课的重大意义，深入分析了思政课教师的关键作用，明确提出了推动思政课改革创新的核心要求，坚定了各级各类学校把思政课办得越来越好的信心和决心，为我们推进思政课建设指明了前进方向、提供了根本遵循。2019 年 8 月，中共中央办公厅、国务院办公厅又印发了《关于深化新时代学校思想政治理论课改革创新的若干意见》，对关于深化新时代学校思政课改革创新提出了新的具体要求。我们要深入贯彻习近平新时代中国特色社会主义思想，认真落实党中央的决策部署，扎扎实实抓好思想政治理论建设，不辜负党和人民的要求和期待。

加强党对思政课建设的全面领导。加强党对教育工作的全面领导，是办好思想政治理论课的根本保证。严格落实高校党委思政课建设主体责任，要把思政课建设作为“一把手”工程来抓，统筹设计、全面规划，及时制定出台贯彻落实新时代思政课改革创新的建设方案，确保思政课建设的优先地位。积极推动建立健全高校党委书记、校长带头抓思政课的体制机制，按照“带头走进课堂，带头推动思政课建设，带头联系思政课教师”的要求，随时深入一线了解实际情况，确保统筹谋划和建设方案落实、落细、落地。

提升思政课建设的立德树人成效。立德树人的成效是评价思政课建设的根本标准。要深入贯彻党的教育方针，站在培养担当民族复兴大任的时代新人、培养德智体美劳全面发展的社会主义建设者和接班人的战略高度，把思想政治理论课作为重点课程、把马克思主义理论学科作为重点学科、把马克思主义学院作为重点学院，纳入学校整体发展规划进行重点建设。及时总结宣传推广建设经验，持续推动思想政治理论课建设的思路创优、师资创优、教材创优、教法创优、机制创优、环境创优，不断提高思想政治理论课教学质量和育人水平。

深化马克思主义理论学科建设。加强和改进马克思主义理论学科建设，是办好思想政治理论课的重要支撑。改革和创新思想政治理论课建设，呼唤更加深厚的学理支撑和扎实的学术根基，这就需要深化马克思主义理论学科的内涵式建设和发展。学科建设要将服务思想政治理论改革创新作为首要任务，加强从整体上研究马克思主义基本原理和科学体系及其发展的历史，加强 21 世纪马克思主义、当代中国马克思主义的原创性研究，加强贯穿于党的创新理论中的马克思主义立场、观点、方法研究，加强思想政治理论课教学重点难点问题和教学方法改革创新的研究，不断夯实思想政治理论课的学理支撑和学术根基。

创新思政课教材一体化建设。教材建设是办好思想政治理论课的重要基础。改革创新新时代思想政治理论课，必须做到教材先行。要加强大中小、本硕博思政课教材一体化建设，明确思政课各学段、各课程的目标定位与教学内容，做到统筹规划、重点突出、相互衔接，确保思想政治理论课建设的循序渐进、螺旋上升。要加强思政课立体化教材建设，积极推动教材、教师用书、学生用书、多媒体课件、在线慕课等齐抓共上，不断丰富思想政治理论课教学的呈现方式，让学生爱看、乐学。要加强教材体系向教学体系的转化，积极推动教师在研究教材上下功夫，做到吃透教材的基本精神，不断提升驾驭教材的能力。

推进思想政治理论课教师队伍建设。办好思想政治理论课，关键在教师。要开门吸引有志于从事思想政治理论课研究和教学的教师，积极搭建学习研讨交流平台，着力发现、培养、集聚一批有过硬的思想政治素质、扎实的理论功底，勇于开拓创新的学科带头人和教学科研骨干，构建种类齐全、梯队衔接的师资队伍体系。要积极引导广大思政课教师自觉践行社会主义核心价值观，做真善美的追求者和传播者，以深厚的学识修养赢得尊重，以高尚的人格魅力引领风气。要完善思想政治理论课教师职称评定和人才遴选制度，建立规范的奖励体系，表彰有突出贡献的优秀教师，增强他们的荣誉感、责任感、获得感。

新时代高校思政课如何改革创新*

立德树人：高校思政课改革创新的逻辑起点

国家要发展，离不开人才作为支撑。而人才培养是一个育人和育才相统一的过程，其中育人是本，以德为首。在这方面，大学作为国家培养人才的主阵地和孵化器，承担着重要的立德树人任务。目前我国高等教育培养了数以千万计的大学生，每年都有几百万应届毕业生。他们代表中国的未来。他们的政治立场和价值取向如何，直接和国家的前途命运紧密相连。

高校思想政治理论课作为夯实学生思想基础的主阵地，涉及根本、关系全局、影响长远。特别是习近平总书记在 2019 年 3 月 18 日学校思想政治理论课教师座谈会上的讲话，向我们发出了新时代高校思政课改革创新的动员令，是指导我们在新时代改革创新高校思政课的根本指南。我们贯彻习近平总书记关于办好思想政治理论课的思想，就是要用习近平新时代中国特色社会主义思想铸魂育人，认真思考为什么办思政课、办什么样的思政课和怎样办好思政课这三个基本问题，坚持把思政课建设同国家发展的现实目标和未来方向紧密联系在一起，为人民服务，为中国共产党治国理政服务，为巩固和发展中国特色社会主义制度服务，为改革开放和社会主义现代化建设服务，培养更多具有家国情怀、创新能力、全球视野的一流人才。

提质增效：高校思政课改革创新的目标指向

目前，高校思想政治理论课在十九大以来的新历史征程中面临的主要任务是如何进行新的发展。自新中国成立以来，我国的高校思想政治理论课已经经

---

* 原文发表于《光明日报》2019 年 12 月 24 日 15 版。

历过六次发展。中国特色社会主义进入新时代后，高校思政课建设进入到了稳中求进、强化提升、整体突破的发展阶段。

目前我们已经规范化了思政课的组织领导、教学方式、教师队伍和教材使用，思政课课程体系也日趋立体完善。特别是“理论教育＋历史教育＋思想品德教育＋时事教育”的“进教材、进课堂、进头脑”的思政课课程体系更加成熟，基本形成了本硕博三阶段课程贯通的一体化、大中小思政课程教材的一体化、各门教材同步修订和教材统编统审统用的制度。在高校思政课课程和教材一体化建设方面，形成了下述九方面的经验：（1）始终坚持党对思政课建设的全面领导；（2）始终坚持用党的理论创新成果丰富思政课建设内容；（3）始终坚持将立德树人作为思政课建设核心目标；（4）始终坚持将规律发展作为思政课建设根本遵循；（5）始终坚持将教材建设作为思政课建设重要基础；（6）始终坚持思政课课程建设与学科建设同向同行；（7）始终坚持思政课课堂教学体系与实践教学体系同步推进；（8）始终坚持把教师队伍建设作为思政课建设重要抓手；（9）始终坚持思政课顶层设计与自主探索相互结合。

接下来，在新的发展起点上，高校思想政治理论课建设的总目标就是要面向新时代要求，对目前的高校思想政治理论课进行“提质增效”，即紧密围绕立德树人这个根本任务，增强高校思想政治工作的针对性和实效性，更好地把习近平总书记关于教育的重要论述融入高校思想政治理论课，培养更多的德智体美劳全面发展的社会主义建设者和接班人。应该说，这个目标在目前中国和世界都出现百年未有之大变局下，还没有现成的坐标和经验可以参照。这既是一个挑战，也是一个机遇，高校思想政治理论课正好可以利用这个节点多做研究、多出理论、做出成效。对此，习近平总书记在学校思想政治理论课教师座谈会上也对思政课的改革创新寄予了深切希望，希望我们“用新时代中国特色社会主义思想铸魂育人，引导学生增强中国特色社会主义道路自信、理论自信、制度自信、文化自信，厚植爱国主义情怀，把爱国情、强国志、报国行自觉融入坚持和发展中国特色社会主义事业、建设社会主义现代化强国、实现中华民族伟大复兴的奋斗之中”。

党的领导：高校思政课改革创新的制度选择

在这个背景下，十九大以来党中央围绕高校思政课建设发展先后出台多项改革举措，并召开全国高校思想政治工作会议、全国教育大会、全国思想政治理论课教师座谈会，习近平总书记都出席并发表重要讲话。2019 年 8 月 14 日，中办、国办又印发了《关于深化新时代学校思想政治理论课改革创新的若干意见》（以下简称《意见》），为贯彻落实学校思想政治理论课教师座谈会精神规划了路线图和施工图。上述会议和文件体现了党中央对高校思政课建设的高度重视。不过，必须指出的是，人才培养从来都不是轻轻松松、敲锣打鼓就能实现的。目前高校思想政治理论课的发展现状和中央的期待相比，还存在思想多元、价值多元的挑战。

基于此，《意见》将“加强党对思政课建设的领导”独立成章，充分反映了党中央和国务院对加强思政课建设工作领导的坚定态度和坚强决心，为坚决打好思政课提质增效的攻坚战提供了具体的制度方案。第一，落实党委对学校思政课建设全局的主体责任。《意见》明确提出把思政课建设情况纳入各级党委意识形态责任制，进一步明确：凡涉及思政课教学考试、学生培养、队伍建设、支撑保障乃至干部任用和公共资源使用等都是党委自身工作的基本职责。第二，加强对学校思政课教师队伍建设的支持力度。《意见》明确了学校党委在研究成果评价、思政课教师来源和教师专业技术职务（职称）评聘等方面的职责任务。第三，强化党委对思政课社会实践、评奖评优、理论宣传、对外合作等校内外两种资源的协调统筹，加快形成学校教育和社会教育相互融合的深度发展格局。第四，学校党委要大力推动习近平新时代中国特色社会主义思想、党中央治国理政新理念新思想新战略、党的革命文化、社会主义先进文化等思想理论的“三进”工作，加强党的理论对思政课教学的思想引领，为学生正确价值观的形成提供丰富的思想营养。

走近真实的马克思

——读《思想巨人马克思》[*]

马克思是伟大的思想家。以他的名字命名的思想深刻影响着人类社会的进程。马克思主义并未随着岁月的流逝而消减其真理光芒，而是随着实践的发展日益显示出巨大的生命力和深远的影响力。在马克思诞辰200周年之际，靳辉明教授写就《思想巨人马克思》一书，向人们展现了思想着的、真实的马克思，展现了马克思伟大的人格魅力和不朽的理论贡献。

马克思的思想博大精深，涵盖诸多学科，涉及众多历史事件和历史人物，全面准确把握马克思的思想历程、革命实践和生平活动并非易事。作者长期从事马克思主义哲学、马克思主义基本原理和马克思主义发展史的研究，十分关注该领域的研究成果和出现的新的动态信息，在辛勤探索中积淀着深厚的理论基础和知识基础。作者以坚定的信仰、广阔的视野、渊博的知识、深刻的洞察力，皓首穷经，笔耕不辍，在耄耋之年写就了《思想巨人马克思》一书。该书并非一般的人物传记，也非单纯的理论著作，其主要特色在于实现了马克思理论创造、革命实践和生平活动的有机结合，即把马克思所处的社会历史环境及个人生活经历、工作经历、斗争经历与其思想发展结合起来考察。正如作者在导语中所说：这种有机结合体现在既精准运用马克思生平传记资料，又不淹没于浩瀚烦琐的故事之中；既突出马克思的思想发展轨迹和理论创造，又不游离于马克思的苦难生活经历和他参与的社会活动。通过对该书的全篇阅读，可以深深感受到作者对马克思生平事迹、思想历程、革命实践、思想内容的深刻理解与全面把握。作者在叙述马克思其人其事其思想时，并非简单地线性阐述和内容罗列，而是始终坚持同时展现生活中、革命中、思考中的马克思，致力于展现出真实的马克思。

该书在写作方法上有着鲜明特色。一是坚持史论结合，以论为主。该书属于一部历史性著作，主要展现了那个时代马克思的生平活动和理论创造，以及他的思想对后人的启迪。该书在精准运用马克思生平资料和马克思生平著作

* 原文发表于《光明日报》2018年5月9日11版，作者为靳诺、郝立新。

时，始终以把握问题的实质、深入问题的精髓为根本，坚持辩证而有理有据的分析。这种以历史资料为基础的辩证分析，具有透彻的说服力和深刻的思想性，处处显示出思想的火花，这种思想的火花深沉厚重、经得住反复推敲。二是注重历史与逻辑的统一、思想发展和社会实践的结合。该书的辩证逻辑思想还体现在始终将马克思所处的社会历史、个人生活经历和工作经历与思想发展的逻辑结合起来，将马克思思想发展的历程与相应的社会实践结合起来。这种结合又有着清晰的脉络安排与详细具体的细节分析，总是能够激发人新的思考。三是力求揭示思想深化和概念演进的统一、思想内容与表达形式的结合。作者深刻认识到思想的形成过程与其他事物的形成过程一样，“内容的发展总是先于形式的发展，往往思想达到了某种高度，但文字的表述以及术语概念的使命却落在后面，这是认识的一个普遍规律”。在文章逻辑安排和文字叙述中注重将马克思思想发展的成熟程度与文字概念的语言表述统一起来，辩证地分析了马克思的思想内容与表述形式的复杂关系。

全书完整清晰地再现了马克思的人生经历和思想轨迹。作者以敏锐深刻的洞察力和严整透彻的理论分析，精准概括了马克思的光辉一生、革命实践和理论发展。全书正文共分 14 章，以马克思的思想转变和两个伟大发现为主线展开了论述。前三章主要分析了马克思实现从唯心主义到唯物主义、从革命民主主义到社会主义思想转变的社会历史背景、个人生活经历和早期的革命实践。作者在广博的史料运用中精准分析了关键细节，实现了马克思生活背景与思想发展的深度融合。第四章到第七章阐明了马克思在实现思想转变之后的第一个伟大发现，即唯物主义历史观，使认识论和辩证法建立在更为科学的基础之上，而且使科学的完整的新世界观的问世成为可能。作者在论证马克思“成为马克思”，实现思想转变之后，以《神圣家族》、《德意志意识形态》和《关于费尔巴哈的提纲》为主要分析对象，结合马克思的社会实践经历和当时的社会历史背景，循序渐进、条分缕析地深刻剖析了马克思历史唯物主义思想的形成脉络、主要内容。第八章到第十章分析了马克思对历史唯物主义基本原理的精确阐述以及与现实的深度融合。马克思的一生是斗争的一生，是与各种错误社会思潮斗争的一生，作者深入分析了马克思思想形成过程中同各种错误思潮的交融交锋，以及在批判斗争的过程中思想的不断深化。在此基础上，阐明了《共产党宣言》问世的重要意义以及阐发的基本原理，并结合 1848 年欧洲革命风暴分析了马克思关于无产阶级历史任务的思想理论。第十一章到十三章论述了马克思剩余价值理论形成过程及与国际工人运动的结合。第十一章着重论述了马克思的苦难生活和以更加顽强的毅力进行科学研究的精神，并将这种苦难生活和社会实践作为理论研究的立足点，以此揭示科学真理。第十二章全面准确论述了马克思一生中的第二个伟大发现，即剩余价值学说，透析了资本剥削的秘密，揭示了资本主义运动规律，为共产主义做了“理论论证”，使社会主义由空想变为了科学。第十三章则分析了马克思以科学理论武装工人运动、指导无产阶级革命斗争沿着正确方向发展的革命运动。最后一章论述了马克思的晚年岁月，精准分析了马克思晚年广泛涉猎的各科学领域及独到的见解，发出了马克思是千年伟人的感叹。在结语中则对马克思主义的历史阶段、基本原理和当代意义提出了深刻的见解。

在历史发展过程中，人类产生了许多光辉灿烂的思想，对人类社会发展也形成了重要影响。但很少有一种思想能够与马克思的思想一样，越是随着历史的发展，越是散发出真理的无尽魅力。在历史发展的长河中，马克思主义创始人的思想越来越受到世人的关注和认同，根本原因在于马克思的人格魅力、理论品格和科学力量。

改革开放40年高校研究生思想政治理论课建设的历史成就与基本经验*

研究生思想政治理论课是高校思想政治理论课程体系的重要组成部分，是对研究生系统进行思想政治教育的主渠道。改革开放以来，随着中国特色社会主义的深入推进和中国高等教育的不断发展，研究生思想政治理论课在全面贯彻党的教育方针和落实立德树人的根本任务方面发挥着重要的影响。考察和总结改革开放以来我国研究生思想政治理论课的发展历程与基本经验，对建设好新时代高校思想政治理论课具有重要的理论价值和实践意义。

改革开放40年高校研究生思想政治理论课建设的发展历程

改革开放40年来，我国研究生思想政治理论课建设在改革中不断发展，在发展中不断创新，取得了历史性成就，积累了丰富的经验，其历程大致可以划分为以下几个阶段：

1. 研究生思想政治理论课程体系的重要奠基

随着高考制度的恢复，研究生招生制度也得以恢复。研究生思想政治理论课教育逐步被纳入人才培养体系之中，国家陆续出台相关政策文件对研究生思想政治理论教育提出要求。1981年，国务院颁布《中华人民共和国学位条例暂行实施办法》，明确规定硕士、博士学位的考试课程包括马克思主义理论课。1985年8月，中共中央印发的《关于改革学校思想品德和政治理论课程教学的通知》提出了研究生思想政治理论课应在本科生阶段的基础上继续提高并与专业学习相结合的任务。1987年6月，国家教育委员会下发《关于高等学校研究生马克思主义理论课（公共课）教学的若干规定》（以下简称“87方案”）。“87方案”对文科、理工农医科各专业的硕士研究生、博士研究生需要

---

* 原文发表于《思想理论教育导刊》2018年第10期。

开设的课程、课时进行了细致的规定，这一文件的颁布实施标志着我国研究生思想政治理论课程设置体系的初步形成。“87 方案”在研究生思想政治理论课建设历史中保持相对稳定，一直持续到“10 方案”启动，历经 23 年。因此可以说，在“87 方案”的基础上形成了比较稳定完善的研究生思想政治理论课程体系，为以后的课程建设和发展奠定了重要基础。

2. 研究生思想政治理论课程体系的日益完善

伴随着改革开放事业的推进与党的理论创新，研究生思想政治理论课程体系的建设也在不断发展。1991 年 8 月，国家教委印发《关于加强和改进高等学校马克思主义理论教育的若干意见》，其中明确指出，高等学校的硕士和博士研究生马克思主义理论课教学，要在总结教学实践经验的基础上，进一步充实教学内容，加强马克思主义原著的学习。1995 年 10 月，国家教委印发《关于高校马克思主义理论课和思想品德课教学改革的若干意见》的通知，明确指出，硕士和博士研究生的思想理论教育应有更高的要求，要根据他们的特点，结合所学专业，帮助学生进一步树立正确的信念和高尚的理想情操，提高马克思主义理论水平和理论思维能力，并用以指导科学研究。1998 年 6 月，中宣部、教育部印发《关于普通高等学校“两课”课程设置的规定及其实施工作的意见》，对于研究生思想政治理论课课程设置专门做了规定，将“87 方案”进一步丰富和完善。新世纪以来，随着研究生教育的深入发展，研究生思想政治理论课的改革和创新也提上日程。从 2005 年开始，高校本科生思想政治理论课课程体系和教学内容进行了较大调整，其中有些教学内容与现行研究生阶段教学内容交叉重复。为更好地与本科生思想政治理论课相衔接，推进构建完整的高校思想政治理论课课程体系和教学体系，必然要求相应调整研究生课程设置和教学内容。同时，为适应现代化建设需要，我国研究生教育培养方式也进行了改革，这对研究生教育质量提出了新要求，也要求相应调整研究生阶段思想政治理论课的课程和内容，进一步加强和改进研究生思想政治理论教育。2010 年 8 月 6 日，中宣部、教育部印发《关于高等学校研究生思想政治理论课课程设置调整的意见》即“10 方案”，就研究生思想政治理论课课程设置调整的必要性、原则、内容、工作安排和组织领导等五个方面进行了阐述。“10 方案”是高校研究生思想政治理论教育不断探索的结果，标志着我国研究生思想政治理论课课程体系的日益完善。

3. 研究生思想政治理论课程建设迈入新时代

党的十八大以来，中国特色社会主义进入新时代，以习近平同志为核心的党中央高度重视思想政治工作，高校研究生思想政治理论课程建设也迈入新时代。2016 年 12 月，习近平总书记在全国高校思想政治工作会议上发表重要讲话。这一重要讲话是指导新形势下高校思想政治工作的纲领性文献，强调把思想政治工作贯穿教育教学全过程，掀开了高校思想政治工作新的历史篇章。为深入贯彻落实全国高校思想政治工作会议精神，不断提高高校思想政治理论课质量和水平，教育部决定将2017年定为“高校思想政治理论课教学质量年”，制定实施《2017年高校思想政治理论课教学质量年专项工作总体方案》，旨在进一步深化教材、教师、教学等领域的改革创新，不断提高思想政治理论课质量，不断坚定道路自信、理论自信、制度自信、文化自信。党的十九大召开后，教育部思想政治理论课教学指导委员会印发了《关于高校思想政治理论课贯彻落实党的十九大精神教学建议》，为及时推动党的十九大精神“进教材、进课堂、进头脑”，对研究生思想政治理论课程中增加贯彻落实党的十九大精神的教学内容提出具体教学建议。2018年，为加强新时代高校思想政治理论课建设，全面推动习近平新时代中国特色社会主义思想“三进”工作，培养担当民族复兴大任的时代新人，教育部印发了《新时代高校思想政治理论课教学工作基本要求》，这是深入贯彻落实习近平新时代中国特色社会主义思想和党的十九大精神的重要举措，更是新时代高校研究生思想政治理论课建设的基本遵循。

改革开放40年高校研究生思想政治理论课建设的历史成就

改革开放以来，我国研究生思想政治理论课历经“87方案”“98方案”“10方案”等发展阶段，逐渐构建起以马克思列宁主义、毛泽东思想、邓小平理论、“三个代表”重要思想、科学发展观、习近平新时代中国特色社会主义思想为指导，符合时代发展规律和实践发展要求，符合中国特色社会主义人才培养目标，具有完整体系化特征的高校研究生思想政治理论课课程体系、教学体系和科研体系。

1. 课程设置不断科学化和体系化

历经40年的探索，我国高校研究生思想政治理论课程设置的改革与建设不断得到深化拓展，课程内容更加科学完善，形成了结构合理、功能互补、相对稳定的课程体系。

改革开放后，随着研究生教育制度的恢复，研究生思想政治理论课的课程设置首先提上议程。1981年将自然辩证法课程列为理工科研究生的必修课。“87方案”要求开设面向所有硕士研究生的“科学社会主义的理论与实践”课。同时，规定文科各专业的硕士生开设“马克思主义经典著作选读”课，理工农医科各专业的硕士生开设“自然辩证法概论”课；规定文科各专业的博士生开设“马克思主义与当代社会思潮”课程，理工农医科各专业的博士生开设“现代科学技术革命与马克思主义”课程。1998年6月，中宣部、教育部印发

《关于普通高等学校“两课”课程设置的规定及其实施工作的意见》，基本上延续了“87方案”，保持了相对稳定。

进入21世纪，为了更好适应时代和实践发展对研究生思想政治理论课课程设置的要求，建立与本科生思想政治理论课相衔接的完整的高校思想政治理论课课程体系和教学体系，“10方案”开始实施。以课程的导向性、层次性、时效性为调整原则，要求硕士生均开设“中国特色社会主义理论与实践研究”必修课（占2学分，36个学时），并从“自然辩证法概论”与“马克思主义与社会科学方法论”（占1学分，18个学时）两门课中选择一门作为选修课。博士生开设“中国马克思主义与当代”必修课（占2学分，36个学时），开设“马克思主义经典著作选读”选修课（列入学校博士生公共选修课）。2017年11月，教育部思想政治理论课教学指导委员会发布《关于高校思想政治理论课贯彻落实党的十九大精神教学建议》，对高校思想政治理论课各门课程贯彻落实党的十九大精神提出具体教学建议，其中在硕士研究生“中国特色社会主义理论与实践研究”课和博士研究生“中国马克思主义与当代”课中全面体现党的十九大精神和习近平新时代中国特色社会主义思想。“10方案”沿用8年多来，研究生思想政治理论课课程设置趋向稳定，课程内容与时俱进，已经成为高校中国特色社会主义教育的重要渠道。

2. 组织机构不断实体化和规范化

健全的组织机构是研究生思想政治理论课的运行保障。国家指导开展研究生思想政治理论课的组织机构是教育部社会科学司，专家组织是高等学校思想政治理论课教学指导委员会。“研究生思想政治理论课”分教学指导委员会的主要任务是：接受教育部委托，进行加强和改进高校思想政治理论课重要决策的前期研究，就高校思想政治理论课教材建设、教学方法改革、师资队伍建设和马克思主义理论学科建设等向教育部提出咨询意见和建议，组织和开展高校思想政治理论课教学的理论与实践研究，开展高校思想政治理论课教师培养培训、教学成果鉴定和高校思想政治理论课教学督导、巡视、检查等工作。

各高校研究生思想政治理论课的具体承担单位由研究生院（处）、马列主义教研部（室）、社会科学系（部）、思政教学部等多种形式逐渐过渡到由直接隶属于学校的二级机构——思想政治理论课教研部门（马克思主义学院）统一负责。2008年9月，中宣部、教育部印发《关于进一步加强高等学校思想政治理论课教师队伍建设的意见》，要求各高等学校建立独立的、直属学校领导的思想政治理论课教学科研二级机构。该机构是思想政治理论课教学部门和马克思主义理论研究机构，又是马克思主义理论学科点的依托单位。2015年9月，教育部印发《高等学校思想政治理论课建设标准》，要求独立设置直属学校领导的、与学校其他二级院（系）行政同级的思想政治理论课教学科研组织二级机构，承担全校本、专科学生和研究生思想政治理论课教学任务，统一管理思想政治理论课教师。有马克思主义理论学科点的机构同时应作为马克思主义理论学科点的依托单位，承担马克思主义理论科学研究、学科建设、研究生培养等工作。目前，全国普通本科院校基本建立了隶属学校的独立的思想政治理论课教学科研二级机构（马克思主义学院），不仅承担了本校硕博研究生的思想政治理论课，还为马克思主义理论学科建设和专业的思想政治理论课教师培养提供了组织保障。

3. 教材建设不断科学化和立体化

教材是开展教学的基本遵循。高水平的教学质量需要高水平的教材保障，因此教材建设是思想政治理论课程建设的重要基础。教材通过提供扎实的理论基础、丰富的教学内容，帮助广大思政课教师提升教学的针对性、实效性和吸引力、感染力，通过生动的教学内容，为大学生树立正确的世界观、人生观和价值观发挥积极作用。高校研究生思想政治理论课程的各类教材，是实现教学中心内容和主要任务的重要载体和根本环节。改革开放 40 年来，高校研究生思想政治理论课教材经历了从无到有，再到立体化教材体系的发展历程，高校研究生思想政治理论课教材建设逐步规范，形成了思想性、科学性和可读性相统一的思想政治理论课立体化教材体系。

改革开放初期，我国对研究生课程设置做出具体要求，但很长时间只要求设立教学大纲，而没有统一指定教材。“87 方案”提出开设研究生马克思主义理论课，必须有切合实际的教学计划和教学纲要，确定基本的阅读书目，并在教学中严格实施。要求所有的硕士研究生自学规定的科学社会主义理论文献，特别是党的十一届三中全会以来的重要文献，并要求文科硕士研究生自学规定的马克思主义原著。要求博士研究生在自己学习马克思列宁主义有关原著和选读当代社会科学名著、现代科学技术革命有关代表著作的基础上，进行专题研讨，并由教师进行专题讲授。研究生马克思主义理论课程的教学纲要，由国家教委组织编写；马克思主义经典著作选编和党的十一届三中全会以来重要文献选编等，由国家教委组织编辑。2004 年中共中央提出实施马克思主义理论研究和建设工程，把马克思主义在中国发展的最新理论成果贯穿到哲学社会科学的学科建设、教材建设中。“10 方案”提出要把研究生思想政治理论课教材建设纳入马克思主义理论研究和建设工程，根据硕士和博士阶段思想政治理论课各门课程的特点，组织编写统一的教学大纲和教材。为了保证课程改革的教材质量，由中宣部、教育部负责教学大纲和教材编写工作，组织学术带头人任首席专家，理论研究人员、教学人员以及实际工作部门人员共同编写教材。研究生思想政治理论课教材注重与本科生思想政治理论课的衔接联系，坚持教学内容的科学性、针对性和实效性，力求理论阐述的准确性、前沿性和现实性，分专题地对当前中国特色社会主义的主要理论与实践问题做了概述。近年来，高校研究生思想政治理论课建设取得硕果，出版研究生思想政治理论课《中国特色社会主义理论与实践研究》《中国马克思主义与当代》《马克思恩格斯列宁经典著作选读》《马克思主义与社会科学方法论》《自然辩证法》等5部教学大纲和教材，在各高校推广使用，学生的学习兴趣和满意程度显著提高。

4. 师资队伍不断规模化和专业化

研究生思想政治理论课教师是马克思主义理论的宣传者和研究生思想的引导者，担负着用科学理论武装硕博研究生，为其树立科学的世界观、人生观和价值观打下牢固思想基础的重任，是组织开展研究生思想政治教育的关键。改革开放40年来，在各级教育行政部门和各高校的努力下，通过采取进一步健全制度、加强专题培训、搭建培养平台等一系列措施，高校思想政治理论课师资队伍素质不断提高，规模不断扩大。据统计，2017年全国有思想政治理论课教师近7万人，教师培养培训力度不断加大，自2005年以来，各部门共培训思政课教师20余万人次。

党的十八大以来，国家更加重视高等学校思想政治理论课教师队伍建设。2013年6月，教育部印发《普通高等学校思想政治理论课教师队伍培养规划（2013—2017年）》，提出采用全员培训、骨干研修、在职攻读学位、国内考察、国外研修、以项目选人和选人给项目等多种途径，5年内开展近万人次的培训，为建设数万名坚持正确方向、师德高尚、业务熟练、结构合理的专业化教师队伍打下坚实的基础。2015年7月，中央宣传部、教育部印发的《普通高校思想政治理论课建设体系创新计划》指出，建设一支对马克思主义理论真学、真懂、真信、真用的教师队伍。2015年9月，教育部印发的《高等学校思想政治理论课建设标准》提出提升思想政治理论课专任教师任职标准的要求：新任专职教师原则上应是中共党员，并具备马克思主义理论相关学科背景硕士以上学位，从思想政治理论课教师队伍建设源头提升思想政治理论课教师质量。为培养高质量专业化思想政治理论课教师队伍，教育部决定从2018年起，在继续实施“高校思想政治理论课教师在职攻读马克思主义理论博士学位专项计划”的同时，开始实施“高校思想政治理论课教师队伍后备人才培养专项支持计划”。该专项计划为国家非定向培养的全日制专项招生计划，是“国家急需学科高层次人才培养支持计划”的重要组成部分，由以全国重点马克思主义学院为主的50所具有马克思主义理论一级学科博士学位授权点的高校进行招生培养。

5. 教学方式不断复合化和现代化

改革开放以来，各级教育部门和各高校遵循研究生成长成才的基本特点和规律，在课程设置、组织结构、教材建设、师资队伍和教学形式等方面都取得长足的进步和显著的成绩。尤其是我国高校研究生思想政治理论课的教学形式与手段与时俱进，不断探索理论联系实际、富有吸引力感染力的多种教学方法，构建起课堂教学、实践教学、网络教学为一体的复合教学手段，把研究生的马克思主义理论课教学同参加社会调查、社会实践活动结合起来，培养研究生在接触社会实际的过程中学习和运用马克思主义的能力。1978—2017 年，全国共计招录超过 900 万研究生，高校研究生思想政治理论课基本覆盖所有研究生，为全面贯彻落实党的教育方针，坚持和巩固马克思主义的指导地位以及培养和造就德才兼备的高层次创新人才做出重要贡献。

与本科生思想政治教育不同，研究生对思想政治理论课已经缺乏新鲜感，更关注现实问题，更期待思想政治理论课对现实问题的解读。因此，研究生思想政治理论课既要提高研究生教育的理论深度，又要在理论与实践结合上给予正确的分析和思想的指引。一方面，通过研究生思想政治理论课讲授式、研讨式、研究式、阅读式等多种教学形式，激发研究生理论学习的兴趣；另一方面，通过研究生思想政治理论课课外延展，整合不同专业的专家和学术资源，促进研究生科学精神与人文精神的融合，实现不同专业研究生、专家之间的互动交流。此外，青年马克思主义者研究会等学生自组织也成为高校研究生思想政治教育教学方法改革创新的亮点，成为思想政治理论课的第二延展课堂。

改革开放 40 年高校研究生思想政治理论课建设的基本经验

改革开放 40 年来，尤其是党的十八大以来，高校研究生思想政治理论课建设取得了丰硕成果，积累了十分宝贵的经验。归纳起来，主要体现在以下几个方面：

1. 坚持以培养社会主义建设者和接班人为根本任务

习近平总书记在全国教育大会上指出："培养什么人，是教育的首要问题。我国是中国共产党领导的社会主义国家，这就决定了我们的教育必须把培养社会主义建设者和接班人作为根本任务，培养一代又一代拥护中国共产党领导和我国社会主义制度、立志为中国特色社会主义奋斗终身的有用人才。这是教育工作的根本任务，也是教育现代化的方向目标。"研究生是我国教育科研领域的高端人才，肩负着国家强起来的重大历史使命。研究生教育是培养高端人才的一项基础工程，思想政治理论课建设质量直接关乎中国特色社会主义大学培养目标的实现。

改革开放 40 年来，我们党围绕着培养什么样的人、如何培养人以及为谁培养人这一根本问题颁发了系列政策文件，目标就是要培养社会主义事业的建设者和接班人。1987 年 6 月 15 日，国家教委颁布《关于高等学校研究生马克思主义理论课（公共课）教学的若干规定》，明确提出，开设这类课程是全面贯彻社会主义教育方针的重要组成部分。马克思主义理论课要坚决贯彻执行理论联系实际的方针，加强教学的针对性，帮助研究生切实解决好根本的政治方向和政治原则问题，树立马克思主义世界观，并用以观察社会问题，分析社会思潮以及指导科学研究。2010 年 11 月 17 日，教育部印发《关于进一步加强和改进研究生思想政治教育的若干意见》，明确提出，研究生教育是高等教育人才培养的最高层次，是我国社会主义现代化建设拔尖创新人才培养的重要渠道。研究生思想政治教育是研究生教育的重要组成部分。育人为本、德育为先，立德树人是教育的根本任务。中国特色社会主义进入新时代，进一步加强和改进研究生思想政治理论课教育，是深入推进素质教育、全面提升研究生培养质量、推动高等教育改革发展的需要，是培养德智体美劳全面发展的中国特色社会主义事业合格建设者和可靠接班人的需要。正是基于党和国家长期以来始终坚持研究生培养目标的国家导向、民族导向、人民导向，才确保了我国改革开放事业所需高层次人才的有效供给。

2. 坚持以发展着的马克思主义作为课程建设的中心内容

马克思主义是我们立党立国的根本指导思想。研究生思想政治理论课必须坚持以马克思主义为指导，用马克思主义教育广大学生，帮助他们树立正确的世界观、人生观和价值观，坚定理想信念。马克思主义又是随着实践发展而不断发展的科学理论体系，具有与时俱进的理论品质。在当代中国，坚持不断发展着的马克思主义中国化的最新理论成果，就是真正坚持马克思主义。改革开放以来，研究生思想政治理论课课程设置和课程内容的不断调整，既坚持了马克思主义在社会主义意识形态中的指导地位，又坚持用发展着的马克思主义武装学生。

“10 方案”要求研究生思想政治理论课程建设要立足马克思主义中国化的最新成果和 21 世纪马克思主义的发展创新，要对中国特色社会主义重大理论和实践问题做出回答。“中国特色社会主义理论与实践研究”主要是在当代世界和当代中国背景下，分专题研究和介绍当前中国特色社会主义实践中的重大问题。“中国马克思主义与当代”主要运用当代中国马克思主义的基本观点，深入分析当代世界重大问题、当代重大社会思潮和理论热点等。“习近平新时代中国特色社会主义思想研究”主要致力于探讨习近平新时代中国特色社会主义思想的丰富内涵、核心要义、时代背景、实践要求、理论特色和重大意义。研究生思想政治理论课程的这种设置和调整，既体现了它们都注重将马克思主义中国化的最新理论成果作为主要内容，又体现着思想政治理论课从本科到硕士再到博士的“步步高”“步步深”的要求，其目的在于帮助学生进一步掌握中国特色社会主义理论体系，提高运用马克思主义立场观点方法分析和解决问题的能力，坚定中国特色社会主义共同理想。

3. 坚持以重点教材作为课程建设的基本遵循

教材是开展教育教学的基本遵循，加强教材建设是提高研究生思想政治理论课教学质量的基本途径。2004 年马克思主义理论研究和建设工程正式启动，根据中央批准的总体规划，组织编写思想政治理论课重点教材。重点教材坚持运用马克思主义立场观点方法，批判地继承、吸收和借鉴古今中外优秀思想文化成果，立足中国实际，回答重大问题，充分反映了马克思主义中国化最新成果和中国特色社会主义丰富实践，充分反映了本学科领域的最新进展，体现了政治性、思想性、学术性的统一。研究生思想政治理论课教材建设成为"马工程"建设的重要任务和内容，每一种教材都要经过严格的立项审批程序，并集中全国最优秀的教学和科研力量组成教材编写课题组。在编写过程中，课题组不仅要认真学习领会马克思主义经典作家的相关论述，而且要认真学习领会马克思主义中国化的理论成果，特别是中国特色社会主义理论和实践的新成就；不仅要注重课程内容的政治性，而且要结合研究生思想实际，注重教材内容的学理性；不仅要听取课题组及相关专家的意见建议，而且要广泛征求高校师生的意见和建议；不仅要聚焦"是什么"，而且要聚焦"为什么""怎么做"。按照这样的思路和要求，经过反复研讨，精益求精，已经编写出了一整套高质量的研究生思想政治理论课教材，为开展教学提供了基本遵循。以硕士研究生"中国特色社会主义理论与实践研究"课的教材编写为例，自课程 2010 年被确定为必修课程以来，已经出版了 2012 版、2013 版、2015 版和 2018 版四个版本，呈现形式也从最初的教学大纲转化为教材。大纲的每一次修订都着力将中国特色社会主义理论和实践的最新成果贯彻其中，都努力将理论和实际紧密联系在一起，突出学理性和政治性、针对性和实效性的统一。

4. 坚持把将科研成果转化为教学成果作为课程建设的着力点

研究生思想政治理论课教学既需要深邃的理论阐释，也需要高超的教学艺术。相较于本科生，研究生群体不仅具有一定的专业理论知识、较为明确的学术研究方向、较强的学术意识，而且积累了一定的生活阅历，能够更加理性、客观地去思考和分析各种问题。研究生群体的这些特点决定了思想政治理论课教师只有更加贴近学生的实际，努力丰富教学环节，才能更好地调动学生学习的主动性和积极性，引导学生学习和运用马克思主义基本理论和方法，去认识、分析和解决问题，增强分析和解决问题的能力。研究生思想政治理论课课程建设始终需要以强有力的科研作为支撑。40 年来，我国思想政治理论课领域广大教学科研工作者辛勤努力，设置了诸多创新性议题，打造了诸多标识性概念，有效促进了思想政治理论课建设水平的不断提升。坚持教研相长，及时将科研成果转化为教学成果，教学效果显著。今后需要更加重视研究生思想政治理论课科研力量的投入，力争在学科体系、学术体系、话语体系建设上有更多的创新和突破，以服务于新时代研究生思想政治理论课建设。

5. 坚持在推进马克思主义理论学科建设中提升教师队伍质量

改进研究生思想政治理论课教学，打造一支优秀的马克思主义理论研究和教学队伍是关键。为了解决教师队伍可持续发展问题，2005 年“马克思主义理论”一级学科的设立，为加强研究生思想政治理论课建设和教师队伍建设提供了坚强支撑。马克思主义理论学科建设十多年来，通过积聚学科力量、整合资源，以项目为纽带，形成了老中青结合的相对合理的教师队伍。通过举办各级高校哲学社会科学教学科研骨干研修班、到相关的研究基地进行访问研究，以及国内外社会考察和挂职锻炼等多种途径，全面提高了教师队伍素质，涌现出一批具有扎实马克思主义理论功底、熟悉中国实际情况、思想好、作风正的教师，形成了一支优秀的研究生思想政治理论课教学和研究队伍。马克思主义理论学科建设的积极推进，不仅增强了思想政治理论课教师的学科归属感，极大提升了教师的理论素养、教学水平，推动了一批学术带头人和骨干教师的脱颖而出，而且培养了一大批理论功底扎实的马克思主义理论后备人才，不断为研究生思想政治理论课教师队伍输送新鲜的血液。

当前，我国已经进入中国特色社会主义新时代，时代的发展要求必须加强对 21 世纪中国马克思主义的深入理解和有效普及，深入阐释习近平新时代中国特色社会主义思想，要讲深讲透与马克思主义一脉相承又与时俱进的关系，讲清原创性贡献，讲清其理论意义、实践意义和世界意义。马克思主义理论学科建设面临新的机遇和挑战，要坚持问题导向和理论创新，在研究阐释习近平新时代中国特色社会主义思想上取得新进展，在研究回答重大理论和实践问题上取得新进展。新时代的研究生思想政治理论课教师，要不断增强运用马克思主义尤其是习近平新时代中国特色社会主义思想分析问题、解决问题的能力，不断坚定中国特色社会主义道路自信、理论自信、制度自信和文化自信，以高度的理论自觉和使命意识推进研究生思想政治理论课建设和发展。

打造具有全国示范意义的思政课教学模式*

习近平总书记在全国高校思想政治工作会议上强调，只有培养出一流人才的高校，才能够成为世界一流大学。办好我国高校，办出世界一流大学，必须牢牢抓住全面提高人才培养能力这个核心点，并以此来带动高校其他工作。这一系列重要论述深刻阐明了做好高校思想政治工作和推进高等教育事业发展的辩证关系，科学回答了高校培养什么样的人、如何培养人以及为谁培养人这一根本问题，为做好新形势下高校思想政治工作、发展高等教育事业指明了行动方向。

中国人民大学是我们党亲手创办的第一所以人文社会科学为主的新型大学。高度重视思想政治工作，是学校办学的优良传统和主要特色。党的十八大以来，学校全力加强和推进思想政治理论课教学的改革与建设，紧密围绕立德树人的根本任务，努力打造具有全国领先水平和示范意义的思想政治理论课教学模式和人才培养模式。

加强思想政治理论课建设的顶层设计

高度重视，统筹设计、全面规划思想政治理论课改革与建设。学校把思想政治理论课建设作为“一把手”工程来抓，2013 年设立“马克思主义理论学科建设领导小组”，由学校党委书记担任组长，小组成员包含校长、常务副书记、常务副校长以及分管副书记和主管教学副校长。领导小组把抓好马克思主义学院的思想政治理论课管理机构和管理制度建设作为当前工作的重中之重，细化落实各项规章制度，设立行之有效的奖惩机制。加强思想政治理论课建设被纳入学校的综合改革方案和“十三五”规划，列为校党委常委会、校长办公会的重要议事日程。学校党政主要领导和分管领导深入马克思主义学院开展调

* 原文发表于《中国高等教育》2017 年第 1 期。

研，定期听取教学工作汇报，及时解决有关课程建设的实际问题。党委书记多次召开专题会议研究部署教学改革工作并积极开展调研。学校党委专门召开两次常委会，部署贯彻落实《关于进一步加强和改进新形势下高校宣传思想工作的意见》精神和教育部、北京市委教育工委对思想政治理论课建设工作的要求。

加强管理，严格执行学校领导、学院党政一把手听课和督导制度。学校坚持各级领导听课制度，每学年学校党政一把手、主管副书记副校长都坚持听思想政治理论课数次。建立校院两级督导工作机制。内容上，涵盖教学督导、学风督查和党政工作督查三个方面，简称为“督教”、“督学”和“督政”，全方位促进教学质量和管理水平提升。2014 年 3 月以来，党委书记先后深入思想政治理论课教学一线听课 33 次，就科学有效地开展思想政治理论课教学、深化教学改革提出指导性意见。学校积极建立健全上级领导和学校领导深入思想政治理论课教学一线授课制度，探索“形势与政策”课专题讲座模式创新。

完善机制，实现思想政治理论课管理制度化、规范化。在学校马克思主义理论学科建设领导小组的指导下，学校开展了思想政治理论课的管理制度、教学内容、教学方法、评价机制等方面的改革。加强管理机制，制定工作条例，完善集体备课制度、听课制度、教学内容和质量监管制度、教学检查和评估制度，有效地保证了思想政治理论课教学工作的正常运转和教学质量的提高。

落实规定，统一管理思想政治理论课教材使用和课程设置。学校从 2006 年开始统一使用马克思主义理论研究和建设工程的统编教材，并积极组织思想政治理论课教师参加新教材使用培训。注重在思想政治理论课教学中学习与贯彻《习近平谈治国理政》《习近平总书记系列重要讲话读本》等文本精神。在课程设置上，严格按照中宣部、教育部关于思想政治理论课“05 方案”和研究生思想政治理论课新方案的规定，落实课程和学分及对应的课堂教学学时。在确保教育部规定的 4 门思想政治理论必修课程开设的基础上，学校还通过原著原典选读课程和通识教育大讲堂课程等全校选修平台开设相关课程。

重点支持，面向思想政治理论课教师进行政策上的倾斜。学校在纵向项目推荐、校级项目立项过程中对思想政治理论课教师予以倾斜。纵向项目申报中，重点督促、推荐马克思主义理论学科及其相关学科的教师申报；校级项目预算中，划拨专门经费支持北京高校思想政治理论课名师工作室建设；校级项目立项中，向马克思主义理论类研究课题予以倾斜；校级项目规划中，重点支持马克思主义理论学科及相关学科建设，将《马克思主义发展史》（10 卷本）、《中国共产党思想史》（多卷本）两项课题纳入学校重大规划项目支持范围，每项资助额度在 100 万元以上。

完善示范性思想政治理论课教学体系

把握规律，完善“一体两翼”思想政治理论课教学模式。“一体”是指系统讲授、专题教学、实践教学“三位一体”。在系统讲授方面，进一步整合和发挥教师专业研究和教学专长，狠抓教学薄弱环节，完善集体备课制度，提高理论讲授的深度和水平；在专题教学方面，规范专题模块设置，保证学院内部专家教授深入讲授，力邀更多校内外专家学者走进课堂，充分实现教学资源的优势互补；在实践教学方面，依托“千人百村”社会调查等品牌活动积极探索第二课堂，继续组织学生深入社会、深入基层，了解国情、探求新知。“两翼”是指研究型和互动型教学模式。在研究型教学上，结合学生思想实际、回应学生思想困惑，进一步深耕教材内容，厚植理论根基，讲透理论热点，激发学生兴趣；在互动型教学上，精心设计课堂互动教学活动、倾力搭建课外互动网络平台，实现课程教材体系向教学体系、认知体系向信仰体系、观念体系向实践体系的转化。

聚焦问题，加强思想政治理论课教学重点难点问题研究。围绕思想政治理论课教育教学中的重大理论问题和实践问题开展科研攻关和实践探索，坚持系统研究与重点突破相结合、深度解析与通俗解读相衔接、理论诠释与实践落实相统一的原则，形成一批有思想力、说服力和影响力的思想政治理论课重点难点问题研究成果。对高校思想政治理论课教学理念、教学原则、教学方法、教学手段、教学话语和教学评价等问题进行深入的调查研究和理论论证，办好《复印报刊资料·高校思想政治理论课教学研究》。对本科和研究生思想政治理论课教学重点难点进行深入剖析和解读，精心组织编写并出版《马克思主义基本原理疑难解析》《思想道德修养与法律基础疑难解析》等教辅材料。由北京市思想政治理论课名师工作室“大学生思想理论热点难点问题工作室”牵头组织，每年召开1～2次大学生思想理论热点难点问题研讨会。

依托学科，为思想政治理论课的长远发展奠定坚实基础。在重点依托马克思主义学院、加强马克思主义理论一级学科建设的同时，整合哲学院、经济学院、国际关系学院等院系的马克思主义相关学科的研究力量，推动对马克思主义理论的整体性研究。以学科建设为龙头，以提高教师研究水平为核心，建设科学的思想政治理论课教学支撑体系。积极拓展马克思主义理论学科建设资源转化为教学资源的实现途径，深入研究思想政治理论课教学的课程体系、课程内容、教学方法，深入研究新时代大学生思想政治教育的规律和特点。把专业教育与思想政治理论课建设相结合，形成具有中国人民大学特色的“必修课程与选修课程相结合、基础理论与专业教育相结合、理论学习与实践教育相结合”的思想政治教育教学体系。整合马克思主义理论学科研究队伍与思想政治理论课教学队伍，将六个二级学科队伍建设与思想政治理论课教师队伍建设统筹考虑，努力提高教师的理论素养和业务能力。

创新形式，切实增强和改进思想政治理论课的教学效果。进一步强化课堂教学主体地位，认真落实思想政治理论课 1∶350～400 的师生比配备，全面施行中班教学，积极探索小班教学。进一步推动名师工程和精品课程建设。积极利用网络多媒介信息技术，打造互联网＋思想政治理论课，建设好、利用好“高校思想政治理论课教学资源平台”“思政云课堂”，运营好“别笑我是思修课”微信公众平台建设，录制好一批思想政治理论课精品课程视频，着力建设名家名师全参与、课内课外全覆盖、线上线下全互动的立体式思想政治理论课教育教学体系。

积极加强教师队伍和人才培养基地建设

建立机制，进一步加大对思想政治理论人才扶持和培养力度。2013 年，学校下发《马克思主义理论学科教师队伍建设的若干意见》，在严格准入制度、确保师资质量的前提下，对思想政治理论课教师队伍建设实行重点倾斜，进一步加大对思想政治理论课教师特别是中青年教师的扶持和培养力度。完善思想政治理论课教师的职称评聘办法，制定思想政治理论课教师课题申报的专门规定，对思想政治理论课教学和研究的相关课题进行单独立项，积极创造条件支持思想政治理论课教师参评各类科研奖项，以提高教师搞好思想政治理论课教学和科研的积极性。

打造基地，积极发挥思想政治理论人才培育和思想引领作用。积极建立建设教育部和北京市思想政治理论课骨干教师的培训基地，接收来自全国各高校的教师进行研修，加强对思想政治理论课教师的培训，在全国高校思想政治教育领域发挥人才培育和思想引领的作用。2014 年，启动教育部“马克思主义理论学科拔尖人才访问学者计划”，由北京市委教育工委批准成立“北京高校思想政治理论课骨干教师研修基地”，受北京市委教育工委委托成立“北京市高等教育学会研究生思想政治理论课研究会”。

创新平台，全面开展与推进思想政治理论课建设协同合作与发展。2015 年，在北京市委教育工委、市教委的支持下，学校创建“高校思想政治理论课教研平台建设”高精尖创新中心，立足北京、面向全国，打造完整系统的马克思主义理论研究和文献支撑平台、丰富优质的思想政治理论课教学资源共享平台、高效便捷的思想政治理论课数字化教学平台、科学权威的大学生思想政治教育质量评估平台和及时全面的大学生思想动态调查分析平台。马克思主义学院获批中宣部“全国重点马克思主义学院”，联合京津冀多所高校申报并获批“北京高校中国特色社会主义理论研究协同创新中心”，进一步整合力量协同创新，强化马克思主义理论学科的综合发展对思想政治理论课建设的支撑。

学校将继续在现有工作基础上，进一步深化思想政治理论课教学改革和质量提升工程，以全国重点马克思主义学院建设为契机，以“高精尖项目”为抓手，以继续深化教学改革为中心，积极推进思想政治理论课“一体两翼”新的教学模式，不断提升思想政治理论课教育教学质量，进一步推动思想政治理论课建设的改革与发展。

关于建好“党的建设”学科的几点看法*

中央〔2016〕31号文件《关于加强和改进新形势下高校思想政治工作的意见》提出，“有条件的高校在马克思主义理论一级学科下设置党的建设二级学科”。中国人民大学的马克思主义理论一级学科下的二级学科是全国最全的，已经覆盖全部六个二级学科。中国人民大学有这方面的基础，也有很好的师资队伍。另外，长期以来中国人民大学得到中央组织部、中央宣传部、中央统战部、中央党史研究室等各方面的关注和支持，我们理应在党的建设学科建设上有所建树。

初夏正是“万物生长竞自由”的季节。在这样一个季节里，我们齐聚一堂，研讨党的建设学科建设，可谓意蕴悠长。因为，党的建设是一门年轻的学科，在某种意义上说还处在起步、生长的阶段，需要阳光、需要春夏的雨露滋润。我相信有党中央的高度重视，有各位专家学者的努力，党的建设这门学科一定能够在阳光雨露中、在最适宜成长的季节里，蓬勃向上，成就参天大树。

今年是中国人民大学成立第80年。中国人民大学是中国共产党亲手创办的，是新中国高等教育的根据地源头、红色源头的重要体现和组成部分之一。关注和重视党的建设研究是中国人民大学的光荣传统和特色之一。1937年，中国人民大学的前身陕北公学在抗日战争的烽火中诞生。延安时期，毛泽东九次到陕北公学发表演讲，并题词：“中国不会亡，因为有陕公。”“要造就一大批人，这些人是革命的先锋队。这些人具有政治远见。这些人充满着斗争精神和牺牲精神。这些人是胸怀坦白的，忠诚的，积极的，与正直的。这些人不谋私利，唯一的为着民族与社会的解放。这些人不怕困难，在困难面前总是坚定的，勇敢向前的。这些人不是狂妄分子，也不是风头主义者，而是脚踏实地富于实际精神的人们。中国要有一大群这样的先锋分子，中国革命的任务就能够顺利的解决。”毛泽东希望的这样一批先锋分子的培养，当然离不开党的建设的伟大工程。1939年7月9日，毛泽东在看望准备成立华北联合大学的出征

* 原文发表于《马克思主义理论学科研究》2017年第4期。

师生时说，我送给你们一个锦囊，就是“三大法宝”，即统一战线、武装斗争、革命的团结。“革命的团结”后来在《〈共产党人〉发刊词》中改为“党的建设”。这个故事说明中国人民大学和党的建设这一法宝还有些“特殊”的关系。中国人民大学对党的建设的关注，最早体现于党史研究中对党的建设重要思想与重大事件的关注，例如古田会议、延安整风等。改革开放后，中共党史系开始有教师专门研究党的建设，在高校中属于最早开始党的建设研究的。进入新世纪以来，中国人民大学中共党史系党的建设研究队伍逐步扩大，在马克思主义党的学说与党的建设、党的建设史以及党的建设理论问题研究方面形成了独特优势。我们的党史专业研究生包括博士生在内均有党的建设研究方向，培养了一批党的建设研究与教学人才。

鉴于中国人民大学的地位、已有的党的建设研究与教学基础，为服务于党和国家的需要，我们学校决定成立实体性的中共党史党建研究院，于今年“七一”党的生日前挂牌；同时，决定正式设立党的建设二级学科。

党的建设学科面临大好机遇，当然，作为新学科也面临一系列考验和艰巨的建设任务。几点看法：

第一，尽快厘清党的建设学科建设的基本问题。首先，要认真研究党的建设的学科内涵、学科性质、学科特点、研究对象、研究内容、研究方法等学科建设的基础性问题，尽快划清党的建设的学科边界，明确学科建设的原则和方法，形成具有共识性的学科研究规范。这是党的建设学科的安身之本，也是创建一门新学科所必须解决的问题。其次，要深入探讨党的建设学科与其他相关学科之间的联系与区别，明确党的建设学科在马克思主义理论一级学科中的地位，正确处理好其与党史学科之间的关系，探索形成党的建设学科的范畴体系和话语体系。再次，要加强党的建设学科的人才培养与队伍建设，尽快建立相对完善的课程体系，启动学科文献和核心教材的编写工作，打造一支高素质的教学、科研队伍。最后，要逐步建立党的建设学科的评估标准，对学科的建设成效进行及时的、科学的评价，不断提升党的建设学科的建设质量。

第二，不断加强对党的建设基本原理的研究。去年，习近平总书记明确提出了构建中国化的马克思主义党的建设理论体系的要求。这也是党的建设学科创立后的重要使命。要完成这一使命，必须深刻把握党的建设的本质和规律。比如，政党是阶级的组织，阶级性是政党的首要属性；无产阶级政党是无产阶级组织的最高形式，是无产阶级的先锋队组织，党必须始终保持先进性和纯洁性。再如，政党的中心任务是进行政治方面的斗争，党的建设必须服务于党的中心任务；马克思主义政党必须具有严密和严格的组织性和纪律性，政治性是党内生活的固有属性；等等。换言之，只有在弄清党的建设基本原理的基础上，才能构建中国化的马克思主义党的建设理论体系。

第三，不断加强对党的建设史的研究。中国共产党自诞生之日起就十分重视党的自身建设，积累了丰富的历史经验。正如习近平总书记所说，党的建设是党的事业不断取得胜利的一大法宝。但目前党的建设史的研究还比较薄弱，许多重要问题的探讨、重要经验的总结不够深入，而且没有与党的理论发展史和党的活动史紧密结合在一起。今后，要加强党的建设史的研究，深化我们关于党的建设历史经验与规律的认识，特别要认真总结党的十八大以来全面从严治党的新鲜经验，把握党的建设规律，推进党的建设的理论创新。

第四，不断加强对党的建设重大实践问题的研究。早在十八大之前，习近平总书记就指出，在中国特色社会主义伟大事业不断向前推进、不断发展壮大的历程中，党的建设及党的建设研究担负着不可替代的重要责任和崇高使命。十八大之后，他进一步要求党的建设研究者深入研究党的建设理论和实际问题，深入总结全面从严治党实践经验。基于此，实践导向、问题导向，应当成为党的建设研究的题中之义。党的建设研究者必须关注现实问题，不断研究党的建设的新情况、新问题，以更具针对性、实效性、前瞻性的研究来回答党的建设实践提出的重点、热点、难点问题，从战略的高度为加强新形势下党的建设提供有力理论支撑和智力支持。

做实功见行动　促进高校思想政治理论课质量全面提升*

2017 年是教育部党组确定的“高校思想政治理论课教学质量年”，教育部党组专门研究制定了《2017 年高校思想政治理论课教学质量年专项工作总体方案》，为打赢提高思想政治理论课质量和水平攻坚战，提出了“思路攻坚、师资攻坚、教材攻坚、教法攻坚、机制攻坚”的明确要求。今天，我主要是以教育部高校思想政治理论课教学指导委员会（以下简称“教指委”）主任委员的身份，向各位来宾介绍在 2017 年思想政治理论课教学质量年专项工作中，教指委根据教育部党组的部署和陈宝生部长的要求，按照社科司的具体指导和安排，认真落实各项工作任务、指导思政课教学研究的情况。

科学制定工作规划，充分发挥教指委的各方面作用

按照 2017 年 4 月顾海良同志在教指委年度工作会议上提出的工作任务，细化工作目标，分解具体任务，督促逐项落实，既着眼教指委整体工作的有序开展，又注重协调 7 个分教指委分管课程和各位委员本职岗位职责，推动教指委工作有机融入高校思政课建设日常工作，使教指委在指导高校思政课教学研究、提升思政课质量和水平方面，日益发挥不可替代的专家组织作用。

精心组织听课调研，全面了解一线课堂教学情况

在社科司统一指导下，教指委 120 位委员积极行动，深入全国 1 200 余所本科院校和 100 多所示范高职高专院校，每所高校至少听 1 节思政课。这次听课调研工作，动员专家之多、组织规模之大、听课数量之多、覆盖高校之全，

* 原文发表于《思想教育研究》2017 年第 8 期。

都是前所未有。全国最具知名度和影响力的思政课专家走进教室，面对原生态的课堂教学场景，从教学立意确定、教学内容分析、教学节奏把控、课堂组织方式、引导学生参与、现代教学技术手段应用等各个环节指导基层教师教学，与学生面对面地沟通，感知学生对思政课的真实反应，切实了解学生在思政课上的获得感，在全面调研的基础上，将深入的分析研判和科学的数据分析相结合，研究发现存在的问题、困难和不足，通过直观的分析研判和严密的数据分析，对思政课的改革发展和质量提升提出建设性的咨询意见。这项专家听课调研工作影响广泛，效果良好，是 2017 教学质量年十分显著的亮点。

聚焦疑难问题解析，加强教学示范引领

提高思政课的质量和水平，离不开科学理论的指导和优秀成果的示范引领。为汇集高校思政课优秀教学研究成果，教指委依托中国人民大学书报资料中心创办了《复印报刊资料·高校思想政治理论课教学研究》。2017 年，教指委指导举办了首届“全国高校思想政治理论课教学研究优秀论文评选活动”，评选出 30 篇优秀论文，获奖论文作者大多是教学一线的优秀思政课教师，论文质量体现了思政课教学研究的前沿方向和尖端水准。2017 年下半年，教指委还要开展面向更广大一线教师，覆盖本专科、研究生各门思政课的教学展示活动。我们将通过这项活动，进一步梳理各门思政课的教学重难点问题，引导教师加强重难点问题研究，组织教指委专家检验教师教学水平、点拨教学艺术、加强教学研讨，引导和鼓励教师将更多时间和精力投入到思政课教学中去。

发挥技术优势，共建共享优质教学资源

“全国高校思想政治理论课教师网络集体备课平台”是今年“高校思想政治理论课教学质量年”的重点基础工程。今后，教指委要依托这个平台加强对全国思政课的教学指导，把今年大规模专家听课调研的工作成效进一步固化下来，把对 3 000 名教师的一次性指导延展为对全国 6 万多名教师的经常性指导。根据社科司对集体备课平台的建设规划，这是全国思政课教师共建共享的优质教学资源平台，将来教师无论身在哪里，都可以通过这个平台便捷地了解思政课教学最新资讯、使用分享优质资源、与专家对话交流。希望这个平台的开通使用，能够为全国思政课教师规整出一条网络时代的新起跑线，大家携起手来一起向前进发。下一阶段，教指委要进一步强化工作总体规划，不断提高政治站位，认真履行职责，不折不扣地按照教育部党组的部署和要求，在社科

司指导下有效开展工作，提高工作精准度，在落实上狠下功夫。要充分调动教指委每一位委员的工作潜力，发挥专家的积极性和主动性，为高校思政课的改革建设、质量提升做出更大贡献。重点抓好总结听课的成果、建设品牌课程、强化教师培训、深化理论研究等重点工作，化解难点，回应热点，围绕教学这个中心，以提高质量为目标，切实把高校思政课建设成为教师热爱、学生喜爱、终身受益的精品课程，全面提升教学质量，增强学生获得感，塑造大学生政治思想意识昂扬向上的精神风貌，以优异成绩迎接党的十九大胜利召开。

深入贯彻落实全国高校思想政治工作会议精神进一步提升研究生思想政治理论课教学质量*

研究生思政课是高校思政课的重要组成部分，是高校研究生教育工作贯彻落实立德树人根本任务的主渠道，也是新形势下加强研究生思想政治工作的关键环节。抓好研究生思政课建设，对作为高层次人才“蓄水池”“储备库”的研究生群体深刻认识党的路线方针政策，形成坚定的政治品格，养成科学的世界观人生观价值观有着重大意义。习近平总书记在全国高校思想政治工作会议上强调：“要用好课堂教学这个主渠道，思想政治理论课要坚持在改进中加强，提升思想政治教育亲和力和针对性，满足学生成长发展需求和期待。”为进一步抓好研究生思政课建设，打好提高研究生思政课质量和水平的攻坚战，根据《教育部办公厅关于开展 2017 年高校思想政治理论课教学质量年专项工作的通知》要求，教育部研究生思政课分教学指导委员会科学制定工作方案，精心组织专家委员听课调研。截至目前，听课数量达到 271 节，覆盖 205 所高校，基本了解了研究生思政课教学的实际状况，理清了目前存在的主要问题，进一步明确了今后努力的方向。

客观评价当前我国研究生思政课的教学效果

党的十八大以来，党中央高度重视高校思想政治工作，要求各级党委、教育主管部门和高等院校高度重视包括研究生思政课在内的高校思政课建设。为进一步提升研究生思政课教学效果，高等院校加大投入力度，加强改革创新，在师资配备、课堂管理、教学方式探索等方面都制定了行之有效的落实举措。分教指委专家委员实地听课和深入调研所形成的评估结果显示，各地高校研究生思政课教学建设与改革态势良好，教学效果整体有所提升，育人功能得到进

---

* 原文发表于《思想理论教育导刊》2017 年第 9 期。

一步强化，基本实现了课程教学目标。

一是思想政治导向正确，教师能够自觉贯彻党的教育方针，始终与以习近平同志为核心的党中央保持高度一致。广大研究生思政课教师能够牢牢坚守高校意识形态阵地，深入贯彻落实习近平总书记系列重要讲话精神和治国理政新理念新思想新战略，坚持“四个意识”，遵循思想政治工作规律、教书育人规律和学生成长规律，着力讲清马克思主义理论的科学性、中国选择中国共产党和社会主义道路的必然性、中国特色社会主义理论体系的完整性、中国特色社会主义制度的优越性、思想道德素质提高的重要性等研究生思政课要解决的重要问题，坚持教书和育人相统一，理论阐释和价值引领相统一，言传和身教相统一，潜心问道和关注社会相统一，体现出良好的政治素质和学术素养。

二是注重理论联系实际，教师能够合理讲授马克思主义基本原理和教材的基本精神，并适时融入马克思主义中国化新理论成果。在遵循马克思主义基本原理和统编教材基本精神的同时，大多数课堂教学能够综合运用历史资料、社会现实以及案例支撑等方法阐释所讲观点，基本满足教学目标明确、理论观点正确、基本理论阐释清楚、基本事实论述详尽、重点难点讲解突出、层次结构呈现清晰等教学要求，教学内容比较有说服力。同时，教师们普遍能够对十八大以来党中央新理论创新成果进行深入解读，能够自觉运用党中央新精神和理论成果批驳国内外错误思潮，回应学生关心的社会问题，具有较强的针对性和实效性。

三是课堂教学方法较为丰富，教师能够比较熟练运用网络和多媒体等现代教学手段。大多数教师教学过程比较流畅，课程导入、专题切换、重点难点阐释、案例引入、思考题引导、阅读书目推荐等环节紧密衔接、完整有序。能够综合运用现代信息技术手段，教学资源和多媒体素材较为丰富，课件简洁、生动、实用。在教学中基本能够做到根据教学对象的专业特点对内容深度进行适当调整，以满足不同专业背景学生的差异化需求。

四是师德师风和教学态度较为端正，教师能够精神饱满地投入课堂教学。教师普遍精神状态良好，课堂讲授较为投入。许多教师教学仪态非常得体，教学充满激情，有很强的感染力。教师基本能够严格遵守教学纪律，注重课堂管理，课堂秩序良好。从讲授过程看，教师们备课比较充分，普遍能够提前到课堂进行教学准备，按时上下课。教学态度认真，对教学内容与教学方法有较充分的准备和一定的思考，显示出较强的职业精神和教书育人责任感。

当前研究生思政课教学中存在的主要问题

总体而言，各高校积极贯彻落实党中央及教育部有关要求，对研究生思政课的认识深刻、定位清晰，重视程度明显提升，研究生思政课的发展态势良好。但也应当清醒地看到，当前少数研究生思政课教学中仍存在一些较为普遍的问题，突出体现在以下几个方面：

一是讲不准，有的教师专业功底薄弱，对经典理论和教材内容理解不够准确。比如，有的教师受到专业限制，对非本专业内容不熟悉，难以展现课程理论体系的整体性，甚至有个别教师在运用马克思主义基本原理、马克思主义经典作家的观点时还存在误读、误用的情况。再比如，有的教师对教材内容和体系的理解不够准确，对教材重点、难点问题掌握不到位，教材体系未能较好地转化为教学体系。此外，在西部地区个别高校，还存在研究生思政课教师的学历层次普遍偏低的问题，存在理论素养、知识储备、教学方法等方面的本领恐慌，亟须加以解决。

二是讲不透，有的教师理论联系实际的能力不强，理论阐释力有待提升。比如，有的教师只会根据大纲要求“照着讲”，不会立足当今理论与实践创新“接着讲”，在一定程度上存在照本宣科、过度依赖教材的情况，没有达到应有的教学层次。再比如，有的教师在教学中缺乏理论高度和深度，仅仅停留在“是什么”的层面介绍基本常识，却没有深入“为什么”层面以理论透彻阐释问题，特别是不能很好地在学理层面阐明中国特色社会主义理论体系新成果的深刻内涵，没有很好地讲清楚马克思主义经典与中国特色社会主义理论二者之间的辩证关系，也没有解读透发展 21 世纪中国马克思主义所涉及的重大理论和现实问题等。

三是讲不活，有的教师教学方法单一，互动引导缺乏，艺术性生动性不足。比如，有的课堂讲授以“灌输式”教学为主，不注重互动式启发式教学，缺少师生互动或互动浮于表面、深度不足，设问、反问、追问不够，无法充分调动学生的学习积极性。再比如，一些课程改革创新力度不够，传统教学与新媒体教学融合不充分，现代技术同教学内容的有机结合有待加强，教育教学的艺术性和生动性有待提升。此外，在一些理工类高校，存在部分课程教学内容和学生专业背景结合不够、案例导入针对性不强的问题，在一定程度上影响了思政课的吸引力和感染力。此外，还有教师存在“讲不对”的问题，对思政课认识不到位，教学导向有偏差，教书育人的自觉性有待提高。比如，有的教师在回应学生提出的现实问题时采取回避态度，“顾左右而言他”，不敢触及敏感问题，不愿涉及重大理论问题。再比如，有个别教师思想“跑偏”、借题发挥，以偏概全地对社会生活中的负面因素过度解读，不仅不能使学生在思想上精神上产生共鸣、形成回音，反而有可能对学生认识问题产生误导。

关于进一步提升研究生思政课教学质量的几点建议

提升研究生思政课教学质量，必须以习近平总书记系列重要讲话精神为指导，深入贯彻落实全国高校思想政治工作会议精神，深刻把握培养什么样的人、如何培养人以及为谁培养人这个根本问题，坚持政治导向、问题导向、效果导向、学生导向，通过综合改革、多样创新实现教学内容和教学方式方法的与时俱进。

第一，在教学导向上，要进一步强化立德树人的使命感。立德树人是高校立身之本。思政课是高校的“第一课程”，直接肩负着立德树人这一重大责任，而决定思政课教学成效的关键，则在于教师能否牢记立德树人的责任感使命感。这就要求思政课教师必须站在为社会主义事业培养德智体美全面发展的建设者和接班人的战略高度来看待和认识思政课，唯有如此，才能克服将思政课仅仅当作知识传授渠道，而忽视“育人”功能的倾向。因此，必须把提升思政课教师的政治意识和使命意识放在重中之重的位置，加强对思政课教学导向问题的重视，使广大教师充分认识自己的职责所在、使命所在，从而真正把思想政治工作贯穿教育教学全过程，实现全程育人、全方位育人。在研究生思政课中落实立德树人根本任务，应坚持把讲政治和讲好课作为两条红线贯穿到课堂教学全过程之中，在大是大非问题上坚定政治立场，坚守“学术研究无禁区，课堂讲授有纪律”的原则，决不能突破政治底线。在具体教学实践中，一方面要增强在思想上“清除杂草”的能力，主动积极回应学生的学理困惑，消除错误思潮对学生造成的认识误区；另一方面要在理论上“躬耕乐道”，大力弘扬主旋律，传播正能量，让社会主义核心价值观融入思政课堂。

第二，在教学内容上，要进一步树立问题意识。思政课提倡问题导向，根本目的是通过提出并解答学生当下关注和困惑的问题，提高其学习的兴趣和获得感，使学生由“要我学”变为“我要学”，使课程成为助力学生健康成长的精神滋养。对于高校研究生群体，教学中的问题导向尤其重要。研究生不同于本科生，已经具有较为扎实的专业基础，形成了一定的学术问题意识，具备了一定的学术思考能力，甚至已经有了一定的研究成就。这样的教学对象，必然要求思政课教师的教学过程不能仅仅停留在普及介绍、一般讲授的初级层次，而要站在“阐明理论、分析问题、获得实效”的层面上，对重大理论和现实问题进行深入探讨，这样才能真正做到以理服人，使思政课有“魂”有“根”，从而达到以科学的理论武装人的目的。一门好的研究生思政课应当在解答学生疑问时条分缕析，让学生感到“解渴”；在阐释理论时准确到位，在思想上“解惑”；在批驳错误思潮上深刻有力，让学生感到“解气”。如此才能用经典的力量触动学生，用思想的魅力感染学生。

第三，在教学方法上，要进一步提倡多样化的教学方式。针对研究生群体的特点，为提高其学习积极性、主动性，思政课应倡导形式多样的互动式教学，这样可以更好地促进研究生在思考中学习，在思考中掌握理论，培养其自觉运用理论正确认识和解决实际问题的能力，真正实现对课程讲授内容的“内化”。因此，一方面，需要教师在不断提升自身理论知识水平的同时，加强对教学方式方法的学习研究，对课堂教学进行精心设计，通过自身的坚定信仰表达自己的“才情”，通过接地气的讲授提升实现课程的“趣味”。另一方面，需要加大对研究生思政课教师教学方法的培训，帮助教师提高课堂讲授技巧，改进教学效果，提升课堂“抬头率”，切实把研究生思政课建设成为教师热爱、学生喜爱、终身受益的精品课程。

第四，在教学组织上，要进一步加强课堂教学的集中统一指导。充分发挥分教指委的重要指导作用，科学制定工作规划和工作方案，重点抓好总结听课成果、建设品牌课程等项工作，推动分教指委工作有机融入研究生思政课建设工作。要科学合理地组织教学研讨活动，汇聚各方智慧，解决思政课教学过程中存在的一些共性问题。要加强对基层教学的组织，加大集体备课力度，提倡通过调研和集体研讨等多种途径深化教学设计和教学准备，进一步梳理研究生思政课的教学重点难点问题，引导教师加强疑难问题深度解析，避免思政课教师各自为政、自说自话的倾向。要探索建立分片区教学指导工作机制，通过开展研究生思政课专题化教学培训、教学比赛、示范性教学展示活动，设立思政课教学改革研究专项等方式集聚教学改革合力，全面提升思政课教师的教学能力和水平。要加强对教学规模和平台建设的督查，按照《高等学校思想政治理论课建设标准》，进一步规范课堂教学，整体提升课堂管理和教学质量水平。同时，进一步强化对马克思主义学院建设情况的督查，确保其能够对思政课建设发挥平台引领作用。

第五，在教学考核上，要进一步建立健全更加科学合理的评价体系。长期以来，高校普遍存在两种不良倾向：一是重科研、轻教学；二是重专业课、轻公共课。这两种不良倾向对研究生思政课产生较大冲击，导致一些教师对思政课教学不够重视，一定程度上存在“应付心理”，教学之余更多地考虑如何把精力投入到自己本专业的科研工作之中。因此，需要进一步完善与研究生思政课相适应的业绩考评体系，加大教学业绩的考核权重，促使教师更加重视思政课教学，注重以学术促教学、教学与科研相互支撑，通过完善制度形成激励机制，引导广大教师实现由“让我教好”向“我要教好”的转变。

研究生思政课教学质量的提高，固然需要多方用力、全面推进，但根本点仍是教师。在一定意义上讲，研究生思政课教师队伍建设得如何，是检验高校思政课教学效果的一块“试金石”。因此，提升研究生思政课教学质量，要全力抓好教师队伍建设这个关键，认真落实《中共中央宣传部教育部关于进一步加强高等学校思想政治理论课教师队伍建设的意见》，结合高校实际和研究生教育的特点，在机构设置、人员配备、教师培养培训、专项经费设立、奖励评优等方面建立健全有关制度，为研究生思政课教师的成长成才营造良好环境，切实调动研究生思政课教师投身教学活动的积极性、主动性、创造性。

2017 年是教育部确定的“高校思想政治理论课教学质量年”。教育部部长陈宝生同志明确提出，要打一场提高高校思政课质量和水平的攻坚战，切实增强大学生对思政课的获得感。我们要以踏石留印、抓铁有痕的精神狠抓工作落实，找准问题，对症下药，就一定能够将研究生思政课教学水平提升到一个新的高度。

加强马克思主义理论学科建设，提升马克思主义理论学科引领作用*

中央办公厅、国务院办公厅新近颁发的《关于进一步加强和改进新形势下高校宣传思想工作的意见》（以下简称《意见》），是当前和今后我国高校做好宣传思想工作的指导性文件。该文件对高校各项工作都有很大的指导意义，对于马克思主义理论学科建设具有更为直接的指导作用。当前，思考和把握《意见》精神与马克思主义理论学科的内在关系，考察马克思主义理论学科建设在高校宣传思想工作中的地位和作用，并按照文件精神大力做好马克思主义理论学科建设各项工作，是各高校面临的重大任务。

《意见》与马克思主义理论学科建设具有内在关联

马克思主义既是科学，又是中国共产党作为执政党的意识形态。马克思主义理论在我国不仅是学术研究的对象，也是党和国家事业发展的指导思想，它在我国哲学社会科学学科体系中具有特殊重要的地位，对于巩固马克思主义在我国意识形态领域的指导地位、巩固全党全国人民团结奋斗的共同思想基础具有十分重要而深远的意义。加强高校意识形态阵地建设，巩固马克思主义在高校意识形态领域的指导地位，这是《意见》的基本精神，也正是马克思主义理论学科所具有的核心功能，是该学科应自觉承担的社会使命。马克思主义理论学科的设立，本身就体现着国家的意志，是国家意识形态工作的需要。它的直接目的是为了向高校思想政治理论课教学提供学科支撑，以提高大学生思想政治教育的实效性。换句话说，就是为了做好高校宣传思想工作。

在高校宣传思想工作系统中，马克思主义理论学科建设具有特殊重要的作用。做好高校宣传思想工作，加强高校意识形态阵地建设，是一项战略工程、

* 原文发表于《思想理论教育导刊》2015 年第 4 期。

固本工程、铸魂工程，事关党对高校的领导，事关全面贯彻党的教育方针，事关中国特色社会主义事业后继有人，对于巩固马克思主义在意识形态领域的指导地位，巩固全党全国人民团结奋斗的共同思想基础，具有十分重要而深远的意义。全面加强和改进高校宣传思想工作涉及学校工作的方方面面。其中，学科建设是基础性部分，起着根基“地气”的作用。高校的宣传思想工作与社会其他领域相比有自身突出的特点，其中很重要的就是它与学科建设相关联。只有深入到学校的学科建设中，与学科建设结合在一起，宣传思想工作才算真正实现了落地生根，接了地气。而学科建设当然包括所有的学科，但不同学科的情况并不相同，要求也不一样。对自然科学和技术科学的要求，就与对哲学社会科学的要求不同，而对后者的要求又与对马克思主义理论学科的要求不同。可以说，在所有这些学科中，马克思主义理论学科是最直接地体现学科建设与文件要求相结合的环节。只有充分发挥马克思主义理论学科的作用，高校宣传思想工作才能收到好的效果。

《意见》对马克思主义理论学科建设高度重视，并做了专门的论述和部署，提出了明确而具体的要求。《意见》指出，要提升马克思主义理论学科的引领作用，实施马克思主义理论学科领航计划，切实把马克思主义理论学科建设成为我国哲学社会科学优势学科，逐步形成具有时代特点、结构合理、门类齐全的哲学社会科学学科体系。改革马克思主义理论学科评价方式，从凝聚学科方向、汇聚人才队伍、构筑学科基地等方面，积极探索适合学科特点的评价体系。重点建设好一批马克思主义理论研究和建设创新基地，编写一批马克思主义理论学科研究生核心教材，培养一批马克思主义理论学科带头人，造就一批马克思主义理论教育家。制定完善马克思主义学院标准，重点建设一批在马克思主义理论教育研究宣传和高校思想政治理论课方面有示范影响的马克思主义学院。这些论述内涵丰富，容量巨大，对马克思主义学科建设的支持和指导作用，将在未来很长的时期内不断地释放出来。这是其他任何一门学科都不能相比的，集中体现了该文件的颁布与马克思主义理论学科建设的内在联系。

马克思主义理论学科建设要体现《意见》精神

《意见》强调，高校作为意识形态工作前沿阵地，肩负着学习研究宣传马克思主义，培育和弘扬社会主义核心价值观，为实现中华民族伟大复兴的中国梦提供人才保障和智力支持的重要任务。要把高校建设成为学习研究宣传马克思主义的坚强阵地，推动中国特色社会主义理论体系“进教材、进课堂、进头脑”，必须围绕教育的根本任务、教材建设、课程建设、队伍建设等方面切实加强马克思主义理论学科建设。

加强马克思主义理论学科建设，要抓住立德树人的根本任务不放松。“培养什么人，怎样培养人”，是教育的根本问题和永恒主题。党的十八大把“立德树人”确立为教育的根本任务，是对十七大“坚持育人为本、德育为先”教育理念的深化，指明了今后教育改革发展的方向。高校肩负着立德树人的根本任务，就是要紧紧围绕人才培养这个中心，牢牢把握住正确的育人方向和办学方向，坚持教书与育人相统一、知识传授与价值观培育相统一，坚持用中国特色社会主义理论体系武装头脑，用社会主义核心价值观凝聚人心，不断增强青年学生的道路自信、理论自信、制度自信，培养德智体美全面发展的社会主义建设者和接班人。

加强马克思主义理论学科建设，统一使用马克思主义理论研究和建设工程重点教材。教材是开展教育教学的基本遵循，是国家主流意识形态的体现，也是加强社会主义核心价值观教育的基本途径，教材的管理和使用事关高校宣传思想工作大局。《意见》强调指出，要统一使用马克思主义理论研究和建设工程重点教材。自 2004 年马克思主义理论研究和建设工程正式启动以来，根据中央批准的总体规划，工程将有计划地组织编写 140 种左右高校哲学社会科学重点教材，基本涵盖了哲学社会科学基础理论课程和主干课程的主要教材。已经出版的教材坚持运用马克思主义立场、观点、方法，批判地继承、吸收和借鉴古今中外优秀思想文化成果，立足中国实际，回答重大问题，充分反映了马克思主义中国化最新成果，充分反映了中国特色社会主义丰富实践，充分反映了本学科领域最新进展，体现了政治性、思想性、学术性的统一。在高等学校哲学社会科学相关专业统一使用工程重点教材，对于巩固马克思主义在哲学社会科学领域的指导地位、提高高校哲学社会科学理论研究和教学水平、繁荣发展哲学社会科学，对于推动中国特色社会主义理论体系“进教材、进课堂、进头脑”、提高人才培养质量、培养德智体美全面发展的社会主义建设者和接班人具有重要作用。

加强马克思主义理论学科建设，要建设学生真心喜欢、终身受益的高校思想政治理论课。思想政治理论课是高校对大学生进行马克思主义理论和思想政治教育的主渠道、主阵地。马克思主义理论学科与思想政治理论课关系紧密，2005 年中宣部、教育部启动了高校思想政治理论课程新方案（“05 方案”），随后国务院学位委员会、教育部做出了增设马克思主义理论学科为一级学科的重大决定。自此，马克思主义理论学科建设和高校思想政治理论课建设被推向了同步进程。从马克思主义理论发挥作用的特点和要求来看，为包括高校思想政治理论课在内的理论教育服务是马克思主义理论一级学科的首要任务；从现实需要看，为理论教育特别是高校思想政治理论课提供强有力的学科支撑是马克思主义理论一级学科建设最为迫切的需要。《意见》指出，实施高校思想政治理论课建设体系创新计划，全面深化课程建设综合改革，编好教材，建好队伍，抓好教学，切实办好思想政治理论课。具体来说，深化思想政治理论课综合改革，就要用好马克思主义理论研究和建设工程重点教材，组织编写教辅资料，加强培训督查，推动教材体系向教学体系转化；就要制定实施思想政治理论课教师队伍建设规划，健全新上岗培训、全员轮训、技能竞赛、骨干研修、择优资助、国内外访学为一体的培养体系；就要开足开好必修选修课程，完善教学质量评价体系，引导教师用贴近学生的话语、先进的技术手段和时代元素，丰富教学内容，改进教学方法，提高教学质量。

加强马克思主义理论学科建设，要打造一支优秀的马克思主义理论研究和教学队伍。加强队伍建设，是确保马克思主义理论学科建设高质量推进、可持续发展的关键。在马克思主义理论学科十年建设的历程中，涌现了一批具有扎实马克思主义理论功底，熟悉中国实际情况，思想好作风正的教师，形成了一支优秀的马克思主义理论研究和教学队伍。要十分关心和爱护这支队伍，给他们提供更好的条件和环境，使他们在高校思想宣传工作和马克思主义理论教育教学中进一步发挥骨干作用。同时，要进一步积聚学科力量，整合资源，以项目为纽带，形成老中青结合的学科队伍。有关部门要制定学科队伍建设规划，通过若干年努力，培养造就一批学贯中西、在国内外有广泛影响的马克思主义理论学科高层次领军人物，一批马克思主义理论学科带头人和教学名师，一大批高素质的中青年理论骨干和教学骨干。通过举办各级高校哲学社会科学教学科研骨干研修班、到相关的研究基地进行访问研究，以及国内外社会考察和挂职锻炼等多种途径，全面提高学科队伍素质。

按照《意见》要求把马克思主义学科做大做强，发挥领航作用

中国人民大学是新中国成立后中国共产党创建的第一所新型正规大学，在马克思主义学科建设和培养马克思主义理论人才方面做出了重要贡献，是新中国马克思主义哲学、政治经济学和科学社会主义等学科的奠基者与开拓者，被誉为“马克思主义教学与研究的高地”、马克思主义理论高端人才培养的“工作母机”。目前学校拥有国内最齐全的马克思主义学科，包括马克思主义理论一级学科（下设马克思主义基本原理、马克思主义发展史、国外马克思主义研究、马克思主义中国化研究、思想政治教育、中国近现代史基本问题研究等6个二级学科），以及马克思主义哲学、政治经济学、科学社会主义与国际共产主义运动、中共党史等马克思主义学科。其中，马克思主义理论学科是全国唯一的国家级重点一级学科，中共党史学科是全国普通高校中唯一的国家级重点二级学科；其他马克思主义二级学科均为全国最早设立的重点学科。同时，学

校在文学、历史学、哲学、经济学、法学、政治学、社会学、新闻传播学等相关学科或院系中设有马克思主义理论研究方向和分支课程，例如：文学院的马克思主义文艺理论方向、法学院的马克思主义法学理论方向、国际关系学院的世界社会主义研究方向，以及马克思主义伦理学、自然辩证法、马克思主义史学、马克思主义新闻理论、马克思主义社会学等课程。这些学科在马克思主义理论教育和传播方面也发挥了重要作用，成绩斐然。学校高度重视马克思主义学科的发展，按照《意见》精神专门制定了《中国人民大学马克思主义理论学科领航计划》，全面推进中国人民大学马克思主义理论学科的建设与发展。

加强顶层设计，高度重视马克思主义理论学科的建设与发展。进一步加强顶层设计，强化马克思主义理论学科建设领导小组的职能与定位，对马克思主义理论学科进行特殊扶持，对马克思主义理论学科的教育教学改革、科学研究、人才培养等加大倾斜和支持力度，促进在教学科研和学科建设中有影响力的拔尖人才脱颖而出，扩大我校马克思主义理论学科在全国高校的竞争力，巩固中国人民大学在国内的开创性和引领性地位，形成马克思主义理论研究的“人大学派”。积极承担中央和教育部马克思主义理论研究和建设工程任务，提升马克思主义理论研究水平，为丰富完善中国特色社会主义理论体系贡献学术智慧。

促进优势集成，进一步明确和凝练马克思主义学科的主攻方向。继承和发扬中国人民大学马克思主义理论研究和教学的优良传统，充分发挥学科齐全、力量雄厚的优势，在进一步凝练学科基础上明确主攻方向。中国人民大学计划成立马克思主义学部，整合马克思主义哲学、经济学、政治学、法学等相关学科资源，着重围绕马克思主义基本原理、中国化马克思主义、思想政治教育三个方向，发挥好各相关学科的学术支撑作用，促进优势集成，进一步构建学科平台，凝练学科方向，汇聚学科队伍，继续保持和加强这些学科在全国的领先地位。

深化教育改革，推进思想政治理论课教学改革和质量提升工程。深化马克思主义理论学科教育教学改革，在现有工作基础上，进一步推进思想政治理论课教学改革和质量提升工程，积极推进系统教学、专题教学和实践教学“三位一体”新的教学模式，培育更多精品课程和教学名师。同时，加大对思想政治理论课的教学投入，使思想政治理论课教师在学校正在建设的本科教学津贴发放体系中获得合理地位；落实专题教学和实践教学环节的管理机制和经费投入机制，在全校范围内协调优秀教学资源投入思想政治理论课专题教学，切实保障为教师跨学院讲授思想政治理论课和聘请外单位专家学者讲授思想政治理论课提供充足经费。

整合学术力量，不断推出高水平理论研究成果。发挥好现有科研平台作用，确保现有科研平台（教育部人文社会科学重点研究基地“中国特色社会主义理论体系研究中心”，北京市马克思主义研究基地“马克思主义研究院”，学校科研机构“马克思主义与中国道路协同创新中心”“中国共产党历史与理论研究院”等）的资金或配套资金投入，打造能够代表学校、学院科研水平和学术影响力的学术品牌。努力推进各研究机构的协同攻关，打造学术共同体，推动对马克思主义基本理论、中国共产党历史与理论、社会主义核心价值观、中国道路与中国模式等重大理论与现实问题的集体攻关研究，不断推出高水平理论研究成果。同时，积极推进马克思主义理论学科重点工程的建设工作，按照学科特点和学科方向，整合各方学术力量，启动实施一批对马克思主义理论学科建设和发展有重大影响力的重点工程，编写一批马克思主义理论学科研究生核心教材，培养一批马克思主义理论学科带头人，造就一批马克思主义理论教育家。同时，还要逐步创建一本在国内外具有重要影响力的权威马克思主义理论研究期刊，形成我校马克思主义理论学科在全国高校中的独特话语权和核心竞争力。

拓展学术交流，促进马克思主义理论学科的优化与发展。努力拓展与国外相关研究机构的学术交流，促进学科优化和发展。既要将国际知名专家教授“请进来”，同时也要组织马克思主义理论学科的教师“走出去”，围绕马克思主义理论发展的前沿选题，通过学术沙龙、学术研讨会、学术讲座、学术论坛等形式，提高科研水平，更新学术思想、理念和研究方法，为马克思主义理论学科的创新发展营造良好的学术氛围。同时，还要进一步发展与国外高校的人才培养合作项目，扩大马克思主义理论专业学生国际交流的规模与渠道，拓展学生的国际视野，为培养后备马克思主义理论人才打下坚实基础。

关于加强思想政治教育学科建设的几点思考*

思想政治教育学科从 1984 年设立到现在，正好 30 年。孔子曰：三十而立。在思想政治教育学科“而立”之时，回顾 30 年来走过的历程，总结取得的成绩，分析存在的问题与面临的挑战，思考未来如何进一步加强和推进学科建设，很有意义。

30 年来，思想政治教育学科从无到有，从小到大，在专业设置、教材建设、理论探索、人才培养等方面都取得了令人瞩目的成就，奠定了良好的基础，对这些成绩，要有充分的估计，并为此而自豪。同时，我们也要十分清醒地看到这一学科毕竟是新兴学科，还比较年轻。在新的历史条件下，如何拓展学科领域、丰富学科内涵、增强学科特色、提升学科水平，还需要下功夫，从理论和实践相结合上进一步推进。我认为，以下三个方面的问题值得认真思考和解决。

一是学科自信问题。由于思想政治教育学科发展历史不长，一定程度上存在着学科内涵需进一步明确、学科边界需进一步厘清、学科方向需进一步聚焦、学科队伍需进一步加强等问题。在对学科的科学性和必要性问题上仍还存在不同认识。一些地方在职称评审、课题评审、成果评奖等方面不同程度地存在着对这一学科的理解有不同认识的现象。等等。这些情况很大程度上影响了优秀的年轻学者从事这一学科的积极性。在 30 年后的今天，深刻认识和理解思想政治教育学科的重大意义还是很有必要。应该说，思想政治教育学科对国家意识形态层面上的意义，对全社会核心价值观建设的意义都非常大，对广大从事思想政治工作者的意义也非常大。我国从事思想政治教育工作的有几十万人，特别是高校思想政治理论课教师和思想政治教育工作者，他们作为党和国家在第一线从事主流意识形态的宣传教育引导工作者，对国家的改革、发展和稳定发挥了重要作用。思想政治教育学科的设立，为从事思想政治教育工作的教师提供了学科的归属和学术支撑，提供了事业发展的科学平台，对维护国家

---

* 原文发表于《思想理论教育导刊》2014 年第 4 期。

和民族的核心利益意义重大。实践证明，思想政治教育是科学，我们一定要有这样的自信，科学总结、科学推动，不断发展并完善好这个学科。

二是学科自觉问题。所谓学科自觉，就是要弄清楚：为什么要设立思想政治教育学科？这一学科的功能定位是什么？重点研究方向是什么？思想政治教育学科是一个实践性很强的学科，应当把它放到发展中国特色社会主义伟大事业的大背景下看待，并把指导和服务于思想政治教育工作实践的成效作为衡量学科建设的重要标准和尺度。

一方面，要服务于高校思想政治理论课教学。目前，高校大学生思想政治理论课还面临许多问题和挑战，针对性和实效性还有待提高。要把思想理论教育教学中的重点、难点、热点问题作为学科研究的重点课题，联系学生的思想实际，深入探讨提高思想政治教育有效性的规律，努力实现教学与科研的良性互动。中国人民大学正在加紧这方面的工作，组织调动全校的力量来搞好思想政治理论课教学，把系统讲授、专题教学和实践教学结合起来，探索“三位一体”的教学模式。

另一方面，要为国家的意识形态工作和全社会的核心价值观建设提供理论支撑。加强社会主义核心价值观建设是全党全社会的一项重大战略课题，也是思想政治教育学科研究的重大主攻方向。党的十八大报告提出，“倡导富强、民主、文明、和谐，倡导自由、平等、公正、法治，倡导爱国、敬业、诚信、友善，积极培育和践行社会主义核心价值观”。去年年底，中央办公厅印发了《关于培育和践行社会主义核心价值观的意见》，明确了“富强、民主、文明、和谐、自由、平等、公正、法治、爱国、敬业、诚信、友善”24 字的社会主义核心价值观。如何理解这 24 字，如何培育和践行核心价值观，还有大量的理论和实践问题需要研究和回答，这应该成为思想政治教育学科研究的重点课题，而且本学科应该有所贡献。

三是学科自强问题。目前，全国高校思想政治教育学科的硕士点、博士点不少，但研究成果的质量有待提高，高素质人才的数量有待增多，学科建设水平有待加强。提升学科建设水平是一项亟待解决的重大课题。

提升学科建设水平，需要加强马克思主义理论特别是中国特色社会主义理论体系的研究，进一步发挥马克思主义理论对思想政治教育学科的方向引领和理论支撑作用。思想政治教育学科属于马克思主义理论一级学科，我们不能离开马克思主义来谈思想政治教育。要在加强从整体上研究马克思主义理论的基础上，努力探索中国特色社会主义理论体系“进教材、进课堂、进头脑”的规律性，努力探索如何在思想政治教育中使受教育者更好地掌握马克思主义立场、观点、方法。

提升学科建设水平，需要充分汲取中国优秀传统文化中的思想营养，使这个学科更具有中国特色。中国的优秀传统文化历来讲社会教化，讲道德修养，几千年来积累了非常丰富的经验。我们一定要很好继承，并在新条件下加以创新。习近平总书记几次谈到继承和弘扬中华传统文化的问题，我们在思想政治教育学科建设中要很好地落实这些指示。要高度重视优秀传统文化中相关思想的研究，把优秀传统文化与思想政治教育的关系弄清楚，把优秀传统文化加以挖掘、梳理、利用，做到古为今用。

提升学科建设水平，需要借鉴当代世界各国的相关经验，包括西方欧美国家的做法和学术研究成果。西方发达国家以及大量发展中国家可能没有“思想政治教育”这个词，但它们对本民族文化传承和价值观教育有很成熟的做法。这对我们改进思想政治理论课教学也很有启发。思想政治教育学科产生于中国，具有中国特色，但在教育教学方法层面上，我们可以学习借鉴国外的好经验好做法。

提升学科建设水平，基础在队伍，关键在人才。30 年来，思想政治教育学科之所以能够得到比较快的发展，是因为有一批政治强、业务精、作风正的学科带头人和学术骨干，一些人还是相关领域的知名学者、大家。思想政治教育这个学科，今后要进一步发展，关键在于我们能不能培养出一批又一批的优秀人才。目前我们这方面有成绩、有基础，但人才的数量还不足，特别是优秀的中青年人才不足。要充分发挥老专家的传帮带作用，同时要鼓励和支持年轻同志尽快成长起来，共同承担起思想政治教育学科的建设任务，使我们思想政治教育学科的事业后继有人，不断发展进步。

继承传统　推动党史、党建研究*

胡华教授是我们国家一位著名的马克思主义历史学家和教育家，中国革命史和中共党史学科的奠基人和开拓者之一，他毕生坚定不移地从事马克思主义理论和中国革命史、中共党史学科的教学与研究工作，为新中国中共党史学科的创立和发展做出了巨大的贡献。胡华教授的一生伴随了中国人民大学中共党史学科半个多世纪的发展历程，他曾先后担任学校的中国革命史教研室副主任，中共党史教研室主任，中共党史系主任、名誉主任，博士生导师，从陕北公学、华北联大、华北大学到中国人民大学都留下了他的足迹。他治学严谨，思路开阔，在承担繁重行政工作、教学任务的同时，勤奋著述，为我们留下了丰富的学术遗产。他编写的《中国新民主主义革命史》销量达数百万册，影响了一代又一代高校学子，成为中国高等教育史的重要标志。

经过五年的努力，《胡华文集》近日由中国人民大学出版社出版，这是众多党史界的领导、专家学者以及胡华教授亲友对中国人民大学的支持、信任和厚爱，也是学校对中共党史学科做的一项重要工作。我们为此感到十分荣幸。习近平总书记最近强调，要高度重视学习党史国史。整理出版胡华教授毕生的史学著作，对推进党史和国史的深入研究具有重要的意义。

《胡华文集》是对胡华教授数十年从事党史研究与教学的历史过程、思想轨迹、学术成果、教学成就进行的一次全面的总结和回顾。这套文集的出版，将为学习和了解中国共产党的光辉历史，深入研究胡华教授学术思想以及对国内党史教学研究工作和中共党史学科的发展起到重要的推动作用。根据党的十八大和中央的部署，当前全党正在深入开展党的群众路线教育实践活动，中国人民大学也在深入开展这项活动的过程中，目前正在学习教育阶段。《胡华文集》的出版也对我们学习党史，弘扬党的光荣传统，密切党同人民群众的血肉联系，继承马克思主义学者的革命风范与严谨求真的治学精神，坚持全心全意为人民服务的宗旨，使我们在新的历史条件下能够应对挑战，持续快速健康地发展具有重要的意义。

---

* 原文发表于《百年潮》2013 年第 10 期。

中国人民大学是我们党创办的第一所新型大学，学校的建立发展始终与党的光辉历史紧密相连，与中国革命以及改革开放的实践紧密相联系。我校是中国高等教育系统中最早专门开展中国共产党历史教学和研究工作的高校，中共党史也一直是学校的传统特色和优势学科。1958 年成立的中共党史系，拥有宝贵的传统和教学科研实力，前不久我校又组建成立了中国共产党历史与理论研究院，为这个研究院的成立，欧阳淞主任专门到学校来过两趟，中央有关部门也给予了支持。今天我们有幸出版《胡华文集》，这将进一步巩固中国人民大学作为我们国家人文社会科学重镇和马克思主义研究重镇的重要地位，为中共党史学科的蓬勃发展，为继续推动中共党史、党的建设、马克思主义中国化的理论研究，为发挥党史资政育人的作用做出新的努力。

用好高校特色资源　推进党史学习教育*

习近平总书记在党史学习教育动员大会上讲话强调："要抓好青少年学习教育，着力讲好党的故事、革命的故事、英雄的故事，厚植爱党、爱国、爱社会主义的情感，让红色基因、革命薪火代代传承。"高校是立德树人的主阵地，青年正处在价值观的"拔节孕穗期"，党史学习教育能够让人洞察历史表象、把握内在规律、坚定理想信念、汲取精神力量，对青年树立正确的历史观和价值观具有重要作用。因此，高校应进一步挖掘和运用校史、学科和实践等特色资源，认真学习党的历史、深入研究党的历史、全面宣传党的历史，不断把党史学习教育引向深入，使广大师生坚定理想信念、筑牢初心使命，扎实做好培根铸魂、启智润心的工作，努力培养德智体美劳全面发展的社会主义建设者和接班人。

用好校史资源，把党史学习与校史学习结合起来

习近平总书记指出，党史是最生动、最有说服力的教科书。回望百年征程，我们党团结带领全国各族人民创造了伟大成就，书写了光辉历史，其中，党创办高等教育的历史不仅是党史的重要组成部分，也是党史的生动体现。中国人民大学的前身是1937年在延安成立的陕北公学以及后来的华北联合大学、华北大学，其80余年的办学历程承载着党创办和领导高等教育的勤勉实践，折射着党培养造就先锋分子推动革命、建设和改革的不懈求索，是中国共产党创办新型高等教育的缩影，也是党史的重要组成部分，是师生身边的鲜活党史。

在党史学习教育中，结合学校特殊光荣的历史，依托校史馆、办学旧址、老校区等场所，组织师生参观学习，举办开学典礼、专题教育，让师生在实地感悟校史传承的精神，在学习校史中感受中国共产党创办高等教育的艰辛探

* 原文发表于《中国城市报》2021年8月9日19版。

索。注重发掘好、使用好前辈学人点亮信仰、传播理论、治学报国的史料资源。组织党史题材文艺节目创演、主题话剧展演系列活动，举办红色教育家生平展、书信展等，运用党史生动案例喻事明理，在潜移默化中引导师生探寻初心密码、坚定理想信念，增强对党的领导的认知认同。营造好红色校园文化环境，借助微博、微信、抖音等新媒体平台，利用短视频等技术开展立体生动的全媒体软传播，把校史红色基因凝结出的光荣传统和优良作风生动呈现出来，打造沉浸式的党史学习教育环境，让广大师生展现青春风采、厚植爱国主义情怀。

用好学科资源，在学习教育中推进党史研究

深化党史研究是准确记载和反映党的历史的基本途径。习近平总书记指出，党史研究是一门研究中国共产党的历史、从中国共产党的活动揭示当代中国社会运动规律的科学。高校在长年的党史教育与研究中，集聚起丰富的党史学科理论成果和人才资源。把党史研究好、把党史学科建设好，就能不断深化对马克思主义的认识，深化对党和国家事业取得历史性成就、发生历史性变革的认识，就能更好地为加强党的建设和党的领导提供学理支撑和智力贡献。

中国人民大学在全国高校中最早创建和发展中共党史学科，形成了本硕博完整培养体系，是全国普通高校中规模最大、学术影响和社会影响最大的中共党史教学、科研以及学术交流中心。立足中国共产党百年华诞的重大时刻和“两个一百年”历史交汇的关键节点，高校必须把握时代脉搏、倾听时代呼声、强化政治担当，为马克思主义中国化时代化做出自己应有的贡献。一是在“教学”上下功夫。我校结合本硕博各学段特点，探索构建螺旋上升、层次分明、条理清晰的“必修课＋选修课”思政课程体系；贯彻落实“八个相统一”要求，将“四史”融入思政课教学，把“大思政课”讲得有深度、有力度、有温度；全方位构建党史教育课程体系，打造多维度党史育人平台，深化学史明理、以史育人成果。二是在“精研”上求深化。我校创新建构理论话语体系，建好用好理论研究平台，构建学术共同体，推进协同攻关，不断推出高水平理论研究成果，用学术讲政治，用科研促教学，提高中国哲学社会科学体系和话语体系的国际影响力。三是在“宣讲”上出实招。我校调动学科力量，组织动员党史党建专家学者到社会上进行党史大宣讲、大普及；加强群众性宣讲普及，启动博士生宣讲团系列宣讲活动，举办党史“微宣讲”大赛，让学党史、知党史、讲党史在高校中蔚然成风。

用好实践资源，履行为党育人、为国育才使命

学史力行是党史学习教育的落脚点，是开展党史学习教育的关键环节。习近平总书记强调："要把学习党史同总结经验、观照现实、推动工作结合起来，把学习成效转化为工作动力和成效。"当前，党和国家事业发展对高等教育的需要、对科学知识和优秀人才的需要比以往任何时候都更为迫切。高校要始终立足中华民族伟大复兴战略全局和世界百年未有之大变局，充分发挥实践育人优势，引导师生以知促行、以行践知，砥砺政治品格，锤炼党性修养，践履知行合一，在服务国家富强、民族复兴、人民幸福中做出贡献。

在实践中深化认识，"力行而后知之真"。我校组织师生深入祖国各地开展社会实践，感受脱贫攻坚伟大成就，教育他们自觉从群众中、实践中汲取政治营养、专业知识和人生智慧。师生通过社会大课堂的学习，在历史的比较、实践的感悟中去深刻认识中国共产党为什么能、马克思主义为什么行、中国特色社会主义为什么好，不断坚定"四个自信"，不断增强历史定力，增强做中国人的志气、骨气、底气。

在实践中推动办学。学校开展好"我为师生办实事"实践活动，高校各级领导班子成员应当带头坚持"一线规则"，开展实地走访、集体座谈、民意调查，系统了解师生急难愁盼，问需于基层、问计于师生，列好办实事清单，以钉钉子精神抓好落实。

在实践中锤炼党性。学校在各类重大活动中建立临时党组织、成立党员先锋队、设立志愿服务岗，组织师生党员通过防汛救灾、常态化疫情防控的历练，践行"党办的大学向党报到、人民的大学不负人民"的铮铮誓言，持续提升高校为党育人、为国育才的层次水平。

四

全面从严治党，
提高党建工作水平

把我国制度优势更好转化为国家治理效能*

党的十九届五中全会通过的《中共中央关于制定国民经济和社会发展第十四个五年规划和二〇三五年远景目标的建议》（以下简称《建议》）将"国家治理效能得到新提升"作为今后五年我国经济社会发展的主要目标之一，并对"十四五"时期推进国家治理体系和治理能力现代化做出重要部署。我们要准确把握实现这一重要目标的意义、要求、路径等，持续推进国家治理体系和治理能力现代化，把我国制度优势更好转化为国家治理效能，朝着全面建设社会主义现代化国家的宏伟目标阔步前进。

提升国家治理效能意义重大

国家治理体系和治理能力是一个国家制度和制度执行能力的集中体现。在治理活动中，治理主体贯彻执行制度，取得相应治理效果、达到既定治理目标，展现治理效能。从国家治理历史演进来看，一个国家治理效能的高低，直接反映这个国家治理体系和治理能力的现代化水平，也是评判一国制度优劣的重要标准。可以说，提升国家治理效能，既是推进国家治理现代化的重要内容，也是其所要达到的重要目标，对坚持和完善中国特色社会主义制度具有重大意义。

党的十八大以来，以习近平同志为核心的党中央把制度建设摆在更加突出的位置，在加强和完善国家治理方面取得历史性成就，中国特色社会主义制度更加完善，国家治理体系和治理能力现代化水平明显提高。习近平总书记指出："要强化制度执行力，加强制度执行的监督，切实把我国制度优势转化为治理效能。"我国国家制度和国家治理体系具有多方面的显著优势。把制度优势更好转化为国家治理效能，才能更好彰显制度伟力、发挥制度根本保障作

* 原文发表于《人民日报》2021年1月13日9版。

用，使全党全国各族人民更加紧密团结起来，释放出攻坚克难、推动事业发展的强大能量。

按照党的十九大对实现第二个百年奋斗目标做出的战略安排，到 2035 年基本实现社会主义现代化，一个重要内容是基本实现国家治理体系和治理能力现代化。当前，我们在国家治理方面还存在一些短板和弱项，如制度执行力有待提升、制度执行监督还需完善等。国家治理效能得到新提升，正是着眼于实现第二个百年奋斗目标、坚持目标导向和问题导向相结合，在推进国家治理体系和治理能力现代化方面做出的顶层设计，指明了“十四五”时期推进国家治理体系和治理能力现代化的重点和方向，是全面建设社会主义现代化国家的必然要求。

准确把握提升国家治理效能的要求

《建议》站在战略和全局的高度，从社会主义民主法治更加健全、国家行政体系更加完善、社会治理特别是基层治理水平明显提高、防范化解重大风险体制机制不断健全等方面提出明确目标要求，阐明了提升国家治理效能的方向和着力点。

社会主义民主法治更加健全。中国特色社会主义政治制度具有独特优势，为党和国家兴旺发达、长治久安提供了有力政治保证和制度保障。《建议》强调：“坚持党的领导、人民当家作主、依法治国有机统一，推进中国特色社会主义政治制度自我完善和发展。”要坚持和完善党的领导，把党的领导落实到国家治理各领域各方面各环节。要坚持和完善国家根本政治制度、基本政治制度，发挥人民团体作用，巩固和发展最广泛的爱国统一战线，为全面建设社会主义现代化国家汇聚智慧和力量。全面依法治国是促进社会公平正义、维护社会和谐稳定的必然要求。要以习近平法治思想为引领，坚持依法治国、依法执政、依法行政共同推进，坚持法治国家、法治政府、法治社会一体建设，完善中国特色社会主义法律体系，提高依法行政水平，完善监察权、审判权、检察权运行和监督机制，促进司法公正，深入开展法治宣传教育，促使社会公平正义进一步彰显。

国家行政体系更加完善。政府治理水平和治理能力的高低，直接关系治理效能的提升。党的十八大以来，党和国家机构改革不断深化，政府治理体系进一步理顺健全。进入新发展阶段，构建高水平社会主义市场经济体制、保障和改善民生等，都需要更好发挥政府作用。《建议》提出加快转变政府职能，建设职责明确、依法行政的政府治理体系。要进一步深化简政放权、放管结合、优化服务改革，全面提高行政效能，提高政府部门办事服务效率，有效节约和降低行政成本，建设法治政府，增强政府执行力和公信力。

社会治理特别是基层治理水平明显提高。从国家治理现代化整体进程来看，社会治理与人民群众的生产生活关系最紧密，存在的短板弱项也较多。《建议》提出“社会治理特别是基层治理水平明显提高”的目标要求，表明社会治理特别是基层治理成为未来一段时间国家治理效能实现新提升、取得新突破的关键领域。要推动社会治理重心向基层下移，加强和创新市域社会治理等，完善社会治理体系，提升社会治理水平，开创基层治理新局面。

防范化解重大风险体制机制不断健全。国家安全体系和能力建设是推进国家治理体系和治理能力现代化、提升国家治理效能的基础和保障。没有安全，国家治理效能提升便无从谈起。当前国内外环境发生深刻复杂变化，更加凸显国家安全体系和能力建设的重要性。《建议》设置专章对统筹发展和安全做出全面部署。要坚持以总体国家安全观为统领，健全国家安全制度体系，完善集中统一、高效权威的国家安全领导体制，健全国家安全法治体系、战略体系、政策体系、人才体系和运行机制，加强经济安全风险预警、防控机制和能力建设，提高公共安全保障能力，为实现更加安全的发展保驾护航。

多措并举提升国家治理效能

推进国家治理体系和治理能力现代化，实现国家治理效能新提升，是一项复杂的系统工程，需要在治理环境、治理目标、治理格局、治理方式、治理工具、治理能力、治理评价等方面综合用力。

科学研判治理环境。治理环境是影响国家治理开展和效能提升的重要因素。当前，世界正经历百年未有之大变局，我国国内外发展环境正在经历深刻复杂变化，给国家治理现代化进程既带来了新挑战，也带来了新机遇。要以更强的战略定力、更敏锐的洞察力、更清晰的判断力加强对治理环境的科学研判，从而更好地制定治理策略、推进治理改革、提升治理效能。

明确设定治理目标。一个现代化的国家治理体系必然拥有一整套清晰明确的治理目标。继党的十九届四中全会提出坚持和完善中国特色社会主义制度、推进国家治理体系和治理能力现代化“三步走”总体目标之后，党的十九届五中全会明确了未来五年国家治理效能提升的具体目标。要按照这些目标要求，进一步明确和细化不同治理领域具体目标，形成可衡量、可操作、可考核的治理目标体系。

构建完善治理格局。统筹协调各类治理主体，形成科学合理的治理格局，对于提升国家治理效能至关重要。要在党的领导下，构建和完善政府、企事业单位、市场主体、社会组织、公民个人等不同治理主体既各司其职、各尽其能，又取长补短、优势互补的治理格局，充分调动激发各方面的积极性、创造力。

依法推进治理过程。法治是国家治理体系和治理能力的重要依托。治理中国这样一个大国，具有高度复杂性，只有在法治轨道上推进国家治理体系和治理能力现代化，才能确保各项工作有序开展。要善于把社会主义法治优势转化为国家治理效能，并将国家治理效能提升的新成果以法治形式加以确立和巩固，充分发挥法治固根本、稳预期、利长远的保障作用。

灵活运用治理工具。面对纷繁复杂的治理难题和挑战，需要综合运用多种治理工具。充分发挥多种治理工具的聚合效应，形成更加灵活的治理工具组合，因时因地、因人因事灵活选择治理工具，有效助力国家治理效能提升。

全面增强治理能力。治理能力是运用国家制度管理各方面事务的能力，直接影响治理效果。治理能力涵盖领导力、规划力、执行力、控制力、评估力、适应力等方面。要从不同层面和内容出发制定和实施详尽的治理能力提升规划，为实现国家治理效能新提升提供支持。

科学实施治理评价。判断治理效能高低，需要一套科学系统的指标体系作为评价依据。要立足我国国情和实际，按照国家治理效能得到新提升的目标要求，构建一套科学可行的评价指标体系。同时，根据实践发展变化，不断完善健全评价指标体系，实现治理效能提升与评价指标体系完善之间的良性互动。

以立德树人为导向
加强和改进高校党的建设*

教育是千秋基业，是万世伟业，始终承载着国家富强、民族振兴、人民幸福的历史重任。高等教育承担着培养高级专门人才、发展科学技术文化、促进社会主义现代化建设的重大任务，是实现中华民族伟大复兴中国梦的重要力量。党的十八大以来，以习近平同志为核心的党中央着力加强党对高校的全面领导，其根本目的在于立德树人，培养能够担当民族复兴大任的时代新人。新时代加强和改进高校党的建设，必须紧紧围绕立德树人来展开，从而保证中国特色社会主义大学育人育才的实效。

立德树人是我国高等教育的根本任务

中国共产党自创建以来特别是中华人民共和国成立后一直高度重视人才对于民族振兴和国家发展的重要作用，坚持办人民满意的教育。几十年的实践探索取得了显著的成就，也积累了丰富的经验。其中，把德育摆在教育的突出位置，是我们党抓教育工作的一个鲜明特征和基本经验。2012 年，党的十八大将立德树人作为教育的根本任务。2017 年，党的十九大在做出中国特色社会主义进入新时代的重要判断后，指出“建设教育强国是中华民族伟大复兴的基础工程”，强调要“培养担当民族复兴大任的时代新人”，“培养德智体美全面发展的社会主义建设者和接班人”。这实际上从培养目标的角度阐明了新时代立德树人的具体要求，进一步明确了推进教育工作的方向。

高等教育在我们国家的人才培养体系中居于重要地位，承担为党和国家育才造士的重要责任。随着高等教育进入普及化阶段，高校在人才培养中的作用更加突出，其育人育才的导向和效果直接关系国家的社会主义现代化建设和我国在日趋激烈的国际竞争中的地位。2016 年，习近平总书记在全国高校思想

---

* 原文发表于《高校马克思主义理论教育研究》2020 年第 1 期（创刊号）。

政治工作会议上明确指出，高校立身之本在于立德树人，要坚持把立德树人作为中心环节，把思想政治工作贯穿教育教学全过程，实现全程育人、全方位育人。在新时代，办好中国特色社会主义高校，首先要准确把握立德树人在高校各项工作中的根本性地位。

（一）人才培养是高等学校的首要任务

人才培养，是事关一个国家兴旺发达和社会进步的根本大事。党的十八大以来，习近平总书记在多个场合强调人才培养对于国家发展的重要意义，指出："当今世界的综合国力竞争，说到底是人才竞争，人才越来越成为推动经济社会发展的战略性资源，教育的基础性、先导性、全局性地位和作用更加突显。'两个一百年'奋斗目标的实现、中华民族伟大复兴中国梦的实现，归根到底靠人才、靠教育。源源不断的人才资源是我国在激烈的国际竞争中的重要潜在力量和后发优势。"人才不是天然产生的，是培养出来的，需要经过一个教育、学习、成长、成熟的过程。从这一意义来说，教育是国之大计、党之大计，影响甚至决定着接班人问题，影响甚至决定着国家长治久安，影响甚至决定着民族复兴和国家崛起。作为教书育人之地，学校在人才培养过程中的作用是十分重要的。其中，高等院校肩负着培养高层次专门性人才的责任。尽管随着时代的发展，高等院校的职责和功能不断地丰富和扩展，承担了科学研究、社会服务、文化传承创新、智库等多项功能，但高等院校的最根本和核心的任务始终是人才培养。人才培养质量的高低是衡量一所高校办学水平的重要标准。换言之，一流大学之所以成为一流，最根本的是拥有若干一流的学科，能够培养出具有崇高道德水准和高水平专业素养的一流人才。

（二）人才培养要坚持"立德"与"树人"的有机统一

"立德""树人"思想在中国由来已久。早在《左传·襄公二十四年》中就有这样的记述："'太上有立德，其次有立功，其次有立言。'虽久不废，此之谓不朽。"之所以将"立德"居首，是要强调一个人如果有高尚的道德修养，成为后世效法的榜样，便能人格不朽。《管子·权修》中有"一年之计，莫如树谷；十年之计，莫如树木；终身之计，莫如树人"的说法，其大意是说，种粮食是为当年打算，种树是为十年后打算，而培养人才则是为长远打算。"立德"和"树人"的关系十分紧密。"立德"是"树人"的前提和基础，"树人"是"立德"的目的和结果。"立德"和"树人"结合在一起，深刻地揭示了人才培养的规律，科学回答了育德和育才之间的关系问题。正如习近平总书记指出的，"'才者，德之资也；德者，才之帅也。'人才培养一定是育人和育才相统一的过程，而育人是本。人无德不立，育人的根本在于立德。这是人才培养的辩证法"。对于高等院校来说，坚持"立德"与"树人"的有机统一，要做到四个方面：首先，要把"有德行"作为立德树人的灵魂旨归，要把人才的价值观培养放在高等教育重中之重的位置，改变那种重"器"轻"道"的理念，把价值观念的培养贯彻到人才培养的全方位、全过程之中。其次，要把“有才学”作为立德树人的重点目标，培养掌握现代科学文化知识和专业技能的高素质人才，并且引导他们用个人的专业能力服务党和国家事业发展。再次，要把“有根基”作为立德树人的基本要求，立足中国国情、脚踏中国大地，用优秀的传统文化和先进的现代文化浸润青年学子的心田，不断激发出他们的家国情怀，增强他们的文化自信，帮助他们终身树立坚定的人民立场。最后，要把“有格局”作为立德树人的重要内容，培养有“大格局”“大情怀”的人才，引导他们真正站在全球的角度、全人类命运的角度去思考问题、思考人生、思考未来。

（三）推动高校改革发展关键要落实立德树人根本任务

随着中国特色社会主义进入新时代，中国的高等教育也进入了一个新的历史发展阶段。在这一阶段，各高校必须主动适应实现中华民族伟大复兴的战略全局和世界百年未有之大变局对高层次人才培养的新要求。2018 年 5 月 2 日，习近平总书记在视察北京大学时就曾指出：“高等教育是一个国家发展水平和发展潜力的重要标志。今天，党和国家事业发展对高等教育的需要，对科学知识和优秀人才的需要，比以往任何时候都更为迫切。”为了推动新时代高校改革发展，教育部先后于 2018 年和 2020 年召开了新时代全国高等学校本科教育工作会议和全国研究生教育会议，专门研究部署高等学校本科教育和研究生教育工作。贯彻落实这两个重要会议的主要精神，深入推动学校的改革发展，已经成为当前各高校的重要任务。但纵观世界各国的教育改革，我们发现，高等院校改革发展所要破解的根本性难题，并不是经费投入、基础建设、校园环境等硬件方面的问题，而是如何让高等教育回归本位，围绕“立德树人”来开展教育教学，培养具有正确价值观念、完善知识结构、扎实创新能力、宏大国际视野的高素质人才。基于此，新时代推动高校改革发展，关键是要落实立德树人根本任务。具体来说，要从四个方面着力：一是必须重视价值观念的塑造。今天，我们面临的是一个价值多元、诱惑较多的变革时代，因此比以往任何时候都要求高等教育将价值观念的塑造放在核心位置，这是当今高等院校改革创新的首要任务。二是必须重视知识和能力结构的完善。在当今知识经济的时代，一个人能否有所创造发明、对社会做出贡献，不完全取决于他所拥有的知识量，而更依赖于他是否具有合理的知识结构和能力结构。高等院校要培养能够适应时代要求、发挥自身才能、推动社会进步的高素质人才，必须授人以渔、优化学生的知识结构和能力结构，使之能够较好地适应环境的变化，拥有终身学习和自主学习的能力。三是必须重视创新能力的培养。创新能力是高层次、高素质人才必备的核心竞争力。高等院校之所以“高等”，根本在于它能够将最新的科技文化前沿知识纳入到教育教学过程中，启发学生的创新性思维，不断培养出一批又一批“敢为天下先”的创新人才。四是必须重视社会实践的养成。当前，社会实践是落实立德树人中极为薄弱的环节，也是各国提高人才培养质量的重要突破点。要有效地解决社会实践与知识学习不相匹配的问题，真正使大学生成为“读万卷书、行万里路”的高端人才，培养和造就一批既能“仰望星空”志存高远，又能“脚踏实地”知行合一的大学生。

高校党的建设要服务于立德树人根本任务

在2018年召开的全国教育大会上，习近平总书记系统论述了党的十八大以来教育改革发展形成的一系列新理念新思想新观点，将“坚持党对教育事业的全面领导”放在首位，深刻揭示了党的领导和我国教育事业发展的内在关系。要确保高校完成好立德树人这一根本任务，坚持党对高校的全面领导至关重要。换言之，党的领导是不是坚强有力、党的建设质量高不高，直接影响高校立德树人的效果。

（一）坚持党对高校的领导是中国特色社会主义大学的最大政治优势

中国特色社会主义最本质的特征是中国共产党领导，中国特色社会主义制度的最大优势是中国共产党领导。我国高校是党领导下的高校，是中国特色社会主义高校。坚持党对高校的领导，不仅是中国特色社会主义大学的本质特征，也是中国特色社会主义大学的最大政治优势。第一，坚持党对高校的领导，有利于确保高校的社会主义办学方向。“培养什么样的人、如何培养人以及为谁培养人”是教育的根本问题，也是体现办学方向的关键性问题。新中国成立以来我国高等教育发展的辉煌历程充分证明，只有始终坚持党对高校的领导并不断根据形势和任务的发展变化来提升和完善党对高校的领导，才能保证高校更好地为人民服务、为中国共产党治国理政服务、为巩固和发展中国特色社会主义制度服务、为改革开放和社会主义现代化建设服务，使高校在实现中华民族伟大复兴的征程中发挥更大的作用。第二，坚持党对高校的领导，有利于确保高等教育的公平公正。“办什么样的教育、怎样办教育、为谁办教育”是关系国计民生的大事。新中国成立以来，在中国共产党的坚强领导下，我们国家始终坚持以人民为中心的立场，动员凝聚全党全社会的力量办好高等教育，不断提升高等教育的普及化程度和高校整体办学水平，最大限度地确保高等教育的公平公正，努力让高等教育的发展成果服务惠及广大人民。第三，坚持党对高校的领导，有利于培育优良的校风学风。高校是教育培养青年人才的园地，也是各种社会思潮激烈碰撞的地方。历史证明，只有坚持党对高校的领导，才能在思想多元、价值多元的严峻挑战下坚持和巩固马克思主义在高校意识形态领域的指导地位，弘扬社会主义核心价值观，培育出优良的校风学风，抵制各种错误思潮在高校蔓延，降低功利、浮躁、拜金、享乐等社会现象对广大师生的影响。

（二）落实立德树人根本任务必须加强党对高校的全面领导

在2016年召开的全国高校思想政治工作会议上，习近平总书记明确指出："我国有独特的历史、独特的文化、独特的国情，决定了我国必须走自己的高等教育发展道路，扎实办好中国特色社会主义高校。"其中，坚持党对高校的全面领导，是我国高等教育发展道路的鲜明特色和首要特征。我们党创办高等教育的历史亦一再证明，党在高校的领导核心作用发挥得如何，不仅影响甚至决定着高等教育是否能够健康发展，而且还关乎立德树人的成效。因此，新时代落实立德树人根本任务，必须全面加强高校党的领导。除了遵循历史经验之外，党的十八大以来，以习近平同志为核心的党中央着力加强党对高校的全面领导，还具有十分重要的现实意义。今天的中国正处于中华民族伟大复兴战略全局和世界百年未有之大变局的历史交汇期，党和国家事业发展进入了一个关键阶段。我们对高等教育的需要比以往任何时候都更加迫切，对科学知识和卓越人才的渴求比以往任何时候都更加强烈。在这一时代背景下，高校必须把自身发展的目标和新时代国家发展的目标有机融合在一起，回归党创办高等教育的初心，履行高校的历史使命，聚焦立德树人这一根本任务，切实提高高等人才的培养质量。而要落实这一要求，首先要解决举旗定向的问题，坚定对中国特色社会主义的道路自信、理论自信、制度自信和文化自信。这就需要发挥高校党委的领导核心作用、全面加强高校党的领导。中国特色社会主义进入新时代后，我国的高等教育发展也迎来了由大变强的关键时期。在这一阶段，高等院校的改革和发展面临着许多前所未有的问题和挑战，特别是意识形态领域在高等院校呈现复杂态势，青年大学生思想政治工作暴露出了一些缺陷和短板。在这种情况下，高等院校要将落实立德树人根本任务同防范和化解一些潜在的重大风险结合起来。这就要求高校进一步加强和改善党的领导，通过全面提升高校党组织应对复杂问题的能力维护高校和谐稳定，通过扎实的思想政治工作引导大学生正确认识世界和中国发展大势，正确认识中国特色和国际比较，正确认识时代责任和历史使命，正确认识远大抱负和脚踏实地，全面提高大学生的思想政治素质，为中国特色社会主义伟大事业培养德智体美劳全面发展的建设者和接班人。

（三）高校党的建设要紧紧围绕立德树人展开

为了加强党的全面领导、发挥党的领导制度优势，首先要把党自身建设得坚强有力。党的十九大在论述新时代党的建设总要求时明确将"坚持和加强党的全面领导"作为新时代党的建设的根本原则。这对于我们把握党的领导和党的建设之间的关系具有十分重要的意义。当前，要充分发挥党领导高校的政治优势，必须落实党要管党、全面从严治党的方针要求，把党在高校的各级组织建好建强。换言之，只有不断加强和改进高校党的建设，切实提高党的建设质量，才能确保党的领导在高校全面发挥作用。如何衡量高校党的建设质量？关键要看它服务立德树人的实效。围绕党的中心工作开展党的建设，用“伟大工程”保障“伟大事业”，是我们党近百年来加强自身建设、推动事业发展的一条基本经验。在高校，立德树人是根本任务，立德树人的成效是检验一切工作的根本标准。因此，无论是高校党的委员会，还是院（系）级单位党组织，都必须履行培养德智体美劳全面发展的中国特色社会主义事业合格建设者和可靠接班人的职责；无论是教职工党支部，还是学生党支部，都要加强对党员的教育管理，通过他们带动非党员师生，还要有针对性地做好师生思想教育工作，用社会主义核心价值观武装大学生的头脑。党的十八大以来，习近平总书记反复强调“要把立德树人内化到大学建设和管理各领域、各方面、各环节，做到以树人为核心，以立德为根本”。因此，围绕立德树人加强党的建设，首先要不断健全和完善党委领导下的校长负责制，充分发挥学校党委在把方向、管大局、做决策、抓班子、带队伍、保落实等方面的核心作用，为培养德智体美劳全面发展的社会主义建设者和接班人提供坚强保证。同时，高校党的委员会要坚持全面从严治党，通过高校党组织建设，始终确保中国特色社会主义大学的正确政治方向，不折不扣贯彻落实党的教育方针和中央各项决策部署，确保高校师生在政治立场、政治方向、政治原则、政治道路上同以习近平同志为核心的党中央保持高度一致。

围绕立德树人加强和改进高校党的建设的着力点

围绕立德树人加强和改进高校党的建设、不断提高高校党的建设质量，必须明确当前制约高校立德树人实效的关键因素，分析高校党的建设的薄弱环节，以问题为导向，抓准着力点。

（一）加强高校党的政治建设，保证立德树人的正确方向

教育工作具有鲜明的政治属性。高校党的各级组织必须旗帜鲜明地讲政治。如果高校党组织在举旗定向上不够坚定、在扎根中国大地建设中国特色社会主义高校这一核心问题上有所动摇，高校的立德树人根本任务一定完成不好。因此，围绕立德树人加强和改进高校党的建设，首先要加强高校党的政治建设，发挥政治建设在党的各项建设中的统领性作用。在加强高校党的政治建设中，高校党的委员会的作用至关重要。高校党委必须始终坚持社会主义办学方向，全面贯彻党的教育方针，在培养社会主义建设者和接班人上站稳立场、把牢方向。学校党委不仅自身要在重大政治原则和大是大非问题上立场坚定、旗帜鲜明，同党中央保持高度一致，还要持续坚定地推动习近平新时代中国特色社会主义思想进学术、进学科、进课程、进培训，注重学习的深化、内容的消化、实践的转化，引导高校干部师生始终同党中央保持高度一致。高校各级组织都要把“用‘四个意识’导航、用‘四个自信’强基、用‘两个维护’铸魂”作为加强和改进党的建设的总抓手，贯彻落实全面从严治党的方针和各项要求。要以习近平新时代中国特色社会主义思想为指导，引导广大师生树立和坚定正确政治信仰，夯实坚持和发展中国特色社会主义的共同思想基础。要在选人用人上坚持正确的政治导向，对政治不合格的候选人“一票否决”。要提高领导干部、领导班子的政治能力和师生党员的政治理论素养，增强他们抵御各种风险挑战的意识和本领。要严肃党内政治生活，严明党的政治纪律和政治规矩，不断加强党内政治文化建设，努力在高校营造良好的政治生态，实现全体党员、干部在思想上和行动上的团结一致。

（二）健全优化高校党的组织体系，落实立德树人具体责任

党的力量来自我们党严密的组织体系。党的十八大以来，以习近平同志为核心的党中央高度重视党的组织体系建设，并在阐述新时代党的组织路线时将组织体系建设作为重点任务。我们党探索高校党的建设的历史也反复证明，党的领导在高校能不能有效实现，很大程度上取决于高校党的组织体系健不健全和各级组织的职责是否明确。基于此，为了发挥党的领导在落实立德树人根本任务中的作用，高校必须加快构建高校党委、院系党组织、基层党支部、党员“四位一体”的组织体系，形成党的领导纵到底、横到边、全覆盖的工作格局。为了形成立德树人的合力、取得育人实效，高校在健全优化党的组织体系时还必须明确学校党委、院系党组织、基层党支部和党员干部个体服务立德树人的具体职责，制定工作目标，优化体制机制，创新服务载体，探索有效举措，把党的建设服务立德树人的各项工作落实落细。在加强和改进高校党的建设时，要把支部建设摆在突出的位置，着力提升高校党支部的组织力，充分发挥好教师党支部和学生党支部的战斗堡垒作用。基础不牢，地动山摇。支部是我们党的基础组织，是党的组织体系的基本单元。高校基层党组织建设的成效最终要体现在学生党支部和教师党支部的作用发挥之上。因此，高校党委和院系党组织要尽快形成大抓支部的意识，在学校内部积极推动样板支部的创建工作，并且大力整治软弱涣散党支部，全面提升党支部建设的标准化、规范化水平。鉴于教师在人才培养中的关键作用，教师支部的政治功能不强、战斗堡垒作用发挥不好，将严重影响高校思想政治工作的成效。因此，相比学生党支部，教师党支部的建设更为关键。高校党委和院系党组织要认真落实教师党支部书记“双带头人”培育工程，确保教师党支部“三会一课”等基本制度的执行，全面提升教师支部的建设质量。

（三）坚定师生党员理想信念，发挥先进分子的示范引领作用

教师是人类灵魂的工程师，是青年学生成长的引路人和指导者。他们的思想政治素质和道德情操，对青年学生具有很强的影响力和感染力。“立德树人”

首先要立师德。围绕立德树人加强和改进高校党的建设，要把党的建设与师德师风建设紧密起来，发挥教师党员在传播先进文化、践行社会主义核心价值观方面的引领作用。其中，担任领导干部的党员教师要率先垂范，著名学者、学科带头人、骨干教师中的党员也要发挥先锋模范作用，坚持教书和育人相统一，坚持言传和身教相统一，坚持潜心问道和关注社会相统一，进而带动广大高校教师以德立身、以德立学、以德施教，用良好的思想道德品质给大学生以潜移默化的影响。学生党员既是高校思想教育的对象，也是其他学生的组织者和带动者。他们应当以同龄人的身份在学生思想教育工作中发挥示范引领作用，积极传播正能量，反对各种错误思潮。而要发挥师生党员的示范作用，必须先解决师生党员的思想问题，尤其要坚定师生党员的理想信念，补齐他们的精神之“钙”。因此，围绕立德树人加强和改进高校党的建设，一个重要的着力点是坚定师生党员对马克思主义的信仰和共产主义远大理想与中国特色社会主义共同理想。高校各级组织要认真研究师生党员的思想动态，做好师生党员的思想教育工作，引导他们牢记党的宗旨，树立正确的世界观、人生观和价值观；要坚持用习近平新时代中国特色社会主义思想武装师生党员的头脑，引导他们深刻把握习近平新时代中国特色社会主义思想的核心要义、精神实质、丰富内涵和实践要求，在学懂弄通做实上下功夫；要通过各种方式方法提高师生党员运用马克思主义立场、观点、方法分析解决问题的能力，用理论的清醒保证理想的坚定，培育师生党员的精神家园。

百年大党为什么行
——中国共产党应对化解危局困境的历史启示*

当今世界正经历百年未有之大变局。今天的中国共产党拥有 9 000 多万党员，在 14 亿人口大国长期执政，是世界第一大党，也正面临走向百年大党的时代关口。近百年来，从建党到新中国成立，从进入社会主义现代化建设新时期到中国特色社会主义进入新时代，中国共产党书写了一部坚守初心使命、应对危局困境、经受风险考验、战胜困难挫折、开创民族复兴伟业的奋斗史。回顾历史上的危局困境，总结党的成功经验，对于新时代中国共产党人坚守初心使命、勇于自我革命、奋力实现民族复兴，具有重要意义。

危局困境是检验党的先进性的“试金石”

任何一个国家、民族、政党，总会在自己的成长中遭逢危局困境。能否成功化解危局困境，关系人类前途命运，关系国家长治久安，关系民族发展进步，关系政党兴衰成败。

如何面对危局困境、能否成功化解危局困境，是检验政党先进性的“试金石”。历史上，有一些政党能够从弱小走向强大，长期稳定执政、永葆生机活力；而一些具有光荣历史、曾长期执政的大党老党则未能经受考验，失去执政资格，甚至被历史淘汰。这往往同它们对危局困境的不同认识和不同应对有关。

危局困境是见证我们党坚守初心使命，为实现民族复兴不懈奋斗的历史刻度。中国共产党的历史，是一部领导全党和全国各族人民为实现民族复兴、国家现代化、人民幸福不懈奋斗的历史。在新民主主义革命时期，党面临大革命失败、第五次反“围剿”失利、国共合作期间摩擦不断、国民党挑起全国性内战等危局困境；在社会主义革命和建设时期，党面临新中国成立之初的国内外

* 原文发表于《中国党政干部论坛》2020 年第 4 期。

复杂局势、国民经济严重困难、“文革”动乱等危局困境；改革开放以来，党在新的历史条件下面临应变局、平风波、战洪水、防“非典”、抗地震等危局困境。岁末年初，突如其来的新冠肺炎疫情，传播速度快、感染范围广、防控难度大，给我们国家提出了重大挑战。在党中央的坚强领导和全国人民的同舟共济、共同努力下，新冠肺炎疫情在中国已得到有效控制，充分展现了中国共产党强大的政治领导力、思想引领力、群众组织力、社会号召力。回顾中国共产党百年历史，党之所以能够成功化解这些危局困境，带领中华民族迎来从站起来到富起来、强起来的伟大飞跃，归根结底就在于坚守初心使命。这些镌刻在历史年轮上的危局困境是党的光辉历程和伟大成就的重要见证。

危局困境是反映我们党坚持马克思主义中国化、推进理论创新的历史维度。党的历史，是一部坚持把马克思主义基本原理同中国实际相结合，探索适合中国国情的革命和建设道路，推进马克思主义中国化、推进理论创新的历史。马克思主义既是科学先进的理论，又是外来的理论学说，面临如何结合一国国情推进民族化大众化时代化的课题。新民主主义革命时期，我们党在一次又一次的艰难考验中，破除教条主义和本本主义的束缚，修正照搬照抄俄国革命经验的错误，把马克思主义和中国革命的具体实践结合起来，走出了一条农村包围城市、武装夺取政权的中国特色革命道路，引领中国革命从胜利走向胜利。新中国成立后，特别是改革开放以来，我们党把马克思主义与中国社会主义建设的具体实践结合起来，解放思想，实事求是，与时俱进，既不走封闭僵化的老路，也不走改旗易帜的邪路，开创、坚持和发展了中国特色社会主义理论体系，走出了一条中国特色社会主义建设道路，经受了一次又一次风浪考验。走出危局困境的过程，就是坚持马克思主义中国化，实现党的理论的历史性飞跃。危局困境因此成为党的理论创新的历史注脚。

危局困境是检验我们党勇于自我革命、加强自身建设的历史标度。党的历史，是一部加强和改进党的自身建设、保持和发展党的先进性和纯洁性，经受各种风险考验、不断发展壮大的历史。危局困境就是对党能否完成自我革命、自身建设是否真正过硬的检验。新民主主义革命时期，党长期处在农村根据地的革命战争环境下，面临如何从思想上改造农民、发展党的队伍的风险考验；社会主义革命和建设时期，党在实现全国执政、建立社会主义的条件下，面临如何防止党脱离群众、产生官僚主义的风险考验；改革开放以来，世情国情党情发生深刻变化，党面临的“四大考验”“四种危险”复杂严峻。党坚持打铁必须自身硬，勇敢面对影响党的先进性、弱化党的纯洁性、管党治党“宽松软”的问题，坚持思想建党和制度治党相结合，以党的政治建设为统领，交出全面从严治党的合格答卷。正是在不断战胜风险考验的过程中，党的建设实现了从“伟大工程”到“新的伟大工程”的历史性转变，党创造了从仅有50多名党员的小党逐步发展成为世界第一大党的奇迹。

总之，中国共产党始终坚守初心使命，披荆斩棘，砥砺奋进，面对风险考验，成功化解危局困境，始终保持和发展党的先进性，不断增强党的领导能力和执政能力。党面对危局困境的非凡勇气和应对风险考验的强大能力，既是她区别于其他政党的鲜明标识，又是她为什么行的成功之钥。

对危局困境的成功应对揭示党的发展逻辑

中国共产党的发展历史不是一帆风顺的，危局困境是揭示党的发展逻辑的节点。一个政党的成长，是应对内外环境变化、增强生存发展能力的过程。近百年来，党面临众多危局困境，经受了无数风险考验。从来源上看，既有党内、国内的内生型风险，也有党外、国外的外生型风险，今天更有多种风险叠加的综合型风险，一旦应对不力，就容易产生蝴蝶效应。从类型来看，既有疫情、地震、海啸、风暴等自然灾害引发的风险，也有政治、经济、文化、社会等国家运行引发的风险。从原因来看，重大风险考验的产生，既有不可否认的自然因素，同样也有不容否认的人为因素。从后果来看，来源不同的风险考验会造成不同的影响。

与一般意义上的风险考验相比，还有一些对党的发展具有生死攸关意义的危局困境。这种重大节点具有三个显著标准：一是此时面临的风险挑战具有空前的严峻性、复杂性，影响党和国家的命运；二是在此前后发生某种意义的转折，呈现历史的飞跃和前进；三是此时的应对具有思想解放和制度创新的效应，保持和发展了党的先进性。参照上述标准，分析我们党危局困境的案例，可以深刻理解党的发展逻辑。

从大革命失败到全民族抗战爆发的阶段，是党从幼年走向政治上成熟的关键时期。这一时期，党经受了两次严峻考验：一次是大革命的失败；一次是第五次反“围剿”的失利。在常人难以想象的险恶环境中，党度过最黑暗的时刻，奇迹般地开创革命新局面。面对大革命失败后的低潮，从走向井冈山形成“星星之火，可以燎原”之势，从遵义会议走向长征胜利，以毛泽东为主要代表的中国共产党人的成功应对，可以归结为做出四个关键抉择：一是工作重心从城市到农村的转移，找到新的革命道路；二是从迷信共产国际到独立自主，确立毛泽东的领袖地位；三是从“以俄为师”到坚持马克思主义中国化，形成毛泽东思想；四是开展党的建设伟大工程，保持和发展党的先进性。此后，经过全民族抗战的洗礼，到 1945 年，党在政治上更加成熟，发展到拥有 120 多万名党员，成为决定中国命运的力量，为夺取革命胜利奠定了坚实基础。

从“文化大革命”结束走向改革开放的徘徊中前进的阶段，是党实现新时期伟大历史转折的关键时期。从 1976 年到 1978 年，党和国家处在又一个重大关头，党经受了两次严峻考验：一次是怎样结束“文革”，停止十年内乱；一次是怎样走出“文革”，找到正确的建设道路。党不仅依靠自己的力量结束动乱，而且从错误中学习，勇创新路。正如邓小平所指出的：“‘文化大革命’也有一‘功’，它提供了反面教训。”归结起来，以党的十一届三中全会为标志，以邓小平为主要代表的中国共产党人实现了从“两个凡是”到实事求是、从“以阶级斗争为纲”到以经济建设为中心、从封闭僵化到改革开放的三大历史性转变，开启了改革开放新时期的伟大革命，开辟了中国特色社会主义的伟大事业，实现了中华民族复兴进程的伟大觉醒。这是党始终保有自我净化、自我完善、自我革新、自我提高能力的明证。

从应对政治风波走向建立社会主义市场经济体制的阶段，是党冲破国内外严重干扰、继续推进改革开放的关键时期。20 世纪 80 年代末 90 年代初，受国际大气候和国内小气候的影响，党经受了两次严峻考验：一次是 1989 年政治风波；一次是苏东剧变。在改革开放走向何处去的重大关口，党依靠人民采取果断措施一举平息政治风波，采取有力举措应对西方“制裁”和社会主义阵营低潮的国际压力，维护了社会主义中国的安全稳定。从 1992 年邓小平发表南方谈话到党的十四大提出建立社会主义市场经济体制目标，党在政治上更加成熟、组织上更加坚强有力、驾驭国际形势更加娴熟稳健，实现了以邓小平同志为核心的党的第二代中央领导集体和以江泽民同志为核心的党的第三代中央领导集体的顺利交替，实现了从传统社会主义向中国特色社会主义转型的重大突破，把改革开放和现代化建设全面推向了 21 世纪。

从新世纪新阶段走向新时代的极不平凡的阶段，是党开创民族复兴新局面的关键时期。新世纪新阶段，以胡锦涛同志为总书记的党中央抓住重要战略机遇期，在全面建设小康社会进程中，提出科学发展观，成功在新的历史起点上坚持和发展了中国特色社会主义。从党的十八大到党的十九大，以习近平同志为核心的党中央，经受住了世界形势新变局、中国发展新阶段的严峻考验，进行伟大斗争、建设伟大工程、推进伟大事业、实现伟大梦想，解决了许多长期想解决而没有解决的难题，办成了许多过去想办而没有办成的大事，党和国家发生历史性变革、取得历史性成就，推动中国特色社会主义进入新时代，开创了实现民族复兴的新局面。其间，党迈出的每一步都不是轻而易举的，面临这样那样的风险挑战，甚至遇到难以想象的惊涛骇浪。归结起来，作为新时代的领路人，习近平总书记以强烈忧患意识警醒全党，以改革创新精神管党治党，在应对风险挑战中提高党的执政水平，为战胜一切艰难险阻提供了最有力保证。

上述四个重要时期不仅是党史上的关键时刻，而且包含民族复兴历史记忆的关键事件。它们的核心联系在于：党成功应对危局困境的最根本原因、不断发展壮大的最根本逻辑，就在于始终坚守为中国人民谋幸福、为中华民族谋复兴的初心和使命。

在危局困境中凝练党的成功秘诀

纵观近百年来的危局困境，无论形势多么危急、风险如何重大、考验怎样严峻，中国共产党应对之成功，在中国历史上是前所未有的，在世界历史上也是极为罕见的。其中蕴含着党成功化解危局困境的宝贵“秘诀”。

第一，坚持领导核心的统领作用，是应对化解危局困境的根本保证。一个国家、一个政党，要应对化解危局困境，战胜风险考验，领导核心至关重要。每一次危局困境，都是对党的领导核心的一次烈火淬炼，都是对党的领导核心的一次强力锻造。邓小平强调：“任何一个领导集体都要有一个核心，没有核心的领导是靠不住的。”建党之初，由于没有形成成熟的党中央和坚强的领导核心，党的事业几经挫折，甚至面临覆灭的危险。遵义会议确立了毛泽东在红军和党中央的领导地位，开始形成以毛泽东同志为核心的中央领导集体，从此中国革命转危为安、不断从胜利走向胜利。“文化大革命”结束后，面对思想混乱、百业待兴的危重局面，以邓小平同志为核心的中央领导集体，解放思想，拨乱反正，开启改革开放新时期。党的十八大以来，我们党之所以能够推动历史性变革、取得历史性成就，最根本的是因为有以习近平同志为核心的党中央的坚强领导。在这次应对新冠肺炎疫情的重大考验面前，习近平总书记亲自指挥、亲自部署，全程、全面指挥着这场规模空前的全民战“疫”，为抗击疫情指明了方向，提供了最有力的保障。

第二，坚持科学把握时势，是应对化解危局困境的认识前提。任何危局困境的出现，既有其难以预测的突发性和始料未及的偶然性，也有事物客观发展的某种必然性和病灶积累暴发的合理性。科学理性的认识，重视风险的防范化解是应对和解决危机的先导。党科学研判形势与任务，分析和评估危局困境的根源、形式、态势和可预见的后果，统筹国际国内两个大局，制定有力应对的方针举措，才战胜了一次又一次困难，化解了一次又一次的危机，从一个胜利走向又一个胜利。这种把握“时”与“势”的认知能力，为党进行危机决策和风险管理提供了前提条件。

第三，坚持先进理论指导，是应对化解危局困境的思想基础。马克思主义是科学的、实践的、发展的、开放的理论，为中国革命、建设、改革提供了强大思想武器。马克思主义理论不是教条，而是行动指南。党战胜危局困境的重要经验之一，就是把握马克思主义与中国实际的结合，依靠马克思主义中国化的理论创新，不断解决时代发展提出的新问题，回应所面临的新挑战。基辛格指出，邓小平批判“两个凡是”的理由就是“没有一成不变的正统思想”，“中国的改革将以是否有效为基本依据”。正是马克思主义的解放思想、实事求是、与时俱进的理论品格，使中国共产党人具备了应对风险考验的看家本领，掌握了回答时代之问的科学理论。

第四，坚持加强党的建设，是应对化解危局困境的内在要求。危局困境是对党的自身建设的考验，需要党通过自我革命进行自我克服。有没有强烈的自我革命精神，是决定党兴衰成败的关键因素。没有什么外力能够打倒我们党，能够打倒我们的只有我们自己。新加坡前总理吴作栋总结说：“一个政党的寿命不取决于它的光荣历史，而是要看它是否能继续保持适应社会和环境的能力。”共产党人正是适应了成长环境变化和时代发展要求，视党的建设为“伟大工程”，把居危思危、安不忘危看作党的生存发展之道，以党要管党、全面从严治党的内在自觉，不断加强党的政治、思想、组织、作风、纪律、制度各项建设和开展反腐败斗争，为党成功走出危局困境提供了重要法宝。

第五，坚持依靠人民群众，是应对化解危局困境的力量源泉。人民是历史的主人，民心是最大的政治。人民群众是中国共产党最深厚的力量源泉和成长发展之本。党走出危局困境，尊重的是人民意愿，依靠的是人民支持。习近平总书记的一席话道出这一真谛：“我们党来自人民、植根人民、服务人民，党的根基在人民、血脉在人民、力量在人民。失去了人民拥护和支持，党的事业和工作就无从谈起。”通过革命、建设和改革，党在应对风险考验中，不断为最广大人民谋利益，谱写人民美好幸福生活新篇章。

历史是最好的教科书。沧海横流，方显初心本色；危局困境，展现使命担当。近百年来，无论弱小还是强大，无论顺境还是逆境，无论高光时刻还是至暗时刻，中国共产党战胜了一个个难以想象的困难和挑战，带领中华民族迎来了实现伟大复兴的光明前景。危局困境见证中国共产党的初心与使命，也揭示了世界第一大党的成功之道。

强化理论思维运用　筑牢高校党建之基*

习近平总书记指出，党的基层组织是党的肌体的“神经末梢”，是党执政大厦的地基。地基固则大厦坚，地基松则大厦倾。党的十八大以来，高校党建工作始终坚持“抓基层、打基础”，在加强党的组织体系建设、改进党的基层工作方面进行了丰富生动的实践，积累了宝贵有益的经验。其中重要一条，就是必须强化运用科学理论指导实践，以党的创新理论为高校基层党的建设引领航向、指明方法、解决问题。

习近平新时代中国特色社会主义思想是做好新时代高校基层党建工作的根本遵循

习近平新时代中国特色社会主义思想是当代中国马克思主义、21 世纪马克思主义，是党和国家必须长期坚持的指导思想。开展新时代高校基层党建工作，必须用习近平新时代中国特色社会主义思想举旗定向，并以此为根本遵循。

习近平新时代中国特色社会主义思想的核心框架体系，即“八个明确”和“十四个坚持”，特别是其中第八个“明确”、第一个和第十四个“坚持”，深化了我们党对于基层党建政治性、原则性、规律性的认识。作为这一创新理论的重要组成部分，习近平总书记关于党的建设和组织工作的重要思想继承和发展了马克思主义建党学说，特别是提出的新时代党的建设总要求和新时代党的组织路线，一举回答了新时代基层党的建设干什么、怎么干的重大现实问题，是党的建设史上的重要创举。习近平总书记关于教育的重要论述，特别是近年来在全国高校思想政治工作会议、全国教育大会、学校思想政治理论课教师座谈会上的重要讲话和在第二十三次全国高校党的建设工作会议期间所做的重要指示，又对高校党建工作提出了专门要求。这一系列重要思想、重要论述体系完

* 原文发表于《北京教育（高教）》2020 年第 7 期。

备、逻辑严密、目标明确、要求具体，并在不断丰富和发展中，是新时代高校基层党建理论与实践的核心内容、科学指南和发展遵循。

红色基因是做好新时代高校基层党建工作的精神底色

习近平总书记指出，我国有独特的历史、独特的文化、独特的国情，决定了我国必须走自己的高等教育发展道路，扎实办好中国特色社会主义高校。擦亮新时代高校基层党建工作的精神底色，就要从我们党领导的革命、建设、改革事业和创办高等教育事业的光辉历程中寻根溯源。

要扎根中国大地办大学，发挥高校党建和思想政治工作传统优势，注重从我国高校的历史传统、鲜明定位和办学特色中汲取精髓，用红色基因为师生党员铸魂。中国人民大学作为我们党亲手创办的第一所新型正规大学，从延安陕北公学一路走来，在八十多年的办学实践中，坚持传承弘扬与生俱来的红色基因。学校党委始终注重把“实事求是”的办学校训、“立学为民、治学报国”的办学传统和“始终奋进在时代前列”的办学精神融入到立德树人的实践中。近年来，学校不断加强吴玉章、张腾霄等老校长、老书记和人民教育家卫兴华、高铭暄等老教授的先进事迹宣传，面向师生党员和入党积极分子开展“红船领航”“读史读经典”“千人百村”“读懂中国”等项目，让青年党员在理论学习与实践锻炼中，弄清楚红色政权是从哪里来的、中国共产党为什么能、马克思主义为什么行、中国特色社会主义为什么好等重大问题，深化对“培养什么样的人、如何培养人以及为谁培养人”的认识，取得了良好的效果。

问题导向是做好新时代高校基层党建工作的重要原则

习近平总书记指出，我们中国共产党人干革命、搞建设、抓改革，从来都是为了解决中国的现实问题。高校肩负着为党育人、为国育才的政治责任和历史使命。把握新时代高校基层党建工作的重要原则，就是要突出问题导向，在落实立德树人根本任务、建设中国特色世界一流大学的进程中攻坚克难。

针对如何把党的领导和党的建设贯穿办学治校、立德树人全过程的问题，近年来，中国人民大学着力强化党委抓党建的责任主体意识，强化校级领导班子成员党委常委意识，全体校领导分工牵头负责党的政治建设100项任务和主题教育65项整改问题的落实，挂图式作战、项目制推进，使党的领导真正落地生根。针对如何推进党的组织体系全覆盖和组织力提升的问题，中国人民大学党委连续多年制定党建工作年度主题，以“基层党委建设年”等为抓手，以党建标杆院系和样板支部创建、组织生活示范评比、主题党日固定时间等举措，推动“校—院—系（室、班级）”三级党组织全面进步、全面过硬，切实提高党建质量，破解“上热中温下冷”的“中梗阻”问题。针对如何把党的建设和事业发展统一起来，避免“自我设计、自我循环、自我检验”的问题，近年来，中国人民大学在“双一流”建设、新中国成立70周年群众游行和志愿服务、新冠肺炎疫情防控和线上教学、通州新校区建设等各项重大任务和急难险重工作中强调发挥党组织和党员作用，以党员干部的带头冲锋陷阵来全面提振师生员工干事创业、担当作为的精气神，切实改变党建与业务“两张皮”状况。

队伍建设是做好新时代高校基层党建工作的有力保障

高校党建和思想政治工作从根本上讲是做人的工作，也要靠人做工作。只有建成一支用党的创新理论武装，政治过硬、品行优良、业务精通、锐意进取的党务工作队伍，才能够充分发挥党的政治优势、思想优势、组织优势和制度优势，保证基层党建工作落地见效。

强化高校党务工作队伍的制度意识。深入学习贯彻党的十九大和十九届二中、三中、四中全会精神，以《中国共产党章程》等党内法规为纲，建立起一整套健全完备的基层党建工作制度体系。近年来，中国人民大学党委不断完善基层党建工作责任制，改进党建工作领导小组议事机制，率先建立三级党组织书记抓基层党建述职评议考核制度，健全基层党建工作沟通机制，落实基层党建工作“一线规则”。

强化高校党务工作队伍的能力建设。按照分级分类原则，找准短板弱项，不断提升基层党组织书记、专职党务和思政工作者、党支部书记队伍的能力素质。中国人民大学大力实施教师党支部书记“双带头人”培育工程，把优秀的教师党员选配到党支部书记岗位上进一步培养锻炼，把标准亮出来、把导向竖起来。目前，“双带头人”队伍建设取得了明显成效，教学科研一线教师党支部书记“双带头人”率已经达到100%。

强化高校党务工作队伍的待遇保障。对干部既从严要求又真诚关爱，是我们党管理干部的重要经验，也是党的一项优良传统。中国人民大学探索完善“学工系统骨干计划”，率先建立党务和思政工作队伍“本—硕—博”一贯制培养、选拔任用单设计划单独招考、职称评定单列指标单独评审的一整套机制，并不断加大对其职务职级双线晋升、教学科研平台搭建、场地经费配套保障等的支持激励力度，使党务和思政工作者能够干得安心、拼得舒心，进一步为高校建设发展凝聚磅礴力量。

党建引领首都基层社会治理新格局*

基础不牢，地动山摇。党和国家的各项方针政策最终需要在基层落实，才能够将道路、理论、制度和文化优势转化为治理效能，切实增加人民群众的获得感、幸福感和安全感。基层治理的重点是基层社会治理，关键是打造共建共治共享的社会治理新格局，核心是党建引领的机制创新。首都基层社会治理在全国基层治理格局中占有重要位置，历来具有风向标意义。北京市委贯彻习近平总书记 6 次视察北京、9 次对北京发表重要讲话精神，高度重视基层工作，不断进行基层治理体制机制创新，努力打造具有首都特点的超大城市基层社会治理新格局。

构建党建引领基层社会治理的领导制度

首都治理是国家治理的重要组成部分，也是展示国家治理水平的窗口。2014 年 2 月 25 日，习近平总书记考察北京时指出："建设和管理好首都，是国家治理体系和治理能力现代化的重要内容。"基层社会治理是首都治理的"最后一公里"，其治理水平直接关系到民众对于"首善之区"的感受和评价，北京有责任有义务将基层社会治理好。习近平总书记在新时代加强党的建设总要求中提出："坚持和加强党的全面领导。"党建引领基层社会治理是坚持和加强党的全面领导在基层治理领域的具体体现。为此，北京市委将党建引领作为首都基层社会治理的突破口，形成了以北京市委主要领导亲自抓基层，建构党建引领基层社会治理的领导制度。

一方面，北京形成了党建引领基层社会治理的决策制度。在传统上，中国实行分级治理，一级管理一级，基层政权直接与民众打交道。但是，很多时候，基层的问题是基层自身无法有效解决的，需要给基层赋权、下沉和增效。坚持高位推动是党的十九大以来北京基层社会治理的鲜明特点，市委在基层社

* 原文发表于《前线》2020 年第 2 期。

会治理的态度和认识上始终是明确的，即要让党建引领基层社会治理形成合力，必须主要领导亲自部署、推动和督促。为了解决市委决策与基层脱节的问题，市委主要负责同志亲自谋划、亲自推动，50 多次赴一线调研、听取意见，每周组织 16 个区和相关部门负责同志开展拉练式检查，每月召开区委书记会进行点评，研究落实工作举措。据了解，区委书记月度工作点评会，是以每次安排几位区委书记发言和现场点评的方式来促进问题的解决。2018 年召开了 6 次区委书记月度点评会，2019 年召开了 9 次区委书记月度点评会，在点评会中直接对全市 333 个街道、乡镇工作进行评论，而 2019 年 12345 “接诉即办”热线电话实施后，每次会对各街道乡镇的综合评分情况进行排名，按照先进类、整改类和进步类进行排序。

另一方面，北京形成了党建引领基层社会治理的注意力分配制度。领导的注意力资源是最稀缺的资源，只有关注基层，才能够解决基层中存在的问题。“知屋漏者在宇下，知政失者在草野”。党要领导基层社会治理，必须对基层的问题有清晰认识，对民众需求有精准的识别，这也是我们党的群众路线的核心内涵。以回龙观和天通苑为例，市委主要领导先后 8 次到回天地区开展调研，多次强调：“坚持党建引领，深化‘回天有我’，努力把回天地区打造成共建共治共享的大型社区治理样板，让曾经的‘睡城’变为充满活力的美好幸福新家园。”2019 年 2 月，北京市时隔 23 年再次召开街道工作会议，讨论通过了《关于加强新时代街道工作的意见》，将街道工作列入市委重要议事日程，并启动了以街道大部制改革为轴心的行政管理治理体制改革，这是首都基层社会治理体系的一次深刻变革。

明确党建引领基层社会治理的目标和定位

党建引领基层社会治理的领导制度要转化为实际的效力，就需要在基层社会治理新格局上下功夫，形成党建引领、协调各方的治理体系。领导是决策，执行在基层，要让基层能够执行上层的决定，就需要在激励和约束基层上下功夫。就党建引领基层社会治理的新格局而言，需要通过“顶层设计”来形成共建共治共享、自治法治德治相结合的基层治理体系，明确党建引领基层社会治理的目标和定位，厘清党组织、政府、社会、公众等不同主体的职责，形成促进不同主体有效互动、公共问题解决和公共服务提供的路径与方法，并且以法律、制度和规范的方式加以巩固。

党建引领基层社会治理的目标是实现党的领导、人民当家作主和依法治国三者的有机统一，从而为经济社会持续发展提供良好的社会环境。党建引领基层社会治理的首要目标是实现党的领导。北京市各级组织始终抓住党组织领导基层社会治理这条主线，将党的组织体系与基层治理体系有机融合，让各级各类党组织共同参与首都基层治理，发挥党组织对各类组织和广大群众的政治引领、组织引领、机制引领、能力引领的作用。

人民当家作主和以人民为中心是衡量党建引领基层社会治理成效的主要目标，也是人民城市为人民的具体体现。人民当家作主，就需要健全人民群众制度化的参与渠道。北京组建了区和街道社会治理委员会，建立社区议事协商会，围绕基层治理突出问题和重大事项，开展社会公众共商共议活动，通过政府购买岗位、项目委托、项目补贴方式，鼓励社会组织参与基层治理。而“以人民为中心”则更是一个结果性指标。金杯银杯不如老百姓的口碑，是否让民众得实惠，是否让问题得到有效解决，这是党建引领基层社会治理的关键目标。据北京 12345 热线统计，截至 2019 年底，市民群众肯定表扬的数量同比增加 100.86%，响应率 100%，满意率达到 87.26%，基层群众原来投诉最多的是“没人管”，而现在则感受到“有人办”。

依法治国是衡量党建引领基层治理成效的程序性指标，它强调基层社会治理是否纳入法治轨道和框架。民众利益无小事，民众利益常常错综复杂，如何在法理情之间有效平衡，这考验执政者的智慧。党建引领基层社会治理要长治久安，就需要强化法治思维，在基层社会中贯彻“法治国家、法治政府、法治社会”的理念。

实现党建引领基层社会治理新格局的各项目标，需要对各个主体的角色进行定位。社会治理体系的核心内容，是对党委、政府、社会、公众等各方主体的角色进行定位，使得他们各自的治理能力得到有效发挥，形成治理合力而不是治理张力。在对不同治理主体的角色定位中，关键是要处理好基层党委和其他治理主体之间的关系，做到不越位、错位和失位。基层党委要在把方向、谋大局、定政策、促协调等方面下功夫，不能够代替其他治理主体发挥作用，政府要在自身职责体系上承担其使命，行使好城市管理、社会治理和公共服务等职责，市场要在竞争性物品和服务提供上发挥作用，社会组织要在公共物品和公共服务提供上下功夫，而居民要拥有自治的权力，承担公民责任。

创新党建引领基层社会治理的路径与方法

强化党建和基层社会治理的深度整合是党建引领基层社会治理的核心要义。要避免基层党建和基层社会治理“两张皮”，就需要在“融合”上想办法和动脑筋。“融合”是一个双向互动的过程，它一方面需要党建向基层社会治理靠拢，对基层社会治理要发挥党建的组织力、领导力、服务力、协调力和整合力，另一方面还需要基层社会治理向党建看齐，健全街道社区党组织领导下的居民自治、民主协商、群团带动、社会参与等机制。通过党建和基层社会治理的融合，最终开创党建引领基层社会治理的新境界。

强化党建引领基层社会治理还需要在组织、平台、资源共享等方面进行创新，让各类治理主体与公共事务有效配合。基层社会治理的特点是头绪多、事情多、利益矛盾复杂，这导致在街道和社区层面存在数量庞大的组织体系，缺乏协调时就会各自为政，有时可能还会相互拆台。党建引领发挥作用的一个重要方式就是对基层社会治理中的各路大军进行有效整合，让不同治理主体各司其职。与此同时，党建引领基层社会治理还需要技术支撑，对各种不同平台进行融合，形成包含多平台体系的新平台。实现网络化管理就依赖于平台建设，通过平台来调动各方力量。资源会通过各种不同渠道进入基层，而资源的进入方式刚性与基层问题多样性形成了矛盾，使得需要解决的基层问题没有资源，专项性资源提供的服务又不是民众需要的。这就需要党建引领来对各种资源进行整合，让街道和社区在资源统合中拥有更多的主动权。

北京市在开创党建引领基层社会治理方面，有一系列的创新举措，其中最重要的是党建引领“街乡吹哨、部门报到”改革和“接诉即办”工作机制。党建引领吹哨报到为基层社会整合基层政权体系和基层条块关系提供了新机制，为解决横向协调和纵向协调探索了新方法。“接诉即办”则是北京整合各领域政府服务热线，建立全市统一的 12345 市民服务热线受理平台，市区乡三级政府机构专班承接热线派单，公共服务企业 24 小时在线支持。

形成党建引领基层社会治理的制度体系

要使党建引领基层社会治理的新格局有预期和可持续，就需要在制度化上做文章。通过制度建设，让党建引领基层社会治理经验以制度体系的方式加以定型，实现社会治理智慧和经验的累积化发展——这也是党的十九届四中全会的主题，通过坚持和完善中国特色社会主义制度，推进国家治理体系和治理能力现代化，努力将制度优势转化为治理效能。

与国家治理其他领域相比，基层社会治理面临着将制度优势转化为治理效能和将治理效能上升为制度成果的双重挑战。一方面，基层社会治理是承接、检验、转化和实施中国特色社会主义制度的场域，也是民众感受制度优势的“前端”；另一方面，基层社会治理一直在转型和探索之中，很多时候是先行先试，面临将一些试验较好的治理方式以制度形式固定化的需求。这两种过程，既是自上而下制度制定与自下而上制度形成的过程，又是自上而下制度实施与自下而上治理反馈互动的过程。只有这样，基层社会治理的制度优势和治理效能才能够具有韧性、稳健性和适应力。

北京在推进党建引领基层社会治理中，十分重视制度建设，以制度将改革创新成果巩固下来。2019 年 11 月 27 日，北京市十五届人大常委会第十六次会议表决通过了《北京市街道办事处条例》，并于 2020 年 1 月 1 日施行，这是北京市推行党建引领基层社会治理制度建设具有里程碑意义的大事。根据“接诉即办”的大数据分析，北京市民对于老旧小区和物业管理反映集中，北京第一时间启动物业管理立法。2019 年 11 月 25 日，《北京市物业管理条例（草案）》开始征求公众意见，并提请市十五届人大常委会第十六次会议审议。

注重党建引领基层社会治理的实际效果

注重党建引领基层社会治理的实际效果，就需要围绕民生问题开展工作，将城市精细化管理、公共服务提供、社区营造和老旧小区治理等作为头等工作。城市基础设施、小区设施、社区养老服务、物业管理服务等直接涉及民众的衣、食、住、行、健康、教育、养老等问题，这些也是基层社会治理最头痛的问题。此外，很多老旧小区由于设施陈旧、公共服务配置不充分，使得问题更严重。这些问题是否得到解决，是衡量实际效果的重要指标。在这方面，北京市进行了一系列探索。

在“接诉即办”中，北京市围绕“七有”“五性”建立了监测评价指标体系，通过 79 项分类和 326 个细项，综合评价各区相关领域发展和群众诉求办理情况，引导各区增加教育、就医、养老、社会救助等公共服务的有效供给。“七有”和“五性”占北京市 12345 市民热线电话中 70%以上的诉求，都是百姓民生的体现。

北京市还通过深化街道政务服务中心“一窗受理、集成服务”改革，推进街道政务服务标准化建设，将直接面向群众、企业量大面广的区级部门服务和审批事项下沉到街道，把社区不该办、办不好的政务服务上收，规范运行程序、规则和权责关系，着力提升群众、企业办事便捷度和满意率。世界银行 2019 年 10 月 24 日发布的《2020 年营商环境报告》中，按照经济体的城市排名，北京分值相当于名列第 28 位，超过第 29 位的日本东京。我国排名大幅提升，从上年的第 46 名跃升至全球第 31 名，北京作为样板城市做出了重要贡献。这是首都基层社会治理成效在国际化方面的一个重要表征，也证明了党建引领基层社会治理方向的正确性。

大力推动新时代公民道德建设提质量上水平*

道德为人生之本、民族之魂、国家之基。加强公民道德建设，提高全社会道德水平，是适应社会主要矛盾变化、满足人民对美好生活向往的迫切需要，是促进社会全面进步、人的全面发展的必然要求。因此，落实《新时代公民道德建设实施纲要》精神，大力推动公民道德建设提质量、上水平是一项社会系统工程。

抓基本，在践履基本道德规范上下功夫。社会公德、职业道德、家庭美德和个人品德是新时代公民道德建设的着力点。社会公德的基本规范是“文明礼貌、助人为乐、爱护公物、保护环境、遵纪守法”；职业道德的基本规范是“爱岗敬业、诚实守信、办事公道、热情服务、奉献社会”；家庭美德的基本规范是“尊老爱幼、男女平等、夫妻和睦、勤俭持家、邻里互助”；个人品德的基本规范是“爱国奉献、明礼遵规、勤劳善良、宽厚正直、自强自律”。这些基本道德规范，既包含了传统美德、革命道德的内容，又弘扬了民族精神，赋予了时代特色。开展新时代公民道德建设，必须从普及基本道德规范入手，使之转化为全体公民的自觉行为。应通过各类新闻传媒，利用各种宣传阵地，广泛深入持久地宣传普及基本道德规范，做到家喻户晓、人人皆知。采用专题讲座、学术研讨等多种形式，通过对一系列典型事件、具体案例和社会现象的分析，让人们深刻理解基本道德规范。把倡导基本道德规范与惩治失德违法行为紧密结合起来，把学习基本道德规范与指导个人言行统一起来，建立惩戒失德行为常态化机制，形成扶正祛邪、惩恶扬善的社会风气，通过生动具体的引导，使人们自觉遵守、积极实践基本道德规范。

抓基层，在扩大道德建设覆盖面上下功夫。公民道德建设对象在基层、主体在基层，必须瞄准基层需求，创新基层工作。新时代加强公民道德建设，需立足于基层实际，遵循道德建设规律，针对不同基层单位的特点，坚持教育引导、实践养成、制度保障三管齐下，积极探索企业、农村、社区、机关、学

* 原文发表于《学习时报》2020 年 6 月 8 日 2 版。

校、新经济组织、新社会组织和其他基层单位开展公民道德建设的新途径新办法。充分发挥基层党组织的战斗堡垒作用和共产党员的先锋模范作用，增强与群众的沟通，倾听群众呼声，关心群众疾苦，多做解疑释惑、凝聚人心的工作，既讲道理又办实事，把好事办实、实事办好，把群众的积极性引导好、保护好，将公民道德建设工作渗透到为群众办实事、办好事中，在为群众排忧解难中增强道德教育的渗透力和实效性。把新时代公民道德建设与基层制度建设结合起来，建立健全规章制度，使道德有机融入到有关的法规条例、管理制度、行业规范、乡规民约、学生守则、企业文化之中，确保道德建设工作有章可循，引导人们逐渐养成良好的行为习惯。

抓重点，在加强重点群体道德建设上下功夫。一是抓好党员干部群体。党员干部在公民道德建设中担负着领导和组织责任，起着表率和带头示范作用。党员干部应牢记党的根本宗旨，从增强党的执政能力高度来加强自身道德建设，坚定理想信念、提高政治素养、锤炼道德操守、提升思想境界，自重、自省、自警、自励，努力改造主观世界，带头弘扬社会主义道德风尚，积极追求健康向上的生活情趣，自觉做到以德立身、以德从政、以德服人、以德树信，努力成为公民道德建设的表率。二是抓好青少年群体。青年的价值取向决定了未来整个社会的价值取向，应遵循青少年身心成长和思想品德形成的规律，因势利导、循循善诱，以社会主义核心价值观引导青少年在勤学求知中加强道德修养、注重道德实践，在知行合一上下功夫，努力培养担当民族复兴大任的时代新人。需建立健全学校、家庭和社会相结合的青少年思想道德教育体系，切实帮助青少年解决学习、生活中遇到的实际问题，为他们健康成长和全面发展创造良好的社会环境。

抓载体，在吸引群众广泛参与上下功夫。实践证明，选择有效载体，吸引群众广泛参与，使之在自觉参与中深化道德认识，践行道德规范，这是加强公民道德建设的重要途径。应在贯穿结合融入上下功夫，在落细落小落实上见成效。紧密联系群众生产生活实际，精心设计工作载体，组织开展实践活动，通过具体化、生活化的方式，春风化雨、润物无声。一是深入挖掘各种传统节庆、重要节日、纪念日中蕴藏的丰厚道德教育资源，利用纪念馆、博物馆、美术馆、音乐厅等文化阵地，精心设计和组织开展内容鲜活、形式新颖、吸引力强的道德实践活动，增进人们道德体验，提升群众道德境界。二是着力探索新方法，发挥好融媒体和新时代文明实践中心平台作用，通过“互联网＋”升级传统道德教育工作，抓好内容策划和选题设置，多进行有思想、有温度、有品质的网上工作。三是大力宣传先进典型的感人事迹，注重发挥榜样力量，用先进典型、时代楷模教育引领群众，用平凡好人、身边好事感染和触动心灵，在全社会形成追求先进、崇尚英雄、学习楷模的良好道德风尚。

抓舆论，在营造良好社会氛围上下功夫。一是充分发挥各类媒体强信心、聚民心、暖人心、筑同心的积极作用，特别是立足互联网时代，从顶层设计着眼健全机构、完善制度、补齐短板，推动网络道德教育系统化、制度化和常态化，使互联网这个最大变量变成新时代公民道德建设的最大增量。二是充分发挥文学艺术对公民道德养成的教育功能。各类文艺作品应热情讴歌人民群众在改革开放和现代化建设中展现出来的时代精神和道德风貌，各类文艺评论、评介、评奖应把握好社会主义道德重要标准，努力提高文化艺术品位。三是探索社会化的运作方式，动员各种社会组织、自治组织和村民代表、居民代表、“五老队伍”等力量一起来做公民道德建设工作，形成全社会齐抓共管的道德建设大格局。

发挥强大政治和组织优势
不断增强党的社会号召力*

保持强大的社会号召力是无产阶级政党的一个重要政治优势，也是我们党在革命、建设、改革进程中不断从胜利走向新的胜利的重要法宝。新时代党团结带领人民进行具有许多新的历史特点的伟大斗争，推进党的建设新的伟大工程，推进中国特色社会主义伟大事业，实现民族复兴的伟大梦想，要求我们党必须始终保持强有力的社会号召力。

保持强大社会号召力是党成功领导
革命建设改革的重要经验

社会号召力代表着一个政党动员社会各阶层、集聚社会力量、实现社会政治目标的能力，在本质上属于一个政党的软实力，是由政党的宗旨、性质、纲领、作风渗透和辐射出来的社会影响力，体现的是一种非强制性的政治动员能力。回顾中国共产党近百年的奋斗历史，就会发现我们党之所以能团结动员、组织领导最广大人民群众，取得革命建设改革的一个又一个胜利，一个重要原因就在于始终保持强大的社会号召力。

在新民主主义革命时期，我们党通过制定符合中国国情的革命策略，放手发动群众、宣传号召群众积极投身革命洪流，“唤起工农千百万、同心干”，极大地激发了工农大众的革命积极性，最终推翻了“三座大山”，建立了新中国，取得了新民主主义革命的伟大胜利；在社会主义建设时期，我们党运用自身强大的社会号召力，动员和号召全国各族人民投身社会主义改造，确立了社会主义基本制度，成功实现了中国历史上最深刻最伟大的社会变革，为当代中国一切发展进步奠定了根本政治前提和制度基础；在改革开放新时期，我们党发出了建设社会主义现代化国家的伟大动员令，通过深化改革破除阻碍社会生产力

---

* 原文发表于《中国党政干部论坛》2018 年第 3 期。

发展的体制机制障碍，通过扩大开放积极学习和借鉴人类文明发展的一切有益成果，亿万群众响应党的伟大号召积极投身中国特色社会主义现代化建设的伟大实践，极大地提升了我国的经济实力和综合国力，中华民族迎来实现伟大复兴的光明前景。

党的十八大以来，随着中国特色社会主义进入新时代，以习近平同志为核心的党中央站在人心向背和兴党兴国的战略高度认识党的社会号召力问题，深刻认识到对于一个长期执政的大党而言，唯有与时俱进，坚定不移全面从严治党，不断提高党的执政能力和领导水平，增强人民群众的信任度和满意度，不断增强党的社会号召力，才能真正发挥党的强大政治优势和组织优势。在全面从严治党过程中，党中央始终坚持思想引领和制度约束同向加强，坚持文化涵养和党性锤炼同步推进，坚持严明纪律和严惩腐败同时发力，进一步强化了党员干部坚持全心全意为人民服务的宗旨，密切了党群干群关系，使党在人民群众中的形象愈加稳固崇高，在人民群众中的号召力愈加强大有力，为我们统筹推进“五位一体”总体布局和协调推进“四个全面”战略布局提供了坚实的群众基础。

新时代党的建设总要求为增强党的社会号召力提供了根本指引

党的十九大报告在总结以往党建成功经验基础上，创造性地提出了新时代党的建设总要求。这一总体要求为新时代深入推进全面从严治党各项工作指明了方向，也为我们加强党的社会号召力建设提供了基本遵循。增强党的社会号召力要把握如下几点：

遵循新时代党的建设根本原则。党的建设总要求开宗明义提出要“坚持和加强党的全面领导”，指明了新时代党的建设根本原则。党政军民学，东西南北中，党是领导一切的。党的领导是战胜一切困难和风险的“定海神针”，是全国各族人民利益所在、幸福所在，同时也是党的社会号召力存续与发展的根本所在、基本所在。必须认识到，党的社会号召力是党领导下全国人民统一思想、统一意志、统一行动的社会基础。增强党的社会号召力，从根本上就是为了在社会各个领域、各个方面、各个环节加强党的全面领导，使我们党始终成为时代先锋、民族脊梁、领导核心。

把握新时代党的建设指导方针。党的建设总要求强调“坚持党要管党、全面从严治党”，明确新时代党的建设指导方针，体现了十八大以来党的建设最鲜明的主题。如果管党不力、治党不严，人民群众反映强烈的党内突出问题得不到解决，不仅损害党的公信力、破坏党的形象，甚至会带来致命伤害，面临被历史淘汰的危险，党的社会号召力更是无从谈起。增强党的社会号召力，必须坚持党要管党、全面从严治党的指导方针，使我们党在革命性锻造中不断自我净化、自我完善、自我革新、自我提高，以坚定理想信念和真挚人民情怀，夯实党的群众基础。

围绕新时代党的建设工作主线。党的建设总要求提出要“以加强党的长期执政能力建设、先进性和纯洁性建设为主线”，深刻昭示了在长期执政条件下提高党的执政能力和领导水平、保持党的先进和纯洁永远在路上，必将贯穿于我们党执政的全过程，贯穿于中国特色社会主义的壮阔征程。当今社会思想多样化、利益多元化、就业方式和生活方式多样化，社会号召力是党的政治优势与组织优势、政治功能与组织功能的重要体现，加强党的长期执政能力建设必然要增强党的社会号召力。我们党必须保持强有力的社会号召力，用共同价值追求和奋斗目标感召鼓舞人，在全社会树立同心同向的理想信念。

统筹新时代党的建设总体布局。党的建设总要求强调要“全面推进党的政治建设、思想建设、组织建设、作风建设、纪律建设，把制度建设贯穿其中，深入推进反腐败斗争”，明确了新时代党的建设总体布局，突出了政治建设的统领地位和纪律建设这个管党治党的治本之策。作为新时代党的建设的重点和路径，增强党的社会号召力只有准确嵌入和良好融入这个“5＋2”总体布局，才能在政治更清明、思想更先进、组织更牢固、作风更优良、纪律更严明、制度更有效的系统实践中找到实体支撑和有力抓手，形成强大合力。

瞄准新时代党的建设基本目标。党的建设总要求指出要“把党建设成为始终走在时代前列、人民衷心拥护、勇于自我革命、经得起各种风浪考验、朝气蓬勃的马克思主义执政党”，确立了新时代党的建设基本目标，集中体现了党的性质、宗旨、纲领，昭示了新时代共产党人的价值取向、政治定力、使命担当。新时代推进党的建设新的伟大工程，都要朝这个目标努力、用这个目标来检验，增强党的社会号召力建设也不例外。只有深刻领悟这个基本目标所包含的深厚意蕴，以永不懈怠的精神状态和一往无前的奋斗姿态，朝着这个目标整体推进、协调推进、统筹推进，我们党才能以更加强大的社会动员力，在全社会形成夺取新时代中国特色社会主义伟大胜利的磅礴力量。

始终坚持人民群众主体地位，
不断增强党的社会号召力

增强党的社会号召力，应当以贯彻党的政治纲领为统领、以增进思想共识为基础、以增加人民获得感为目的、以加强党的建设为保障，不断增强党的政治引领力、思想引领力、发展引领力和组织引领力，确保我们党在世界形势深

刻变化的历史进程中始终走在时代前列，在应对国内外各种风险和考验的历史进程中始终成为全国人民的主心骨，在坚持和发展中国特色社会主义的历史进程中始终成为坚强领导核心。

坚定不移贯彻落实党的政治纲领和路线方针政策，增强政治引领力。根据时代呼声和人民诉求制定切实可行的政治纲领和行动指南，是确保党在政治上具有强大社会号召力的关键所在。中国共产党自成立之日起就把实现共产主义远大理想作为党的最高纲领，为全党和全国各族人民树起了崇高的奋斗目标，成为激励一代代中华儿女团结奋进的强大精神动力。为把共产主义最高纲领落到实处，我们党把实现远大理想同阶段性目标有机统一起来，在不同历史时期又根据面临的主要任务制定了具体的行动纲领和路线方针政策，带领人民群众一步一个脚印朝着共产主义远大理想而奋斗。特别是党的十八大以来，以习近平同志为核心的党中央明确提出实现“两个一百年”奋斗目标进而实现中华民族伟大复兴中国梦的战略构想。为顺利实现中华民族伟大复兴中国梦，党的十九大又提出了新的“两步走”战略，为建设富强民主文明和谐美丽的社会主义现代化强国规划了时间表和路线图。实践证明，实现中华民族伟大复兴战略构想，已经成为新时代统一思想、凝聚力量的政治宣言和行动指南，极大地激发了全体中华儿女投身社会主义现代化强国建设的积极性主动性创造性。

高举习近平新时代中国特色社会主义思想伟大旗帜，增强思想引领力。作为我们党的最新指导思想，习近平新时代中国特色社会主义思想坚持人民主体地位，深刻总结了人民群众的实践经验，充分反映了人民群众的共同意志，同时又立足社会主义初级阶段这个最大实际，按照客观规律要求谋划事业发展，深化了我们对共产党执政规律、社会主义建设规律和人类社会发展规律的认识。真理的力量是无穷的，这一思想一经诞生就得到了全党全国各族人民的高度认同和衷心拥护。因此，必须深入学习习近平新时代中国特色社会主义思想，深入领会这一思想的重大政治意义、理论意义、实践意义，深入理解这一思想的科学体系、精神实质、实践要求，进一步凝聚全党全国各族人民的思想共识和智慧力量，使习近平新时代中国特色社会主义思想深入人心，构筑起党和人民团结奋斗的共同思想基础。

坚持全心全意为人民群众谋福祉，增强发展引领力。增进民生福祉，是中国共产党立党为公、执政为民的使命所在。我们党近百年的奋斗历程证明，只有坚持把人民利益摆在至高无上的地位，把人民对美好生活的向往作为始终不渝的奋斗目标，多谋民生之利，多解民生之忧，党才能得到人民群众的真心拥护，党的社会号召力也才能建立在坚实的物质利益基础之上。随着中国特色社会主义进入新时代，我们党必须准确把握为人民谋利益这一根本宗旨的新内涵，深刻认识到随着中国特色社会主义进入新时代，我国社会主要矛盾已经转化为人民日益增长的美好生活需要和不平衡不充分的发展之间的矛盾，人民美好生活需要日益广泛，不仅对物质文化生活提出了更高要求，而且在民主、法治、公平、正义、安全、环境等方面的要求日益增长。因此，必须科学准确地把握时代脉搏，保证全体人民在共建共享发展中有更多获得感，在继续推动发展的基础上，着力解决好发展不平衡不充分问题，大力提升发展质量和效益，更好满足人民群众多方面需求，更好推动人的全面发展、社会全面进步。

切实加强党的先进性和纯洁性建设，增强组织引领力。打铁还需自身硬，只有加强党的自身建设、永葆先进性和纯洁性，才能充分发挥党的创造力、凝聚力和战斗力，进而为在新时期拥有强大的社会号召力奠定坚实组织基础。要抓住党员领导干部这个“关键少数”。党员领导干部的一言一行都会影响党在广大人民群众心目中的形象，都关系党组织社会号召力的程度。因此，必须狠抓中央八项规定精神落实，坚决纠正“四风”，锻造出一支具有“铁一般信仰、铁一般信念、铁一般纪律、铁一般担当”的干部队伍，使之在全党乃至全社会起到示范引领作用。要高度重视党的基层组织建设，把基层党组织建设成为坚强的战斗堡垒，以坚固的基层党组织真正凝聚起党的社会号召力。还要进一步加强党员队伍建设。党的号召力是由一个个普通党员的号召力组成的。只有发挥好每一位党员的先锋模范作用，使每一位党员都成为党的良好形象代言人，党才能赢得人民群众发自内心的信任、拥护和支持，党在群众当中也才能真正有威信、有影响力。

新型政党制度

——中国共产党领导力的重要体现*

今年 3 月，习近平总书记在全国政协十三届一次会议期间关于我国政党制度的重要讲话，从决胜全面建成小康社会的奋斗目标和夺取新时代中国特色社会主义伟大胜利的高度，深刻阐释了新时代必须坚定不移巩固和发展中国共产党领导的多党合作和政治协商制度的重大意义，系统阐述了事关我国政党制度长远发展的一系列重大理论问题和现实问题，进一步明确了今后我国政党制度建设的方向目标、重点任务和基本遵循。特别是习近平总书记提出的“新型政党制度”概念，内涵丰富，高度概括了我国政党制度的基本性质、主要特点和核心要义，充满了思想的力量、逻辑的力量和信仰的力量，充分体现了中国共产党强大的政治领导力，以及对引领未来世界政党制度变革的制度自信、理论自信。

新型政党制度的创造体现了中国共产党强大的政治领导力

中国共产党领导的多党合作和政治协商制度是中国共产党和各民主党派在长期革命和建设实践中逐渐形成的一项政治制度。这一制度的核心和主要特征是：中国共产党长期执政，各民主党派接受中国共产党的领导，并与其通力合作、参政议政。这一制度和西方的议会制或总统制是明显不同的。在西方，政党政治的主流形式和一般形态是，政党代表某一社会特定阶层的利益，以执掌国家政权为目的，执政党和在野党围绕国家政权展开激烈竞争，从而经常出现相互交替执政的情况。而在中国，我们的制度既不是纯粹人为设计出来的，也不是完全自然发展形成的，而是两者的结合，是中国共产党主动顺应历史发展的趋势，在民主革命中孕育产生，并历经近 70 年的社会主义革命、建设和改

---

* 原文发表于《团结报》2018 年 10 月 23 日 8 版。

革开放不断发展形成的，特别是中国共产党在和民主党派的长期合作中进行了强有力的政治领导。

从历史上看，各民主党派对中国共产党的态度，先后经历了从同情和倾向中国共产党，到公开自觉接受中国共产党领导的转变。中国共产党与各民主党派的关系，也先后经历了从抗日战争时期解放战争初期的合作关系，到中华人民共和国成立期间的共同建国、协商合作关系的历史跨越。在这个历史跨越中，中国共产党的积极作为和政治引导发挥了重要作用，特别是在一些重要的历史节点。如，在抗战胜利后的和平民主建国和反对国民党发动内战问题上，中国共产党带领各民主党派同国民党进行艰苦斗争。到1948年中国共产党又主动发布筹备召开新政协、建立新政权的“五一口号”，得到各民主党派的热烈响应，由此拉开了新中国成立的历史帷幕。

因此，从中国共产党领导的多党合作和政治协商制度的历史形成过程看，这一制度既不是马克思主义理论的套用，也不是其他社会主义国家经验的复制，更不是西方发达资本主义国家制度的照搬，而是中国共产党结合国情，把马克思主义政党理论运用于中国革命和建设，在实践中探索出的一种新型政党制度。这一制度的产生发展，是中国共产党领导的自然结果，充分体现了中国共产党强大的政治领导力。

中国共产党领导和保障了当代中国的稳定发展

1956年社会主义基本制度在我国建立后，毛泽东提出了中国共产党与各民主党派“长期共存、互相监督”的方针。进入1978年改革开放新时期以后，我国社会越来越呈现出多样化的发展趋势，这为中国共产党与各民主党派、无党派人士的长期合作提供了新的现实依据。正是根据新时期我国政党关系的历史经验和现实状况，1989年12月底，中共中央明确提出必须坚持和完善中国共产党领导的多党合作和政治协商制度，并作为我国一项基本政治制度。明确中国共产党是执政党，民主党派是与中国共产党通力合作的参政党。随后在1993年，这一制度被写入宪法。

改革开放40年的伟大实践表明，实行中国共产党领导的多党合作与政治协商制度是我们的成功选择。过去苏联、东欧国家的改革之所以没有取得成功，原因之一就是它们在政治上放弃共产党的领导、搞多元化，而中国改革成功的一个重要原因，就是我们有一个强大的政治核心来保证转型社会的稳定有序。从国外看，本世纪空前规模的金融危机爆发以来，各国政府也是纷纷采用强势手段干预经济的运行，对危机的蔓延起到了有效的遏制作用。

因此，不管是国内还是国外，我们都可以看出，如果没有强有力的政治领导力，是很难摆脱危机并保持持续健康发展的。中国共产党领导的多党合作和政治协商制度，保证了发展中决策者可以相互协调，减少歧义，使大家扩展趋同性，向各方认同的决策目标接近。这是中国改革开放和中国特色社会主义现代化建设得以顺利实施的政治前提和制度基础，也是中国共产党成立以来所创造的一笔重要而独特的政治资产。

历史和实践都已证明，我们的这种新型政党制度与中国这样一个人口众多的大国治理是紧密相连的，是非常适合我国实际的。

新型政党制度为解决世界性政党关系提供了“中国方案”

任何事物的发展，都有一个产生、成熟、完善的过程。在历史发展基础上的创新，是新时代我国政党制度的题中之义。习近平总书记关于新型政党制度的论述，是对近70年历史的中国共产党领导的多党合作和政治协商制度的高度总结和概括，中国共产党领导的多党合作和政治协商制度进入了新时代。

党的十八大以来，以习近平同志为核心的党中央高度重视多党合作和政治协商制度的发展，重视社会主义协商民主建设。2015年相继制定出台的《中国共产党统一战线工作条例（试行）》和《关于加强政党协商的实施意见》，推动了民主党派的政治功能和作用的发挥。2018年3月，习近平总书记在全国政协十三届一次会议期间提出“新型政党制度”的概念，在实践中进一步推动了多党合作制度的发展。

习近平总书记提出新型政党制度的概念，既是对目前我国自身情况的前瞻性思考，同时也为解决世界性政党关系提供了“中国方案”。

进入21世纪，政党政治到底是西方规律的继续，还是新的历史转折？中国给出了自己的答案。中国新型政党制度改写了过去不同政治党派间只有互相攻击的旧逻辑，证明“政党轮替”的政治规律完全可以避免，现代化的政党政治也并非只有西方的一条路，给世界范围政党政治的发展提供了一个推陈出新、革故鼎新的机会。

政党制度作为人类政治生活的一般政治现象，没有也不可能有终极形式，而是处于不断的动态发展过程中。当代中国的新型政党制度就是目前人类政治生活中的一种新的政党制度，为其他国家的政党制度建设提供了中国智慧，凸显了中国新型政党制度的世界意义，是中国对人类政治文明的一大贡献。具体而言，主要表现在以下四个方面：

突破了一党制、两党制和多党制的传统政党类型，创立了一种合作型的政党制度形式，各个政党之间不是“竞争型”，而是“互益型”；

突破了原来以执政为目的、以竞争为手段的政党政治模式，创立了在多党合作基础上的复合形式；

突破了西方以议会党团为中心的政治参与方式，创立了一种执政与参政有机结合、领导与合作内在统一的政党执政参政方式；

突破了西方以选举为唯一形式的民主政治，创立了一种选举民主和协商民主互为补充、相辅相成的民主政治的实现形式。

同西方实行几百年的政党制度相比，中国新型政党制度充分显示出了治理的有效性和决策的科学性，在处理政党与政权、政党与政党、政党与社会这三种关系方面更有责任和更有效率，显得更加自信坚定和富有行动力。中国新型政党制度的历史意义，不仅将深刻影响着中国的未来，还必将对人类政治文明发展起到强有力的指引作用。

加强研究生党建工作，把好人才培养“出口关”*

习近平总书记在党的十九大报告中指出：“要全面贯彻党的教育方针，落实立德树人根本任务……培养德智体美全面发展的社会主义建设者和接班人。”随着我国高等教育的发展，研究生逐渐成为高校人才培养的重要对象，以中国人民大学为例，学校每年的毕业生中，硕士和博士研究生占比接近60%，在校学生党员中，研究生党员占比更是超过了75%，无论是从任务要求还是从数量占比上来看，研究生党建工作日益成为高校基层党建工作的重中之重。中共中央、国务院印发的《关于加强和改进新形势下高校思想政治工作的意见》对此也做出明确要求：“加强高校基层党建工作，建立健全高校基层党组织，加强教师党支部、学生党支部特别是研究生党支部建设，充分发挥党支部战斗堡垒作用。”

加强研究生党建工作，关键在于发挥示范引领作用，筑牢支部战斗堡垒。教育部以习近平新时代中国特色社会主义思想和党的十九大精神为遵循，把脉寻根，定诊下方，于近期启动实施了“研究生党建双创活动”。这是深入贯彻落实党的教育方针的有力举措，是新时代研究生党建工作的重要抓手，有利于更好发挥研究生党支部的示范引领作用和研究生党员的先锋模范作用，有利于为党和国家培养和造就一批能够担当民族复兴大任的高素质人才。开展好“研究生党建双创活动”，必须牢固树立党的一切工作到支部的鲜明导向，坚持和加强党对高校的全面领导，落实立德树人根本任务，按照写好教育“奋进之笔”的总体部署和高校党组织“对标争先”的建设要求，始终围绕“五个一”，充分彰显新时代高校党建工作新担当新作为。

开展“研究生党建双创活动”，要始终贯彻一种思想

党的十八大以来，以习近平同志为核心的党中央在全面从严治党的伟大实

* 原文发表于《中国研究生》2018年第9期。

践中，提出了一系列管党治党的重要论述，形成了思想深邃、内涵厚重、逻辑缜密的党建思想。习近平总书记关于党建的思想是习近平新时代中国特色社会主义思想的重要组成部分，是新时代全面加强党的领导和党的建设的行动指南。加强研究生基层党建工作，开展“研究生党建双创活动”，必须始终把习近平总书记关于党建的思想作为重要遵循，按照新时代党的建设总要求，坚持以政治建设为统领，大力推进研究生党支部和研究生党员深入学习习近平新时代中国特色社会主义思想，不断增强“四个意识”，坚定“四个自信”，坚定不移听党话、跟党走，坚决维护习近平同志的核心地位，坚决维护党中央权威和集中统一领导，始终与党和国家同呼吸共命运。通过加强研究生党建工作进一步推进全面从严治党向基层延伸、向深入拓展，引导广大学生党支部和学生党员旗帜鲜明讲政治、强功能，实事求是攻弱项、补短板，真抓实干重创新、强实效，不断开创高校基层党建工作新局面。

开展“研究生党建双创活动”，要始终围绕一项任务

“要坚持把立德树人作为中心环节，把思想政治工作贯穿教育教学全过程，实现全程育人、全方位育人”。习近平总书记多次强调高校的一切工作必须紧紧围绕立德树人这一根本任务展开，要把立德树人作为新时期发展中国特色社会主义教育事业的核心所在，作为培养德智体美全面发展的社会主义建设者和接班人的本质要求。加强研究生基层党建工作，开展“研究生党建双创活动”，必须始终围绕立德树人根本任务，正确处理基层党建与人才培养工作的辩证关系，使基层党建为人才培养工作保驾护航，教育引导研究生党员，志存高远、脚踏实地，树立与这个时代主题同心同向的理想信念，勇于担当时代赋予的历史责任，成为“爱国、励志、求真、力行”的表率，做走在时代前列的奋进者、开拓者、奉献者，努力成长为新一代“人民共和国建设者”。

开展“研究生党建双创活动”，要始终抓好一条主线

党的基层组织是党在社会基层组织中的战斗堡垒，是党的领导延伸到基层的重要载体，担负着直接教育党员、管理党员、监督党员和组织群众、宣导群众、凝聚群众、服务群众等重要职责。习近平总书记在全国组织工作会议上强调：“要以提升组织力为重点，突出政治功能。要健全基层组织，优化组织设置，理顺隶属关系，创新活动方式，扩大基层党的组织覆盖和工作覆盖。”加强研究生基层党建工作，开展“研究生党建双创活动”，必须始终聚焦如何发

挥研究生党支部战斗堡垒作用这一主线，以标准化建设为牵引，培育、发现、选树一批“教育有力、管理有力、监督有力、组织有力、宣传有力、凝聚有力、服务有力”的研究生样板党支部和“理想信念坚定、学业成绩优秀、带头作用突出、师生高度认可”的研究生党员标兵，充分发挥示范引领作用，竖起大抓研究生党建的旗帜，形成学习先进、争当先进的良好氛围，推动研究生基层党建工作全面进步全面过硬，真正使基层党组织成为教育党员的学校、团结群众的核心、攻坚克难的堡垒。

开展“研究生党建双创活动”，要始终明确一个导向

问题是实践的起点，也是创新的动力。“读懂一个时代需要读懂这个时代的问题，改变一个时代需要解决这个时代的问题。”习近平总书记多次强调树立问题意识、坚持问题导向的重要性，始终将发现问题、分析问题、解决问题作为谋划工作、推动发展的着眼点。加强研究生基层党建工作，开展“研究生党建双创活动”，必须始终突出问题导向，把解决研究生基层党建中存在的党支部地位和作用“弱化”、党员教育管理“虚化”、党员先锋意识“淡化”等问题作为推进工作的重要切入点。加强研究生基层党建工作，既要梳理长期困扰学生基层党建工作发展的共性问题，又要把握研究生学制较短、学术性强、群聚生活少、团队参与弱等特征，通过“把脉问诊”精准聚焦群体特点和薄弱环节，坚持重心下移、势能转换、补齐短板，创新党支部设置方式和组织生活开展形式，把研究生党建工作抓在经常、严在平时，使研究生党支部真正成为分布在教研室、实验室、教学科研团队、学生班级的“火车头”，成为党联系和团结师生的“主心骨”，在强化服务职能中突出政治功能，真正发挥战斗堡垒作用，把党的工作做到师生心坎上。

开展“研究生党建双创活动”，要始终压实一份责任

从严治党，必须增强管党治党意识、落实管党治党责任。历史和现实告诉我们，不明确责任，不落实责任，不追究责任，从严治党是做不到的。习近平总书记多次强调“各级各部门党委（党组）必须树立正确政绩观，坚持从巩固党的执政地位的大局看问题，把抓好党建作为最大的政绩”。加强研究生基层党建工作，开展“研究生党建双创活动”，高校各级党组织必须把抓基层党建主体责任牢牢扛在肩上，认真谋划研究、精心组织实施、狠抓工作落实。要经常深入基层特别是薄弱院系、问题支部，通过校、院两级领导班子成员结对联

系支部，经常与党员谈心谈话，解剖麻雀、总结规律，发现问题、解决问题；要健全完善基层党组织建设责任体系，严格落实基层党建工作述职评议考核制度，尤其是着力建立长效机制，强化考核结果运用，防止“虚、空、假”“浮、漂、拖”；要加强政策扶持、平台孵化、人员支持和经费保障，为研究生基层党建工作和“研究生党建双创活动”创造良好条件。

基层党建为人才培养工作保驾护航*

随着我国高等教育的发展，研究生逐渐成为高校人才培养的重要对象。以中国人民大学为例，每年毕业生中，硕士和博士研究生占比接近60%，在校学生党员中，研究生党员占比更是超过了75%，研究生党建工作日益成为高校基层党建工作的重中之重。

开展好研究生党建双创活动，必须牢固树立党的一切工作到支部的鲜明导向，坚持和加强党对高校的全面领导，落实立德树人根本任务，按照写好教育"奋进之笔"的总体部署和高校党组织"对标争先"的建设要求，始终围绕"五个一"，充分彰显新时代高校党建工作新担当新作为。

始终贯彻一种思想。必须始终把习近平总书记关于党建的思想作为重要遵循，按照新时代党的建设总要求，坚持以政治建设为统领，大力推进研究生党支部和研究生党员深入学习习近平新时代中国特色社会主义思想，不断增强"四个意识"，坚定"四个自信"，坚定不移听党话、跟党走，坚决维护以习近平同志为核心的党中央权威和集中统一领导，始终与党和国家同呼吸共命运。通过加强研究生党建工作进一步推进全面从严治党向基层延伸、向深入拓展，引导广大学生党支部和学生党员旗帜鲜明讲政治、强功能，实事求是攻弱项、补短板，真抓实干重创新、强实效，不断开创高校基层党建工作新局面。

始终围绕一项任务。必须始终围绕立德树人根本任务，正确处理基层党建与人才培养工作的辩证关系，使基层党建为人才培养工作保驾护航，教育引导研究生党员，志存高远、脚踏实地，树立与这个时代主题同心同向的理想信念，努力成长为新一代"人民共和国建设者"。

始终抓好一条主线。必须始终聚焦如何发挥研究生党支部战斗堡垒作用这一主线，以标准化建设为牵引，培育、发现、选树一批"教育有力、管理有力、监督有力、组织有力、宣传有力、凝聚有力、服务有力"的研究生样板党支部和"理想信念坚定、学业成绩优秀、带头作用突出、师生高度认可"的研究生党员标兵，充分发挥示范引领作用，树起大抓研究生党建的旗帜，形成学

---

* 原文发表于《中国教育报》2018年9月1日4版。

习先进、争当先进的良好氛围，推动研究生基层党建工作全面进步全面过硬，真正使基层党组织成为教育党员的学校、团结群众的核心、攻坚克难的堡垒。

始终明确一个导向。必须始终突出问题导向，把解决研究生基层党建中存在的党支部地位和作用“弱化”、党员教育管理“虚化”、党员先锋意识“淡化”等问题作为推进工作的重要切入点。加强研究生基层党建工作，既要梳理长期困扰学生基层党建工作发展的共性问题，又要把握研究生学制较短、学术性强、群聚生活少、团队参与弱等特征，通过“把脉问诊”精准聚焦群体特点和薄弱环节，坚持重心下移、势能转换、补齐短板，创新党支部设置方式和组织生活开展形式，把研究生党建工作抓在经常、严在平时，使研究生党支部真正成为分布在教研室、实验室、教学科研团队、学生班级的“火车头”，成为党联系和团结师生的“主心骨”，在强化服务职能中突出政治功能，真正发挥战斗堡垒作用，把党的工作做到师生心坎上。

始终压实一份责任。从严治党，必须增强管党治党意识、落实管党治党责任。高校各级党组织必须把抓基层党建主体责任牢牢扛在肩上，认真谋划研究、精心组织实施、狠抓工作落实。要经常深入基层特别是薄弱院系、问题支部，通过校、院两级领导班子成员结对联系支部、经常与党员谈心谈话，解剖麻雀、总结规律，发现问题、解决问题；要健全完善基层党组织建设责任体系，严格落实基层党建工作述职评议考核制度，尤其是着力建立长效机制，强化考核结果运用，防止“虚、空、假”“浮、漂、拖”；要加强政策扶持、平台孵化、人员支持和经费保障，为研究生基层党建工作和研究生党建双创活动创造良好条件。

严肃党内政治生活
夯实全面从严治党基础*

严肃党内政治生活是全面从严治党的基础。党的十八届六中全会指出："党要管党必须从党内政治生活管起，从严治党必须从党内政治生活严起。"六中全会审议通过的《关于新形势下党内政治生活的若干准则》（以下简称《准则》），深刻阐述了新形势下严肃党内政治生活的重大意义，全面阐明了严肃党内政治生活的基本要求，是对我们党管党治党规律的科学总结和理论升华，为全面从严治党提供了重要遵循和制度保障。

深刻认识严肃党内政治生活的重大意义

严肃党内政治生活是马克思主义政党的本质要求，是我们党区别于其他政党的鲜明标志，也是我们党的优良传统和政治优势。

党的历史经验的科学总结。我们党历来重视党内政治生活，在革命、建设、改革的长期实践中，我们党敢于直面问题、纠正错误，具有强大的自我净化、自我完善、自我革新、自我提高能力，逐步形成了一整套行之有效的做法，就是经常性地开展严肃认真的党内政治生活。在我们党的历史上，党内政治生活不正常的时期，往往也是政治路线出现错误的时期。遵义会议前，党内政治生活中出现"家长制"等问题，使党和革命事业蒙受严重损失。1935 年遵义会议，毛泽东同志的正确意见最终得到采纳，党和红军的命运就此发生转折。"文化大革命"期间，党内政治生活受到严重破坏，党和人民的事业遭受严重挫折。党的十一届三中全会以后，我们党总结正反两方面经验教训，于 1980 年制定了《关于党内政治生活的若干准则》，对促进党内的团结统一、保证改革开放和社会主义现代化建设顺利进行，发挥了十分重要的作用。历史证明，什么时候党内政治生活严肃认真，党和人民的事业就兴旺发达；什么时候

---

* 原文发表于《求是》2017 年第 1 期。

党内政治生活不正常，党和人民的事业就会遭受重大挫折。

解决党内突出矛盾和问题的迫切需要。近年来，一些地区和部门存在的党的领导弱化、党的建设缺失、从严治党不力等现象和问题，大多与党内政治生活不严肃、政治生态遭到“污染”有着密不可分的关系。有的党组织软弱涣散、纪律松弛，对党员干部疏于思想政治教育，疏于日常管理，民主集中制执行不好，选人用人不规范，以“好人主义”挑战纪律权威、以官僚主义挑战责任担当，管党治党失之于宽松软，“两个责任”落实不力。有的党员“四个意识”不强，认为“组织靠不住”“组织对不住自己”，自由主义、个人主义严重；有的党员批评上级怕穿小鞋，批评同级怕伤和气，批评下级怕丢选票，自我批评怕丢面子。严肃党内政治生活、净化党内政治生态，是我们党实现自我净化、自我完善、自我革新、自我提高的重要途径。必须抓住这个关键，我们党才能更好地凝心聚力、强身健体。

赢得伟大斗争、推进伟大工程的坚强保证。习近平总书记强调，我们党正在团结带领全国各族人民实现中华民族伟大复兴的中国梦，进行具有许多新的历史特点的伟大斗争，这就需要坚持以改革创新精神全面推进党的建设新的伟大工程。严肃认真的党内政治生活是党的旺盛生机的动力源泉，是保持党的先进性纯洁性、提高党的创造力凝聚力战斗力的重要条件，是党团结带领全国各族人民完成历史使命的有力保障。党的十八大以来，以习近平同志为核心的党中央坚持全面从严治党，把严肃党内政治生活、净化党内政治生态摆在更加突出的位置来抓，不断扎紧制度笼子，党内政治生活出现了许多新气象。但是，解决党内政治生活、政治生态中存在的问题绝非一朝一夕之功。只有进一步加强和规范党内政治生活，才能让党员在持续不断的党性教育和积极健康的思想斗争中，清除政治灰尘，补足精神之“钙”，确保在任何情况下政治信仰不变、政治立场不移、政治方向不偏。

准确把握严肃党内政治生活的基本要求

习近平总书记强调，“严肃党内政治生活是一篇大文章”。必须以党章为根本遵循，坚持党的政治路线、思想路线、组织路线、群众路线，着力增强党内政治生活的政治性、时代性、原则性、战斗性，着力增强党自我净化、自我完善、自我革新、自我提高能力，着力提高党的领导水平和执政水平、增强拒腐防变和抵御风险能力，着力维护党中央权威、保证党的团结统一、保持党的先进性和纯洁性，努力在全党形成又有集中又有民主、又有纪律又有自由、又有统一意志又有个人心情舒畅生动活泼的政治局面。

贯彻执行民主集中制是根本保障。民主集中制是我们党的根本组织原则和领导制度，是规范党内政治生活、处理党内关系的基本准则。严肃党内政治生活，必须坚持和完善民主集中制。各级党组织和领导干部要增强贯彻执行民主集中制的自觉性，自觉做到“四个服从”，保证全党团结统一、步调一致。坚持集体领导制度，实行集体领导与个人分工负责相结合。完善党委（党组）会议事规则和决策程序，既讲民主，坚决反对“一言堂”“家长制”，又讲集中，防止议而不决、决而不行，把民主基础上的集中和集中指导下的民主有机结合起来。

严明党的政治纪律和政治规矩是重要内容。加强党的纪律建设，是党的事业取得胜利的重要条件和可靠保证。我们党是靠革命理想和铁的纪律组织起来的马克思主义政党，纪律严明是党的光荣传统和独特优势。党面临的形势越复杂、肩负的任务越艰巨，就越要加强纪律建设，越要维护党的团结统一，确保全党统一意志、统一行动、步调一致前进。党员干部只有认真学习党规党纪，严格用党的纪律规矩规范自己的言行，切实把党的纪律规矩转化为自己的行为规范，时刻警示自己，才能筑牢拒腐防变的铜墙铁壁。

开展积极健康的批评和自我批评是有效武器。批评和自我批评是加强和规范党内政治生活的重要手段。中国共产党之所以能够历经挫折不断战胜困难，就在于具有一以贯之的开展批评和自我批评的优良作风，具有坚持真理、修正错误的巨大勇气。开展批评和自我批评，就要坚持党的实事求是的思想路线，坚持“团结—批评—团结”以及“惩前毖后、治病救人”的方针，讲党性不讲私情、讲真理不讲面子。既要防止批评主观武断，也要杜绝批评庸俗化。批评要有根据，不歪曲事实，以帮助同志、增进团结、促进工作为目的。要坚持出于公心，不发泄私愤，不搞无原则纷争。自我批评要动真格，敢于“揭短亮丑”，不遮遮掩掩，不文过饰非。领导干部要以身作则，带头从谏如流、敢于直言。

增强党性原则基础上的团结是关键目标。团结出凝聚力，出战斗力。我们追求的团结是在坚持党性原则基础上的团结。党的组织在团结上出现这样那样的问题，根子都是因为少数党员干部党性不强、私心作怪。增进团结，必须在增强党性上下功夫，坚定理想信念，牢记党的性质和宗旨，牢记党对干部的要求，讲党性、顾大局、守纪律。要像爱护自己的眼睛一样，真心诚意地维护团结。团结不是一团和气，不是“你好我好大家好”。发现问题就要指出来，就要解决，违背原则就要坚决抵制、坚决纠正。增强团结，必须坚决维护党中央权威和党中央集中统一领导，自觉在思想上政治上行动上同以习近平同志为核心的党中央保持高度一致。党的各级组织、全体党员特别是高级干部要牢固树立政治意识、大局意识、核心意识、看齐意识，更加自觉地向以习近平同志为核心的党中央看齐，向党的理论和路线方针政策看齐，向党中央的决策部署看齐，做到党中央提倡的坚决响应、党中央决定的坚决执行、党中央禁止的坚决不做。

开好民主生活会是重要途径。党的组织生活是党内政治生活的重要内容和载体。“三会一课”、主题党日活动、双重组织生活、警示教育、党性定期分析、民主评议等这些好制度、好做法，都要真正坚持下来、严格起来。严肃组织生活，重在开好民主生活会。民主生活会是解决党内矛盾、加强党内团结的有效途径。民主生活会要坚持政治性、思想性和原则性，紧紧围绕实际，以解决贯彻党的路线方针政策中存在的倾向性问题、突出矛盾和党风问题为主要内容，真正入脑入心、敞开心扉、交流思想、提高认识、促进团结。

努力构建严肃党内政治生活的长效机制

严肃党内政治生活既需要思想觉悟，也需要制度保障。要通过建章立制，强化制度的硬约束，提高制度执行力。当前迫切需要执行好落实好已有的各项制度规定，特别是要认真学习贯彻《准则》。

抓住“关键少数”，发挥领导干部的表率作用。领导干部要自觉把党性作为立身、立业、立言、立德的基石。要坚定理想信念，对党忠诚，严守党的政治纪律和政治规矩，把对理想信念的追求体现到脚踏实地为党和人民的事业不懈奋斗上。要有高尚的精神追求，自觉践行和弘扬社会主义核心价值观。要坚持正确选人用人导向，坚决禁止跑官要官、买官卖官、拉票贿选等行为，坚决禁止向党伸手要职务、要名誉、要待遇行为，坚决禁止向党组织讨价还价、不服从组织决定的行为。要贯彻群众路线，为群众办实事、解难事，当好人民公仆，决不允许在群众面前自以为是、盛气凌人，决不允许当官做老爷、漠视群众疾苦，更不允许欺压群众、损害和侵占群众利益。要保持清正廉洁的政治本色，坚决反对形式主义、官僚主义、享乐主义和奢靡之风，教育管理好亲属和身边工作人员，禁止利用职权或影响力为家属亲友谋求特殊照顾，禁止领导干部家属亲友插手领导干部职权范围内的工作、插手人事安排。

加强执行监督，确保党内政治生活的严肃性。各级党组织应把严肃党内政治生活的情况作为政治巡视和基层巡察的重要内容，常态化开展党内政治生活制度规范执行情况的监督检查，严格上级党组织派人参加下级党组织领导班子民主生活会制度，经常性了解下级党组织党内政治生活状况，及时发现和纠正存在的问题。严明纪律，坚持纪律面前一律平等，遵守纪律没有特权，执行纪律没有例外，党内决不允许存在不受纪律约束的特殊组织和特殊党员。任何党员，不论其职务高低，资历深浅，成就大小，都必须严格遵守党内组织生活制度。

创新方式方法，增强党内政治生活的吸引力和感染力。习近平总书记强调，党内政治生活一定要创新。要把握党内政治生活的特点和规律，积极适应新情况、探索新途径，紧跟时代步伐、紧贴党员实际、紧扣突出问题，探索更加符合实际、便于实行的党内组织生活方式方法，提高党内政治生活的吸引力和感染力，更好发挥党内政治生活的功能作用。既要坚持和发扬“三会一课”、交心谈心等优良传统，也要积极探索运用现代信息技术手段，创新党内政治生活形式，使党内政治生活更富有时代气息、更有效果。

打通高校党的基层组织建设“最后一公里”*

习近平总书记在全国高校思想政治工作会议上强调：“要加强高校党的基层组织建设，创新体制机制，改进工作方式，提高党的基层组织做思想政治工作能力。”这一重要论述，突出强调了加强高校基层党建工作的极端重要性。高校党委要牢固树立大抓基层、严抓基层的鲜明导向，以“踏石留印、抓铁有痕”的精神，把从严治党的要求落实到基层党建工作中，统筹推进学习型、服务型、创新型“三型”党组织建设，进一步夯实党在高校的组织基础。

要充分认识推进高校基层党建工作创新的紧迫性

近年来，高校基层党建工作不断探索创新，取得新的进展，基层党组织服务功能得到进一步增强，基层党组织活力得到进一步激发，党员队伍整体素质得到进一步提高，基层基础得到进一步夯实。同时我们要清醒地认识到，当前高校基层党组织中还存在一些与新形势和工作任务不适应的问题，存在与保持党的先进性不适应的问题。例如，有的党支部组织设置不合理，无法在中心工作中发挥作用；有的党支部不能坚持正常的组织生活，或者组织生活内容单调、形式单一，不能满足广大党员的需求；有的党支部疏于对党员的教育和管理，不能有效地开展批评与自我批评；有的基层党组织在群众中威信不高，发挥作用不明显；有的基层党组织的主要负责人素质不高、能力不强或者对党的工作不投入，党的委员会形不成核心，无法团结、带领党员群众开展工作；个别党的基层组织甚至软弱涣散，不发挥作用。这些问题的存在，影响党组织有效发挥领导核心、政治核心、战斗堡垒作用，影响党员充分发挥先锋模范作用，影响党组织与人民群众的密切联系，影响本单位事业的发展。加强高等学

* 原文发表于《思想政治工作研究》2017 年第 1 期。

校基层党建工作创新，就是要切实解决好这些问题，使高校基层党组织真正成为团结带领党员群众前进的政治核心，成为培养社会主义事业合格建设者和可靠接班人的坚强堡垒。

要不折不扣落实基层党建工作责任制

习近平总书记曾严肃地指出：“是不是各级党委、各部门党委（党组）都做到了聚精会神抓党建？是不是各级党委书记、各部门党委（党组）书记都成为了从严治党的书记？是不是各级各部门党委（党组）成员都履行了分管领域从严治党责任？”我们要深刻领会，以实际行动做出回答。要树立正确的政绩观。把抓好党建作为最大的政绩，真正把党建工作作为主业，放在心上、扛在肩上、抓在手上。要强化责任意识。各级党组织对本单位基层党建负总责，党组织书记是第一责任人，分管领导是直接责任人，领导班子其他成员要根据分工抓好职责范围内的基层党建工作，主动支持基层党建工作。要强化责任落实。坚持把基层党建工作和中心工作一起谋划、一起部署、一起考核，把各项任务抓具体、抓深入，坚决防止“一手硬、一手软”。要强化责任考核。把党建述职评议考核作为重要抓手，完善校、院（系）两级党建述职评议考核制度，督促党组织书记和班子成员履职尽责，认认真真地种好自己的党建工作“责任田”。

要深入推进基层服务型党组织建设

加强基层服务型党组织建设，是党的十八大以来以习近平同志为核心的党中央做出的重大战略部署，是对基层党组织功能定位的深化，也是基层党组织建设工作思路的创新和方式方法的转型。高校党委要以服务统领基层党建的各项工作。党组织班子、党员队伍、制度机制等方面的建设，都要朝着“服务”转型，党组织工作的出发点、着力点和落脚点都要落到“服务”上，使“服务”成为基层党组织建设的鲜明主题和广大党员的自觉追求和行动。要建立健全符合高校特点的服务体系。明确校、院、系三级党组织服务改革发展、服务党员师生、服务社会民生的具体内容和措施，健全工作机制，创新服务载体，真正把服务落到实处。要深入开展服务型党组织创建活动。认真抓好“在职党员到社区报到服务群众”工作，深入推进学生党员先锋工程，广泛开展党员志愿服务，鼓励基层结合实际创出特色、创出成效。

要以改革精神推进基层党建工作

改革创新是做好各项工作的不竭动力，也是推动基层党建工作发展的力量源泉。要在工作机制上抓创新。健全院（系）党政联席会议制度，健全教师党支部书记参与讨论决定本单位重要事项的工作机制和学生党支部与团支部、班委会协同工作机制，从根本上确保基层党组织围绕中心发挥作用。要在工作方式方法上抓创新。针对高校不同类型党组织和不同群体党员的特点，结合本单位的中心任务，创新工作理念、工作内容和工作方法，注重利用新媒体、新技术开展党的工作，及时挖掘、推广基层创造的好做法、好经验，使党的工作跟上时代发展、符合实际需要。要在发扬基层民主上抓创新。要创新支部活动形式，搭建跨院系、跨学科等共建平台，把组织生活作为有效载体，推动交流，形成党建创新合力。

要把从严治党要求落实到基层

党要管党、从严治党必须落实到基层，落实到每个基层组织、每个党员。要严肃党内政治生活。坚持党内政治生活制度，深入研究新形势下高校党内政治生活的有效途径和载体，丰富内容和形式，用好批评和自我批评的有力武器，下大力气提高党内政治生活质量，确保党内政治生活的政治性、原则性、战斗性。要严把党员入口。重点在高端人才和优秀大学生中发展党员，重点做好入党前思想教育，健全发展党员质量保证体系，提高发展党员质量。要严格党员管理。认真开展民主评议党员、党员党性定期分析工作，妥善处置不合格党员；对组织关系暂留高校的毕业生党员、出国留学党员、非在编教职工党员等管理难度大的群体，摸清底数，研究对策，逐一做好管理工作。

要进一步加大基层党建保障力度

重视基层、关心基层、支持基层，推动重心下移、资源下沉，为解决“最后一公里”问题提供强有力的条件保障。要加强基层党务干部队伍建设。选拔有威信、有能力、有热情的同志担任党组织书记，像抓学科带头人那样抓基层党组织书记队伍建设，落实年度轮训和新任党组织书记岗位培训任务，使他们真正成为党务和业务都强的基层党组织带头人。重视组织员、院（系）党务秘书等基层党务干部的选拔培养，健全保障激励机制。要加大经费投入。把基层党建经费纳入高校年度预算，加大党费的返还力度和对基层活动的支持力度，建立稳定的经费保障机制。要加强活动阵地建设。统筹校内外资源，建立相对稳定的党员活动阵地，注重建设网上活动阵地，为基层党组织提供便利条件。

党内监督：推进全面从严治党的利器*

加强党内监督，对于发扬党内民主，维护党的团结统一，提高党的领导水平和执政水平，增强拒腐防变和抵御风险能力，保持党的先进性和纯洁性都具有重大意义。十八届六中全会审议通过的《中国共产党党内监督条例》（以下简称《条例》），深入总结党内监督实践方面的经验和教训，是以习近平同志为核心的党中央全面从严治党制度化、规范化的重要标志。

深刻认识加强党内监督的重大意义

办好中国的事情，关键在党，关键在党要管党、从严治党。重视党内监督、加强党内监督是无产阶级政党的本质要求，是中国共产党的优良传统和政治优势，也是从严治党、推进国家治理体系和治理能力现代化的迫切需要。

第一，加强党内监督是保持无产阶级政党先锋队性质的根本要求。无产阶级政党是工人阶级的先锋队，加强党内监督是马克思主义政党学说的重要内容。马克思恩格斯始终把党内监督作为无产阶级政党建设的一项重要任务，提出了每个党员都必须编入党的一个支部，并定期与组织联系、报告工作、接受党组织的领导和检查等思想。列宁在领导第一个无产阶级国家政权的过程中，对党内监督的理论和体制机制做了重要探索，强调党内监督制度的建立及其功能的发挥，对于保持无产阶级政党的先锋队性质，对于建立权力制约机制、反对党和国家机关中的官僚主义都具有积极意义。中国共产党从成立之日起，就高度重视党内监督问题，党的几代人对党内监督的理论与实践进行了持续探索。毛泽东强调要确保党的性质和宗旨不变，就必须加强党内监督，提出加强党内监督的系统思想并开展了延安整风的成功实践。邓小平指出：“在中国来说，谁有资格犯大错误？就是中国共产党。……如果我们不受监督，不注意扩大党和国家的民主生活，就一定要脱离群众，犯大错误。”江泽民同志指出：

---

* 原文发表于《中国高校社会科学》2017 年第 1 期。

"我们党执政以后，特别是在新的历史条件下，能不能成功地解决党内监督问题，尤其是对高中级干部的监督问题，是加强党的建设需要解决的一个重要问题。"胡锦涛同志提出："把党内监督与人大监督、政府专门机关监督、政协民主监督、民主党派监督、司法监督、群众监督、舆论监督等很好地结合起来，形成监督合力，提高监督效果。"党的十八大以来，习近平总书记立足全面从严治党的战略高度，提出了加强党内监督的一系列新思想新观点新论断，强调"强化党内监督，必须坚持、完善、落实民主集中制，把民主基础上的集中和集中指导下的民主有机结合起来，把上级对下级、同级之间以及下级对上级的监督充分调动起来，确保党内监督落到实处、见到实效"。

第二，加强党内监督是弘扬党的优良传统和政治优势的重要体现。中国共产党始终高度重视党内监督，通过完善民主集中制、开展批评和自我批评等途径和方式不断加强党内监督，确保党的自我净化、自我完善、自我革新、自我提高。早在中国共产党成立之初，党的一大通过的《中国共产党纲领》就把"党内监督"作为加强党建的重要内容，并明确体现在"地方委员会的财务、活动和政策，应受中央执行委员会的监督"等条款中，奠定了党内监督的基础。党的五大党章规定党内专设"监察委员会"，并赋予中央监察委员会权力。党的六大党章则首次规定了民主集中制的根本原则。1945 年七大党章再次强调民主集中制原则和批评与自我批评方法，明确了党员的监督权利。1956 年八大党章中明确规定"任何党员和党的组织都必须受到党的自上而下的和自下而上的监督"。十一届三中全会后，我们党汲取"文革"十年削弱党内监督的教训，深刻认识党内监督的重要作用，重新建立中央和地方各级纪律检查委员会，颁布了《关于党内政治生活的若干准则》《关于党员干部加强党内纪律监督的若干规定（试行）》等一系列党规党纪，重建党内监督体制。1986 年，《中共中央关于社会主义精神文明建设指导方针的决议》中首次明确提出了"党内监督"的概念，提出了要"建立和健全党内监督制度和人民监督制度，使各级领导干部得到有效的监督"。1990 年十三届六中全会通过了《关于加强党同人民群众联系的决定》，明确提出要制定一部党内监督条例。2002 年 11 月，党的十六大提出建立结构合理、配置科学、程序严密、制约有效的权力运行机制，实现好党内科学分权，并且将制定《党内监督条例》列入重要的工作日程。2004 年中央正式颁布《中国共产党党内监督条例（试行）》。十八届六中全会又修订通过了新的《条例》，对于加强党内监督，推进全面从严治党具有里程碑的意义。中国共产党的历史证明，什么时候有效实施党内监督，党内民主政治生活就正常，党和国家的事业就兴旺发达；什么时候党内监督失效，党内民主就没有保障，党就会犯错误，党和国家的事业就遭受损失。

第三，加强党内监督是解决党内存在突出矛盾和问题的迫切需要。党的十八大以来，党中央提出全面从严治党战略，不断加强党内监督，扎紧制度笼子，先后修订并颁布了《中国共产党巡视工作条例》《中国共产党廉洁自律准则》《中国共产党纪律处分条例》《中国共产党问责条例》等党内法规，为全面从严治党提供制度保障。但是，加强党内监督，推进全面从严治党绝非一朝一夕之功。党内依然存在着一些突出矛盾和问题，一些地方和部门党的领导弱化、党的建设缺失、全面从严治党不力，一些党员、党员干部党的观念淡漠、组织涣散、纪律松弛，一些党组织和党员、党员干部不严格执行党章，漠视政治纪律、无视组织原则。这些问题产生的一个重要原因就是党的监督工作制度、措施、手段不到位，监督主体比较分散，监督责任不够明晰，监督制度操作性和实效性不强。因此，必须进一步加强党内监督。

第四，加强党内监督是推进国家治理体系和治理能力现代化的内在要求。党的十八届三中全会提出了完善中国特色社会主义制度，实现国家治理体系和治理能力现代化的重大目标。习近平总书记指出："国家治理体系和治理能力是一个国家的制度和制度执行能力的集中体现，两者相辅相成。"国家治理体系是在党领导下管理国家的制度体系，包括经济、政治、文化、社会、生态文明和党的建设等各领域体制机制、法律法规安排，也就是一整套紧密相连、相互协调的国家制度；国家治理能力则是运用国家制度管理社会各方面事务的能力，包括改革发展稳定、内政外交国防、治党治国治军等各个方面。国家治理体系和治理能力现代化的核心内容是要提高党科学执政、民主执政、依法执政水平，提高国家机构履职能力，提高人民群众依法管理国家事务、经济社会文化事务、自身事务的能力，实现党、国家、社会各项事务治理制度化、规范化、程序化。作为当代中国国家治理最重要主体的执政党，其自身的制度建设和制度创新是国家治理体系和治理能力现代化的先决条件和基石。加强党内监督，建立科学的权力配置机制、规范的权力运用机制、有效的权力制约机制、严密的权力监督机制、完善的腐败惩治机制等，做到有权必有责、有责要担当，用权受监督、失责必追究，推进全面从严治党，保证执政党立党为公、执政为民，不仅事关中国共产党的自身建设，也是推进国家治理体系和治理能力现代化的题中之义。

准确把握加强党内监督的基本要求

《条例》坚持继承和创新的统一，既深入总结党内监督方面的经验和教训，继承党在长期监督实践中形成的制度规定，又全面总结十八大以来全面从严治党的理论和实践创新成果，坚持问题导向，明确党内监督应遵循的指导思想、原则、重点对象和主要内容，为加强党内监督提供了制度遵循。

第一，明确了党内监督的指导思想。《条例》提出，党内监督要以马克思列宁主义、毛泽东思想、邓小平理论、“三个代表”重要思想、科学发展观为指导，深入贯彻习近平总书记系列重要讲话精神，围绕统筹推进“五位一体”总体布局和协调推进“四个全面”战略布局，尊崇党章，依规治党，坚持党内监督和人民群众监督相结合，增强党在长期执政条件下自我净化、自我完善、自我革新、自我提高能力，确保党始终成为中国特色社会主义事业的坚强领导核心。

第二，明确了党内监督的基本原则。《条例》提出，党内监督没有禁区、没有例外；信任不能代替监督，坚持把信任激励同严格监督结合起来；党内监督必须贯彻民主集中制，依规依纪进行，强化自上而下的组织监督，改进自下而上的民主监督，发挥同级相互监督作用；坚持惩前毖后、治病救人，抓早抓小、防微杜渐。

第三，明确了党内监督的任务和主要内容。《条例》提出，党内监督的任务是确保党章党规党纪在全党有效执行，维护党的团结统一，重点解决党的领导弱化、党的建设缺失、全面从严治党不力，党的观念淡漠、组织涣散、纪律松弛，管党治党宽松软问题，保证党的组织充分履行职能、发挥核心作用，保证全体党员发挥先锋模范作用，保证党的领导干部忠诚干净担当。党内监督的主要内容分为八个方面：遵守党章党规，坚定理想信念，践行党的宗旨，模范遵守宪法法律情况；维护党中央集中统一领导，树立政治意识、大局意识、核心意识、看齐意识，贯彻落实党的理论和路线方针政策，确保全党令行禁止情况；坚持民主集中制，严肃党内政治生活，贯彻党员个人服从党的组织，少数服从多数，下级组织服从上级组织，全党各个组织和全体党员服从党的全国代表大会和中央委员会原则情况；落实全面从严治党责任，严明党的纪律特别是政治纪律和政治规矩，推进党风廉政建设和反腐败工作情况；落实中央八项规定精神，加强作风建设，密切联系群众，巩固党的执政基础情况；坚持党的干部标准，树立正确选人用人导向，执行干部选拔任用工作规定情况；廉洁自律、秉公用权情况；完成党中央和上级组织、部署的任务情况。

第四，明确了党内监督的重点对象。《条例》提出，党内监督的重点对象是党的领导机关和领导干部特别是主要领导干部，突出了关键少数。通过党内监督，促使党的领导干部做到有权必有责、有责要担当，用权受监督、失责必追究。

第五，明确了党内监督的体系。《条例》提出，建立健全党中央统一领导，党委（党组）全面监督，纪律检查机关专责监督，党的工作部门职能监督，党的基层组织日常监督，党员民主监督的党内监督体系，并对各监督主体的职责进行了具体规定。

第六，明确了党内监督的形式。《条例》丰富完善了党内监督的主要形式，如重要情况通报和报告、述职述廉、民主生活会、信访处理、巡视、谈话和诫勉、询问和质询、罢免或撤换要求及处理和舆论监督等，对巡视、民主生活会、谈话和诫勉等方式做了更加具体的规范。

第七，明确了党内监督的落实保障。《条例》提出，党内监督与外部监督要相结合，整合人大监督、政府监督、审计监督、民主党派监督、社会监督、舆论监督，形成监督合力。要强化党内监督的整改和保障。

正确处理加强党内监督的几个关系

全面从严治党永远在路上。强化党内监督，必须正确处理好以下几个关系，确保党内监督落到实处、见到实效。

第一，党内监督与党内民主的关系。发展党内民主和强化党内监督，是辩证统一、相辅相成的。党内民主是党的生命，也是党内监督的基础。党内民主的状况影响和制约着党内监督的水平。如果党内民主发挥不够，民主气氛不浓，党员的监督权得不到尊重，党内监督就不可能落到实处。要认真贯彻民主集中制，把民主基础上的集中和集中指导下的民主有机结合起来，把自上而下的监督与自下而上的监督结合起来，在强化自上而下的组织监督的同时，必须加强党员、党组织自下而上的民主监督，坚持和落实党内各项民主制度，进一步拓宽党内民主渠道，保障各级党组织和广大党员的民主监督权利，使监督更具普遍性和全面性。

第二，党内监督与党外监督的关系。我们党是执政党，党内监督在各种监督中起着基础和核心的作用。但是，强调党内监督，绝不意味着排斥和拒绝党外监督。党内监督与党外监督虽然监督的主体、监督的形式不同，但两者监督的目标是一致的。党内监督和党外监督相互关联、相互影响，共同构成对党监督的体系。加强党外监督，可以促进党内监督，提高党内监督的水平。实践证明，全面从严治党，既需要加强党内监督，也需要强有力的外部监督。毛泽东在延安回答黄炎培关于如何跳出历史周期律时，就明确提出了引入外部监督的思想，他指出：让人民起来监督我们，我们才不敢懈怠，才不至于人亡政息。《条例》明确提出，党内监督和外部监督相结合，形成监督的整体合力。

第三，重点监督与全面监督的关系。重点监督和全面监督虽各有侧重，但目的一致，相辅相成，相互促进。加强党内监督，既要抓住监督的重点对象和重点内容，抓住“关键少数”，又要展开全面监督，面向全体党员。通过重点监督，不断扩展、充实全面监督；通过全面监督，不断提高、深化重点监督。由于党的权力是由党的各级领导机关和领导干部具体行使，因此必须把“党的领导机关和领导干部特别是主要领导干部”作为重点监督对象。同时，党内监督没有禁区、没有例外，党员人人平等，人人既是监督者，同时又是被监督的对象，党内没有不接受监督的特殊党员，每个党员不论职务高低，都必须接受监督。

第四，监督“自律”和监督“他律”的关系。党内监督必须注重自觉性与强制性的统一。一方面，全体党员特别是领导干部要增强接受监督的“自律”意识，提高思想认识，强化自我约束，经常对照党章检查自己的言行，自觉遵守党内政治生活准则、廉洁自律准则，加强党性修养，陶冶道德情操，永葆共产党人政治本色。另一方面，要加强监督的制度落实，强化监督“他律”。“动员千遍，不如问责一次”。要加强监督发现问题的整改，强化党委（党组）的主体责任、纪委（纪检组）的监督执纪问责职责，把问责作为加强党内监督的重要抓手，坚持有责必问、问责必严，推动党内监督的落实。

以全面从严治党的精神推进全面从严治校*

习近平总书记在全国高校思想政治工作会议上的重要讲话深刻回答了“培养什么样的人、如何培养人以及为谁培养人”的根本性问题，为做好新形势下高校思想政治工作、发展高等教育事业指明了行动方向。作为中国共产党亲手创办的第一所新型正规大学，中国人民大学不忘初心、砥砺奋进，不断创新思想政治工作的方式方法，把各种“软指标”变成“硬约束”，在全面从严治党的伟大进程中推进全面从严治校。

充分认识全面从严治党的重大意义

治国必先治党，治党务必从严。作为一个有 8 900 多万名党员的大党，作为一个在有着 13 亿多人口的大国长期执政的党，党的建设关系重大、牵动全局。

从严治党有着深厚的历史内涵和清晰的发展脉络。抗日战争时期，我们党通过创造性地开展“延安整风”加强了自身建设，实现了党在思想上政治上组织上的团结统一。新中国成立前夕，毛泽东同志在党的七届二中全会上提出了著名的“两个务必”，要求全党在胜利面前保持清醒头脑，在夺取全国政权后要经受住执政的考验。新中国成立初期的“三反”“五反”运动，对克服执政条件下的作风问题和腐败问题进行了探索。改革开放初期，随着经济社会的迅速恢复和发展，党中央采取一系列措施，开展打击经济犯罪活动，克服党风廉政建设领域存在的突出问题。党的十八大强调，要坚持党要管党、从严治党，增强自我净化、自我完善、自我革新、自我提高能力。随后，我们党把全面从严治党列入“四个全面”战略布局，站在中华民族伟大复兴的战略高度对推进党的建设新的伟大工程做了全面部署。党的十八届六中全会既深入总结了我们

* 原文发表于《思想政治工作研究》2017 年第 8 期。

党在加强自身建设方面的经验和教训、继承了我们党在长期实践中形成的制度规定、发扬了我们党的优良传统，又全面总结了党的十八大以来党中央推进全面从严治党的生动实践。全会通过的《关于新形势下党内政治生活的若干准则》和《中国共产党党内监督条例》对全面从严治党的理论和实践创新成果进行了集纳，深入分析了新形势下党的建设面临的新情况新问题，直面当前党内政治生活和党内监督存在的突出问题，有力推动了党内政治生活和党内监督制度化、规范化、程序化，为推进全面从严治党、提高党的创造力凝聚力战斗力提供了更加有力的制度保障。

牢牢把握全面从严治校的基本原则

“育才造士，为国之本”。教育兴则国家兴，教育强则国家强。高校党的建设是新形势下全面从严治党的重要组成部分。不断加强和改进高校党的建设，充分发挥党建工作的特殊重要作用，对坚持社会主义办学方向，办好中国特色社会主义大学具有十分重要的意义。

坚持党的领导、坚持社会主义办学方向是全面从严治校的前提。习近平总书记强调，我们的高校是党领导下的高校，是中国特色社会主义高校。办好我们的高校，必须坚持以马克思主义为指导，全面贯彻党的教育方针。因此，能否办好中国特色社会主义大学，方向问题是第一位的。我们必须坚持党的领导，牢牢掌握党对高校工作的领导权，使高校成为坚持党的领导的坚强阵地。在这一点上，首先要做的就是继续坚持和完善党委领导下的校长负责制这一基本制度。高校党委要对学校工作实行全面领导，履行管党治党、办学治校的主体责任，切实发挥领导核心作用。

推进“两学一做”学习教育常态化制度化是全面从严治校的基础。党的十八大以来，中央先后部署了党的群众路线教育实践活动，开展了“三严三实”专题教育、“两学一做”学习教育，体现了中央坚持思想建党和制度建党相结合、全面从严治党的坚定决心。2017 年 3 月，中共中央办公厅印发了《关于推进“两学一做”学习教育常态化制度化的意见》，强调推进“两学一做”学习教育常态化制度化，是坚持思想建党、组织建党、制度治党紧密结合的有力抓手，是不断加强党的思想政治建设的有效途径，是全面从严治党的战略性、基础性工程。推进高等学校“两学一做”学习教育常态化制度化，必须坚持用党章党规规范党组织和党员行为，用习近平总书记系列重要讲话精神武装头脑、指导实践、推动工作，不断夯实全面从严治校的政治基础。

深入贯彻落实全国高校思想政治工作会议精神是全面从严治校的保障。高校思想政治工作，既是我国高校的特色，也是办好我国高校的优势。习近平总书记在全国高校思想政治工作会议上的讲话从全局和战略高度，深刻回答了事关我国高等教育事业发展的一系列重大问题。高校党委要深刻认识办什么样的大学、怎么样办大学，培养什么样的人、如何培养人以及为谁培养人等一系列重大问题，进一步明确加强和改进高校思政工作的聚焦点、着力点，围绕“立德树人”的人才培养目标和根本任务，引导广大党员干部和师生学思践悟、知行合一，努力做到全面从严治党合格、贯彻落实党中央治国理政新理念新思想新战略合格、党员的行为和作风合格、教育改革发展稳定各项工作合格。

努力构建全面从严治校的长效机制

全面从严治校既需要思想觉悟，也需要制度保障。要通过建章立制，强化制度的硬约束，提高制度执行力。当前迫切需要执行好落实好已有的各项制度规定，努力构建全面从严治校的长效机制。

以习近平总书记系列重要讲话精神为指导，真正做到思想上从严。习近平总书记系列重要讲话，作为中国特色社会主义理论体系最新成果，作为马克思主义中国化最新成果，作为指导具有许多新的历史特点的伟大斗争的鲜活的马克思主义，是新的历史条件下我们党治国理政的行动纲领。作为中国共产党亲手创办的第一所新型正规大学，中国人民大学有着始终与党和国家同呼吸、共命运，始终奋进在时代前列的优良传统，在深入学习宣传习近平总书记系列重要讲话精神方面有着义不容辞的责任，在发展 21 世纪马克思主义中国化方面必须有所作为。要坚持正确的价值导向，坚持为人民做学问的理念，发挥学校在哲学社会科学领域的整体优势，特别是马克思主义理论学科建设方面的优势，加强对重大实践经验的总结提炼，提高对深层次思想理论问题的辨析和引导，力争用中国理论解读中国实践，用中国实践丰富中国理论，为构建中国特色哲学社会科学学科体系、学术体系、话语体系做出更大贡献。

把学习成果转换到实际工作中，真正做到组织从严。习近平总书记曾严肃地指出：“是不是各级党委、各部门党委（党组）都做到了聚精会神抓党建？是不是各级党委书记、各部门党委（党组）书记都成为了从严治党的书记？是不是各级各部门党委（党组）成员都履行了分管领域从严治党责任？”对此，我们要深刻领会，以实际行动做出回答。在学校工作，同样要树立正确的政绩观。把抓好党建作为最大的政绩，真正把党建工作放在心上、扛在肩上、抓在手上。要强化责任意识。各级党组织对本单位基层党建负总责，党组织书记是第一责任人，分管领导是直接责任人，领导班子其他成员要根据分工抓好职责范围内的基层党建工作，主动支持基层党建工作。要强化责任落实。坚持把基层党建工作和中心工作一起谋划、一起部署、一起考核，把各项任务抓具体、抓深入，坚决防止“一手硬、一手软”。要强化责任考核。把党建述职评议考核作为重要抓手，完善校、院（系）两级党建述职评议考核制度，督促党组织书记和班子成员履职尽责，认认真真地种好自己的党建工作“责任田”。

弘扬和树立新风正气，真正做到作风从严。高校党员领导干部的作风，体现着高校的形象，影响着办学治校和立德树人的成效和质量。要坚持不懈培育优良校风和学风，进一步打造高质量的育人体系，建立健全高质量的管理体系，使学校发展始终做到治理有方、管理到位、风清气正。要进一步加强师德师风建设，严格落实师德一票否决制度，引导广大教师做到坚持教书和育人相统一、言传和身教相统一、潜心问道和关注社会相统一、学术自由和学术规范相统一。要加强校园文化建设，发挥先进典型的示范引领作用，不断提升校园文明程度，努力打造良好育人环境。

强化规章制度执行，真正做到制度从严。党要管党、从严治党首先必须把各项规章制度落实到位。要落实好党委领导下的校长负责制这一根本性制度，党委切实发挥好领导核心作用，同时认真贯彻民主集中制度，坚持集体领导和个人分工负责相结合，重大事项必须坚持科学决策、民主决策、依法决策，集体研究决定。要执行好党内政治生活各项制度，落实好“三会一课”、组织生活会和民主生活会、谈心谈话、民主评议党员等制度，使党内政治生活严肃认真、生动活泼地开展起来。要认真落实意识形态工作责任制，敢抓敢管、敢于亮剑，做到守土有责、守土负责、守土尽责。另外，还要认真贯彻执行学校的各项管理制度，各级领导干部都要做制度的坚决维护者、坚定执行者，使各项管理制度真正发挥作用，不断提升依法治校的水平。

建设廉洁大学、打造廉洁校园，真正做到反腐倡廉从严。高校反腐倡廉建设是高校党的建设的重要组成部分，是依法治教、规范管理的内在要求和基本内容。我们要立足学校实际，更好地把党风廉政建设与学校发展战略目标紧密结合起来，全面落实党委主体责任、纪委监督责任；要突出监督重点，强化执纪、问责，完善顶层设计，坚持用制度管权、管事、管人，让群众监督权力，让权力在阳光下运行，真正把权力关进制度的笼子；要运用好监督执纪的“四种形态”，真正使咬耳朵、扯袖子，红红脸、出出汗成为常态，党纪轻处分、组织调整成为大多数，重处分、重大职务调整的是少数，严重违纪涉嫌违法立案审查的只是极少数。要继续在常和长、严和实、深和细上下功夫，多措并举、标本兼治，坚定不移地推进党风廉政建设取得新成效，为创建“双一流”大学提供坚强保障。

马克思主义党建理论的重大创新*

党的十九大是在全面建成小康社会决胜阶段、中国特色社会主义进入新时代的关键时期召开的一次十分重要的大会。大会高举中国特色社会主义伟大旗帜，把习近平新时代中国特色社会主义思想确立为党必须长期坚持的指导思想，实现了党的指导思想的又一次与时俱进，在党和国家的发展进程中具有里程碑的意义。

十九大报告做出了一系列重大理论创新，形成了习近平新时代中国特色社会主义思想，为中国特色社会主义注入了新的科学内涵，开辟了马克思主义新境界、中国特色社会主义新境界、治国理政新境界、管党治党新境界。报告首次将党的政治建设纳入党的建设总体布局，强调把党的政治建设摆在首位，以党的政治建设为统领，全面推进党的政治建设、思想建设、组织建设、作风建设、纪律建设、制度建设，是马克思主义党建理论的重大创新。

政治属性是政党第一位的属性，党的政治建设是党的根本性建设，决定党的建设方向和效果。党的十八大以来，以习近平同志为核心的党中央突出强调党的政治建设，不断强化管党治党政治责任，严肃党内政治生活，严明政治纪律和政治规矩，推动各级党组织和广大党员政治意识明显增强、政治觉悟明显提高，推动党内政治生活气象更新、党内政治生态明显好转。过去5年之所以能够实现历史性变革，根本在于党的坚强有力领导，核心在于党的政治建设抓得紧、抓得实、抓得好。在十九大确定的新的党的建设总体布局中，党的政治建设是统领和核心，是其他建设的根和魂，党的思想建设、组织建设、作风建设、纪律建设、制度建设最终必须落实到政治建设上，抓好政治建设，能够对党的其他建设起到纲举目张的作用。这是新时代中国特色社会主义在党建方面最大的创新和特点。

习近平总书记在报告中就加强党的政治建设提出了明确目标和具体要求，主要包含四个方面。一是把握首要任务。报告将保证全党服从中央、坚持党中央权威和集中统一领导，作为党的政治建设的首要任务。十九届中共中央政治

* 原文发表于《光明日报》2017年11月7日6版。

局第一次政治局会议审议的第一份重要文件就是《中共中央政治局关于加强和维护党中央集中统一领导的若干规定》，充分体现了确保全党在政治立场、政治方向、政治原则、政治道路上同党中央保持高度一致的极端重要性。二是用好重要法宝。报告要求尊崇党章，严格执行新形势下党内政治生活若干准则，完善和落实民主集中制的各项制度。只有用好民主集中制这个确保我们党团结统一的重要法宝，既充分发扬民主，又善于集中统一，才能使全党统一思想、统一意志、统一行动。三是营造健康文化。报告要求发展积极健康的党内政治文化，弘扬忠诚老实、公道正派、实事求是、清正廉洁等价值观，营造风清气正的良好政治生态。四是加强党性锻炼。报告强调全党同志要不断提高政治觉悟和政治能力。只有把对党忠诚、为党分忧、为党尽职、为民造福作为根本政治担当，才能牢固树立政治理想、正确把握政治方向、坚定站稳政治立场，使自己的政治能力与担负的职责相匹配，永葆共产党人政治本色。

学习宣传贯彻十九大精神是当前和今后一个时期的首要政治任务。高校应充分动员和汇集全校乃至全国的顶级学术资源，深入开展习近平新时代中国特色社会主义思想研究，加强对重大理论和实践问题研究，不断推进实践基础上的理论创新，以“四个服务”的使命担当和“四个自信”的底气定力，展现21世纪中国的马克思主义更强大、更有说服力的真理力量，为实现中华民族伟大复兴提供理论支持和学术支撑。

学习贯彻习近平总书记党建思想 努力办好中国特色社会主义大学*

党的十八大以来，以习近平为总书记的党中央紧紧围绕“坚持和发展中国特色社会主义”这一主题，团结带领全党和全国各族人民同心协力、苦干实干，不断开辟治国理政新境界，不断深化对共产党执政规律、社会主义建设规律、人类社会发展规律的认识，形成了一系列治国理政的新理念新思想新战略，极大地丰富了党的建设理论，是马克思主义党建学说与当代中国实际相结合的最新成果，为新的历史条件下坚持党的领导、加强党的建设、全面从严治党提供了根本遵循，为办好中国特色社会主义大学指明了方向。

关于习近平总书记“七一”讲话的认识体会

习近平总书记“七一”重要讲话，全面回顾总结了我们党团结带领中国人民 95 年奋斗的光辉历程和宝贵经验，表明了我们党“不忘初心、继续前进”的坚定信念，为开拓党和国家工作新局面，指明了前进方向，明确了行动指南。

首先，“七一”讲话对中国共产党 95 年的奋斗历史与经验做了总结提升，回答了中国共产党 95 年的进程中“做了哪些大事、做出什么贡献”的重大历史课题。习近平总书记指出：“明镜所以照形，古事所以知今。”“七一”讲话把历史、现实和未来贯通起来，把革命、建设和改革衔接起来，用三个“伟大历史贡献”证明了中国共产党 95 年奋斗的重大历史意义，用三个“蓬勃生机”赋予中国共产党 95 年奋斗崇高的历史地位，用三个“必须长期坚持、永不动摇”总结了中国共产党 95 年奋斗的历史结论。

习近平总书记指出，中国共产党 95 年的奋斗做出了三个“伟大历史贡献”。一是我们党团结带领中国人民进行 28 年浴血奋战，打败日本帝国主义，

* 原文发表于《学校党建与思想教育》2016 年第 17 期。

推翻国民党反动统治，完成新民主主义革命，建立了中华人民共和国，彻底结束了旧中国半殖民地半封建社会的历史，彻底结束了旧中国一盘散沙的局面，彻底废除了列强强加给中国的不平等条约和帝国主义在中国的一切特权，实现了中国从几千年封建专制政治向人民民主的伟大飞跃。二是团结带领中国人民完成社会主义革命，确立社会主义基本制度，消灭一切剥削制度，推进了社会主义建设，完成了中华民族有史以来最为广泛而深刻的社会变革，为当代中国一切发展进步奠定了根本政治前提和制度基础，为中国发展富强、中国人民生活富裕奠定了坚实基础，实现了中华民族由不断衰落到根本扭转命运、持续走向繁荣富强的伟大飞跃。三是团结带领中国人民进行改革开放新的伟大革命，极大激发广大人民群众的创造性，极大解放和发展社会生产力，极大增强社会发展活力，人民生活显著改善，综合国力显著增强，国际地位显著提高，开辟了中国特色社会主义道路，形成了中国特色社会主义理论体系，确立了中国特色社会主义制度，使中国赶上了时代，实现了中国人民从站起来到富起来、强起来的伟大飞跃。

习近平总书记指出，中国共产党95年的奋斗焕发出三个“蓬勃生机”。一是使具有5 000多年文明历史的中华民族全面迈向现代化，让中华文明在现代化进程中焕发出新的蓬勃生机。二是使具有500年历史的社会主义主张在世界上人口最多的国家成功开辟出具有高度现实性和可行性的正确道路，让科学社会主义在21世纪焕发出新的蓬勃生机。三是使具有60多年历史的新中国建设取得举世瞩目的成就，让中国这个世界上最大的发展中国家在短短30多年里摆脱贫困并跃升为世界第二大经济体，彻底摆脱被开除球籍的危险，创造了人类社会发展史上惊天动地的发展奇迹，使中华民族焕发出新的蓬勃生机。

习近平总书记指出，中国共产党95年的奋斗得出三个“必须长期坚持、永不动摇”的结论。一是历史和人民选择中国共产党领导中华民族伟大复兴的事业是正确的，必须长期坚持、永不动摇。二是中国共产党领导中国人民开辟的中国特色社会主义道路是正确的，必须长期坚持、永不动摇。三是中国共产党和中国人民扎根中国大地、吸纳人类文明优秀成果、独立自主实现国家发展的战略是正确的，必须长期坚持、永不动摇。

三个“伟大历史贡献”、三个“蓬勃生机”、三个“必须长期坚持、永不动摇”，既是中国共产党95年奋斗历史的科学概括，又是历史规律的科学总结。

其次，“七一”讲话是中国共产党向着百年奋斗目标迈进的政治宣言书，回答了中国共产党“举什么旗、走什么路”的重大时代课题。习近平总书记的“七一”讲话提出了中国共产党“不忘初心、继续前进”的政治立场、政治主张、政治观点、政治路线、政治纲领，是我们党在新的历史条件下进行具有许多新的历史特点的伟大斗争的政治宣言。

第一，讲话表明了中国共产党“不忘初心”的鲜明态度。习近平总书记在

“七一”重要讲话中，一共10次提到“不忘初心”，频率之高，实属空前。初心就是起点、就是本色，就是党的理想、信念和追求。习近平总书记指出：“我们党已经走过了95年的历程，但我们要永远保持建党时中国共产党人的奋斗精神，永远保持对人民的赤子之心。”这段话提出一个关于党的根本问题，就是我们党从哪里来，要到哪里去？我们党的初心是什么？当前，我们党拥有8 800多万党员、440多万个党组织，在有着13亿多人口的大国长期执政，为什么我们党能从小到大、从弱到强，一路走到今天？原因就是始终不忘初心，永远保持建党时中国共产党人的奋斗精神，永远保持对人民的赤子之心。我们党的危机是什么？就是一些党员忘记了“初心”，背离了党的理想、信念和宗旨，脱离了人民群众。“不忘初心”就是不要忘记我们党的理想、信念、宗旨，不要忘记我们这个党是要干什么的，我们过去怎么干的。不忘初心，包含着“正心”“纠心”，要把曾经迷失的心找回来，回到原点上，回到党章要求上，回到党的宗旨和纲领上，做到始终不偏离目标，不偏离航向。

第二，讲话表明了中国共产党继续前进的努力方向。习近平总书记提出“继续前进”的八个方面要求，即不断把马克思主义中国化推向前进，不断把为崇高理想奋斗的伟大实践推向前进，不断把中国特色社会主义伟大事业推向前进，不断把实现“两个一百年”奋斗目标推向前进，不断把改革开放推向前进，不断把为人民造福事业推向前进，不断把人类和平与发展的崇高事业推向前进，不断把党的建设新的伟大工程推向前进，这八个方面涉及党的指导思想、理想信念、方向道路、治国治党、内政外交等诸多领域，内涵丰富，寓意深远，清晰地表明了我们党面向未来“举什么旗、走什么路”，吹响了全面建成小康社会、向中华民族伟大复兴中国梦进军的号角。

关于十八大以来习近平总书记党建思想发展的认识体会

党的十八大以来，习近平总书记紧紧围绕坚持党的领导和全面从严治党这条主线，科学回答了“建设一个什么样的党，怎样建设党和管好党、治好党”这一时代课题，形成了思想深邃、内涵丰富、逻辑严密的关于党的建设的科学理论体系。

首先，深刻认识和把握习近平党建思想的丰富内涵。

第一，深刻认识和把握关于“党的领导是中国特色社会主义最本质特征”这一重要论断。它深刻阐明了中国特色社会主义“质”的规定性，指明了“确保党始终成为中国特色社会主义事业的坚强领导核心”这个党的建设的根本目标。

第二，深刻认识和把握关于“党要管党，才能管好党；从严治党，才能治好党”的重要思想。它深刻指出了新时期加强党的建设的根本原则、基本路径、重大举措，是对“党要管党、从严治党”方针的创新发展。全面从严治党，核心是加强党的领导、基础在全面、关键在严、要害在治。

第三，深刻认识和把握关于“以人民为中心”的重要思想。它深刻诠释了人民是历史创造者的唯物史观，进一步指明了党的建设的根本价值取向。我们党的历史，就是一部为人民不懈奋斗的历史，在共产党人的血脉里，人民的地位之重、分量之重，是其他任何政党都无法比拟的。

第四，深刻认识和把握关于“把理想信念教育作为思想建设的战略任务”的重要思想。它强调理想信念始终是共产党人安身立命的根本，体现了对铸魂育人规律的深刻把握。

第五，深刻认识和把握关于“培养选拔党和人民需要的好干部”的重要思想。它阐明了干部队伍建设与伟大事业的关系，丰富拓展了党的干部路线的深刻内涵，回答了怎样是好干部、怎样成长为好干部、怎样把好干部用起来等重大问题，为建设高素质干部队伍立起了刚性标尺，为组织路线更好地服务政治路线提供了科学指引。

第六，深刻认识和把握关于“从严治党必须从党内政治生活严起”的重要思想。它深刻阐述了严肃党内政治生活的重要性紧迫性，抓住了严格党内政治生活这个解决党内矛盾和问题的关键点和钥匙，为严肃党内政治生活指明了正确方向。

第七，深刻认识和把握关于“作风建设永远在路上”的重要思想。它深刻揭示了作风建设与党的性质宗旨、群众路线的内在关系，深刻揭示了干部以信念、人格、实干立身的为政之道，深刻揭示了作风问题的顽固性和容易反弹的特点，构成了加强党的建设的重要篇章。

第八，深刻认识和把握关于“把抓基层打基础作为长远之计和固本之策”的重要思想。它精辟阐述了基层党组织建设的目标任务、指导方针、基本路径、工作格局、资源保障，强调要树立大抓基层的鲜明导向，揭示了党的工作重心在基层、执政基础在基层、活力源泉在基层，工作条件、资源以及政策等要向基层倾斜的深刻道理。

第九，深刻认识和把握关于“深入推进党风廉政建设和反腐败斗争”的重要思想。它从体制机制、战略重点、制度创新、责任主体、廉政文化等方面，强调要推动形成不敢腐、不能腐、不想腐的机制，为我们党坚持中国特色反腐倡廉道路指明了正确方向。

第十，深刻认识和把握关于“坚持制度治党、依规治党”的重要思想。它体现了新形势下我们党推进管党治党制度化、规范化、程序化的新理念，凸显了党内法规制度在党和国家制度体系中的牵引、保障作用，阐释了制度治党与全面建成小康社会、全面深化改革、全面依法治国的内在联系，为全面从严治党提供了治本之策。

以上十个方面，是习近平总书记提出的关于新时期党的建设的新观点新思想新论断，是习近平总书记系列重要讲话的重要组成部分，是马克思主义党建学说与当代中国实际相结合的最新成果，是具有鲜明中国特色、中国风格、中国气派的党建学说，为加强党的建设，确保党应对各种风险挑战、始终立于不败之地提供了强大思想武器。

其次，深刻认识和把握习近平总书记党建思想的特点。

第一，体现了传承与创新的统一。习近平总书记党建思想既继承了党的优良传统作风，是对党在 90 多年奋斗历程中形成的理论成果、实践经验、光荣传统、优良作风的坚持与传承，又紧密结合当代中国发展变化的实际，提出了一系列新思想，推动了党建理论创新。如提出政治规矩的概念，将法治思维和法治方式运用于党的建设，提出新时期好干部标准、净化政治生态等，都是对马克思主义党建学说的创新发展。

第二，体现了理论与实践的统一。习近平总书记的党建思想不是就理论谈理论，而是突出强调实践导向、问题意识。习近平总书记强调，我们党领导人民干革命、搞建设、抓改革，从来都是为了解决中国的实际问题。党的十八大以来，中央抓党建工作的一个特点就是坚持问题导向，直接奔着问题去，有什么问题就解决什么问题、什么问题突出就着力解决什么问题。强调要抓住问题不放，发扬“钉钉子”精神，滴水穿石、久久为功，善始善终、善做善成。

第三，体现了忧患意识与坚定信心的统一。习近平总书记的党建思想既饱含对党和国家前途命运的深刻忧思，强调历史使命越光荣，奋斗目标越宏伟，执政环境越复杂，我们就越要增强忧患意识，越要从严治党，做到“为之于未有，治之于未乱”，同时，又充满了对中国特色社会主义的道路自信、理论自信、制度自信和文化自信。习近平总书记强调，“站立在 960 万平方公里的广袤土地上，吸吮着中华民族漫长奋斗积累的文化养分，拥有 13 亿中国人民聚合的磅礴之力，我们走自己的路，具有无比广阔的舞台，具有无比深厚的历史底蕴，具有无比强大的前进定力”。

第四，体现了立足中国与放眼世界的统一。中国共产党的成立与发展既是中国的大事，也是世界的大事。习近平总书记强调，要从更加广阔的视野来把握党的建设，从我们党 90 多年领导革命、建设、改革的历程，从中国近代以来 170 多年奋斗史，从 5 000 年中华文明史，从 500 年世界社会主义发展史来考察党的历史贡献、总结党的建设经验、明确党的奋斗目标。既强调要立足中国，总结中国经验，提出中国方案，推进马克思主义中国化，又强调要以宽广的世界眼光，洞悉世界政治经济发展大势，汲取世界政党兴衰成败经验教训。

再次，深刻认识和把握习近平总书记党建思想的立场、观点和方法。学习习近平总书记的党建思想，最核心的就是要深刻认识和把握贯穿其中的马克思主义的立场、观点和方法，提高分析和解决实际问题的能力，提高党的建设和党建研究的科学化水平。学习“七一”讲话可以深刻感受到习近平总书记党建思想的政治品格，这种政治品格表现在真挚的为民情怀、不渝的理想信仰和强烈的使命担当。

第一，强调崇高的价值追求，坚守“以人为本、为民服务”的宗旨意识。党 95 年的伟大实践启示我们：一定要坚持一切依靠人民，从人民群众的智慧和力量中汲取推动事业发展的不竭动力；一定要坚持一切为了人民，不断把为人民造福事业推向前进。党 95 年的伟大实践也已经证明，为人民求解放、为人民谋利益、全心全意为人民服务，已成为共产党人崇高的价值追求。

第二，强调远大的理想信念，坚守共产党人的初心初衷。中国共产党因坚守马克思主义信仰而成立，也因坚守马克思主义信仰而发展壮大。党 95 年的伟大实践启示我们，一定要坚持理想信仰不动摇、革命意志不涣散、奋斗精神不懈怠，始终不渝地为实现中国特色社会主义共同理想和共产主义远大理想而奋斗。社会环境越是错综复杂，共产党人越要加强党性修养，坚定心中的信仰，挺起信念的脊梁，永远不要失去共产党人安身立命的根本。

第三，强调艰巨的责任担当，坚守共产党人的历史承诺。习近平总书记把党的建设置于“中国梦”的宏伟愿景中，置于 5 000 年的中华文明史和 500 年的世界社会主义发展史之中，体现了强烈的责任担当。这种担当不仅表现在对党和国家前途命运的深刻忧思上，还表现在共产党人勇于开展批评和自我批评，党集体勇于调整、修复和改正的精神上，表现在坚持实事求是、一切从实际出发，及时总结正反两方面经验教训，始终保持修正错误的勇气、坚持真理的决心、走出挫折的力量上。党 95 年的伟大实践启示我们，一定要与时俱进加强和改进党的建设，保持党的先进性和纯洁性，提高领导能力和领导水平，增强抵御风险和拒腐防变能力，确保党始终成为中国革命、建设、改革的坚强领导核心。

学习贯彻习近平总书记党建思想，努力办好中国特色社会主义大学

高校肩负着学习研究宣传马克思主义、培养中国特色社会主义事业建设者和接班人的重大任务。高校党建是整个党的建设的重要组成部分，高校党建工作不仅直接关系高等教育改革发展稳定，而且对改革开放和社会主义现代化建设全局有着深远影响。加强党对高校工作的领导，加强和改进高校党的建设，是办好中国特色社会主义大学的根本保证。学习贯彻习近平总书记党建思想，

对高校来说要着重做好以下工作：

第一，要把学习贯彻习近平总书记党建思想与学习党的历史结合起来，深刻领会习近平总书记党建思想的丰富内涵、核心要义、精神实质和基本要求。要把深入学习贯彻习近平总书记系列重要讲话精神特别是习近平总书记“七一”讲话精神和党史学习紧密结合起来，以学习习近平总书记“七一”重要讲话和《中国共产党的九十年》为契机，充分认识学习党史、运用党史的必要性和重要性，加深对中国共产党光辉历史和伟大贡献的认识，加深对中国特色社会主义的认识和理解，加深对以习近平同志为总书记的党中央治国理政新理念新思想新战略的认识和理解，进一步增强道路自信、理论自信、制度自信、文化自信。坚持理论武装，在坚定广大干部师生理想信念上狠下功夫；坚持守土有责，在贯彻落实意识形态工作责任制上狠下功夫；坚持依规治党，在完善党对高校领导体制机制上狠下功夫；坚持打牢基础，在提升基层党组织整体功能上狠下功夫；坚持改革创新，在永葆基层党组织生机活力和激发广大党员干部师生动力上下功夫。

第二，要把学习贯彻习近平总书记党建思想与加强高校人才培养工作结合起来，始终坚持社会主义办学方向。要深刻领会习近平总书记关于“牢牢把握高校意识形态工作领导权”和“青年要自觉践行社会主义核心价值观”的重要思想。习近平总书记在“七一”讲话中特别谈到青年是祖国的未来、民族的希望，也是我们党的未来和希望。他提出，青年要深刻了解近代以来中国人民和中华民族不懈奋斗的光荣历史和伟大历程，坚定不移跟着中国共产党走，勇做走在时代前列的奋进者、开拓者、奉献者，让青春在为祖国、为民族、为人民的奉献中焕发出绚丽光彩。中国人民大学是我们党亲手创办的新中国第一所新型正规大学，同时也是马克思主义教学与研究的高地和中共党史研究的理论重镇，更应带头推进习近平总书记党建思想和《中国共产党的九十年》“进教材、进课堂、进头脑”，用党的历史和理论教育引导青年学生努力成为中国特色社会主义事业建设者和接班人。

第三，要把学习贯彻习近平总书记党建思想与加强高校党的建设结合起来，始终坚持党对高校的领导。要深刻领会习近平总书记关于“加强党对高校的领导，加强和改进高校党的建设，是办好中国特色社会主义大学的根本保证”的重要思想，要以习近平总书记党建思想为指导，下功夫研究解决高校党的建设中的理论和实际问题、党员干部和广大师生普遍关注的问题、影响制约高校党建工作的体制机制问题，坚持和完善党委领导下的校长负责制，坚持和巩固马克思主义在高校的指导地位，坚持和弘扬社会主义核心价值观，确保党对高校的领导。

第四，要把学习贯彻习近平总书记党建思想与加强高校智库建设结合起来，深化对习近平总书记党建思想的研究。要深刻领会习近平总书记关于“把高校建设成为学习研究宣传马克思主义重要阵地”的重要思想，要发挥学科优势，加强对习近平总书记党建思想的研究，加强对中共党史和党的创新实践的研究，加强对中国实践经验的总结提炼，充分发挥高等学校思想库、智囊团的作用。要鼓励和支持学校的专家学者围绕“七一”重要讲话精神和习近平总书记党建思想撰写理论文章，广泛宣传党的理论研究成果特别是习近平总书记系列重要讲话精神和党建思想。

在新的历史时期，各高校更应该做到忠于党、忠于人民，坚持真理，筑牢信念，学习中国共产党的光辉历史，加强党的理论研究，弘扬党的优良传统，为办好中国特色社会主义大学做出新的努力和探索。

认真贯彻《准则》《条例》开创全面从严治党新局面*

在全面深化改革、决胜全面小康的关键时刻，党的十八届六中全会专题研究部署全面从严治党问题，审议通过的《关于新形势下党内政治生活的若干准则》（以下简称《准则》）和《中国共产党党内监督条例》（以下简称《条例》）以及习近平总书记在全会上所做的重要讲话，紧紧围绕全面从严治党这个主题，从战略高度深刻阐述了加强和规范党内政治生活、加强党内监督的重要性和紧迫性、基本内容和实践要求，对新形势下加强和规范党内政治生活、加强党内监督做出重大部署，充分体现了我们党自我净化、自我完善、自我革新、自我提高的决心和能力，是全面从严治党理论的新发展、全面从严治党实践的新推进，对于更好地进行具有许多新的历史特点的伟大斗争、推进党的建设新的伟大工程、推进中国特色社会主义伟大事业具有深远的历史影响和现实意义。

全面从严治党历史经验的新发展

中国共产党是一个伟大、光荣、正确的党，但并不是说中国共产党在九十多年波澜壮阔的历史发展进程中从来没有犯过错误，而是说我们党具有自我革新、自我纠错的勇气和能力。严肃党内政治生活、严格党内监督，既是我们党的优良传统和宝贵经验，又是我们党成功应对一个又一个挑战、取得一个又一个胜利的重要法宝。

严肃党内政治生活、严格党内监督是党长期坚持的优良传统。我们党从成立之日起就强调马克思主义政党的根本属性，强调必须严肃党内政治生活、严格党内监督，并在实践中形成了一整套基本规范。早在党的一大制定的党纲中，就提出了党内政治生活和党内监督的理念和要求。古田会议决议明确提

* 原文发表于《中国高等教育》2016 年第 22 期。

出："使党员的思想和党内的生活都政治化，科学化。"党的八大规定，任何党员和党的组织都必须受到监督。特别是1980年制定的《关于党内政治生活的若干准则》，对加强和规范党内政治生活发挥了重要作用。可以说，《关于党内政治生活的若干准则》的制定和公布，为党的实事求是思想路线的重新确立与贯彻实施，提供了强有力的制度保障，开创了全党上下团结一致推进改革开放、开创中国特色社会主义事业的新局面。十八届六中全会强调加强和规范党内政治生活、加强党内监督，是对我们党加强自身建设优良传统的继承和弘扬，也是对全面从严治党历史经验的新发展和丰富。

严肃党内政治生活、严格党内监督是党不断壮大的成功法宝。中国共产党经过95年艰苦卓绝的奋斗，从成立之时50多名党员的小党到今天拥有8 800多万党员的世界第一大政党，不断由小变大，由弱变强，创造了举世罕见的奇迹，其背后的一个重要法宝就是严肃党内政治生活、严格党内监督。这是正反历史经验得出的宝贵结论。在大革命后期至遵义会议之前，党内政治生活中出现"家长制"等问题，党内最高权力缺乏监督，错误的政治路线、军事路线占据领导地位，从而使党和革命事业蒙受严重损失。1935年遵义会议的召开，使党内正常的政治生活得以恢复，经过激烈争论和探讨，毛泽东同志等人的正确意见最终得到认可和执行，党和红军的命运就此发生转折。新中国成立以后，由于个人崇拜的逐步发展，党内民主遭到极大破坏、党内政治生活陷入严重不正常，进而发生了"文化大革命"这一全局性的、长时间的"左"倾严重错误。为使党内政治生活走上正轨，权力受到监督，中央正式通过了《关于党内政治生活的若干准则》。历史证明，什么时候党内政治生活正常健康，党内监督严格有力，党就风清气正、团结统一、充满生机活力，党的事业就蓬勃发展；反之亦然。

全面从严治党时代课题的新破解

中国共产党在长期一党执政的情况下，能否跳出历史的周期律，始终是我们党面临的重大考验和时代课题，也是一个世界性难题，唯一的答案就是全面从严治党，不断加强自身建设，增强自我净化、自我完善、自我革新、自我提高能力。正如习近平总书记所要求的："我们必须以更大的决心和勇气抓好党的自身建设，确保党在世界形势深刻变化的历史进程中始终走在时代前列，在应对国内外各种风险和考验的历史进程中始终成为全国人民的主心骨，在发展中国特色社会主义的历史进程中始终成为坚强的领导核心。"

严肃党内政治生活、严格党内监督是全面从严治党的重要内容。全面从严治党是十八大以来党中央抓党的建设的鲜明主题。新形势下，我们党不仅担负着团结带领全国人民全面建成小康社会、推进社会主义现代化、实现中华民族伟大复兴的历史重任，而且面临着执政考验、改革开放考验、市场经济考验、外部环境考验等四大考验，存在着精神懈怠的危险、能力不足的危险、脱离群众的危险、消极腐败的危险等四大危险。推进全面从严治党，必须着眼时代特点，找到正确的切入点和突破口。十八届六中全会指出，严肃党内政治生活是全面从严治党的基础，党要管党必须从党内政治生活管起，从严治党必须从党内政治生活严起。党内监督既是党的建设的重要内容，也是全面从严治党的重要保障。只有党内政治生活严肃起来了，对党组织和党员的管理监督到位了，全面从严治党才能真正落到实处、成为常态。《准则》和《条例》把严肃党内政治生活和加强党内监督的成功做法加以完善和升华，用党内法规的形式固定下来，既充分体现了推进全面从严治党的鲜明态度和坚定决心，又准确抓住了新形势下全面从严治党的关键和要害。

严肃党内政治生活、严格党内监督是全面从严治党的重要抓手。一个时期以来，党内政治生活不严肃、党内监督不认真的现象比较普遍，庸俗化、随意化倾向比较突出，一些党组织在处理与党员关系上，有的软弱涣散、纪律松弛，对党员干部疏于理想信念教育，疏于日常管理，民主集中制执行不好，选人用人不规范，以“好人主义”挑战“纪律权威”、以官僚主义挑战“责任担当”，得过且过、惮于风险、怯于作为，管党治党失之宽松软，“两个责任”落实不力。一些党员在处理与组织关系上，有的“四个意识”不强，认为“组织靠不住”“组织对不住自己”，自由主义、个人主义严重，以私利压倒原则、以个性压倒党性，两面派、“两面人”现象严重，“台上一套，台下一套；说一套，做一套；人前是人，人后是鬼”。党的十八大以来，以习近平同志为核心的党中央把严肃党内政治生活、严格党内监督摆在全面从严治党突出位置，坚持思想建党和制度治党同时发力、同向发力，取得了明显成效。但是，推进全面从严治党、破解一党长期执政的时代问题绝非一朝一夕之功，必须锲而不舍地抓实抓好，严肃党内政治生活和加强党内监督，使之成为全面从严治党的重要抓手。

全面从严治党伟大工程的新部署

加强和规范党内政治生活、加强党内监督，必须科学设计、整体推进。十八届六中全会审议通过的《准则》和《条例》，既继承和发扬了我们党在长期实践中形成的优良传统和基本规范，又结合新的形势和任务，就严肃党内政治生活、严格党内监督提出了新要求，进行了新部署，形成了符合实际的科学思路和制度安排。

第一，以党章为根本遵循。党章是党的根本大法，严肃党内政治生活、严格党内监督，必须把党章作为根本依据和遵循。党章对党内政治生活和党内监督具有根本性、全局性的指导作用，这次制定《准则》和修订《条例》，一个最鲜明的特点，就是坚持以党章为根本依据，突出尊崇党章、贯彻党章、维护党章，着力把党章的有关要求具体化，同时把改革开放以来特别是近年来党中央根据党章研究出台的重要文件和相关规定系统化，推动党内政治生活和党内监督制度化、规范化、程序化。

第二，以《准则》和《条例》为基本规范。十八届六中全会通过的《准则》和《条例》坚持问题导向，坚持统筹协调，聚焦党内政治生活和党内监督存在的薄弱环节，加强顶层设计和系统谋划，着力围绕理论、思想、制度构建体系，围绕权力、责任、担当设计制度，推动解决党内政治生活庸俗化、随意化、平淡化和党内监督制度不健全、覆盖不到位、责任不明晰、执行不力等问题。《准则》从十二个方面，对党内政治生活的基本要求做出了具体规定，其中每一个方面都至关重要、不可或缺，都是开展党内政治生活的关键。《条例》着眼发挥监督的制度优势，分别就四类监督主体的监督职责和相应监督制度进行了规范，明确了标准。

第三，以领导干部为重点。严肃党内政治生活、严格党内监督，是面向全党提出的要求，但重点是各级领导机关和领导干部，关键是高级干部特别是中央领导层成员。习近平总书记反复强调，领导干部特别是高级干部是关键少数，把这部分人抓好了，为全党做出表率，很多事情就好办了。十八届六中全会通过的《准则》和《条例》把各级领导机关、领导干部特别是高级干部突出出来，对他们提出专门要求，做出特别规定，指导和督促他们自觉严格自律，以身作则，必将会在全党全社会产生强大的示范效应。习近平总书记强调，高级干部要清醒认识自己岗位对党和国家的特殊重要性，职位越高越要自觉按照党提出的标准严格要求自己，越要做到党性坚强、党纪严明，做到对党始终忠诚、永不叛党。

学习贯彻十八届六中全会精神，贯彻执行《准则》和《条例》，全面从严治党，高校党委要切实重视制度建设，实施好党委领导下的校长负责制，牢牢把握社会主义办学方向，牢牢把握党和国家教育方针对立德树人的要求，加强和改进高校党建工作。一是抓好校级领导班子建设。班子成员都要按照社会主义政治家和教育家的标准严格要求自己，切实落实到办学治校的整体实践中。二是高度重视用我们党治国理政新理念、新思想、新战略教育武装青年学生，为中国特色社会主义伟大事业培养建设者和接班人。三是采取切实措施关心培养中青年骨干队伍，政治上严格要求，工作上帮助支持，生活上关心爱护，为他们干事创业搭建平台。四是切实加强基层党组织建设，以教师和学生党支部建设为重点，争取取得新时期高校党建工作的新经验。

中国人民大学是我们党创建的第一所新型正规大学，在长期的实践中形成了“共和国建设者的摇篮、人文社会科学高等教育的重镇、马克思主义理论研究和教学的高地”的办学特色。贯彻落实好十八届六中全会精神，我们有责任认真总结研究十八大以来我们党在党建工作方面理论与实践的新发展，为新时期党的建设的伟大工程做出贡献。

坚持群众路线是中国特色社会主义道路的重要内容*

开展群众路线教育实践活动，要围绕坚持和发展中国特色社会主义这个主线展开。这是因为全心全意为人民服务是党的根本宗旨，群众路线是党的生命线和根本工作路线，坚持群众路线是中国特色社会主义道路的重要内容。

以人为本、执政为民是马克思主义政党的生命根基和本质要求。马克思恩格斯在《共产党宣言》中指出："无产阶级的运动是绝大多数人的、为绝大多数人谋利益的独立的运动。"这一论断深刻揭示了无产阶级政党的本质所在。中国共产党是无产阶级政党，从群众中来、到群众中去，这是我们党的群众路线，也是党的根本工作路线。我们党始终坚持人民群众既是先进生产力和先进文化的创造者，又是其成果的享有者。新时期、新阶段坚持党的群众路线，就是要以实现人的全面发展为目标，从人民群众的根本利益出发谋发展、促发展，不断满足人民群众日益增长的物质文化需要，切实保障人民群众的经济、政治和文化权益，让发展的成果惠及全体人民。

人民当家作主是社会主义民主的本质，是中国特色社会主义的重要目标。人民民主是社会主义的生命，揭示了民主与社会主义的内在关联，也揭示了人民群众与无产阶级政党生死相依的关系。人民当家作主是社会主义民主政治的本质和核心。没有民主就没有社会主义，就没有社会主义现代化。在发展中国特色社会主义的历史进程中，我们必须清楚，我们党手中的权力是人民赋予的，只能用来为人民谋利益，要始终为人民掌好权、用好权，不断维护和发展人民群众的经济、政治、文化权益，让人民真正成为国家的主人。

坚持人民主体地位是建设中国特色社会主义的根本要求。人民群众集中了取之不竭、用之不尽的智慧和力量。回顾中国共产党 90 多年的历史，我们可以清楚地看到，中国革命、建设和改革的顺利进行，都是依靠人民群众完成的，都是全国各族人民共同奋斗的结果。在新的历史条件下，继续推进中国特色社会主义伟大事业，必须始终紧紧地同人民站在一起，忠实地代表人民的利

* 原文发表于《党建》2013 年第 7 期。

益，赢得人民群众的拥护，并从人民群众中汲取前进的不竭力量。

全面建成小康社会的新形势不断为我们党的群众路线赋予新的科学内涵。我们要坚持发展依靠人民群众的思想，动员广大人民群众投身于社会主义事业的伟大实践；我们要关注人民群众的切身利益，着力解决好人民群众最关心、最直接、最现实的利益问题。

注重“五个结合” 积极践行群众路线[*]

开展党的群众路线教育实践活动是新形势下坚持党要管党、从严治党的重大决策。从 2013 年下半年开始，中国人民大学党委在中央第 42 督导组及教育部党组的领导和指导下，紧密结合学校工作实际，注重将开展党的群众路线教育实践活动与弘扬学校光荣办学传统相结合、与推进中国特色现代大学制度建设相结合、与深化人才培养模式改革相结合、与加强干部队伍建设相结合、与建设优良校风学风教风相结合，取得了显著成效。

充分利用独特的校史资源，将教育实践活动与弘扬学校光荣办学传统相结合

延安时期，毛泽东同志对红军时期开展群众工作所积累的经验进行理论上的总结和升华，将“密切联系群众”概括为党的三大优良作风之一，形成了党的群众路线理论。西柏坡时期，在中国革命即将取得胜利的前夜，毛泽东同志思考得最多的问题就是：我们党取得执政地位后如何牢记“两个务必”、始终保持与人民群众的血肉联系。中国人民大学是我们党亲手创办的第一所新型正规大学，其前身是抗日战争期间诞生于延安的陕北公学、解放战争期间诞生于西柏坡附近的华北大学。作为以培养解放全中国和建设新中国的革命干部为己任的学校，陕北公学、华北大学在办学过程中，始终把“深入群众生活、接受群众教育、树立群众观点、培养群众感情、全心全意为人民服务”的办学理念贯穿于教学育人的全过程，在中国共产党的高教史上谱写了辉煌的篇章。在开展党的群众路线教育实践活动过程中，中国人民大学利用学校分别位于陕西延安、河北正定的校史教育基地开展党史、国史、校史教育。2013 年 7 月，学校党委组织了第 20 期新上岗处级干部培训班学员前往延安，通过参访革命圣地、聆听群众路线和为人民服务等专题讲座，接受了理想信念、党性党风党

---

* 原文发表于《北京教育（高教）》2014 年第 3 期。

纪、道德品行和群众路线教育。2013 年 8 月，学校在河北正定举行了“弘扬华北大学光荣传统”群众路线教育实践主题活动，通过缅怀为共和国和人民大学做出过卓越贡献的前辈学人，将开展教育实践活动与党史、国史、校史教育有机结合起来，有效实现了“教育”与“实践”的双促进。

注重建章立制，将教育实践活动与推进中国特色现代大学制度建设相结合

建章立制，是教育实践活动取得实效的关键环节，是形成践行党的群众路线的长效机制，确保教育实践活动善始善终、取信于民的根本举措。制度带有根本性、全局性、稳定性和长期性。一个国家、一个政党是如此，一个学校也是如此。大学的核心竞争力在于制度，只有有了好的制度，才有学术创新力和竞争力，才有大学的长远之治。在整改落实阶段，中国人民大学党委以大学章程建设为抓手，制定或修改校级规章制度 28 项，正在研究或起草过程中的校级规章制度 30 余项，制定或修订部门级规章制度 47 项，大力推进中国特色现代大学制度建设。2013 年 11 月底，《中国人民大学章程》经教育部核准发布，成为首批由国家主管部门核准发布的大学章程，这对于学校更好地坚持党委领导、校长负责、教授治学、民主管理，更好地贯彻党委领导下的校长负责制、推进学校内部治理结构的改革，更好地加强学术组织的建设，让教授们通过这些学术组织来更好地行使学术权利，更好地拓展民主管理的渠道，让更多的师生员工参与到学校的管理中来将起到积极作用。依据《中国人民大学章程》，学校还初步拟定《“三重一大”制度规定》和《党务、政务会议制度》等一系列制度的修订方案，通过加强顶层设计和制度建设为“党委领导下的校长负责制”和“民主集中制”的贯彻实施提供坚实保障。

积极调动学生党员的积极性，将教育实践活动与深化人才培养模式改革相结合

高校在深入开展教育实践活动时，校院两级领导班子和处级党员领导干部是重点，但在具体实施过程中不能忽略了学生党员这个群体。学校素有“共和国建设者和领袖人才培养摇篮”之誉，广大学生党员大都学习成绩优秀，综合素质高，社会工作能力突出。但是，作为“90 后”的新生一代，他们身上普遍存在着书本知识与社会实践脱节、对农村基层缺乏深刻认识、对群众观点相对淡薄等“短板”。因此，学校把开展教育实践活动与深化人才培养模式改革

相结合，推进“红船领航”新生党员先进性熔铸计划，引导广大学生特别是学生党员在深入基层、了解国情、服务社会的实践中受到了一次深刻的马克思主义群众观点和群众路线教育的洗礼。2013 年暑期，学校组织了 1 200 余名学生在全国 162 个行政村开展了“千人百村”社会调研活动。学生们怀揣着对中国乡村和农民的满腔热情，深入田间地头、了解乡村风貌、调研基层民生、体悟农民生活，展开了一场与中国农村和农民零距离接触的大型社会实践活动。他们在“接地气”的调研中，用智慧和汗水书写的高质量调研报告——《2013 中国农村民生状况调查》，赢得了社会各界的广泛赞誉。“千人百村”调研活动立足于打造人才培养新模式，架起了学术研究与社会现实的桥梁，让学子在学科知识的指导下投身农村实践，以专业素质去思考解决农村实际问题，为引导他们坚定信仰、磨炼意志，掌握理论联系实际、密切联系群众的方法论搭建了坚实平台。

坚持正确选人用人导向，将教育实践活动与加强干部队伍建设相结合

树立和坚持什么样的用人导向，决定着党的事业兴衰成败。践行党的群众路线，只有把作风建设与选人用人结合起来，把群众公认与党管干部结合起来，把充分发扬民主与组织酝酿结合起来，树立正确的选人用人导向，大力选拔一批“信念坚定、为民服务、勤政务实、敢于担当、清正廉洁”的好干部，党的事业才能充满蓬勃生机和强大活力。学校党委贯彻党管干部的原则，进一步完善了干部选拔任用制度，制定了《学院（系）行政正职负责人遴选工作实施办法（试行）》等文件，充分发挥党组织的领导和把关作用，更加严格地执行干部选任工作制度和程序，提高民主推荐、民主测评的科学性，加强教职工在选人用人方面发挥的作用，体现重视实干的用人导向。学校党委坚决落实干部任期制，制定了《中层党政正职职务任期暂行规定》，对长期未交流的干部尽快安排交流，加强重要部门关键岗位主要负责人定期轮岗工作。学校党委高度重视干部基层挂职锻炼工作，2013 年组织了 34 名青年教师和机关干部赴北京、安徽、广西、云南等地基层挂职锻炼。2013 年暑期，学校组织了数批教授考察团深入福建、河北等地，深入一线开展调查研究，与地方党委政府和有关部门共同探讨发展大计，教育引导了广大干部、教师坚定理想、提高素质、增强能力。下一步，学校还将组织海归青年教师到实际工作部门挂职，帮助海归青年教师更快地了解熟悉国情，更好地把学术研究与服务现实结合起来。

倡导“回归大学本位”理念，将教育实践活动与建设优良校风学风教风相结合

这次教育实践活动的主要任务聚焦到作风建设上，集中解决形式主义、官僚主义、享乐主义和奢靡之风这“四风”问题。“四风”问题在高校也有不同程度的体现，如过于注重指标排名，推动内涵式发展不够；理念规划不落地，分类指导不到位；联系师生不紧密，对解决师生困难重视不足；听取意见不够广泛，决策民主化程度不高；管理机制不完善，存在行政化倾向，没有体现全心全意为师生服务；勤俭办学意识不强，存在铺张浪费现象；等等。我们认为，行政化色彩较浓是产生高校“四风”问题的一个重要原因。学校借大学章程正式颁布实施为契机，切实实施好党委领导、校长负责、教授治学、民主管理，下大力气纠正学校管理中的行政化倾向，学校通过健全校务委员会、教代会等组织的工作机制，真正在思想观念、实际措施上体现服务教学科研，以师生为本，充分发挥教授治学在学术民主中的作用，充分调动师生员工参与学校民主管理的积极性。倡导开短会、讲短话，力戒空话、套话。严格控制各类剪彩、庆典活动和纪念会、表彰会，进一步加强校内设置标语宣传品的审批和管理，减少条幅、海报、展板等一次性宣传品的使用等，以工作作风的转变来建设优良的校风、学风、教风。

中国人民大学党的群众路线教育实践活动取得了阶段性的成绩，是高校党建工作创新的一次成功尝试。我们要认真贯彻落实十八届三中全会精神，深化教育综合改革，推进党建工作创新，把教育实践活动的成果积极转化为作风建设和制度建设的成果，并进一步转化为建设“人民满意、世界一流”大学的强大推动力。

图书在版编目（CIP）数据

忠诚党的教育事业/靳诺著. --北京：中国人民大学出版社，2021.9
ISBN 978-7-300-29989-1

Ⅰ.①忠… Ⅱ.①靳… Ⅲ.①高等教育-中国-文集 Ⅳ.①G649.2－53

中国版本图书馆 CIP 数据核字（2021）第 231104 号

忠诚党的教育事业

靳 诺 著

Zhongcheng Dang de Jiaoyu Shiye

出版发行	中国人民大学出版社		
社　　址	北京中关村大街 31 号	**邮政编码**	100080
电　　话	010－62511242（总编室）		010－62511770（质管部）
	010－82501766（邮购部）		010－62514148（门市部）
	010－62515195（发行公司）		010－62515275（盗版举报）
网　　址	http://www.crup.com.cn		
经　　销	新华书店		
印　　刷	北京联兴盛业印刷股份有限公司		
规　　格	170 mm×240 mm　16 开本	**版　　次**	2021 年 9 月第 1 版
印　　张	36.75 插页 3	**印　　次**	2021 年 9 月第 1 次印刷
字　　数	706 000	**定　　价**	188.00 元